中国社会科学院创新工程学术出版资助项目
中国特色社会主义治理体系研究系列丛书

主　　编: 王伟光
副 主 编: 李　平 李汉林 陈光金
执行副主编: 张　翼 杨世伟

# 当代中国社会结构变迁与社会治理

## Changing Social Structure and Social Governance of Contemporary China

主编/张　翼　副主编/张宛丽　罗　琳

经济管理出版社
ECONOMY & MANAGEMENT PUBLISHING HOUSE

**图书在版编目（CIP）数据**

当代中国社会结构变迁与社会治理/张翼主编. —北京：经济管理出版社，2014.9
ISBN 978-7-5096-3413-4

Ⅰ. ①当… Ⅱ. ①张… Ⅲ. ①社会结构—社会变迁—研究—中国—现代 ②社会管理—研究—中国—现代 Ⅳ. ①D66 ②D63

中国版本图书馆 CIP 数据核字（2014）第 229248 号

组稿编辑：陈　力
责任编辑：勇　生　高　娅
责任印制：黄章平
责任校对：赵天宇

出版发行：经济管理出版社
（北京市海淀区北蜂窝 8 号中雅大厦 A 座 11 层　100038）
网　　址：www. E-mp. com. cn
电　　话：（010）51915602
印　　刷：北京九州迅驰传媒文化有限公司
经　　销：新华书店
开　　本：710mm×1000mm/16
印　　张：29.75
字　　数：582 千字
版　　次：2016 年 4 月第 1 版　2016 年 4 月第 1 次印刷
书　　号：ISBN 978-7-5096-3413-4
定　　价：88.00 元

# 本书撰稿人

前　言：李培林
第一章：宣朝庆
第二章：张旅平、赵立玮
第三章第一节：李路路
第三章第二节：程金华、吴晓刚
第四章第一节：蔡禾
第四章第二节：张静
第五章：周雪光、练宏
第六章第一节：王星
第六章第二节：杨爱平、余雁鸿
第七章第一节：毛丹
第七章第二节：熊万胜
第七章第三节：陶郁、刘明兴、刘永东、陶然
第八章：吴清军
第九章第一节：吴忠民
第九章第二节：陈映芳
第十章：冯仕政
第十一章第一节：景天魁
第十一章第二节：胡薇
第十二章：童星
第十三章第一节：刘少杰
第十三章第二节：何明升

# 中国特色社会主义治理体系研究系列丛书
# 编委会

# 社会转型背景下的社会体制改革
# （代前言）

改革开放 35 年来的社会巨变，是由两个大转变构成主线的：一个是经济体制的转轨，即由高度集中的计划经济体制向社会主义市场经济体制的转变；另一个是社会结构的转型，即由农业的、乡村的、封闭半封闭的传统社会向工业的、城镇的、开放的现代社会转变，也就是工业化和城镇化的过程。经济体制改革为社会发展和社会结构转型提供了强大的动力，但与经济体制的转轨相比，社会结构转型是更加长期、更加深刻、更加艰难的转变。35 年来的中国经验充分证明，改革开放是坚持和发展中国特色社会主义的必由之路，中国未来的发展依然需要通过深化改革提供强大动力。随着改革的深入，我国已经从重点是经济领域的改革开放，进入全面推进改革开放的新阶段，加快推进社会体制改革，成为全面推进改革开放的重要内容。

## 一、我国社会结构转型的新特点

当前社会结构转型的一个最大特点就是不平衡。从经济结构来看，我国已经接近完成工业化过程，农业增加值在 GDP 中的比重已下降到 10%以下，但就业结构转变滞后于经济结构，在劳动力结构中农业劳动者还占 36%；而城乡结构转变进一步滞后于就业结构，城镇常住人口占总人口的比重还只有 53%，城镇户籍人口占总人口的比重只有 36%，从而呈现出工业化、非农化、城镇化逐次滞后发展的局面。

### （一）工业化、城镇化成为经济社会发展的双引擎

我国目前已经从一个具有几千年农业文明历史的农民大国，进入以城市社会为主的新成长阶段。这种变化不是一个简单的城镇人口比例的变化，它意味着人们的生产方式、职业结构、消费行为、生活方式、价值观念都将发生极其深刻的变化。在城镇化急剧推进的过程中，一方面，土地的集约使用和快速升值成为经济增长和财政收入的重要源泉；另一方面，围绕地产收益产生的利益博弈也影响到实业发展、生活价格稳定和利益分配的公平合理。所以，我国城镇化问题，处理得好，会成为推动未来 20 年经济社会持续发展的强大动力，处理得不好，就

会酿成泡沫经济、虚假增长和引发各种社会问题。

### （二）社会结构转型面临诸多转折点

一是工业劳动力供求关系面临转折点，在未来几年，由于农村富余劳动力老龄化，工业劳动力将由过去总体上的供大于求，转变为较为突出的结构性短缺，推动工业劳动力成本持续上升；二是社会负担系数变动趋势的转折点，由于人口老龄化的加速，改革开放以来持续下降的社会负担系数，将转变为上升趋势；三是根据工业化的一般规律，我国环境污染也面临转折点，如果不加大治理力度实现这种转变，由环境污染引发的社会问题将会大幅度上升；四是收入差距扩大的趋势处于转折点阶段，到 2012 年，中西部地区经济增长速度已连续 8 年超过东部地区，农民人均纯收入增长速度已经连续 3 年超过城镇居民人均可支配收入，能否实现收入差距的这种转折，现在进入关键阶段。

### （三）社会结构转型也面临诸多两难选择

一是改革的两难选择，不加快和深化改革，难以为社会结构转型提供持续的动力，但进一步的改革又不容易找到普遍带来收益的突破口；二是靠投资、出口拉动经济已难以持续，要更加依靠扩大国内消费提供新的动力，但国内消费由于收入分配、社会保障、公共服务等方面的原因短期内又难以快速增长；三是中西部地区的快速增长依赖承接产业的转移和资源的开发，但这与环境保护的要求有很大的冲突；四是城镇化过程中特大城市和大城市由于人口的集中面临各种承载的极限，而发展小城镇又面临土地集约使用、就业机会缺乏等难题。

## 二、加快推进社会体制改革的重要性和紧迫性

我国目前发展形势的一个重要特点，就是经济持续快速增长，政治总体保持稳定，但社会问题多发凸显。社会问题多发凸显的一个重要原因，就是经济社会发展的不平衡，社会发展滞后于经济增长，社会体制改革滞后于经济体制改革。

### （一）社会结构转型推动社会体制改革

当前，我国社会结构处于巨变之中，城镇化迅猛发展、劳动力供求关系深刻变化、老龄化加速、资源和环境约束趋紧、国内消费急需扩大等，这些挑战都严重制约着经济社会的可持续发展。这种巨变的规模之大、速度之快、影响之深前所未有，其形成的巨大压力推动、加快社会体制改革。

### （二）人民生活需求的提高要求社会体制改革

我国现阶段的主要矛盾，依然是人民日益增长的物质文化需要同落后的社会生产之间的矛盾，但在不同的发展阶段，这一矛盾的表现形式会发生很大变化。改革开放初期，这一矛盾主要表现为以生活必需品为主的商品短缺，随着商品市场的供求平衡甚至供大于求，这一矛盾更多地表现为公共产品和公共服务的供给不足。现在，随着经济的不断发展，人民的物质文化需要也快速提高，生活质

量、健康快乐、满意幸福、公平正义等成为人们新的需求。这些新需求的增长，要求加快社会体制改革。

### （三）利益格局的变动倒逼社会体制的改革

随着经济体制和社会结构的变化，社会流动加快，利益格局发生深刻变动。城乡、区域和不同社会成员之间收入差距不断扩大，阶级、阶层结构的变动形成许多具有不同自身利益的利益主体，非实体经济的发展使财富积累速度加快，劳动收益和资本收益差距扩大，一些地方的干部脱离群众也造成干群关系的紧张，这些都使利益格局复杂化，成为引发一些社会问题的深层原因。利益格局的变动对加快社会体制改革形成倒逼机制。

## 三、加快推进社会体制改革的核心议题

经济体制改革的核心议题是处理好政府与市场的关系，社会体制改革的核心议题就是要处理好政府、市场和社会三者之间的关系，就是要弄清楚哪些事务需要政府、市场和社会各自承担，哪些需要政府、市场和社会共同承担。

### （一）正确处理政府、市场和社会的关系

在计划经济体制下，政府不仅包办社会事务，也包办经济，但包办一切的结果，是损害了经济社会运行的效率。随着社会主义市场经济体制的建立，市场在资源配置中发挥了基础作用，资源配置效率大大提高。搞社会建设，也要充分发挥社会力量在民生建设、公共服务和社会治理中的作用。有些社会事务，是政府管不了也管不好的，是市场不管或管了也会扭曲社会事务的公益方向的，这就需要更多地发挥社会力量的作用。市场有个发育的过程，社会也有个发育的过程。因此，在提供公共服务和社会治理方面，在更多地发挥社会力量的作用的同时，还要强调政府的主体作用和市场的社会责任。

### （二）社会体制改革要以民生建设为基础

社会主义制度的优越性，归根结底要表现在以更快的速度增强国力和提高人民生活水平上。社会体制改革的根本目的，还是要改善民生。因此，社会体制改革要坚持不动摇、不懈怠、不折腾，不能脱离民生建设谈社会体制改革。与此相应，衡量社会体制改革成败与否的标准，就是要看是否有利于提高人民的生活水平和生活质量，是否有利于满足人民日益增长的物质和文化需求，是否有利于提高社会的运行效率和社会治理水平。

### （三）社会体制改革要注重加强和创新社会治理

改革、发展、稳定始终是我国在现阶段要处理好的最重要的一组关系。中国梦是民族的梦，也是每个中国人的梦。人们期盼更加富裕幸福的生活、更加公平正义的社会、更加美好光明的未来，也期盼更加和谐稳定的社会环境。社会已经发生了深刻变化，解决当前多发、频发的一些社会矛盾和社会问题，除了加强社

会治理，还必须在社会治理体制、社会治理方法、社会治理技术上有所创新，这是社会体制改革的一项重要内容。

## 四、加快推进社会体制改革的主要内容

加强社会建设，必须加快推进社会体制改革。要加快创新社会治理体制，加快形成政府主导、覆盖城乡、可持续的基本公共服务体系，加快形成政社分开、权责明确、依法自治的现代社会组织体制，加快形成源头治理、动态管理、应急处置相结合的社会治理机制。这些论述阐明了社会体制改革总的框架和内容。

### （一）加快形成全覆盖、保基本、多层次、可持续的社会保障体系

要逐步统一和完善国家机关、事业单位和企业的社会保险制度，整合城乡居民基本养老保险和基本医疗保险制度，逐步提高全国统筹层次。要扩大社会保障基金筹资渠道，建立社会保险基金投资运营制度，确保基金安全和保值增值。要进一步完善社会救助体系，健全社会福利制度，大力发展慈善事业。要积极应对人口老龄化，建立立足长远、基于精算、确保安全的养老保险基金和制度。

### （二）加快形成政府主导、覆盖城乡、可持续的基本公共服务体系

要以保障和改善民生为重点，大力促进公共服务均等化，全面推进教育体制、就业体制、医疗卫生体制等方面的改革。要大力促进教育公平，合理配置教育资源，解决进城农民工子女学前教育和义务教育问题，进一步完善农村中小学教育。要加快推进医疗服务、公共卫生、药品供应、监管体制综合改革，为群众提供安全有效、方便高质、价格合理的公共卫生和基本医疗服务，继续深化公立医院改革。要加快健全人力资源市场，完善就业服务体系，增强就业培训的可及性和有效性。要扩大公共产品和公共服务领域的社会开放，鼓励和引导社会力量兴办教育，鼓励社会办医。

### （三）加快形成促进社会和谐、维护公平正义、激发社会活力的社会利益调节机制

要深化收入分配制度改革，努力实现居民收入增长与经济发展同步、劳动报酬增长与劳动生产率提高同步，提高居民收入在国民收入分配中的比重，提高劳动报酬在初次分配中的比重。建立工资与物价挂钩的正常增长机制，建立个人所得税与家庭消费挂钩的税收减扣制度，建立个人收入和财产的申报登记制度。建立公平合理的收入分配秩序，保护合法收入，增加低收入者收入，调节过高收入，取缔非法收入。健全以财政税收、社会保障、社会福利、慈善事业等为主要手段的再分配调节机制，促进社会公平。健全和完善公民合法财产保护制度，加快改革土地征用、房屋拆迁等制度，坚决遏制对群众合法权益的侵害。健全劳动标准体系和劳动关系协调机制，推行企业工资集体协商制度，加强劳动保障监察

和争议调解仲裁，构建和谐劳动关系。

**（四）加快形成政社分开、权责明确、依法自治的现代社会组织体制**

要完善相关法律法规，建立社会组织直接向民政部门依法登记制度，促进社会组织的发展，重点培育、优先发展行业协会商会类、科技类、公益慈善类、城乡社区服务类社会组织。要从我国国情出发，更好发挥基层社区自治组织的作用，使社区成为把问题解决在基层和贯彻群众路线的重要渠道；要更好发挥事业单位的作用，建立满足公共服务需要、精简高效的现代事业组织体系；要积极实现工会、妇联、共青团、科协、文联等人民团体的职能转变，更好地发挥提供服务、反映诉求、化解矛盾的作用。要逐步推进行业协会商会与行政机关脱钩，探索一业多会，强化行业自律。要加强对各类社会组织的依法监管，打击邪教组织、黑社会组织、非法传销组织和社会敌对组织，保证社会组织的健康发展。

**（五）加快创新社会治理体制**

要逐步形成城乡统一的户籍管理体制，完善和创新流动人口和特殊人群管理服务。要完善公共安全体系和企业安全生产体系，遏制和杜绝重特大生产安全事故、食品药品安全事故和环境安全事故。要完善立体化社会治安防控体系，强化司法基本保障，依法防范和惩治违法犯罪活动，保持良好的社会治安秩序。要加快形成源头治理、动态管理、应急处置相结合的社会治理机制，增强重大事件的应急处置能力，坚决打击宗教极端主义、民族分裂主义和国际恐怖主义，确保社会的和谐稳定和长治久安。

# 目 录

# 第一章 中国社会变迁与社会建设和治理思想的演进

一个多世纪以来，中国历经国家建设和经济建设的伟大时代，正在转入社会建设的重要时期。为了完善这一崭新的国家治理共识，学术界积极借鉴中国历史上社会建设的相关思想资源和实践智慧，并取得了一些成绩。目前该领域的研究成果主要集中在宋朝和近代以来两大时期，“但还是存在浮于表面、大而空的问题，对史料的运用和对历史背景的分析都比较欠缺，中国历史上各个时期的社会建设思想与实践研究有待加强”（王贞，2011），尚难以回答中国社会建设的本质与内涵、形态与机制、动力与基础等深层次、根本性的问题。本书试图对中国社会建设基本历史进程和特征问题做一个整体视角的分析，揭示中国社会建设的文化禀赋与结构限定，深化对中国特色社会建设和治理的经验认识。

## 第一节 社会建设和治理的起源与农村社会建设

中国最早的社会建设，从文字记载来看，要算《尚书·尧典》的记载。该篇文献歌颂帝尧“钦、明、文、思、安安，允恭克让，光被四表，格于上下。克明俊德，以亲九族。九族既睦，平章百姓。百姓昭明，协和万邦。黎民于变时雍。”九族是指帝尧的氏族成员，百姓是指其他氏族长，万邦是天下各部落。也就是说，这个时期的社会建设，以秩序为轴，以帝尧的个人道德与人格魅力为基础。他对本族成员表示亲爱，对其他氏族辨明大小、强弱予以分别对待，对天下万国予以协调。所以整段的意思是说，帝尧恭敬节俭，明察四方，善理天下，道德纯备，温和宽容。他忠实不懈，又能让贤，光辉普照四方，思虑至于天地。他能发扬大德，使家族亲密和睦。家族和睦以后，又辨明其他各族的政事。众族的政事辨明了，又协调万邦诸侯，天下众民也相继变化，友好和睦起来。在帝尧之后，国家行政机构逐渐周密、完备，帝舜时期已有总百官、度百事的四岳，有专司工程建设的禹、管理农业生产的稷、教化人民的契、掌管刑法的皋陶、主管工艺的共工、管理山林川泽的益、司礼仪祭祀的伯夷等。《帝尧》的作者认为国家机构到帝舜时期已趋完备，这一见解是很值得参考的，因为舜之后就是夏朝了。

其实，中国社会建设早在农业社会之初已经萌动。从考古发掘来看，我们祖先在新石器时代早期即开创了农业文明。当时所用工具极为简陋，生产工具不外乎清除杂木的斧锛，挖泥起土的铲锄，收割禾穗的刀镰。先秦文献经常提到早期的农业生产工具是耒和耜。《易·系辞传》曰："神农氏作，斫木为耜，揉木为耒，耒耜之利以教天下。"依靠简陋的工具，先民在北方种黍稷，南方种稻米，发展农业生产。稍晚的文献《诗经·大雅》"公刘篇"提到农业社会建设的基本过程。公刘是周人的先祖，周族在公刘的领导下实现从游牧民族到农业民族的转型，在社会建设上出现氏族村落公社的组织，公社由各家族组成，实行土地公社公有制，由公社长定期分配，各家族去耕种经营；公社的公共费用，则向各个家族定额征取（吕振羽，2001）。公刘再经十一世才出现军事领袖文王，"文王受命，有此武功"，周族也才建立国家。因此，从周族的发展历史来看，农业社会建设的过程要早于国家的出现。

早期国家的产生伴随着一个社会建设的过程，这可以从《礼记·礼运篇》关于大同与小康的描述中获得一个大致的印象。在大同社会中，私有制的国家尚未出现，人不独亲其亲，不独子其子，鳏寡孤独废疾者皆有所养，货不必藏于己，力不必为己，盗窃乱贼而不作，领袖由选举产生。小康社会时期则已经进入了国家阶段：①"天下为家。各亲其亲，各子其子，货力为己"。②"大人世及以为礼"。③"城郭沟池以为固"。④"礼义以为纪"。在国家时期，血缘家族取代了原始社会的单位，近亲关系密切，氏族（大族群）相对疏离。统治者职位世袭，统治机构被少数家庭垄断。从夯筑城郭、开挖沟池的角度来看，国家行政组织发达，在控制资源、人力等方面表现强而有力。这也就是《周礼》所描述的"惟王建国，体国经野"的时代。虽然这里的大同、小康只是后世思想家的追记，作为两种社会理想的经典概括，不能理所当然地被视为实际社会发展的两个阶段（王处辉、胡翼鹏，2005），但它浓缩反映了国家出现前后历史转变的基本过程，也可以从中发现农业社会建设在这两个时期的显著不同。

大同、小康社会的转变，基本可以用考古发现中"仰韶文化"向"龙山文化"的转变来印证。在这一时期，农业生产力普遍提高，整个社会相对富裕起来，社会内部发生了显著的贫富分化，这种分化差别得到礼法的承认和肯定，也就是《礼记·礼运篇》中所讲的"礼义以为纪"。礼法的施行使社会秩序较为稳定，这无疑是一个社会建设的过程。众所周知，龙山文化时期中国已进入了"城邦时期"，也就是相关史籍中号称的"万国"，各个城邦之间差别不大，这是早期国家的基本特征。从古文化到古城，再发展到古国，也就是我们历史上所能见到的夏朝了。[1] 夏朝以后各城邦差距拉大，呈现等级状态，反映出封建等级秩序。“这是中国政治社会演进的一大关键，国家基本在这时孕育完成，人们不像早期农庄汲汲于食粮的获得，而更重视社会阶层秩序的处理，有这么‘庞杂’的组织才好重新分配资源”（杜正胜，1992）。在各城邦内部，等级地位成为最重要的分类指标，政治上的“贵”高于经济上的“富”，成为社会价值标准。为此，城邦中出现了用以分别的规范——“礼”，与之相适应，青铜礼乐之器和兵器、车马、服饰等构成区别身份礼制的主要器具。社会秩序的维持和运行需要靠一整套的“礼”，说明社会发展已经进入到社会建设的地步。夏商周之后，我国农业社会延续至今，社会建设也主要是围绕着农村社会建设展开。

## 第二节　社会建设和治理的人文思想与价值重建

人文思想在中国历史上占有特别重要的位置。纵观世界历史，当社会发生重大动荡、灾难时，社会思想往往发生逆变，向宗教思想依归，这种情况在中外历史上都存在过。但相比而言，中国社会思想的发展是以人文思想为主流，宗教思想仅属支脉，特别是我们的人文思想发展甚早，自西周初年已经开始探索，至春秋中期更是系统发展，百家争鸣，于是奠定了中华文明的基础。所以有不少学者认为，“中国丰厚的文化传统和大量社会历史实践，包含着深厚的社会思想和人文精神理念”（费孝通，2003）。以人为中心，承认人的价值，维护人的尊严，保障人的权利，以及由此而发生发展的民本思想、平等思想是中国人文思想的核心内容（赵旗，2002）。有学者已经指出，民本是中国古代社会建设的基础（陈天林，2006）。这种说法是否允当尚待商榷，除了民本之外，贵公、无为等思想均对社会建设有重要作用。总之，中国历史上的社会建设确是以人文思想的高度发达为基础的，而在发生发展的基本过程中，它以人文思想为先导，以社会价值重建为引领。

民间自觉的社会价值重建最早可追溯到春秋战国时期，在宋朝和民国时期都形成了高潮。礼治社会秩序到春秋中后期发生了严重的社会问题，社会思想家纷纷以社会价值作为社会重建的出发点。上文提到的《礼记·礼运篇》的作者认为社会无道，其根源在于“私”，人人各亲其亲，各子其子，货力为己，统治者以世

---

① 考古学家苏秉琦在 1985 年提出，古文化（指原始文化）、古城（指城乡最初分化意义上的城和镇）、古国（指高于部落的、稳定的、独立的政治实体）这三个阶段，是文明起源的逻辑的、历史的过程。参见俞伟超：《本世纪中国考古学的一个里程碑》，载苏秉琦《中国文明起源初探》，生活·读书·新知三联书店，1999 年。

袭权位强势介入财富分配，以战争争夺土地、人口等资源。社会秩序要恢复常态，必须重新信奉“天下为公”，弘扬公共服务，土地公有。其实在这一时期，“立公灭私”成为一种重要的思潮（刘泽华，2003）。孔子观察到，社会财富积累与集中已经到了非常危险的程度，严重破坏社会稳定与社会和谐，因此他警告，“吾闻有国有家者，不患寡而患不均，不患贫而患不安。盖均无贫，和无寡，安无倾”（《论语·季氏》），要求人们思考在各阶层、各群体之间按照公平合理的原则分配生产成果的问题，主张社会价值应该注重“仁”、“均”、“和”、“安”。老子同样提倡这种“公”的价值观，特别主张统治者应该“生而不有，为而不恃，功成而弗居”，做人民公仆。对于整个社会而言，老子希望人们能够放弃自私自利之心，获得心灵的解放，重返自然无为的状态。在村落邻里层面上，老子提倡小国寡民，所谓“邻国相望，鸡犬之声相闻，民至老死不相往来”，追求村落的和谐安定；而孟子主张村落中应该“乡田同井，出入相友，守望相助，疾病相扶持”，提倡互助合作，这些都是宝贵的社区建设思想。思考合理分配，关怀民生，建设美好的生活社区，提供能够满足人民基本生活需要的公共服务，正是社会建设的核心内容，社会建设与治理由此进入了新的探索时期。从这里开始，中国社会建设与治理的历史和社会建设与治理思想的发展有了比较明确的历史记载。从春秋中叶至汉初，这些思潮演化成奔流不息的社会运动，最终成为社会发展和制度建设的重要选择，为汉朝社会制度的建立奠定了基础（宣朝庆，2012）。

除了“公”之外，还要重视“安”的重要意义。中国传统社会注重“安”，而不重视“强”，追求个人“自安”，彼此“相安”，国家“治安”，这是与社会建设密切相关的价值领域。上文所引《尚书·尧典》中，首称“钦、明、文、思、安安”，安安者，安其所安，社会建设与治理的成绩，就在于百姓安宁和乐。孔子祖述尧舜，继承了这一思想，“修己以安百姓，尧舜其犹病诸”，百姓之安正是尧舜这样的明君汲汲所求的，所谓“仁”、“均”、“和”，无非都为了个“安”字。中国社会建设与治理离开了“安”的价值目标，就失去了基本方向。老子对此也深有体悟，建议统治者“治大国如烹小鲜”，无为而治，少事方可相安。儒道两家思想在中国历史上影响最为深远，以至于后来的社会建设与治理思想深受“安”的影响。汉代以后，中国各民族交往频繁，混处杂居，只要不凌驾于上，都能相处相安，彼此融合。各种宗教辐辏中土，只要相安，皆可容纳，听其流传。现在中国人所供奉的神明不可胜数，所信仰的神明也不分国界，都是因为能够相安的缘故。出于对“安”的重视和追求，中国的家族组织是均富式的，父子夫妇互相有“共财”的权利义务，伯叔兄弟子侄以至于同姓、亲戚各以亲疏远近，互相有“分财”、“通财”的权利义务，甚至这个范围可以涵盖朋友。“修己以安人”，有财力者负有助人以安的义务，因家族亲戚朋友关系，互相救济，消减了社会乱源。

中国历史上，社会价值建设的另一个重要内容是反对等级制，提倡人人生而平等。平等作为一种思想资源，在春秋以前非常稀少。但是自墨子提出“非命”说之后，宿命论的桎梏逐渐瓦解，平等思想慢慢衍生为社会所接受的重要思潮，经历汉代至唐朝道教、佛教等文化运动的推动，到宋明时期基本确立了“人皆可以为尧舜”的观念。人生而平等，且具有很强的可塑性，这一点对于中国社会和政治行为有着巨大的影响。两千多年来，中国人基本认为“人之初，性本善”，一个人的社会本性比他的动物需要更容易受到环境的影响，应该强化道德教育，塑造人的社会本性，应该以教育作为社会控制和解决社会政治问题的重要方法。从汉代开始，政府兴办学校，建立健全教育体系，到唐朝则催生了文官考试制度，为社会平等和社会流动奠定了制度基础。同时，在儒家的倡导下，国家重视历史工程，撰写历史著作，从过去的历史中发掘道德典范，作为上层阶级和普罗大众效仿的榜样，也有助于社会教育的进步和平等观念的发展。宋朝以后，世家大族消亡，农村社会形成地主和平民两大阶级，社会对平等的追求更为强烈。在此基础上，“民胞物与”思想成为宋明以后重要的社会理想，把平等的价值与社会建设最终结合了起来，并在制度上发展出平民家族、乡约等形态，形成了关学、泰州学派等社会建设运动。

关于社会价值与社会治理关系的研究还有待进一步深入。不仅历史上的社会价值需要重新研究，现阶段社会建设与治理过程中的社会价值研究也需要尽快展开。当前的社会建设以社会主义现代化为目标，开展全面小康社会、和谐社会建设，以“共富”、“和谐”为宗旨，但相关内蕴价值还需要进一步明确和完善，增强操作性，以作为社会治理各方面政策的基础。特别是近年来社会价值缺失问题已经成为重大社会问题，其所引发的贪污腐败、质量安全、商业诈骗、风俗败坏等问题屡屡成为社会舆论的热点话题，政府和学术界更应该在这个方面多有着力。

## 第三节 知识阶层在社会建设和治理及其思想演进中的地位

在西方近代资本主义社会发展的过程中，社会建设以资产阶级为主力军，知识分子担任文化建设的重要角色，弘扬民主、平等、自由、博爱等理念，给予资产阶级以有力的配合，促成封建社会向资本主义社会的转型。中国知识分子自古以来就是社会建设的主力。孔子有弟子三千，带领庞大的学术团队周游列国，推行仁、礼、正名等社会治理理念，普及社会教育。孟子与他的学生提倡社区合作，研究“井田制”，为后世“均田制”等社会政策的出台提供了思想资源。理学家张载、吕大钧、朱熹等提倡平民家族、乡约，对宋明以后的知识分子影响巨大，在引导知识分子群体开展社会互助合作、推动民生政策发展等方面，都有相当大的贡献。这些知识分子站在广大人民群众的立场上，把自身的荣华富贵放在一边，思考国计民生的严肃问题。这是中国历史的优良传统，延续两千余年而不绝。

近代以来，中国知识分子在社会建设方面居于核心地位。清末以降，知识分子群体在西学影响下，提出共和国理想，提倡民主、科学，发起革命运动和社会运动，组建现代政党，一直走在社会建设的前沿。特别是 20 世纪 20 年代之后，知识分子对社会建设形成完整的思想和实践体系。他们应对乡村危机，发起民间乡村建设运动。当时全国各处乡村建设团体和机构达 600 多个，各地设立实验区 1000 余处，其中知识分子团体占了大半，梁漱溟的邹平实验和晏阳初的定县实验为当时乡村建设的重要典范。在这些运动中，知识分子依靠现代知识，兴办教育，改良农业，激活金融，推动合作，办理地方自治和自卫，建立公共卫生保障制度，以及整顿村风民风、移风易俗。就其成绩而言，他们能够从各地实际情况出发，探索适合本地发展的路子，将现代生活方式推广到农村，使农村社会建设取得了较好的成效。20 世纪 40 年代，知识分子群体以社会学界为核心，提倡社会建设研究，在社会政策发展方面提出重视民生、城乡并重、分类推进的基本思路，可惜受到社会环境的影响，其研究仅昙花一现，没有结出丰硕的果实，也没来得及验证（宣朝庆、王铂辉，2009）。

当代中国社会建设处于发展中国家追求现代化的场域中，这种现代化的一个重要特点是国家担当现代化建设的支柱力量，具有独立的目标和计划（宣朝庆，2012）。因此，正如我们所见，无论是经济建设、政治建设、文化建设还是社会建设，国家始终处于强力规划、指导的地位，政府主导、社会参与是其重要特征。但是，就社会建设本身而言，目标的达成必须有社会运动予以配合，社会大众要对社会建设的价值内涵予以共鸣、体认与深度反应。目前我们在这个方面还存在不小的差距，其中原因很多，而知识分子这样一个具有广泛号召力的阶层没有积极行动起来，恐怕是一个不容忽视的重要因素。当前社会建设得到党的重视和政府倡导，知识分子群体应该利用好机遇，积极开拓思路，探索参与的机制和方法，在小康社会建设、和谐社会建设、诚信社会建设、环保社会建设、新农村社会建设、社会建设和社会自治等方面做出自己的贡献。而政府也应该在社会建设人力资源的职业化、专业化、社会化发展等方面拿出更多办法，为知识分子参与社会建设提供良好的体制和机会。

# 第四节 低度整合社会中的社会建设和治理

社会结构特质决定了社会建设与治理的基本形态是社会建设与治理必须解决的基本理论问题。20世纪在有关乡村建设和社会建设的理论思考和实践中，已有不少学者探讨过中国社会基本结构的问题。首先是梁漱溟先生对中国农业社会结构与性质的认识。他认为，传统中国的社会结构与西洋最主要的差异，在于个人、家庭及团体三者之间：西洋的团体与个人两端强大，中间的家庭相形见绌；中国则刚好相反，团体与个人不彰，家庭则分外显著。对照中西社会，团体和个体在西洋俨然两个实体，而家庭几若虚位；中国人则从中间就家庭关系推广发挥，而以伦理组织社会消融了个人与团体这两端。所以，中国是家族制特征显著的伦理本位社会（梁漱溟，2000）。其次是费孝通先生对传统中国乡土社会的认识，即中国政治“一方面在精神上牢笼了政权，另一方面又在行政机关的范围加以严重的限制，那是把集权的中央悬空起来，不使它进入人民日常有关的地方公益范围之中。中央所派遣的官员到知县为止，不再下去。自上而下的单轨只筑到县衙门就停了，并不到每家人家大门前或大门之内的”（费孝通，1948）。这种情况也是传统中国社会的常态，自汉代黄老无为政治之后在政治上就一直把它作为理想政治，“君子之为治也，块然若无事，寂然若无声；官府若无吏，亭落若无民……”（《新语·至德》）。一旦政府为了自己的需要把权力的爪牙伸向乡村内部，就会激起抗拒。如唐两税法之后，柳宗元曾重批胥吏上门扰民，并作《捕蛇者说》；当时亦有批评说，“所繇入乡村，是为政之大弊。一吏到门，百家纳货”（《全唐文》卷715，韦处厚《驳张平叔粜盐发议》）。基本而言，传统社会呈现出个人自利、村落自治、政府无为的结构样态，社会建设与治理是在社区、宗族层面展开的。

张德胜在《儒家伦理与社会秩序》一书中引进了“低度整合社会”概念，把中国传统社会的上述特点巧妙地涵括了进去。他指出，“所谓低度整合，主要是从两个方面来讲：一是政府与社会处于相当隔离的境况，彼此相安无事；二是社会由‘家庭群体’凑合而成。所谓家庭群体，包括核心家庭成员、近亲、远亲，乃至于毫无血缘或姻亲关系但与核心家庭成员熟稔被吸纳为家庭群体一分子的人。这些构成社会的基本单元彼此之间也甚少牵涉，互不往还”（张德胜，2008）。低度整合特征的理论来源是布拉克（C.E.Black）关于整合社会的描述，是对布氏现代化理论的政治方面和社会方面进行的剪辑与综合。布拉克认为现代化在政治方面的重要特征之一是人民对公共事务的积极参与，在社会方面的重要特征则是以孤立的个人为构成社会的基础，人民的流动性增加，地域的归属感（乡土观念）减少，与团体、阶层的联系减少，每个人都以平等的机会在社会上自由竞争。低度整合理论则认为，中国传统社会的第一个特点表现在，政府和民间社会各有分限，设法不让对方闯入，也没有想到要扩充地盘，从而保持着相当隔离的状态。第二个特点是，支配着民众的是一种家庭优先、功利至上的“功利家庭主义”价值取向和行为模式，民众不大参与社会事务，公德心很低，为个人或家庭利益而破坏社会公物的例子屡见不鲜。但是，个体的自私自利终究难以应付生活千变万化的问题，必然产生合作与互助的需求，进而促成社会建设行动。

受进化论的影响，不少学者期待经过社会建设，使中国社会从农业社会转型为都市社会。用低度整合的概念来看，社会建设的目的就是从低度整合转型，产生一个团结协作、经济发达、生活幸福的新社会。鉴于人类社会发展的历史，单纯强调社会从低度整合向高度整合转型是有问题的提法。战国时期的秦国是一个彻底贯彻法家思想、高度整合的社会。君主通过权势和御臣之术控制官僚机构，进而利用“法”控制人民，把全国的百姓都纳入耕战的团体。秦法以张扬公领域，消灭私领域，人民完全成为君主手中的自有流动资源，而丧失了人格与自由。改革开放之前，农民完全束缚于人民公社，城市户口居民成为单位中的一员，均是高度整合的状态，却并不符合人民的意愿。同时，还要注意到，社会建设往往发生在政治整合失效或弱化的时期，也就是高度整合向低度整合的逆转时期。近代以来，中外历史上的社会建设证明了这一点。民国时期的乡村建设发生在中央政权更替、衰弱之时，韩国的“新村运动”也出现在日本帝国主义殖民统治消灭之后。因此，从中国历史经验来看，社会治理是政治高度整合弱化后社会建设时期的必然选择。

借鉴张德胜等的研究思路，我们也应该认真提问：目前的社会建设将走向何方？环顾现实和学术前沿，我们要达到一个什么样的社会状态，还有待于进一步的思考和理论阐述。这取决于我们对现代社会特征的认识，以及社会主流理想、文化传统等因素的诉求。

对比“低度整合”的理想型，目前中国社会已经有所变化，主要表现在国家对社会的控制经历了由强化到弱化的过程。整个 20 世纪，正如杜赞奇所言，“国家政权建设”改变了中国农村社会中的政治、文化及社会联系。国家权力对社会和经济生活各个方面的控制渐渐加强，“国家政权扩张的一个重要方面——深入基层和吸收下层的财源——在这整个时期却基本上没有中断。所有的中央和地区政权，都企图将国家权力伸入到社会基层，无论其目的如何，他们都相信这些新延伸的政权机构是控制乡村社会的最有效的手段”（杜赞奇，2003）。在改革开放以前，国家以计划经济、政治运动和城乡二元结构的方式进行社会控制。但在改革开放以后，随着人民公社的取消，土地制度、国有企业、劳动制度、社会保障制度等改革，改变了工人、农民与国家的依赖关系，国家不再是唯一的资源控制者，尤其是非公有经济（外资、私企、个体户等）蓬勃发展，削弱了国家对工人与农民的人身控制，政治动员更多地让位于舆论引导和以市场为中心的资源配置。但是作为一种权力运行的习惯，政府仍然希望在社会资源配置中发挥强势或主导作用，这是不容忽视的现实。同时，户籍、城乡二元结构等很多制度性的限制也仍然挥之不去，以法律、制度的刚性阻碍着市场配置的社会整合作用。因此，我们现在的低度整合社会表现出一些新的特征，市场经济在社会分工和有机团结中表现“抢眼”，但不尽如人意；政治惯性依然力量强大，欲有所为；同时，社会发育的团体性弱，家庭居于重要地位，个人很少能扮演社会主体角色。

上述国家与社会关系中的变与不变对于社会建设与治理而言，具有非常重要的意义。对于当前的社会建设，我们是否可以从低度整合的社会现实出发，探索社会建设的理想形态和建设途径，是一个值得重视的问题。在具体的建设与治理过程中，一方面要发挥政府在社会建设中的主体优势，另一方面也需要加强中介团体的作用，克服民间社会自身整合能力差的问题，提高社会建设的水平。

综上所述，社会建设与治理的“中国特色”可从文化传统和社会结构两个方面来把握。无论是传统社会建设与治理，还是近代以来的社会建设与治理，在思想与实践层面都与中国文化传统、知识群体的公共精神有着莫大的联系。同时，社会结构在各个时期的发展变动，带来种种社会问题，也构成了社会建设与治理的基本需求，刺激了社会建设与治理思想的发展。但是，在社会结构的变动中，农业社会及其低度整合特性始终是社会建设的重要场域。

由文化传统的发展和社会结构的演变可以较为清楚地把中国社会建设与治理划分为春秋中期至汉唐、宋朝至清末和近现代三个时段。爬梳中国社会思想，春秋战国时期发展出的小国寡民、小康社会、和谐社会、正义社会等社会建设与治理思想，与汉代的巨型国家社会建设与治理理念一起，构成古典社会建设与治理理念，影响至唐朝。宋朝是社会建设与治理思想的新起点，儒学思想家在古典社会建设与治理理念的基础上继续发展和谐社会和正义社会的建设与治理思想，并在乡村社区建设方面进行了实践性的探索。民国以来，现代社会建设与治理思想蓬勃发展，20 世纪二三十年代出现民国乡村建设运动，20 世纪 40 年代则提出了工业化时期的社会建设思想等。

从社会运动与社会建设、治理的关系来看，知识分子阶层是社会建设、治理思想和实践的主力军，他们自觉地代表平民的社会建设需求，担当公共知识分子的角色，从春秋战国时期到现代，一直活跃在社会建设与治理思想发展的前沿，无论是小康社会、和谐社会还是正义社会、乡村社区建设思想，都与他们有关。为了社会建设，他们屡屡发起社会运动，春秋战国时期表现为百家争鸣，宋明时期则有乡约、平民家族、义仓、义学等活动，民国时期有乡村建设运动等。正是由于知识分子群体的特性，中国社会建设表现出价值建设（文化建设）引领社会建设的特点。知识分子的团体提出社会理想，发起社会运动，推动社会的价值创新，带动社会建设、治理思想和实践的发展。

搞清楚中国社会建设与治理的历史特征，可以发现社会建设与治理在社会发展中所占据的重要地位。21 世纪以来，社会建设研究领域有一种假设，认为社会建设不过是对社会秩序破坏或经济进展到一定阶段的一种纠正、补充或发展。而从中国社会建设、治理的历史来看，社会建设与治理是社会起源的一类重要形式。社会除了自然起源之外，还有建设与治理的起源。人类在发展的过程中，根据社会现实需要，不断地按照已有的经验、制度和某种理想，对社会的一部分或整体进行建设或修正，以维持政治经济秩序的运行，这就是社会建设与治理。所以，如果把社会看作一个不断发展演变的历史产物，从后向前回溯，可以发现，人类对于社会的主动建设与治理是社会发展、转变的重要根源。我们今天的社会靠的是古代积累下来的文化和经验，而我们今天所从事的社会建设、治理也将构成未来社会发展的形态和基本结构。

社会存在本身也决定了社会的建设与治理起源。社会的基本目的是为人的生活提供个体在生理上所欠缺的那种可靠的结构。就个体而言，这种结构可以用以满足基本生活需求；从群体而言，这种结构提供的是群体发展所必需的基本公共服务。但是，社会具有天生的不合理性，必然产生社会建设与治理的需求。进而言之，有什么样的社会，就会产生相应的社会建设。在一个农业社会长期存在的社会里，它的社会建设与治理必然是围绕着农业社会生活生产而展开的，由此而持续地创造社会、建设社会。

但是，社会作为先于个人而存在的实在，往往强迫个人服从它的存在逻辑，因此社会建设与治理并非易事。它需要人类的心智发展到一定阶段，具备相当的自我反思能力才能够谋划社会建设、治理。也就是说，只有人们在感觉到社会不适、不快，开始反思社会时，才能提出新的社会理想，产生改造社会的愿望，逐渐汇集成社会建设与治理的动力。因此，从基本逻辑来看，社会建设与治理最初是从个人的体验开始的，然后汇集成集体的思想，形成某种社会运动，达成社会建设、治理的诉求和实践。中国社会建设与治理的历史进程充分说明了这一点。

**参考文献**

陈天林：《中国社会建设的历史经验》，《科学社会主义》，2006 年第 5 期。
杜赞奇：《文化、权力与国家》，王福明译，江苏人民出版社，2003 年。
杜正胜：《古代社会与国家》，台北允辰文化出版公司，1992 年。
费孝通：《试谈扩展社会学的传统界限》，《北京大学学报》，2003 年第 3 期。
费孝通：《乡土重建》，上海观察社（中国香港凤凰出版社重印），1948 年。

梁漱溟:《中国文化要义》,上海学林出版社,2000 年。

刘泽华:《春秋战国的“立公灭私”观念与社会的整合》,《南开学报》,2003 年第 4–5 期。

吕振羽:《周人国家创设的过程》,载《吕振羽集》,中国社会科学出版社,2001 年。

苏秉琦:《中国文明起源新探》,生活·读书·新知三联书店,1999 年。

王处辉、胡翼鹏:《论传统“大同”与“小康”的理想社会秩序观》,《南开学报》(哲学社会科学版),2005 年第 2 期。

王贞:《中国社会建设研究回顾与反思》,《河北师范大学学报》,2001 年第 7 期。

宣朝庆:《百年乡村建设的思想场域和制度选择》,《天津社会科学》,2012 年第 3 期。

宣朝庆:《春秋至汉初的社会价值重建》,《人文杂志》,2012 年第 3 期。

宣朝庆、王铂辉:《20 世纪 40 年代中国社会建设思想的形成》,《中国社会科学》,2009 年第 6 期。

俞伟超:《本世纪中国考古学的一个里程碑》,载苏秉琦《中国文明起源新探》,生活·读书·新知三联书店,1999 年。

张德胜:《儒家伦理与社会秩序》,上海人民出版社,2008 年。

赵旗:《中国传统人文思想的基本特征》,《学术月刊》,2002 年第 5 期。

# 第二章　西方社会变迁与社会治理思想的演进

社会治理是人类走向文明的体现。从古至今，人类形成了各种各样的社会治理实践、思想和模式。就西方而言，其社会治理思想主要源于希腊—罗马文化和犹太—基督教文化，并经过复杂漫长的融合、创新和演变之后，于近现代逐渐成熟起来。总体来讲，现代西方社会是一个法治的民主社会，它的管理自然也是围绕这一核心展开的。其特点是把人权或公民权利的发展放在突出的位置，强调自由与秩序的适当平衡。社会治理被认为是一种把“传统人”转变为“现代人”的“规训”过程和“文明进程”。

由于当代西方社会是一个非总体性的分化和分工相当精细的社会，因此，严格地讲，它们并没有我们今天所使用的综合性的“社会治理”一词，而只有 Administration（侧重于行政管理、公共管理）、Management（经济管理、工商管理或企业管理）、Governance（政治学意义上的治理），以及与此相关的 Social Control（社会控制）和 Regulation（调控、监管）这样一些概念。当然，尽管如此，如果我们认真考察的话，也能够在西方人管理实践和理论中挖掘出“社会治理”的某些制度和思想。只不过由于文化价值取向的差异，其理念、方法和实践往往大不相同。

## 第一节　西方社会治理的基本取向：自由与秩序的平衡

自由是西方的“最高政治目的”（赫尔德，2004）。作为“一种文明的造物”，它把人从具有反复无常要求的小群体的羁绊中“解放出来”。然而，如哈耶克所言，自由之所以成为可能，“是经由那种同时也是自由之规训（the discipline of freedom）的文明之规训（the discipline of civilization）的进化”造就的。也就是说，“我们之所以享有自由，实是因我们对自由的约束所致”（哈耶克，2000）。因此，社会秩序，“作为为其他一切权利提供了基础的一项神圣权利”（卢梭，

1982)，与自由同样具有最高的价值。两者既有张力，又相辅相成，并在法治下“开放且抽象的社会”趋于适当平衡。这既是现代西方社会本身持续稳定的内在原因，也是其社会治理所追求的最高境界。

## 一、西方社会治理的发展向度：英美传统与欧陆传统

在西方，自由与秩序关系问题由来已久。远在古希腊，通过修昔底德(Thucydides，1972)、柏拉图（2002)、亚里士多德（1981）等的著作，我们知道，“古典时期”(Classical Period，480~323BC）的雅典人（公民）曾经享有较高的“自由”。[①] 他们可以直接选举城邦的领导和“法官”，民主制定法律，共同参与城邦管理。类似地，共和时期的古罗马人（公民）通过“宪政”(西塞罗，2002）也反映出他们具有一定程度的自由（尽管罗马人在公法上的法治建设远非私法那么出色)。因此，“自由”早在古典时期就已成为重要的社会政治文化取向。这是一种虽不安定但却充满活力和创造性的因素，对后世西方社会治理产生深远影响。不过，按照贡斯当（2003）的说法，希腊—罗马的这种自由只是“古代人的自由”，而不同于“现代人的自由”。因为这种自由主要表现为公民“以集体的方式直接行使完整主权”。因此，它本质上是一种“集体性自由”，其类似于后来托克维尔（1992)、韦伯（2005）等所说的共同体式的“自由”，或斯金纳(2003）所言的“自由主义之前的自由”。换言之，它只是政治自由，不是“个人自由”。古代人不仅没有现代西方人所享有的那种自由人权或个人独立性，而且所有私人行动和领域“都受到严格的监视”，甚至干预。在这种情况下，“个人以某种方式被国家所吞没，公民被城邦所吞没”(贡斯当，2003)。

由此，我们看到，在古典时期，一方面是“集体性自由”，另一方面是个人为共同体所吞没。不过，如贡斯当所言，当时人们觉得承认个体对共同体权威的完全服从与这种自由之间没有什么不容之处。大概除了柏拉图等极少数人外，雅典人并不认为苏格拉底之死是现存管理范式和社会秩序本身出现问题。这表明，即使在开明的城邦，自由也不能超越“集体性自由”的范围，它必然受到特定的宗教秩序以及受此影响的熟人社会习俗的约束，否则必受惩罚（如苏格拉底之死便是如此，他反荷马向度的文化最终受到惩罚)。尽管在希腊古典时期“以哲学发展为秩序的符号”开始兴起（Voegelin，2000)，但传统宗教秩序仍在发挥强大的作用。这种秩序作用就在于它们给现世或人们带来确定性和意义，也就是持续

① 亚里士多德说：希腊“平民主义政体的精神为‘自由’。通常说每一平民政体莫不以自由为其宗旨”(1981：卷六 1317a40–1318a10)。需要指出的是，这种“自由”（公民权利）只限于有雅典城邦公民身份的成年男子，而妇女和儿童、外来没有雅典身份的自由民、被视为“会说话的工具”的奴隶是没有这种自由权利的。

的普遍安全感以及内心和社会的有序性。涂尔干（1999）说："宗教的功能就是帮助我们生活下去。"弗洛伊德也认为，若没有宗教信仰和种种禁忌，人类可能早就绝灭了。因为这种与人类社会结成一体的宗教秩序给人以统一的价值观和人生观，驯制人的炽情，把非理性力量引入对共同体或社会有益的渠道，最终使世界成为人可以在其中生活的差强人意的世界（Freud，1957）。在这个意义上讲，柏拉图（2002）认为过分自由和极端民主会把人类引向崩溃，"极端的自由……只能变成极端的奴役"，是十分有道理的。

因此，自由自产生之日起就受到与之相应的秩序的"规训"。与自由同样，秩序也是古典时期最重要的文化取向。两者在古典时期构成彼此相关但又相互矛盾并形成张力的向度。对于雅典城邦或共和时期的罗马而言，这两者都是弥足珍贵的价值。管理艺术的最高境界就是取得这两者的基本均衡或和谐。而"和谐"按赫拉克利特的解释则"是对立物间张力的结果"（伊利亚德，2004）。实际上，古典时期一些著名思想家，如柏拉图、亚里士多德或西塞罗，都对雅典伯利克里时代平民大众的民主自由评价不高，因为他们依据经验和理论懂得在缺少理性法治的情况下这种平民自由往往演变为"集体君主"专制（亚里士多德，1981），即多数人的暴政。因此，在管理上寻求均衡与和谐便成为他们的主导思想。柏拉图寄希望于以理想化的斯巴达模式为基础的"理想国"（the Republic，共和国），而亚里士多德则提倡符合"中庸之道"的现实可行的混合管理体制。此后，西塞罗（2002）所赞美的罗马"均衡体制"大体上与之相近。

对于西方而言，没有自由的秩序是可怕的，但无序的自由同样是不能令人接受的。有时，这成为困境，因为真正的和谐或均衡毕竟古今难求。希腊古典时期末期，随着充满相对主义、个性化和怀疑论的"人是万物的尺度"（普罗泰戈拉语）观念的兴起以及荷马向度的传统宗教文化的逐渐式微，滥觞于苏格拉底的人文哲学符号秩序出现了。不过，这种秩序似乎既不能满足当时人们的需要，也无法拯救失序的心灵。也就是说，它难以制度化和内化（文化化）。在这种情况下，外来宗教四起，最终犹太—基督教脱颖而出，并在此后更加动乱的年代登上历史舞台。这表明：一方面，古典时期后期社会自由度在增加；另一方面，希腊罗马社会—文化向度（不论神话宗教向度抑或人文哲学向度）的秩序无法解决这种自由带来的问题。换言之，这种秩序本身无法解决希腊—罗马文明崩溃的问题。因为受种种条件限制，人尚未进化到大致知晓如何较好规训自由的地步。于是，物极必反，秩序的建构便走向另一个方面，即救赎或启示宗教共同体方面。汤因比认为，宗教是正在崩解的社会的"产物"。叙利亚文明的瓦解产生了犹太教，希腊文明的崩溃产生了犹太—基督教（Toynbee，1947）。基督教起初作为一场肇始于希腊—罗马文明边缘乡村、微不足道的自发性弥赛亚运动，之所以能够最终占领西方舞台，除了韦伯所分析的"超越性"、"救赎与再生"（"福音"）等因素外

（韦伯，2005），更重要的是，通过一种“价值重估”，它给人们带来了新的社会关系和规范，使本就是社会动物的人在内心和世道都已混乱的情况下以“天城”（基督教共同体）的形式重回安定和有序（奥古斯丁，2006），并使人们在教会和团契中，体验到集体性、确定性，以及同一感和幸福感，因为“宗教产生了所有社会最本质的方面”，宗教灵魂体现了社会观念（涂尔干，1999）。

基督教在社会治理上的重要意义就在于，它通过“天城”的延续和兴盛为西方中世纪社会秩序的形成奠定了坚实的基础。当（西）罗马帝国灭亡后，以基督教为核心重建西方的秩序便不可避免。从社会治理上看，这也符合西方历史发展的要求。因为当时西方世界面临的主要任务就是使桀骜不驯的“蛮族”，实现教化或文明化。而基督教化在当时则是这种教化或文明化的不二选择。那么当时基督教究竟给西方带来了什么？大体上讲，主要有以下几个方面：第一，基督教部分接受了没有罗马国家的罗马文明，成为文化教育的唯一提供者和抵制野蛮和倒退的主要堡垒（曼，2002），也就是说，“罗马帝国丧失的东西，被天主教会找回来了”（Vogt，1967）。第二，广泛的“信徒世界”的形成不断净化人们的心灵，有助于人们向善和规训“封建自由”（拉吉罗，2011）。第三，随着罗马世界的退出，基督教创造了一个广泛的修道院网络世界。这些修道院开垦了大量的森林、沼泽和荒地，大多成为集宗教（修道）、农业、手工业、贸易、教育（开办公学）、学术研究、医疗、赈灾、慈善等于一身的综合体。它们不仅为中世纪欧洲“莫大的物质进步”做出了很大贡献（汤普逊，1997；曼，2002），而且真正涉及社会建设和管理领域。第四，基督教给西方带来了历史性观念和比斯多葛主义更为广泛的普遍主义，而其教会法则是“第一个西方近代法律体系”（伯尔曼，1993），为西方近现代社会法治提供了最早的样板。第五，“教会具备了近代国家绝大部分的特征”，其受罗马政制影响的教阶（官僚）制、选举制，以及立法、行政、司法程序成为后来西方近代早期国家建构的参照系之一（伯尔曼，1993）。当然，所有这一切都是通过复杂艰苦斗争实现的。公元 1075 年教皇格里高利七世（Gregory Ⅶ）发动争取“教会自由”的改革（“教皇革命”）（伯尔曼，1993），随着“两剑论”[①] 付诸实行，西方在一种矛盾着的状态下，基本上被统一在一个“基督教母体”内来管理。基督教成为凝聚西方的黏合剂，并为人们提供了基本秩序和意义。中世纪盛期（High Middle Ages，约 1000~1300 年），在教士们的努力教化下，人们基本上接受了一种基督教社会秩序和意识形态。这样，我们看到，在“信仰的时代”，教会在获得某种“自由”之后逐渐演化为一种精神和权力秩序。

① “两剑”指“精神之剑”（Spiritual Sword）与“世俗之剑”（Secular Sword）。“两剑论”意指在保证教廷至高无上地位的条件下，精神世界由教会管理，世俗社会归皇（王）权统治（Tierney，1964）。

不过，随着教会享有权力和利益的增多以及不断受世俗世界的影响，这种秩序也越发固化和僵化，于是，悄然兴起的世俗自由因素不断与之发生冲突。它们先是表现为所谓的“封建自由”，以后作为“特（许）权”（Libertise）更多地体现在自由市、商会、行会、乡村公社（如法兰克公社[①]）的相对自治之中以及大学不断增长的独立性或自主性方面。法国自由思想作家兼评论家斯塔尔夫人（Madame de Stael，1766~1817年）说“在法国，自由是古典的，专制才是现代的”（拉吉罗，2011），指的就是这些方面。在某种意义上讲，“自由”在中世纪比在后来的绝对主义时期似乎更多一些。当然，直到宗教改革以前，这种自由大体是在一只“无形的手”，即“耶稣基督之手”（迈克尔·曼语）——既不同于亚当·斯密所言的“看不见的手”，也不同于政府的“有形之手”——的“规范调节”下开展的，并与基督教社会秩序趋于某种平衡状态。以阿奎那为代表的经院哲学家的社会理论恰当地反映了这一特点（阿奎那的一系列著作既阐释了“宇宙论”秩序，也谈到了基督教社会的“宪政”和基督徒市民社会的“自由”）（Aquinas，1964，1979）。

西方近现代对自由与秩序问题的显著关注导源于中世纪盛期教廷（教会）与世俗权力之争。这种在社会治理上的二元结构不仅导致“文化领导与政治权力之间的相互独立性”，而且给社会带来新的活力，并最终成为近现代西方产生文化、经济、政治和社会自由的“主要因素之一”（Dawson，1991）。它把西方社会从自由因素的成长逐渐引向法治下保护和规训自由的现代性秩序建构。人的自由度的增加是历史的必然。社会秩序的建构不可能不考虑这一问题。西方学者经常把西方的这段历史进程与穆斯林社会情况进行比较。他们认为，当时，西方与穆斯林社会的突出区别在于，西方的二元管理模式能够给予世俗管理以更大的相对独立性。在政教合一的伊斯兰世界，由于以神祇戒律或无所不包的社会命令严格规定人们所有的公私生活，并且不断排除理性可以从中独立发挥作用的活动余地，因此本来已有所发展的哲学、科学和民间自主性最终被窒息在摇篮里（中世纪许多精通希腊哲学和科学的穆斯林学者的创新性著作在伊斯兰世界往往无人问津，但在西方大学和知识界却大放异彩）。而基督教社会由于通过两种不同的权力和两种不同的法律体系来管理，广大信徒才有可能在许多方面按照并非基督教教会特有的原则或标准来相对自由地组织他们的社会和政治生活（施特劳斯、克罗波西，2009）。正是在这种条件下，再加上其他因素，西方文化和社会中的自由因素才获得不断增长。这种自由自中世纪末期以来经过曲折复杂的历史变迁，从路德（2004）所说的“基督徒的自由”（尤其是个人良心自由）转变为世俗公民自

① 伯尔曼（1993）说，“法兰克”（Frank）一词，与“奴隶”（Slave）一词相对，本身就有“自由”的含义。布洛赫（2004）也说：“Libre（自由）和 Franc（法兰克）这两个词可以互相替用。”

由，从中世纪的特许权逐渐发展成为普遍权利，从共同体的自由延伸到个人自由，从上层阶级的人权逐渐向中下阶级扩展，基督教母体的秩序和封建秩序终于遭到分解。尽管人们对自由存在不同理解，但“现代人的自由”毕竟产生了。用康德的话说（Beck，1959），人终于长大成熟，从“自己加给自己的监护状态下解放出来”，从此自主行事而不再需要教会或国家告诉他们做什么以及如何去做了。

随着自由思想的深入人心和社会自由度的急剧增加，以及民族国家意识的上升和工业化的迅猛发展，“共同体”——尤其是在法国大革命后——也日益向滕尼斯所说的个人主义的“社会”转变（滕尼斯，2006），与此同时，人也由共同体的人转变为“原子化”的“社会人”并且在心理上发生了很大的转变。这是一个人与社会剧变的时代。然而，如同其始祖亚当、夏娃偷吃禁果而遭到惩罚一样，现代人的自由和解放也是要付出沉重代价的。这个代价突出表现为古老共同体的消亡和涂尔干所说的社会“失范”和失序。这是西方形而上学、上帝和乌托邦先后遭到解构的结果，也是“神是万物的尺度”（柏拉图，2001）又一次转向“人是万物的尺度”的必然结果。由于古典世界晚期曾存在类似现象，因此索罗金认为这是西方的一种轮回（Sorokin，1937）。当然，人类发展的法则总是具有两面性：一面是解放，另一面是强制。在现代西方，自由与秩序总是通过复杂的互动相伴相随，也就是说，自由只有经由“自由之规训”才有可能。因此，正如鲍曼（2007）所言，19世纪不仅是“伟大的错位、解脱、脱域（Disembeddedness）和根除（Uprooting）的世纪，同时也是一个不顾一切地试图重新承负、重新嵌入、重新植根的伟大世纪”。西方在英国和法国革命后，随着自由的成长，建构相应的新秩序便成为不能不完成的主题。正是由于这一点，从近代的霍布斯到现代的帕森斯，社会秩序的建构问题始终受到西方社会理论家的高度关注。因此，与以往相比，这个问题的解决是一种“自觉的”行动，也就是如后来社会学家所说的，它是一个“现代性工程”（Giddens，1994）或“社会工程”（Bauman，1991）。

不过，治理失范和失序，建构维续社会稳定与和谐的秩序，主要采取何种方法，亦即主要靠法治，靠国家、市场和市民社会的协调互动，还是主要依赖强权的严厉行政手段，当时人们并无定论。作为现代西方主流文化的自由主义，尽管推崇“现代人的自由”，但也对“自由放任”存有必要的戒心。作为早期自由主义者，亚当·斯密（2008）就指出注重道义和遵从社会准则的必要性。他主张要合乎道义地“利己”（在利他中利己），强调个人自由与国家权力和社会秩序的和谐（Morrow，1963）。同样属于自由主义阵营的功利主义创始人边沁（1995，2000），更是与众不同地要求政府通过严厉监管来建构和维护现代社会的秩序（尽管他是从功利主义观点出发的）。边沁提出“最大多数人的最大幸福”

(The Greatest Happiness of The Greatest Number) 的功利主义原则。这意味着总会有某些人的“幸福”不会而且实际上也不应当得到满足。因此，对于那些威胁公共福祉的不服从者（不论个人、集团还是阶级）必须实行严厉管制。只有这样，才能确保上述原则的实现。边沁以大多数人福祉的名义提倡建构一种新型权力系统，对社会中的人们进行管束、调教和形塑，也就是后来福柯（1999）所揭示和指称的“规训”。这种“规训”，按福柯的解释，以分布在整个社会结构并浸透在日常生活中的权力为核心，通过公共秩序、监狱、规范、法律、教会、诊所、学校教育、宗教忏悔、文化知识等，塑造特定的符合近现代性要求的个体、制度和文化安排。也就是说，近现代历史被视为一种通过或明或暗的约束和规范技术而产生现代自我与社会的过程。这也是政府控制与“自我的技术”的巧妙结合（福柯，1998；Foucault，1984）。由此社会治理一度被隐喻为边沁发明的一种“全景监狱”（Panopticon）系统的延伸。从这一点出发，为了形塑现代人与社会，或者每当“自由放任”或市民社会不足以确保他们所说的最佳可能的结果时，国家就有理由进行干预和规范，以此来重建社会关系、秩序和个体。其实，自由主义在重视个人权利的时候并不意味着不要社会监管。相反，如约翰·密尔所言，生活在社会中的每一个人，在涉及他人的行动上都“必须遵守某种行为准则”，人们不仅不应当彼此损害利益，而且有责任和义务为保卫社会或其成员免遭损害而付出自己的一份劳动和牺牲。“若有人力图规避不肯做到，社会是有理由以一切代价去实行强制的”。此外密尔还认为，若某人行为不当，但又够不上法律惩罚的程度，那也应当“受到舆论惩罚”（密尔，1982）。因此，自由主义是主张监管的，只不过强调这种监管要恰到好处，反映公益，不可“独断专行”（洛克，1981）。

一般而言，直到 20 世纪初期，西方现代性秩序的建构主要表现为对强制权力的监管。对此，鲍曼（2007）形容其为“全景监狱式”监管。而这又受到西方进入“组织的时代”和“技术统治时代”的影响。从社会治理上看，这有两个方面：一个是官僚系统的发展，另一个则是随着成千上万劳动者涌入现代化工厂而出现的管理“科学”（“泰勒制”）的兴起。“官僚制”（Bureaucracy）与“自由放任”（Laissez-Faire）两词原为法国重农主义学派著名人物魁奈（Francois Quesnay 1694~1774）所发明，而且两者一开始便是在对立中使用的。这表明，官僚制的兴起与国家权力的拓展相关，它是冲着放任的自由而来的。托克维尔（1992）在谈到这方面的问题时指出，法国大革命后新的国家权力用统一的法律逐渐取代了形形色色的特权，并尽可能地削平或缩小各地区不同生活习俗和水平的差异，以便国家官僚权力能够延伸到先前它无法或不愿延伸到的地方。因此，用韦伯的话说，官僚制的作用和意义就是在现代资本主义基础上使现代自由的社会“理性化”，给它带来“明确性、稳定性、纪律的严格性”和“可计算性”。由于官僚制具有这种功能，这种管理方式在现代社会便获得迅速发展。从某种意义上讲，现代社会组织的发展，“即是官僚制行政组织的发展与不断扩散。教会、国家、军队、政党、营利企业、利益集团、基金会、俱乐部等，均为如此”（韦伯，2004）。因此，尽管人们对官僚制有种种抱怨，但如韦伯所言，在现代性社会，“日常生活的全部方式都被削减以适合这一框架。因为官僚政治的管理……从正规的、技术的观点来看总是属于最理性的类型。为了今天大众管理的需要，这是完全必不可少的”（韦伯，1947）。韦伯认为，不仅是谋生者，而且所有生于斯长于斯的人都是如此。韦伯之后，对官僚制的研究逐渐演变为组织理论和公共行政管理理论。它们对社会治理有着重要影响。

在官僚制兴起以后，以“泰勒制”为典型的现代管理科学和制度开始在西方风行。泰勒（Frederick Winslow Taylor，1856~1915）的管理思想因受其清教家庭出身影响而充满了美国那个时代新教伦理和资本主义精神，同时也是管理从小农思想意识向现代社会化大生产思想转变的反映，其核心就是使管理标准化、合理化（理性化）。它与官僚制一样都是现代社会进一步理性化的表现。泰勒制实行持续严格的监控和严厉的制裁措施，目的在于奖勤罚懒，提高效率。尽管泰勒本人曾提出既要讲求效率也要注重员工感受的哲学理念，主观上强调管理应当使劳资双方获得信任，实现合作“双赢”（Copley，1923；Wrege & Greenwood，1991），但令人遗憾的是，在那个时代泰勒的思想被效率专家在实际过程中片面滥用，管理本质上变成“全景监狱式”监管在工厂的一种挪用和延伸，因此不断遭到工会的攻击，并成为社会科学家的“假想敌”（雷恩，2009）。在这种情况下，泰勒的思想被误解，“泰勒制”类型的管理模式被当作苦味东西最终遭到人们抵制。

泰勒制管理模式不受欢迎，反映出此种模式没有能力解决组织或企业内部社会团结问题。20 世纪上半叶，随着社会学发展，对人的研究逐渐由“经济人时代”过渡到“社会人时代”。受此影响，管理中的人际关系和社会团结问题不断引起人们的高度关注。其中由以哈佛大学教授梅奥（George Elton Mayo，1880~1949）主持的第二阶段的“霍桑实验”（Mayo，1933，2007）为典型。与前任关注个人心理和工作条件问题不同，梅奥在实验中发现影响企业生产效率的一个主要因素是管理层与员工之间，以及员工之间的社会关系。因此，他提出了人际关系学说。其中诸如人是“社会人”而不仅仅是“经济人”、非正式组织在正式组织中的作用，以及提高职工的满意度（安全感、归属感、友谊和团结等）甚至比物质刺激更重要的思想，不仅源自皮亚杰和弗洛伊德的影响（梅奥本人更倾向前者），而且更受涂尔干有关“失范”和社会团结概念的影响。因此，他的人际关系学说不仅对企业管理具有重大意义，而且对社会治理同样具有很大的启发性。为什么在当时西方随着物质条件的不断改善，人们仍然存在很大的不满情绪？梅奥的解释是：应付工业化变迁的社会发明跟不上技术发明的步伐。因为社会科学关于个人对社会或社会团结需要的研究，以及对人性的理解和管理的研究仍然落后，出现这方面的“文化滞后”（Cultural Lag）问题。显然，梅奥等研究的与其说是企管问题，不如说是社会系统的管理问题。梅奥本人也因此被称为“社会工程师”。当然，梅奥主义受到如丹尼尔·贝尔等的质疑，认为它混淆了不同的研究对象（Bell，1956）。然而，梅奥的思想通过促进行为学的创生和发展反倒对西方社会治理产生重要影响。梅奥主义的出现反映出西方在社会治理上向着更人性化方向转变。由此，边沁首创、福柯后来解读的“全景监狱式”监管在社会秩序的建构和维续上越来越不适宜了。

除了一般性失范和失序的治理，以及组织管理方式的理性化和转变外，从19世纪上半叶开始，伴随着工业化和资本主义加速发展，（仅从管理的角度看）西方世界同时还面临对由此引发的工人运动和社会主义运动进行管理的问题。近代以来还没有哪个时期工人阶级像当时那样如此深深地陷入持续“绝望”的不满状态（尼奥克里尔斯，2008）。他们为争取自身的人权和自由（启蒙主题的深化和超越）展开种种抗议活动。这种活动从早期破坏机器的“卢德运动”（Luddite Movement）开始，逐渐发展成为庞大的工人和社会主义运动。为了应对日益动荡的局面，维护新兴资产阶级国家和市民社会秩序，西方主要国家在对城市贫民（主要是工人阶级下层）进行严厉的“全景监狱式”监管或严格“规训”——即所谓“管理贫穷”（Piven & Cloward，1974）或“管理工人阶级”（汤普森，2001）——的同时，还被动地通过渐进式扩大选举权和普及教育、颁布济贫法（Poor Law）（Checkland & E.O.A，1974）和劳动法、建立社会保障和福利制度、使工会和社会主义政党合法化等措施，逐渐改善劳动人民的生存条件，给予他们更多的自由民主权利。所有这些“胡萝卜加大棒”的社会治理方式，尽管在不同的国家表现不同，但都是以完成下列使命为宗旨的：一是把被认为是失范者的大众下层在身心两个方面规训成符合现代价值观和秩序标准的现代社会公民，使他们成为理性、文明、礼貌和守纪律的现代人；二是使工人和社会主义组织适应自由主义的政治结构和体制，从而达到平息和消解工人和社会主义运动、维护资本主义国家制度和市民社会秩序的目的；三是通过适当改善环境和条件以及不断的再文化化（教化）使尚未适应的工人阶级转变成符合标准（现代工厂制度）的劳动力商品并与资本主义商品生产制度一体化。应当说，这些管理方式，特别是随着19世纪末期产生的社会保障和福利制度的发展，为资本主义社会秩序持续稳定和现代性商业文明的发展发挥了重要的作用。当然，所有这些在当代社会理论中被视为一种或明或暗“规训”的社会治理是一个长期过程。这个过程直到“二战”后所谓“工人阶级的绝大部分被资本主义所同化”（马尔库塞，1982，1972）或“工人阶级的大多数与现存制度的一体化”才告一段落（Marcuse & Popper，1976）。这反映出，一方面，启蒙运动提倡的自由人权在后启蒙时期获得超越范围的深入发展（从上层社会发展到中产阶级下层，直至整个工人阶级和女性），另一方面，西方现代性社会秩序也基本建成。尽管社会矛盾和张力仍然存在，但两者在互动和互构中趋向新的适当平衡。

当代西方社会治理与现代社会演变密切相关。它是在不断克服各种保守主义、浪漫主义、激进的国家主义的影响或干扰中发展的。其中，在抵制“极权主义”方面尤为成功。当然，西方也因此付出沉重代价。这主要与近现代启蒙的演变有关。众所周知，启蒙运动本是一种中产阶级的自由人权运动。然而，随着时间的推移，它在“同一性思维”（Identity Thinking）原则的支配下，于后启蒙时期在欧陆逐渐演变为一种封闭的“极权主义”（霍克海默、阿多诺，1990），其理想是一种统辖一切的制度，在这个制度或体系之外不允许别的东西存在。在这种情况下，如曼海姆（2002）所言，社会随着功能理性化的发展日趋变成一种只需少数精英按动控制杆的庞大组织。这显然偏离了西方原有的自由主义方向，因而是非正常的。而非正常的秩序由于“没有反映出人性中不可更改的素质”或者说此种秩序无法使每个人的“正常欲望找到合法的发挥领域并得到满足”，则最终是难以稳定和维续的（康福德，2009）。因此，“二战”后西方社会治理的两种基本模式，即欧陆模式与英美模式，开始在本质上趋于接近、融合，并最终回归到某种均衡体制上来，是非常自然的事情。

正是在这种条件下，社会治理才有可能从一种旧式的“统治”向新式的管理和“社会服务”演变。尽管西方在这方面的发展与人们所希望的还有较大距离——因为其仍然存在工具理性扩张和“系统整合”取代“社会整合”所带来的严重问题，也就是韦伯所说的社会“铁笼”（Stahlhartes Gehäuse）困境，或哈贝马斯所指出的系统对生活的“殖民化”或“宰制”问题（哈贝马斯，1994），但随着建基于人道主义之上人的转变和文明的进展，社会治理正在朝着这一方向转变。

## 二、西方的社会治理平衡原则

那么，在当代，西方社会治理究竟具有哪些基本特点？毋庸置疑，西方的社会治理自然离不开其一贯强调的平衡原则。围绕这一点，其主要涉及这样一些基本问题：一是如何解决和制衡多元社会中的利益冲突；二是如何对待法治与行政干预以及怎样保护合理的自发性活动；三是如何建构一种把管理者与被管理者最终从双方都不自由的奴隶状态下解放出来的社会秩序。

关于第一个问题，早在20世纪60年代，利普塞特（1993）就指出，现代社会和政治系统如果要获得稳定有序运行，不仅需要外部经济发展，而且更需要在国家与社会之间取得“冲突与一致的适当平衡”。因为只有在这种平衡中才真正有助于解决和制衡多元社会中的利益冲突问题。那么如何建立这种平衡呢？这就是法治下“社会意义上的民主”（托克维尔，2004；阿隆，2009）。在此，关键是国家能否成为不再专受某一特殊阶级及其意识形态控制的中立的“仲裁者”，能够合理平衡社会各个阶层的利益。应当说，如果说“二战”以前，这一点难以实现，那么“二战”后随着中等阶层的崛起和在社会中占据多数、法治比以往任何时候都得到（包括管理者在内的）人们的普遍尊重的市民社会的日益兴盛，以及“意识形态的终结”（贝尔，2001；Bell，1988）（确切地说，应当是解构而非“终结”），西方国家正在趋于扮演此种角色（成为“中立的行政者”）。因此，以往那种主要依靠权力所获得的一致性日趋降低，而协商、合作和服务机制则越来越发挥重要作用。当然，包括“阶级斗争”在内的各种冲突仍然存在，但大都被纳入法治的轨道和得到有效的“规训”：冲突受到各种社会结构、组织和机制的抑制，并通过它们在宪法制度之内得到表现。也就是如雷蒙·阿隆所言，法治下的民主意味着“接受冲突，并非是为了平息冲突，而是为了避免让它们以暴力的形式来表现”（转引自达仁道夫，2000）。这也就是管理冲突并使之法治化、理性化和非暴力化。因此，在自由民主社会，冲突不仅不对社会稳定和社会秩序构成威胁，反而有利于社会的改良。正如阿隆在阐述托克维尔观点时所言的那样，一个中产阶级占优势的社会“因不断的要求和利益冲突产生动荡，但不太可能发生革命”。“二战”后西方人大体上就是在这种“既不安又平静的社会”生活的（阿隆，2009）。

关于第二个问题，较早时候，李普曼曾经说过：“在一个自由的社会，国家并不通过行政的手段管理人们的事务，而只是通过法律调整人们的私性活动”（Lippmann，1937）。李普曼这一正统自由主义的说法，尽管有些理想化（因为即使在现代西方也不可能完全没有行政干预），但却反映了现代西方在社会治理上的一贯思想和向往的境界。多少年来，西方社会治理也是朝着这一方向努力的。它们的主要做法，首先，坚持实行具有司法独立性的法治（而不仅仅是法制），不管政府还是社会的活动都必须纳入法治的范围。“法律高于政治”（伯尔曼，1993）或“法律至上原则”（尼摩，2009），这是西方的普遍共识。其实质是究竟想要自由民主的制度，还是想要普罗米修斯式的控制自然和社会本身的做法。其次，国家立法保护合理的自发性及其组织活动，它们是社会富有活力和创造性的源泉。因为发明和创新不是权力机构人为设计和安排的结果，而首先是一种自发和自组织的过程，然后才是自觉选择和有系统有理论的提升过程。在西方，无论是古代雅典模式与斯巴达模式，[①] 还是中世纪以来的历史都充分说明这一点。最后，强调国家干预的扩大不等于行政干预的扩大，两者在某种程度上是有区别

---

① 雅典在哲学、科学、文学、艺术等方面成就辉煌，而斯巴达在这些方面则相对黯然失色。当然，后一种模式也有其独到之处，这就是它在军事实力和国家动员等方面具有强大优势，斯巴达最终打败雅典联盟便是证明。

的。所有这些导致当代西方在社会治理上尽可能地减少以行政权力为基础的高压强制，更多地采取一种国家、市场、市民社会在法治范围内有序互动、协调和合作的模式。在这种模式中，如鲍曼所言（2006），管理更多地体现为服务（国家活动的扩大主要体现在这方面而不是传统权力支配方面），权力关系在很大程度上遵循法治的市场模式，公共关系取代了“命令”，吸引和诱惑更多地被放在过去严厉刚性制度占据的位置上。简言之，传统的权力整合技术总体上不再作为对待占据人口绝大多数的社会主流人员的控制手段，而主要用于对少数“下等阶层”的“失范者”和失序者（懒惰、吸毒、流浪或无家可归者等）的管理。当然，整体上国家仍保持很大的强制力，但它必须受到法治、市民社会和知识共同体的制约。显然，这是哈耶克所言的那种现代西方“大社会”的管理模式。这种管理模式是以自由与抽象规则和秩序的平衡为基础的，因而是一种法治下开放且自由的“抽象社会”的管理模式。在现代西方，随着封闭的“熟人社会”（传统共同体）向开放、自由且文化多元的抽象的“陌生人社会”过渡，这种“开放且抽象的社会已不再是经由追求共同且具体的目的而只是通过服从同样的抽象的规则而凝聚在一起的”。在这种情况下，不仅抽象社会的社会秩序越来越难以理解，而且人们为了维续此种秩序而不得不服从的那些规则“也往往是与人的先天性本能相反对的”（哈耶克，2000），因为西方法治下抽象社会的运行所基于的更多是情感中立、自我取向（利益优先）、普遍主义和自致性而较少是情感、集体取向、特殊主义（我群主义）和先赋性（Parsons & Shils，1951）。社会稳定和社会秩序主要基于法治条件下的抽象或一般性社会关系、观念，依赖于有很高可信度和确定性的一般规则和程序，即主要依赖于理性化的公民责任、公民义务，而较少是不稳定的行政干预以及往往与此相关的在背后起作用的个人纽带、个人忠诚、个人情感，以及乡党、朋友和伙伴小群体关系。现代西方社会运行何以较为稳定，其内在秘密就在于此。

第三个问题涉及自由文化本质问题。现代西方抽象社会自产生之日起，便不断遭到保守主义、浪漫主义和激进主义的攻击，其主要是指责这种社会无视人们的民族和文化特色，脱离与各种价值观、信仰和传统的联系，压抑直觉和灵性的东西。然而，鱼与熊掌不可兼得。要生活在熟人社会（传统共同体），就可得到传统的那一套东西；而要生活在现代性陌生人社会，就只能靠抽象的规则形成秩序。这或许是西方自由文化演化的宿命。因为最终只有在抽象的社会（在抽象的秩序中），个人自由才能真正生存和伸展开来，人才能摆脱“臣民”状态而获得一般意义的现代公民权利和“尊严”。因此，希望平等享受现代自由和获得尊严的人们别无选择。此外，从另一方面讲，“这种社会或许不怎么喜欢传统的约束，不反对把它们废除掉，但它却致力于提出新的自身‘新改进的’约束，一点也不容忍个体亵渎这些规范”（鲍曼，2006）。这就是说，在开放且自由的社会，自由是要受到规训的，但由于人们所享有的唯一共同的价值不再是某种有待实现的具体目的，如某种保守或激进的设想，或乌托邦计划，而只是那些能够确使一个抽象秩序得以持久维续的共同抽象行为规则，因此，这种作为规训的规则和秩序只保证向个人提供他得以实现其个人目的的较好条件、较好环境和前景，而“不赋予个人以要求特定东西的权利”（哈耶克，2000）。在此，我们看到，只有在这样一种开放而抽象的社会中自由与秩序才可趋于一种差强人意的新的平衡。进一步讲，只有抽象的规则才能避免因强制推行某种具体的共同目标而导致的冲突，才能满足各种多元的、追求不同目的的自由人们的需要，从而把他们整合在一个和平的秩序之中。总之，只有在这种开放且自由的“大社会”，才有可能把卢梭所说的那种管理者与被管理者之间处于不断相互猜疑、彼此防范，以及双方都不自由的奴隶状态下解放出来。① 这是当代西方社会本身内在稳定之所在，也是社会治理的基本取向和向往的境界。

## 第二节　社会组织与社会控制

美国早期社会学家提出了一种典型的社会学观念：“社会控制”（Social Control）。这种观念的提出有其深刻的社会历史背景和智识脉络，并在其百余年的发展历程中形成了社会学的一个极具理论和现实意义的研究传统，构成了社会学思想传统的一个重要组成部分。这种观念虽然首先在美国早期社会学中予以阐发，但鉴于它与社会学的一些核心论题——尤其是社会秩序问题、失范与越轨问题——的密切关联，因此在某种意义上可以作为勾连社会学诸研究领域的一个“关键概念”。

### 一、社会控制的智识基础

“社会控制”这个术语最初“作为社会学考察社会秩序问题的一个综合性的基础……在最根本的意义上，它指的是一个社会依据所期望的原则和价值来调节自身的能力”（Janowitz，1975）。从社会组织的角度看，它强调的是一个社会组织和管理自身的能力。早期社会学中的社会控制强调对价值承诺的依赖，因此与“强制性控制”（Coercive Control）有截然区分，某种意义上可以将后者视为它的对立面。社会控制意在减少强制和消除人类苦难，强调用理性与科学的手段及程

① 卢梭言（1982）：“自以为是其他一切的主人的人，反而比其他一切更是奴隶。”某种意义上讲现代西方文明是在解决这一问题中演进的。

序实现社会的目标或理想——在这个意义上，它也具有美国早期社会学鲜明的“社会神义论”（Sociodicy）色彩（Vidich & Lyman，1985）。另外，从“社会控制”的早期应用来看，它也不能等同于稳定、遵从（Conformity）及压制，相反，它要“将分裂、张力和紧张组织起来”；问题在于：“社会控制过程是否能够在保持社会秩序的同时依然能够进行转变和社会变迁”（Janowitz，1975）。社会控制在心理和人格层次上的对应物是“个人控制”（Personal Control），后者的关注点是“一个人在把对其本人和其他人的扰乱与伤害降低到最低限度的同时引导其能量和满足其需要的能力”（Janowitz，1975）。美国早期社会学对于教育、社会化及自我等问题的探讨，某种意义上针对的即是社会控制与个人控制的关系问题。

“社会控制”观念的提出与美国社会学产生的一些重要的历史、社会及智识背景密切相关。在美国“内战”之后出现的“镀金时代”，快速的工业化、城市化、移民潮等导致了急剧的社会变迁，整个社会虽充满活力但也动荡不安，新旧交替使得社会秩序的重建成为最为紧迫的问题；各种社会运动风起云涌，实际上是对其时代问题的或被动或主动的回应。作为所谓的“第一个新国家”（Lipset，1979）的美国，自殖民地时代起即深受新教的影响，19 世纪七八十年代兴起的“社会福音运动”（Social Gospel Movement）即体现了新教对其时代问题的回应，美国早期社会学也深深打上了“社会福音”的烙印，许多社会（科）学家试图借用美国自身深厚的宗教资源重建社会的道德秩序，“社会控制”观念最初的提出实质上即为社会重建的一种对策，并借此引领美国社会实现其世俗道德理想（譬如建立“上帝在尘世的王国”）。而 19 世纪末 20 世纪初席卷美国的“进步主义运动”（Progressive Movement）则在更为现实的社会、政治及智识的层面上对社会控制观念的提出和扩散起到重要的推动作用。当然，最具美国思想特色的“实用主义”因为强调行动主义、教育与控制以及道德理想，从而为社会控制观念的提出奠定了重要的智识基础。这些具有内在关联的因素（当然不止于此）实际上体现了美国式的现代性，而社会控制的观念即为其表达形式之一。正如芝加哥大学社会学系早期成员文森特所言：“社会控制是将各种社会力（Social Forces）结合起来的艺术，以便为社会提供一种迈向理想的趋势”（Vincent，1896）。

分别深受斯宾塞和孔德影响的美国早期社会学的两位代表性人物萨姆纳（W.G.Sumner）和沃德（L.F.Ward）之间的分歧与争论，实际上体现了自由放任与社会干预（控制）之间的对立。“社会控制”主要承续的是后一种进路。而美国 20 世纪 30 年代的“新政”进一步彰显了美国社会思想的这种主流趋势。所以我们在帕森斯（T. Parsons）1937 年出版的《社会行动的结构》的开篇看到的是一个颇具深意的宣告：“斯宾塞（式理论）已经死亡。”或者更准确地说，斯宾塞所代表的那种“曾在英语民族的思想史上产生过巨大影响的实证主义——功利主义的理论传统”（Parsons，1968）已经式微。帕森斯的这种宣告基于他的这样一种智识发现：19 世纪晚期到 20 世纪初，西方社会思想传统内部发生了一场堪与 17 世纪的思想革命相媲美的思想运动（Parsons，1968），涂尔干、韦伯和帕累托等古典社会理论家即为这场思想革命的代表性人物。帕森斯在《社会行动的结构》中接续涂尔干、韦伯等对曾经主导西方社会思想发展的实证主义、功利主义等思潮展开系统的批判，这尤其体现在他对“功利主义的社会理论体系”的批判中（Parsons，1968），其中的关键点在于：无论是霍布斯还是洛克，他们开辟的功利主义理论体系都不能有效地解决“秩序问题”，换言之，功利主义的“理性的经济人”假设和自发调节机制或“自生自发秩序”（“看不见的手”）是很不充分的，在自由与决定论这一核心问题上最终会陷入“功利主义困境”（Utilitarian Dilemma）。而涂尔干、韦伯等的理论则趋向于他们所谓的“意志论的行动理论”（Voluntaristic Theory of Action），这种理论取向既强调行动的“规范性取向”，也重视行动者面对各种客观的“情境因素”，同时强调“努力”实现目的或理想的“意志论”取向，因此能够更有效和充分地处理“行动和秩序”问题。帕森斯早期虽然有意无意地“忽略”了美国早期社会学传统，但在“集体无意识”的意义上接续了整个传统。某种意义上讲，“社会控制”的观念针对的正是功利主义的个人主义理论。

## 二、社会控制与社会秩序

虽然斯宾塞在其《社会学原理》（1892）中使用了“控制”（Control）这个词，但它在斯宾塞的理论取向中显然不可能具有重要意义。美国早期社会学家罗斯（E. A. Ross）1901 年出版的《社会控制：探查秩序的基础》，是社会学史上第一部系统论述“社会控制”问题的论著。从该书的副标题即可看出，其探讨的主题显然是社会控制与社会秩序的关系。罗斯认为，基于同情、友善和正义感的“自然秩序”是“粗糙和不完善”的，尤其是对现代社会秩序而言，社会控制是必要的：“如果不打算让我们的社会秩序像纸牌搭成的房屋一样倒塌，社会就必须控制它们。自由放任的政策——不仅仅是法律方面的，同时也是教育、公共舆论、宗教和暗示方面的——无疑会有助于 17 世纪北欧流行的那种混乱在我们中间复活”（罗斯，1989）。基于此，罗斯对“社会控制的手段”进行了详细的考察，其中既包括“舆论、暗示、个人理想、社会宗教、艺术和社会评价”之类“从原始的道德情感中吸取大部分力量”的控制工具（他称之为“伦理的”），也包括“法律、信仰、礼仪、教育和幻想”等“全然不需来自道德情感”的控制手段（他称之为“政治的”）（罗斯，1989）。罗斯虽然承认法律等制度性控制的重要性，但基于其基本的价值取向，他认为更为根本也更加有效的社会控制手段必定是富有情感的并触及人们的内在精神领域，这尤其体现在他对于“社会宗教”（Social Religion）的论述中。罗斯认为，人类古老的家庭单位中产生了两种情感：（对家长的）“孝敬”和（对其他家庭成员的）“同情”，前者是“服从和义务的根源”，后者是“伙伴关系和手足之情的根源”。这两种情感渐渐地发展出两种宗教类型：“法定或律法宗教”（Legalistic Religion）和“社会宗教”（罗斯，1989）。“社会宗教”所强调的博爱或兄弟情谊（Fraternity，Brotherhood）虽然具有浓厚的基督教色彩，但罗斯更多强调的是其在现代社会中的精神性的情感纽带作用：“一种彼此接近的纯洁的宗教感的互通或一种高度自觉的共同，能产生自我与他人的无形制约……毋庸置疑，在精神上联系起来的人们的信念，在修正人们的行为中是最有效验的”（罗斯，1989）。作为社会学家，罗斯“在根本上所关注的是那些能够创造出（现代社会中的）和谐关系的社会条件”（Janowitz，1975）。

罗斯同时代或稍后的一些社会学家进一步拓展和强化了对“社会控制”的研究。例如托马斯（W. I. Thomas）、库利（Ch. H. Cooley）和米德（G. H. Mead）等开辟的美国早期社会学中的“社会心理学”研究传统，从“社会化”的角度深化了对社会控制的研究。在他们的研究中，个人的“自我”形成过程本质上是一种社会过程，“社会”（以各种形式和方式）参与到个体的成长过程之中；社会化过程不仅仅是个体“内化”社会价值观和规范的过程，同时也是个体自主性（自我、人格）的形成过程。这种研究传统虽然侧重个体互动的所谓“微观社会过程”的研究，但其主要代表人物的理论框架基本上都在微观——宏观层次之间建立起某种关联，例如托马斯关于（个体）“态度”与（社会）“价值观”的研究，库利关于“镜中我”（Looking-glass Self）、“初级群体”以及社会制度的分析，米德关于“主我”（I）——“宾我”（Me）以及“一般化他人”（Generalized Other）的分析。因此，自我、人格的形成过程不仅仅是一种“自我控制”（Self-Control）过程，同时也是一种“社会控制”过程，或者说，这两者实际上是同一过程的不同维度。

另外，“社会控制”的观念在美国早期社会学的经验研究中得到进一步的展开和深化，这尤其体现在“芝加哥社会学学派”的相关研究中。帕克（Robert E. Park）和伯吉斯（Ernest W. Burgess）领导和指导了该学派在20世纪二三十年代的经验研究，他们在其具有广泛影响的教科书《社会学导论》中明确指出：“一切社会问题最终都是社会控制问题”（Park，1967）。帕克将社会学界定为研究“集体行为（Collective Behavior）的科学”，社会不只是一群志趣相投的个体，“因为存在着某种社会过程和这种过程所产生的一些传统与舆论——它们具有某种相对客观的特性并作为一种控制的形式，即社会控制而施加于个体身上”，因此，社会控制成为“社会的核心事实和中心问题”（Turner，1967）。帕克认为，“社会无处不是一个控制组织。它的功能就是组织、整合以及指导作为社会的构成成分的个体身上所蕴含的能量。也许可以这样说，社会的功能无处不是限制竞争，并通过这种限制而实现构成社会的诸有机单位间的某种更为有效的合作”（Turner，

1967)。因此，社会控制与集体行为适用于相同的对象，所不同的是，社会控制指涉的是“机制”，而集体行为指涉的是“过程”(Turner，1967)。帕克对社会控制的“基本形式”，尤其是舆论和制度等控制机制进行了详细的探讨。另外，帕克基于他对美国种族关系的“自然史”研究而对社会过程做出了明确的阶段划分：由竞争、冲突到调适(Accommodation)、同化(Assimilation)。再加上他对“生态秩序”(Ecological Order)和“社会秩序”的生态学研究，拓展和深化了美国早期社会学中的“社会控制与社会秩序”这一核心论题。

芝加哥社会学学派的经验研究主要集中在与现代城市(尤其是芝加哥这个“巨大的天然实验室”)相关的各种社会问题领域，诸如“游民”(Hobo)、“黑帮”(Bang)、“聚居区”(Ghetto)、“贫民窟”(Slum)、“自杀”、“家庭解体”、“旅馆生活”、“职业舞女伴舞舞厅”(Taxi-dance Hall)、“青少年犯罪”、“有组织犯罪”、“白领犯罪”以及移民、种族关系这些美国社会中最为重要的社会问题(如 Bulmer，1984；Faris，1970)。某种意义上说，这些研究大都可以视为在托马斯、帕克等的相关理论框架的影响和指导下的对于“社会控制”观念的经验研究。这些研究不仅使社会控制观念具体化和深化，同时，尤其是其中大量关于越轨与犯罪的研究也使得早期“社会控制”观念那较为宽泛的意涵出现“狭义化”的倾向。除社会学的相关研究外，19 世纪晚期到 20 世纪上半叶的美国社会科学中的其他研究领域，如制度经济学、法律社会学、心理学、人类学以及政治学也都借鉴了“社会控制”的观念，涌现出大量的相关研究。

帕森斯在其“第一次主要综合”(Parsons，1968)的基础上逐步构建出一个宏大的“帕森斯式”(Parsonsian)理论，这种理论具有鲜明的“美国特色”。在某种意义上，我们可以将帕森斯的社会理论解读为一种社会控制论。帕森斯早期对“霍布斯秩序问题”的独特论述以及相应地对功利主义的批判和他对涂尔干、韦伯等欧洲社会理论家的解读，都可以看出他深刻意识到“社会控制”观念对社会学研究的重要性，虽然他在这个时期并没有明确使用这个术语。在《社会行动的结构》与《社会系统》之间的“过渡期”，帕森斯撰写了大量“经验论文”，其中有些明确论及“社会控制”的问题，如 1942 年发表的长文“宣传与社会控制”(Parsons，1942，1954)和讨论战后德国问题的“控制性制度变迁问题”(Parsons，1945，1954)，不过，他是在狭义上来使用“社会控制”概念的。在《社会系统》中，帕森斯辟专章讨论“越轨行为与社会控制机制”(Parsons，1951)，并独创性地提出了“社会控制”的四种“机制”(Parsons，1951)[①]。实际上，帕森斯在《社会系统》中同时表达了广义和狭义上的“社会控制”观念：他

① 即“支持”(Support)、“许可”(Permissiveness)、“对互惠的否拒”(Denial of Reciprocity)和“对报偿的操控”(Manipulation of Rewards)。

论及的“社会控制机制”基本上是就其狭义而言的（这也是“二战”后对“社会控制”的通常用法，以至于几乎所有社会学教科书都会专辟“越轨与社会控制”章节），但他这个时期重点阐述的“模式变项”（Pattern Variables）图式以及他用“内化”（Internalization）和“制度化”（Institutionalization）的概念来联结人格、社会与文化之间的关系，实质上是以明确的分析概念表达了广义的“社会控制”观念，或者准确地说，是将“社会控制”的广义和狭义两种意涵联结起来了。[①] 随着帕森斯社会理论的进一步拓展和复杂化，尤其是“控制论意义上的等级”（Cybernetic Hierarchy）和“一般化的符号交换媒介”(Generalized Symbolic Media of Interchange）的引入，其系统理论也日益表现为一种“系统控制论”。不过，透过这种形式化的理论外壳，我们依然能够看出帕森斯在形式和实质两个方面都对社会控制理论做出了巨大的推进。

从现代社会学对“社会控制”概念的使用来看，基本上是就其狭义而言的。换言之，随着社会学研究的“去道德化”和专业化的发展，“社会控制”观念也越来越收缩为一个理论和经验研究中的分析性概念。这尤其体现在越轨、犯罪等研究领域里关于“社会控制”的大量“中程”（默顿意义上的）研究中。另外，在关于“社会控制”的社会系统论的研究进路中，卢曼（N.Luhmann）无疑是帕森斯理论的最重要的推进者，当然，其中的抽象性、程序性和技术性的色彩也更加浓厚。帕森斯之后对社会控制理论的发展影响最大者莫过于福柯（M. Foucault)，无论他对于“权力”的突破性分析，还是他晚期更加注重的对于“主体”问题的研究，都极大地推进和拓展了“社会控制”理论，使其进入一个新的发展阶段。限于篇幅，不再就此展开。

## 第三节　文化内化与社会治理

按照韦伯和福柯的观点，控制和管理是现代性社会的一个核心特征。也就是说，现代性社会自其产生以来就是一个日趋“同一化”的“管理性社会”或“被管理的世界”（Adorno，1984）(尽管他们都是从反思和批判的角度来阐述的)。这种管理纷繁复杂，涉及政治、经济、文化等方方面面，但从社会学的视角看，它们都隐含着一个相同的重心，即建构一种新型的或者说现代性的人类行为组织

① 帕森斯的这种研究进路与社会学中的“社会整合”（Social Integration）和“系统整合”（System Integration）的区分（洛克伍德，1997）密切相关。实际上，洛克伍德正是在对帕森斯的批评基础上提出这对概念的。

模式或秩序模式。在西方，这种组织模式就是开放的、法治的自由民主秩序。

## 一、权利、公平与秩序

这种秩序，如哈耶克所证明的，既不反映一种预先存在的自然结构，也不是某个权力机构人为制定和安排的结果，而大体上一开始是由某些个体的自由创议综合起来自发形成的。用哈耶克的话说，它起初是一种自发的“耦合秩序”(Catallaxy)(哈耶克，2000)，即人们在互动中彼此调适而成的社会秩序，其典型的便是早期自由市场秩序或市民社会。在这种自发状态下，国家只扮演“守夜人”的角色，消极地维护社会秩序。这种秩序之所以能够成长，就在于大约从中世纪末期开始，尤其是近代以来，理论家和改革家们发现它在促进社会发展和解决社会问题上比以往所知任何秩序类型都更为有效，因此把它提升到理论和自觉实践的高度。16 世纪以来西方种种的变革无不是这种从朦胧逐渐走向清晰的提升过程。然而，这种日渐明了的社会秩序的建构、管理和维续绝非纯粹技术问题，其中渗透着许多不同利益相关者和文化价值担纲者的博弈和斗争。因此，这种社会秩序的建构和维续在相当长的时间内都是差强人意的，甚至是不公平的，对于欧陆某些国家来说尤其如此。即使在更为自由的英国，现代性社会秩序的建构也经历了漫长曲折和缓慢开放的渐进过程。[①] 因此，为了维护社会秩序的稳定和有效运行，西方国家自 18 世纪开始不断强化政府权力对社会的管制。尤其是当利益冲突加剧、社会正义成为“强者的利益”(柏拉图，2002) 之时，通过以国家暴力为基础的高压强制来保证秩序稳定和有效便成为不可避免的事情(Althusser，1977)。

然而，在现代社会，以赤裸裸的暴力为基础的高压强制具有明显的弱点。这就是它主要是建立在强力、高压和恐怖而不是社会成员普遍认同的基础上。换言之，它不具有普遍认可的合法性。因此，这种管理方式不仅代价高昂，而且难以持久有效、稳定，在日趋开放且自由的社会尤其如此。韦伯 (Weber，1947) 认为，人们之所以服从管理和遵守社会秩序，其主要缘由在于人们认同其具有合法性，亦即这种管理和秩序的内在规则对于他们而言符合其愿望并且有效。其中合法性是管理的首要问题。那么合法性都有哪些根据呢？韦伯认为，其主要来源于传统习惯、共同的情感态度、对秩序的绝对价值的理性信仰以及法律的认可这四个方面。这与韦伯的社会行动类型也是相应的。就现代社会而言，最重要的则是

① 例如，作为现代民主秩序建构的一部分，英国选举权的开放经历漫长的渐进过程。1688 年“光荣革命”后的议会“民主”只是把选举权从 120 名有头衔的大贵族扩大到占国民成年男子 2%或 3%的 8000~10000 名拥有土地的乡绅和几百名出色的商人（伯尔曼，2008）。此后，在不断的宪章运动和改革的推动下，管理层才分别于 1832 年、1866 年、1888 年和“一战”后给予中产阶级（男性）、工人阶级（男性）、农民及矿工（男性）和妇女选举权。其中历经 200 多年之久。

后两项，即价值合理性和法治。由于法律归根结底是某种文化价值取向或涂尔干所言的那种文化“约前因素”（Precontract Elements）的反映，因此在现代性社会，秩序的合法性的最重要的方面，不是诉诸权力强制（尽管其不可或缺），而是主流社会文化价值的内化（Internalization），即作为一种文化的社会秩序规则转化成人格系统的过程（Parsons，1951）。这也就是社会秩序的文化化（Culturalization）。一旦社会成员有了基本共同的价值取向而秩序又反映这种价值的实质，那么就会有本质上共同的模式行为。成功的文化化或内化会使社会成员在接受管理和遵守秩序过程中处于某种无意识状态。此时社会秩序处于最稳定和有效状态。因此，真正持续稳定、有效的社会秩序一定是建立在共享基本价值观上并实现文化内化的秩序。现代西方社会秩序主要不是权力强制的结果，而是人们认同其具有合法性和具有某种效用或意义的产物。尽管在西方现代社会，实证主义工具理性化特征日趋明显，然而，如索罗金所言（Sorokin，1937），高度的社会系统整合或秩序的有效性是以一系列核心价值、意义和规范为基础的，只有当社会系统的各个成分形成逻辑与意义的一致，并反映了居主导地位的文化意识时，社会互动才能是有序的，有效的社会秩序才能得以维续。正因为如此，帕森斯才得出这样的结论：如果只在实证主义视角下，把具有工具理性视为“有意义行动”的唯一标准，那么一个合乎逻辑的社会秩序便根本不能产生（Parsons，1951；Parsons & Shils，1951）。

## 二、新教伦理及其内化效应

因此，从孔德（后期写作《实证政治学体系》和“人道教”的孔德）到古典社会学的涂尔干和韦伯，再到现代著名社会理论家（如索罗金、帕森斯、艾森斯塔德等），都非常重视文化价值的内化在维续社会秩序方面的重要作用［甚至连葛兰西这样的革命家也从另一方面认识到，共产主义革命在西方失败的一个重要原因就是严重低估了文化领域的作用（Gramsci，1971）］。在这方面，宗教（包括现代“公民宗教”）的作用被认为更具核心意义。因为从古至今，不管社会如何变迁，宗教文化及其隐含的信仰、价值观和意识形态都为社会秩序提供了共同的基础和意义。在基本秩序方面尤其如此。例如，我们今天生活于其中的社会基本秩序，如雅斯贝尔斯（Jaspers，1953）和艾森斯塔德（Eisenstadt，1986）所指出的，仍然渗透着“轴心时代”（Axial-Age）形成的宗教文化的巨大影响。因此，在西方，社会秩序的形成和演变，以及社会治理的发展自基督教出现以来便与之难解难分，其无不打上基督教的烙印。基督教不仅参与了罗马帝国后期和西方中世纪社会秩序的建构和演化，而且对西方现代国家与社会的形成、发展和管理，对现代西方人的形塑，具有多方面的潜移默化的影响。大体而言，基督教对西方人与社会的影响主要表现在两个方面，即基督教一般意义上的影响与宗教改革后新教的影响。

关于基督教一般意义上的影响，主要表现在：一是基督教的末世论和救世说对西方（甚至世界）曾经产生过极大的显性深远影响（现在仍然发挥着潜移默化的作用）。这不仅指古代和中世纪的相关宗教运动，而且指自托马斯·莫尔以来所有这一类型的世俗“乌托邦”观念和运动。人们想象着通过一次“最后的斗争”立即建立“至善至美”社会的想法对于社会治理的影响实在是不可低估的，其中既有通过“超越性”触发社会变革的积极意义，也有沉重的经验教训。二是基督教普遍主义的自由平等思想不仅在美国《独立宣言》和法国《人权宣言》中得到了反映，而且在当代使社会治理与“承认的政治”、人的权利和尊严等观念联系起来。其间接推动社会治理在某种程度上由统治向法治下的互动和“社会服务”演变。这反映出，尽管基督教教会作为一个机构不再像过去那样掌握权力了，但基督教的许多基本价值观实际上体现在社会和政治结构中，对于美国那样的既商业化又具有浓厚宗教氛围的国家尤其如此（Parsons，1963）。因此，就社会治理而言，在西方，宗教研究历来为著名社会理论家和文化精英所重视。

关于宗教改革后新教的影响，甚至今天仍依稀可辨。比如，总体而言，新教国家（地区）人民在工作态度方面明显不同于天主教或希腊正教国家的人民。这种宗教文化价值的内化在现代社会秩序的建构和维续上起到了相当大的作用，尽管其作用不是唯一的。

一方面，西方宗教改革以及新教对现代资本主义（人与社会）形成的影响，在韦伯 1904 年首次发表相关研究成果（《新教伦理与资本主义精神》第一部分）以前并不为学界所重视。人们一般重视文艺复兴、启蒙运动和资产阶级革命的影响，但较少重视宗教改革的作用。人们对新教兴起的积极作用，尤其是新教伦理对资本主义发展的推动作用的强调，以及对塑造现代理性人的作用的重视，大体上是在韦伯发表一系列有关研究成果之后开始的——尽管我们知道在韦伯之前，恩格斯（1972，1892）曾就加尔文教对资本主义发展的积极作用已稍有论述。那么宗教改革以及新教对现代资本主义的兴起究竟有何深刻的意义？众所周知，早在中世纪后期随着商贸活动的增加，以及自由市镇和市民阶级的兴起，现代资本主义萌芽已经在欧洲，尤其是在西南欧（如意大利北部）广泛产生。文艺复兴的到来又促使这种萌芽进一步成长。不过，在“天主教母体”中，作为新兴阶层（商人或市民）的天主教徒在从事资本主义营利活动时，往往处于违反教廷戒令而遭到盘问、惩罚的境地。即使在宗教氛围相对弱化的地方，人们的营利活动虽未受到严厉制止，但也不为天主教的上帝及宗教伦理所鼓励（韦伯，2005）。因为“在中世纪天主教的欧洲，从神学角度看，唯一合法的‘终生职业’就是修道院的圣职”（托尼，2006），其他世俗职业，特别是与现代性资本主义相关的商业活动则缺乏宗教上的正当性或合法性。因此，现代资本主义在传统天主教社会的发展往往受到严重阻碍。这是外在客观的一面。

另一方面，从主观上看，人性的弱点往往导致人们在爆发之后，由于不具有后来新教徒所表现出的那种内心世界禁欲的宗教取向和对高尚目标的追求，因而很难避免放纵性欲或抵制过分奢侈的物质享乐的生活方式，其结果往往“‘扼杀了’那些本可以用于资本生殖的‘萌芽’”。韦伯（2010）认为这是一种“伦理上的缺陷”。更深一步讲，“天职”性的“工作狂”不是那种视工作为“必要之恶”的传统人所具有的品质，因为这种人一旦习惯上和经常性的经济需要得到满足，便立即停止工作。他们总是以漫不经心和懒散的态度对待劳动或工作，而不可能像后来新教徒那样把工作（劳动）提升到“天职”的特殊高度（伟业的高度）。所有这些现象在天主教的南欧尤为突出。这导致现代资本主义尽管发端于南欧（如意大利），但发展却缓慢，甚至变异（营利活动又退化为非理性和非现代性的传统商业资本主义活动），[①] 即使有文艺复兴的推动，也难有深刻的改观。因此，现代理性资本主义要想获得长足发展，除了改变政治、经济和社会外部环境外，更重要的是要改变人们的价值观、人生观、工作（劳动）态度和生活习性，把懒散、放纵、缺乏理性计算的传统人转变成现代理性的人。而这又是与文化取向和经济伦理变化分不开的。宗教改革和新教的兴起（包括后来新教对天主教的影响）在相当程度上恰好满足了这些要求。尽管人们对宗教改革和新教如何起作用的具体过程争论不休，但有一点是共同的，即新教有助于人们形成秩序井然、理性、自律的生活方式，易于培养人们的责任感、勤劳工作精神和事业心，以及中产阶级（资产阶级）绅士品质（其典型前有韦伯所提及的本杰明·富兰克林，后有我们现在所见的史蒂芬·保罗·乔布斯和比尔·盖茨）。其文化取向就是“勤奋工作，珍惜每一分钱，多做善事”。所有这些最终“为现代资本主义精神铺设了道路”（韦伯，1958）。因此，现代资本主义和“现代人”虽然首先在南欧天主教地区产生，但成大器者却首现西北方新教地区，绝非偶然（这表明，在西方，真正的现代理性资本主义和现代性人格同是一种矛盾体：一方面呈现强烈的个人主义和自由主义取向，另一方面又体现出人的自我控制精神与充满责任和义务的行动特征）。

不过，需要说明的是，作为基督教的一个分支，新教本身（从主观上看）也是保守的。新教强调“因信称义”和原原本本回到《圣经》中去。因此，新教本身不会产生资本主义。或者如托尼所言：“‘资本主义精神’同历史一样古老，它并不像人们有时所说，是清教的产物。但它确实在后期清教的某些方面找到一种激励因素，这种因素激发了它的力量，增强了它原本就具备的朝气”（托尼，

① 韦伯认为，资本主义在前现代社会广泛存在，但只有在西方它才独立发展成“现代理性资本主义”（韦伯，2004）。

2006)。这也就是韦伯所说的现代资本主义精神与新教在某些方面(仅在某些方面)存在亲和性，两者在客观上相互影响，只不过韦伯侧重后者对前者的影响，托尼则强调清教客观上顺应了现代资本主义发展的要求。了解有关历史的人都知道，宗教改革时期和早期新教团体(如加尔文教派共同体)是一种具有强烈“集体主义”精神的组织，个人主义和自由主义不可能在其中生存。托尼说，如果把后期清教徒的个人主义加在早期教派身上，“会使他们惊恐万分”(托尼，2006)。然而，“三代人之后”，当这些宗教共同体培养的一代又一代自律、理性、简朴、勤劳和有信仰的教徒与个人主义、自由主义的资本主义结合在一起时(“成为功利主义的个人主义的载体”之时)，却发生了意想不到的后果，这就是促进人与社会向现代性转变，推动现代资本主义文明深入发展。

当然，在今天已经世俗化的西方，宗教已经成为“‘私人领域’的一部分”(贝拉等，1991)。然而，尽管宗教相比昔日多少有些衰落(这种衰落只是结构性的，现代社会在“祛魅”的过程中也不时地出现“祛俗”或“返魅”现象)，但宗教在社会治理上仍起到重要作用，其价值取向内化的影响无处不在，尤其是在一些宗教文化氛围仍然浓厚的国家(如美国)。社会推崇的勤劳工作伦理、事业心、理性有序和生活纪律等处处折射出新教“深远而广阔”的影响(卡尔伯格，2010)，更不要说整个基督教的平等、博爱价值观的影响了。[①] 不管经济、政治和社会如何波澜起伏，变化不定，宗教作为一个“制衡因素”使得道德领域却是较为确定和稳固的(贝拉等，1991)。个人功利主义的破坏性会受到普遍(宗教)善行的制约(托克维尔，2004)，或者说，基督教宗教通过强调某种共同的价值观(如救赎、超越性、向善、圣爱或大爱等)缓和了为获得稀缺(物质)价值而进行的激烈斗争(英格，2009)。今天，西方虽然已经远离了几个世纪以前那种神圣的信仰年代，即一个对于许多新教徒而言虽然在经济领域从事产业活动，但却不是仅仅出于财富考虑的年代，一个虽然满腔热情投入社会组织活动，但目标却不是个人现世幸福的年代，但是那种宗教精神取向通过转换多多少少在世俗文化中保留下来。因此，在西方，尽管功利主义和个人主义大行其道，但这不仅没有瓦解社会，反而能够使社会运行自然有序，其原因之一就在于有宗教(包括源于宗教的世俗化价值观念)的制衡。个人主义被提升到卢梭或贝拉意义上的“公民宗教”(Civil Religion)的地位(李猛，1999)，它与“利益主体”的个人主义共同起到了增强责任伦理和维护公共秩序的积极作用。这也是为什么在这样的社会反而比在其他号称“集体主义”的社会人们对维续公共领域秩序和保护公共环境更具此责任感的原因。

① 英国著名古典学家康福德(F.M.Cornford)说，“希腊人要人们多动脑子，基督教要人们多献爱心”(康福德，2009)。这两种取向互补，对西方影响同样深远。

值得注意的是，在当代西方社会，随着文化日益多元化和相对主义、虚无主义的盛行，传统共同文化价值的内化越发变得困难，在包括宗教在内的所有意识形态都受到不同程度解构的情况下尤其如此（不仅宗教而且其他意识形态都被当作“人民的鸦片”来对待）。在这种情况下，许多人在相当程度上成为尼采所描述的“末人”（“最后之人”）。也就是说，他们人还在，但魂没了。社会还在运行，但创造力因“灵性”的衰退而大为下降（欧洲尤其如此）。正是对此早有预感，尼采、韦伯、汤因比、索罗金等纷纷发出相关警告。斯宾格勒更是单刀直入地指出“西方的没落”。过去人们宁愿把这种论调看成是神经过敏或巫师般的咒语，现在他们似乎越来越倾向于相信这是真的。[①] 西方的没落首先是文化的没落，精神的没落。在“神学的终结、哲学的终结、科学的终结、文学的终结、艺术的终结、文化本身的终结”（塔纳斯，2007）的思潮的冲击下，长期建立起来的文化价值的内化逐渐遇到问题。与此相应，维续社会秩序的结构控制方面和自我控制方面都变得没有以往那么牢靠。年青一代种种的后现代行为便是其突出的反映。这对于西方变革似乎带来机遇，但也对现代性传统的社会治理构成严峻挑战。

## 第四节 国家与社会互动中的社会治理

### 一、社会治理的三大支柱及其有序互动

“宪法国家（民主政治）、市场经济和市民社会”是西方的自由（人权或公民权利）得以实现的“三大支柱”（达仁道夫，2000）。这三者的存在状态和互动情形如何，直接关乎西方自由民主社会和秩序的维续问题。进一步说，在当代西方，随着制衡机制的发展，社会治理愈来愈不再是国家（居高临下地）在“形塑”意义上管理社会的问题，而是以上三者，尤其是国家与社会，通过法治进行有序互动的问题。其中，市民社会和市场经济是基础，而法治国家则变成其“保护神”。因此，广义的社会治理不仅涉及前两个方面，而且还包括国家（政府）的治理。使国家如何向善和保持正义及理性，始终是社会关注的焦点。它牵扯到社会治理的神经。

远在古代希腊，亚里士多德（1981）就说过人在本性上是“政治动物”，作为最高政治共同体的“城邦以正义为原则”，而“正义恰正是树立社会秩序的基

① 关于西方社会演变到今天这种状态，伯特兰·罗素认为：“（尼采）关于未来的种种预言至今证实比自由主义者或社会主义者的预言要接近正确”（罗素，1981）。

础"。亚里士多德的这番话，是想告诉人们人类与其他群居性动物不同之处就在于其在行动中寻求"正义"。然而，正义问题不是个人本身能够解决的，它与城邦相关。也就是说，只有通过这样一种社会政治组织，正义问题才能获得解决。因此，正是对正义的寻求（"求取善果"），人们才在政治上组合成共同体（Politike Koinonia）。这一思想后来成为西方社会政治理论的基本范式，对包括霍布斯、洛克和卢梭等在内的近代社会理论家产生了深远影响。不过，从实然的角度讲，作为国家的城邦并非天然正义和向善，因为它是"建构的"（Made）（哈耶克，2000）。人造的国家是否维续正义和善治，其本身不能确定，而取决于管理的形式。因此，早在古希腊就有雅典与斯巴达两种模式之争。前者突出自由民主主义，后者则主张总体性的国家主义或"斯巴达式共产主义"（恩格斯语）。柏拉图欣赏斯巴达模式并将其升华和理想化——其"理想国"就出自"斯巴达幻象"（The Sparta Mirage），而亚里士多德则看重"混合政体"。[①] 他比其老师柏拉图看问题要现实得多。他没有从应然出发迷恋于无法达到的"绝对至善"的管理模式（理想国或乌托邦），而是从实然出发研究尽管不怎么完善但却现实可行的较好管理模式。通过广泛比较，他认为最好的现实可行的管理模式就是混合体制，因为它兼顾了不同体制的优点。此后，波利比阿（2007）、西塞罗（2002）、阿奎那（1964）都对混合体制抱有好感。对亚里士多德来说，良好的管理不仅要体现正义，而且还要有理性。而保持国家理性的最好办法，就是由中产阶级执掌国家权力进行管理。因为在他看来，中产阶级的"中庸"地位决定了他们比富豪与穷人都更加趋于理性，能够克服社会政治和意识形态方面的偏见，把派别或社会冲突降低到最低限度，因而能够维续国家理性，使政体乃至社会更加趋于稳定和持久（亚里士多德，1981）。当然，由于中等阶层在古代社会人口中只占少数，因此亚里士多德的思想在当时难以引人关注。古希腊这两种管理模式和不同思想家的理论反映了不同的社会政治取向，它们彼此之间存在很大张力，多少年来成为西方社会治理的两种不同传统和不尽文化源泉。只不过，在西方，自中世纪末期以来，前者成为显性的主流，而后者只是时隐时现的支流。

## 二、当代西方社会治理面临的价值制约与挑战

近代以来，在西方，社会的混乱往往与国家治理的好坏相关，因此社会治理首先被认为是一种如何维续国家善治和正义的问题。以往苏格拉底、柏拉图或基督教把这一问题的解决更多地置于"美德"或信仰之上，因而寄托于某种理想或乌托邦世界。与此不同，从"现代政治哲学奠基者"（列奥·施特劳斯语）马基雅

---

① 亚里士多德是这一概念的创始人（施特劳斯、克罗波西，2009），其意指"一种改进的贵族制"（贵族共和制）或"改进的民主制"（梭伦式有限民主，区别于伯利克里式大众民主）（莫斯卡，2002）。

维利（2005）开始，思想家们便把这一问题的解决转向现实主义和理性主义，即认为良好的社会治理与国家向善相关，而国家向善又与国家理性和对权力的制约分不开。不论启蒙抑或后启蒙思想家都是如此。这是近现代意义上国家治理和社会治理思想诞生的标志。尽管思想家们大多同意德行和信仰仍然具有重要作用，但他们更愿意相信，人性的弱点决定了没有国家理性和对权力的有效限制，国家向善和良好秩序的建立只能是一种愿望（洛克，1981；孟德斯鸠，1982）。因此，一方面，国家（政府）在保护所有人并使他们免受其他人（或法人团体）的强暴方面实乃不可或缺；另一方面，一旦政府为达到此目的而成功垄断了实施强制和暴力的权力，那么它就有了威胁个人自由和滥用权力的可能（不论什么国家都是如此，近现代这方面的事例实在是很多），因此，要维续国家善治，首先需要对权力加以限制。这也是近代启蒙思想家们的伟大目标。那么如何做到这一点呢？首先可以肯定的是行政强力机构（官僚机构）自身难以很好地自我约束，因为不管这一机构由谁组成（哪怕是由“圣贤”组成）都会因自身的弱点（圣贤毕竟是人因而也有弱点）而存在自身利益或易受利益集团影响。其次主权的划分和代议制尽管能够起到相当的制约作用，但是单凭民主代议机构来保证善治仍缺乏坚实的可靠性。亚里士多德（1981）很早就说过，在平民民主制中，城邦公民大会常以依公众决议所宣布的“命令”代替法律，在此，“民众成为一位集体君主”而趋于专制。在历史上，西方国家代议机构一旦被赋予无限权力的确也出现过这样的情况，“制定与正义背道而驰的法规”（Schweitzer，1929）而成为某种暴政的工具。因此，正如波普尔（1999）所言，以为只要采用民主方式对权力进行控制就能防止政府权力的过分膨胀，是一种错误的想法。

既然权力制衡权力的做法并非完满和十分可靠，那么就必须在国家以外找寻有效的制约力量。这个力量便是与国家既相对立又密切相关的市民社会。现代西方市民社会起源于中世纪盛期的城市公社或市镇自治体（Commune）。市民社会（Civil Society）这一概念表明它们是城市“文明的结果”，而“非自然产物”（达仁道夫，2000）。韦伯（2005）指出，它们一开始就是在与王权和贵族封建权力的抗争中崛起的。因此，自由对市民社会成员来说弥足珍贵。按照洛克等的观点，社会与国家分属不同的领域，社会由于是“形成的”，因而丰富多彩和充满生机，而国家因为是建构的，所以死气沉沉、单调乏味。也就是说，社会是自由和创造之所在，而国家是限制和卫护之所在。国家与社会相对分离是人们自由和保持创造力的基本保证。一方面，市民社会需要国家的保护、提供秩序和服务，没有国家，人们就会回到失序的“自然状态”；另一方面，市民社会的有限私性主权（相对自治）和自主活动领域必须得到充分尊重，因为“没有公民社会，民主和法治国家将起不到多少作用”，“自由依旧是一根摇晃不定的风中芦苇”（达仁道夫，2000）。市民社会是法与自由的媒介物。因此，在西方人看来，重要的是在整个国家范围内允许很多不受政府干预、合法的（自生自灭的）社团的存在（它们也许看上去杂乱无章，但富有创造性）。只要是法律没有禁止而其行为又没有对他者构成妨碍的，国家权力机构就不能任意干预。也就是说，市民社会有合法的自治性、独立性和自主性。一旦权力机构违法并侵害社会的利益，市民社会有权抗拒，并通过强大的社会力量和公共沟通领域合法地使之得到纠正，这也就是市民社会对国家的制约以及使善治得以实现的基础。国家与市民社会是在相互制约和互动中发展的（Held，1983；Pelczynski，1985）。

西方市民社会与国家自近代以来有一个明显变化的过程。当近代早期洛克等人说市民社会是自由之所在时，黑格尔（1979）当然不同意洛克等人的观点。因为黑格尔敏锐地观察到他那个时代市民社会分裂的状况，看到了市民社会的自由只是有产者的权利，对于出卖劳动力的社会底层没有实质意义。因此，早期市民社会实乃"绅士社会"。也就是说，市民社会明显无法将自由普及共享。于是，黑格尔不仅诉诸国家与社会的分离，而且更寄希望于一个中立和超然的国家。认为只有这样的国家才有理性，能够超越市民社会自私的追求，即关心普遍而不是只顾特殊。[①] 黑格尔的这一观点，当然受到马克思（1844）的严厉批判。马克思认为，在近代西方，国家与社会似乎是分开的，但绝非中立、超脱。资产阶级表面上看控制着经济，但实质上是通过控制国家来实现控制经济的。黑格尔的国家将阶级分裂建制化，其不仅不能对社会采取普遍、公正的态度以克服异化，反而本身就是异化的产物。因此，以阶级压迫为基础的国家不会使"认可"和尊严具有普遍性。

不过，历史还是朝着人们难以预料的方向发展的。当代西方现实情形表明，不论洛克还是黑格尔的观点似乎不符合他们所处时代的实际，但却接近当代的现实情况。如今，一方面，社会底层通过市民社会的一种形式——工会获得了过去难以比拟的"社会权力"并以此抗拒资本和官僚权力可能的侵害；另一方面，随着中等阶层日益在社会中占多数，国家管理机构也逐渐变得比以往任何时候都接近中庸和超然（反映中等阶层意识）。当然，即便如此，韦伯有关人们谨防官僚机构成为最大利益集团或受某些压力集团影响的告诫，必须警钟长鸣。官僚机构能否公正运转除了内部治理、国家权力划分与制衡之外，还取决于市民社会对它的制约。在西方，正是由于这种社会力量的存在，防止权力的滥用才得到有效保证，自由与秩序基本上保持均衡才有可能。这是当代西方社会稳定与和谐（赫拉克利特意义上的和谐）的基础。

不容置疑，西方国家在逐步转向国家理性和善治的同时，国家权力也在扩张。这突出表现在，原属于私人领域的经济、贸易、劳动、就业、教育、医疗等

---

① 黑格尔心中的理想典型是被美化了的普鲁士君主立宪国家（Avineri，1972）。

问题，逐渐作为公共问题而受到国家干预。国家难以再扮演“守夜人”的角色，而成为积极的干预者。这是现代社会分工日益精细化和复杂化的反映，同时也是现代陌生人抽象社会难当此任的结果。在这种情况下，国家与社会的互动比以往任何时候都更加紧密。尽管古老的斯巴达幻象在西方仍不时闪现，但随着自由文化在现代的发展，以往那种“全景监狱式”监管在社会中已受到普遍唾弃。那么在国家权力不得不扩张的条件下应当如何进行社会治理呢？以下大概是现代西方社会在此问题上所遵循的基本原则和方向：

其一，尊重法治（不同于法制）。远在西方文化的源头亚里士多德就说过，民主社会的基础是“法治”，因为“法律恰恰正是免除一切情欲影响的神祇和理智的体现”（神祇在此当指“逻各斯”）。在现代西方，这已逐渐形成传统（尽管有反复），即社会治理逐渐由过去的“以行政为治”转为“以法律为治”。这要求法律别于甚至高于政治而“相对自治”（伯尔曼，1993）。借用英国古老格言来说，就是政府不在任何人之下，但必须在上帝和法律之下，因为法律创造了政府。当然，不仅国家行政权力要尊重法治，市民社会也要尊重法治，也就是说，权力与自由都要接受法治的“规训”，这也就是所谓“文明之规训”。没有法治就没有作为善治的社会治理。“法律的尽头是暴政的起点”这一洛克的格言道出了其本质。

其二，政府对社会的管理要理性、适度，懂得常态与非常态管理之别并保护和爱护正当的自发性。如奥地利著名经济和社会理论家路德维希·冯·米塞斯所言（Mises，1949），在正常的市场经济中，作为社会的强力机构，“政府的目的在于维续市场制度的运行”，政府不仅“不得妨碍市场发挥正常作用”，而且“还必须保护市场制度以使它免遭其他人的侵犯”。米塞斯的这些话对于常态的市民社会和私领域人们的活动也应当适用。也就是说，在一般情况下，政府通过法律只提供具有“否定性价值”的抽象的普遍秩序和规则（哈耶克，2000），市场和市民社会在这种秩序下实行合法的自我管理或自治（自治是市民社会的另一个特征）。只有这样，自发性和自组织的活动才能合理有效展开，社会才能富有活力和创造性。只有当市场失灵以及市民社会失序时，政府才给予必要的干预。阿玛蒂亚·森言：“成功的资本主义的经验不仅建立在市场机制基础上……还建立在制度综合的发展基础上，而市场经济仅仅是其一部分。“看不见的手”经常高度依赖于‘看得见的手’。”（转引自梁文松、曾玉凤，2010）但是，即使在这种情况下，政府的干预也要受到法治的限制，政府只有在自由、开放社会普遍规则和法治范围内才能合法地干预市场和社会。

其三，国家与市民社会尽可能地采取协商、合作的方式互动，也就是法治下的文明互动。这要求：一方面是政府的文明化（Civilization of Government），政府要从几个世纪以来习惯的“全景监狱式”监管模式转变到尊重法律的服务型模式上来，管理要富有理性和人性化；另一方面，市民社会也必须遵守一视同仁的普遍规则，使自身行为受到“规训”，成为“文明社会”、“礼貌社会”，并限制过激行为（文明、礼貌、自律、宽容、无暴力和富有绅士精神是市民社会的传统）。当各个方面的相关者都被纳入法治化程序的时候，社会秩序受到的威胁被降到最低限度。

其四，在当代西方世界，“大社会”与“小政府”（“最小国家”）之论已不再是许多社会理论家争论的焦点（哈耶克，2000），原因是随着社会复杂性的增加，即使在西方，大社会也需要扩大政府活动的范围（当代西方各国政府管辖的范围远比洛克或黑格尔时代要宽泛得多）。这是政府从统治类型向服务和管理类型转变的反映。哈耶克曾说过，在市场能够为人们提供有效服务的地方，诉诸市场当然是最佳方法，但是，在市场无法胜任的地方，就不能不依靠发挥政府的功能了。不过，为了防止人们担心政府过于强大而发生侵害，一方面人们必须把政府的政治统治（实施法律和抵御外敌）的职能与服务性职能明确界分开来，另一方面不能把赋予前一种职能的权威和尊严同样赋予后一种职能。换言之，前者具有排他性和垄断性，而后者不具这种性质。因此，政府活动范围的增大主要大在服务职能上而非统治职能上。政府的服务性职能是一种合作、协商和与市场相联系的职能，而非高压强制职能。因此，在当今时代政府服务性职能扩大的同时，必须谨防政府对服务的垄断（哈耶克，2000）。

**参考文献**

E.A.罗斯：《社会控制》，秦志勇、毛永政译，华夏出版社，1989 年。

J.边沁：《道德与立法原理导论》，时殷弘译，商务印书馆，2000 年。

J.边沁：《政府片论》，沈叔平等译，商务印书馆，1995 年。

奥古斯丁：《上帝之城》，王晓朝译，人民出版社，2006 年。

柏拉图：《法律篇》，张智仁、何勤华译，上海人民出版社，2001 年。

柏拉图：《理想国》，郭斌和、张竹明译，商务印书馆，2002 年。

邦雅曼·贡斯当：《古代人的自由与现代人的自由》，阎克文、刘满贵译，上海人民出版社，2003 年。

伯特兰·罗素：《西方哲学史》（下册），马元德译，商务印书馆，1981 年。

戴维·赫尔德：《民主的模式》，燕继荣等译，中央编译出版社，2004 年。

丹尼尔·贝尔：《意识形态的终结》，张国清译，江苏人民出版社，2001 年。

丹尼尔·雷恩：《管理思想史》，孙健敏等译，中国人民大学出版社，2009 年。

恩格斯：《〈社会主义从空想到科学的发展〉英文版导言》，《马克思恩格斯选集》（第三卷），人民出版社，1972/1892。

菲利普·尼摩：《什么是西方》，阎雪梅译，广西师范大学出版社，2009 年。

费迪南·滕尼斯：《新时代的精神》，林荣远译，北京大学出版社，2006 年。

弗里德里克·泰勒：《科学管理原理》，马风才译，机械工业出版社，2007 年。

弗里德利希·冯·哈耶克：《法律、立法与自由》（第二、三卷），邓正来等译，中国大百科全书出版社，2000 年。

圭多·德·拉吉罗：《欧洲自由主义史》，杨军译，吉林人民出版社，2011 年。

哈贝马斯：《交往行动理论》（第一卷、第二卷），洪佩郁、蔺青译，重庆出版社，1994 年。

哈罗德·伯尔曼：《法律与革命》（第二卷），袁瑜琤、苗文龙译，法律出版社，2008 年。

哈罗德·伯尔曼：《法律与革命》，贺卫方等译，中国大百科全书出版社，1993 年。

黑格尔：《法哲学原理》，范扬、张企泰译，商务印书馆，1979 年。

霍克海默、阿多诺：《启蒙辩证法》，洪佩郁、蔺月峰译，重庆出版社，1990 年。

加塔诺·莫斯卡：《统治阶级》，贾鹤鹏译，译林出版社，2002 年。

卡尔·波普尔：《开放社会及其敌人》（第一卷），郑一明等译，中国社会科学出版社，1999 年。

卡尔·曼海姆：《重建时代的人与社会》，张旅平译，三联书店，2002 年。

康福德：《苏格拉底前后》，孙艳萍、石冬梅译，格致出版社、上海人民出版社，2009 年。

昆廷·斯金纳：《自由主义之前的自由主义》，李宏图译，三联书店，2003 年。

拉尔夫·达仁道夫：《现代社会冲突》，林荣远译，中国社会科学出版社，2000 年。

雷蒙·阿隆：《论自由》，姜志辉译，上海译文出版社，2009 年。

李猛：《论抽象社会》，《社会学研究》，1999 年第 1 期。

理查德·塔纳斯：《西方思想史》，吴象婴等译，上海社会科学院出版社，2007 年。

利普塞特：《政治人》，刘钢敏、聂蓉译，商务印书馆，1993 年。

列奥·施特劳斯、约瑟夫·克罗波西主编：《政治哲学史》，李洪润等译，法律出版社，2009 年。

卢梭：《社会契约论》，何兆武译，商务印书馆，1982 年。

罗伯特·N.贝拉等：《心灵的习性》，翟宏彪等译，三联书店，1991 年。

洛克：《政府论》（下篇），叶启芳、瞿菊农译，商务印书馆，1981 年。

洛克伍德：《社会整合与系统整合》，李康译，《社会理论论坛》，1997 年第 3 期。

马丁·路德：《论基督徒的自由》，马丁·路德、约翰·加尔文《论政府》，吴玲玲编译，贵州人民出版社，2004 年。

马尔库塞：《反革命和造反》，马尔库塞等《工业社会和新左派》，任立编译，商务印书馆，1982/1972 年。

马基雅维利：《论李维》，冯克利译，上海人民出版社，2005 年。

马克·布洛赫：《封建社会》（下卷），张绪山译，商务印书馆，2004 年。

马克·尼奥克里尔斯：《管理市民社会》，陈小文译，商务印书馆，2008 年。

马克思：《黑格尔法哲学批判》，《马克思恩格斯全集》（第一卷），人民出版社，1956/1844 年。

马克斯·韦伯：《经济与社会》，林荣远译，商务印书馆，2004 年。

马克斯·韦伯：《韦伯作品集Ⅱ：经济与历史支配的类型》，康乐、简惠美译，广西师范大学出版社，2004 年。

马克斯·韦伯：《韦伯作品集Ⅵ：非正当性的支配：城市的类型学》，康乐、简惠美译，广西师范大学出版社，2005 年。

马克斯·韦伯：《韦伯作品集Ⅷ：宗教社会学》，康乐、简惠美译，广西师范大学出版社，2005b。

马克斯·韦伯：《新教伦理与资本主义精神》，苏国勋等译，社会科学出版社，2010 年。

迈克尔·曼：《社会权力的来源》，刘北成、李少军译，上海人民出版社，2002 年。

孟德斯鸠：《论法的精神》，张雁深译，商务印书馆，1982 年。

米尔恰·伊利亚德：《宗教思想史》，晏可佳等译，上海社会科学院出版社，2004 年。

米歇尔·福柯：《疯癫与文明》，刘北成、杨远婴译，三联书店，1999b 年。

米歇尔·福柯：《规训与惩罚》，刘北成、杨远婴译，三联书店，1999a 年。

米歇尔·福柯：《治理术》，赵晓力译，《社会理论论坛》，1998 年第 4 期。

齐格蒙特·鲍曼：《被围困的社会》，郇建立译，江苏人民出版社，2006 年。

齐格蒙特·鲍曼：《共同体》，欧阳景根译，江苏人民出版社，2007 年。

斯蒂芬·卡尔伯格：《〈新教伦理与资本主义精神〉导读》，韦伯《新教伦理与资本主义精神》（罗克斯伯里第三版），苏国勋等译，社会科学文献出版社，2010 年。

汤普森：《英国工人阶级的形成》，钱乘旦等译，译林出版社，2001 年。

汤普逊：《中世纪经济社会史》（上册），耿淡如译，商务印书馆，1997 年。

涂尔干：《宗教生活的基本形式》，渠敬东、汲喆译，上海人民出版社，1999 年。

托克维尔：《旧制度与大革命》，冯棠译，商务印书馆，1992 年。

托克维尔：《论美国的民主》，董果良译，商务印书馆，2004 年。

托尼：《宗教与资本主义的兴起》，赵月瑟、夏镇平译，上海译文出版社，2006 年。

西塞罗：《国家篇　法律篇》，沈叔平、苏立译，商务印书馆，2002 年。

亚当·斯密：《道德情操论》，谢宗林译，中央编译出版社，2008 年。

亚里士多德：《政治学》，吴寿彭译，商务印书馆，1981 年。

英格：《宗教的科学研究》（上册），金泽等译，中国社会科学出版社，2009 年。

约翰·密尔：《论自由》，程崇华译，商务印书馆，1982 年。

Adorno，T.W.，Negative Dialectics. London：Routledge & Kegan Paul，1994.

Althusser，Louis，Lenin and Philosophy and Other Essays. London：New Left Books，1997.

Aquinas，Thomas，Summa Theologiae. London：Eyre & Spottiswoode，1964.

Aquinas，Thomas，On Kingship. New York：Hyperion Press，1979.

Avineri，S.，Hegel's Theory of the Modern State. Cambridge：Cambridge University Press，1972.

Bauman，Zygmunt，Modernity and Ambivalence. Cambridge，UK：Polity Press，1991.

Beck，L.W.（ed.），Foundations of the Metaphysics of Morals and What is Enlightenment? Indianapolis：Bobbs-Merrill，1959.

Bell，D.，Work and Its Discontents：The Cult of Efficiency in America. Boston：Beacon Press，1956.

Bell，D.，"The End of Ideology Revisited." Government and Opposition 23，1988.

Bulmer，Martin，The Chicago School of Sociology：Institutionalization，Diversity，and the Rise of Sociological Research. Chicago：The University of Chicago Press，1984.

Checkland，S.G. & E.O.A.，Checkland（eds.）Poor Law Report of 1834. Hamonsdsworth：

Penguin Books, 1974.

Copley, F. Barkley, Frederick W. Taylor: Father of Scientific Management. New York: Harper and Row, 1923.

Dawson, Christopher, Religion and the Rise of Western Culture .New York: Doubleday, 1991.

Eisenstadt, S.N. (ed.), The Origins and Diversity of Axial-Age Civilizations. Albany, NY: SUNY Press, 1986.

Faris, Robert E. L., Chicago Sociology 1920-1932. Chicago: The University of Chicago Press, 1970.

Foucault, M., "Space, Knowledge and Power." In Paul Rabinow (ed.), The Foucault Reader. N.Y.: Pantheon, 1984.

Freud, Sigmund, Future of an Illusion. Trans.by W.D.Robson-Scott. Garden City, N.Y.: Doubleday, 1957.

Giddens, A., "Living in Post-Traditional Society." In Ulrich Beck, Anthony Giddens & Scott Lash, Reflexive Modernization: Politics, Tradition and Aesthetics in the Modern Social Order. Cambridge: Polity, 1994.

Gramsci, Antonio, Prison Notebooks. Ed. by Quintin Hoare & Geoffrey N. Smith. New York: International, 1971.

Held, D. (ed.), States and Societies. New York: New York University Press, 1983.

Janowitz, Morris, "Sociological Theory and Social Control." American Journal of Sociology 81, 1975.

Jaspers, Karl, The Origin and Goal of History. New Haven: Yale University Press, 1953.

Lippmann, Walter, An Inquiry into the Principles of a Good Society. Boston: Little, Brown and Company, 1937.

Lipset, Seymour Martin, The First New Nation: The United States in Historical and Comparative Perspective. New York: W. W. Norton & Company, Inc., 1979.

Marcuse, Herbert & Karl Popper, Revolution or Reform?: A Confrontation. Chicago: New University Press, 1976.

Mayo, George Elton, The Human Problems of an Industrial Civilization. New York: MacMillan Company, 1933.

Mayo, George Elton, The Social Problems of an Industrial Civilization. New York: Routledge, 2007.

Mises, Ludwig Von, Human Action: A Treatise on Economics. New Haven, CT: Yale University Press, 1949.

Morrow, Glenn H., The Ethical and Economic Theories of Adam Smith. New York: Longmans, 1963.

Park, Robert E., On Social Control and Collective Behavior. Ed. by Ralph H. Turner. Chicago: The University of Chicago Press, 1967.

Parsons, Talcott & Edward A. Shils (eds.), Toward a General Theory of Action. Cambridge: Harvard University Press, 1951.

Parsons, Talcott, The Social System. New York: The Free Press, 1951.

Parsons, Talcott, "Propaganda and Social Control." In Talcott Parsons, Essays in Sociological Theory. New York: The Free Press, 1954/1942.

Parsons, Talcott, "The Problem of Controlled Institutional Change." In Talcott Parsons, Essays in Sociological Theory. New York: The Free Press, 1954/1945.

Parsons, Talcott, "Christianity and Modern Industrial Society." In Edward A. Tiryakian (ed.), Sociological Theory, Values and Sociocultural Change. New York: Free Press, 1963.

Parsons, Talcott, The Structure of Social Action. New York: The Free Press, 1968.

Pelczynski, Z.A. (ed.), The State and Civil Society. Cambridge: Cambridge University Press, 1985.

Piven, F. Fox & Richard Cloward, Regulating the Poor: The Functions of Public Welfare. London: Tavistock, 1974.

Polybius, The General History of Polybius V6. Trans. by Mr. Hampton. Whitefish. MT: Kessinger Publishing, LLC, 2007.

Schweitzer, Albert, Civilization and Ethics. Trans. by John Naish. London: A. & C. Black, 1929.

Sorokin, Pitirim, Social and Cultural Dynamics (Volume 1-4). New York: American Book Company, 1937.

Thucydides, History of the Peloponnesian War. New York: Penguin Group, 1972.

Tierney, Brian, The Crisis of Church and State, 1050-1300, with Selected Documents. Englewood, Cliffs, N.J.: Prentice-Hall, 1964.

Toynbee, Arnold J., A Study of History: Abridgement. Oxford: Oxford University Press, 1947.

Turner, Ralph H., "Introduction." In Robert E. Park, On Social Control and Collective Behavior. Ed. by Ralph H. Turner. Chicago: The University of Chicago Press, 1967.

Vidich, Arthur J. & Stanford M. Lyman, American Sociology: Worldly Rejections of Religion and their Directions. New Haven: Yale University Press, 1985.

Vincent, George, "The Province of Sociology." American Journal of Sociology 1 (4), 1896.

Voegelin, Eric, Israel and Revelation (Order and History, Vol. Ⅰ). Columbia, Missouri: University of Missouri Press, 2000.

Vogt, J., The Decline of Rome. London: Weidenfeld & Nicolson, 1967.

Weber, Max, The Theory of Social and Economic Organization. Trans.by A.M. Henderson & T. Parsons. New York: Oxford University Press, 1947.

Weber, Max, "The Protestant Sects and the Spirit of Capitalism." In Hans Gerth & C.W. Mills (eds.), From Max Weber: Essays in Sociology. New York: Oxford University Press, 1958.

Wrege, Charles D. & Ronald G. Greenwood, Frederick W. Taylor, The Father of Scientific Management: Myth and Reality. Homewood, Ⅲ: Business One Irwin, 1991.

# 第三章　中国社会分化与社会治理创新

## 第一节　中国社会治理面临的新挑战

### 一、中国社会治理的两个基本问题与背景

社会建设是中国发展与转型进入关键阶段后所面临的重大历史性任务，包括两个方面的基本内容：民生建设（包括社会事业建设）和社会治理。

笔者认为，社会治理的核心是协调各种社会群体之间的利益矛盾与冲突，保持社会秩序。对于正在经历飞速发展和急剧转型的中国社会来说，社会治理创新在某种意义上就是面对中国社会的新变化及其挑战，重塑社会秩序。

讨论中国社会治理，必须注意到两个基本的问题与背景。

第一，当前，中国处于社会矛盾与冲突凸显期。在最近的 30 多年中，中国以高速的经济增长著称于世。“二战”结束以后，在世界范围内，中国几乎是世界上唯一的在 30 多年时间内人均 GDP 保持年均 9.8%增长速度的国家。高速的经济发展带来社会财富的巨大增长，中国已经成为经济总量世界排名第二的国家。经过 30 多年的经济增长，中国已经从一个低收入国家进入（下）中等收入国家行列，由基本小康社会开始迈向全面小康社会，这是举世瞩目的成就。但是必须看到，伴随中国经济高速增长的是社会矛盾与冲突的增长，一个突出的指标是群体性事件的增长。[①] 正是从 20 世纪 90 年代后半期开始，伴随中国经济进入一个新的高速增长期，各种群体性事件以超过经济增长速度 1 倍多的速度在增长。无

---

① 有研究报告指出，群体性事件在 1994 年后开始出现不断增长趋势，1995~1996 年增长速度在 10%左右，1997~2004 年间年均增长速度高达 25.5%，参见刘科，2009。《2005 年中国社会形势分析与预测》表明，1993~2003 年，群体性事件数量已由 1 万起增加到 6 万起，参与人数也由约 73 万人增加到约 307 万人，参见汝信等主编，2005。

论是否愿意使用所谓“发展陷阱”或“拉美陷阱”这样的概念来描述中国社会所面临的问题，至少“社会矛盾与冲突的凸显期或多发期”的判断揭示了当前中国社会的一个基本特征。

第二，中国社会处于社会转型期。社会矛盾与冲突在任何社会中都存在，在经历了经济起飞（或增长）的国家（社会）中也表现出类似特征。在讨论中国社会问题时，必须强调的是，30 多年来中国社会经历了由高度集中的中央计划经济体制向社会主义市场经济体制转型的过程，中国的经济增长是在巨大的体制转型过程中实现的，中国社会矛盾与冲突的凸显也是在巨大的体制转型过程中积累的。它不仅是经济增长，更是体制转型带来的问题。只有将中国社会当前所遇到的矛盾与冲突置于 30 多年来中国社会大转型的背景下，才能更为深刻地理解当前中国社会的矛盾与冲突、社会治理面临的挑战，以及作为历史性新任务的社会治理创新。

对于理解当前中国社会的矛盾与冲突，最重要的是揭示社会矛盾与冲突的社会基础和关系性质，即社会结构特征和利益关系性质。社会治理创新面对的是变革带来的问题，矛盾与冲突的协调取决于对社会变革的“解读”。

在巨大的社会变革过程中，我国的社会结构和利益关系与 30 多年前的传统社会主义社会相比，已经发生了重大变化。这些变化表现在众多方面，但最为突出的特征可以用两个概念概括：社会结构阶层化、利益关系市场化。下文将对这两个概念及其意义分别给予讨论。

## 二、社会结构阶层化

特定社会结构及其构成昭示了该社会的基本特征。可以从不同角度对社会结构进行分析，其中一个基本视角是阶层结构视角。阶层结构不仅被认为是社会最基本的结构之一，同时也被认为是一个社会矛盾与冲突的最重要基础。

### （一）传统社会主义的社会结构

由于各种条件限制及不同理论传统，对于改革开放前中国传统社会主义社会的社会结构特征，理论上存在不同认识。

毛泽东（1976）曾对中国传统社会主义社会的结构做过一个最为宽泛的界定，他在《关于正确处理人民内部矛盾的问题》一文中提出“人民”和“人民的敌人”的区分，指出拥护社会主义、拥护共产党的人属于人民的范畴，那些反党、反社会主义的人则属于人民的敌人（地、富、反、坏、右）。并在进一步论述中，确定人民占人群的 95%，敌人只占人群的 5%。在早期社会主义文献中，一个更为经典的结构划分是，在社会主义社会消灭了生产资料私人占有制度后，由于社会主义是共产主义社会的初级阶段，在社会主义社会中还存在工人阶层、农民阶层和知识分子阶层。前两者的差别是社会主义公有制在公有化程度上的差别，知识分子阶层则因为不参与直接的生产过程，不是一个独立的阶层，而是一个依附于其他阶层的阶层，随着知识分子社会主义改造的深入，知识分子将逐渐成为工人阶层的一部分。

后来“两个阶级、一个阶层”的经典理论逐渐发生变化，如毛泽东的无产阶级专政下继续革命的理论指出，在整个社会主义阶段，阶级和阶级斗争都还存在，一个集中的表现是在党内逐渐形成了一个党内走资本主义道路的当权派，即所谓“党内资产阶级”；无产阶级与党内资产阶级和社会上敌对势力的阶级斗争是社会主义社会的主要矛盾（毛泽东，1976）。

在学术研究领域，对于传统社会主义社会的社会结构也存在两种不同的观点。一种观点认为，社会主义社会因为消灭了生产资料私人占有制度和市场经济，不再存在阶级，社会主义社会中的主要结构区分是“精英集团”和“原子化大众”之间的区分（Goldthorpe，1964）。另一种观点认为，随着社会主义社会由革命转向现代化建设，无阶级的社会主义社会将逐渐出现阶层分化，例如形成“中产阶层”，同时工人阶层与中产阶层、权力精英之间的区分将越来越明显。当然，这种阶层化过程和资本主义社会的阶级结构有很大的差异（Parkin，1969）。

相当多的中国学者则持另外一种观点，认为改革开放前在中国社会中形成了一种具有中国特色的社会结构，即所谓“身份社会”或“身份体制”：几乎所有社会成员依据“城乡户籍制度”、“干部身份制度”、“所有制身份制度”和“单位体制”等被区分为不同的社会群体，享有不同的权利和社会机会。

虽然存在以上理论分歧，但有一点是共同的：尽管社会中存在着不同的社会群体或社会集团，享有不同的资源分配权利和社会机会，从而存在各种各样的社会不平等，而且不同社会群体或社会集团具有不同的利益，但是，社会主义社会本质上已经不同于资本主义社会。首先，社会主义公有制占据绝对主导地位，高度中央集权的计划经济体制控制了绝大部分社会资源和生活机会的分配；其次，基于这样的基本制度，相当多的社会差别属于社会主义公有制内部的差别，例如，“身份分割体制”是基于国家高度集中的计划体制，依据国家的发展目标，有差别地分配社会资源和社会机会的次级体制，因此，它是一种在国家集中再分配基础上形成的身份分割体系（Szelenyi，1978）。

### （二）阶层化及其理论

30 多年前开始的改革开放，给中国社会带来巨大变迁。可以从不同角度（如经济增长和现代化，从贫穷到小康，从计划到市场，从集中到分散，从一元到多元，从固定到流动，从封闭到开放等）描述这一变迁过程，如果从“社会（而非经济、政治或文化）”的角度对 30 多年的社会变迁特征做出一个界定，社会学中的一个概念——“社会分化”——最为集中地揭示了这种变化特征。[①]

改革开放以来，中国的社会结构相对于传统社会主义社会，开始出现明显的分化，其中最为重要的分化过程之一就是阶层化的过程：阶层地位越来越明确，阶层边界越来越清晰，阶层利益越来越凸显。

必须承认，“社会阶层化”是一个充满争议的论题。这主要有三个原因：第一，中国社会曾经历过一个阶级斗争时代，“文革”的阶级斗争给中国社会带来了巨大灾难。第二，30 多年前改革开放的核心就是告别以“阶级斗争为纲”的时代，转向“以经济建设为中心”。至此，才有了 30 多年经济的高速增长和生活水平的根本提升。第三，通常讲阶级阶层都是与社会革命联系在一起的，那么，在当前中国社会进入转型关键期之时，重提阶层概念又具有怎样的意义呢?

回答这个质疑虽然有些复杂，但并非不可能。为了与过去那种很大程度上是错误的阶级理论区分开来，也应该做出明确的说明。

1. 阶层分析的理论意义

首先，至少在学理上，“阶层”的一般概念是指，相对于那些基于数量特征的社会分化来说，基于某种社会关系的分化所形成的社会地位（可称之为阶级地位或阶层地位）以及相应的利益群体（可称之为阶级或阶层）；相对于其他各种社会差别和利益群体之间的关系，阶层地位是最基本的社会地位，阶层关系是最基本的社会关系，阶层利益是最基本的利益，阶层矛盾是最基本的社会矛盾。阶层概念的根本意义在于，强调社会关系的分化是一个社会中最值得重视的社会分化，社会关系分化所造成的社会不平等或矛盾与冲突，是一个社会中最值得重视的不平等或矛盾与冲突。因此，“阶层”是分析社会矛盾与冲突的最重要的概念工具之一。

其次，阶层也是一个意义多元的概念，包括不同理论传统，所关注的社会关系既包括剥削关系，也包括统治与支配关系；所关注的矛盾与冲突，既包括政治、革命以及阶级行动含义，也包括经济、改良、协调以及生活机会分配等含义。不同理论范式在阶级阶层理论传统中特别是在社会学的阶级阶层理论传统中，都取得了显著的理论成就。因此，关键的问题不在于我们曾（错误地）使用过阶级分析工具，而在于为了能够正确认识当前中国社会的分化以及相应的矛盾与冲突，应选择怎样的更适合的概念工具。

最后，相对于社会不平等、社会矛盾与冲突等分析对象，阶层概念是众多竞争性分析概念中的一种，除此以外，完全可以采用收入（财富）差距、身份差别

---

① 中国社会学家早在 20 世纪 90 年代大规模市场化改革刚开始时，就已使用“社会分化”概念来揭示中国社会结构变化的基本特征。社会结构分化是指在社会变迁过程中结构性要素产生新的差异的过程，包括社会异质性增加和社会不平等拉大两种基本形式。参见孙立平等，1994。

等视角；不同理论视角揭示了社会的不同侧面。

2. 阶层化过程

一些学者尝试使用阶层分析范式揭示当前中国社会结构的阶层化过程和形成逻辑。这一努力归结起来大致有如下几种观点：

第一，现代化逻辑。其核心观点是：随着中国社会向以现代化建设为中心转变，现代化和技术的发展导致职业地位在很大程度上取代了过去的政治地位、“身份”地位等，成为社会地位的核心和资源与机会分配的基础。职业地位所拥有的不同组织资源、文化资源和经济资源，决定了职业地位的高低，导致中国社会形成了基于职业地位的阶层结构，即国家与社会管理者阶层、管理人员阶层、私营企业主阶层、专业技术人员阶层、办事人员阶层、个体工商户阶层、商业服务业人员阶层、产业工人阶层、农业劳动者阶层和城乡无业、失业半失业者阶层（陆学艺主编，2002）。

在理论上，职业阶层不仅可以借助现代化和劳动分工的逻辑进行解释，而且还可以从社会关系角度给予解释，即职业群体是在劳动力市场的权力和利益斗争中对外封闭和排斥、对内同质化的社会性群体，在后工业化社会中构成了阶层的真正基础（Grusky & Sorensen，1998）。

第二，制度主义逻辑。其核心观点是：阶层的形成嵌入在社会的制度体系之中。不同的研究者强调不同的制度体系，有研究者特别强调产权制度以及国家权力，认为现在中国社会中存在两种基本产权（国有产权和私人产权）和相应的三种权力（国家公共权力、国有产权控制权力、私人产权或市场控制权力），结合其他因素，导致中国社会形成如下阶层结构：有技术的权力精英、无技术的权力精英、国有企业经理和管理人员、私营企业主和经理、高级专业技术人员、低级专业技术人员、职员办事人员、自雇用者、技术工人和非技术工人（刘欣，2005）。与强调产权制度和国家权力不同，有学者强调，当代中国社会中对于资源和机会分配影响最大的是户籍制度、干部身份制度、所有制制度和单位体制；基于这四种制度形成了如下阶层：国家干部、国企工人、私营企业主、新中间阶层（“白领”）、非技术工人、自雇用者、集体单位干部、集体企业工人、农村干部和农民（林宗弘、吴晓刚，2010）。

第三，权力逻辑。其核心观点是：社会阶层的分化基于权力的形式和权威结构；依据权力和权威的形式和类型，当代中国社会形成（权力）优势阶层、管理人员阶层、专业技术人员阶层、工人阶层、农民阶层和自雇用者阶层。在权力逻辑视角看来，传统社会主义社会逐渐出现依据权力分化逻辑而呈现的阶层化过程，体制改革和市场化的引入致使这种分化有了新的动力机制和结构特征（李路路，2003；Parkin，1969）。

可以看到，不同研究者有不同的理论逻辑，对中国社会的阶层结构也存在不同的观点，重要的是他们都强调中国社会正在经历一个阶层化过程，力图揭示中国社会结构的阶层化特征。

3.“结构和行动”

在讨论社会结构阶层化时，必须回答的问题是：如果阶层存在的话，是否会产生以阶层为基础的集体行动？即通常所说的“结构和行动”的问题。首先，围绕以阶级阶层为基础的集体行动问题，20 世纪八九十年代在有关“阶级消亡”的大争论中，不同的阶级阶层理论范式对此给出了不同的回答，有研究者“以强调阶级阶层位置决定生活机会”的观点对阶级消亡论做出了回应（Goldthorpe & Marshall，1992）。其次，在坚持阶级阶层位置与集体行动之间关联的研究者中，形成了关注社会变迁和关注利益斗争两种不同的取向（Grusky & Sorensen，1998）。在此基础上要回答“结构和行动”的问题，实质上就是马克思所讲的从“自在的阶级”向“自为的阶级”转变的问题。在这个转变过程中，阶层意识的形成是核心环节之一。阶层化理论给出的解释是：第一，由于中国社会正处于急剧变动过程中，人们的社会地位、工作和生活状况、价值观念，以及政策重点和社会热点也都处于急剧变化中，这种状况会极大影响稳定的阶层意识的形成（李培林等，2005）。第二，随着中国向市场经济体制的转型渐趋成熟，社会意识的“阶层化”特征开始显现。例如，在经济利益方面，社会意识的阶层化特征相对突出，社会上层的阶层化意识较其他阶层更为突出（李春玲，2005）。在阶层意识问题方面，分析的逻辑起点首先应该确认阶层是社会关系分化的产物，是基于客观的社会关系所形成的社会地位。尽管阶层的形成要经过阶层意识这一中介环节，但是，反过来的推论是不成立的：不能因为在一定时期没有形成阶层意识，就否认阶层的存在。

综上所述，在经历了 30 多年的改革开放后，中国社会中社会成员之间的社会差别和社会不平等的结构性基础已经发生了重大变化。国家仍居于主导地位，但是，以权力和制度分化为基础的阶层已经构成中国社会的结构性基础。

### （三）社会结构阶层化的意义

阶层化的社会结构（或者说社会结构正在经历一个阶层化的分化过程）意味着新时期的社会建设和社会治理面临新的挑战。

1. 阶层整合

如何将日益分化的结构性因素（包括新的阶层和社会群体）整合起来是社会结构变迁无法回避的挑战。

在传统社会主义社会，尽管存在不同的（身份）群体，甚至利益集团，但在社会主义公有制基础上和高度集中的中央计划经济体制下，人们的地位、权利和相互关系是国家自上而下统一建构的结果。这些群体之间的相互关系与其说是相对独立的群体，不如说是国家确定的社会差别。对于转型社会的阶层，不仅表现为收入或财富的差距，更表现为基于社会关系的分化特征，不同阶层之间的地位、权力、利益越来越趋向于相对独立，其相互关系常常充满张力。因此，以阶层化为基础的社会整合将不同于传统社会主义社会。中国社会自改革开放之初，就面临着重新整合的问题，例如，曾经成为社会焦点的“体制内”和“体制外”的整合问题，最终是通过大规模的市场化改革实现的。现在面临的问题是，相对于正在弱化的体制内外差别，社会阶层的分化越来越凸显。从社会建设和社会治理的角度，中国社会的整合越来越从体制内外的整合转变为不同阶层的重新整合。

2. 主要社会矛盾与冲突

中国社会面临的矛盾与冲突不仅多发，而且形式多样，例如，现在较受关注的收入和财富分配差距问题、民生问题、腐败问题、干群关系问题和利益群体问题等。阶层分析并不否认这些矛盾的重要性和紧迫性，阶层分层范式认为，阶层矛盾与冲突已成为中国社会中最为重要的矛盾与冲突之一。对于多数人而言，对收入差距或腐败问题的“认知”往往是间接的，而有关社会关系的分化几乎是每一个社会成员都能感受到的分化，例如劳资关系与劳资矛盾、干群关系与干群矛盾。其挑战在于：面对众多纷繁复杂的社会矛盾，人们更应该关注哪些矛盾与冲突？阶层矛盾与冲突和其他矛盾与冲突具有怎样的关系？对此，阶层分析提供了一种不同于其他分析视角的概念工具。

3. 阶层矛盾与冲突

阶层矛盾与冲突的社会基础和性质不同于其他的社会矛盾与冲突，尽管阶层也是以利益为基础的社会群体，但在阶层分析范式看来，基于社会关系分化基础上的阶层利益矛盾往往更稳定、更持续；这种矛盾与冲突常常是对立的，有时甚至是对抗的；阶层利益的集中和表达更系统，从而对社会的影响可能更深远。当今中国社会普遍存在的劳动关系的分化以及矛盾与冲突已显示出这种特征。

## 三、利益关系市场化

阶层化是中国社会结构经历的重大转变。与这种转变相伴随的是利益关系的重大变化。无论有关改革开放前后社会结构具有怎样特征的观点如何，无论人们是否接受社会结构阶层化观点，都应该承认，在中央计划经济体制向市场经济体制的转型过程中，中国社会中的利益关系发生了重大变化。

“利益”可以定义为任何值得追求的东西，包括物质性的和非物质性的。本书着眼于物质性利益关系的变化。对利益关系变化的分析同样需要置于社会转型的背景中。

### （一）以国家再分配为基础的利益关系

中国传统的社会主义社会是一个中央计划经济体制占绝对主导地位的社会，不存在真正意义的市场经济，几乎所有重要经济活动的产出都是“产品”，生产出来主要不是为了买卖交换，而是为了供国家（如中央政府）根据国家发展目标、发展战略以及意识形态，在全社会范围内进行分配。由于各种条件的限制，国家不可能完全平等地分配社会资源和社会机会，因而必须根据优先秩序有差别地分配资源和机会。因此，在广大社会成员之间形成了以“身份体制”为特征的各种结构性差别。

在这样的社会中，由于社会差别、社会不平等是客观存在的，因此，利益的差别、矛盾与冲突同样是客观存在的，以为在传统社会主义社会中消除了社会不平等和利益矛盾与冲突是不正确的。高度集中统一的计划经济体制和政治体制，决定了社会的利益关系具有国家再分配性质：国家自上而下地决定了每一个社会群体、每一个社会成员的社会地位和社会权利，决定了它们所拥有的资源和机会。这种地位和权利、资源和机会是有差别地“被”分配的，由此也会导致相应的利益矛盾与冲突，但是，这种利益矛盾与冲突既是国家分配的结果，也是由国家来协调或调节的。简言之，这类社会的利益矛盾与冲突是国家决定、国家分配和国家协调的结果。可以将这种利益关系称为国家自上而下的“决定性”关系，也可称为“命令性”关系，由此形成的矛盾与冲突也是国家“决定性关系”下的矛盾与冲突（Szelenyi，1978）。

一个具有广泛影响的概念恰当地揭示了这种利益关系的性质，“人民内部矛盾”，即在人民根本利益一致基础上的矛盾。其基本逻辑是：尽管“人民”之间有差别和不平等，但由于所有的资源和机会都属于人民（通过国家来代表），我们都是国家的主人，因此，我们的根本利益是一致的。

### （二）市场经济背景下的利益矛盾

中国社会的改革开放，不仅带来经济的高速增长和社会结构的巨大变化，也带来利益取向和利益结构的极大改变。利益取向和利益结构的改变有着多种表现和特征，其中一个最为基本的改变是市场经济带来的改变。

随着中国社会由中央计划经济体制向市场经济体制转型的深入，市场机制越来越成为社会资源和机会分配的主要机制，商品生产和商品交换越来越成为社会成员获取社会资源和机会的主要方式。市场化的发展造成了两个方面的结果：第一，人们的“市场地位”逐渐取代了唯“政治地位”和“身份地位”，经济资源、文化资源也成为决定人们社会地位的主要因素；第二，社会成员之间的地位分化及相应的利益差别和利益矛盾，除了延续计划经济体制下的国家自上而下“分配或决定”的结果之外，越来越多地并日益成为市场关系作用的结果，是市场交换活动中（包括体制内、外的交换）不同地位及其关系博弈的结果。市场关系在较大范围内、于很大程度上取代了国家再分配的关系。虽然转型社会中国家权力仍然在资源和机会分配中具有重要影响，但市场机制发挥着越来越重要的作用。

上述转变对于每一个生活在当今中国社会中的人而言都是耳熟能详的，几乎每一个人都能深切感受到中国向市场经济体制的转型以及市场机制的影响作用。如果人们的利益越来越多地基于市场经济体制而形成，那么，市场经济背景下的利益关系与传统利益关系相比，意味着已经有了根本性的变化。市场机制绝不仅仅是一种经济协调机制或资源和机会分配方式，向市场经济的转型也绝不仅仅是经济的转型。从经济学的标准定义看来，“市场经济是一种主要由个人和私人企业决定生产和消费的经济制度”（保罗·萨缪尔森、威廉·诺德豪斯，2008）。人们习惯于从经济形式的角度分析市场交易的条件和趋势。但是，从社会和政治的角度来看，市场关系或市场制度绝不仅仅是经济关系和经济制度。市场制度是一种社会制度，市场关系是一种社会关系，向市场经济的转型不但意味着经济协调机制的转变，更意味着社会关系，包括利益关系的转变。

目前中国社会是在市场经济基础上创新社会建设和社会治理，因而有必要对市场关系的社会意义做出进一步分析，从社会关系的角度给予“解读”。例如，列宁（1995）在评价马克思的政治经济学理论时曾敏锐地指出：“凡是资产阶级经济学家看到物与物之间的关系的地方（商品交换商品），马克思都揭示了人与人之间的关系。”马克思（2004）深刻揭示了市场经济的社会关系意义。他在批判商品拜物教时指出，“商品形式在人们面前把人们本身劳动的社会性质反映成劳动产品本身的物的性质，反映成这些物的天然的社会属性……（商品形式和价值关系）这只是人们自己的一定的社会关系，但它在人们面前采取了物与物的关系的虚幻形式”，“这是被物的外壳掩盖着的关系”。他通过转述一位资产阶级政治经济学家的观点表达了他的观点：“资本不是一种物，而是一种以物为媒介的人与人之间的社会关系。”（马克思，2004）

在笔者看来，市场关系具有两个基本特征，即交易性和对抗性，这两个特征深刻影响到中国当前的社会矛盾与冲突。

首先是交易性。市场关系具有交易性或交换性是不言而喻的，因为市场本身就是商品的交易或交换形式。市场交换的实质是利益交换，市场表面上交易的是商品，实际上交易的是商品拥有者的利益。市场交易要顺利进行，必须具有如下几个基本条件：第一，交易各方具有相对独立性。他们是相对独立的利益主体，为了自己所缺而想要获得的利益来到市场中与他人进行交换。如果不是相对独立的主体，就无须通过交易的方式实现利益交换，直接通过暴力或强制性的手段可以更有效地获得自己所需利益。因此，马克思指出（2004），为使商品交换成为可能，交换关系双方“只须默默地彼此当作那些可以被让渡的物的私有者，从而彼此当作独立的人相对立就行了”。第二，交易主体的相对独立性建立在对交换物的排他性占有权利之上，只有属于所有者的东西才能够被所有者用来交换，即所谓以财产所有权为核心的产权。正如马克思所说（2004），商品交换的每一方“只有通过双方共同一致的意志行为，才能让渡自己的商品，占有别人的商品。

可见，他们必须彼此承认对方是私有者”。人们不能也无法用不属于自己的东西在正常的市场上进行交易。同时，也正因为有排他性产权的限制，人们才需要交换。第三，市场交易关系是竞争性的关系，因而也是可替代的关系。由于交易双方追求的是效益最大化，交易各方总是想方设法以尽可能小的成本获取尽可能大的收益，包括寻求最有利于自己的交易对象。产权权利和竞争决定了市场交易关系具有替代性。第四，市场作为一种竞争性的交易制度，是为了追求可持续的效益最大化，交易各方为了保持交易的连续性和效益最大化的可持续性，一般会形成一种“具有契约形式的（不管这种契约是不是用法律固定下来的）法的关系”（马克思，2004），通过理性的方式（例如合约、谈判等）使得交易关系和交易过程规范化、可预期。

市场关系在形式上具有“平等”和“自由”的特征。“平等”是指交易各方的地位和权利在形式上是平等的，他们的身份都仅仅是交易中的一方；“自由”是指交易是由各方自愿达成的，交易是可替代的、竞争性的，市场交易过程是一个理性选择的过程。市场关系的这一特征目前并没有被深刻理解和准确解读。

其次是对抗性。市场关系虽然在形式上具有平等性和自由性，但实质上经常表现为权力关系或权力结构。之所以如此是因为：第一，与形式上的平等相对立，在现实的市场交易关系中，形式上平等交易的各方很多情况下因为资源要素禀赋的不平等，导致其关系实际上是不平等的。第二，如果没有其他限制，利益最大化的诉求会驱使追求者，特别是那些在资源要素禀赋上占有优势的一方，通过设置各种不正当竞争手段甚至设置种种障碍（例如各种限制和封闭策略），排斥、打击竞争对手，建立其在市场竞争和交易中的优势地位，侵害交易对象的利益；其典型形式是垄断，垄断最终会破坏市场的平等竞争性。那些最发达的市场经济社会都有最完善的反垄断制度，说明了市场关系的这一实质特征。

例如，“雇主”和工人在形成劳动关系时，雇主因为占有物质资源或生产资料而在与工人的交易中占据优势地位；那些交易关系中资源要素禀赋处于弱势的群体在看似平等或自由的交易中实际上处于弱势地位。正如布劳在分析权力来源时所指出的，当交换一方存在某种需求，但不拥有必要的资源与其他人进行交换，又无法从替代的资源获得这种需求时，他/她只有用服从来进行交换（彼德·布劳，1988）。当交易一方（例如工人）只拥有活劳动而必须与“雇主”占有的生产资料相结合才能进行生产时，工人只能用自己的劳动与“雇主”进行交换，交易另一方（雇主）因此获得了在一定时间内支配其劳动力的权力。在市场交换关系中，交易双方都不是抽象的人，而是具有各种社会特征、占有不同资源和机会的现实的人。

因此，市场关系实质上常常表现为权力结构以及被结构化了的经济关系系统（Giddens，1973），在很多情况下内在地具有对抗性，人们使用诸如剥削、统治、支配、不平等等概念从不同侧面揭示这一特征。对于市场关系的对抗性和不平等性，人们一般会将其作为一种社会后果，在笔者看来它们不是后果，而是其内在特征。①

市场关系就是这样一种两面体：形式上的平等和实质上的对抗（不平等），二者都是市场关系不可缺少的特征。只不过有些人在分析市场关系的“正面”特征时会从平等自由的社会关系层面解读；在分析市场关系的“缺点或缺陷”时更喜欢做技术层面的经济分析，例如失衡、盲目性、自发性等。无论是交易性还是对抗性，市场关系都不同于国家再分配关系，市场关系下的利益关系也完全不同于以国家再分配为基础、自上而下“决定性”的利益关系。市场经济背景下的利益关系同时具有平等性（自由性）和对抗性（不平等性）两种特征。

**（三）利益关系市场化的挑战**

利益关系市场化带来的挑战是双向的。

市场关系的平等性或自由性的核心是基于法律或制度保障层面的权利，② 如果这种权利无法得到保障或受到破坏，市场交易就无法顺利完成，市场系统亦无法协调运作。目前人们看到的是这种市场关系的基础不断受到挑战，“维权”成为描述矛盾与冲突时最常出现的名词。

第一，在交易性的市场关系中“滥用”国家行政权力，从而侵害交易对象的权利，破坏交易性关系。国家权力和市场交换是两种完全不同的运作机制，前者是强制性（命令性）的，后者是交易性的。当人们的大多数利益是由国家决定、国家分配的，并在出现矛盾后由国家调节时，这种体制下不存在真正的相对独立的利益主体，不存在与市场交换相联系的利益相关方。而市场交易关系无论在实质上是多么的不平等，至少交易各方在形式上是平等的，是拥有相对独立权利和相对独立利益的主体。当强制性的行政权力缺乏制约而介入市场交易中，其后果只能是破坏市场交易关系，造成市场交易对象的利益受到侵害。当人们的利益越来越多地来自于市场体制时，行政权力在市场关系中的“滥用”意味着市场关系背景下的权利及其利益越来越多地受到侵害，毫无疑问会引发越来越多的所谓“权力与权利”的矛盾。

那么，中国改革的特点之一是向市场体制的转型，为什么还会有这种破坏市场体制的现象？一个重要因素是市场经济对于中国社会而言还是一个相对较新的

---

① 例如萨缪尔森（2008）认为，“自由主义的竞争会带来严重的不平等……收入和财富的不平等代代相传……富人越来越富，穷人越来越穷……（市场中）并不存在一只‘看不见的手’来保证自由主义经济能够公平地分配收入和财产”，“对有些人来说，无管制竞争所带来的收入的分配，就像丛林中的动物依靠暴力来捕获食物的达尔文式分配一样，充满着随意性”。

② 本书主要在法律和制度保障的相关利益的意义上使用权利概念。

制度。中国的改革开放不过30余年，大规模、实质性的自上而下的市场化改革才不过20年，几乎不到一代人的时间。对于很多掌握国家行政权力的人来说，更加熟悉的是在计划经济体制下“全能国家”的“命令权力”，而中国的市场经济恰恰是在这样的“全能国家”推动下发展起来的，因此，“命令权力”往往成为面对新状况时最容易“拾起”的工具。如此路径依赖，是制造新的市场关系和转型过程中相应的矛盾与冲突的一个重要原因。

第二，在对抗性的市场关系中“放纵”财产权力，侵害或威胁交易对象的基本权利。这一挑战往往源自既不了解市场关系的平等性，更不了解市场关系的对抗性。当市场经济处于缺乏管制的情况时，资源要素禀赋占据优势的一方会在利益（或利润）最大化机制的推动下，“疯狂地攫取”任何可能得到的利益（马克思，2004）[①]；当这种“攫取”达到一定程度时，甚至有可能威胁或侵害弱势交易对象的生存权利，必将产生与弱势交易对象激烈的矛盾与冲突。相当多的“劳资冲突”属于此类冲突，这类冲突还包括越来越多的业主与开发商的冲突，消费者与供应商的权益冲突（“维权”），等等。在分析此类冲突的起因时，会发现一种相对没有受到有效制约的财产权力在恶性膨胀；而国家行政权力的“滥用”和财产权力的“放纵”结合起来则更恣意妄为。

本书强调在市场体制背景下讨论此类挑战，因为相应（或可能）的矛盾与冲突内在地嵌入在市场经济体系中。从市场关系维度看，在市场交易中如果对那些本身就占有优势的财产权力不加以限制，不仅会破坏市场关系，而且可能损害整个社会秩序的维持。值得指出的是，同样是在市场经济体制背景下，国家行政权力与财产权力引发问题的机制有所不同，如果说前者主要来自路径依赖的话，后者则主要来自幼稚的“市场崇拜症”，认为市场经济是最有效也是最公平的资源分配机制，但实质上并非如此。

第三，与向市场经济体制的转变相关联，矛盾与冲突还产生于公共领域中放任市场关系“泛滥”，破坏了公共领域应有的公平或公正。一般来说，公共领域以全体社会成员的普遍利益为基础，以普惠性的公平或公正为特征。人们通常认为市场关系具有平等性，而且市场机制富有效率，因此认定，在公共领域中引入市场关系不仅有效率，而且是公平的。这些认识忽略了市场关系实质的不平等性。市场关系在公共领域中的“泛滥”，会破坏公共领域中的一般特性，导致社会不平等的加剧和社会矛盾与冲突的扩大。特别是在结构性的不平等已经成为中国社会的基本特征时，更加如此。例如市场化取向的医疗体制改革，愈演愈烈的学校“占坑费”，房价飞涨与基本住房保障不足并存等，都成为引发社会不满和矛盾的重要因素。

---

① 参见马克思在《资本论》第一卷中著名的有关资本追逐利润的引注。

## 四、社会治理创新的三个概念与方向

当前中国社会建设所面临的挑战的实质，是在经济发展和体制转型到一定阶段后，社会结构和利益关系已经发生了重大变化，即社会结构阶层化、利益关系市场化所带来的挑战。社会治理创新在一定意义上可表述为：如何在阶层化和市场化的背景下，整合日益分化的阶层结构，处理不同阶层和群体之间日益市场化的利益矛盾与冲突；对涉及利益或资源分配的权利（和权力）结构进行重组，形成一个新的协调利益矛盾与冲突的社会体制。

本书对于上述矛盾与冲突给予特别关注，不是基于这些矛盾与冲突在任何社会都普遍存在，而是因为对于急剧转型的中国社会来说，这是一个变化了的社会提出的新挑战。

这些矛盾与冲突的存在是一个回避不了的客观现象，更不是随主观意志可以被“消失”掉的社会现象；对管理者而言，只能遵循社会规律而面对它，创新社会治理体制，在化解矛盾与冲突中推进社会协调发展。

正如我们需要在社会转型的背景下认识中国社会的矛盾与冲突特性一样，协调新时期的社会矛盾与冲突同样需要管理者在社会转型的背景下给予思考。于此思考中需要特别强调两个问题：第一，中国是一个发展中国家。这是一个历史性的判断，尽管在一些经济总量指标上中国已经名列世界前茅，但中国仍然是一个正在经历工业化、城市化，向自我增长和自我创新发展阶段转型的社会。第二，中国是一个正在经历体制转型的国家，这种转型不仅仅是从中央计划经济体制向社会主义市场经济体制转型，而且还包括了政治、文化和社会各体制的转型。发展中国家“迟发展”的性质会普遍导致国家在启动、推动整个社会的现代化过程中处于主导地位（格申克龙，2009）；而经济、政治、文化和社会体制的转型，则决定了中国社会现在和未来对于改革和创新的任何选择，都会通过不同方式在不同程度上受到原有体制的影响。因此，中国社会治理的创新将是一个渐进而非激进的历史过程，国家在社会治理创新中仍将具有主导作用。

基于上述社会背景下的社会治理体制的创新思维，可凝聚在下述三个概念或方向上。

首先是“公开”。“公开”主要指在涉及公共事务和公共利益分配时国家行政权力决策和实施的公开，即所谓“政务公开”。这不是一个新概念，在很多人看来它主要关注的是廉政问题，因而不是社会治理体制的创新。这是一种误读。笔者认为，一方面，“国家主导”是当代中国推进现代化和体制转型的主要形式，另一方面，“国家主导”与社会的分化和市场化之间存在着相当程度的张力；“公开”意味着社会和市场对国家权力的监督，监督意味着约束，当然这只是一个基本的约束。这应当成为社会治理体制创新的顶层设计（如果有此一说的话）之要。

在一个国家主导的日益分化与市场化的社会中，如果国家行政权力没有受到合理、有效的约束，势必导致对其他权利主体的侵害（损害）。而政务公开是在这种背景下对国家行政权力决策和运用进行约束的有效制度之一。因此，“政务公开”具有创新的意义。虽然国家和地方政府在政务公开方面已经进行了很多探索，但相对于社会分化和市场化的发展，特别在涉及不同群体和各相关方自身利益时，政务公开制度都远未能够发挥监督和约束功能，其制度化程度和创新程度都无法适应协调新时期社会及利益分化的需要。目前，提到日程上的“官员财产公开”仍然停留在讨论之中，“三公经费公开”以及政府信息公开刚刚开始，而“村务公开”则不属于政府政务公开的范畴，国家或各级政府公共事务和公共资源分配的决策与实施的公开基本上没有形成制度化的体制。时至今日，“公开”还没有成为社会治理体制创新的战略选择。

其次是“参与”。“参与”意味着在国家主导下，各社会阶层、社会群体和利益相关者通过各种方式，参与涉及公共事务和公共利益分配的政府决策与实施过程，从而参与到社会治理之中。“参与”在理论上也不是新概念，但对于协调社会转型（社会分化和市场化）背景下的社会矛盾与冲突，同样具有创新的意义：相对于“公开”，“参与”不仅是一种更为直接、有效的约束机制、利益表达机制，而且对于一个日益分化的社会来说，它还是一种重要的社会整合机制。

这里所说的“参与”，是指一个包括了多种参与主体和参与形式的参与体系。而对当代中国社会来说，两类主体的参与应该在创新性的社会治理体制中得到更多关注：一是那些伴随中国现代化和体制转型成长起来的新社会阶层，特别是民营企业家阶层和中产阶层。企业家阶层在中国的现代化过程中将发挥越来越重要的、具有战略性的引领作用，而中产阶层则将逐渐发展成为现代社会最重要的社会基础，将发挥不可忽视的社会—政治功能。[①] 二是那些在社会中处于弱势地位的社会阶层或群体，例如，失业者、工人、农民以及小生产者等。尽管他们处于弱势地位，但他们对任何社会秩序的稳定和变革都拥有巨大的力量，对于当代中国社会来说更是如此。中国不仅是一个依然在经历工业化的国家，而且在可以预见的未来还是一个保持庞大农村人口的国家。参与的形式也不仅仅表现为“选举”一种形式，而是应该包含多种层面上的多样形式，如各种社会组织对社会公共、公益事务提供多种形式的“服务”，等等。

最后是“平衡”。“平衡”绝非“平均”，在一个日益阶层化和市场化的社会中也不可能达到平均，它是指分化了的不同社会群体在保护自身利益和权利的能力（权力）方面达到一种相对平衡，以维持整个社会的基本权利和利益的秩序。因

① 关于中产阶层的社会—政治功能，可参看《中间阶层的社会功能：新的问题取向和多维分析框架》（李路路，2008）。

为在社会现实中，由于资源要素禀赋的差别以及多种因素的影响，社会权力的分布常常表现为不平等的分布，一些群体或组织据有优势的权力地位，而另外一些群体或组织处于弱势地位。正如前面已经指出的，过大的不平衡势必激化社会矛盾与冲突，最终破坏社会秩序。有了相对平衡才会有一定的秩序，才会有相对的稳定。

在达到相对平衡的状态中，两个因素是非常重要的：一是弱势群体维护自身利益和权利的能力，以及表达利益的能力。这种能力往往来自集体的力量，例如，“工资集体谈判”不仅是有序表达利益、处理矛盾的有效形式，而且是维护雇员利益和权利的有效形式。二是国家的作用。社会转型期的矛盾与冲突往往基于相对独立甚至对立的利益和权利，需要国家作为第三方介入矛盾与冲突予以协调，成为超越直接利益相关者、居于社会各群体之上的维持相对平衡状态的重要因素。在一个已经日益阶层化和市场化的社会中，更为重要或基础的平衡是直接利益相关方或权力关系主体之间的相对平衡。国家不可能也不应该直接介入大量基于市场关系的矛盾与冲突。当这种矛盾与冲突有可能损害整个社会的利益、破坏基本社会秩序时，国家的介入和协调将是至关重要的。

中国社会已经并还会经历重大而急剧的变革；即使在一个相对稳定的社会中也不可能消除矛盾与冲突，社会能够做到的是协调矛盾与冲突；更为重要的是面对变化了的矛盾与冲突，社会能够创造新的协调机制和制度。维持社会秩序的最优方式是根据变化的社会重塑社会秩序。在中国社会基层，已经并还在不断产生大量的有关社会治理体制的创新实践。创新是整个社会治理制度的基础和来源。

## 第二节 社会阶层关系与民事纠纷的解决

### 一、法治化、社会阶层与“接近正义”

改革开放带来了中国社会过去30年的急剧变迁。其中一个重要的社会后果就是社会经济不平等的拉大导致了社会阶层的重新分化与重组（陆学艺主编，2002；Bian，2002；Bian等，2005）。目前理论界对该现象的研究已经超越了社会学的范畴，并赋予其更多的与中国未来制度转型相关联的含义（Chen，2003）。其中，中国中产阶层（或者更加狭义的“新社会阶层”）的兴起及其政策含义得到了理论界和决策者的特别关注。[①] 在法律研究中，一些学者也高度期待中国中产阶层的兴起，并视之为可能对中国法治建设施加积极影响的重要社会力量之一。[②]

然而，学界对转型时期中国社会分化对法律发展影响的观察，绝大多数是在规范意义上进行的。在这些规范分析的背后，隐含着一个源自韦伯的传统命题：中产阶层（在转型时期的中国，在很大程度也是新兴的资产阶级）对具有形式理性本质的（西方）法治的合理性具有天然的认同（韦伯，1998；Trubek，1972）。但是问题在于，这种对阶级和法律关系的韦伯式规范认知，在经验上并未得到完全证实。即便在西方国家，一些研究显示中产阶级对法治的偏爱也是有条件的（Baumgartner，1995）。在中国，不仅对法律制度及其实践的经验研究在整体上缺乏，社会阶层属性是否与法治实践存在关联更未得到认真的、系统的经验证实。[③] 在缺乏系统的、基于本土的经验研究的前提下，学者们对中国中产阶层兴起的法律意义所持的乐观态度，可能是一种“生活在他处”的想象。

与此同时，一些中国法治实践的观察者，把公民（主要是劳动阶层）在日常生活中进行“法律动员”（Legal Mobilization）来解决纠纷的实践视为中国未来走向法治的一种推动力（Diamant 等，2005）。这些研究基于另一种传统智慧：“书本中的法律”（Law on Books），只有被激活成“行动中的法律”（Law in Action）才有现实意义（Pound，1917）。在中国，只有当自上而下推行的制定法越来越多地被公民在实践中所使用，进而了解它们的优缺点，才可能让陌生的（现代西方）法治逐渐扎根于中国的社会之中，“法治化”才有所可能。但是，问题在于，人数众多的中国普罗大众是否，以及在多大程度上愿意运用法律？——劳动阶层是否比其他社会阶层更多地动用法律？以及他们是否动用法律多于其他纠纷解决机制？在这些问题没有得到系统的解答之前，我们对于从劳动阶层动用法律的个案研究所得到的法治含义也要抱谨慎的态度。

因此，对转型时期中国的“阶级与法律”进行系统的经验研究，不仅有着深刻的理论意义，更在中国的语境中具有显著的政策含义。相应地，不同社会阶层在发生民事纠纷后是否以及如何“接近正义”（Access to Justice）便成为最佳的研究切入点之一。在这个领域中，人们普遍关心的问题是：民事纠纷发生的概率

---

① 比如，张翼的研究分析了当前中国中产阶层的政治态度及其对中国政府治理改革的影响（张翼，2008）。类似地，蔡永顺则以中国中产阶层如何维护其业主权利为案例分析了他们的政治态度（Cai，2005）。再如，江忆恩的研究则侧重中国中产阶层对于国际事务的态度（Alastair Iain Johnston，2004）。

② 当然，学术界并不是孤立地看待中产阶层兴起的法治意义。相反，学者通常把它同市场发展、产权保护、市民社会的培育和民主化一起，视之为促进中国法治建设的“一揽子”方案的必要部分（Peerenboom，2002；公丕祥，1998）。

③ 但是内尔·戴芒特一篇关于中国纠纷及其解决的论文算是半个例外。在该文中，他提到阶层和性别是两个解释个人冲突及其解决的重要变量，并用此对中国人的纠纷解决方式进行解释。但是，他并未在文中对阶层进行清晰和可操作的定义（Diamant，2000）。

在不同社会阶层中的分布是否一样？面对纠纷，不同社会阶层是否会采取不同的行动策略？一旦采取行动，他们是否对把民事纠纷诉诸法律有着不同的偏好？对这些问题的回答，从根本上可以帮助我们理解人们的社会阶层属性与法治实践的内在关联。

在西方，对“接近正义”的研究已历时半个世纪，并积累了颇为丰硕的成果（卡佩莱蒂，2000；Carlin 等，1966-1967；Silbey & Sarat，1988-1989；Genn，1999；Sandefur，2008）。但是，在中国，此类研究在整体上还处于起步阶段（范愉，2007）。在有限的研究成果中，规范研究占据了绝大多数，经验研究——尤其是定量的经验研究——少之又少（麦谊生，2003；沈明明、王裕华，2007；Michelson，2007，2008；Read & Michelson，2008）。不过，在此，我们要特别提及麦谊生（Ethan Michelson）最近的研究。利用 2002 年中国 6 省（市）37 个村庄的 2902 家农户数据，麦谊生分析了宏观的地域因素和微观的家庭因素在决定中国人日常纠纷发生及其解决途径（尤其是法律动员）中的作用。在微观的家庭层面，麦谊生发现，拥有政治关系，即有一个或者一个以上的家庭成员是村领导（包括村委会和村党支部成员），可以帮助农户避免卷入日常纠纷；一旦发生纠纷，政治关系会激励农户把问题诉诸“官方的正义系统”（Official Justice System）。[①] 同时，在宏观层面，他发现法律动员更多发生在经济比较糟糕、纠纷更多的贫困地区，这主要是因为农户由于历史和现实原因对地方干部相当不满，从而更愿意利用更高层级的正义系统来寻求帮助。因此，与通常我们在别的国家看到的“法律伴随经济发展而发展”相悖，麦谊生发现中国经济欠发达地区的农户（尤其是河南省的农民）比经济发达地区的农户显得更“好讼”（Michelson，2007）。

麦谊生的研究有其独特的贡献，包括相对的创新性与科学性。但我们同时认为，其研究存在着诸多不足。首先，尽管麦谊生的研究是“第一次用抽样调查数据”去分析民间纠纷与纠纷解决的关联机制，但其发现有着明显的地域局限——局限于特定省份的农户样本。其次，尽管他敏锐地指出中国的司法系统是镶嵌在党政体制之内，因而狭义的法律途径（主要是咨询律师和上法院打官司）属于他定义的“官方正义系统”中的一部分。但是，法律途径与狭义上的党政纠纷解决渠道是不一样的（程金华，2009），麦谊生的研究没有做出区分。再次，麦谊生的研究也未能把民事纠纷与其他纠纷做出区别。而经验证明，在民事纠纷和行政纠纷中，中国公民解决纠纷的策略可能是不一样的（Cai，2009）。最后，像其他

① 麦谊生在文章中指出，“法律动员”（Legal Mobilization）和“诉诸官方正义系统”（Access to The Official Justice System）是意义等同的，不仅包括把问题诉诸法院和律师，也包括向政府机关的“合法诉求”（Michelson，2007）。

作品一样，麦谊生的研究也未能把转型时期中国的社会分化同民事纠纷中的“接近正义”作系统的回归分析。而我们已经在上文论述过，在这个领域的研究中，重提阶层具有特别重要的政策含义。

本书利用一项2005年的全国性随机抽样调查数据，描述并分析中国人是否发生民事纠纷，以及对民事纠纷如何行动的决定因素。我们特别关注的是人们的社会阶层属性，并同时考察作为控制变量的各类资本拥有情况及相关社会人口学因素。我们将首先在简要回顾相关文献的基础上提出研究假设，然后介绍本书所采用的全国性数据及相关变量的定义和测量。其次，我们将描述说明当前中国民事纠纷分布的情况，以及中国人对实际和虚拟民事纠纷解决途径的倾向性，然后对决定纠纷是否发生，针对纠纷如何行动的因素进行多元回归分析。最后，我们将总结本书的主要发现，并讨论这些发现的理论贡献和政策含义。

## 二、社会阶层与民事纠纷

### (一) 社会阶层与民事纠纷的发生

从发生的角度看，民事纠纷（Disputes）的出现，并非是自然纷争（Conflicts）的必然结果。纠纷的形成还涉及当事人对自身牵涉的纷争的理解和反应，是纷争慢慢转型和升级的过程。威廉·费尔斯汀纳等认为，民事纠纷的形成是一个对纷争进行事实和性质上的“认定”（Naming），对他人进行“归咎”（Blaming），并最后为此而向自认造成伤害的加害方“主张权利”（Claiming）的过程（Felstiner 等，1980–1981）。

因为不同社会阶层对同一自然事实存在不同的理解与反应，民事纠纷的发生可能因社会群体而异。一种可能性是，不同社会群体卷入的自然纷争不一样，因此有了不同的纠纷。另一种可能性是，即便卷入一样的自然纷争，不同社会群体会有不同的理解和反应。在经验上，大量的研究也证实了不同社会群体卷入日常纠纷的可能性是不一样的（Miller & Sarat，1980–1981；Genn，1999；Pleasence 等，2004；Michelson，2007；Sandefur，2008）。比如，研究发现，在发达的资本主义国家中，拥有更高家庭收入或教育程度的群体，因为更加频繁地参与消费和投资活动，因此会更多地卷入经济型纠纷（Sandefur，2008）。在中国，麦谊生的研究发现，拥有更多官方关系的农户卷入更少的日常纠纷（Michelson，2007）。由此，我们首先假设：在中国，民事纠纷的发生因社会阶层而异（假设Ⅰ）。

### (二) 社会阶层与民事纠纷的解决

在民事纠纷发生以后，人们必须面对是否以及如何“接近正义”的问题。针对人们的社会群体属性与他们对民事纠纷解决途径选择间的关联性，当代的法律社会学者归纳出以下三种可能的因果关系机制（见图3–1，Sandefur，2008）。

第一种因果关系机制是间接的（图3–1中的$M_0$），即特定社会群体更容易卷

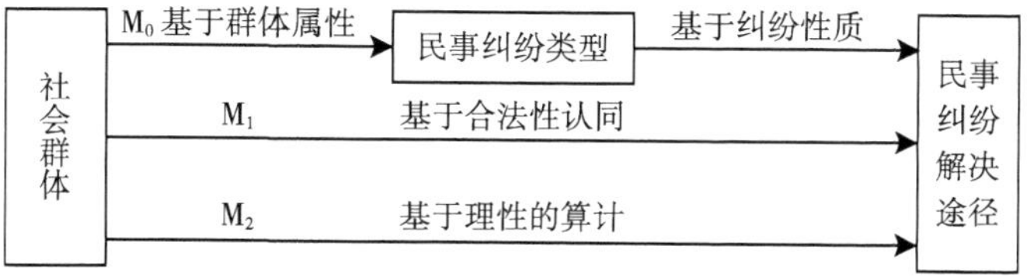


**图 3-1　决定不同社会群体成员如何选择民事纠纷解决途径的机制**

入特定类型的纠纷，而纠纷的性质又决定了其解决的途径。另外两种机制则更加直接。其中，一种是源于主观的认同（图 3-1 中的 $M_1$），即特定社会群体对某种纠纷解决制度的偏好源自他们对这些制度解决民事纠纷提供正义的合法性认同（甚至信仰）。当面对纠纷时，人们可能因为文化习惯和生活经历等的影响，而下意识地去寻求特定的纠纷解决途径。很显然，不同社会群体成员有不同的文化习惯、集体思维和生活经验，因而非常可能认同不同的纠纷解决方式以及它们的合法性。另一种则是源于理性选择（图 3-1 中的 $M_2$），亦即，特定社会群体成员对某种纠纷解决途径的偏好源自他们对该种制度解决民事纠纷提供正义的有效性的算计（甚至操纵）。当面对纠纷时，当事人很可能首先去掂量自己所拥有的资源和能力，并在对各种纠纷解决策略的利弊得失进行理性的分析之后，而有意识地去寻求特定的纠纷解决途径。同样，不同社会群体成员拥有不同的资源和行动能力，也因而会采取不同的纠纷解决策略。

特别地，上述关联机制被应用到分析人们是否选择法律途径来解决日常纠纷。理论上说，一方面，如果人们对以法律（主要是实证法而非自然法）解决纠纷有着天然的认同，从而愿意依赖这个制度体系来解决自己的问题，则被视为具有良好的“法律意识”。另一方面，如果人们基于理性算计来决定何时动用法律手段来解决问题，则被视为拥有良好的“法律能力”，即对有关法律了解，熟悉法律运作程序，与律师和法官有着良好的关系，并能够为此支付成本（Carlin 等，1966-1967）。在实际生活中，人们要么基于认同，要么基于理性选择，或两者兼而有之，常常诉诸法律来解决自己的麻烦。这个过程，一般被称为“法律动员”（Black，1973；Lempert，1976；Zemans，1982）。

由于上述的机制，当面对民事纠纷时，人们的社会阶层属性可能左右了他们是否以及如何对纠纷采取行动——特别地，是否以及如何利用法律来解决日常纠纷。

1. 对民事纠纷是否采取行动

在纠纷发生以后，人们的应对策略是多元的。不行动，或者容忍纠纷，是首先也是非常普遍的行动策略（Sandefur，2007）。导致容忍纠纷的原因是复杂的：或许因为人们对此类纠纷熟视无睹——比如一些社会中的家庭暴力，或许人们认为行动不符合社会规范的要求——比如说行动“不利于建设和谐社会”，或许人们认为行动得不偿失——比如说街边买水果遭遇缺斤少两。换句话说，人们可能因意识形态或理性选择的原因，而放弃对民事纠纷采取行动（Zemans，1982）。这一点得到了一些经验研究的证实。比如，沈明明和王裕华的调查发现，在中国农村，人们对经济纠纷"什么也不做"的主要原因有三："不知道有什么办法"、"搭不起钱"和"搭不起时间"（沈明明、王裕华，2007）。

就社会阶层属性对是否行动的影响而言，过去的研究发现：一般来说，相对于穷人而言，富裕阶层的成员更倾向对纠纷采取行动（Genn，1999；Miller & Sarat，1980-1981；Sandefur，2007）。在中国，最近的研究表明，干部、党员和其他政治精英一方面更少有纠纷，但在另一方面则更易在纠纷一旦发生后采取行动（Michelson，2007）。因此，我们假设：在中国，上层社会人士比中下层社会人士更少实际容忍自身卷入的民事纠纷（假设Ⅱ）。

2. 如何对民事纠纷采取行动

如果民事纠纷被诉诸行动，其形式也是多样的。大体来说，民事纠纷可以通过非法律途径解决，也可能被诉诸法律。就非法律渠道而言，人们解决纠纷的途径包括诉诸公共媒体、咨询非律师专家、寻求民间调解、要求政府干预，甚至游说立法干预，等等。

在发达资本主义国家中，法院以外的民事纠纷解决制度通常被称为"非诉讼纠纷解决机制"。诉诸法律——主要包括咨询律师的意见以及到法院起诉——常被视为民事纠纷最后的解决渠道。经验研究普遍发现，大量的纠纷被容忍了，然后一部分由非法律渠道解决，而较少的纠纷最后升级到通过诉讼解决（Mayhew，1975）。因此，法律社会学者形象地把上述纠纷后的不作为、非法律纠纷解决途径和诉诸法律等行动策略的分布，描绘为"金字塔模型"（Felstiner 等，1980-1981；Miller & Sarat，1980-1981；Diamant 等，2005）。在这个模型里，行动从低端到顶端的升级意味着，解决程序是越来越制度化、正式和昂贵。

在中国，情况有同有异。一方面，无论是中国还是西方社会，解决民事纠纷的途径大体是一样的——无外乎是上述提到的几种方式。但是，在另一方面，中国社会中民事纠纷解决途径有不同的具体制度安排。在中国，把诉诸法律当成民事纠纷解决的最后途径，不是完全准确的。比如，当民事纠纷发生以后，中国公民可能直接把问题上访到政府部门，也可能因对法院判决不满而上访——因此引起所谓的"涉法上访"。相应地，自古以来，中国人相对不太乐意去法院打官司（瞿同祖，1981）。把民事纠纷诉诸政府，则是目前中国社会非常普遍的做法（O'Brien & Li，2006；Michelson，2008），并且有其深厚的历史根源（Hung，2004）。另外，由于中国的法院系统是镶嵌在广义的政府体制里面的，因此在一定程度上，我们很难辨明中国公民把民事纠纷诉诸法庭究竟是因为相信法律，还是相信政府。因此，根据现有的研究，我们先有必要把法院和其他政府主导的民事纠纷解决机制一起看待。

因此，本书中，我们把由国家机器介入的民事纠纷解决机制统称为“国家机制”，以区别于民间的纠纷解决机制。如此，我们把所有民事纠纷解决途径分成三大类机制（四种渠道）。这三大类机制是：①不对纠纷采取行动；②民间纠纷解决机制；③国家纠纷解决机制。其中，国家纠纷解决机制包括狭义上的政府主导的民事纠纷解决机制（以下简称“政府渠道”）和以咨询律师与上法庭诉讼为主的法律途径。

当然，在上述四种纠纷解决渠道中，我们最感兴趣的还是法律动员。在法律社会学中，大量的研究把社会群体同法律动员联系起来，以探讨特定社会群体成员卷入纠纷时利用法律的意愿和能力，以及把纠纷诉诸法律的利弊得失与结局（Baumgartner，1988；Merry，1990；Hoffmann，2005）。其中，社会阶层属性同法律动员之间的联系，也引起了特别的关注。比如，杰若姆·卡林等认为，尽管穷人似乎并不比富人更不需要法律，但是他们的确比后者更少得到法律的保护（Carlin 等，1966-1967）。唐纳德·布莱克有类似的观点：在几乎所有的法律体系中，法律更易为上层的社会成员所利用（Black，1973）。总之，大部分的经验研究发现，不同社会阶层的成员对法律有不同的需求，也会在利用法律解决问题中有所差异。鉴于此，我们假设：在中国，不同社会阶层人士对是否利用法律去解决民事纠纷有不同的偏好（假设Ⅲ）。

但是，在另一方面，究竟是什么样的社会阶层最经常利用法律，并没有定论。在理论上，由于我们前文提到的三种直接和间接的决定机制，可能会有不同的结论。从成本—收益的角度来看，由于法律动员是相当昂贵的过程，因此，上层社会成员应当是最有优势去动员法律来解决纠纷的。然而，如果我们把纠纷的性质放进来考虑，是否动员法律又受语境的制约。比如，萨莉·玛瑞发现，在美国，当面对熟人间隐私性纠纷时，劳动阶级比中上层社会成员更乐意“在公开场合洗脏衣服”，也就是更乐意把问题诉诸法院（Merry，1990）。在中国，内尔·戴芒特发现在离婚纠纷的解决中，有类似的情况发生（Diamant，2000）。而且，不同社会阶层所认同的社会规范又在意识形态上制约了人们是否把问题诉诸法律。对此，为了检验不同结果出现的可能性，我们给出了两个竞争性的假设，以供验证。其中，根据理性选择的决定机制，资源多的社会阶层应当更多地利用法律解决纠纷。因此，我们假设：在中国，上层社会人士更有可能动员法律去解决民事纠纷（假设Ⅳ-1）。此外，根据合法性认同的决定机制，理论上，新兴的中产阶层是最认同具有形式理性的法律制度的。因此，我们假设：在中国，中产阶层人士更有可能动员法律去解决民事纠纷（假设Ⅳ-2）。

在本书的后续部分，我们将用数据对上文的假设逐一进行验证。

## 三、转型时期中国社会阶层的经验特征

### （一）数据

本书利用的数据是香港科技大学社会科学部和中国人民大学社会学系合作进行的2005年度中国综合社会调查数据（CGSS2005）。[①] 该调查采用的是四阶段不等概率抽样。各阶段的抽样单位分别为：以中国的区（县）为初级抽样单位，以街道（乡镇）为二级抽样单位，以居民（村民）委员会为三级抽样单位，随机抽取家庭住户，再在每户随机抽取1人。CGSS2005样本覆盖全国28个省（市、自治区）（宁夏、青海、西藏、台湾、香港、澳门除外）中的125个区县，包含了590个居民委员会和410个村民委员会中的10372名18周岁以上的中国成年公民。其中，6098个样本（大约占总样本的58.8%）为城镇居民，另外4274个样本（大约占41.2%）为农村居民。我们根据全国人口的实际城乡比例对样本进行加权处理，得到一个可以代表全国成年人口的随机样本。由于样本是从不同的县整群抽取的，我们在模型估计时，也考虑到了这种研究设计的集群效应（Clustering Effect），而对相应的标准误差进行了调整，报告的是稳健标准误（Robust Standard Errors）。

### （二）中国的社会阶层

在本研究中，核心的自变量是社会阶层。我们对此的定义和描述如下。

1. 社会阶层的操作定义

近年来，针对转型时期中国的社会分化研究取得了长足的进展（陆学艺，2002；Bian，2002）。但是，对于社会阶层的划分，并无一个统一的定义。本书根据中国的实际制度环境，将社会阶层从三个维度来定义：被访者（被访时或者退休前）工作单位的性质、职业分类和行政（或技术）级别。单位的类别包括：①党政机关；②国有企业；③国有事业；④集体企事业；⑤私/民营企事业；⑥三资企业；⑦个体经营。其中，我们把①~④项视为公有部门，⑤~⑦视为私有部门。职业分类则依据2000年全国人口普查所使用的职业编码。其中，编码在0~10和0~50之间的为党政机关和社会团体负责人，在101和299之间的为专业技术人员，在301和399之间的为办公室工作人员，在401和499之间的为商业和服务业人员，在501和999之间的为产业工人和农民。行政级别划分为从无级别一直到局级以上。技术职称包括无职称、初级、中级、高级和特级。根据这三个标准，我们把被访问的对象划分为五个阶层：统治精英、旧中间阶层、新社会阶层、个体户和劳动阶层。其中，新社会阶层、个体户和旧中间阶层共同构成转型

① CGSS2005数据来源参见http：//www.cssod.org/news03.php，2008年2月28日（2009年12月20日访问）。

时期中国的中产阶层。表 3–1 详细描述了我们对上述五个社会阶层的操作化定义。

**表 3–1　中国各社会阶层的操作化定义**

| 社会阶层类别 | | 工作部门 | 职业分类（括号内数值为 2000 年全国人口普查所用职业编码） | 行政/专业等级 | |
|---|---|---|---|---|---|
| | | | | 行政级别 | 专业职称 |
| 统治精英 | | 公有部门 | 党政机关和社会团体的负责人（0~50） | — | — |
| | | | — | 副科级及副科以上 | 高级职称及以上 |
| 中产阶层 | 旧中间阶层 | 公有部门 | 专业和技术工作人士（101~299） | 副科级以下 | 高级职称以下 |
| | | | 办公室和行政工作人员（301~399） | — | — |
| | | | 商业和服务业中的中层管理人员（401） | — | — |
| | | | 企业的中层管理人员（601） | | |
| | | | 工作组或者车间负责人（602） | — | — |
| | | | 解放军军官或者战士（997） | | |
| | | 务农 | 村干部或者生产队长（518） | — | — |
| | 新社会阶层 | 私有部门 | 企业负责人（50） | — | — |
| | | | 专业和技术工作人士（101~299） | | |
| | | | 办公室和行政工作人员（301~399） | | |
| | | | 商业和服务业中的中层管理人员（401） | | |
| | | | 企业的中层管理人员（601） | | |
| | | | 工作组或者车间负责人（602） | | |
| | 个体户 | 个体经营 | 个体户（60） | — | — |
| 劳动阶层 | | — | 商业和服务业工人（402~499）<br>产业工人（603~999，除 997）<br>农、林、牧、副、渔业工作人士（501~599，除 518） | — | — |

我们将统治精英定义为在公有部门就业，要么具有副科及副科以上级别的行政干部，要么具有高级职称的专业人士。我们把在公有部门就业、不符合上述行政级别和专业职称要求但职业为“党政机关和企事业单位负责人”（职业编码为 1~50）的也定义为统治精英。相应地，旧中间阶层则是在公有部门就业，行政级别在副科以下以及专业职称在高级以下，职位或为专业技术人士或为办公室工作人员的人士。此外，我们也把在公有部门就业，职业为商业和服务业中层（职业编码为 401）、企业的中层管理者（职业编码为 601）或基层生产负责人（职业编码为 602）的人定义为旧中间阶层。这个阶层还包括村干部（职业编码为 518）和军人（职业编码为 997）。新社会阶层是在私有部门就业，并拥有如下任一种职业的人士：①私营企业负责人（职业编码为 50）；②专业技术人员；③办公室工作人员；④商业和服务业中层管理者（职业编码为 401）；⑤企业的中层管理

者（职业编码为601）；⑥基层生产单位负责人（职业编码为602）。[①] 个体户则是或者单位性质为“个体户”或者职业编码为“个体户”的人士。其余的人为劳动阶层，亦即我们通常所说的工人和农民。

2. 对中国各社会阶层特征的描述

很显然，不同社会阶层具有不一样的社会经济特征。在本书中，我们重点观察他们对政治、经济和文化资本的拥有状况。相应地，我们分别用党员资格、年收入和受教育程度去衡量被访者的政治、经济和文化资本拥有情况。表3–2描述了中国上述五个社会阶层的资本拥有状况，以及其他一些相关的社会人口学特征。

**表3–2　中国各社会阶层的描述性特征**

| | 统治精英 | 新社会阶层 | 个体户 | 旧中间阶层 | 劳动阶层 | 均值 |
|---|---|---|---|---|---|---|
| 占成人人口的百分比（%） | 6.4 | 2.0 | 13.9 | 9.8 | 67.9 | |
| 党员所占比率（%） | 51.7 | 10.9 | 3.9 | 24.0 | 6.5 | 10.8 |
| 2004年均收入（元） | 17635.9<br>(14861.2) | 27664.7<br>(37960.7) | 12127.4<br>(18178.1) | 13442.1<br>(10593.4) | 5986.6<br>(8049.9) | 8792.4<br>(12863.1) |
| 不同教育程度所占比率（%） | | | | | | |
| 小学及以下 | 10.2 | 3.8 | 25.4 | 8.3 | 47.3 | 37.2 |
| 初中 | 17.9 | 11.4 | 43.8 | 19.2 | 30.2 | 29.8 |
| 高中 | 33.6 | 37.0 | 25.3 | 37.5 | 19.0 | 23.0 |
| 大专及以上 | 38.3 | 47.9 | 5.5 | 35.0 | 3.6 | 10.0 |
| 平均年龄 | 55.9<br>(14.0) | 34.2<br>(11.5) | 37.9<br>(11.6) | 45.5<br>(15.1) | 45.2<br>(14.7) | 44.7<br>(14.8) |
| 男性所占比率（%） | 71.7 | 51.7 | 54.7 | 48.0 | 43.4 | 47.4 |
| 城镇户口所占比率（%） | 94.4 | 95.3 | 69.3 | 91.5 | 47.6 | 58.8 |
| 不同居住区域所占比率（%） | | | | | | |
| 东部 | 54.8 | 72.5 | 49.7 | 50.4 | 41.1 | 44.7 |
| 中部 | 25.3 | 16.1 | 27.1 | 27.9 | 31.3 | 29.7 |
| 西部 | 19.9 | 11.4 | 23.2 | 21.7 | 27.6 | 25.6 |

注：括号里的数值是标准差。

不出所料，统治精英是人口比例非常小的一个阶层。CGSS2005数据显示，这个阶层只占中国成年人口的6.4%左右。但是，在所有五个阶层中，他们拥有

① “新社会阶层”的概念首次出现于江泽民《在庆祝中国共产党成立八十周年大会上的讲话》（2001年）中。该文件提道：“改革开放以来，我国的社会阶层构成发生了新的变化，出现了民营科技企业的创业人员和技术人员、受聘于外资企业的管理技术人员、个体户、私营企业主、中介组织的从业人员、自由职业人员等社会阶层……这些新的社会阶层中的广大人员……与工人、农民、知识分子、干部和解放军指战员团结在一起……也是有中国特色社会主义事业的建设者。”本书对“新社会阶层”的操作定义由此发展而来。

最多的政治资本（党员比例最高），以及较多的文化资本（教育水平次高）和经济资本（2004 年收入水平次高）。新社会阶层约占成年人口的 2.0%，但他们所拥有的资本也是很显赫的。这个阶层的人士挣钱最多，2004 年的平均年收入达 27664.7 元。他们中 47.9%拥有大专或者以上学历，但是只有 10.9%是党员。劳动阶层是中国人口众多但拥有资源最少的群体。他们约占中国成年人口的 67.9%，其中将近一半的成员（47.3%）只受过小学或者以下的教育，只有不到 4%的拥有大专或者以上的学历。他们中的党员也不多，只有 6.5%。在收入上，这个阶层 2004 年的平均年收入只有 5986.6 元，是收入最高的新社会阶层的 1/5 左右。处于上述三个阶层之间的，是旧中间阶层和个体户。虽然个体户在改革的早期曾经风云一时，但随着改革的推进和市场化的深入，他们的经济优势不再，不但党员比例在各阶层中最低，所拥有的经济资源也少于旧中间阶层（Wu，2006）。因此，尽管在有的提法中（参见前江泽民讲话注）“新社会阶层”也包括个体户，但我们在分析中将个体户作为一个独立的社会阶层来对待。

## 四、中国民事纠纷的发生：分布规律及其决定机制

### （一）民事纠纷的分布

在 CGSS2005 问卷中，关于民事纠纷，被访者被问到：“在过去四年内，您在生活或工作中有没有同其他人发生纠纷呢（如地界纠纷、庄稼被毁、人被打、别人借钱不还等）？”在所有 10372 名被访问对象中，有 947 人（或者 9.1%）回答“有”。表 3–3 列举了民事纠纷在中国不同社会群体间的分布情况。

表 3–3 民事纠纷在中国不同社会群体中的分布

| 社会群体 | 实际卷入民事纠纷的百分比（%） | 社会群体 | 实际卷入民事纠纷的百分比（%） |
|---|---|---|---|
| 社会阶层 | | 年收入 | |
| 统治精英 | 5.5 | 最高 20% | 9.8 |
| 新社会阶层 | 10.0 | 次高 20% | 8.7 |
| 个体户 | 11.0 | 中间 20% | 8.2 |
| 旧中间阶层 | 7.8 | 次低 20% | 9.8 |
| 劳动阶层 | 9.3 | 最低 20% | 9.4 |
| 教育 | | 区域 | |
| 大专及以上 | 9.1 | 东部 | 8.3 |
| 高中 | 9.3 | 中部 | 8.4 |
| 初中 | 9.5 | 西部 | 11.5 |
| 小学及以下 | 8.8 | | |
| 党员资格 | | 性别 | |
| 党员 | 7.6 | 男 | 10.7 |

续表

| 社会群体 | 实际卷入民事纠纷的百分比（%） | 社会群体 | 实际卷入民事纠纷的百分比（%） |
|---|---|---|---|
| 非党员 | 9.3 | 女 | 7.8 |
| 城乡 | | | |
| 城镇 | 8.0 | | |
| 农村 | 10.7 | | |

注：数据为 2005 年；总样本=10372。

从表 3-3 可以看出，民事纠纷的分布在不同的社会阶层中有着明显的差异。个体户卷入日常民事（经济）纠纷的可能性最大，统治精英则最小——前者几乎是后者的两倍。居其间的是新社会阶层，其卷入民事纠纷的可能性略高于劳动阶层和旧中间阶层。我们还可以根据被访者对政治、经济和文化资本拥有的情况来观察他们卷入民事纠纷的可能性。从表中可以看出，被访者的党员资格与其是否卷入民事纠纷存在着很大的关联。具体来说，党员比非党员更少卷入民事纠纷。至于被访者的年收入及受教育状况，我们无法确认它们与民事纠纷发生之间的关联。我们把所有被访者按照他们 2004 年收入分成五等分：最高、次高、中间、次低以及最低。从表 3-3 可以看出，民事纠纷的发生在这五等分收入中不存在明显的分布规律。类似地，当被访者的受教育程度被划分为四等（小学或以下、初中、高中以及大专或以上）以后，他们卷入纠纷的可能性也没有显著差别。此外，女性卷入纠纷的可能性低于男性；东部和中部居民卷入民事纠纷的可能性低于西部；城镇居民发生民事纠纷的可能性低于农村居民。

### （二）卷入民事纠纷的决定机制

为了确证中国居民的社会群体属性与他们卷入民事纠纷之间的复杂关系，我们进一步作了 Logistic 回归分析。在这个回归分析中，因变量是被访者在被访时过去四年内是否卷入民事纠纷（有 =1；没有 =0）。自变量则包括社会阶层属性、资本拥有状况和相关社会人口学指标。其中，社会阶层属性是我们最感兴趣的解释变量，而其他变量则被看作控制变量。表 3-4 是我们回归分析的结果。

从表 3-4 可以看出，在控制资本类和社会人口特征变量后，中国民事纠纷的发生不由阶层地位本身所决定。在五个社会阶层之中，没有任何两个阶层之间的差别具有统计学上的显著意义。因此，本书的第一个假设（假设 I）并没有得到证实。此外，我们发现，党员比非党员更少卷入民事纠纷。这一结果同麦谊生的发现可能吻合：拥有政治资源可以帮助中国公民避免卷入日常的纠纷（$p<0.100$）（Michelson，2007）。此外，在多元分析中，收入和教育对是否卷入民事纠纷也没有显著的影响，但是性别之间存在着显著的差异：女性比男性更少卷入民事纠纷（$p<0.001$）。

表 3-4　决定中国居民实际卷入民事纠纷的 Logistic 模型

| | 模　型 |
|---|---|
| 社会阶层（统治精英为参照组） | |
| 新社会阶层 | 0.123（0.389） |
| 个体户 | 0.156（0.274） |
| 旧中间阶层 | 0.058（0.303） |
| 劳动阶层 | 0.289（0.267） |
| 党员 | −0.278（0.157）† |
| 年收入（最低 20%为参照组） | |
| 次低 20% | −0.042（0.119） |
| 中间 20% | −0.135（0.152） |
| 次高 20% | −0.012（0.168） |
| 最高 20% | 0.185（0.156） |
| 教育（小学及以下为参照组） | |
| 初中 | 0.034（0.112） |
| 高中 | 0.029（0.138） |
| 大专及以上 | 0.039（0.216） |
| 女性 | −0.340（0.093）*** |
| 年龄 | 0.016（0.016） |
| 年龄平方 | −0.000（0.000）* |
| 农村居民 | 0.249（0.160） |
| 区域（东部为参照组） | |
| 中部 | 0.068（0.199） |
| 西部 | 0.456（0.185）* |
| 常数 | −2.495（0.480）*** |
| Pseudo $R^2$ | 0.023 |
| Wald $\chi^2$（d.f.） | 104.56 |
| 样本数 | 9843 |

注：数据已经加权；括号中的标准误是根据主要抽样单位（县）被调整过的稳健标准误。其中，† 表示 $p \leq 0.10$，* 表示 $p \leq 0.05$，** 表示 $p \leq 0.01$，*** 表示 $p \leq 0.001$。

## 五、中国民事纠纷的解决途径

### （一）民事纠纷解决的制度形式

在询问被调查人是否发生过纠纷之后，我们问了两个相关的问题。一个问题是针对那些同他人实际发生过冲突的人，我们问："您当时采用了以下哪些途径解决？"可供选择的答案包括：①法律途径（如向法院起诉）；②找对方单位领导解决；③找熟人调解；④找政府部门或村组织调解；⑤找媒体投诉；⑥忍了；⑦其他。对于这些途径，被访问人可以根据实际情况，单选或者多选实际采用的纠纷解决渠道。另一个问题是针对那些没有同他人发生纠纷的被访问者的假设性问题："假如发生这种情况（同他人之间发生冲突或纠纷的情形），您觉得您首先会采用（上述7种纠纷解决途径的）哪一种解决途径呢?"（为方便论述，下文对前一个问题简称"实际民事纠纷"，对后一个问题简称"虚拟民事纠纷"）①。表3-5归纳了被访者对实际和虚拟民事纠纷解决渠道的选择情况。

**表3-5　中国民事纠纷的解决途径**

| 解决机制 | 具体途径 | 实际民事纠纷[a] | 虚拟民事纠纷 | 实际/虚拟之对数比[b] |
|---|---|---|---|---|
| 不行动 | 忍了 | 23.9 | 10.7 | 2.6 |
| 民间纠纷解决机制 | 找对方单位领导解决 | 7.2 | 10.7 | 0.7 |
| | 找熟人调解 | 27.7 | 21.2 | 1.4 |
| | 找媒体投诉 | 1.1 | 1.7 | 0.6 |
| | 其他 | 7.1 | 1.8 | 4.1 |
| 国家纠纷解决机制 | 找政府部门/村组织调解 | 18.5 | 22.7 | 0.8 |
| | 法律途径（如向法院起诉） | 14.6 | 31.3 | 0.4 |
| 总计 | | 100% | 100% | — |
| 样本数 | | 1050 | 9425 | — |

注：a.该栏目及相邻的"虚拟民事纠纷"栏目衡量的是被访者对民事纠纷各种解决途径的选择次数。因为对实际纠纷可能采取过多种途径，因此"实际民事纠纷"的样本数（1050）大于回答实际卷入纠纷的样本人数（947）；而"虚拟民事纠纷"的被访者只选择一项最可能动用的解决途径，因此其样本数等同于样本人数（9425）。

b.实际/虚拟之对数比（odds ratio）$= \frac{p_1}{1-p_1} \Big/ \frac{p_2}{1-p_2}$，其中，$p_1$表示实际民事纠纷解决途径选择的概率，$p_2$表示虚拟民事纠纷解决途径选择的概率。对数比等于1表示实际选择与假设情况下的选择是一致的，大于1则表示实际情况下人们会更多地选择某一特定的途径解决纠纷；小于1则相反。

总的来说，从表3-5中我们看到如下几个特征。第一，对日常纠纷忍气吞声，是中国人常见的态度。对于现实发生的民事纠纷，高达23.9%的行动策略是容忍。即便被问及虚拟民事纠纷，也有10.7%的被访者把容忍当成首选的策略。当然，从这两者的差距也可以看出，中国人相当不愿意容忍民事纠纷。②第二，当

① 在这里，我们要对实际民事纠纷和虚拟民事纠纷的区分做两点说明。第一，对于实际民事纠纷的解决，我们的问卷设计忽略了两个信息：实际纠纷发生的具体类型和如果采用多种纠纷解决途径时的先后次序。而之前的研究发现，纠纷的类型是纠纷解决途径选择的重要决定性变量。因此，这个信息的忽略可能是一种重大缺陷。但是，我们对被访人提出了泛指的虚拟民事纠纷，淡化了具体的纠纷类型，因此更可能测量出社会群体属性与纠纷解决途径选择之间的关联。第二，实际民事纠纷，顾名思义是现实发生的。因此实际民事纠纷解决途径的采用通常是受到现实因素制约的，或多或少地反映了被访者理性算计的后果。相反，对虚拟民事纠纷的解决，更少考虑现实制约，更多反映了被访者的意愿。如此，这两者的差别在一定程度上反映了理性选择和合法性认同这两种机制的差别。

② 针对行政纠纷，中国人持有类似的态度（程金华，2009）。

卷入现实纠纷后，找熟人调解是中国人最多采用（27.7%）的方式。如果包括找政府或者村级组织调解在内，有46.2%的中国人在面对日常冲突后动用了调解这种纠纷解决方式——在问及行动意愿时，仍有21.2%的被访者愿意找熟人调解，有22.7%愿意找政府或者村级组织调解的方式。从这个意义上讲，中国依然可能是"地球上最多被调停的国度"（Wall & Blum，1991）。第三，在现实中，国家纠纷解决机制（33.1%）比民间纠纷解决机制（43.1%）更少被采用。但在测量人们的意愿时，被访者则动员国家纠纷解决机制（53.9%）比民间纠纷解决机制（35.5%）多。第四，在国家纠纷解决机制内部，政府渠道和法律途径显示出差别——在意愿上，被访者利用法律途径比政府渠道多；但是在现实中，情况相反。第五，在现实中，只有14.6%的被访者在发生民事纠纷后选择把问题诉诸法律渠道。这同其他国家的研究发现一样，找律师或者上法院并不是最普遍的民事纠纷解决方式（Sandefur，2008）。

### （二）各社会阶层对民事纠纷解决途径的选择偏好

在考察了所有被访者如何解决实际和虚拟民事纠纷之后，我们现在来分析不同社会阶层的中国人是如何在民事纠纷发生后"接近正义"的。表3-6描述了他们在解决民事纠纷时利用不同制度的异同。

**表3-6　不同社会阶层对实际和虚拟民事纠纷解决途径的选择偏好**

| | 忍了（%） | | 民间纠纷解决机制（%） | | 国家纠纷解决机制 | | | | | |
|---|---|---|---|---|---|---|---|---|---|---|
| | | | | | 政府渠道（%） | | 法律途径（%） | | 小计（%） | |
| | 实际 | 虚拟 | 实际 | 虚拟 | 实际 | 虚拟 | 实际 | 虚拟 | 实际 | 虚拟 |
| 统治精英 | 15.4 | 7.0 | 41.0 (18.0)* | 38.2 (17.3) | 12.8 | 11.9 | 30.8 | 43.0 | 43.6 | 54.8 |
| 新社会阶层 | 17.4 | 5.3 | 43.5 (13.0) | 26.8 (9.5) | 13.0 | 7.9 | 26.1 | 60.0 | 39.1 | 67.9 |
| 个体户 | 23.9 | 7.3 | 46.0 (31.9) | 38.9 (24.3) | 11.4 | 21.6 | 18.8 | 32.3 | 30.1 | 53.9 |
| 旧中间阶层 | 23.9 | 8.6 | 54.6 (26.1) | 33.7 (17.1) | 14.8 | 13.9 | 6.8 | 43.8 | 21.6 | 57.7 |
| 劳动阶层 | 24.6 | 12.2 | 41.0 (27.9) | 35.0 (21.8) | 21.1 | 25.7 | 13.3 | 27.2 | 34.4 | 52.9 |
| 均值 | 23.9 | 10.7 | 43.05 (27.71) | 35.4 (21.1) | 18.5 | 22.7 | 14.6 | 31.3 | 33.1 | 53.9 |

注：* 括号内数值为选择"熟人调解"的百分比。在社会阶层属性与实际民事纠纷解决途径的关联中，Pearson $\chi^2 = 30.515$，p值为0.002；在社会阶层属性与虚拟民事纠纷解决途径的关联中，Pearson $\chi^2 = 322.143$，p值为0.000。

从表3-6可以看出，在中国，不同社会阶层对民事纠纷解决途径有不同的偏好。具体来说，首先，尽管所有社会阶层都不甚愿意容忍纠纷，但是无论是在现实中还是面对虚拟纠纷，中上层社会（统治精英和新社会阶层）成员比中下层社会（旧中间阶层、个体户和劳动阶层）成员都更不愿意这样做。

其次，如果视国家纠纷解决机制为一个整体，在实际发生的民事纠纷中，中上层社会成员更多地动用国家纠纷机制——统治精英和新社会阶层分别有 43.6% 和 39.1%的成员启动了国家纠纷解决机制，比其他任何阶层都高。但是，如果把政府渠道与法律途径区分开来，我们可以看到两者在不同社会阶层间的区别一览无遗。CGSS2005 数据显示，无论是现实中还是面对虚拟民事纠纷，把问题诉诸政府渠道最多的是最下层的阶层——劳动阶层。同时，劳动阶层几乎是最少把问题诉诸法律的社会阶层。相反，无论是现实中还是面对虚拟民事纠纷，动员法律最多的是中上层社会成员。

最后，对于法律途径有别于政府渠道这一点，我们还可以从解决实际和虚拟民事纠纷的差别得以证实。对于政府主导的纠纷解决渠道，一部分社会阶层（统治精英、新社会阶层和旧中间阶层）在解决实际民事纠纷中比虚拟纠纷的利用更多。这可能意味着这些阶层相当不认可政府纠纷解决渠道——相反，现实的有利因素可能使得他们更多地动用政府渠道。而其他阶层（个体户和劳动阶层）则明显在虚拟民事纠纷中更愿意动用政府渠道，这可能意味着他们对政府渠道更加认同。然而，法律渠道则不一样——所有的社会阶层在虚拟民事纠纷中比实际民事纠纷中更愿意动用法律。

以上的描述性分析给我们提供了如下的一个大致图景：中国人的社会阶层属性影响他们在民事纠纷发生后是否以及如何“接近正义”的选择。但是，问题是：社会阶层的影响是否独立于他们的资本拥有状况以及相关的社会人口特征呢？对此，我们在下文进一步做多元回归分析。

### （三）对纠纷是否采取行动的决定机制

首先，我们对中国人是否对民事纠纷采取行动的决定因素进行Logistic 回归分析。在分析中，因变量是被访者是否对民事纠纷采取行动（行动 = 1；忍了 = 0）。在自变量中，被访者的社会阶层属性依然是主要解释变量。控制变量依旧包括党员身份、收入、教育、性别、年龄、户口类型和区域。此外，我们还加入了另一组控制变量，即人们对政府公正行事的评价，并视其为衡量人们“制度认同”的重要指标。当然，我们有必要先对上述新加入的控制变量作些说明。为了解被访者对政府公正行事的评价，我们要求被访者对政府在如下三个方面工作的表现分别打分：“公平执法”、“政府部门秉公办事”和“帮助穷人，维护社会公平”。打分形式是选择下列其中一项：1（表示“非常满意”）、2（表示“满意”）、3（表示“一般”）、4（表示“不满意”）、5（表示“非常不满意”）或 6（表示“无法选择”）。我们去掉三项中任何一个回答“无法选择”的样本，然后把上述三个方面工作的打分加起来，得到一个分值区域在 3~15 间的评价指标。对于这个新指标，我们把分值为 3~8 的定义为“态度积极”，9 为“态度中立”，10~15 为“态度消极”。我们把这个指标命名为“对政府工作公正性评估”。表 3-7 是对中国人是否对民事纠纷采取行动的 Logistic 回归分析的结果。

**表 3-7 决定中国居民对民事纠纷采取行动（或者“不忍”）的 Logistic 模型**

| | 实际民事 | 虚拟民事 |
|---|---|---|
| 社会阶层（统治精英为参照组） | | |
| 新社会阶层 | -0.886（0.752） | 0.010（0.476） |
| 个体户 | -1.074（0.592）† | 0.597（0.290）* |
| 旧中间阶层 | -1.112（0.637）† | 0.230（0.284） |
| 劳动阶层 | -0.705（0.507） | 0.256（0.275） |
| 对政府提供公正的评估（态度积极为参照组） | | |
| 态度中立 | 0.312（0.297） | -0.127（0.147） |
| 态度消极 | 0.071（0.210） | -0.309（0.152）* |
| 党员 | -0.214（0.395） | 0.258（0.186） |
| 年收入（最低 20%为参照组） | | |
| 次低 20% | 0.128（0.280） | 0.164（0.142） |
| 中间 20% | 0.660（0.346）† | 0.098（0.156） |
| 次高 20% | 0.433（0.345） | 0.312（0.169）† |
| 最高 20% | 1.173（0.387）** | 0.513（0.200）** |
| 教育（小学或者以下为参照组） | | |
| 初中 | 0.335（0.276） | 0.336（0.131）** |
| 高中 | 0.044（0.305） | 0.449（0.183）* |
| 大专或者以上 | 0.188（0.412） | 0.724（0.249）** |
| 女性 | -0.231（0.213） | -0.220（0.089）* |
| 年龄 | -0.013（0.042） | 0.002（0.016） |
| 年龄 $^2$ | 0.000（0.000） | -0.000（0.000） |
| 农村居民 | 0.280（0.245） | -0.027（0.158） |
| 区域（东部为参照组） | | |
| 中部 | 0.176（0.268） | -0.181（0.209） |
| 西部 | -0.631（0.273）* | -0.622（0.256）* |
| 常数 | 0.853（1.106） | 2.483（0.574）*** |
| Pseudo $R^2$ | 0.058 | 0.038 |
| Wald $\chi^2$（d.f. = 20） | 32.74 | 94.72 |
| 样本数 | 971 | 8691 |

注：数据已经加权；括号中的标准误是根据主要抽样单位（县）被调整过的稳健标准误；其中，† 表示 p≤0.10，* 表示 p≤0.05，** 表示 p≤0.01，*** 表示 p≤0.001。

从表 3-7 可以看出，首先，在控制其他相关变量之后，社会阶层属性依然对是否对民事纠纷采取行动具有一定的影响。这种决定性影响在实际和虚拟民事纠纷中同样成立。具体来说，本书有两个比较有意义的发现。第一，在实际民事纠纷中，从负系数可以看出，统治精英比其他任何社会阶层都更愿意对纠纷采取行动（其中他们和个体户以及旧中间阶层的差别在统计学上意义显著，p<10.010）。第二，在虚拟民事纠纷中，从正系数可以看出，统治精英比其他任何社会阶层都更愿意容忍纠纷，但其间的差别在统计学上总的来说不显著（其中他们和个体户之间的差别在统计学上意义显著）。前一点的发现与麦谊生的研究是一致的，即拥有更多的政治关系，会促使人们更多地对纠纷采取行动（Michelson，2007）。并且，本书的假设Ⅱ得到了证实，也就是上层社会人士比中下层社会人士更少容忍实际卷入的民事纠纷。

此外，其他控制变量对是否就民事纠纷采取行动也有影响。我们可以理解，对政府表现评价的消极者比乐观者更愿意容忍纠纷；收入更高的社会群体更愿意对纠纷采取行动；受过更多教育的社会群体比较少的更不愿意容忍纠纷；女性更愿意息事宁人。同时，值得关注的是，西部居民比东部居民更愿意忍耐。

### （四）对民事纠纷如何采取行动的决定机制

那么，接下来的问题是，当人们决定对纠纷不再忍气吞声时，什么因素决定了他们的具体行动策略？针对民间纠纷解决机制、（狭义的）政府渠道和法律途径这三种纠纷解决渠道，我们利用 Multinomial Logit 模型对三种渠道的决定因素进行两两比较。表 3-8 呈现了我们的统计学分析结果。

**表 3-8　决定中国居民如何对民事纠纷采取行动的多类 Multinomial Logit 模型 [a]**

| | 法律途径 vs 民间机制 | | 法律途径 vs 政府渠道 | |
|---|---|---|---|---|
| | 实际民事 | 虚拟民事 | 实际民事 | 虚拟民事 |
| 社会阶层（统治精英为参照组） | | | | |
| 新社会阶层 | −0.540（0.675） | 0.415（0.220）† | −0.045（0.883） | 0.276（0.394） |
| 个体户 | −1.381（0.590）* | −0.167（0.187） | −0.666（0.659） | −0.672（0.228）** |
| 旧中间阶层 | −2.465（0.640）*** | 0.132（0.154） | −1.830（0.808）* | −0.509（0.199）* |
| 劳动阶层 | −1.260（0.524）* | 0.134（0.137） | −0.976（0.504）† | −0.292（0.175）† |
| 对政府提供公正的评估（态度积极为参照组） | | | | |
| 态度中立 | −0.467（0.440） | −0.005（0.089） | 0.113（0.503） | 0.087（0.116） |
| 态度消极 | −0.025（0.272） | −0.215（0.112）† | −0.051（0.366） | −0.013（0.155） |
| 党员 | −0.650（0.513） | −0.012（0.103） | −0.491（0.664） | −0.237（0.180） |
| 年收入（最低 20%为参照组） | | | | |
| 次低 20% | −0.332（0.442） | 0.036（0.114） | −0.393（0.497） | 0.171（0.154） |
| 中间 20% | −0.049（0.362） | −0.165（0.132） | 0.051（0.468） | 0.062（0.155） |
| 次高 20% | −0.594（0.413） | −0.087（0.136） | −0.241（0.574） | 0.252（0.169） |

续表

| | 法律途径 vs.民间机制 | | 法律途径 vs.政府渠道 | |
|---|---|---|---|---|
| | 实际民事 | 虚拟民事 | 实际民事 | 虚拟民事 |
| 最高 20% | −0.166（0.401） | 0.148（0.150） | 0.227（0.548） | 0.174（0.187） |
| 教育（小学或者以下为参照组） | | | | |
| 初中 | 0.603（0.362）† | 0.198（0.098）* | 1.376（0.424）*** | 0.362（0.112）*** |
| 高中 | 0.652（0.452） | 0.329（0.124）** | 1.369（0.458）** | 0.847（0.157）*** |
| 大专及以上 | 0.863（0.513）† | 0.544（0.179）** | 1.341（0.642）* | 0.994（0.252）*** |
| 女性 | 0.460（0.255）† | −0.141（0.079）† | 0.504（0.358） | −0.002（0.103） |
| 年龄 | −0.020（0.051） | −0.031（0.013）* | −0.105（0.064） | −0.055（0.020）** |
| 年龄平方 | 0.000（0.001） | 0.000（0.000）* | 0.001（0.001） | 0.000（0.000）* |
| 农村居民 | −0.111（0.299） | −0.690（0.147）*** | −1.000（0.375）** | −1.687（0.167）*** |
| 区域（东部为参照组） | | | | |
| 中部 | 0.258（0.336） | −0.187（0.163） | −0.302（0.472） | −0.561（0.256）* |
| 西部 | −0.015（0.293） | −0.156（0.171） | 0.072（0.415） | −1.068（0.236）*** |
| 常数 | −1.984（1.370） | 0.935（0.375）* | 0.969（1.790） | 2.209（0.477）*** |
| Pseudo $R^2$ | 0.088 | 0.076 | 0.088 | 0.076 |
| Wald $\chi^2$（d.f. = 60） | 351.61 | 805.25 | 351.61 | 805.25 |
| 样本数 | 971 | 8691 | 971 | 8691 |

注：a. 该模型的回归分析事实上还包括“不行动”（或者“忍了”）与其他纠纷解决途径的比较，但是因为我们在该分析中的主要兴趣在于“当人们决定对纠纷不再忍气吞声时，什么因素决定了他们的具体行动策略”，因此我们不再汇报“不行动”与其他解决途径的比较。数据已经加权；括号中的标准误是根据主要抽样单位（县）被调整过的稳健标准误；其中，† 表示 $p \leq 0.10$，* 表示 $p \leq 0.05$，** 表示 $p \leq 0.01$，*** 表示 $p \leq 0.001$。

我们依然最关心的是社会阶层如何影响人们解决纠纷的行动策略。从表 3-8 可以看出，无论是在实际还是虚拟民事纠纷的解决中，在控制其他变量的影响之后，社会阶层属性对人们如何行动仍然是有影响的。其影响体现在如下几个方面。第一，在民事纠纷的“接近正义”行动中，统治精英与其他社会阶层存在较为显著的差异性。这种差异性特别体现如下：在实际民事纠纷中，统治精英比其他任何社会阶层都更多利用法律解决纠纷，而且绝大多数在统计学上意义显著。第二，如果把新社会阶层、个体户和旧中间阶层视为中国的中产阶级，我们发现其内部的差异也是显著的。在是否把动员法律当作首选的虚拟纠纷解决渠道上，不仅新社会阶层与个体户和旧中间阶层存在显著差异，个体户与旧中间阶层也存在显著差别。有意思的是，在实际民事纠纷的解决中，个体户比旧中间阶层更多地动员法律；而在考虑意愿时，前者比后者更不愿意把法律途径当成首选。此外，除了新社会阶层，我们未能发现中产阶级中的个体户与旧中间阶层比劳动阶层更多动员法律。相反，旧中间阶层比劳动阶层在现实中更少把法律当成解决问题的途径；而个体户则在意愿上比劳动阶层更少动员法律。第三，就民事纠纷解决的法律途径与政府渠道的比较而言，中下层社会（个体户、旧中间阶层和劳动人民）明显比统治精英更多地把问题诉诸政府的渠道，而很少动员法律解决问题。第四，就认同而言，新社会阶层最愿意首选通过法律解决民事纠纷。综合这些发现，我们认为本书的假设Ⅲ，也就是中国不同社会阶层对是否动员法律来解决纠纷有不同的偏好，得到了证实。而在两个竞争性的假设中，假设Ⅳ-1得到了证实，也就是上层社会人士最多动员法律去解决民事纠纷。相反，本书的研究发现，并没有十足的证据表明中产阶级是最多的通过法律途径来“接近正义”。

此外，在我们定义的政治、经济和文化三类资本变量中，党员资格和年收入几乎没有表现出决定性的影响。而受教育程度则又表现出另外一个极端，对人们如何选择民事纠纷的解决渠道具有明显的影响。从受教育程度这个变量的影响系数可以看出，其决定性影响的规律是：受过更多教育的人更少把问题诉诸政府，而更多动员法律。而且，由于我们是把取值为“小学或者以下”作为参照组，我们从系数也可以看出：受过初中或以上教育的人与只受过小学教育或者文盲在如何解决纠纷上具有明显的差别。本研究还显示，农村居民比城镇居民更多把问题诉诸政府而更少动员法律。相应地，中西部的居民比东部的居民更愿意把问题诉诸政府而更少动员法律。

## 六、转型中国的民事纠纷、社会分层与法律发展

### （一）主要发现

在本书中，我们有两个主要研究兴趣。理论上，我们用全国性的数据去呼应其他国家关于民事纠纷中是否以及如何“接近正义”的研究，去分析人们的社会阶层属性、资本拥有情况以及社会人口学特征如何决定了他们的行动策略。我们特别关心的是，人们的社会阶层属性对法律动员的影响。而在政策性方面，我们还基于针对上述问题的经验发现去检讨流行于学界的一些关于中国社会分化同法律发展的规范认识。

针对上述研究兴趣，我们的数据分析有以下主要发现。首先，根据本书对中国社会阶层所做的操作性定义，我们发现不同的社会阶层在是否卷入日常冲突方面并不具有明显差别；但是，一旦卷入冲突，人们的社会阶层属性对其是否采取行动以及如何采取行动却有显著的影响。就是否采取行动而言，社会精英阶层尽管在意愿上比其他社会阶层更愿意容忍纠纷，但在实际中更多采取一定的行动去解决它们。就如何行动而言，社会阶层属性的影响有如下两个特点：①统治精英比中下社会阶层更少把问题诉诸狭义的政府渠道，而更多诉诸法律；②没有证据表明包括新社会阶层、个体户和旧中间阶层在内的中产阶级更多动用法律去解决民事纠纷。

其次，我们还发现，受教育程度既决定了人们是否行动，也决定了人们如何行动——受教育程度越高的人越倾向于对纠纷采取行动，在行动中也更愿意把问题诉诸法律途径。

最后，性别显著地影响人们卷入日常纠纷的可能性——女性显然比男性更少卷入日常冲突，也更多地容忍纠纷。人们的居住地因素（包括户口状况和居住区域）也显著地影响着他们如何对纠纷采取行动：相对落后地区的居民（农村和中西部居民）比相对发达地区的居民（城镇和东部居民）更多认同和采用政府渠道而更少认同及采用法律途径解决日常冲突。

**（二）理论及政策意义**

本书第一次利用全国性抽样调查数据分析民事纠纷在中国各社会群体中的分布情况及其解决途径。我们认为，本研究无论是在理论层面还是政策层面都有着显著的意义。在一般的理论层面上，与其他国家的研究一样（Sandefur，2008），我们发现社会群体属性对民事纠纷的解决途径选择上存在着显著的影响。在中国，人们所处的社会阶层地位影响他们如何对日常纠纷采取行动（Diamant，2000）。这些理论发现，在转型时期中国的特定语境下，还有引申出来的政策意义。

首先，我们对转型时期中国社会分化对于法律发展的潜在意义应当抱有谨慎的乐观态度。从乐观方面来看，我们发现，所有社会阶层的中国公民都愿意比实际更多地把纠纷诉诸法律途径。尽管在现实中，只有14.6%的纠纷解决途径是诉诸法律，但是有31.3%的被访者愿意把诉诸法律视为解决日常民事纠纷的首选渠道。这一点说明，中国公民的法律意识已经有了空前的成长。但是，从不同社会阶层的选择偏好的差异来看，我们发现中产阶级的崛起以及普罗大众的“法律动员”并不如想象中的那么意义显著。包括新社会阶层、个体户和旧中间阶层在内的中产阶级并没有呈现出比其他社会阶层更愿意动员法律的偏好。尽管有60%左右的新社会阶层人士愿意把动员法律当成解决民事纠纷的首选途径，但是该阶层人士只占中国成年人口的2%左右。因此，我们不应当夸大这个阶层兴起对于法治发展的整体意义。迄今为止，劳动阶层尽管对政府途径和法律渠道在选择意愿上有类似的偏好，但是在实际案件中，劳动阶层把问题诉诸政府的百分比大大超过把问题诉诸法律的百分比——前者为21.2%，后者为13.3%。

其次，从制度需求方的角度看，本书的研究发现部分证实了我们在其他研究中所提出的“制度的双轨需求”这一看法。在利用本书相同数据针对行政纠纷解决的研究中，我们发现中国公民对通过（准）司法途径和党政渠道来解决行政纠纷具有如下两点特征：①由这两种途径组成的国家纠纷解决机制是行政纠纷解决的主导机制；②公民对这两者的制度需求的比重几乎相当（程金华，2009）。本研究发现，一方面，在民事纠纷的解决中，公民利用国家纠纷解决机制的频率显然没有行政纠纷中的高：在实际民事纠纷中，只有1/3左右（33.1%）的解决方式属于国家纠纷解决机制；而在虚拟纠纷中，大约略高于一半（54.0%）的被访者首选国家纠纷解决机制。[①] 另一方面，在民事纠纷的解决中，法律途径和政府渠道也有明显的趋同性：①相比现实，既有更高比率的公民首选政府渠道，也有更高比率的公民首选法律途径解决民事纠纷；②首选这两种途径的公民的比率都在1/4 至 1/3 左右——相去不甚远。

再次，本书在经验上证实了制度的意识认同与制度的实践之间的差距。从法律动员的意义上讲，美国法学家庞德曾强调要区分“书本里的法律”和“行动中的法律”，并呼吁公民应当时刻准备好激活书本中的法律（Pound，1917）。布莱克也认为，法律制度未经“动员”——也就是把法律同人给连接起来——则不能解决实际问题（Black，1973）。中国的先贤孟子则表达了一个颇为类似（但不尽相同）的重要思想：“徒善不足以为政，徒法不足以自行”（丁伟，2009）。因此，对于中国法治建设的倡导者而言，仅从意识形态上鼓吹对法律制度的信仰，是远远不够的。本书的研究侧面证实，当制度认同与现实发生存在差距时，意识认同会让位于现实。所以，如何在制度设计上降低激活书面法律的成本，是法治建设的重要工作——可能比宣传法律意识更重要。

而且，相比中下层社会成员而言，上层社会成员对政府纠纷解决渠道的相对不认同让我们有足够的理由去反思纠纷解决中“内部人优势”的认识。传统上，人们通常认为，体制的局内人往往有利用该体制为己服务的比较优势，因为局内人不仅更清楚怎么行动（know-how），也更熟悉体制的操盘手（know-who）（Black，1976；Nardulli，1986；Sarat & Felstiner，1995；Michelson，2007）。但是，这种“内部人优势”的机制往往取决于一个前提假设：内部人除了理性算计他们具备的便利条件以外，还必须对这个体制有最起码的信任和利益预期。如果一个纠纷解决系统不能提供起码的预期利益（或者说不确定性太强），那么越是内部人越可能排斥它——因为他们更清楚利用这种体制的高昂机会成本。相反，不谙内情的局外人更可能相对信任以及动用这种制度——或许是因为“距离产生美感”的效应。另外，我们的分析发现，不同的社会阶层间在卷入民事纠纷的可能性方面没有显著的差异，因而他们对纠纷解决渠道的选择偏好不取决于他们各自卷入纠纷的概率。因此本书研究在很大程度上说明“内部人优势”的道理并非符合中国的实际情况。

另外，我们也证实了法律和经济发展之间良性互动的道理（Ginsburg，2000）。在同类研究中，麦谊生发现：如果以纠纷为分析对象，在所有发生纠纷

① 我们发现，在实际行政纠纷的解决中，把纠纷诉诸“国家纠纷解决机制”（定义略异于本书——本书作者注）的比率达 71.6%；而在虚拟行政纠纷的解决中，更是高达 83.1%的被访者首选国家纠纷解决机制（程金华，2009）。

的家庭中，东部的居民最可能动员法律；但是，如果以家庭为分析对象（包括发生了纠纷和没有纠纷的家庭），则经济发展可能降低人们对法律的诉求（Michelson，2007）。因此，他的结论是法律和经济发展可能是不相关或者负相关的。但是，我们认为，他的结论基于一个有问题的假设：在中国，“政府渠道”与“法律途径”是没有区别的。但是，事实并非完全如此。一方面，我们同意法律制度（主要包括司法系统）是镶嵌于中国广义的党政体制之内的。另一方面，司法系统的专业性和正式性，在给纠纷解决带来更多可预期性和合法性的同时，往往会提高纠纷解决的门槛和施加更高昂的纠纷解决成本。正式（司法）裁判程序的局限性是一个普遍存在的事实（Fuller，1978）。因此，我们在规范意义上对政府纠纷解决渠道进行批判性反思的同时，也必须承认它们在现实中的特点与相对优势（应星，2004）。在经验上，正如我们在前文所证实的，在中国，狭义的政府渠道与狭义的法律途径是有显著区别的。如果把这两者区分开来，麦谊生的发现和我们的发现可能是吻合的：相对落后的农村和中西部居民更多动员政府渠道。

最后，在对资本类变量的研究中，我们发现了受教育程度对于法律动员的显著意义（Cahn & Cahn，1970）。而且，值得特别关注的是，与具有小学或者以下文化水平的被访者相比，具有初中文化水平以上的被访者相当多地认可和实际利用法律。因此，从法律发展的角度看，随着中国教育的普及，社会整体的法治意识和对通过法律途径解决纠纷的需求也将有一个很大的发展。

**参考文献**


保罗·萨缪尔森、威廉·诺德豪斯：《经济学》（第18版），萧琛等译，人民邮电出版社，2008年。

彼德·布劳：《社会生活中的交换与权力》，孙非、张黎勤译，华夏出版社，1988年。

程金华：《中国行政纠纷解决的制度选择——以公民需求为视角》，《中国社会科学》，2009年第6期。

丁伟：《“徒法不足以自行”的另类思考》，《解放日报》，2009年4月24日（第2版）。

范愉：《纠纷解决的理论与实践》，清华大学出版社，2007年。

格申克龙：《经济落后的历史透视》，张凤林译，商务印书馆，2009年。

公丕祥：《现代法律的社会机理》，公丕祥主编《法制现代化研究（第四卷）》，南京师范大学出版社，1998年。

瞿同祖：《中国法律与中国社会》，中华书局，1981年。

卡佩莱蒂（Mauro Cappelletti）编：《福利国家与接近正义》，法律出版社，2000年。

李春玲：《断裂与碎片：当代中国社会阶层分化实证分析》，社会科学文献出版社，2005年。

李路路：《再生产的延续：制度转型与城市社会分层结构》，中国人民大学出版社，2003年。

李路路：《中间阶层的社会功能：新的问题取向和多维分析框架》，《中国人民大学学报》，2008年第4期。

李培林、张翼、赵延东、梁栋：《社会冲突与阶级意识——当代中国社会矛盾问题研究》，社会科学文献出版社，2005 年。

列宁：《马克思主义的三个来源和三个组成部分》，中共中央马克思恩格斯列宁斯大林著作编译局编《列宁选集》（第二卷），人民出版社，1995 年。

林宗弘、吴晓刚：《中国的制度变迁——阶级结构转型和收入不平等：1978~2005》，《社会》，2010 年第 6 期。

刘科：《群体性事件敲响警钟　民主化解过激情绪》，《共产党员》，2009 年第6 期。

刘欣：《当前中国社会阶层分化的制度基础》，《社会学研究》，2005 年第 5 期。

陆学艺主编：《当代中国社会阶层研究报告》，社会科学文献出版社，2002 年。

马克思：《资本论》（第一卷），人民出版社，2004 年。

麦谊生（Ethan Michelson）：《纠纷与法律需求》，《江苏社会科学》，2003 年第 1 期。

毛泽东：《关于正确处理人民内部矛盾的问题》，人民出版社，1976 年。

人民日报、红旗杂志和解放军报编辑部：《沿着十月社会主义革命开辟的道路前进——纪念伟大的十月社会主义革命 50 周年》，《人民日报》，1967 年 11 月 6 日。

汝信等主编：《2005 年：中国社会形势分析与预测》，社会科学文献出版社，2005 年。

沈明明、王裕华：《中国农民纠纷解决偏好分析》，《北京大学学报》（哲学社会科学版），2007 年第 5 期。

孙立平、王汉生、王思斌、林彬、杨善华：《改革以来中国社会结构的变迁》，《中国社会科学》，1994 年第 2 期。

韦伯（Max Weber）：《论经济与社会中的法律》，中国大百科全书出版社，1998 年。

应星：《作为特殊行政救济的信访救济》，《法学研究》，2004 年第 3 期。

张翼：《当前中国中产阶层的政治态度》，《中国社会科学》，2008 年第 2 期。

Baumgartner, M.P., The Moral Order of A Suburb. New York: Oxford University Press, 1988.

Baumgartner, M.P., "Law and the Middle Class: Evidence from a Suburban Town." Law and Human Behavior 9, 1995.

Bian, Yanjie, "Chinese Social Stratification and Social Mobility." Annual Review of Sociology 28, 2002.

Bian, Yanjie, R. Breiger, D. Davis & J. Galaskiewicz, "Occupation, Class, and Social Networks in Urban China." Social Forces 83, 2005.

Black, Donald J., "The Mobilization of Law." Journal of Legal Studies 2, 1973.

Black, Donald J., The Behavior of Law. New York: Academic Press, 1976.

Cahn, Edgar S. & Jean Camper Cahn, "Power to the People or the Profession? The Public Interest in Public Interest Law." The Yale Law Journal 79, 1970.

Cai, Yongshun, "China's Moderate Middle Class: The Case of Homeowners' Resistance." Asian Survey 45, 2005.

Cai, Yongshun, "Social Conflicts and Models of Action in China." The China Journal 59, 2008.

Carlin, Jerome E., Jan Howard & Sheldon L. Messinger, "Civil Justice and the Poor: Issues for Sociological Research." Law & Society Review 9, 1966-1967.

Chen, An, "Rising Class Politics and its Impact on China's Path to Democracy." Democratization 10, 2003.

Diamant, Neil J., Stanley B. Lubman & Kevin J. O'Brien eds., Engaging the Law in China: State, Society, and Possibilities for Justice. Stanford, Calif.: Stanford University Press, 2005.

Diamant, Neil. J., "Conflict and Conflict Resolution in China: Beyond Mediation-Centered Approaches." The Journal of Conflict Resolution 44, 2000.

Felstiner, William L.F., Richard L. Abel & Austin Sarat, "The Emergence and Transformation of Disputes: Naming, Blaming, Claiming..." Law & Society Review 15, 1980-1981.

Fuller, Lon L., "The Forms and Limits of Adjudication." Harvard Law Review 92, 1978.

Genn, Hazel G., Paths to Justice: What People Do and Think about Going to Law. Oxford; Portland, Or.: Hart Pub, 1999.

Giddens, Anthony, The Class Structure of the Advanced Societies. London: Hhtchinson, 1973.

Ginsburg, Tom, "Does Law Matter for Economic Development? Evidence form East Asia." Law & Society Review 34, 2000.

Goldthorpe, John H., & Gordon Marshall, "The Promising Future of Class Analysis: A Response to Recent Critiques." Sociology 26 (3), 1992.

Goldthorpe, John H., Social Stratification in Industrial Society.In Paul Halmos, (ed.), "The Development of Industrial Societies." The Sociological Review Monograph 8.Keele: University of Keele, 1964.

Grusky, David B. & Jesper B. Sorensen, "Can Class Analysis Be Salvaged?" American Journal of Sociology 103 (5), 1998.

Hoffmann, Elizabeth A., "Dispute Resolution in a Worker Cooperative: Formal Procedures and Procedural Justice." Law & Society Review 39, 2005.

Hung, Ho-Fung, "Early Modernities and Contentious Politics in Mid-Qing China, c.1740-1839." International Sociology 19, 2004.

Iain Johnston, Alastair, "Chinese Middle Class Attitudes towards International Affairs: Nascent Liberalization?" The China Quarterly 179, 2004.

Lempert, Richard O., "Mobilizing Private Law: An Introductory Essay." Law & Society Review 11, 1976.

Mayhew, Leon H., "Institutions of Representation: Civil Justice and the Public." Law & Society Review 9, 1975.

Merry, Sally E., Getting Justice and Getting Even: Legal Consciousness among Working-Class Americans. Chicago: University of Chicago Press, 1990.

Michelson, Ethan, "Climbing the Dispute Pagoda: Grievances and Appeals to the Official Justice System in Rural China." American Sociological Review 72, 2007.

Michelson, Ethan, "Justice from Above or Below? Popular Strategies for Resolving Grievances in Rural China." The China Quarterly 193, 2008.

Miller, Richard E. & Austin Sarat, "Grievances, Claims, and Disputes: Accessing the Adversary Culture." Law & Society Review 15, 1980-1981.

Minzner, Carl, "Xinfang: An Alternative to Formal Chinese Legal Institutions." Stanford Journal of International Law 42, 2006.

Nardulli, Peter F., "'Insider' Justice: Defense Attorneys ad the Handling of Felony Cases." The Journal of Criminal Law & Criminology 77, 1986.

O'Brien, Kevin J. & Lianjiang Li, Rightful Resistance in Rural China. New York: Cambridge University Press, 2006.

Parkin, Frank, "Class Stratification in Socialist Societies." The British Journal of Sociology, 1969, 20 (4).

Peerenboom, Randall, China's Long March toward Rule of Law. New York: Cambridge University Press, 2002.

Pleasence, Pascoe et al., Causes of Action: Civil Law and Social Justice (book of findings of the first LSRC survey of justiciable problems). London: LSRC Publications, 2004.

Pound, Roscoe, "The Limits of Effective Legal Action." The American Bar Association Journal 3, 1917.

Read, Benjamin L. & Ethan Michelson, "Mediating the Mediation Debate: Conflict Resolution and the Local State in China." Journal of Conflict Resolution 52, 2008.

Sandefur, Rebecca L., "The Importance of Doing Nothing: Everyday Problems and Responses of Inaction." Pascoe Pleasence et al eds., Transforming Lives: Law and Social Process, London: TSO, 2007.

Sandefur, Rebecca L., "Access to Civil Justice and Race, Class, and Gender Inequality." Annual Review of Sociology 34, 2008.

Sarat, Austin & Williman L. F. Felstiner, Divorce Lawyers and Their Clients: Power & Meaning in the Legal Process. New York: Oxford University Press, 1995.

Silbey, Susan & Austin Sarat, "Dispute Processing in Law and Legal Scholarship: From Institutional Critique to the Reconstruction of the Juridical Subject." Denver University Law Review 66, 1988-1989.

Szelenyi, Ivan, "Social Inequalities in State Socialist Redistributive Economies." International Journal of Comparative Sociology 19, 1978.

Trubek, David M., "Max Weber on Law and the Rise of Capitalism," Wisconsin Law Review 3, 1972.

Wall, James & Michael Blum, "Community Mediation in the People's Republic of China." Journal of Conflict Resolution 35, 1991.

Wu, Xiaogang, "Communist Cadres and Market Opportunities: Entry to Self-Employment in China." Social Forces 85, 2006, 1978-1996.

Zemans, Frances Kahn, "Framework for Analysis of Legal Mobilization: A Decision-Making Model." American Bar Foundation Research Journal 7, 1982.

# 第四章 社会利益诉求与社会治理创新

## 第一节 从利益诉求的视角看社会治理创新

马克思主义告诉我们，人们的生产关系和社会关系不同，人们的利益就存在差别，有利益差别就有利益诉求，从这个意义上讲，人类社会是一个处在各种不同关系中的人群展开利益诉求的过程，正因为如此，由利益诉求引发的社会矛盾是不可避免的。以和谐社会为目标的社会治理并不是要追求一个无差别、无矛盾的社会，而是要建立一个有序的社会，所谓有序，其关键是这个社会有正式的制度让人们表达自己利益诉求，有公平的机制让不同利益的人能够公平地对话、沟通、协调、谈判，最终实现社会整合。

### 一、普遍的“个体化诉求”与利益诉求的不公

伴随着中国经济社会的快速变化，人们的各种利益关系都在调整，中国正在进入一个社会矛盾凸显期，同时社会矛盾的表现形式还呈现出日渐激烈的趋势，其典型表现就是群体性事件频繁发生。在一项关于农民工的调查中，参加过群体性突发事件的人数占到被调查者的 12.5%（蔡禾，2008）。尤其值得关注的是，近年来泄愤式群体性事件不断出现。例如，安徽池州事件（吴志宏、唐馥娴，2005）、贵州瓮安事件（刘子富，2009）、广东增城事件（增公宣、龚宣，2011）等。这类事件值得思考的地方在于，卷入事件的绝大多数人与事件本身并无直接利益关系。

改革开放以来，我国已经初步建立起了调节利益关系的社会主义法律制度，但是为什么在解决上述社会矛盾问题上，要么法律制度作用不明显，要么中下阶层的利益诉求者对制度缺乏信任。例如在我们的研究中，绝大多数农民工在受到利益侵害时，是不会寻求法律途径解决的。笔者认为，当前社会矛盾特点的形成首先不是因为没有利益诉求的法制渠道，而是因为法律制度只是为利益博弈双方

提供博弈的规则，但是如果进入博弈的双方不具备对称的博弈能力，公平的法律制度不一定能导致公平的后果。这并不是说法律本身不公平，而是由法律诉讼过程的市场化特征（打官司是要花钱、花时间、举证，甚至赢了官司赔了钱）决定的。例如，笔者的学生在企业调查时曾遇到这样一件事情：该企业的 4 名女工想辞职，但厂方扣发了她们 40 天的工资。女工们提请劳动仲裁，仲裁获胜；厂方不服，要求法律诉讼，结果一审败诉；厂方继续不服，要求二审。同学们问厂长："这个官司你肯定输，你干嘛还要打？"厂长的答复是："我也知道会输，但拖也要拖死她们。"老板们清楚，在生存线上生活的女工不可能在不工作的条件下陪着老板打可能需要一年半载的官司。事实最后也是如此，最后没有一名女工成功讨回全部欠薪。结论是明显的，尽管法律赋予了每个人利益诉求的权利，但是对于弱势群体的个体而言，如果他们不能提升自己的博弈能力，这种法律权利对于他们中大多数人来讲是一个不可信任的权利，这也就是为什么绝大多数农民工在遇到利益侵害时不愿意打官司的关键。提升弱势个体博弈能力的唯一可持续的途径，是通过合法、有效的形式，将个体的利益诉求整合进群体的利益诉求，或者通过合法的组织来代表个体进行利益诉求。

但当今中国的现实是，绝大多数人的利益诉求处在"个体化诉求"的状态，所谓"个体化诉求"是指他们只能依据个人的能力，而无法通过合法、有效的群体形式来展开利益诉求。"个体化诉求"的形成与"单位制"的解体相关。市场经济打破了"单位制"，消除了人们对单位的依附，获得了市场中的"自由"，但如果他们不能被重新整合到新的利益组织中，"自由"不过意味着每个人只是孤立的"原子"，利益诉求只能是个体化的。虽然我们有工会、妇联、青年团这些本质上应该是普罗大众的利益代表组织，但由于这些组织基本上是按照计划经济体制下行政一体化原则组织起来的，难以适应市场经济的变化，成为有效的利益代表组织（蔡禾，2008）。例如，在单位提供人们生存和发展的全部资源时，工会只是扮演单位助手的角色是不难理解的。但是在市场经济条件下，单位本身成为劳动关系冲突的场域，在这种状况下，工会如果仍然定位在单位助手的角色，是无法在劳企之间清晰地回答"代表谁"的问题，因此其利益代表的组织效能是会受到影响的。

## 二、"增长型"利益诉求与制度缺失

伴随着中国从"温饱"向"小康"的发展，人们的利益诉求正在从"底线型"利益诉求向"增长型"利益诉求转变（蔡禾，2010）。所谓"底线型"利益，是指国家法规明文规定的利益标准，例如最低工资标准、加班工资标准、工伤赔偿标准等；所谓"增长型"利益，是指超出国家法规保护的底线标准之上的利益，它表现出利益诉求者要求自身利益的增长与企业利益增长或社会发展水平一致。2010年由广州本田工人罢工以及引发的罢工潮都是在工厂已经实现最低工资标准的前提下展开的，它是中国社会从“底线型”利益诉求进入到“增长型”利益诉求的标志。“底线型”利益诉求与“增长型”利益诉求存在着两个根本差别：

一是“底线型”利益标准有清晰的法律规定，当“底线型”利益受到侵害时，劳动者个体可以通过法律或行政诉讼的正式途径来表达利益诉求，不一定非要采取群体行动；而“增长型”利益标准不可能通过法律等正式制度去规定，例如，法律不可能规定工人工资的增长标准，“增长型”利益只能通过利益双方的协商、谈判来达成，但面对强势群体，弱势群体的个人不具备争取“增长型”利益的协商和谈判能力，这意味着，“增长型”利益诉求是不可能在个体层面上实现的，它只可能在群体的层面、依靠群体力量得到解决。

二是由于“底线型”利益标准有清晰的法律依据，因此政府拥有依法介入利益纠纷的合法权力，例如政府有权通过保全和拍卖财产来强制企业补发欠薪，政府在这里扮演的是“执法人”角色；但“增长型”利益没有法律规定的标准，因此政府不具有直接介入利益纠纷的权力，也无法用行政权力来保障“增长型”利益的实现。例如面对本田增加工资的诉求，政府不可能对任何一方做出行政强制，面对“增长型”利益纠纷，政府扮演的只是“调解人”的角色。可以这么说，当“增长型”利益成为社会的主要利益诉求时，社会也就进入到一个利益诉求的群体博弈时代。近年来，频繁发生的工人为增加工资而罢工，农民为提高征地补偿而上访，城市小区居民为保护家园环境而抗争，大多数成功的行动都是以群体行动的方式展开的。

面对利益博弈的群体性特征，我们显然没有做好制度准备，群体博弈不仅没有合法的制度安排，甚至可能受到“违反治安管理条例”的惩戒和“破坏维稳”的污名。在这种情况下，无法满足的个体利益诉求并不会消失，而是转变为不满和怨恨，这种不满和怨恨在一个财富来源和权力运作不够公开，同时网络传媒日益发达的社会里，是非常容易累积和发酵的，这种累积并发酵的不满和怨恨极容易在偶然因素的“诱发”下“井喷”，导致泄愤式群体行动。泄愤式群体行动看似与绝大多数参与者无直接利益关系，但实质上是多数人在“借题发挥”被累积和发酵的不满。

当大量“个体化”的利益诉求难以诉求成功时，利益诉求的压力必然会转向政府，要求行政权力的介入，这也就是各个地方的“信访”规模居高不下的主要原因之一。姑且不谈信访官员的职业道德，大量的信访案件与政府的有限能力之间也会造成处理问题的“瓶颈”，结果是各级政府都在有选择地“督办”。督办有两个原则，一是领导交办的，二是已经产生重大影响或可能产生重大影响的。“督办”可能公平地解决了少数人的问题，但是“打道回府”的绝大多数“信访”案件是没有结果的。虽然“督办”真的为老百姓办了实事，但它给老百姓传递出来的信息却可能是，“不认识大官办不成事情”，“不把事情闹大办不成事情”，政府公正形象的“合法性”在实践公正的过程中被异化了。结果是人们越级上访的冲动更强，采取群体行动或极端个人行为的冲动更强；而领导督办越成功，普通信访人员的常规化信访工作就越没有权威；政府对利益纠纷的行政干预越大，法律的权威就越低，人们就越信“访”不信法。面对大量无力调节的个体化利益诉求和未能纳入体制的群体性利益诉求，政府对民众的利益诉求会变得极度敏感，这种敏感既有可能导致政府在直面合理诉求时过度的政治化解读，采取诸如“暴力维稳”的政府强权，也有可能导致政府在直面不合理诉求时过度的政治化解读，采取诸如“花钱买平安”的政府弱权。

在市场经济体制下，面对日益多元化的社会，如果不能在利益群体之间建立起群体对话、协商、谈判的博弈制度，培育出对称的博弈能力，那么国家与个人之间的“中间地带”就会消失，在这种情况下，社会生活领域的所有问题都有可能变成“政府的问题”，社会生活极为容易“政治化”。

## 三、搭建公共平台，创新社会治理

党的十八届三中全会《决议》指出，“创新社会治理，必须着眼于维护最广大人民的根本利益，最大限度增加和谐因素，增强社会发展活力，提高社会治理水平，全面推进平安中国建设，维护国家安全，确保人民安居乐业，社会安定有序。”而要实现这一目标，必须努力搭建两个公共平台。

一是搭建利益博弈的公共平台。我们今天并非完全没有利益博弈的公共平台，但在这个平台上，人们的利益诉求基本上只能以“个体化诉求”来呈现，结果导致了博弈双方的力量不对称，只要个体利益不能以群体表达或组织代表的方式来呈现，利益博弈的结果是难有公平的。所以我们要创新的首先是不同群体之间利益博弈的公共平台，要建立的是不同群体之间的利益博弈秩序，要探索的是与社会主义制度相适应的利益诉求的群体表达机制或组织代表机制。如果我们不能用制度的方式去保障和规范人们利益诉求的群体化表达权利，或者培育具有社会认同的利益的组织代表机制，势必导致自发的群体性利益诉求行动不断产生，而且以非正式方式不断地组织起来。这种自发的、非正式组织化的群体性利益诉求行动对社会秩序会带来更加深层次的负面影响。

二是搭建累积社会资本的公共平台。市场经济使人们的经济地位出现分化，同时也推动了人们在思想观念和价值信仰上的分化，人与人之间因差异会产生社会距离，因社会距离会产生不信任。在一个人与人之间只有距离和不信任的社会里，制度运作缺乏必要的社会基础，利益关系的秩序也难以建立，或建立了也难以维持。因此，创新社会治理还需要建立一个能累积以网络、信任和规则为要素的社会资本的公共平台。所谓累积社会资本的公共平台就是要建立一个能促进人与人之间良性互动，在不同群体之间形成有规则、秩序化交往的机制，从而提升人们对自身利益和公共利益的关注，缩小群体之间的社会距离，弱化群体之间的矛盾，释放因利益不满而产生的情绪。也只有在一个能不断累积社会资本的社会里，无论是个体利益诉求还是群体利益诉求，才会有一个良性的利益博弈的社会环境。

必须指出的是，无论是搭建利益博弈的公共平台，还是累积社会资本的公共平台，都需要培育和发展社会的自组织能力，社会发育程度的标志之一就是社会的自组织能力。在市场经济体制下，只有当人们能通过各种自组织形式来追求自己的利益、维护自己的利益，同时实现自我教育、自我约束、自我管理时，国家与个人之间的“中间地带”才能形成，政府才能真正回归到法律的执行者、秩序的维护者角色，才会有真正的“小政府、大社会”。

社会治理涉及民生保障与社会秩序两个方面。近年来，民生问题日益受到关注，民生的底线利益标准在快速提高，公共产品供给在不断增加，这是非常值得肯定和进一步发展的。但是我们也要认识到，提高底线利益标准和加大公共产品供给并不能代替不同利益群体之间对话、协商、谈判机制的建立，不能代替利益博弈秩序的建设。从某种意义上讲，如果只有前者而没有后者，只会强化强势群体在利益博弈中的不公平地位。

随着“单位制”的解体，社会治理的基层单元转向社区，社区建设成为社会建设的主战场。毫无疑问，社区建设能够改善人们的生活质量，促进社区参与，提升社会治理的社会资本。但是我们要防止用“单位制”的理念搞社区建设，即期望把所有问题压缩到社区空间来解决，以此代替宏观社会结构中不同利益群体之间对话、协商、谈判机制的建设，代替利益博弈的宏观秩序建设。从某种意义上讲，如果只有前者而没有后者，最终只会使国家权力更全面地介入社区，中国特色的基层自治难以实现。

政府购买服务是当前社会治理创新的举措之一，而要承接政府服务的购买，就必须先有能够提供服务的组织存在，因此它必定会推动社会组织的发展。但是我们也要看到，政府购买服务是基于提升政府管理能力和公共服务能力的“效率”原则，而非公平原则。因此，政府购买服务不能解决不同利益群体之间的对话、协商、谈判机制问题，不能解决利益博弈的秩序问题。更重要的是，如果只从承接政府职能转移、购买服务的角度来理解社会组织的发展，社会组织就不可能具有自主性和利益代表性，购买服务最终将会成为购买社会组织。

## 第二节　非制度化的社会冲突与社会治理

中国正在加剧的社会矛盾透露出双面信号，一方面，它反映了过去30多年的变革，确实成功促进了各种社会竞争，释放出巨大能量推动着经济成长；另一方面，它也反映了社会领域的变革远远落后于经济领域，社会建设远远落后于经济建设的事实。这种落后导致的不相称，引发了对经济体制改革的怀疑，而实际上是社会治理跟不上经济变革使然。

然而，当前实施社会建设的目标虽定，但有效办法却远未成型。原因在于社会建设的方向不明，或者说，究竟要“建设”什么内涵不明。学界有两个主导性的思路针锋相对：一个主张加强行政力量对基层社会的管理，另一个主张巩固社会组织发育，促其能力成长使社会自我管理。这些讨论的重点都放在实施管理的控制权主体上，关键的分歧在由谁来治理社会——是国家各级行政机构及其延伸的组织，还是社会组织自己。

这些讨论对于社会建设的贡献十分有限，因为社会建设面临的挑战远比经济建设更严峻，涉及的问题也更广泛。如果说，经济建设取得成效，主要靠释放个体或组织的自由经营权，那么，社会建设就不仅涉及大量权利的释放，还必须涉及各种权益之间的关系，以及如何使其在不对等的条件下达致平衡。所以停留在上述讨论中得不到答案，我们需要提出新的问题。应当说，对于中国今天的经济社会规模，这是一个全新条件下的社会再整合问题。而目前讨论的基本理据还是已有的经验——比如，基层社会传统组织自治；或者，行政权力深入基层管理。可是，这些在历史上曾经发挥过作用的方法，在今天却广泛失效。显然，我们面对的社会再整合问题，是在新的社会结构下发生的现象，依赖过去的经验并不可靠，它帮不上多少忙。

为什么如此？全球以及中国社会发生了哪些变化？为什么现有理论无法解释新的社会冲突现象？为什么曾经的经验今天难以奏效？为什么现有机制的社会整合作用弱？本书希望回答这些问题。笔者相信，只有真正了解了我们面临的问题性质，才有可能找到社会建设的正确方向。

### 一、非制度化的社会冲突

最近几年，世界各地的“社会愤怒”活跃涌现。在韩国，“牛肉进口”事件曾引发10万人持续在首尔市政厅广场，抗议农产品进口政策损害公众及青少年健康；在英国和法国，多次发生少数族裔青少年愤怒砸烧店铺，暴力对抗警察事件；在中东阿拉伯地区，激烈的社会对抗要求更换统治者集团，已经导致几个国家的政府结束执政；在欧洲一些地区，旨在反对政府财政紧缩计划的罢工时而出现，由于无法兑现对社会的福利承诺，一些国家的领导人不得不频繁更换；在美国，占领华尔街行动持续数月，参加者要求约束金融组织，防止他们搜刮财富独享利益的行为；在中国基层，群体性冲突事件在过去几年中也数倍增长。

中国的群体性冲突呈现了新特点：个人事件容易转化为群体事件，民事对抗容易转化为政治（针对公检法机构）对抗。参与者没有遵循组织和制度渠道，而是采用另外的途径提出诉求。与传统的样式不同，他们没有稳定和常态的组织，多通过网络或社会关系传递信息；他们也没有明确的领袖集团，任何人都可以成为动员者；参与者与体制内组织的隶属或依附关系较少，他们的诉求动机有利益问题，也有价值问题；不少利益诉求行动摒弃谈判，选择激进的方式进行。比如两年前发生的抗议“淘宝商城”改变规则的事件，中小商户不是和阿里巴巴公司争辩规则修改的可能性及程序，而是选择攻击大商户，用破坏他人商业利益的行为，来发泄不满，制造压力。

上述国际国内事件的主题和起因不同，但却有一点相同：更少运用常规的渠道和方法解决问题，政治社会学称之为非制度化的社会冲突。是什么使人们选择更激进的行动提出诉求？

每一种体制的稳定性，都依赖社会中各种平衡利益机制的运转。越来越多的非制度化冲突提示我们，这些机制发生了问题——它们很难对利益变动后的新需求发挥平衡作用。如果现有机制平衡冲突利益的效力不再，将“迫使”人们选择其他渠道，甚至通过制造破坏或提升冲突的方法解决问题。

非制度化的社会冲突现象，要求我们的研究不限于具体事件，而是以更高的分析标准、更广阔的视角和历史关照，探索时代发生的深刻变化，及其对当今理论和政策制定带来的新挑战。

## 二、对理论和政策研究的挑战

### （一）投票

通过投票让体制连接选民意愿，作为反映社会多元利益，并协调利益对抗的办法，长久以来被深信不疑。这种信念认为，经由投票选举政策制定者，能够通过制度化权利的方式平衡社会多元利益（亨廷顿，1989）。凭借选举产生决策权威的机制，在西方发达国家保持了权力更迭的社会稳定，一些发展中国家也在经济高速增长时期，经由这种方式避免了社会动荡。

但目前的各种社会运动，正在挑战“二战”以来形成的这一认识。越来越多的人意识到，投票也难以解决冲突不断爆发的问题。

随着经济全球化、新经济区的出现和旧经济区的衰落，在世界的不少地方，原来已经定格的利益格局发生了重组。新旧经济区都开始审视——对方对于实现自己目标的新作用和新机会，导致地区与国家间的关系、发展目标等，根据新的利益格局不断产生变化。这些变化可能与国内选民的利益和目标不一致，比如在不同的经济区，选民的需求与政府有能力提供的东西之间，出现了越来越大的鸿沟。一些新经济区依赖全球化和人力资源成本的差别，实现了经济高速增长。财富增加之后，国内民众的普遍要求是提升工资，而提高相对的人力资源成本，经济竞争优势随之降低。而在另一些旧的经济区，曾经的高收入地区，经济增长无力，财政困境严重，但各阶层选民拒绝压缩福利和收入。这些变化产生的政治压力和利益诉求，对政府解决问题无力，包括程序费时冗长感到不满。而已有的投票机制作为已经固定的利益和程序，跟不上形势的变化，逐渐失去人们的信任，所以它对新的权益诉求发挥的再平衡作用渐弱。

人们发现，固定体制在回应瞬息万变的局势方面，存在难以忍受的滞后期，令人极不耐烦。而参与选举运用制度制衡利益集团，似乎也不那么容易，因为经济波动的速度，远远快于社会力量变动和选票集结。比如，很多固定的利益通过投票得到加强而不是改变，竞争性选举常常使强者更有优势。在欧洲，投票选举促进的是利益竞争和自我保护，而不是经济下滑后的牺牲、分担和开放。即使部分企业家为恢复经济的长远利益着想愿意这么做，公众也不愿意降低习惯的生活水平，这就使说服选民成为比说服企业家更难的工作。问题不断积累，人们认为是政府的无能导致了这一状况，于是频频采取行动把无能者"选"下台。这使一些国家的执政党陷入悖论：要赢得选票，他们必须向选民承诺他们要求的利益，但要防止经济崩溃解决实际问题，他们又紧缩财政来减少选民福利，结果是，他们不得不奉行那些可能降低自身获得选票的政策（《民主国家的治理危机》，2012）。这预示，投票机制平衡利益的能力，尤其是解决问题的效力面临困境。

在亚洲地区还出现了另外的情况：投票选举鼓励了竞争，但是不必然带来其他的制度进步——例如法治、分权制衡、人权保障、媒体自主、独立于政治或市场权力的知识界等。缺乏这些配套设施的建设，使得投票成为狂欢活动，被政治学者喻为"表象体制"，远够不上自由民主或宪政民主（朱云汉，2012）。因为投票难以改善下述情况：在选举的后台，常常发生政客利益的再集结和竞争。这些活动背离了（前台）投票者的基本意愿和价值，但却可以避开他们的视线，所以强势社会势力控制政治经济的局面，无法因选举而得到改善。在不少地方，通过选举上台的决策者热衷于收编军队和媒体，建立新的政商关系，排挤其他利益集团的机会，其积累的利益冲突常常转化为政治危机甚至导致政变，于是新一轮的权力循环重复再起（朱云汉，2012）。

投票机制本来的理想是，通过选民认可的权力配置来进行利益协调和制衡，但为何它同时也会巩固强者的权势，难以改善强弱地位的不平衡？这里提出的理论挑战是，为何投票体制平衡强弱利益的作用甚微？它提出的政策问题是，什么样的替代或者补充机制，能够发挥新的平衡利益作用？

### （二）福利

经济史学家马歇尔曾经揭示，由国家代替家庭和个人担负民众的福利责任，有助于中和财富占有不平等可能引发的阶级冲突（马歇尔，2007），他称此为“公民权责体制”（Citizenship）。马歇尔提出，有三项基本权利——财产权（经济）、选举权（政治）、福利权（社会）——构成了公民权的主要内容，而资本主义社会财产占有的不平等程度，可以通过其他两项权利的发展获得减缓，即经济的不平等可以通过政治和社会权利的变化得到改善。比如，通过选举权和福利权的释放，让普通人成为影响社会政策的投票者和福利的受益者，这有助于平衡财产差异，维护社会整合。因为国家支持社会福利的资金，来自对多财产者的更高税收。

这两项权利之所以可以发挥平衡利益的作用，在于投票权可以对法律和社会政策的出台进行合法化，利用和平方式进行利益关系再协调。通过投票改变不符合他们利益的社会政策和法律，就是让投票者决定哪些利益为正当。这种平衡方式是可控、有序而和平的，因而具有可预期性。在公共社会意见纷呈的条件下，投票权给每个人传递的信号是：你完全可能通过和平方式诉诸利益需求，不必采取极端的、破坏性行为。而福利权的主要受益者是社会弱势，由国家承担起全民的福利责任，利用所有人贡献的税款照顾弱势，使他们不用花费太多就能享用到医疗、保险、教育和养老服务。人们相信，这样的做法可以在某种程度上“拉平”不同人的生活水平，减少社会怨气和不平等感，中和由于财产占有不平等所导致的社会矛盾。

现代福利国家是这一理论的产物。正因为如此，高经济增长的国家都经历了福利扩展和全覆盖的时期。应当说，在欧洲社会资本主义初级阶级冲突的高发时期，这一做法确实有效稳定了社会。但如今旧经济体的增长能力下降时，原先基于公民权理念形成的福利标准却难以下降。当局试图调整社会福利政策的举措，强大的阻碍来自普通而广大的受益者。人们不解，这么富裕的国家为什么让我们勒紧裤腰带？在他们看来，缩减福利是侵犯公民权利。这些缘由引发了大量社会抗议，比如欧洲公务员反对延迟退休、增加工作年限的罢工运动，致使缩减福利计划难以取得有效进展。

这里提出的理论挑战是：福利与经济波动之间存在什么样的关系？它提出的政策问题是，在经济面临困境时期，如何能压缩福利标准，共渡难关，同时又能避免社会动荡的风险？

### （三）阶级

马克思揭示的经济地位和政治态度之间的关系，多年来一直在帮助人们识别各种群体的冲突边界。从马克思经济基础决定上层建筑的论述中，人们了解到，阶级身份可以影响甚至决定个人或集团的政治立场。比如，在工业化中产生的无产者和有产者群体，他们的政治立场自然有分歧，原因是他们的社会地位及其利益差别清晰可辨而且稳定。

但在今天，明显或潜在、直接或间接地组合在一起，并参与抗议的社会成员十分多样化，依据财产标准，他们的阶级背景越来越不清晰。在新的社会结构下，利益集结不一定是来自财产地位，而是来自其他的途径，社会群体利益及其政治立场的变化，出现了一些新动力，使得社会分化并非仅仅沿着阶级边界进行。不同身份和地位的人群持有一致意识形态的情况常见，同一地位的人群缺少一致身份认同的情况也常见。在很多国家，原来支持某一党派的社会阶级，不断发生着新的分裂和组合。在中国转型过程中，国企与民企职工之间，大学生与“白领”之间，这些看上去地位类似的人员，却难以共享“我们”的身份认同。

这里提出的理论挑战是：社会结构和价值选择究竟存在什么样的关系？过往用于识别社会成员属性的分类单位——比如阶级——为何难以解释人们的跨阶级立场？它提出的政策问题是：在多元异质的社会条件下，如何建立社会成员的身份预期结构，从而稳定纵向流动的社会秩序？

上述各项理论挑战显示，中国乃至全球都面临着人类历史的新问题，社会变迁引发的利益变动、分配变动、资源变动和组织化变动现象，正在酝酿新的动力，试图突破20世纪50年代以来，或者，更广义的第二次世界大战以来，全球形成的基本制度结构。这是很多国家和地区的社会思潮，都出现以“变化”为主要期许和政纲的原因。由于已经固定的制度格局难以满足变动的利益，人们不断采取行动要求改变。在分裂和冲突不断积累的情况下，如何寻求新的社会整合，是今天不同社会的领导者和全球知识界面临的共同问题。

## 三、对决策体制的挑战

由于各个国家的情况不同，在转型期的中国，社会整合还面临特有的挑战。

最近30年以来，中国社会转型中出现的变动——结构变动、市场变动和政策变动的广度和深度前所未有，它们本身就成为大量社会冲突的来源。这些社会冲突有的来自对政策调整的反应，有的来自对市场波动的反应，还有的来自对社会结构变动的反应。

政策调整性冲突，比如失地农民争取土地权。在种地交农业税的时代，农民收入甚微，部分人将土地撂荒进城打工，各地乡镇为了防止土地荒废，邀请外地农民前来承包种地。而土地免农业税之后，原来的地主人返回村内要地，与新的承包户发生冲突。这样的案件仅在湖北楚镇，就占农民上访案例的80%（杨华、欧阳静，2012）。

市场波动性冲突，比如城市购房者要求降价。过去几年大中城市的房价波动很大，一些高价购房者在价格下降后不满利益损失，要求开发商补偿价格波动的差价，他们认为价格波动的风险不应仅仅由购买者承担。

结构变动性冲突，比如大学生蚁族的网上愤怒情绪。接受高等教育使他们对自己的身份预期提升，但毕业后却发现，自己进入社会的实际地位和预期相去甚远。很多人感到受教育后的上升渠道阻塞，抱怨社会对于辛勤付出缺乏公平回报（张静，2010）。

这些冲突正在引发对决策责任的追讨：谁是决策体制中的主角，并该为这类决策负责？为何是我而不是他们承担后果？过去在一成不变的体制中，人们很少问这样的问题，但是现在不同了。如果说各级政府没有试图解决矛盾，并不客观，很多地方动用大量人力和财力，去化解政策变化带来的负面结果。但重要的问题在于，基于体制惯性，多数地方都把出台安抚甚至收买政策，作为解决矛盾的基本方法，而不是建设相关各方的利益代表机制，并将其纳入决策产出的必经环节。结果是决策无法经由正当化过程获得广泛认可。

一项政策出台往往使得一批人受益，而另一批人未受益，他们的不平衡必会指向决策者。因为每一项政策的背后实际上都涉及权利安排，如果决策者和利益协调者仅仅是政府，而不是利益代表机制——即相关利益者或其代表本身，当这些政策威胁到部分人的利益时，政府自然成为首当其冲的目标。在我们的地方调研中，常常听到地方政府人员的感叹：怎么越是做好事，越是不满意？

由单一决策方扮演调解利益冲突的角色，是目前体制的惯例。显然，这种方法已经难以应对利益分化的局面，因为社会需求的群体差别已经出现。政策使后来者受益，则前面的人不满；政策使劳动者受益，则管理和投资者不满；政策使有财产者受益，则无财产者不满；政策使年轻人受益，则年长者不满；政策使有绩效的人获益，则无绩效的人不满；政策去补偿不满的人，其他未得到补偿的人不满；政策让所有人均等受益，则贡献大者不满；政策让人差别受益，则贡献小者不满。另外，碎片化的制定政策体系，又使得统一的原则和标准不能落实，同是一个岗位的公务员，在不同的地区收入不同，这又导致普遍的不满。总之，决策体制如果没有利益相关者参与和选择，就无法建立共识性原则——这是政策可接受度高的重要来源，缺少政策正当化的过程，是“谁都不满”产生的原因。

这里提出的挑战问题是，对于关乎民众切身利益的决策，如何正当化它们，使之具有广泛的认可度？

## 四、对传统经验的挑战

社会学者观察到，从不同社会存在的“共同体”和“初级社会群体”中，可以发现群体凝聚的天然纽带（Shils，1957）。但小团体的整合不同于大社会的整合，在社会进入现代之际，为了寻找不同的秩序黏合剂，早期社会学者的普遍做法，是把传统的群体形式与“现代社会”进行对比，探索它们在社会连接上的差别。比如我们熟悉的机械团结和有机团结，血缘团体和分工团体，排斥性群体和包容性群体，特殊主义行为规则和普遍主义行为规则等。费孝通先生曾经用“差序格局”的概念，定义了传统中国的社会关系，也是上述对比研究的范例。

不同寻常的是，这些对比几乎都包含着一种暗示：怀疑传统的组织形式和社会关系，能够解决现代社会的整合问题。个中理由，不仅在于社会联系的规模扩展了，更关键的是社会成员的自主性、异质性及流动性——这些特质变化了，他们之间的社会联系因此与传统共同体有别。

今天我们关心的社会整合问题，自然不是什么小团体的内聚，而是大社会的凝结一体。可是这方面的看法，社会学一直处于严重分歧中。一些学者坚称，传统群体不适合现代社会，因为依附于个人的支配关系，将阻滞劳动力和资源的自由流动，以及集约化生产的正常进行（韦伯，1997）；正是由于非亲属，非地缘，以及非个人的“次级团体”缺乏，才使中国人无法在更大的目标、更大的社会舞台上内聚，把个人和整个社会联系起来（许烺光，2000）。另一些学者相反，认为传统道德和关系结构的毁坏使社会陷入失范（涂尔干，1996）；个体化发展对整体生存伦理的破坏，才是社会分裂和冲突的根源。人们熟知的宗族、家族和村社，不是以个人，而是以团体为中心的关系体系。它以共同生存和安全为中心原则，承认每个人的生存权，并通过互惠交换的方式实现之，人们交换财富以帮助需要者，造就了一种均等化并互相依赖的集体，也带来了社会安全和安定（斯科特，2001）。

这些分歧实际上隐藏着目标排序的差别。发展优先者，视共同体生活为妨碍性组织，主张建设现代秩序。这种理论相信，以理性为指导的、自身利益牵引下的行动准则，将导致市场社会的分工互赖以及更大范围的合作秩序产生（赫希曼，2003）。生活方式优先者，视发展为破坏性力量，主张向传统伦理和关系回归，这种立场主张恢复历史经验中的整合资源。比如有关中国的，可以找到家庭主义原则（盛洪，2007），非正式社会联系中的社会资本（蔡晓莉，2006），基层传统权威（Hansen，2008）等。

坦率地说，这两种经验，在今天中国的变迁现实下都面临棘手问题。对于前者，中国的市场经济改革，虽然促进了经济分工与合作，但却未同时自动促进大范围的社会整合，人们看到分歧和冲突加剧，社会对立日益吞噬着经济发展的成果，一些冲突甚至导致反对发展的力量聚集。对于后者，传统组织往往是在现代组织失灵的领域，或较局部且同质性的范围中发挥作用。面对一个性质不同的社会，传统纽带亲疏有别的特点，怎样扩展到陌生人社会，发挥一视同仁的普遍作用，至今还是未解的难题。传统共同体虽然能够为个人提供保护，但它的行为原则、边界责任和信用体系的特殊主义，无法克服局部性、纵向分离性和横向隔绝性的弱点，因而难以在结成更大的社会连接方面发挥纽带作用（张静，2011）。

环顾我们的社会不难发现，初级群体的内聚纽带，在更大的、陌生的、流动的、异质的公共社会中，很难成为团结纽带。情况往往相反，越是内聚紧密的群体，基于强烈的边界差异和认同归属感，在更大的“社会”中共处时，他们之间的冲突越是常见。不仅传统的内聚形式——比如基于血缘、文化和地域特征的家族、宗族、种族以及民族——之间的相处都存在这种状况，晚近的所谓“次级群体”的社会组织——比如俱乐部、社团、阶级和政党——之间的相处同样存在这种问题。

这一棘手问题，不仅是现实的，而且更具有知识上的意义：是否能够将人类早期的经验——初期群体的整合方式——用于变迁之后更大的社会整合？怎样可能？如果分工带来的经济互赖难以转化为社会整合，那么市场经济中的社会整合依靠什么连接纽带？根据是什么？这些都是今天社会建设必须面对的理论问题。

另一种值得注意的传统，是1949年以来建立的、自上而下的行政单位式管理格局。随着工业和农业区域的形成，社会成员被安排进入生产单位或者行政村中统一管理，他们被组织进整体划一的公共系统，形成上下隶属的组织依赖关系。这种结构的特点是，社会一致性和同质性强，其内聚的纽带是集体化生产和资源再分配。而今天的发展已经改变了单一的集体化生产和再分配权力格局，虽然它们并未完全消失，但是更多的自主选择，劳动力和资本、生产资源的大范围流动，以及市场分配资源机制的出现，日益瓦解着统一的、以行政单位为纽带的管理系统。在很多情况下，这种管理系统已经成为资源交换的障碍，不断引发体制内外的矛盾。

因此，对于社会整合而言，我们的历史提供的两种经验——基于原初的血缘、地缘特征结成的（属地）整合，基于集体化生产和再分配权力的（行政）整合，在今天都难以再起作用。前者，因有相当强的局部性和分割性，其亲疏有别基于个人关系的规则，很难在公共社会中施展作用。而后者，因其被动的连接方式，行政再分配特质，与社会成员根据需要的主动选择相对立。所以，社会学者对它们抱有明显的矛盾态度有其根由：一方面，这些传统经验熟悉且容易拿起来使用；另一方面，指望它们承担起当今社会再整合的任务，颇为困难。

## 五、对文化整合机制的挑战

上述社会纽带不再稳固的另一个原因，在于它的连接力量主要基于文化或管理关联，而非权益互赖性关联。

为什么基于文化关联的社会整合有脆弱之处？

历史已经给出答案。1861年英法联军进入天津口岸时，顺利雇用了大量当地劳工助其运送物资。这一点令他们高兴，但不解。哥伦比亚大学讲座教授古德诺，作为中国政府的宪法顾问，在1913年来到中国。他看到当时的照片，中国民工通过水路和陆路，帮助外国人运送军备的照片后，提出这样的问题：为什么中国劳工会帮助外来者进攻京城？他们为什么没有意识到自己正在帮助外国人攻打京城（古德诺，1998）？

另一史例来自中国的知识和政治精英。1904年，陈独秀在《说国家》一文中写道，直到甲午战争和鸦片战争，他才知道，“世界上的人，原来是分作一国一国的，此疆彼界，各不相下。我们中国，也是世界万国中之一国，我也是中国之一人。一国的盛衰荣辱，全国的人都是一样消受，我一个人如何能逃脱的出呢？”“想到这里，不觉一身冷汗，（感到）十分惭愧。我生长了20多岁，才知道有个国家，才知道国家乃是全国人的大家，才知道人人都应当尽力于这大家的大义。我从前只知道，一身快乐，一家荣耀，国家大事，与我无干”（陈独秀，2008：44）。这段反思非常有意义，它说明了，即使在不缺乏民族文化认同的知识精英中，个人与公共之间的关系仍然相当微弱。

不能说劳工或者陈独秀缺少民族文化认同，但是这种认同，与他及其他人的权益共享和相互依赖，以及更抽象的，与他和公权力（国家）的权益共享及相互依赖几乎不相关，基本上是两回事。我们看到，在这里，文化认同并没有自动产生国民之间，及其与国家之间的权益互赖关联。文化认同的来源是文化关联——共同的血脉，语言，祖先和历史，文化关联作为共同子孙的象征意义强大，但是实际意义——和民众生活中具体的需要——联系十分微弱。所以外来武力对皇城的威胁，主要是清军保护。除非遇到大灾害和突发事件，一般情况下，普通民工的具体生活需求，很少由皇城负责满足。作为皇帝的子民，人们的具体权益实现只与身边临近的组织有关，比如家族、宗族和村社，只有当这些团体遇到侵犯时，才等同于对他们的实际威胁，所以他们会奋起保护。

笔者称这样的整合为文化整合，从其形成群体内聚或归属力量的来源而言，可曰文化共同体或文化国家，与之相对的是政治共同体。二者在国民整合方面有不小的差别。

在文化共同体中，皇帝作为象征的权力中心，只为处理突发事件而存在，他并没有实际领导一个行政或法律系统（斯特雷耶，2010），或者说，这个行政或法律系统，目标在巩固权力排除威胁，它不是为普通人的日常生活及一般需要而存在。对于普通人实施权益保护并负有安全责任，因此提高了他们的生存能力的，是一些基层社会组织，而不是公共机构。每一个地方团体自己处理内部事务，普通人的权益满足和安全保障来自家庭、家族、村社、士绅而不是皇帝。臣为君服务而非为国民服务，公共组织和个人尚无互赖性关联，公权和私权，公德和私德也未分化。人们虽然有共同体生活，但没有真正参与更大范围的公共生活，为其共同权益而生的公共组织职责还没有建立，人们具体的权益保护和国家体系的关联不大。对于国家象征性的文化认同虽然存在，但除了文化象征的共享之外，各地的民众之间，以及他们和权力中心之间并不存在权益互赖的关系。

为什么文化关系比权益互赖关系整合性弱？因为文化和个人的关系是历史的，前在的，不可选择的，它形成的是象征性的共同感，对外来的威胁具有一致性，但是对内，对于人们因利益、价值和需求变化而发生的选择分歧，无法起到协调的作用。而这一点却是社会整合的关键。文化象征共同体基于文化历史的整合纽带，不是基于公共和个人之间的相互关系——授权、承诺、互赖的整合纽带。但只要公共权威与个人权益无互赖关系，人们就不会相信，维护公共制度或者公共组织，是最高的利益所在（斯特雷耶，2010）。反思军阀混战及各种“革命”历史，这些冲突频发，而且无一不是在文化国家的架构下发生的，这说明，文化认同协调内部利益竞争的效力很弱。与善良的期待相反，文化认同无法直接臻至政治认同，因而整合松散。这是笔者对前述古德诺提问的解答。

## 六、社会再整合：建立权益互赖关系

很清楚，中国面临的社会再整合，其性质是一种新的组织化，需要着眼于一组新关系新机制的建立方能解决问题。它指社会成员之间，及其和公共组织之间，建立牢固的权益互赖体系。这种关系有利于整个社会的资源交换和价值共享，因而可以超越社会身份的界限，超越力量强弱的差别，将人们聚合起来。

以这样一个标准，可以发现我们的社会中有组织名称，却无组织化事实的现象随处可见，在人们之间并没有建立权益互赖的关系，在个人和公共组织之间尤其是如此。组织化程度低的基本表现，是社会成员缺乏相互依靠和约束，尤其缺乏公众和公共制度间的依靠和约束。不少组织和社会成员的利益无关，不能真正满足其所需，他们之间无法真正实现资源互补和交换。用专业性语言，可以说，这些组织没有和社会成员建立起可持续的，满足其需求的关系，同时这些组织的权力也没有得到社会成员的授权，他们的存在和行动不必依赖社会成员的同意，因此难以获得成员的归属和忠诚，结果当然是相互之间没有合力。

组织化的形成未必要成立机构，我们看到很多社会联结不具有强制性，却拥有真正的相互约束力，这种能力，来源于人们之间需要交换资源，但在拥有资源方面的不平衡现象。组织之间也是如此。作为一种合作现象，社会组织化创造了个人难以具有的能力——提供权益协调和财产保护。独立的个体无法具有这样的能力，这些能力必须经过人类的合作——也就是互相依赖——才能产生。比如，个人需要依靠组织关系来获得保护和安全，个人也需要组织中的身份来获得他人的信任，组织和个人的关联提升了个人的生存能力。这些重要现象，有助于我们理解为何一些组织具有持久的生命力。

宗族，种族，宗教，乡村共同体，地缘团体，甚至黑社会，身份群体，社团，公民组织和俱乐部，乃至国家，无论传统组织还是现代组织，竞争成员归属的基本途径，都是提供其所需，保护其所有。成员归属感强的组织，一定是那些能够满足人们需要，有助于增强其生存能力，使个体力量超过其本身所能的组织。可以说，凡是有生命力的组织，无论社会自治组织还是国家组织，如果能够赢得个体对组织的归属，都是因为和他们之间建立了各种各样的权益互赖体系。这是他们增强社会内聚，并达致社会治理的关键。

进一步说，群体和个体，公共和私人之间的权益互赖，或称利益共享关系的建立，是每个人的安全之本。这种关系因此具有公共产品的性质，被所有的人所需要。它覆盖的人群越广，社会整合的范围越大，因为人们对组织的归属，和哪些组织能够提供这种公共品密切相关。在这里，不“安全”并非仅指武力或暴力的肉体威胁，更是指人们的权益被忽略，财产被侵占，机会被剥夺，利益被不公平分配的威胁。而权益互赖关系的存在，能够帮助人们运用强大的组织力量——比如公共制度——有效保护个体的正当利益，减少各种威胁带给他们的损害。道理很简单，如果每个人都有这种公共制度可以依靠，当威胁或者不安全出现时，他们不会孤立无援，可以依靠公共制度保护自己。在这个意义上，和公共组织之间的权益互赖关系是建立社会整合，巩固成员认同的重要来源。

传统中国人民广泛认同宗族、家族或者地缘组织，原因是他们能够满足社会成员的上述安全需要：它帮助其成员对抗不安全，协调利益不平衡，解决分配纠纷。显然，个人和这些组织之间存在着权益互赖，利益共享的关系，是这类组织拥有成员强烈归属的主要原因。如果国家组织成功替代了这些组织的此项功能，社会成员对传统组织的归属就会发生向国家的转移。可以总结一个定律：个体和公共组织之间的利益互赖性强弱，影响着人们对该组织的认同程度，或者说影响着该组织的社会支持基础。同理，当公共组织没有能力这样做时，其内聚能力下降，重要性位序后退，传统组织竞争认同的优势就可能提升。

在基层社会，中国历史上可供个人依赖的组织有两类：初级组织包括家族、宗族、种族、黑社会；次级组织包括工作单位，行政村。但这些组织内聚的成员具有地域性，是相对静止，封闭，有地缘或血缘关系的居住者，而不是陌生且高度流动的人员。他们能够对内部成员负责，前提是这些成员不会离开。而今大规模的社会流动，使得这些组织的功能和责任大幅度消退，很多甚至结束了使命。比如单位体制——过去单位承担的很多任务如今已经交给市场，又如行政村制——今天的行政村出面维护成员利益的动力越来越小，共享利益不在，保护职能退化，互赖关系降低，它们对个体的约束力随即弱化。

但是，随着大量社会成员离开上述组织，他们的权益同时也失去了保障，而新的经济机构并不承担这样的职能。现代雇用关系中很少包含上述意义的“权益互赖”关系，在经济组织看来，自己并没有提供公共品的义务。传统承担此功能的组织在解体，却又没有新的公共性组织作为替代单位行使上述功能，是今天中国社会的现实。在我们的定义中，不受保护的个人可以看成是未组织化的个体。他势单力薄，无依无靠，无机构保护他的权益，解决他面临的威胁和损害问题。人们没有办法依靠权益互赖的关系增进自己的安全，也没有渠道要求公共组织帮助自己，因为公共组织并不受控于他，他们之间没有互赖关系，互不依赖，就不可能互相约束、互施保护。如果说，已有的制度化渠道，不能满足人们保护权益财产的安全需求，相反，它还成了更强大的竞争者和掠夺者角色的话，极端的困境必然造就人们的愤恨和极端性：他只能通过破坏性活动来炫示力量。这正是非制度化社会冲突的特别来源。

自韦伯及帕森斯以来，学界惯于把传统组织与现代组织进行对比，盖因其性质上难以满足现代的要求而统统推进应该扫荡之列，但很少反思这些组织的功能，及其与宏观社会整合的关系。不应以为，基层的组织化颓败现象与社会整合距离尚远，貌似无关紧要，实际上，每一个社会，扎根于基层的社会组织，以及高层的国家组织，与个人之间的权益互赖关系，都是社会整合秩序的根基。也不应以为，仅仅由基层社会团体自身的力量，就能够完成大范围社会再整合的任务，国家和社会都必须担当社会建设的使命。

基于以上讨论，笔者的结论是，无论由国家还是由社会主导社会建设，都需要全面建立新的——个体和公共之间的权益互赖关系，并将其制度化。笔者认为，这是重建社会治理、促进社会整合的关键，所以是社会建设的基本方向。

**参考文献**

蔡禾：《利益诉求与社会秩序：从计划到市场》，《华夏时报》，2008 年 1 月 20 日。

蔡禾：《从底线型利益到增长型利益——农民工利益诉求的转变与劳资关系秩序》，《开放时代》，2010 年第 9 期。

蔡禾、刘林平、万向东等：《城市化进程中的农民工问题：来自珠江三角洲的研究》，社会科学文献出版社，2009 年。

蔡晓莉：《中国乡村公共品的提供：连带团体的作用》，中央编译局：《经济社会体制比较》2006 年第 2 期。

陈独秀：《说国家》，载任建树主编《陈独秀著作选编》第一卷，上海人民出版社，2008 年。

陈范华、何雄浪：《“单位人”向“社区人”转型与人的全面发展》，《重庆社会科学》，2009 年第 4 期。

马歇尔·岗茨（Marshall Ganz）：北大——阳光公益组织高级研讨班手册，2011 年。

高全喜：《立宪政刻》，广西师范大学出版社，2011 年。

弗兰克·古德诺：《解析中国》，蔡向阳、李茂增译，国际文化出版公司，1998 年。

艾伯特·奥·赫希曼：《欲望与利益——资本主义走向胜利前的政治争论》，李新华、朱进东译，上海文艺出版社，2003 年。

塞缪尔·亨廷顿：《变动社会的政治秩序》，张岱云等译，上海译文出版社，1989 年。

胡锦涛：《扎扎实实提高社会管理科学化水平》，http：//news.xinhuanet.com/politics/2011-02/19/c_121100198_2.htm，2011 年 2 月 19 日。

刘子富：《贵州“瓮安事件”始末》，《文新传媒》，http：//www.news365.com.cn/wxpd/ds/sz/200904/t20090401_2259147.htm，2009 年 4 月 1 日。

陆学艺：《中国社会建设与社会管理：对话、争鸣》，社会科学文献出版社，2011 年。

T.H.马歇尔：《公民身份与社会阶级》，载郭忠华、刘训练编《公民身份与社会阶级》，江苏人民出版社，2007 年。

J.S.米格代尔：《农民、政治与革命》，李玉琪等译，姜开君校，中央编译出版社，1996 年。

J.S.米格代尔：《强社会与弱国家——第三世界的国家社会关系与国家能力》，张长东、朱海雷、隋春波、陈玲译，江苏人民出版社，2009 年。

《外交事务》：《民主国家的治理危机》，《文化纵横》，2012 年第 2 期。

D. 罗伯特·帕特南：《让民主运转起来》，江西人民出版社，2001 年。

彭玉生：《中国转型经济中的宗族网络和私营企业》，香港中文大学中国研究服务中心讲演稿，2005 年 11 月 29 日。

盛洪：《论家庭主义》，天则经济研究所《内部文稿》，2007 年第 2 期。

詹姆斯·C.斯科特：《农民的道义经济学：东南亚的反叛与生存》，程立显、刘建译，译林出版社，2001 年。

约瑟夫· R.斯特雷耶：《现代国家的起源》，华佳、王夏、宗福常译，格致出版社，上海人民出版社，2010 年。

涂尔干：《自杀论》冯韵文译，商务印书馆，1996 年。

韦伯：《民族国家与经济政策》，甘阳、李强等译，三联书店，1997 年。

吴志宏、唐馥娴：《“6·26”事件真相》，http：//www.ahczzjb.gov.cn/viewNews.asp？ id=461&page=2，2005 年 6 月 27 日。

许烺光：《家元：日本的真髓》，于嘉云译，台北南天书局，2000 年。

杨华、欧阳静：《地权的阶层属性：阶层分化与地权冲突——对江汉平原农村一个乡镇的个案分析》，未刊发稿，2012 年。

增公宣、龚宣：《广州增城发生人员聚集滋事事件 25 人被调查》，http：//news.sina.com.cn/c/2011-06-11/144922624654.shtml，2011 年 6 月 11 日。

张静：《基层政权：乡村制度诸问题》，上海人民出版社，2007 年。

张静：《社会身份的失位问题》，《社会学研究》，2010 年第 6 期。

张静：《公共性与家庭主义：社会建设原则辨析》，北京工业大学人文社会研究院会议文稿，2011 年 3 月。

朱云汉：《东亚民主困境与当代思维陷阱》，载朱云汉等《台湾民主转型的经验与启示》，社会科学文献出版社，2012 年。

Hansen，Mette Halskov，“Organising the Old：Senior Authority and the Political Significance of a Rural Chinese ‘Non-Governmental Organisation’.” Modern Asian Studies 42，2008.

Shils，Edward，“Primordial，Personal，Sacred，and Civil Ties-Some Particular Observations on Relationship of Sociological Research and Theory.” The British Journal of Sociology 8(2)，1957.

Shue，Vivvienne，The Reach of the State. Stanford：Stanford University Press，1988.

# 第五章　政府治理模式与社会治理创新

## 第一节　政府诸种治理模式之探讨

近年来，有关中国政府组织的研究工作有了长足的进步，尤其有关基层政府（乡镇政府）或具体领域（如计生领域）的政府行为研究可谓硕果累累。涌现出了大量有关政府行为的实证研究。研究者采用田野观察方法参与政府日常工作，近距离观察官员实际行为，他们在政策实施过程中如何处理多重压力，如何应对各种任务环境，如何实现个人的职业生涯，等等（何艳玲，2007；周飞舟，2011；折晓叶、陈婴婴，2011；狄金华，2010；等）。这些丰富细致的实证研究呈现出纷杂多重、相互矛盾的政府形象。以政府研究领域中有关政策制定与执行之间矛盾冲突这一主题为例。大量研究工作关注基层政府在执行政策时采取的各种行为和策略。一方面，许多案例显示，地方政府在政策过程中竭尽全力，向下级施加更大任务压力，迫使下级官员采取措施以确保完成上级交代的任务（荣敬本等，1998；孙立平、郭于华，2000；王汉生等，1997；王汉生、王一鸽，2009；应星，2001；周雪光，2012）。“压力型体制”和“层层加码”成为中国政府研究文献中的常见词汇。另一方面，其他研究却展示了基层政府的另一副面孔：面对上级政策的压力，基层官员煞费心思地采用各种应对策略和共谋行为来敷衍或弱化政策实施（O’Brien、Li，1999；Zhou 等，2012；周雪光，2008）。许多研究还发现，同一政府机构常常扮演相互矛盾的角色，即向下施压、层层加码，与此同时又和下级共谋应对上级（吴毅，2007；欧阳静，2011；赵树凯，2010）。政策执行过程的检查阶段也令人困惑：一方面，检查方大张旗鼓、精心部署，被检查方风声鹤唳，全力应对；另一方面，检查过程时松时紧，各种谈判运作充斥其间，问题发现后常常不了了之（Zhou 等，2012；艾云，2011）。我们如何解释这些不同的、相互矛盾甚至冲突的图景呢？

的确，随着政府运作过程的“黑箱”被逐步打开，这一领域中理论贫困的状况日益凸显出来。学者们很难找到合适的理论思路和分析概念来解读政府微观行为和过程机制。这并不是说在文献中缺乏有关政府角色的理论模型（Montinola、Weingast，1995；Oi，1992；Walder，1995）。但是这些理论观点大多着眼于宏观层面，对于解释地方政府行为缺乏直接的实证意义。举例来说，周黎安（2004，2007）提出，中央政府采取锦标赛的机制来激励地方政府官员追求经济增长。这一锦标竞赛模型指出了属地政府主要负责人行为的激励机制。但大多数基层官员的日常工作并不是来自锦标赛的激励，而是更多地受到其他政府逻辑和内部过程的影响（Zhou 等，2013）。理论贫困状况导致许多有关政府行为的研究工作停留在故事描述或就事论事的讨论，或引入大而化之的抽象概念或理论比喻泛泛而谈，缺乏分析力度。政府行为的研究工作正进入一个收益递减阶段，即经验观察仍在不断积累，但却没有显著的知识增长。日常工作中的政府行为构成国家运行的微观基础；理论解释的苍白无力在很大程度上限制了我们对中国政府在社会转型中作用的认识。

针对这一系列有待回答的问题，本书提出一个有关中国政府内部权威关系的理论框架，据此解读中国政府诸种治理模式及其相应的行为类型。我们借鉴近年来的组织理论，尤其是经济学中有关不完全契约和新产权的理论，提出一个“控制权”理论，关注和解释政府各层级间诸种控制权的分配组合，为分析各类政府治理模式和行为方式提供一个统一的理论框架以及相应的分析概念，在这些治理模式的相互联系中认识政府行为。下面的讨论首先将理论分析定位在政府科层组织的三级管理层次上，分三步阐述我们的模型：第一步，我们借鉴经济学的新产权理论，引入相关分析概念和研究问题，如不完全契约、产权、剩余控制权和组织权威关系等，在此基础上提出控制权的三个维度。第二步，我们应用这一分析框架，重新审视一个熟悉的政府治理模型，即“行政发包制”模型。第三步，我们扩展控制权理论，提出一个统一模型，用以解释中国政府内部各种控制权的不同分配形式和相应的治理模式。然后，我们应用这一模型来分析环境保护领域中不同层次政府间的权威关系和相应行为。

## 一、控制权分配和组织治理模式：一个“控制权”理论

### （一）组织背景

组织中权威关系这一概念特指建立在组织内部正式职责基础上的合法权力。为了阐述我们的理论思路，首先提出一个委托方—管理方—代理方的三级科层组织模型。在这个组织背景上，我们可以将中国政府的三级层次（如中央政府—中间政府—基层政府）放入该模型，即中央政府（委托方）拥有政策制定和组织设计的最终权威，包括激励设置、绩效评估等权力；而基层政府（代理方）如乡镇政府、街道、职能部门有责任执行落实自上而下的指令和政策。在这一结构中，

中央政府授部分权威予中间政府（管理方）如省政府、市政府或上级职能部门，使其承担起监管下属基层政府执行政策的职责。

在上述三级层次组织结构中，不同的理论视角有着各自不同的着眼点。委托—代理模型（Jensen、Meckling，1976）强调，由于委托方和代理方之间的信息不对称和目标各异，组织设计的关键在于激励机制的安排，使得代理方的利益与委托方的目标保持一致，采取与组织目标一致的行动。委托—代理理论对中国政府研究工作产生了深刻的影响。例如，魏昂德（Walder，1995）提出，中国政府内部的激励设计是中国乡镇企业成功的关键所在，因为基层政府对其管辖区中的企业有着实际所有权，用激励去提高当地企业的绩效。戴慕珍（Oi，1992）提出，中央和地方之间税收分成的财政政策为地方政府推动其管辖区内经济发展提供了强有力激励。这些研究工作从不同方面揭示了中国政府在改革时期的作用和行为。但这些理论观点大多停留在一般层面，缺乏针对基层政府和政府官员微观行为的解释力度。诚如本书开始指出的那些相互冲突的组织现象仍有待于进一步的理论解释。

**（二）从不完全契约、产权到控制权**

过去 25 年来经济学不完全契约理论的一个着眼点，是经济活动者之间的产权分配及相关问题（Grossman、Hart，1986；Hart，1995； Hart、Moore，1988）。这一思路的前提假设是，现实中任何契约都无法将组织间或组织内部（如雇主与员工间）关系的诸多可能性全部考虑在内。由于无法制定完备契约，资产的使用不能事先完全确定，因此任何谈判达成的契约通常都由资产所有者持有剩余控制权（Residual Right of Control），即所有权者占有和控制契约规定之外的资产使用权。在这一分析框架中，一家企业即是一组资产的集合，而资产所有者拥有这些资产的剩余控制权。据此，“资产的所有权结构对谈判结果以及激励机制有着重要影响”（Holmstrom、Roberts，1998）。

不完全契约理论中的产权概念与传统经济学的产权理论有着重要不同：产权不是指收入或其他资产的剩余索取权，而是指资产使用的剩余控制权。这一视角引导我们关注产权分配蕴含的权威关系和相应的组织边界，即在什么条件下经济活动应该在组织内部或者应该放在市场交易中进行。以雇用制和发包制这两种不同治理形式为例。在雇用制中，委托方通过科层结构控制政策制定和执行过程。这意味着，委托方掌控组织生产、激励设计、绩效评估等各种权力。在发包制中，委托方将一些特定政策目标（如经济增长速度、污染减排量）承包给外包商（如下属管理方），要求他们如期按约“交货”，即完成契约规定的政策目标；与此同时，委托方将相应的剩余控制权赋予承包商，即后者有权决定契约实施的组织工作、资源分配、激励设计等。这意味着，承包商在契约明确规定的条款之外对其“资产”拥有剩余控制权，即拥有管辖区域内实施过程中的真正权威。

这一理论思路可以应用于分析政府内部的权威关系。在这一分析框架中，产权被界定为对契约明确规定之外的资产（或组织活动）的控制权。在以上三级政府模型中，委托方、管理方和代理方三者之间的关系因为控制权分配的不同而变化。例如，在传统的韦伯式科层政府组织中，委托方与代理方的关系体现在正式权威基础上，通过上下级指令传达执行机制加以实现。但委托方也可能采取发包制，将政策目标“发包”给管理方，包括赋予管理方实际执行和激励设计的控制权。委托方与管理方之间的权威关系因此发生微妙但重大的变化。梯罗尔（Tirole，1994）指出，从这个角度来看，“政府组织结构可以看作是各种控制权的分配形式，而这些分配形式为宪章、法律或传统所决定”。控制权的分配方式不是一成不变的。例如，在计划生育政策落实的早期阶段，中央政府不仅持有目标设定、检查验收等控制权，而且强力介入激励设计，如“一票否决”制度。因此，中央政府集各种控制权于一身。但在后期阶段，中央政府更多地将实际执行和考核控制权赋予省市级的中间政府。可见，组织参与者间剩余控制权的不同分配形式决定了组织内部的权威关系和不同类型的治理模式。

控制权的分配还可能采取更为微妙的形式。埃斐和梯罗尔（Aghion、Tirole，1997）在不完全契约理论框架下讨论了组织内部的正式权威（Formal Authority）和实质权威（Real Authority）。正式权威指基于组织正式地位的权威，而实质权威则指占有信息之上所实际拥有的权威。委托方考虑到时间和努力的代价，可能会策略地将一些实质权威下放给管理方，即在契约明确的规定之外（或在传统权力分配常规之外），拥有实质权威的一方有着对资产（或各类活动）事实上的控制权。组织研究文献很早就注意到了正式权威与非正式权威之间的区别（Blau，1955；Homans，1950）。区分正式权威与实质权威的意义在于，即使在正式权威没有发生明显变化的情形下，一个领域的实际控制权也可能会以非正式形式转移到管理方手中，治理模式也随之经历重大变化。

借鉴上述有关研究，我们将组织内部实际运行过程的“控制权”重新概念化，提出控制权的以下三个维度：

（1）目标设定权，即组织内部委托方为下属设定目标任务的控制权。这是科层权威关系的核心。目标设定的过程可能是委托方单方面制定，以自上而下的科层制度推行实施，也可能以委托方与管理方协商的方式产生，类似于市场过程中双方经过谈判达成的契约。

（2）检查验收权，即在目标设定权基础上，检查验收契约完成情况的控制权。检查验收权附属于目标设定权。委托方在设定目标后，可能自己行使检查验收权，但也可能将这一控制权下放给管理方。值得强调的是，检查验收权不同于下面谈到的激励分配权，其行使目的是确保完成契约条款（即达到政策要求），而不是对管理方下属的代理方进行绩效评估。

(3) 激励分配权，即针对管理方下属的代理方的激励设置以及考核、奖惩其表现的权力；契约执行中的组织实施、资源配置等控制权也包括在此。我们把激励分配权看作是一个特定的控制权，独立于目标设定权和检查验收权，即委托方的检查验收权与激励设计权可能是分离的、互不关联的，前者为委托方拥有，而后者则可能在管理方手中。值得注意的是，有关管理方的激励分配权仍然由委托方控制，大多体现在契约条款中。但有关代理方具体绩效的激励和考核的控制权，可能是保留在委托方手中，但也可能下放给管理方。

以上，我们从三个维度将组织内部或组织间资产或活动的"控制权"加以重新概念化。我们的理论思路提出了一个中心命题，即构成产权的一束控制权在概念上是可以分解为不同维度的，在实际过程中，在组织各层次各部门间可以有不同的分配组合，从而导致了不同的治理模式。控制权的分配组合不是任意的，而是有着相应的成本代价。在上述三级政府模式中，中央政府（委托方）、中间政府（管理者）和基层政府（代理方）三者间有着辽阔的行政范围和漫长的空间距离；在许多情形下这些控制权的分离实属不得已而为之。例如，在环保管制领域中，每个县的二氧化硫减排任务涉及数十个项目和治理设施。如此推算，在地市一级有着数百个如此项目；在省一级减排项目数以千计；而在国家层面数以万计。试想，中央政府（如国家环保部）如果一手掌握所有的控制权，其实施过程必然不堪重负：欲有效行使激励分配权，中央政府需要掌握有关代理方（各县环保局、有关企业、治理项目）的努力程度、客观状况和其他可能事件的准确信息。显然，中央政府行使这一权力会成本高昂，力不从心。在这个意义上，中央政府行使检查验收权的范围和力度也是有限的，欲对所有减排项目进行全面认真的检查验收，也同样会付出极高的成本代价，无法承受。

因此，在中国政府实际运行中，诸类控制权在层次间的分离和不同分配形式是司空见惯的。通过考察控制权的不同维度以及它们在不同层次、部门间的分配组合，我们可以深入分析组织内部的权威关系和治理模式之间的关系。下面，我们用一个众所周知的例子来进一步阐述有关研究问题和分析概念。

## 二、"行政发包制"的重新思考：一个例子与理论讨论

周黎安（2008）指出，中国政府的"行政发包制"特点是中央政府将政策目标"发包"给直接下级或者当地政府。周黎安和王娟（2012）在有关清朝时期海关治理的个案研究中进一步阐述了这一思路，并详细比较了行政逐级发包制和雇用制之间治理差异的四个方面：行政权分配、财政和预算控制、考核评估和雇员激励。周黎安的研究启发了我们的研究思路，但我们提出的控制权模型与其不同：周黎安的模型着眼于以上诸种要素间的匹配兼容，而我们的分析框架强调不同控制权间的分离和它们在不同组织层次上的分配组合。周黎安的模型没有直接

涉及委托方、管理者和代理方三者之间权威关系和控制权分配等问题；而这些问题成为我们理论思路的中心所在。在这个意义上，我们的控制权理论是对周黎安行政发包制模型的重要修正和扩展。

从控制权理论思路来看，一般意义上的承包制，包括行政发包制有着以下特点：①委托方行使目标设置权，然后将设定的政策目标发包给“承包商”；②委托方持有对承包商提交的“货物”的检查验收权；③承包商行使其管辖区内激励分配的控制权以及实施政策的其他控制权。将这个模型应用到三级政府组织，我们可以重新勾勒行政发包制下的政策执行过程如下：首先，中央政府（委托方）通过正式（或非正式协商）的过程，设立具体政策目标（如污染物削减比例、生育率等），将这些政策目标“发包”给中间政府（如省、市级政府部门）。其次，中央政府行使检查验收权，定期检查、评估中间政府上交的政策实施成果，以确保作为承包商的中间政府如期按约完成政策目标。最后，行政发包制模型的关键是将激励权以及实施过程的控制权赋予作为承包商的中间政府。

我们理论模型在三个维度上对控制权加以明确界定，蕴含着有关组织内部各方行为的丰富实证意义。我们首先讨论这一模型中委托方的行为特征。在“行政发包制”模型中，一方面，委托方只关心承包的结果即政策执行结果，所以他不但持有制定政策目标的控制权，而且保留检查验收的控制权，目的在于确保“承包契约”的预期结果；但另一方面，委托方将激励分配的控制权授予管理方。这一做法是合理的：首先，委托方只关心政策执行结果，并不关心政策执行的实际部署。因此，他把执行的控制权交给管理方，从而调动后者在政策实施过程中的积极性。其次，在任何一个有着相当规模的组织中，委托方欲行使激励分配权，都需要极高代价才能获得有关代理方努力程度的信息；而承包商部署和参与代理方的政策执行过程，因此对实际情况和代理方努力程度有着更为准确的信息，可以更好地行使激励分配权。

这一模型对认识委托方行使检查验收权的行为方式有着丰富的实证意义。如上所述，委托方关心政策执行结果——即管理方上交“货物”（完成政策目标）的质量情况。但针对政策执行结果进行全面检查验收的成本极高，所以委托方大多采用抽查形式来“验货”（如，选择某些村庄彻底检查生育率执行情况，选择污染源加以重点检查等），以确保承包商所上交物品的货真价实、未打折扣。因为委托方关注的是政策执行结果状况，而不是行使激励分配权，所以检查验收过程与激励分配（即针对检查过程中发现问题实施奖励或惩罚）关系松散，甚至毫无联系。在很多情况下，委托方刻意制造检查过程的不确定性——检查标准及其实际应用时紧时松，抽查地点不断变换——以便保持对管理者和代理方的压力，使得后者小心翼翼地努力完成承包任务和质量要求。这一分析框架引出的实证意义与这一领域中的众多实证研究发现颇为吻合，而且揭示了这些行为背后的因果逻辑。

现在我们讨论管理方在这个模型中的行为含义。管理方扮演承包商角色，其中心任务是确保如期按约向委托方“交货”。为了达到这个目标，管理者有激励在不同阶段采取三种不同类型的行动。第一，为了保证圆满完成任务，管理方有激励向代理方施加压力，使其努力工作、完成任务。从这一角度我们可以解释中间政府“层层加码”的策略做法，即在政策执行过程中给下属增加更高的政策指标，以便应对检查验收过程的不确定性，确保万无一失地完成任务。第二，与此相应的是，在这一治理模型中，是管理方而不是委托方更为关心和行使激励分配权，确保奖惩配置与代理方的努力程度相吻合。第三，在委托方的检查验收过程中，管理方和代理方有着共同利益来确保契约所要求的“货物”被委托方接受。所以，他们有激励采取各种应对策略使得验收过程不出纰漏，顺利完成。因此，周雪光（2010）所讨论的基层政府间共谋行为，最为可能发生在检查验收阶段。

我们通过关注控制权在组织各方间的分配，提供了一个新的分析视角来考察治理结构的特征及其所蕴含的行为意义。这里的基本思路是，控制权的不同分配形式导致了作为委托方的上级与作为承包商的管理方的不同目标函数以及相应的行为方式：委托方关心上交货物的质量，因此其检查过程意在确保地方官员（代理方）所完成任务的真实程度；与此相反，承包商关注的是发包契约所规定的任务目标，特别是委托方认可接收“货物”的可能性。这一理论思路特别强调区分以下几个重要概念和现象。

第一，需要明确区分委托方的检查验收过程与管理方的绩效评估过程。两者在实际运行中可能是结合在一起的。例如，管理方有时按照上级政府检查验收的结果作为对下属部门评估与激励的基础。但在更多情形下这两者是分离的。我们的理论模型指出，检查验收权与激励分配权在概念上是两个不同的控制权。在发包制中，验收权控制在委托方手中，而激励权则由管理方把握行使。这一特点可以解释上级检查过程所发生的那些司空见惯却似乎有悖常理的行为特征：例如检查过程时紧时松，难以预料；当检查组发现问题后，这些问题大多被大事化小、小事化了，几乎没有负面影响。以上的模型有助于我们解读这些行为：因为委托方是从总体上评估和验收下级提交的任务完成情况，所以某个具体地方出现的问题，类似于货物验收抽查时发现的次品，只要这些问题（次品）发生在允许的误差范围内，就不会影响整批货物的接收。从这个意义上，我们不难理解为什么检查过程中所发现的问题常常没有引起太大的后果。但验收过程对弄虚作假的做法尤为敏感，因为这意味着整批货物的质量有可能普遍存在类似问题。所以，一旦发现作假问题，常常通过严惩措施以儆效尤。而被检查方则努力把这些问题解释为偶然、个别的情况，与整批“货物”无关。

第二，需要区分基层政府不同类型的“偏差”行为。基层政府官员在政策的执行过程中不同偏差行为在我们的模型中有着大相径庭的意义。我们区分三类偏离行为。第一类偏差行为反映了管理者在其管辖区域内行使各自控制权的做法。例如，管理方可能对委托方在检查过程中发现的下属执行问题淡化处理，甚至加以包庇。正如下面案例所示，委托方在检查验收权中发现的问题可能产生于当地的具体困难。在这种情况下，更为知情的管理方可能置委托方的验收发现于不顾，行使自己的激励分配权来重新评估代理方的努力程度。第二类情形指管理方及其下属的代理方在政策执行过程中采取各种“变通”策略来达到上级要求，如维稳过程中的各种打压活动。这些应对策略使得管理方可以因地制宜地完成上级政策目标。这些行为与委托方的目标设置是一致的，反映了执行过程中的灵活性，因此上级部门对这些做法和出现的问题视而不见，不予处理甚至暗中默许支持。第三类情形指在检查验收过程中，管理方与代理方共谋来掩盖问题，确保契约“货物”如期按约上交。基于我们的“控制权”模型，政策执行过程中的这三类偏离行为本质上有着不同的意义。在行政发包制中，管理方的前两类行为是合理的，因为它拥有激励分配权和契约目标实施的控制权。只有第三类偏差情形才是真正违反了发包契约的规定。

第三，这一模型也帮助我们解释为什么同一管理方可能扮演两种明显不同甚至相互矛盾的行为角色。如上所述，有关基层政府行为的文献指出了“层层加码”和“共谋行为”这两种相互矛盾的政府行为。我们的理论模型指出，这两类行为表面上相互矛盾但实为同一行为逻辑驱使，发生在两个不同的过程中，有着特定的因果关系和限定条件：在“发包契约”的执行过程中，基层政府会竭尽全力向下级层层加码，以确保完成政策目标。但在检查验收过程中，管理者和代理方采取共谋行为，采用各种策略掩盖问题。

我们可以进一步考虑具体制度内容来丰富以上的理论模型。在中国政治的运行过程中上级部门常常向管理方强行下达目标和政策指令，不像典型的承包制度模型那样由委托方和承包商之间进行谈判达成契约条款。因此，这些政策目标与本地情况不符的概率极高，下级部门难以实事求是地实现这些目标。而且，政策结果不是工业产品，其测量或评估有着很大的随意性。因此，检查者和被检查者在政策执行和评估过程中存在着讨价还价的更大空间。在实际运行过程中，中央政府并不将下级政府视为真正意义上的承包商，不会把政策执行和激励分配权全部交与下级政府，而是保留随意干预的权力。因此，委托方的授权并不具有可信承诺的约束力，从而弱化行政发包制治理模式，甚至迫使其转化为其他治理模式。这意味着，行政逐级发包制仅仅是各种政府治理模式之一。我们下面进一步扩展控制权理论思路，讨论控制权的不同分配组合形式，以及由此产生的诸种治理模式。

# 第二节　控制权分配与政府治理模式

## 一、三维控制及其治理模式

组织内部各种控制权的分配形式因不同情形和不同领域而异；控制权在委托方、管理方和代理方之间的不同分配方式导致各有鲜明特点的治理模式。我们进一步讨论控制权分配形式与政府治理模式的关系。我们首先引入组织研究领域提出的有关组织方式的一对分析概念："高度关联型"组织与"松散关联型"组织（Tight-Coupling vs. Loose-Coupling）。组织内部不同部门层次间的关联程度有着很大弹性。在一个高度关联的组织中，部门间联系紧密，有着极为敏感的互动反应；而在松散关联的组织内部，各部门保持自己的独立性，相互间反应迟缓、松散，而且不稳定（Weick，1976）。高度关联型的组织状态类似于集权型政府，而松散关联的组织状态类似于分权型政府。由于文献中有关集权和分权的概念意义纷杂，为了避免不必要的歧义，我们借用高度关联型和松散关联型这一对概念来描述这两类相应的治理模式。表 5-1 总结了三维控制权的不同分配状况所导致的不同治理模式。我们简要描述各类治理模式如下：

（1）高度关联型。在这一治理模式中，委托方保留包括目标设定权、检查验收权和激励分配权在内的所有控制权，并通过管理方实施其权威，导致高度集权、高度整合的治理模式。采用这一治理模式常常伴随着高度动员机制，使得中央政府能够有效地自上而下地实施其政策。不同领域中或应对危机时的运动式治理是这一治理模式的典型表现。

（2）行政发包制。如上讨论，在这一治理模式中，委托方设定目标和政策取向，然后将任务"发包"给下属管理方。委托方保留检查验收、评估执行结果的控制权。但政策执行和激励分配等剩余控制权都赋予管理方。在这里，管理方扮演一个承包商的角色，在其管辖范围行使自己的剩余控制权来安排落实政策执行活动。这是中国政府的常态治理模式。

（3）松散关联型。在这一治理模式中，委托方仍然保留目标设置权；但将检查验收权和激励分配权放在管理方手中。在这种情形下，委托方有着正式权威，但这一权威更具有象征性意义；而管理方拥有检查验收权和激励分配权，因此拥有实质性权威。在放权的历史时期或边缘领域（如毛泽东时代的集体企业）中，这一治理模式较为明显。

（4）联邦制。在这一治理模式中，委托方将某一领域或某一职能的所有的控制权都交给管理方；因此，管理方拥有正式权威和实质权威。在中国政府制度中，这一“所有权”分配的治理模式是有限的、非正式的和暂时性的。

**表 5-1 政府内部控制权分配和相应的治理模式**

| 控制权类别 | 国家治理模式 | | | |
|---|---|---|---|---|
| | 高度关联型 | 发包制 | 松散关联型 | 联邦制 |
| 目标设定权 | 委托方 | 委托方或协商 | 委托方或协商 | 管理方 |
| 检查验收权 | 委托方 | 委托方 | 管理方 | 管理方 |
| 激励分配权 | 委托方 | 管理方 | 管理方 | 管理方 |
| 行为意义 | | | | |
| 中央政府 | 运动型动员机制 | 检查验收策略 | 象征性权威 | 缺失 |
| 中间政府 | 失去主动性 | 执行阶段层层加码 | 委托方角色 | 委托方角色 |
| | 有效治理能力减弱 | 验收阶段合谋行为 | | |

在控制权理论视角下，各级政府、部门扮演的角色不是一成不变的，而是因控制权分配方式变化而相应变化。例如，当上级政府将各类控制权把握在手时（如计生政策早期阶段），各级政府间权威关系表现为“雇用制”，中间政府（如县政府）只是扮演一个上传下达、落实执行的管理者角色。而当上级政府将执行实施的实质权力下放到中间政府手中时（如 GDP 增长），后者则成为承包商角色，其权力与激励也相应地发生变化。因此，政府内部控制权分配提供了解读不同时期和条件下各级政府扮演不同角色的重要角度。

以上“控制权”理论模型有助于增强研究政府行为的分析力度。首先，通过关注不同控制权在委托方、管理方及代理方之间的具体分配状况，我们能够深入考察因此导致的组织各方行为的机制、意义和表现方式。例如，基层政府间的共谋现象通常指管理方与代理方之间联手，对委托方的指令和干预做出策略性反应（周雪光，2008）。表 5-1 表明，这个组织现象更可能发生在“发包制”治理模式中。具体来说，它更可能出现在委托方行使“检查验收权”的阶段，而在其他治理模式中出现的可能性为小。例如在“高度关联型”治理模式中，各方高度相关、反应敏感，共谋行为一旦被发现会导致严厉处罚，代价高昂，因此不易发生。而在“松散关联型”或“联邦制”的治理模式中，管理者实际上扮演着委托方的角色，行使检查验收权，因此没有激励和代理方一起共谋。我们的模型也隐含了“层层加码”政府行为发生的特定条件，即这些行为更可能会发生在高度关联型和发包制的治理模式中；更可能发生在自上而下政策的执行阶段中，而不是在检查验收阶段。可见，控制权的不同分配方式对政府官员的激励和行为有着不同意义。

其次，我们可以在统一的分析框架中讨论中国政府的不同治理模式以及它们间的相互关系，而不是把这些治理模式和诸种现象作为各自不同、相互分离的个案来分别对待。不同治理模式有着不同的成本收益，有着特定的限制条件，无法任意选择。例如，高度关联型治理模式导致政府内部层级或职能部门间有着高度敏感的反应和互动，从而有助于自上而下的政策实施。但这种动员型机制成本极高，很难长期维持。这一治理模式的另一代价是基层政府“丧失积极性”，弱化了其解决地方性问题的能力（周雪光，2011）。因此，高度关联型模式具有内在不稳定性，极有可能通过正式或非正式渠道重新分配控制权，从而转变为其他类型的治理模式。如表 5-1 所示，当委托方放松管制并允许管理方行使激励分配权时，高度关联型治理模式就转变为发包制。而当委托方将检查验收和激励分配的控制权授予管理方时，高度关联型模式则转变为松散关联型模式。我们在政府实际运行过程中不难发现这些转化的例子：在计划生育早期阶段，我们看到一个高度关联型的治理模式，即中央政府掌控了目标设定、检查验收和激励设置的诸种控制权，因此诱发了一个高度动员的政策执行状态。随着时间的推移，中央政府越来越多地将激励分配控制权授予下级政府，这一领域中的治理模式相应地转变为发包制模式。在发生危机或重大活动时，委托方也可能通过高度动员的手段将所有控制权暂时地但有效地回收在自己手中，从而导致了发包制模式向高度关联型模式的转变。委托方的制度设计、环境条件变化、组织各方间的互动都可能导致控制权的重新分配，引起治理模式在不同方向上的转变。这些变化有时是通过正式渠道确认的，有时则是通过非正式的过程悄然转变的。

以上，我们借用了经济学不完全契约的理论思路，在组织内部不同控制权分配的基础上提出了分析中国政府各级层次间权威关系的一个理论模型和一系列分析概念，来帮助我们理解中国政府中的不同治理模式。下面，我们应用这一思路来分析环境管制领域的一个案例，以此来进一步阐述这一理论思路和实证意义。

## 二、环境管制领域中的治理模式：一个案例研究

2008~2011 年，我们在中国某市环保局进行了长期跟踪的田野调查。图 5-1 描述了环保领域中政府各部门间的正式权威关系。从职能部门来说，位于最顶端的是国家环保部，以下依序为省、市和县环保局。而各环保局同时是当地政府的下属部门。在上述三级政府模型中，我们将市环保局作为管理方；相对市环保局而言，国家环保部和省环保厅是委托方，而县环保局是代理方。在大多数情形下，以下的分析将省环保厅和国家环保部处理为同一个委托方。这一简化的假设和本书研究的理论目标相一致，有助于我们集中关注本书的主题，即市环保局和上级机构间的控制权分配。

我们追踪观察了 2006~2010 年市环保局执行“十一五”期间减排目标的过程。持续追踪的田野调查给我们提供了极好的机会来观察政府不同机构间的控制

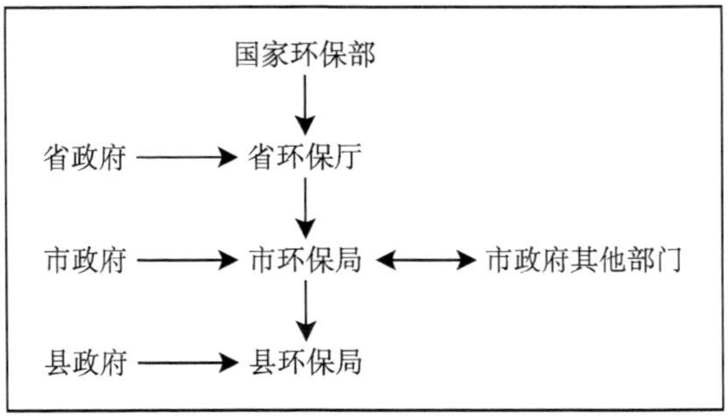


**图 5-1　市环保局在政府组织体制中的结构位置**

权分配、互动和相应的行为方式。我们在五年计划的前两年没有进入田野调查，但通过追溯方式寻找到了相关信息。国家环保部和省环保局每年分别进行两次检查（即半年检查和年终检查）以督促下级按照预期进度完成五年计划目标。按照我们的理论关注点，下面首先简要描述国家环保部、省环保厅、市环保局和县环保局之间的控制权分配，在随后的个案讨论中阐述这些控制权运行的实际过程和行为意义。

**（一）环境管制领域中的控制权分配：简要描述**

1. 目标设定权

五年计划目标主要集中在两个污染物的削减指标：污水处理（化学需氧量COD）和二氧化硫（$SO_2$）减排。国家环保部根据中央政府的五年计划，给各省设定具体减排目标。在此基础上，省环保局有着在其管辖范围内对各市环保局设置目标的控制权。对于市环保局来说，省环保局是事实上的委托方。我们田野研究所在的市环保局的任务指标是，在五年计划期间分别削减19%的COD和9%的$SO_2$。[①] 根据田野资料，市环保局及其下属县环保局均没有参与目标设置的过程。显然，环境管制领域的目标设定权掌握在国家环保部和省环保厅即委托方的手中。在市环保局层次复制着同一逻辑，即一旦任务目标发包给市环保局，后者在其管辖区域内拥有针对各县环保局的目标设定权。换言之，“发包目标”确定之后，目标实施的控制权在很大程度上掌握在作为承包商的管理方手中。

2. 检查验收权

在环保领域，委托方（国家环保部和省环保厅）拥有检查验收权，其行使形式主要是每年例行的检查程序，具体步骤如下：首先，在特定时间内，作为基层执行单位的各县环保局整理、提供某一领域中环保治理项目和设施等档案资料，据此上报他们的减排量，即政策目标完成情况。其次，国家环保部和省环保厅派

① 我们对考核数据等资料进行了技术处理，以便保证调查地点单位的匿名化。书中事例除特别说明外，均来自我们的田野观察。因篇幅限制，未一一注明原始记录出处，但均有记录备查。

出检查组审查和评估这些资料，对各个项目逐一审核，接受或拒绝（一定比例的）各笔减排量。各县环保局被认可的减排量汇总后便成为该市环保局的年度减排情况，相当于承包方提交并被委托方认可的承包契约规定的“货物”。国家环保部也不时会派出检查组，有针对性地现场检查污水厂和减排项目。在检查验收过程中，检查组与当地环保机构之间有着大量、频繁的讨价还价活动，涉及测量准确性、证据可靠性以及下级解释合理性等方面。但是委托方拥有最终决定权，包括何时何地检查、检查的形式和过程，减排比例的认可等。

3. 激励分配权

市环保局的激励分配权主要体现在对管辖范围内各县环保局的绩效评估。虽然国家环保部或省环保厅的检查验收直接确定了县环保局所上报的减排量，但前者并没有兴趣对各县环保局进行激励分配；这些绩效评估的实质权威保留在他们的直接上级即市环保局的手中。

上述描述表明，环保领域各种控制权的分配形式与行政发包制的特征吻合：委托方（国家环保部和省环保厅）保留目标设定权和检查验收权，而作为承包商的管理方（市环保局）拥有激励分配控制权。下面，我们转向实际的政策执行过程，分析讨论三级政府机构间各类控制权的实施状况。

**（二）委托方权威的实际行使：目标设定和检查验收的控制权**

在典型的承包制模型中，契约目标常常是公司与承包商之间谈判达成的，因此是可行的、有约束力的。但政府领域中的目标设定可能是一个自上而下强制推行的过程。从市环保局的角度来看，五年计划的政策目标必须听命于上级，没有商量余地。但在实际运行过程中，委托方和作为承包商的管理方在检查验收过程中有着诸多讨价还价的谈判机制，这些谈判松紧变化在很大程度上决定了目标设定的实际控制权。

如上所述，上级检查过程的一个关键环节是审核承包方提供的档案资料如关停污染源、污水处理厂开工情况等，以此确认是否完成政策目标。每一轮的检查过程通常需要花费几天时间，对市环保局汇总统计的档案资料逐一审查，并要求市环保局就有关问题做出解释。对市环保局来说，这一审查过程至关重要，一年的努力和业绩取决审查过程能够认可多大比例的减排量。我们的田野研究发现，检查验收过程中有着频繁密集的互动和讨价还价。检查验收过程中通常有着正式的环节，让双方坐下来解释和讨论检查组认可的结果，为讨价还价和化解检查过程所发现的问题提供一个合法平台（Zhou 等，2012）。在这个意义上，虽然目标是由委托方设定，但检查验收的结果来自委托方和代理方间的谈判。因此，检查验收过程的灵活性使得实际上的目标设置接近于经过双方协商过程的结果，即目标设置实际上近似于委托方和承包方通过谈判而定。不过，检查过程松紧控制权因时间或场合不同而发生变化；因此，这些权威关系和“组织”边界也相应地发生着变化。

检查验收过程的一个突出特点是高度的不确定性。在每次检查验收前夕，市环保局会同县环保局花费大量时间和精力准备资料和现场，以确保这些资料和有关设施指标能够在检查过程中顺利通过。但检查结果常常出乎意料，甚至连经验丰富的市环保局官员也感到无所适从。例如，省环保厅在2008年的检查突然比以前大为严格，并一反常态地坚持拒绝下属环保局的各种谈判尝试，结果是大幅度削减了市环保局上报的减排量。对于一些重点项目，检查组只认可了市环保局上报减排量的10%~58%，因此引起了市环保局的抱怨和很强的挫折感。但在其他年份，检查过程却可能十分顺利，认可的减排量超过了市环保局的预期。在一次国家环保部年度检查验收中，整个过程极为顺利，并没有出现以往检查中紧张的讨价还价情形，这甚至使得市环保局官员感到有些失望，为他们事先大量细致的准备工作没有派上用途而感到遗憾。

检查结果的不确定性可以从图5-2略窥一斑。图5-2显示了国家环保部和省环保厅在五年计划最后三年对市环保局上报减排量的认可比例。我们看到，国家环保部和省环保厅的认可比例每年都不尽相同，这大多是因为检查标准和检查松紧程度不断变化所致。在许多情形下，这些认可的判断决定与减排执行的实际状况并不相关。例如，2008年$SO_2$减排比例为17%的低认可水平与该市环保局实际表现并没有真正关联，事实上市环保局当年有着很高的$SO_2$的减排成绩。市环保局官员认为，省环保厅之所以这样做，主要是因为市环保局已经提前三年完成了五年计划规定的任务目标，因此省环保厅有意将该市完成量压低，以便其他地市赶上全省减排量的完成节奏。省环保厅对市环保局减排量的认可，也受到国家

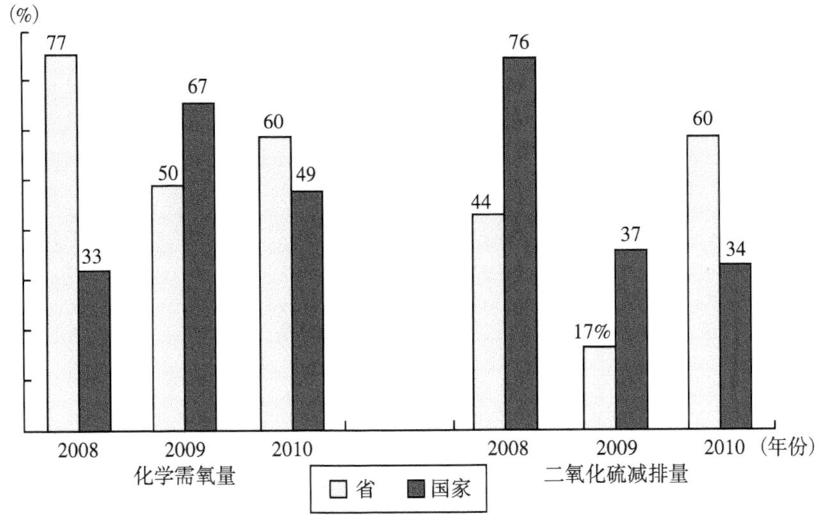


**图5-2 国家环保部和省环保厅对市局上报污水处理和二氧化硫减排量的削减比例**

环保部对全省减排量认可情况的影响。

我们怎样理解检查验收权行使过程的这些特点呢？我们的观察表明，在很多情形下减排量的认可决定与下级代理方实际努力之间的关系是松散的，甚至没有关系。这些检查过程给人的印象是，委托方在检查之前就已经确定了“从紧”或“宽松”检查的基本定式，而这个定式的选择与具体承包方的实际努力程度无关。我们的理论思路提供了这样一种解释，即委托方检查验收的种种做法主要是一种威慑策略，以此制造压力和不确定性，即行使检查验收权的目的在于事前向承包商施加压力，使其在政策执行过程中认真努力落实，但与实际执行过程的事后结果并没有太大关系。

**（三）管理方权威的实际行使：激励分配的控制权**

我们指出，激励分配的控制权主要掌握在管理方即市环保局手中。但在实际过程中，这一权力的行使面临着更为复杂的情形：国家环保部和省环保厅的年度检查主要基于每个县环保局提供的档案资料。这意味着，国家环保部和省环保厅的检查验收事实上相当于直接对各县环保局的绩效加以评估，由此产生了明确的各县环保局相对绩效排名。如果这一评估排名成为各县环保局得以激励的基础，那么市环保局对下属县环保局的激励分配权在很大程度上被弱化或不复存在。

事实远非如此。我们的田野观察发现，每当国家环保部和省环保厅的年度检查结束后，市环保局会花大气力在其内部重新调整各县环保局的完成比例和绩效。这些调节有时是以微妙的方式进行的。例如，市环保局通过调整每年各染源新增量（因经济增长而增加的污染总量）在各县的分配，可以增加或减少各县环保局减排量的完成比例。有时这种重新分配是公开实施的。例如，2008 年，一家污水处理厂投入运行，处理来自三个县的污水。按常理，这家处理厂的减排量应该按照实际处理的污水量分配给三个县环保局。但市环保局并没有如此行事，而是根据三个县环保局前两年的完成情况，将大部分的减排量分配给其中两个落后的县环保局，以帮助他们按期达标。

这种绩效（重新）评估导致的结果是，市环保局确认的各县环保局业绩排名与上级部门检查验收结果的排名常常相去甚远。图 5-3 和图 5-4 呈现了 2008 年根据省环保厅认可的各县 COD 和 $SO_2$ 减排的排名序列，以及市环保局重新调整后的排名序列。我们看到，省环保厅的验收结果和市环保局的重新评估结果之间存在极大差异。以图 5-3 为例：按照省环保厅检查的结果，若干县环保局都没有完成 6%的 COD 年度目标。但是经过市环保局的调整，所有县环保局都达到了年度目标的要求。我们也从 $SO_2$ 领域看到同样的情形（见图 5-4）。市环保局的重新调整也常常改变了各县环保局原来的排名次序，这进一步表明市环保局的绩效评估和省环保厅的验收结果之间的松散关系。例如，根据省环保厅的检查结果，“CH”县环保局的 COD 减排，远远未能达到年度目标的要求，但是经过市环保局的重新调整，该县环保局在全市排名第一。这是因为市环保局官员重新调整这个县环保局的减排完成量，以便确保其能够顺利完成五年计划目标的要求。在一些情形下，市环保局会通过正式文书方式向省环保厅请示建议重新分配某一县环保局或某一项目的减排任务。但在更多情形下，市环保局悄悄地在内部进行重新调整。虽然图 5-3 和图 5-4 只涉及了 2008 年的情形，事实上类似的调整过程在整个五年计划时期的各个年份均有发生。

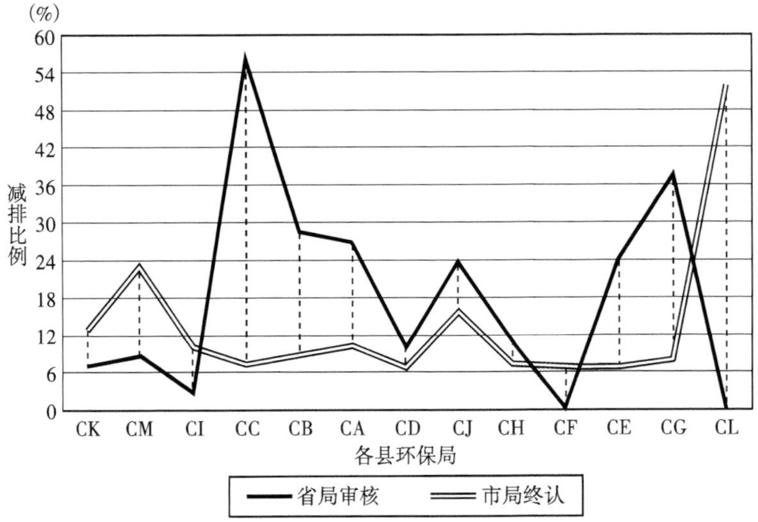


**图 5-3　2008 年省环保厅与市环保局对各县污水处理完成情况的评估排名（年度目标为 6%）**

注："CK、CM、CI、CC……CL" 表示各县环保局的匿名编码，图 5-4 同此。

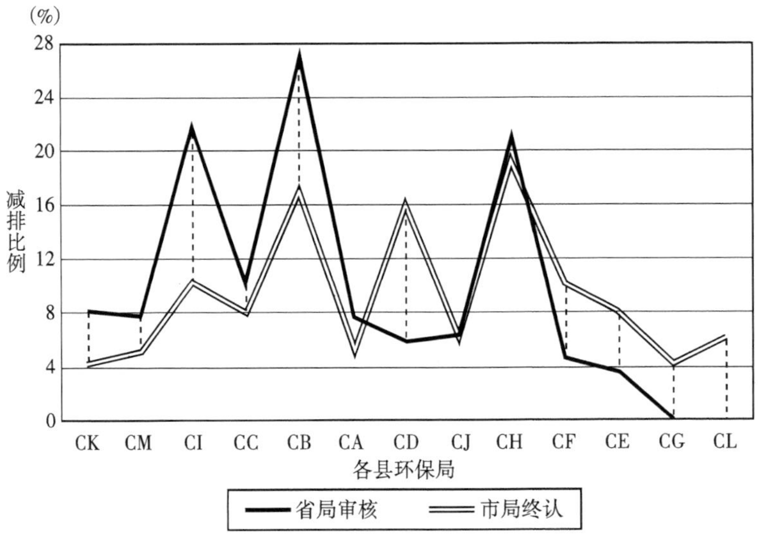


**图 5-4　2008 年省环保厅与市环保局对各县二氧化硫完成情况的评估排名（年度目标为 4%）**

应该怎样看待市环保局针对各县环保局绩效考核的这些调整做法？从表面上看，这些做法可能会被解释为管理方和代理方之间应对委托方检查的共谋活动。但我们的“控制权”理论提供了一个不同的解释。在我们看来，市环保局的上述做法可以被解释为作为“承包商”抵制外界干涉的合理行为，即它在更为知情的前提下，行使属于它的激励分配控制权。我们的田野观察发现，环境管制的实施和执行涉及许多复杂因素：不同的县环保局位于不同的地区，有着不同的环保压力。这些复杂因素无法在自上而下的目标设置和检查验收过程中加以充分考虑。与省环保厅相比，市环保局更为清楚各县环保局的努力情况和面临的挑战，所以市环保局的调整在很大程度上更为真实地反映了各县环保局的绩效和努力。另外一个重要的影响因素是政府内部运作的政治联盟逻辑：即市环保局和县环保局（以及各县政府）在执行政策过程中长期合作，互为依存。所以市环保局需要帮助县环保局达到政策目标，以确保县环保局未来继续与其合作。从这一角度来看，重新分配和调整的一个重要考虑是，确保所有县环保局能够完成年度目标和五年计划所规定的政策目标，这与锦标赛模型所预期行为恰恰相反（Zhou 等，2013）。

读者可能会提出疑问：为什么各县环保局会容忍市局这些重新调整和重新分配的做法呢？我们根据田野调查，有以下推测：一个重要原因是县环保局和市环保局有着长期互为依存的共生关系，这些调整是双方在不同时间点上持续不断社会交换的一部分；从整体上来说，各方都因此而受益。另一原因是县环保局在检查验收过程中的认可结果有着相当的水分，甚至可能是市环保局和县环保局共谋而达到的。对此，市局有着更为准确真实的信息。所以，县环保局不得不接受市环保局基于实际可靠信息的重新评价。

以上讨论表明，市环保局花费了大量精力行使其激励分配权。与此相比，国家环保部和省环保厅并不关心各县环保局的业绩评估。即使检查出问题（如变通政策意图，执行过程问题），委托方只是要求承包方整改问题和对相关人员进行处罚，但处罚的实际权力在承包方手中。2008 年发生的一个案例可以说明这一情形。环保部检查组的一次突袭检查发现某县环保局虚报数据。省环保厅为此向市环保局提出严重警告，并要求市环保局调查和处罚相关人员。市环保局表示遵照省环保厅的要求进行整改。但根据我们的田野观察，市环保局只是做了象征性姿态，事实上并没有也无权进行实质性处理。这些事例与我们的理论模型蕴含的行为意义是一致的：委托方真正关心的是上交“货物”的整体质量，即管理方是否如期按约完成了规定的政策目标，但并不关心管理方在其管辖范围内微观管理的细节。检查验收过程中发现问题所产生的主要后果通常是导致下一个回合中更为严格的验收过程。例如，委托方的一种做法是，将发现严重问题的地区作为下一轮验收的重点检查单位（艾云，2011）。这些做法与检查验收权的目标是一致的，即对承包商未来行为和绩效评估制造更大的压力。

由此可见，环保领域中权威关系的实际运作与以上提出的发包制模型十分吻合。在这一治理模式中，委托方只关注市环保局是否完成政策目标，但将实际实施的权力和激励分配权交给市环保局，使得后者可以按照其需要行使激励机制。但在五年计划过程中委托方、管理方的做法不是一成不变的，而是随政策周期有着明显的变动，政策执行过程中的权威关系也随之发生变化。这些变化主要来源于参与各方对各类控制权的非正式分配转变。以委托方的检查为例。在政策实施的第一年，由于缺乏经验，整个检查过程都很宽松，委托方认可了大量的减排比例。这可以解释为委托方对拥有更多信息的管理方的一种妥协让步。换言之，在这一轮的验收过程中，承包方有着更多的实质性权威。但在随后两年中，委托方在更大程度上掌控了检查过程，并拒绝承认市环保局上报的大量减排量，对各县环保局的绩效评估产生了极大影响。这些行动意味着，这一领域中的治理模式由分包制转向了高度关联型模式。在五年计划最后两年间，虽然正式验收仍然如常进行，而且许多上报减排量没有被认可，但随着政策目标的顺利完成，完成任务的压力明显下降，市环保局的评估调整权力有着越来越大的空间。从这个意义上说，政策实施转向了松散关联型的治理模式，即检查验收和激励设置控制权非正式地转移到管理方手中。我们提出的控制权理论模型提供了一个整体性框架和一组分析性概念，有益于理解把握这些治理模式间的变动和转化。

毫无疑问，不同政府领域有其特定任务，这些领域的目标设定过程和验收过程存在着巨大差异。环保领域中的治理模式、行为方式及其转化有其特定条件，所以我们以上的讨论不能简单地推广到其他政府领域。但另一方面，中国政府的不同职能部门和区域在控制权分配的制度结构上有着极大的相似性。因此，本书提出的理论模型及其所揭示的政府过程和机制对于认识其他政府领域和属地政府有着普遍意义。

## 第三节 “控制权理论”的政策意义

在社会科学研究的发展长河中，知识进步的一个重要标志是对社会现象的解释从类比（Metaphor）转变为具有分析力度的理论（Theory）。我们希望本书提出的理论模型体现了这一转变。在政府治理模式的早期文献中，有关承包制的讨论主要是一种类比。周黎安提出的“行政发包制”指出了承包制在中国制度背景下的具体内容和意义，对我们思考和认识环保领域中的种种现象极具启发意义。本书对周黎安的行政发包制模型做了重要修正和推进，提出了“控制权”分配的理论思路来认识中国政府内部机构间的权威关系，特别是政府内部各个层次的“发包制”过程。这一理论将组织中的控制权进行三个维度的概念化，讨论了它们在中国三层机构间的分配组合、由此产生的不同治理模式，以及它们的丰富和可验证的行为意义。在我们的理论框架中，组织中目标设定、检查验收和激励设计等控制权的不同分配组合导致了权威关系的变化。在一种极端情况下，委托方可能保留所有的控制权，从而导致一个“高度关联型”的治理模式。在另一极端情况下，委托方可能把某一特定领域的各类控制权都授予管理方，从而导致一种类似联邦制的治理模式。在这一分析框架中，行政发包制只是多种控制权分配形式之一，即委托方拥有目标设置权和检查验收权，但将激励设置的控制权给予管理方。我们的分析框架有助于把握具体的治理模式、不同检查策略、不同应对策略（如层层加码或共谋行为）发生的约束条件和机制。更重要的是，我们的模型提供了一个统一的分析框架，能够解释这些迥然不同的组织现象及其相互关系。

需要指出的是，我们提出的这些治理模式是“理想类型”。在现实生活中，各类控制权分配常常不是明朗无疑的，而是交错重叠的。在某一时期，可能某一类治理模式占主导地位，更多地表现出了某一类治理模式的特点，但同时兼有其他模式的某些特点。更为重要的是，在长期历史过程所形成的中国国家制度中，作为委托方的中央政府有着最终的“随意干涉”权（周雪光，2011）。即使在常态的“行政发包制”治理模式中，虽然激励分配的实际控制权在管理方手中，但委托方仍然有着“随意干涉”的权力，体现在时常发生的自上而下大张旗鼓的整顿和运动等情形中。我们提出的理论模型和治理模式有助于认识中国政府内部权威关系和运作过程，但不能替代具体组织背景下的深入分析。

从“控制权”理论角度来看，以激励设计为中心的理论思路有着明显的局限性。组织内部的激励机制为控制权分配形式所制约，其分配组合塑造了组织内权威关系的特定形式。例如，检查控制权放在委托方手中还是在作为承包商的管理方手中，导致了显著不同的治理模式，由此对各方的行为激励产生重要影响。在三级政府结构中，委托方行使检查验收权为管理方和代理方的共谋行为提供了激励。而当检查验收权让予管理方时，管理方扮演了委托方角色，使得管理方与代理方的关系发生了质的变化，其共谋激励也随之消失。换言之，激励设计的执行和效果因组织内其他控制权分配方式的不同而变化。因此，有关激励机制的理论解释必须放在各类控制权分配的治理模式背景下才能有其分析力度。

政府部门的日常工作构成了国家运行的微观基础；只有深入理解政府及其官员的具体行为，才能恰当地解读国家在中国社会转型中的作用。我们的“控制权”理论对于有关政府行为研究提出了一系列新的研究课题。这一理论思路要求我们不能停留在政府行为的描述阶段，而要对这些行为背后的因果关系、控制权分布以及相应的治理模式进行深入的分析解释。例如，我们不能停留在发现和堆砌执行过程中的种种“偏离行为”，而是要对这些行为及其背后逻辑做进一步区别和分析。本书虽然讨论了控制权分配的类型以及不同治理模式的意义，但对各种控制权的分配形式的背后机制以及各种治理模式间的相互转化未能深入讨论。例如，资源分布和财政制度与政府各部门各层次权力分配有着密切关系，但对于本书讨论的各种控制权及其分配形式的意义尚不明朗。这些方面有待于理论上和实证研究上的进一步发掘。另外，我们在本文中提出了控制权的三个维度，但在不同领域中或因为不同研究分析目的，可能需要进一步考察和界定其他类型的控制权及其实际运行。我们希望，本书提出的“控制权”模型能够提供一个有益的理论思路来重新审视众所周知的种种政府行为，从而提出更好的研究问题，使得这一领域的案例叙述和经验观察与有力的理论分析相得益彰。

**参考文献**

艾云:《上下级政府间“考核检查”与“应对”过程的组织学分析》,《社会》，2011 年第 3 期。

狄金华:《通过运动进行治理：乡镇基层政权的治理策略：对中国中部的地区麦乡“植树造林”中心工作的个案研究》,《〈社会〉第 3 期，乐街调查》，社会科学文献出版社，2010 年。

何艳玲:《都市街区中的国家与社会：乐街调查》，社会科学文献出版社，2007 年。

欧阳静:《“维控型”政权：多重结构中的乡镇政权特性》,《社会》，2011年第 3 期。

荣敬本、崔之元:《从压力型体制向民主合作制的转变：县乡两级政治体制改革》，中央编译出版社，1998 年。

孙立平、郭于华:《“软硬兼施”：正式权力非正式运作的过程分析——华北 B 镇收粮的个案研究》,《清华社会学评论》特辑，2000 年。

王汉生、刘世定、孙立平:《作为制度运作和制度变迁方式的变通》,《中国社会科学季刊》冬季号，1997 年。

王汉生、王一鸽:《目标管理责任制：农村基层政权的实践逻辑》，《社会学研究》，2009 年第 2 期。

吴毅:《小城喧嚣：一个乡镇政治运作的演绎与阐释》，生活·读书·新知三联书店，2007 年。

应星:《大河移民上访的故事》，生活·读书·新知三联书店，2001 年。

赵树凯:《乡镇治理与政府制度化》，商务印书馆，2010 年。

折晓叶、陈婴婴:《项目制的分级运作机制和治理逻辑——对“项目进村”案例的社会学分析》,《中国社会科学》，2011 年第 4 期。

周飞舟:《财政资金的专项化及其问题：兼论“项目治国”》,《社会》，2012 年第 1 期。

周黎安:《晋升博弈中政府官员的激励与合作》,《经济研究》，2004 年第 6 期。

周黎安:《中国地方官员的晋升锦标赛模式研究》,《经济研究》，2007 年第7 期。

周黎安、王娟:《行政发包制与雇佣制：以清代海关治理为例》，周雪光、刘世定、折晓叶主编，《国家建设与政府行为研究文集》，中国社会科学出版社，2012 年。

周雪光:《基层政府间的“共谋现象”：一个政府行为的制度逻辑》,《社会学研究》，2008 年第 6 期。

周雪光：《权威体制与有效治理：当代中国国家治理的制度逻辑》，《开放时代》，2011 年第 10 期。

周雪光：《通向集体债务之路：政府组织、社会制度与乡村中国的公共产品供给》，《公共行政评论》，2012 年第 1 期。

Aghion，Philippe & Jean Tirole，"Formal and Real Authority in Organizations." Journal of Political Economy 105，1997.

Blau，Peter M.，"The Dynamics of Bureaucracy：A Study of Interpersonal Relations in two Government Agencies." University of Chicago Press，Chicago，1955.

Grossman，Sanford & Oliver Hart，"The Costs and Benefits of Ownership：A Theory of Vertical and Lateral Ownership." Journal of Political Economy 94，1986.

Hart，Oliver，Firms，Contracts and Financial Structure. New York：Oxford University Press，1995.

Hart，Oliver & John Moore，"Incomplete Contracts and Renegotiation." Econometrica 56，1988.

Homans，George C.，The Human Group. New York：Harcourt，Brace，1950.

Jensen，Michael C. & R. H. Meckling，"Theory of the Firm：Managerial Behavior，Agency Costs，and Ownership Structure." Journal of Financial Economics 3，1976.

Montinola，Gabriella，Qian，Yingyi & Barry R. Weingast，"Federalism，Chinese Style：the Political Basis for Economic Success in China." World Politics 48，1995.

O'Brien，Kevin J. & Li，Lianjiang，"Selective Policy Implementation in Rural China." Comparative Politcs 31，1999.

Oi，Jean C.，"Fiscal Reform and the Economic Foundations of Local State Corporatism in China." World Politics 45，1992.

Tirole，Jean，"The Internal Organization of Government." Oxford Economic Papers，New Series 46，1994.

Walder，Andrew G.，"Local Governments as Industrial Firms：An Organizational Analysis of China's Transitional Economy." American Journal of Sociology 101，1995.

Weick，Karl E.，"Educational Organizations as Loosely Coupled Systems." Administrative Science Quarterly 21，1976.

Zhou，Xueguang，Ai，Yun & Lian，Hong，"The Limit of Bureaucratic Power：The Case of the Chinse Bureaucracy." Research in the Sociology of Organizations 34，2012.

Zhou，Xueguang，Lian，Hong，Leonard Ortolano & Ye，Yinyu，"A Behavioral Model of Muddling Through in the Chinese Bureaucracy：the Case of Environmental Protection." China Journal 70，2013.

# 第六章　城市基层社会治理与创新

## 第一节　城市基层社会治理的困境

### 一、利益分化与城市基层社会秩序建构

改革开放以来，针对城市基层社会治理体制从单位化逐渐向社会化的转型，学界主要是用“国家—社会”理论框架进行研究。这些研究偏爱揭示国家权力与社会力量之间的博弈图景：国家政治权力是如何在城市基层社会里维持基层政权的稳定与社会有序的？即试图探寻单位社会解体后，在缺乏中介组织的陌生人社区里，国家与社会互动背后的权力逻辑（金桥，2010）。然而，在同一理论框架下却形成了两种不同的判断：一种观点认为在社区自治过程中，国家其实从未（也不可能）退场，只是改变了控制社会的策略——从单位社会时期的一统控制转向国家“择机介入”（王汉生、吴莹，2011）。这种新治理术使国家在基层社会治理转型过程中保持了较强的自主能力，成功地使城市基层政权与国家整体政权体制保持着高度一致。另一种观点则基于当下中国城市基层社会中大量业主集体维权行动事件，认为这不但是基层社会成员自治力的体现，且也是其“民主意识”觉醒的征兆。因而他们的判断是，居民自选的业主委员会在形塑国家权力作用形式的同时，也成为中国社会实现基层民主的现实路径（林尚立，1999；桂勇，2007；卢汉龙，2004）。就笔者看来，这两种关于国家社会治理术及其前景的争论实质上关注的是同一问题，即居民参与在城市基层社会治理中的政治意涵。

在中国城市基层社会治理制度变迁过程中（单位制—街居制—社区制），各方行动者之间的互动是我们无法回避的事实。但我们不应该只偏重其中的政治维度，而忽略了其中丰富的经济社会利益内涵。有学者已指出，在利益格局改革的背景下，国家对基层社会的实际控制力和动员意愿也已经减弱（朱健刚，2002）。社区建设运动正使得居民委员会逐渐成为一个服务性组织而非控制性工具（Pan，

2002)。可以说，在现代社区管理实践中，国家“控制”与“社会抗争”之间的策略行动虽然还存在，但已经让位于所谓的生活政治[①]——正式的政治参与活动已经逐渐退位，围绕个体性事务及利益诉求而产生的社会行动成为其中的主要议题。因此可以说，与居民日常生活息息相关的资源配置和利益格局重构才是关系到城市基层社会治理成效的关键。

基于此，笔者在本研究中引入利益分化概念，以期进一步完善城市基层社会研究的理论框架。众所周知，“行政整合过度与社区自治能力不足”是城市基层社会治理面临的现实困境。但本书中，笔者想进一步追问，在基层社会利益分化与管理制度转型过程中，国家行政过度整合的内涵是否发生了改变？社区自治能力不足背后除了国家控制过甚外，基层社会治理参与主体之间的利益分化是否是其中更深层动因？笔者认为，在我们进行城市基层社会治理创新的过程中，有两个事实是必须正视的：一是“国家”制度化行政管理网络内部并非铁板一块，而是存在着利益分化。这增加了行政管理部门之间的协调成本，同时也使管理主体之间行动不一致。二是“社会”的居民或居民自治组织也并非是完全团结的，相互之间也存在着利益分化，甚至是不可调和的利益冲突。换言之，不同行动主体间的利益分化是影响基层社会秩序建构的核心变量，达成新的利益协调机制共识是城市基层社会有效管理的根本出路。

本书选择发生在天津市 M 商品小区[②] 的两个故事为案例，采用的方法为访谈法和参与观察法。因为笔者曾经居住在此小区中，这为笔者的参与观察提供了便利。这两个围绕社区居民生活而产生的纠纷在全国大部分商品房小区中都会发生。

## 二、城市基层社会的团结谜题

经济社会体制的改革与转型实质上是利益关系的调整与再组。在国家退场，逐渐释放市场力量的过程中，中国社会利益结构与关系日益分化。利益结构分化主要表现为：宏观上，出现体制内与体制外利益结构，以及强势利益阶层与弱势利益阶层；微观上，从“以公灭私”的国家（集体/单位）单一主体转化为多元化利益主体。利益关系的分化主要表现为：个人利益、部门利益，以及公共利益之间的互动（冲突）日益频繁。社会利益分化带来了两个关键影响：首先是社会自治需求与力量的增长，新社会势力对原有的经济、社会及政治的参与机制形成

---

① 吉登斯将社会政治划分为解放政治与生活政治两种类型。解放政治包含两个主要的因素：一个是力图打破过去的枷锁，是一种面向未来的改造态度；另一个是力图克服某些个人或群体支配另一些个人或群体的非合法性统治。相对于解放政治关注的是生活机会（Life Chances）而言，生活政治关注的是生活决定（Life Decisions），所关注的问题是：如何重建社会团结以及如何对生态问题做出反应等。本书借用生活政治，主要是指不同参与者如何建构基层社会团结的行动。具体讨论参见吉登斯，1998。

② 遵循学术惯例，在故事讲述过程中，笔者将使用编码代替被访问者。

了压力。其次是导致社会整合机制需要重构，一元化行政性整合逐渐无法适应社会利益分化的格局；多元化的协调性整合机制建构成为未来的方向。

社会整体的利益分化同样也投射到城市基层社会之中。在利益结构上，城市基层社会的利益主体已经多元化，也对利益关系协调机制提出了新的要求。根据行动者与社区利益相关类型的不同，笔者将城市基层社会治理的参与主体划分为生计型参与者与权责型参与者两大类。生计型参与者是指利益直接嵌入在基层社会之中的行动者（个人和组织），主要包括社区居民、居民自治组织——业主委员会、社区公共服务提供者——物业公司、提供社区居民日常必需服务的企业组织——供热站、自来水公司、供电局等，以及其他便民服务提供者，如超市、银行等机构。权责型参与者主要是指那些基于职业分工而非生计依赖目的而参与基层社区管理的行动者，如区级政府职能部门、街道办事处、公共设施维护部门（如环卫、道桥建设部门等）。作为一个重要的参与主体，中国基层社会治理中的居委会角色比较特殊。一方面居委会在空间上多在社区内部，且“指导、监督及建议等”管理工作又需要获得社区居民的参与和认同，才能得以顺利地完成自上而下交代的行政性事务；另一方面，居委会又被实质认定为是政府的延伸和派出机构，承担大量的行政性事务，其行动资源主要来自于行政拨付和授权。在所谓“压力型（政治）体系”（曹海林，2008）中，对于行政性事务完成如何是影响居委会利益获取的重要变量。因此本书将居委会组织界定为权责型参与者。

学界的经验研究已证明，在城市基层社会治理中，社区自治的“三驾马车”（李友梅，2002）——物业公司、街道办事处、部分区政府职能部门——是核心参与主体，相关的利益矛盾与冲突基本集中在这些主体之间。因此本书关注的参与主体也是它们，其利益分化情况如表 6–1 所示。

由表 6–1 可知，在中国城市基层社区中，生计型参与者与权责型参与者之间的利益分化差异主要表现在：前者以社区公共利益与居民个人利益之间冲突为主；后者则涉及公共利益与政府部门内部性之间的均衡。利益分化意味着社会角色需要重新定位，原来维持社会秩序的制度共识遭到挑战，利益主体之间需要再次进入讨价还价的过程。对于生计型参与者而言，自主协商是主要的利益协调机制。不过一旦自主协调机制无效，就需要引入外界干预机制进行利益协调。在查尔斯·泰勒看来，起码需要两个机制才能维持利益分化社会的有序性：一是市场机制，根据各利益主体之间的利益优势之差选择资源配置流向，并由规则和妥协达到互惠的协定；二是公共领域，通过公共媒体交换各利益主体之间的意见、削弱对抗和冲突，减小差异性达成共识，由此达到社会化和政策创建的统一（泰勒，1998）。

在目前中国城市基层社会治理制度框架下，外界干预机制通常有两种：一是市场机制，即通过市场交换行为来达成新的利益配置格局，如小区业主可以重新

**表 6-1　城市基层社会参与主体利益分化表**

| | | 利益分化 | 行动 |
|---|---|---|---|
| 生计型参与者 | 社区居民 | 社区公共利益<br>私人利益 | 邻里政治 |
| | 业主委员会 | 社区公共利益<br>派系利益 | 自治性行动<br>动员困境 |
| | 物业公司等企业机构 | 居民利益<br>公司经济利益 | 盈利价值取向的行动 |
| 权责型参与者 | 居委会 | 居委会生存与发展的资源<br>社区居民利益 | 类行政整合行动<br>认同困境 |
| | 街道办事处 | 社会公共利益<br>部门利益<br>管理与协调成本 | 行政整合<br>部门内部性<br>上级问责 |
| | 区级政府职能部门 | 社会公共利益<br>部门利益 | 行政整合<br>政权内卷化 |

注：①部门内部性是指公共机构尤其政府部门及其官员追求自身的组织目标或自身利益而非公共利益或社会福利的现象（桑玉成，2002：90）；②关于邻里政治的研究，可参见桂勇，2007；业主委员里派系利益冲突可参见石发勇，2010；③政权内卷化是杜赞奇在研究中国华北农村时提出的概念，意指国家政权扩展过程中，国家却不享有扩张带来的收益（利益被代表国家政权的经纪人获得），具体讨论可参见杜赞奇，2004/1988。

选择其他物业公司等生计型组织来提供公共服务；二是公权力机制，以居委会、街道办事处以及区级政府的职能部门等权责型参与者为主要行动主体。公权力介入是维护基层社会秩序的关键整合机制，但由于利益分化往往使权责型参与者会“择机介入”：如果介入行动是基于公共利益，那么基层社会的有序性能够得到维护；如果介入行动是基于部门利益的考量，那么会积压基层社会中的利益矛盾，带来基层社会治理缺失，影响基层社会团结。

团结是社会的一种有序状态。埃米尔·涂尔干（2005）认为，所有社会的团结均源自于友爱互助的团结感，这是一种内在的道德力量。但这种道德力量需要社会制度的支持才能有效协调社会利益冲突与矛盾，维持社会团结。传统社会的机械团结依赖的是“集体意识”和“压制性制裁”，制度基础是家族和权力国家。而现代社会的有机团结是基于“关系系统”（社会分工形成的互赖关系）和“义务之网”形成的，制度基础是由契约、法律及职业责任构成的“公共制度”。涂尔干认为，在从传统社会向现代社会过渡的过程中，是社会利益冲突最多、社会最易失范的时候。因为此时维护机械团结的“经验之源”不在，而支撑有机团结的“公共制度”尚未确立。

对于中国城市基层社会而言，单位制时期基层社会的团结类似于涂尔干笔下的机械团结。作为利益协调机制的市场制度被消灭，基层社会的利益需求一元化——均指向国家。全能型国家通过意识形态控制，福利普惠性，等级供给制以及党群团体、军队以及国营企事业单位等制度安排成功地将社会利益整合进国家体制内，制造了基层社会的团结。[①] 但是在社会利益多元分化的情况下，问题就复杂多了。M 小区的两个故事就体现了利益分化背景下实现基层社会团结的复杂性。

M 小区是 2008 年 5 月建成入住的商品房小区，共有 74 栋楼，1698 户。该小区位于天津市河东区与东丽区交界处，不算是城乡结合部，但距市商业中心较远。小区购房者身份多样，但多为自住购房者，到 2009 年底小区入住率已经高达 95%。一般而言，自住比例高，居民间的利益一致性程度也应该是较高的。可事实并非如此，小区空间布局成为居民之间利益分化的制造者之一。

在空间布局上，M 小区全部是五层的“花园洋房”，一楼赠送 25 平方米左右的小院，顶楼赠送 10 平方米左右的露台。由于所赠送面积不算产权面积，所以尽管在开盘时，一楼与顶楼的房屋售价比其他楼层每平方米均价高出 1100 元左右（一楼约高 1200 元/平方米，顶楼约高 1000 元/平方米），但依然非常受购房者欢迎。在 M 小区，赠送小院的一楼和赠送露台的五楼住户共有 712 户，占全部住户的 42%。正是这种空间布局及其附着其上的不同利益为日后小区管理中的冲突埋下了伏笔。

在小区管理结构上，M 小区从 2008 年大量业主入住后，相关机构也逐渐建立。就生计型参与者而言，M 小区的物业是开发商自行注册成立的物业公司，所以开发商前期委托的物业管理也延续到了小区开发完成之后。到 2009 年 10 月，M 小区在二号桥街道办行政干预下成立了业主委员会。[②] 在生活服务提供者中，与居民切身利益关联最密切的是供热站。与超市、银行、干洗店等竞争型服务提供者不同，供热公司属于准垄断性的。尽管供热站与居民之间本质上属于市场交易关系，但由于没有竞争者，市场协调机制往往会失效。一旦发生利益冲突，双方讨价还价的地位是不一致的，权责型参与者介入则非常重要，其行政效率将会直接影响社区里居民的利益获得。在权责型参与者方面，M 小区属于社区制管理，由权责型参与者组成的行政管理网络基本与大多数中国商品房小区并无二致。2010 年初，在街道办社区工作科的指导下，M 小区成立了居委会。由此，到 2010 年 5 月，M 小区基本上形成了居委会、业主委员会、物业公司三位一体的自治管理格局。当然，在下面的故事中我们发现，因为内部利益分化，以及外部资源支持等原因，这种三位一体的自治结构管理效果并不理想。

① 当然，对于少数无工作的家庭妇女、老人和青少年，则辅以街居制加以管理，具体可参见夏建中，2008。

② M 小区并没有按照 2002 年颁布的《天津市物业管理条例》相关规定，在出售建筑面积达 50%以上（或业主入住率达 50%以上或首位业主实际入住达 2 年以上）时召开业主大会，成立业主委员会。

**故事一：利益是如何凝聚的？——M社区一次集体行动的过程观察**

在北方，供热问题是关系到居民生活福利的重要问题，由供热问题引发的利益冲突与社会群体性事件的例子很多（如2011年1月22日，吉林省蛟河市发生因供热问题引发围攻市政府的群体事件）。具体而言，问题主要涉及两个方面：一是供热价格，一般是政府听证定价，居民按照政府部门的定价直接向供热站购买；二是供热质量，主要是室内温度是否达标的问题。[①]与北方大部分小区一样，M小区供热纠纷主要集中在供热质量上。

M小区供热采用的地下水循环供热，即通过打深井抽取温度在14℃左右的地下水，通过压缩机做功，瞬间将水温提高到55℃~70℃。使用过的低温地下水重新回流地下，待其循环吸收热量后再次利用。这种供热的优点是只取热、不耗水，节能环保。但是必须将抽取的地下水回流以防止形成地下水空洞（所以暖气中的水一般不添加染色剂）。M小区供热纠纷始于2008年采暖期，有部分已经入住的业主反映温度不达标，但并没有引起业主们的集体行动。一方面因为当时大部分业主的房屋处于装修期或装修后的空置期，另一方面也因为供热站的误导。

> 当时我们也找过供热站，供热站说因为住的人少，你家的楼上楼下可能没有开供暖阀门（M小区是地采暖，所以楼上楼下是否开供暖阀门对房间温度有一定影响——笔者注），另外他们说这是新小区，供暖管道里可能有脏东西，导致供热循环不好。供热站这么一说，我们也就信了。　　（居民访谈记录，2010年12月3日）

由于2008年小区供暖尚处于保修期，部分温度不达标的住户主要是通过开发商来解决，如从暖气里放水冲掉管道里的脏东西。到了2009年冬季，随着入住率的提升，M小区的供热纠纷则集中爆发了。供热温度不达标的住户主要集中于顶楼和把边的住户，M小区顶楼住户共有306户，把边住户在118户左右，“其他楼层的很多住户温度尚可，但并不暖和”（物业公司经理W访谈记录，2010年12月3日）。可是，在这些住户找到供热站时，则出现了踢皮球的管理缺失，居民利益得不到保障的问题。

> （由于房屋供暖处于保修期——笔者注）供热站说这是开发商管道建设有问题，而我们找物业公司协调开发商时，人家是有工程验收合格证的。物业公司说，他们也没办法，只能继续去住户家放暖气里的水（把管道里阻碍热循环的脏东西放出来，加速水循环，从而提高温度——笔者注）。　　（居民访谈记录，2010年12月3日）

---

① 根据2004年6月修订颁布的《天津市集中供热管理条例》（2010年6月再次修订为《天津市供热用热条例》）规定：供热期内，居民用热户安装供热设施的卧室、起居室（厅）温度应当不低于18℃。如果发生供热温度不达标的情况，供热单位要在24小时内解决，超过24小时，要给予规定比例的退费。

对M小区的居民来说，其制度化的利益表达渠道是科层等级性的：首先是供热单位，其次是区供热办，最后是市供热办。[①] 另外，关于供热问题还有两种利益协调方式：一是政府供热主管部门的随机抽查；二是一年举行两次的供热问题大接访，以权责型参与者为主。[②] 但在行动实践中，M小区居民是多管齐下。一方面迁怒于物业公司，拒交物业费。此举将物业公司拉入到利益冲突中，更激化了物业公司与供热站之间本已存在的矛盾。同时采用投诉、上访等途径。不过在冲突初期，居民之间并没有联合，多采用个体抗争的手段：一是因为居民不知道问题出在哪里，没有明确的抗争目标使居民之间产生了认知误差，阻碍了联合；二是因为居民依然寄希望于权责型参与者组成的制度化利益协调机制。直到发生卖水事件，则改变了整个行动的态势。

2010年1月初，小区布告栏上出现了一张匿名大字报。主要内容：一是小区供热站将部分热水卖掉，谋取私利，导致供热温度不达标；二是供热站卖水行为会使地下水流失、地面沉降，从而威胁到小区的楼体安全。这张大字报在小区布告栏里张贴了十余天。由于布告栏位于小区保安岗亭边上，物业公司雇用的保安人员阻止任何人撕毁大字报。大字报让物业公司成功脱身，使利益冲突的焦点集中到供热站上。同时，大字报更重要的功能在于将居民的个人利益成功地转化为社区居民的集体利益。但是对M小区居民来说，此时供热矛盾已变得次要，楼体安全成为引发集体行动的真正导火索。由此，一场集体行动被动员起来。

M小区居民的行动有两种方式：一是部分居民在路上堵截运水车辆，并拍照留证。此举造成了严重的交通拥堵，扩大了事件影响。二是到区住建部门、国土资源部门，以及供热办集体上访。随后，政府相关权责型参与者介入，将供热站的卖水管道用电焊焊死，禁止其卖水行为。同时责令供热站向温度不达标居民退回部分采暖费。M小区集体行动随后停止。

然而，M小区依然有很多居民家里的供暖温度不达标。居民与供热站之间的利益纠纷重新又回到了碎片化的抗争阶段。

> 我们卖水肯定是不对的，不过就这样（停止卖水后），我们每天至少流失60吨的水，没办法，小区里很多人放水用，管不住，也没人管。我们也不想这样，给老百姓退费，我们损失更大。（供热站S经理访谈记录，2010年12月4日）

按照《天津市供热用热条例》第43条规定，用热户偷放暖气中的水，则“由区、县供热办公室责令限期改正；逾期不改正的，处500元以上3000元以下罚

---

① 即使有些居民直接反映到市供热办，但解决的程序也是科层性的，由市供热办将问题交回给区供热办，然后再由区供热办调查确证后责令改正。

② 主要包括住建部门、市供热办主要负责人、区（县）政府主管供热的副区（县）长、供热办主任等。

款"。供热站自身没有执法权，只能汇报给供热行政主管部门。但在实际执行中，供热办公室的执法难度和成本比较高。M小区供热问题直到2010年供暖季才有所好转。

> 我们自己花钱建了一个蓄水池，一旦发现水量减少，及时使用蓄水池中的温水进行补充，而不是像以前那样直接使用冷水补充。　（供热站S经理访谈记录，2010年12月3日）

在北方城市，集中供热一般都是政府统一规划、指导及管理，以社会化方式经营。在与单个居民之间的直接利益冲突中，M小区供热站显然处于强势地位。居民联合起来的集体行动把事情闹大后，权责型参与者的介入改变了整个斗争格局，但并没有从根本上解决问题。

M小区的集体行动事件给我们的启示：①集体行动的动员困境不在于所谓的"成本约束"（奥尔森，1995：10），而在于行动者能否克服利益分化而实现利益凝聚。正如资源动员理论所言的，"符号及认知"是集体行动重要的微观动员条件，不过M小区的集体行动证明，"符号或认知"并不只是意识形态和态度，让行动者认识到彼此之间的利益一致性才是集体行动动员的关键因素。②在城市基层社区中，生计型参与者之间在地位与利益需求上是存在分化的，权责型参与者的介入是影响对于基层社会有序管理的重要变量。不过M小区的集体行动也告诉我们，权责型参与的介入程度与方式会直接影响到基层社会治理的效果。

**故事二：M小区居民间利益冲突事件背后的逻辑**

故事一为我们刻画出M小区从利益分化转向一致化的利益凝聚过程，可在下面的故事中，居民之间的利益分化却无法走向一致。

如上文所言，M小区的房屋空间结构是不一致的，其中一楼赠送面积25平方米左右的小花园，顶楼赠送面积10平方米左右的露台。而且在售房时，一楼和顶楼每平方米均价要比其他楼层高。到2011年，随着商品房价格上涨，一楼与其他楼层同等面积的房屋差价居然高达20万元（以面积均在86.63平方米的商品房为例，一楼中介售价为150万元左右，而其他非顶楼的同等面积商品房只有130万元左右）。

在基层社会，不同利益群体之间产生利益分化实属正常现象。不过M小区却演化成了利益冲突，其导火索在于M小区顶楼与一楼居民的私搭乱建。M小区私搭乱建现象非常严重，天津卫视有一档关注民生的节目曾经连续报道过多次。引起居民之间利益冲突的行为主要是：一楼居民在私搭乱建后，侵占公共绿地作为自己出门通道及停车处，甚至有些居民还在院子里搭建笼子，养鸡、鸭、鹅等动物，污染小区环境。顶楼居民借用露台加盖房间，有些居民为了扩大使用面积，甚至加盖了两层，并在墙体上开窗。这直接威胁到了楼下住户的住房安全。

于是，邻里之间的矛盾激化。其他楼层用户主要通过两种方式进行维权抗争。一是制度化路径，包括向物业投诉，以拒交物业费来威胁；向权责型参与者投诉，如向居委会、街道办以及区城管执法总队等部门举报投诉。二是采用非正式的抗争手段：向媒体救助，用汽车堵住小区大门，禁止装修车辆进入等方式。

不过，M小区居民在此事上的抗争一直主要以匿名化、个体化的方式进行，无法形成联合性的集体行动。因为私搭乱建行为所造成的利益冲突涉及两部分：一部分是直接利益冲突，牵涉到的居民通常位于私搭乱建楼层的上下层；另一部分是间接利益冲突，涉及私搭乱建行为对整体公共利益的影响。显然，在这种情景下，奥尔森的搭便车理论对于居民之间无法集体联合行动具有一定的解释力。事实证明，这种个体化的抗争效果虽然并不明显，但却对小区的秩序产生了很大的影响。

作为生计型参与者的物业公司，其利益来源于居民主动缴纳的物业费。作为交换，物业公司提供常规性的公共服务。然而此时，物业公司与居民之间却陷入了恶性循环中：居民以物业公司服务不合格为由，拒缴物业费。物业公司在自身利益无法保证的情况下，服务质量随之下降。而这又进一步激起已经缴纳物业费业主的不满。

> 我们也找过这些业主，但人家根本不听我们的。现在的业主权利意识都高啊。人家就说，你们没有执法权，别瞎管。我们只能让他们签告知书，说明我们尽到告知义务了。可别的业主不管这些，就是不缴物业费，你能咋办。　　（物业公司经理W访谈记录，2011年3月13日）

物业公司联合居委会、街道办及街道其他职能部门，在小区布告栏以及每个楼门栋上张贴了禁止私搭乱建以及饲养家禽的通知。另外还张贴了主动缴纳物业费的优惠通知、不缴物业费将寻求法律途径解决的通知。可到2011年3月，M小区的物业费缴纳率不足40%，严重影响了小区的正常生活秩序。小区内垃圾成堆，有些业主甚至将垃圾堆放在物业公司门口。在利益分化冲击下，《天津市城市管理规定》中关于禁止私搭乱建的条款在现实基层社会治理中部分失效了。

对于一楼和顶楼的居民而言，私搭乱建行为的动机源自于其多付出的购房成本。所以尽管不合法，但他们依然觉得理所当然。

> 我们多花钱图啥啊，就是为了有小院，敞亮，能自己搭个棚，面积大。你不让我们搭，你当初为啥不让开发商卖一个价呢？（问：可不应该占公共绿地啊）你说的对，可我不占绿地，我小院门放哪里？再说大家都这样开门啊！　　（居民访谈记录，2010年3月14日）

当基层社会治理法规与大多数居民行为产生背离时，如何权衡进而协调好基层社区中的利益冲突？这是权责型参与者必须面对的问题。可在M小区生计型参与者之间复杂的利益纠纷之中，为何迟迟不见权责型参与者介入呢？是什么原因导致他们采取与故事一中完全不同的方式呢？

> 我们不愿去小区里执法，难度大。比较而言，我们乐意去市场，小商小贩好管理。说实话，小区私搭乱建，虽然名义上归我们管，但我们城管还真管不了。去小区，我们得找派出所（防止闹事——笔者注），找房管部门（违章建筑认定——笔者注），有时候还要找市容园林管理部门（侵占公共绿地——笔者注）。我们哪有这么大的能耐请得动这些部门啊。哦，现在即使认定是违章建筑了，我们要先责令限期整改，强拆的话还需要经过法院呢。　（城管队 W 访谈记录，2011 年 5 月 22 日）

权责型参与者的择机介入属于一种选择性干预。一方面相较于市场秩序治理，治理社区里私搭乱建的执法成本高，需要协调多部门联合执法。在目前政府条块分割的行政系统内，平行的行政部门之间行动协调多依赖于上级部门自上而下的推动。另一方面在执法效率上，市场秩序治理中的执法效率明显高于社区管理。在市场管理中，城市管理综合行政执法机关可以直接没收经营工具，并对之进行罚款处罚。而对于社区私搭乱建行为，往往无法直接处罚，需要多种程序。且即便认定违章后，也得先警告，不听后再处罚。[①]

所以在笔者看来，权责型参与者根据执法行动难易程度及成本来决定是否介入，这种选择性执法背后是其对公权力微妙操纵——将公共权力演变为部门权力。对于权责型参与者而言，采用容易且成本低的方式去实现其部门利益无疑是其理性的选择。在目前中国政府行政管理体系中，约束权责型参与者行为取向的主要有两种机制，即部门自身的责任感和自上而下的问责制，缺乏自下而上的约束机制（泰勒笔下的公共领域约束机制）。但正如哈耶克所言，在利益高度分化的现代社会中，责任感是被削弱的（哈耶克，1997：99）。而且自上而下的问责制有效作用的前提是基层社会利益诉求能够上达到上级部门。

对 M 小区的利益受损居民来说，制度化利益表达路径失效时摆在他们面前的只有两条路：一是将事情闹大，吸引上级政府介入。可如上文所证，利益难以凝聚的情况下，集体行动往往无法形成。二是继续拒缴物业费，但最终的结果是社区无力购买到常规公共服务，基层社区将会陷入无序的恶性循环之中，出现学者担心的社区自治危机（郭卫建，2007）。

## 三、中国城市基层社会治理的理论和政策转向

如本书开篇所言，围绕城市基层社会治理所产生的判断分歧，其背后折射出

---

① 根据《天津市城市管理规定》第 45 条规定：严禁任何单位和个人私搭乱盖。违反前款规定的，由城市管理综合行政执法机关责令停止建设，限期拆除；拒不拆除的，由城市管理综合行政执法机关强制拆除，强制拆除费用由违法责任人承担，并处 5000~20000 元罚款。

来的是两种完全不同的理论取向。一种是市民社会理论，该理论的前提是认定国家权力过度干预是基层社会治理困境的制度根源。主张市民社会带动基层社会自治力量的成长，对基层政权构成民主压力，同时实现基层社会的自我管理。所以基层社会治理问题实质上是一个基层民主问题，而且民主是社会资源配置的最好机制（卢汉龙，2004；林尚立，1999；王颖，2008）。另一种是国家政权建设理论，该理论将视角切入到国家政权体系内部，其理论的前提是认定基层政权能力不足成为基层社会治理困境的原因所在。主张国家权力下沉，放权到居委会等社区组织之中，即通过体制内部的权力优化重组来推进社会管理发展（耿曙、陈奕伶，2007；曼，2002；杜赞奇，1988，2004；王星，2011）。

在西方的社会科学语境中，以上两种理论虽然取向不同，但却是一体的两面，两种理论有着共同的社会历史背景，即民主化的政治体制与发达的市民社会基础。正如张静所言，“在欧洲的经验中，国家政权建设不是一个国家自己单方面受益的权力竞争过程”，张静（2001）认为，在欧洲，国家政权建设过程是与其市民社会的成长以及公共领域的出现相伴相随的，“没有公民身份的确立和强大保护的出现，国家政权的集中化过程就得不到政治支持”。这两种规范理论运用到中国基层社会现实中时面临着严重的水土不服。众所周知，居民自治组织是其政治参与、社会参与和市民社会的核心因素。1949 年以来，中国城市基层社会治理制度转型变革中，无论是单位制、街居制，还是社区制，从来就不存在独立于政府的居民组织（M 小区业主委员就是一个例子）。或许社区内有数量众多的社会组织，但学者的研究已经证明，这些组织多是自上而下动员、根据上级规定成立的，所有的一切与市民社会进程没什么关系（海贝勒、舒耕德，2009）。

发生在 M 小区的故事已经告诉我们，在巨大的利益分化冲击下，如果没有权责型参与者的支持与干预，社区自治可能会走向社会无序。所以有学者担心“过分强调公民治理的美好前景已经被很多拉美国家和不发达地区证明是危险的政治选择”（王巍，2009），这不无道理。而立足于国家中心论的政权建设理论，仿佛是传统中国基层社会一统化管理理念的延续，但基层权力的进一步下移可能会导致“区政府—街道办—居委会”的行政链条更加稳固。M 小区的故事说明，在中国目前的城市基层社会治理制度架构中，一方面权责型参与者处于强势地位，可以在部门利益与公共利益之间自由切换。没有独立于政府之外的居民自治组织，民主压力当然也就无从形成。另一方面，权责型参与者之间又是利益分化的，部门利益诉求无疑对基层政府改革努力构成了挑战。

在中国，类似于 M 小区的故事每天都在基层社会里上演着。或许故事的内容或版本有所差异，但却具有相似的逻辑：利益分化使城市基层社会成为一个混合着多种关系的场域。在这个场域中，权责型参与者处于强势地位，可以相对自主地进退场，其择机介入的时机选择往往不在于民主压力，而在于利益驱动；生计型参与者处于弱势地位，但相互间的利益冲突却使“社区自治秩序的达成”面临着需要权责型参与者重新介入的尴尬境地。对于西方社会科学的规范理论而言，这些故事是中国特色的“悖论事实”（黄宗智，2005）。发生在M小区中的故事只是中国城市基层社会的一个缩影：在这个场景里，国家权力与社会力量高度重叠，这种结构约束下的基层社会仿佛无法实现自治，也无法走向与国家的平等合作。或许重温费孝通先生与吴文藻先生的“社区方法论”（费孝通，1999；吴文藻，1935）才是中国基层社会治理从规范理论转向实证理论的一个切入点。

# 第二节　社区居委会行动逻辑的组织分析

## 一、社区居委会的行动逻辑

20世纪90年代以来，中国地方政府尤其是基层政府的行为逻辑及其制度根源问题引起了海内外学者的广泛关注（Oi，1992；Walder，1995；欧博文、李连江，1999；张静，2000；周雪光，2005，2008；赵树凯，2005；王汉生、王一鸽，2009；艾云，2011）。这些研究所涉的地方政府和基层政府，多指我国的市、县、乡镇（街道）等层级政府，少有涵盖农村村委会和城市居委会（下文简称“两委”）。而且，根据我国《村委会组织法》和《居委会组织法》的法律规定，“两委”均是基层群众性自治组织，确不属拥有和行使国家公共权力的政府机构。但在当代中国，一个有目共睹的基本事实是：“两委”在实际运转中早已脱离其基层自治组织的法理属性，褪变为国家政权的末梢环节，扮演着国家代理人这种“准政府”角色。尤其在中国的大中城市，随着经济社会转型而累积起来的越来越多的社会公共问题，城市及其上级政府往往把大量政治性事务和行政工作以责任包干的方式分配给街道，然后再由街道下压和转嫁给居委会，最终，居委会成为政府在社区职能延伸的工具和落脚点，行政化倾向愈发严重（张劲松、秦梦，2004；向德平，2006；潘小娟，2007；卜万红，2011）。有学者甚至把居委会归类为“类行政组织”（吴刚，2001）。而从实际运作看，城市基层的公共事务管理也形成了“两级政府、三级管理、四级网络”的垂直动员格局，市政府、区政府、街道办事处和社区居委会已经结成一个利益攸关的“政绩共同体”（于建嵘，2011）。在此背景下，笔者认为，非常有必要把城市社区居委会的行动逻辑及其组织基础也纳入到中国地方政府行为的分析视域中来，但目前这方面研究尚未受到重视。为此，本书尝试从组织分析的角度，对一些城市社区居委会存在的一种组织化的非正式行为进行研究。

改革开放后，在经济发展和社会维稳的双重重压下，中国的政府管理逐渐形成一种中央自上而下的压力型体制，其运转逻辑和基本流程是：上级政府通过政治动员、行政发包的方式，渐次把经济发展、市场监管、公共服务与社会治理等方方面面的工作任务分配和下派给下级政府或相关单位，并实施责任到点或人的考核机制（荣敬本等，1998）。这样，在任务与责任双重下沉的压力型体制下，作为城市政府的最终代理人及其各种职能的延伸工具，社区居委会必然成为上级政府部门争相伸“腿”的落脚点，上级往往通过发指示、派任务、下指标等行政方式，将自己的工作下压给社区，从而在社区形成了“上面千条线，下面一根针”这种倒金字塔式的管理局面。居委会实际变成了上级政府的“一条腿”，不得不想方设法去完成上级下达的名目繁多的工作任务。而繁重的工作任务也造成了居委会工作人员常说的“5加2、白加黑”的非正常工作局面。但实际上，居委会这根“小针”真能保质保量完成“上面千条线”的繁重任务吗？而且，居委会工作人员果真如他们所说那样是“5加2、白加黑”地卖命工作？笔者的参与式观察发现，这两个问题的答案均是否定的。那么，社区居委会到底采取了何种策略性行动，以应对这些繁杂的、几乎不可能完成的政治性任务和行政工作，一方面向上表明自己是在“保质保量”完成工作任务，另一方面又制造了“5加2、白加黑”这种非正常的工作假象呢？居委会工作人员告诉我们，他们经常采用胡编、造假、应付的方式来应对上级，也就是以形式主义应付上级的形式主义。换言之，应付不仅体现了居委会工作人员的精神面貌，也是居委会日常工作的一种非常重要的行动取向。

对于居委会这种“类行政组织”的应付现象，现有针对性研究的文献甚为少见。不过，我国地方政府尤其是基层政府在各种环境和条件下诱发的类似性应付行为，倒是引起了不少研究者的注意。欧博文和李连江（O'Brien、Li，1999）在研究中国乡村政策执行问题时提出了“选择性政策执行”的经典概念，用以解释基层自主性可以因政策的类型而情况迥异，并认为目标管理责任制的干部管理制度导致了选择性政策执行的产生。孙立平、郭于华（2000）的研究表明，在征收农业税时，村干部往往不是使用正式制度的语言，而是用非正式关系这种“变通”方式来说服农民，这说明灵活的“变通”在政策执行过程中具有重要作用。应星（2001）在研究农民上访现象时注意到，基层干部一般采用“变通”国家政策和上级指示来解决或缓和基层问题和冲突。周雪光（2008）在研究中国基层政府间“上有政策、下有对策”的各种政策执行做法时，发展出基层政府间“共谋”的概念，并从政府组织制度的三个悖论，即：政策一统性与执行灵活性的悖论、激励强度与目标替代的悖论、科层制度非人格化与行政关系人缘化的悖论，对此现象做出深入的解释。艾云（2011）以某县“计划生育”年终考核的个案研究表明，上级政府通过“指标数量化”、“一竿到底”和“一票否决”等制度设计监控下级政府的执行过程，而下级政府往往采用“造假”、“接待”、“陪同”、“越级求助”等策略来“应对”上级政府考核检查的制度安排。由于“应对”这种非正式组织行为的普遍存在，常常导致自上而下“考核检查”的失败，而“应对”行为之所以产生，主要是因为监督、激励制度与组织目标和组织环境等的不兼容。

以上这些研究使用了“变通”、“共谋”、“应对”、“选择性政策执行”等概念来分析我国基层政府的非正式组织行为，应该说均有一定理论解释力。但我们认为，具体到居委会的工作实际来说，“应付”一词更能准确反映居委会干部在工作中通过胡编、造假、搞形式主义的方式来应对上级的施压状况。同时，这些研究强调了各种非正式行为在我国政策执行和基层政府管理中的重要作用，对本书的研究有很大的启发。不过，上述研究关注的对象多以农村基层政府为主，对于社区居委会这样一种城市“类行政组织”而言，由于其内部的组织条件和外部环境与前者有较大差异，因此，居委会在应付上级政府的各种施压行为时应该会表现出不同的行动特质。比如，与农村基层政府相比，社区居委会面对的社会公共事务多如牛毛，在这种情况下社区居委会会采取怎样一种应付策略呢？而且，上述研究多从干部管理体制、政府组织制度、监督与激励制度等结构性因素来解释基层政府的非正式行为的发生逻辑，在如何融汇组织内外环境因素来剖析应付行为发生的客观机理方面，还有进一步讨论的空间。鉴此，本书在吸收上述理论思想的基础上，从一种更为宽广的视域对城市社区居委会的应付行为进行理论与实证相结合的分析。在长达半年多的跟踪调研中我们发现，社区居委会一般不会也不可能对自身面对的所有事务都采取一种随便应付的态度，而是灵活的、有选择的。因此，本书采用“选择性应付”概念来概括社区居委会这种非正式的组织行为。本书尝试回答两个连带问题：其一，社区居委会为什么要通过选择性应付来应对上级政府的施压行为，即选择性应付行为发生的主观原因是什么？其二，社区居委会的选择性应付行为为什么可能发生，即选择性应付行为作为一种不合常理的现象，在我们的现实生活中为什么又“合理地存在”？导致其重复发生的客观环境是什么？

本书以中国南方G市L社区为分析对象，对该社区居委会在创建全国文明城市（以下简称“创文”）和第六次人口普查（以下简称“人普”）工作中所表现出来的应付现象做典型的案例研究。我们知道，“创文”和第六次“人普”是城市公共管理生活中极具意义的大事，其具体工作由街道办和社区居委会来承担。一定程度上，从这些事件当中可以反映出居委会在日常工作中的各种行为表现，这是观察中国城市社区组织运作过程的较好切入点。

L社区隶属于G市CB街道，辖区面积1.2平方公里，管辖人口为12563人，其中常住人口3264人，流动人口9299人。该居委会工作人员11人，设置一名居委会主任，兼管党政工作，一名副主任和其余的居委会委员，分管民政、计划生育、卫生、综治、社区就业、青少年工作等工作。本书第二作者两次以实习生的名义进入L社区，对L社区进行了历时半年多的“局内”观察，并以社区工作人员和兼职“人普”员身份，参与了“创文”以及第六次“人普”工作的全部过程。书中的资料主要来源于实证调查，包括对街道办事处、社区工作人员的访谈和实习日志。

## 二、社区居委会的“选择性应付”

### (一) 社区公共事务细分与选择性应付的逻辑关联

事实上，居委会在日常工作中不会，也不能对所有的事情都一概采用应付的办法来敷衍了事。应付行为不是无条件的，而是有选择的。那么，面对繁重和琐碎的工作任务，居委会是如何区分这些事务的轻、重、缓、急，从而做出选择性应付策略的？我们认为，这应该从社区公共事务的细分说起。

根据社区公共事务的施压主体及其属性的不同，本书把居委会日常面对的公共事务细分为三大类，分别是政治性任务、行政性工作和居民事务，大致相当于“党务”、“政务”和“居务”。[①] 所谓政治性任务是指由各级党委及其部门所发起和推动的有关宣传、教育和精神文明建设方面的活动。行政性工作是指由各级政府及其部门逐级派发和下压的各种行政管理事务，即协助政府管理的事务。居民事务是指源自辖区居民的基本诉求、处理和解决与居民切身利益有关、为社区居民提供具体服务的各类活动。而且，从居委会的文本职责和实际职责的不同剖面(见表6–2)，我们可以非常直观地发现，《城市社区居委会组织法》仅有6项条文从法律文本上对居委会的三大类事务做出规定，可以说既笼统又简单；但相反，居委会实际承担的三大类事务分别有22、61、21小项之多，共达104项。

**表6–2 社区居委会的文本职责与实际职责对比**

| | 文本职责 | 实际职责 |
|---|---|---|
| 政治性任务 | 宣传宪法、法律、法规和国家的政策；维护居民的合法权益，教育居民履行依法应尽的义务；爱护公共财产；开展多种形式的社会主义精神文明建设活动 | 包括党建党务、检查评比、领导慰问、代理上级慰问、道德教育、创建“五文”、上级精神传达、领导视察、学习文件、妇女工作等共计22项职责 |
| 行政性工作 | 协助维护社会治安；协助人民政府或者其派出机构做好与居民利益有关的公共卫生、计划生育、优抚救济、青少年教育等工作 | 涵盖社区社会福利工作9小项、社会治安工作9小项、计划生育工作9小项、社区出租屋管理工作6小项、社区消防工作6小项、社区文化工作8小项、社区老年工作6小项、社区科委科协工作4小项、社区侨务工作2小项等共计61项职责 |

① 关于社区公共事务的三类细分，涵盖了居委会日常工作的大部分内容，现实中由于政企不分、政社不分、事企不分的缘故，居委会也可能肩负着其他社会组织乃至经济组织的某些生产性职能，但对此不做展开。

续表

| | 文本职责 | 实际职责 |
| --- | --- | --- |
| 居民事务 | 办理本居住地区居民的公共事务和公益事业；调解民间纠纷；向人民政府或者其派出机构反映居民的意见、要求和提出建议 | 包括儿童疫苗接种、为居民开医疗证明等社区卫生工作 10 小项；楼院的卫生整治、检查道路保洁、垃圾清理状况；处理居民反映乱排污水；处理居民反映管道损坏等社区环境工作 11 小项，共计 21 小项职责 |

注：表 6-2 中居委会的文本职责根据《中华人民共和国城市居民委员会组织法》（1989 年）第三条整理而得，居委会的实际职责根据我们实地调查获取资料整理而得。

为“完成”上述三大类、104 小项事务，居委会会根据“硬指标”和“软指标”的区分做出选择性应付行为，这与欧博文和李连江观察到的乡村干部选择性政策执行的逻辑有惊人的相似。在中国乡村地区，基层干部往往将受欢迎的政策归类为“软”的、无约束的指标，而将计划生育、税费征收归入必须完成的“硬指标”。并且，基层干部对于有否决权的指标，常常也能在其内部区分出“软”、“硬”程度不同的部分（O’Brien、Li，1999）。在城市社区，居委会干部把居民类事务和涉及上级“一票否决”的部分行政性工作当作必须完成的“硬指标”，而将不涉及“一票否决”的大量政治性任务和行政性工作视为可以灵活应付的“软指标”。这是由于，居委会干部直接面对辖区居民，开展居民事务本应是他们最核心的事情；而且，他们在居民问责和“顾客”维权的压力下，必须切实回应居民诉求，为居民提供具体的公共物品和服务，比如，为儿童提供疫苗接种、为居民开具医疗证明、检查道路保洁、处理居民反映乱排污水问题，等等。同时，居委会面临街道办事处的各种考核，但一些涉及国策和居民生命财产安全的行政协管工作如计生、消防、安监、治安、综治维稳、“五类人员”管理等，由于涉及“一票否决”，居委会干部出于工作安全和升迁的考虑，必须谨慎认真对待。这样，除去这些“硬指标”，那些“务虚”类政治性任务和大量行政性工作，由于受约束因素较少，便选择了应付的方式来对待。如 L 社区居委会主任 MYH 所说，即使涉及“一票否决”的一些事项，往往也是造假的成分比较多，只要在检查时没有发现什么大的问题，上级也会睁只眼闭只眼的（访谈资料 M20111020）。

通过对社区公共事务的三类细分，本书厘清了选择性应付这一概念的逻辑内涵，但我们认为，还有必要对选择性应付与已经广泛使用的选择性政策执行这个概念做些比较与区分，以利于后续研究的对话与讨论。首先，二者切入问题的分析角度有所不同。前者是从基层公共事务应对与处理的角度来分析居委会的应付策略的，而后者是从基层政府执行公共政策角度来讨论基层自利性的复杂性一面。其次，二者分析的对象有所不同。前者关注居委会如何应对上级党委和政府及其职能部门派发和下压的各种工作任务，以及如何回应源自辖区居民的实际利益诉求；而后者侧重分析上级政府制定的各类涉农政策在中国乡村的执行状况。

显然，选择性应付的对象有很多不属于公共政策的范畴，尤其是政治性任务和居民事务。最后，二者关于选择性的区分原则虽有类似，但实际内涵却存在差异。前者是从辖区居民的刚性需求和行政性工作中的“一票否决”制来区分“硬指标”与“软指标”，从而做出选择性应付；后者是从欢迎度的角度来区分“硬指标”与“软指标”，从而做出选择性政策执行。

### （二）居委会选择性应付的分析框架

根据前述，居委会的应付行为有针对性地选择了“软指标”，但这并不意味着居委会必然会做出选择性应付行为，如果居委会自身有足够的资源禀赋和能力来处理和解决社区的三大类事务，而且其直接上级和服务的居民有足够的意愿和动力监督其日常工作，那么，居委会的选择性行为就不需发生也不可能在街道办和居民的眼皮底下持续发生。但是，居委会的选择性应付行为不是个别工作人员或个别部门的私人活动，相反，它们是一种有默契、组织化的集体行动，在很多情况下甚至大张旗鼓地加以部署安排，其所以发生和可能发生的组织基础和制度环境是什么呢？

组织理论家理查德·豪（Hall，1991）提出，对某种具体的组织行为和组织现象的分析，一方面要重点关注组织内部的资源禀赋，另一方面要分析其所处外部环境的制约因素。从组织内部来看，诸如人力、物力、财力、政策、权力等资源是组织实现其目标和使命的基本条件，内部资源的多寡、好坏直接影响到组织能力的有效发挥。就组织外部环境而言，任何一个组织都不是孤立存在的，而是与其邻近的、周围的其他行动主体存在互动乃至资源互赖关系，因此，一种组织现象和组织行为的发生，更多的是多元行动主体间有意或无意“共谋”的结果（周雪光，2008）。正如欧博文和李连江（O'Brien、Li，1999）所指出的，我们去考察一位基层干部所面对的全部因素，既包括那些从本地日常生活中产生的因素，也包括那些从上级那里产生的结构化因素。由此我们就能发现为什么基层干部有时是“恪守原则的代理人”，有时却又是藐视上级意志的投机者。上述两种理论逻辑基本意见是一致的，前者强调对组织内部条件和外部环境因素相结合的分析，相当于后者所谓“自下而上”的本地生活化因素与“自上而下”的结构化因素相融合的思想。本书借鉴这一理论逻辑，尝试从居委会组织内部和外部环境两个维度来解释，居委会选择性应付行为之所以发生和可能发生的必要和充分条件，其中包括对来自上级政府尤其是街道办事处[①]的结构化因素分析，以及对居委会自身和辖区居民的本地生活化因素的讨论。

① 街道办事处本来的法理性质是我国城市区（县）政府的派出机构，不属一级政府。但在现实中，街道办事处完全行使着一级政府的大部分职能，供养着大量办事机构和公职人员。因此，本书把街道办事处视同为居委会的上级政府，事实上对此学界也有“街道政府”和“准政府”的说法。

下面的分析基于这样一种理论设想：在社区三大类公共事务的处理与解决过程中，居委会必须与其直接上级政府（街道办事处）以及服务的辖区居民互通交道，实际上结成了一个三大行动主体行为互动的社会网络。在居委会一方，组织内部条件的制约是导致其做出选择性应付的必要条件；而从街道办事处和居民的角度来看，他们与居委会是朝夕相处的，与居委会之间在信息上是完全对称的，因此，居委会选择性应付行为之所以能够广泛而重复发生，可以从信息对称情况下前者对后者缺乏监督意愿和动力来加以解释。而这正是诱发居委会选择性应付行为的充分条件。为此，下面从三个子命题来分析居委会选择性应付的组织基础和环境因素（见图 6-1）。

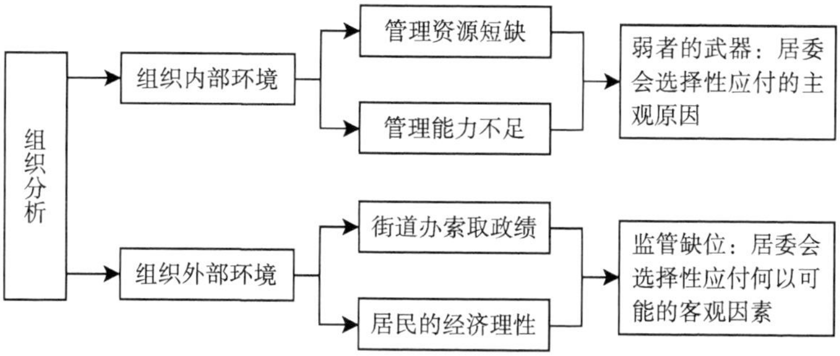


**图 6-1　社区居委会“选择性应付”的分析框架**

命题 1：居委会组织为应付直接上级政府——街道办事处的考核压力，迫于内部的人力、财力、权力、时间等资源短缺的约束，主观上做出选择性应付行为。

命题 2：在职责同构和压力型体制的行政环境下，街道办事处与居委会形成了资源互赖关系，街道办事处需要居委会的政绩支持，居委会作为“弱者”需要依附于街道办事处而生存，因此，由于街、居组织间“共谋”，居委会的选择性应付行为得以默许存在。

命题 3：社区居民基于经济理性只关心和维护自我利益，对于居委会广泛存在的选择性应付现象，采取了听之任之的冷漠态度。这进一步纵容和加剧了居委会选择性应付行为的发生。

## 三、L 社区居委会选择性应付的实证分析

### （一）“创文”：应付没商量

早在 2004 年，“创文”就成为 G 市考核各级领导干部政绩和单位工作的重要内容。各级政府将“创文”的各项工作一级一级地延伸到了基层社区，环境卫生、市容市貌、交通秩序、摊档管理、窗口服务、文体活动等都需要由社区居委会来完成，社区居委会不得不陷入这些“剪不断、理还乱”的事务当中。

为了完成这些工作，居委会工作人员运用各种方式应付。例如，为了推进“创文”工作，G市“创建办”精心组织了各项主题活动，要求各基层社区组织开展“微笑服务月”、“文明出行月”、“卫生清洁月”、“社区文化月”等主题月活动，L社区对于这些主题月活动的备案资料准备得非常详细齐全，但是实际工作中却没有举办过一场活动。居委会主任曾将这些活动方案交由笔者撰写，因此，我们对于应付行为体验非常深刻。在方案撰写过程中，居委会主任对笔者说：“这些活动嘛，你就想办法自己编吧，像查资料啊，上网抄一点啊，或者是也可以你自己策划。总之就是，我们要做得跟进行了这项活动一样，至于要写得多好，倒也不必要，枪打出头鸟嘛，这个反而可能会惹来一身麻烦……其实这些东西，就是作假，你应付我，我应付你。你想想，我们每天要做多少事情啊，检查卫生、贴宣传语、出租屋还要去检查……现在就是把我们这些人都分成两个人都干不完，根本就不可能有时间去组织这样的活动。”（访谈资料 M20110721）

根据我们的观察，此类现象非常多，如“创文”中的其中一项工作是开展“一约三则”[①] 论坛活动，要求必须照相。居委会主任召集居委会所有人员集合，摆桌子、挂横幅，找来麦克风，很短时间论坛活动现场就呈现出来了。所有人员纷纷入座，一个接一个地站成“发言”的姿势，不到5分钟，这次论坛活动“圆满”结束。论坛活动结束之后，笔者对于这次论坛还是“丈二和尚摸不着头脑”，于是询问关于什么是“一约三则”，计生专干PLH的回答让人深思：“不是很清楚这方面的东西，只知道是与‘创文’有关，其实，搞这么多的活动，我们基本上没有对哪个活动是了解得很详细的，市里面为了评上全国文明城市，要这个材料那个材料，至于活动隔一天就有，下达的通知更是每天都有，不是去清扫卫生，就是去维护交通秩序。说实在话，我们非常的累啊，周末都要加班，我昨天都中暑了，今天刚刚打完点滴主任就叫我来上班了，像搞些这样的活动真是劳民伤财啊。”（访谈资料 P20110815）

据G市有关媒体报道，2011年7月的城市文明指数测评问卷调查显示，市民对G市“创文”工作支持率高达99.97%。对于这个结果，笔者觉得难以苟同。这份《城市文明指数测评调查》的依据是由社区居委会向居民进行的问卷调查，这对于一些辖区内人数少的社区来说尚有难度，对于像L社区这样人数上万的大社区来说就更是难上加难。在处理这项工作时，居委会主任想了一个办法，那就是先把问卷调查填好，然后再拿去复印，这样一来所有的问卷便做完了。可结果是，所有问卷的答案选项都是一样的，并且都是选择最好的那一项。对于这样的事情，居委会主任MYH尖锐地指出：“这种做法其实都是公开的秘密了，我们也知道有些会造成不好的后果，但是，这些总是要我们完成的，今天不完成，明天

---

① 分别是《G市文明公约》、《G市家庭美德守则》、《G市社会公德守则》、《G市职业道德守则》。

的任务就又下达下来了，我们躲不了的，所以只有想办法应对。应付也好，加班加点苦干实干也好，反正上面就只看结果的。”（访谈资料 M20110714）

### （二）“人普”：不得已的应付

第六次全国“人普”是一项重大的国情国力调查，其目的是查清自 2000 年以来我国人口在数量、结构、分布和居住环境等方面的变化情况，以便为科学制定国民经济和社会发展规划提供科学准确的统计信息支持。众所周知，高质量地完成“人普”任务意义重大。笔者曾以一名兼职普查员的身份参与到 L 社区的第六次“人普”工作当中，亲身体验到所谓的“人普”工作是如何进行的。

L 社区普查区按照人数划分为 68 个普查小区。在 L 社区，“人普”工作中最大的难点是流动人口多、普查员少，近万人的流动人口，普查员只有 13 人。[①] 根据第六次全国“人普”方案，登记对象是现有人口，如采取“见人就登”、“见户就登”[②] 方式，既增加了工作难度，又增加了工作量，所以，L 社区选择在晚上进行入户摸底登记。但由于居民的流动性大以及对“人普”工作的不了解，导致这一阶段工作进展得非常缓慢，工作中也遇到许多困难：我们一般是晚上 6：30~7：00 这个时间段去摸底登记，因为这个时候大部分人都下班回家了，但是在登记时，很多居民都对我们很戒备，要么不开门，要么就对信息随便乱答，还有的干脆就说不知道，每天都要近晚上 10 点钟才能回去，即使这样，每天能够登记到的也只有 20 多户。[③]

入户摸底登记工作进展缓慢，影响了接下来的《户主姓名底册》的填写。但在上交底册的最后期限又不得不想办法完成，于是大家从出租屋管理中心、民政办等处拿出相关登记材料开始填写。经过“奋战”总算“完成”了任务。诚如社区的一位工作人员 LFY 所讲：“其实这样一户一户地上门摸底对我们来说不实际，白天我们有大堆的事要做，晚上要上门，就我们这几个人，速度非常慢，但是又得完成任务啊，只有这样去做了。”（访谈资料 L20110930）笔者开始时对这样的做法很不理解，并且对普查出来的结果比较担心，但是居委会副主任 ZWJ 的一番话就打消了笔者的疑虑。她说：“虽然上面会上门抽查，但是一般都会事先告诉我们，或者明示，或者暗示。其实我们普查到的这些资料，汇总好的这些个数据，最后还要看是不是和上面规定的数据资料大致相符，如果我们的这个数据和上面的数据有较大的出入，我们还得改。比如说，现在我们的这个流动人口

---

① 这 13 人包括居委会所有工作人员 11 人，本书第二作者及另外 1 名外聘人口普查员。

② “见人就登”是指凡普查标准时点在中国境内的自然人，无论是大陆常住人口、港澳台侨人员还是外国人，原则上都属于人口普查对象；“见户就登”是指普查对象不在户口居住地居住的，户口登记地要登记相应信息。

③ 摘自本书第二作者的社区实习日志。

数和死亡人数与上面规定的就有出入，上交的时候我们还要稍微做些改动才行。”（访谈资料 Z20110930）

### （三）“全能型社区”与选择性应付的悖论

改革开放后尤其是进入 21 世纪以来，我国的大中城市实行了“两级政府、三级管理、四级网络”的管理模式，采取了“重心下移，任务下沉”的基层公共治理思路。受此影响，社区居委会俨然成为了万金油式的“全能型社区”。上文分析的居委会三大类事务、104 小项职能，就是有力的佐证；而 2012 年全国“两会”期间，有全国人大代表反映深圳南岭村居委会共计挂了 43 块牌匾，更说明现实中居委会行政化问题的严重性。但透过上面两个典型案例可清楚看出，像“创文”这类只具符号意义的任务，不仅劳民伤财，而且导致了居委会随便应付的行为“异化”现象；而对于像“人普”工作这类政府工作中的重中之重，由于缺乏“一票否决”的考核机制，致使居委会工作人员可以弄虚作假敷衍了事，甚至作为其直接上级的街道办还纵容和默许这种非正常行为。有时即使签有军令状以显示上级的否决权威，居委会也还是会做出选择性应付的行为。民政委员 LGF 就多次埋怨道：“上面有一个特点，就是什么都喜欢签军令状，这个担子压得我们都喘不过气来。但军令状归军令状，很多时候我们也只好随便应付了，反正不要出人命就行！”（访谈资料 L20110915）这说明，选择性应付已成为一些居委会的工作习惯和日常行动逻辑。

## 四、居委会“选择性应付”行为发生的组织条件

### （一）弱者的武器：居委会选择性应付行为发生的内部根源

任何组织的管理都面临着内部资源约束问题。组织资源是否稳定而充足，使用是否便利而有效，直接决定着组织能力的大小和组织目标的实现程度。从实际管理来看，社区居委会的组织资源是指其工作正常运转所依赖的各方面条件，主要包括人力资源、财力资源、权力资源乃至时间资源等。就实际而言，居委会内部资源短缺的问题十分明显。

一是人力资源的短缺。我国各级行政机构的人员配备呈倒金字塔结构，越是工作繁重的基层组织，配备的专职人员越少。居委会虽不是法定的行政机构，但扮演了国家（政府）代理人的角色，实际上处于这个倒金字塔的最底端，人力资源短缺的问题最为突出。在笔者的实习过程中，听到最多的是“三少三多”，即人少，任务多；时间少，材料多；服务少，考查多。G 市各区目前的社区居委会人员配备标准是按每 200~300 人配备 1 名居委会成员。L 社区目前有 3300 多户居民，只有 11 名工作人员，在这些工作人员中，只有居委会主任 MYH 是正式事业编制，其余全是街道办事处聘用的合同工。居委会目前的工作大部分来自于街道办事处，诚如居委会主任 MYH 所言：“我们要完成的工作 90%以上是由上面

（街道办事处）分派下来的，上面有多少个部门，我们就会有多少种事情要做。他们只管分配给我们，也不管我们能不能完成。”（访谈资料 M20110915）比如，民政委员 LGF 负责社区的民政事务涉及低保事务的办理、孤寡老人相关工作的办理、残疾人相关工作的办理、志愿者服务等，一旦遇到上面统一检查还要配合其他人员做好人口普查、创文创卫、换届选举、卫生清洁等工作。居委会人力资源的短缺，造成其对上级下派的繁杂工作疲于应付的局面。上述案例 1 中，由于人力资源的不足，社区人员无暇开展各种主题月活动，更无暇组织“一约三则”论坛等活动，于是，选择性应付便成了认真细致工作的替代方法。

二是财力资源的短缺。根据 G 市《关于加强社区居委会建设的意见》，社区居委会的办公经费、组织居民活动经费、社区所得赞助金及政府部门费随事转的有关工作经费，由社区居民委员会按规定管理和支配。但实际上，社区居委会的财务自主权为零。在 L 社区，所有的活动经费均由其所在的区政府和街道办拨款，上述经费还有被区政府和街道办层层截留和挪用的现象。居委会主任 MYH 经常诉苦：“我们做的是最累的活，拿的是最少的钱。上面给我们拨的那一点点钱，既要做办公经费开支还要做各种活动的开支，每分钱都要精打细算才行。有时候经费短缺，我们必须通过招募志愿者来完成任务。”（访谈资料 M20110915）由于工作经费严重短缺，导致案例 2 中社区人员入户摸底时只能以造假的形式替代上门登记核实材料的现象。而且，社区居委会工作人员的月收入只有 2000 多元，却要承担繁杂的工作任务，这使得他们对工作没有积极性和成就感，习惯性地产生一种得过且过、随便应付的心态。

三是权力资源的短缺。管理不仅要讲情理和道理，更应注重法理，讲究依法和依规。社区居委会日益行政化后，其承担的政治性任务和行政性工作越来越多，需要更多依法行政。但当前的一个突出矛盾是，居委会在法理上只是基层群众性自治组织而非公共组织，因此，居委会在日常的公共事务管理中没有实际的执法权和仲裁权，这就导致居委会有责无权、责任与权力严重不匹配。笔者在 L 社区实习过程中经常接到居民抱怨甚至是谩骂居委会的电话，但面对居民的不理解，民政委员 LGF 表示可以理解。他说：“有很多事情我们是没有权限做的，居委会只是一个代办机构，政府才是实际有权限的，像很多居民投诉居住证的办理时间太长，有些人是办半年的，然而拿到证就得要两个月，实际上居住证使用的时间只有 3~4 个月。居民经常会打电话投诉我们，实际上我们也想快点，但是我们只是代办机构，实际办证机构是公安局。结果挨骂的是我们。”（访谈资料 L20110925）L 社区居委会主任 MYH 也认为：“社区做了很多不该做的事，也挨了很多骂，有很多事情是政府部门应该做的，但是他们却推给了我们社区来做。比方说，工商部门要居民到社区开证明，证明居民的商铺是开在某某小区的，假如我不开，居民会骂我，假如我开了，我对他的情况不了解，开错了怎么办？”

(访谈资料 M20110925) 由于权力资源短缺，导致居委会对公共事务的管理丧失了合法性，实际上也就无法实施有效的管理，无法真正完成上级下派的各种任务。其结果是，居委会在很多情况下不得不采取应付的方式来搪塞辖区居民。

四是时间资源的短缺。由于面对“上面千条线”，居委会这根“小针”随时可能接到一些上级下派的临时性限时工作。如果工作人员多就可以弥补时间紧迫的问题，但居委会人力资源短缺已是明摆的事实。街道办常常是一个电话或者一个通知下来，要求居委会在规定的时间内完成一项临时工作，不考虑居委会能不能完成。笔者在居委会实习过程中多次体验到街道办要求居委会完成任务有如“军令如山倒”的迫切。居委会主任 MYH 曾告诉我：“像选党代表这件事，上面一个电话下来要选代表，我们得忙上好几天，关键是还不提前通知，我们就是有三头六臂也完成不了。有时候，政府部门还会交办我们去调查辖区内企业和个体户的经济数据，我们根本就没有那么多时间去完成。反正这种临时性的事情太多了，我们基层太辛苦了。”(访谈资料 M20110729) 由于时间资源短缺，居委会在协助上级完成任务尤其是那些临时性和突击性工作时经常只能采取应付的手段。

综上所述，在中国目前的倒金字塔式管理体系中，居委会身处塔底，面临人力资源、财力资源、权力资源和时间资源严重短缺的窘境，可以说，居委会成为这个倒金字塔组织体系中的最弱势组织，或者说是中国所有行政管理主体的“最弱者”。然而，上级政府及其职能部门往往不顾实际地把几乎所有的政府事务下压、派发给居委会，并要求其“保质保量”完成。如此一来，上级对居委会的巨大功能诉求与居委会自身的资源供给之间出现了严重的供需失衡，从而使居委会的实际代理能力非常有限。因此，作为整个行政管理末梢环节的“弱者”，为应对上级政府尤其是街道办事处的考核压力，居委会便主动但又灵活地选择了应付这种行为方式。换言之，基于管理能力不足的现实困境，居委会把选择性应付当作一种“弱者的武器”(斯科特，2007)，表现出自己对上级政府不断施压的抵触乃至不满。不过，居委会的选择性应付是一种非对抗性的抵制方式，相当于一种既柔软又坚实的“韧武器”(折晓叶，2008)。

**(二) 职责同构和压力型体制下的街、居“共谋”：选择性应付行为成为可能**

就街道办事处与居委会的互动关系而言，由于职责同构和压力型体制下上级对下级的形式政绩的考核要求，街道办事处与居委会基于资源相互依赖的需求而走向了“共谋”，从而导致选择性应付的重复发生。

从街道办事处来看，其对居委会的资源依赖集中体现在对形式政绩的依赖上。在当代中国，政府的管制体系带有两个非常显著的特点：一是纵向府际关系结构上的职责同构体制；二是任务考核的压力型体制，二者相互结合，构成中国公共事务治理的制度基础。所谓职责同构，是指不同层级的政府在纵向间职能、职责和机构设置上的高度统一、一致。通俗地讲，就是在这种政府管理模式下，中国每一级政府都管理大体相同的事情，相应地在机构设置上表现为“上下对口，左右对齐”（朱光磊、张志红，2005）。而压力型体制是指一级政治组织为了实现经济赶超，完成上级下达的各项指标而采取的数量化任务分解的管理方式和物质化的评价体系（荣敬本等，1998）。可见，上下级政府之间的职责同构体制，使得上级政府能够将各种政治任务和行政职责下派到下级政府来完成，尤其从我国《地方政府组织法》关于各级政府职能的有关规定来看，在列举每级政府职责的最后一条都有“办理上级国家行政机关（上级人民政府）交办的其他事项”。这一看似简单的规定，却以服从上级管理的名义将政府所有对内职责潜在地贯穿在整个政府体系中（张志红，2005）；而压力型体制实质上是一种任务层层分解并作考核评价的“达标政治”。因此，在这样一种职责与压力逐级传输的政府管制体系下，越到基层工作任务和考核压力越繁重，尤其在城市基层，街道办事处和社区居委会的工作任务和考核压力到了不堪重负的状态。虽然在三大类社区公共事务中，大部分政治性任务和不涉及“一票否决”的行政性工作，均属于“软指标”性质的形式政绩，本不具有多大的考核意义，但上级政府未做区分，均要求下级政府层层加以考核。

于是，街道办事处为完成市、区政府下达的各种任务，以应付其更上级政府的考核压力，必然要寻找更下一级的施压对象，以寻求这些对象的形式政绩支持。结果，居委会作为城市国家政权的末端代理人，成为了街道办的“一条腿”，其在完成街道办下派的各种政治任务和行政工作的同时，事实上就配合和支持了街道办要完成的各种形式政绩考核的要求。也就是说，市、区政府对街道办在挥舞着政绩指挥棒，在职位升迁和奖金发放压力下，街道办只能对居委会同样挥舞着这根指挥棒，通过向居委会索取各种政绩来夯实自身的政绩资源基础。对此，CB 街道办事处主任 DC 主任的观点很能说明问题：“我们是各种活动、各种会议不断。虽说法律规定，我们街道办事处只是区政府的派出机构，并不是各职能部门的派出机构。但实际上，区政府的各职能部门都将本应自己承担的各项任务推给了街道，自己只是做个监督检查员，一旦出了问题又拿我们街道是问。我们街道实际上是职能部门各项任务的汇集点，只能搞突击和应付。为搞突击和应付，最后只能硬性要求下面居委会的配合和支持了！”（访谈资料 D20110803）

就居委会而言，其对区、街政府的资源依赖带有显著的依附性特点。由于居委会与街道办及其上级政府在地位和权责分配上严重不对等，这就导致前者对后者存在紧密的经济依附、个人依附和权威（政治）依附关系。

首先是经济依附。按照《城市居委会组织法》第十七条规定：居委会的工作经费和来源，居委会成员的生活补贴费的范围、标准和来源，由不设区的市、市辖区的人民政府或者上级人民政府规定并拨付；经居民会议同意，可以从居民委员会的经济收入中给予适当补助。显然，居委会工作经费和管理人员的工资和补贴都来自于政府。那么，“端谁的饭碗归谁管”，当上级能够满足下级报酬、福利、经费等各种经济需求时，那么下级必然会高度依赖于上级组织（Walder，1996）。同样，居委会作为理性的行动者，为依附于街道办事处而获得自身的生存空间，必然要对其直接上级的各种指令心领神会，听之任之。比如在L社区，居委会自身没有任何的收入来源，所有的活动经费全部来自TH区政府和CB街道办的拨款。为“维持生计”，居委会也会想方设法从上级争取经费。在该社区有一个形象的说法，居委会成员亲切地称街道办事处为“亲爹”，称区政府为“爷爷”，居委会对街道办、区政府的依附关系表露无遗。上述“创文”案例中文化活动中心材料造假问题，居委会本来没有资格申请，但是在上报的材料中却写得很完美。对此，主管社区文化的副主任ZWJ说：“如果不这样上报材料，这一部分的钱就不能拨下来。我们不想办法的话，你也看到了，我们的资源很有限，要场地没场地，要钱没钱。如果这样我们先报上去，拿到资金了，以后就好办了。即使来抽查，我们也可以想办法布置一个临时的就可以了。事实上，F姐（ZYF，街道文化站负责人）知道我们的情况的，很了解我们的难处。她自己也没法完成任务，这是区里面规定每个街道要多少个这样的文化活动中心，合伙办事，她这样帮我们，其实就是在帮自己。”（访谈资料Z20110920）

其次是个人依附。现实中，居委会成员的候选人基本上由街道党工委考察和选定，再交由居民选举，而且多采取等额选举的方式确定。如此，所谓选举更多的是走一种程序，结果比程序更加重要。通过这样一种制度性的政治活动方式，使组织成员高度依附于其上级领导（Walder，1996）。在L社区，居委会成员是由区政府和街道党工委共同决定的。除了居委会主任直接由街道下派外，其他委员会成员虽由居民委员会直接聘任，但也要交街道办组织科备案。在这样的选举方式和人事安排下，居委会成员实际上成了街道办聘用的“干部”（居民们习惯称他们为干部），一旦成为居委会的一员，这些干部们就要为他们的直接上级工作。而且，在总体就业形势严峻的环境下，这些学历和技术能力不高的居委会干部（他们基本是初中或高中文化水平）能保住这样一份体面而稳定、薪酬不高也不低的工作已经是不错的选择了。计生委员PLH就曾感言：“暂时可能会是合同工，只要在平时工作时刻记得和上面靠拢，编制总是会解决的。平时，他们也知道在规定时间内我们是完成不了的，但是他们为了考核，只能是对我们施加压力，我们又不能把压力给居民，就自己消化解决吧，所以就只能造假了，我们应付他们，他们再应付上面。”（访谈资料P20110920）

最后是权威依附。作为社区居民的组织代表，居委会在区、街中没有任何法定的强制权力，但它又经常要完成政府指派的硬性任务。因此，权责失衡的现实迫使居委会必须发展出独特的运作方式来应付这个局面，那就是依靠外部的国家权力来“摆架势”，也即依靠区、街中的公共权威来完成自身的任务。对于社区居委会来说，街道办事处是国家在区、街中的代理人，其掌握的资源远远多于居委会。这样，在一些问题的解决中，街道办的参与不仅在于它能提供稀缺政治资源，更重要的是它能作为基层社会中唯一具有权威的正式组织，在“并肩作战”的行动中为其他行动者提供一种信用，因此，居委会在很多时候需要以街道作为后盾（何艳玲，2007）。L社区的综治委员LJR对此有深刻体会：“我们自己是没有权力的，处理问题只能给他们讲道理，实在行不通的话，就只有找街道来帮忙了。我们在很多情况下，都要依赖街道开展工作。就拿这个人口普查来说，我们都要找派出所警察来帮忙，居民才会信服我们的。很多时候，我们磨破了嘴皮子，花了很多工夫，但是效果往往不如警察的一顶‘大盖帽’。”（访谈资料L20110915）

上述分析表明，街道办事处与居委会之间确实存在紧密的资源相互依赖关系。一方面，街道办事处为完成市、区政府派发的各种任务，必须高度依赖其所在辖区居委会的政绩支持。在街道办那里，这种来自于居委会的政绩支持就是自己用来应付上级政府的关键性资源。另一方面，社区居委会及其成员作为“弱者”，面临经费、人事、权威等关键性资源极度短缺的窘境，迫于社区组织的生存及其内部成员的生计压力，居委会只能选择对这些资源及其拥有者——街道办事处的依附生存方式。尽管街道办对于居委会管理资源匮乏的状况是最了解的，但相对于市、区等上级政府而言，街道办自身也是一个“弱者”，因此，出于向居委会索取形式政绩的现实需要，街道办也就对居委会的选择性应付行为采取了“睁一只眼闭一只眼”的默认态度。最终，居委会和街道办事处基于资源互赖需要结成了一个“政绩共同体”，在二者心照不宣的“共谋”下，前者的选择性应付行为得以广泛而重复地发生。

### （三）居民的经济理性助长了居委会选择性应付行为

上述关于职责同构和压力型体制所引发的街道办事处对居委会的政绩资源依赖问题，是选择性应付行为何以可能发生的结构性因素解释，接下来，我们还必须从辖区居民这个本地生活化因素进一步阐释。由于辖区居民的监督缺席，助长了居委会选择性应付行为的普遍存在。

改革开放以来中国发生了急剧的经济转轨和社会转型，由此对国家的政治和社会生态带来了两个显著的变化：一方面，政府在改革过程中一直处于强势地位，但其合法性并未随着经济政绩的累积而强化，反而出现了信任危机，损害到政府形象和公信力，尤其是基层政府的公信力急剧下降。另一方面，社会的阶层和利益日益分化，但市民社会尚未建成而断裂社会的痕迹却愈发明显。在这种政治社会生态下，社区居民普遍没有养成具有公共理性的公民人格，对社区性公共事务和公益活动缺乏参与和监督的热情；相反，基于自我利益算计的经济理性不断膨胀。受此影响，社区居民一般仅关心居委会处理的居民事务，因为这些事务关系到自己的切身利益诉求、权益保障和维护，至于社区的政治性任务和行政性工作，他们多表现出“事不关己，高高挂起”的政治冷漠态度。另外，在辖区居民心目中，居委会是政府的代言人，有的居民甚至认为居委会就是政府，因此，在政府公信力下降的大环境下，不少居民不仅不关心辖区的其他公共事务，反而怀着“民碎”的心态来嘲讽和奚落“代表政府”的居委会。

因此也就不难理解，当居委会的选择性应付行为每天发生在自己眼皮底下时，辖区居民出于经济理性而非公共理性的考虑，不会借助呼吁和用手投票的办法来表达自己的不满（赫希曼，2001），以示对这种非正式组织行为的监督。他们习惯以金钱的交换来看待社区参与活动。居委会主任 MYH 曾深有感触地说：“我们要举行活动总要有居民来参加吧，那居民们就说，我们要上班，来参加你们的活动有误工费吗？你也知道上面是不可能给我们这个钱的。”（访谈资料 M20110721）

只有当居委会无法回应自己的利益诉求，为自己提供想要的公共服务时，辖区居民才会表达自己的关切。但鉴于呼吁和用手投票机制在社区自治制度中的形同虚设，而户籍制度的人身依附功能又逐步弱化，居民们往往会选择退出即“用脚投票机制”来表示一种无声的抗议而非相反。

## 五、对当前城市基层社会治理体制改革的政策讨论

### （一）研究结论与思考

在当代中国，一些社区居委会的选择性应付行为是客观存在的，作为一种机制性的非正式组织行为，其何以发生以及何以可能发生有着坚实的组织基础和体制根源。本书的研究发现是：其一，居委会的应付行为是有选择性的，主要针对上级指派和下压的各种政治性任务和不涉及“一票否决”的行政性工作，即所谓的“软指标”；而对于辖区居民类事务以及计生、安监、治安、维稳综治、消防等涉及“一票否决”的“硬指标”，居委会不能随便应付。其二，社区居委会组织内部的人力、财力、权力和时间资源的极度短缺，导致其管理能力严重不足，作为中国政权体系最底层的“弱者”，居委会在主观上只能以灵活的选择性应付方式来抵制上级政府不切实际的施压行为。但这种抵制是无声的、非对抗性的，因此，居委会的选择性应付行为是一种既柔软又坚实的“韧武器”。其三，职责同构和压力型体制下形成的街、居“共谋”，是诱发居委会选择性应付行为的结构性因素。而街、居“共谋”的发生，主要是由于街道办事处和居委会彼此间基于资源相互依赖的需要，结成了凝固的“政绩共同体”。其四，在当前的政治和社会生态下，居民的经济理性助长了居委会选择性应付行为的发生。据此，本书的结论是，居委会选择性应付行为的重复发生是不可避免的：一方面，作为中国基层政权末梢环节的最“弱者”，居委会的管理能力与其管理任务间出现了严重

的供需失衡，这是居委会主观上采用选择性应付策略来敷衍上级政府的必要条件。另一方面，街道办事处基于政绩索取的需要、辖区居民基于经济理性的考量，要么选择默认，要么选择以放任的姿态来对待居委会的选择性应付行为，最终因为双方监督的缺席，从而让选择性应付这种非正式组织行为有了生存的土壤，而这就是应付行为何以可能发生的充分条件。

本书的研究同时引发了我们如下的思考：

首先，选择性应付现象作为一种非正式的组织现象，不仅发生在居委会身上，很可能也存在于中国的一些地方政府尤其是区（县）、乡镇（街道办）政府及其职能部门的日常工作中，只不过体现的程度有所不同而已。比如，从本书的实证案例分析来看，街道办事处明显也带有应付上级的心理倾向。这是由于，随着 1994 年国家实行分税制体制以来，地方各级政府均处于一种“财权不断上收、事权逐级下放”的制度性困境，均面临“倒金字塔”式的公共事务治理的逻辑悖论。但本文提出的分析框架和解释逻辑是否同样适用于这些地方政府组织，还需进一步地分类追踪研究。

其次，中国行政管理体系中的职责同构和压力型体制值得引起反思。毫无疑问，居委会的选择性应付行为是一种非正常的社会现象，它滋生了各种形式主义、弄虚作假的歪风邪气，损害了上下级政府间的基本信任关系，乃至触及公共伦理底线。对此，采取一般批评甚至禁令固然重要，但是，更重要的是如何改进政府运行机制，因为这些不良行为根本上是从政府运作体系中衍生而来的（赵树凯，2005）。从本书的研究发现来看，职责同构和压力型体制，是我国中央集权的行政管理体制运转的制度基础，但这种体制由于缺乏对各级政府组织的职责权限、任务分工和考核机制的分类梳理，把问题和矛盾流转和集中到了基层，尤其是城市的街道办事处和社区居委会，带来了诸如本书分析的选择性应付现象。

最后，选择性应付现象加剧了居委会的合法性危机，导致辖区居民对社区自治和社区建设的隔阂与疏离感。居委会原本的法理属性是居民“自我管理、自我教育、自我服务”的群众性自治组织，主要任务是搞好社区公益事业和公共服务，反映和传递居民的利益诉求，处理和解决辖区居民的具体事务，并附带协助党委和政府的一些政治性任务与行政性工作。但正如本书所分析的，居委会的实际职责多达 104 小项，其中，政治性任务和行政性工作共计 83 项，占所有任务的 80%，而居民事务只占 20%。这就造成居委会对于自己开展的工作如志愿者活动、文娱活动、帮助救困活动、治安巡逻、街头宣传、邻里互助，以及居民求助的各种服务如邻里矛盾纠纷、污水排放、管道损坏、孤寡老人去世缮后、停车位堵塞楼栋等，无暇顾及。此种状况，不仅使居委会工作人员怨声载道，更颠覆了辖区居民对居委会性质的看法，动摇了居委会在居民心目中的合法性地位。可以想见，长此以往，城市的社区自治和社区建设将沦为政府的“独角戏”，很难调动居委会和辖区居民参与的积极性和主动性。

**（二）对当前两种基层管理体制（机制）改革的政策讨论**

近年来，我国不少地方政府积极探索如何通过改革基层管理体制或运行机制，以给社区居委会工作“减负”，从而逐步削减居委会的选择性应付问题。目前主要有两种政策思路：一种是安徽铜陵撤销街道办事处，在街道层面组建大社区，实行“区直管社区”改革的所谓“铜陵模式”。该模式探索将原来的“区—街道—社区”三级管理调整为“区—社区”二级服务新模式，目的是通过撤销街道办这个多余的“夹心层”和“二传手”，达到整合人才、资金和物质资源，充实大社区工作力量，促进社区自治能力。另一种是广东顺德学习借鉴新加坡、中国香港社会治理经验，努力构建“小政府、大社会”治理格局的“顺德模式”。该模式着力探索通过转变政府职能、向社会放权的方式，解决政府在市场经济环境下社会服务和社会治理“越位”的问题，做到“社会管理社会办”，培育街道和社区居委会更多的自治空间。

在我们看来，第一种思路属“外延式改革”，它力图通过直接撤销街道办事处来减少管理层次，整合管理资源，强化社区组织的管理能力，表面上看似乎切断了社区居委会选择性应付的内外部条件。第二种思路属“内涵式改革”，它借助于公共权力在政府与社会之间的再分配来为政府“瘦身”，减少政府职能和政府派发性任务，从而缓解街道与社区居委会的繁重工作压力，减少社区选择性应付的频次。我们认为，铜陵的“外延式改革”思路有出现政策反复的可能，由于它没有从源头上解决政府权力太大、政府职能过多而导致的“上面千条线，下面一根针”的问题，因此，在繁重的工作压力下，区政府和社区之间有可能结成新的“政绩共同体”，产生新的“共谋”行为，从而诱发大社区层面的选择性应付现象。相较而言，顺德的“内涵式改革”思路带有“增量改革”意义，因为它注重通过政府自身的权力“消肿”为基层政府和社区组织切实“减负”，减少了大量政策性任务和行政工作，从而缓解了社区组织内部管理资源匮乏与能力不足的矛盾，有利于减少社区选择性应付的问题。

然而，上述两种改革的政策思路均带有一个不可回避又难以解决的问题，即民间常说的“下改上不改等于自找麻烦”的问题。因为如上所述，在职责同构和压力型管理体制下，我国从中央到地方乃至基层政府间的职责几乎是相同的，各级政府组织间奉行“政令统一、政策畅通、令行禁止”的施政原则，因此，无论是铜陵还是顺德实行的基层管理体制（机制）改革，势必因触及上级政府尤其是“部门自治区”利益而招致它们的抵制乃至反对，这样改革将很难持续，改革的效果也会大打折扣。相反，“解铃还需系铃人”，高层政府必须通过顶层的制度设计，从宏观上梳理清楚各级政府组织的职责权限、任务分工、考核机制的合法性问题，构建公共事务的分层和分权治理机制。如此，才能从根本上破解因政府工作层级不分、层层下压而导致的“上面千条线，下面一根针”的症结，从而从制度上避免社区居委会出现的选择性应付问题。

**参考文献**


阿尔伯特·赫希曼：《退出、呼吁与忠诚——对企业、组织和国家衰退的回应》，经济科学出版社，2001年。

埃米尔·涂尔干：《社会分工论》，渠东译，三联书店，2005年。

艾云：《上下级政府间“考核检查”与“应对”过程的组织学分析——以A县“计划生育”年终考核制为例》，《社会》，2011年第3期。

安德鲁·华尔德：《共产党社会的新传统主义：中国工业中的工作环境和权力结构》，牛津大学出版社（香港），1996年。

安东尼·吉登斯：《现代性与自我认同》，赵旭东译，三联书店，1998年。

奥尔森：《集体行动的逻辑》，陈郁等译，上海三联书店，1995年。

卜万红：《社区行政化成因的制度经济学分析》，《社会主义研究》，2011年第2期。

曹海林：《从行政性整合到契约性整合》，《江苏社会科学》，2008年第5期。

查尔斯·泰勒：《公民和国家之间的距离》，转引自汪晖等主编《文化与公共性》，三联书店，1998年。

杜赞奇：《文化、权力与国家》，王福明译，江苏人民出版社，2004/1988年。

费孝通：《社会调查自白》，《费孝通全集（第十卷）》，群言出版社，1999年。

耿曙、陈奕伶：《中国大陆的社区治理与政治转型》，《远景基金会季刊》第八卷，2007年第1期。

桂勇：《邻里政治：城市基层的权力操作策略与国家——社会的粘连模式》，《社会》，2007年第6期。

郭卫建：《城市社区自治的困境、实践、方向和对策》，《现代物业·新业主》，2007年第9期。

哈耶克：《自由与秩序原理》上册，《责任与自由》，三联书店，1997年。

何艳玲：《都市街区中的国家与社会：乐街调查》，社会科学文献出版社，2007年。

黄宗智：《认识中国——走向实践出发的社会科学》，《中国社会科学》，2005年第1期。

金桥：《基层权力运作的逻辑》，《社会》，2010年第3期。

李友梅：《基层社区组织的实际生活方式》，《社会学研究》，2002年第4期。

林尚立：《基层群众自治：中国民主政治建设的实践》，《政治学研究》，1999年第4期。

卢汉龙：《中国城市社区的治理模式》，《上海行政学院学报》，2004年第1期。

迈克尔·曼：《社会权力的来源》，刘北成译，上海人民出版社，2002年。

潘小娟：《社区行政化问题探究》，《国家行政学院学报》，2007年第1期。

荣敬本等：《从压力型体制向民主合作体制的转变——县乡两级政治体制改革》，中央编译出版社，1998年。

桑玉成：《利益分化的政治时代》，学林出版社，2002年。

石发勇：《业主委员会、准派系政治与基层治理》，《社会学研究》，2010年第3期。

孙立平、郭于华：《“软硬兼施”：正式权力非正式运作的过程分析——华北B镇收粮的个案研究》，鹭江出版社，2000 年。

田毅鹏、漆思：《“单位社会的终结”——东北老工业基地“典型单位制”背景下的社区建设》，社会科学文献出版社，2005 年。

托马斯·海贝勒、君特·舒耕德：《从群众到公民——中国的政治参与》，张文红译，中央编译出版社，2009 年。

王汉生、王一鸽：《目标管理责任制：农村基层政权的实践逻辑》，《社会学研究》，2009 年第 2 期。

王汉生、吴莹：《基层社会中“看得见”与“看不见”的国家》，《社会学研究》，2011 年第 1 期。

王巍：《国家—社会分析框架在社区治理结构变迁研究中的应用》，《江苏社会科学》，2009 年第 4 期。

王星：《1978 年以来中国“国”与“民”关系之历史演进》，《人文杂志》，2011 年第 2 期。

王颖：《社区与公民社会》，李培林主编《社会学与中国社会》，社会科学文献出版社，2008 年。

吴刚：《类行政组织的概念》，《中国行政管理》，2001 年第 7 期。

吴文藻：《现代社区实地研究的意义和功用》，《社会研究》第 66 期（http：//www.sociologyol.org/yanjiubankuai/xuejierenwu/wuwenzao/2008-09-04/6022.html），1935 年。

夏建中：《从街居制到社区制：中国城市社区 30 年变迁》，《黑龙江社会科学》，2008 年第 5 期。

向德平：《社区组织行政化：表现、原因及对策分析》，《学海》，2006 年第 3 期。

熊易寒：《社区选举：在政治冷漠与高投票率之间》，《社会》，2008 年第 3 期。

应星：《大河移民上访的故事》，三联书店，2001 年。

于建嵘：《破解“政绩共同体”的行为逻辑》，《廉政文化研究》，2011 年第 1 期。

詹姆斯·斯科特：《弱者的武器》，译林出版社，2007 年。

张劲松、秦梦：《论社区自治组织行政化倾向的治理》，《湖北社会科学》，2004 年第 11 期。

张静：《国家政权建设与乡村自治单位——问题与回顾》，《开放时代》，2001 年第 9 期。

张静：《基层政权——乡村制度诸问题》，浙江人民出版社，2000 年。

张志红：《当代中国政府间纵向关系研究》，天津人民出版社，2005 年。

赵树凯：《乡镇政府的应酬政治——10 省（区）20 乡镇调查之一》，《中国改革》，2005 年第 7 期。

折晓叶：《合作与非对抗性抵制——弱者的“韧武器”》，《社会学研究》，2008 年第 3 期。

周雪光：《基层政府间的“共谋现象”——一个政府行为的制度逻辑》，《社会学研究》，2008 年第 6 期。

周雪光：《逆向软预算约束：一个政府行为的组织分析》，《中国社会科学》，2005 年第 2 期。

朱光磊、张志红：《“职责同构”批判》，《北京大学学报（哲学社会科学版）》，2005 年第 1 期。

朱健刚：《国与家之间：上海邻里的市民团体和社区运动的民族志》，香港中文大学人类学系博士学位论文，2002 年。

O'Brien，Kevin J.& LianjiangLi，Selective Policy Implementation in Rural China. Comparative Politics 31，1999.

Oi, Jean C. Fiscal Reform and the Economic Foundations of Local State Corporatism in China. World Politics 45, 1992.

Pan, Tianshu, Neighborhood Shanghai: Community Building in Bay Bridge. Harvard University Department of Anthropology. Ph.D.dissertation, 2002.

Richard H. Hall, Organizations: Structure, Process and Outcomes. New York: Jersey Prentice Hall, 1991.

Walder, Andrew G., Local Governments as Industrial Firms: An Organizational Analysis of China's Transitional Economy. American Journal of Sociology 101, 1995.

# 第七章　乡村社会变迁与社会治理创新

## 第一节　村落共同体的社会变迁

中国的社会治理目前被认为是指政府和社会组织通过行政、法律等各种形式对社会生活的各个领域和环节进行组织、指导、规划、服务、协调控制、监督等。因此，社会需要发展自我管理，同时也需要政府依托国家强制力和公共权威性，扮演社会治理的权威角色，特别是：①努力通过初次分调提高劳动者报酬，调理社会结构，扩大中等收入人群、消除贫困人口，从基础与源头上消除社会阶层间收入差距过大、利益分化过度、社会关系过度紧张。②提供社会保障，通过再分配重点保证富人之外的所有人特别是穷人生活医疗教育也有保障，避免国民生活危机和国民间过度分化，消除社会矛盾激化的基础。③发展社会组织，发挥它对社会成员和社会关系的日常整合作用、对社会矛盾的日常缓冲作用，提升社会治理的切近度和效率，避免政府过多直接面对社会成员个体。④帮扶社区发展，充分发挥基层社会组织贴合日常生活、组织基本社会服务和管理、增强社会联合度和共同感的功能。⑤善待社会特殊人群，包括老、幼、残、困以及移民或流动人口群体等特殊群体。⑥有效保障治安水平，平稳处理公共事件，对各种突发自然灾害以及社会突发事件有明晰的处理预案和规则，保持和提升社会安全感。

换句话说，社区在良性的社会建设和社会治理中具备很特殊的意义。尤其是，中国目前还有 60 多万个行政村，堪称“村庄大国”。关注、研究中国村庄的生存、转型与前景，显然事涉如何促进良性的建设与社会治理，所以也是社会学的当然责任。然而，社会学学者研究村庄并非天然就是村庄的社会学研究。20 世纪 90 年代以来，村庄研究著述层出不穷，但是在这些研究——包括大量被冠以社会学名目的研究中，去社会学化、去社会理论化倾向很普遍；至少，村庄研究与社会学的关联性相当模糊，社会学也未能在村庄研究中获得多少知识更新、理论前进的有效动力。

要改变这种状况，在微观技术上也许可以强调在单个的村庄研究中运用布络维阐述的“拓展个案法”：将观察拓展为参与，拓展时间和空间上的观察从而发现社会情景与社会过程中的利益的联系，进而拓展到发现社会机构的权力作用，以及拓展理论。由此，一方面“将反思性科学带到民族志中，目的是从‘特殊’中抽取出‘一般’、从‘微观’移动到‘宏观’，并将‘现在’和‘过去’建立连接以预测‘未来’——所有这一切都依赖于事先存在的理论”。另一方面，拓展个案也将“重点突出反思性研究的社会性嵌入”（布络维，2007）。笔者相信，如果认真运用“拓展个案法”，每一个村庄研究都会成为社会学发挥作用并实现社会学自我更新的机会。

在宏观上，也可以从布络维的社会学工作分类中找到纠正村庄研究去社会学化、去社会理论化的角度。布络维从 2004 年美国社会学学会就职演讲开始，一直倡言发展公共社会学。他提出社会学已经形成了专业的、政策的、公共的、批判的四类分工。专业社会学提供真实、可检验的方法，积累起来的知识、定向问题以及概念框架，为政策社会学与公共社会学提供合法性与专业基础。政策社会学服务于合同规定的某个目标，为客户提出的问题提供答案。公共社会学要在社会学家与公众之间建立起公开的对话关系，其著述有非学术阅读者，从而成为公共讨论社会状况的载体，社会学家则通过公共社会学紧密联系公共事务进行工作，其目标是维护和促进公共性社会。批判社会学则审查专业社会学的基础，扮演专业社会学的良知，一如公共社会学承当政策社会学的良知（Burawoy，2005；布络维，2007）。布络维对社会学关注公共事务的倡言虽然得到广泛理解，但是他的社会学分类、公共社会学定位以及谋求四类社会学之间的和解，在逻辑、修辞、可能性与影响诸方面都受到部分美国社会学家的尖锐批评（例如：Brint，2007）。然而，布络维反驳说，这些批评完全出自于专业社会学中的强纲领（the Strong Program in Professional Sociology），而专业社会学强纲领所要求的纯粹科学充满了矛盾，并且是美国社会学早期发展的产物。他还以图表清楚地概述意见如下：

**表 7-1　三波市场化与社会学**

| | 市场化第一波（1850~1920 年） | 市场化第二波（1920~1979 年） | 市场化第三波（1970 年以来） |
|---|---|---|---|
| 抵抗市场的权利 | 劳工权利 | 社会权利 | 人权 |
| 社会对市场抵抗 | 地方共同体 | 国家调节 | 全球市民社会 |
| 对社会的贡献 | 乌托邦社会学 | 政策社会学 | 公共社会学 |
| 一致原则 | 洞察 | 以知识为目标 | 立场 |
| 科学 | 思辨科学陈述规则 | 纯粹科学 | 价值科学 |

资料来源：Burawoy，2007。

本书不仅以搁置这些争议的方式表示赞成布洛维，而且认为从布洛维提示的角度，可以发现村庄研究与社会学的紧密关联性，发现一些解决村庄研究去社会学化、去社会理论化问题的可能性。

## 一、村庄转型与村落共同体的命运

从批判社会学的立场说，村庄研究不仅应该纳入主流社会学的视野，而且社会学的村庄研究应该具有一个起码的意识：在农业人口居多的社会，农民与村庄不仅注定是这个社会现代化、“常规化”的最拖后、最复杂、最深奥的部分，而且注定牵扯到这个社会究竟采取何种基本社会原则。这是因为一方面，村庄在现代市场经济、现代国家进程的严重冲击下仍然很顽强。[①] 村庄数量庞大而不易被整体纳入市场统治，它组织下的居民很难被平和而迅速地转移，都是显在原因，但尚属次要；更主要的是村庄的存在一直基于地理、生产、文化与治理四个方面的条件，只要存在着粮食和农产品生产需要，并且存在着地理、文化、治理体系方面的支持，农业和农民、村庄似乎就会继续存在（Essex 等，2005）。另一方面，虽然很多人肯定乡村地区在保证国家食物安全、保护自然资源、提供土地与人类关系相连的价值体系，以及保护生物多样性等方面，有突出的贡献（Flora 等，2008），但是，村庄的大量存在总是被认为与现代社会不相称，而市场力量对于村庄的敌意也几乎不会改变，冲击几乎不可能停止。这种状况及其性质在韦伯和波兰尼那里实际上有很充分的解释。依韦伯的分析，现代资本主义有两方面的运作特征。其一是围绕盈利取向的工业企业及其制度性要素，其中最重要的就是合理的会计核算以及与此关联的六项制度要素，即独立经营的私人企业可以任意处理土地、设备、机器等一切生产手段；市场自由；基于合理的会计技术之上的各种技术理性运用；可预测的法律法则；自由劳动力；经济生活的商业化，即普遍使用商业手段（金融工具）来表明企业所有权和财产所有权的份额。其二是企业家的资本主义精神，即视追求财富本身为人生的最大价值（韦伯，2006）。我们知道，现代市场经济不等于资本主义，但是资本主义是最典型、最完整的现代市场经济。所以，资本主义进程至少表明，现代市场经济所期待的制度设置、精神要素，在各种细节上（韦伯，2004）都与村庄的运行传统、结构、制度处在不同轨道上，如果两轨相并或交叉，不可能不对村庄的经济和社会产生否决性的冲击。而波兰尼则证明：资本主义市场力量不仅要求把货币、土地、劳动力都变成可以自由交易的商品，而且要求经济从社会中脱嵌，要求一切社会制度都转向适

---

① 据估计，在全球化、城市化的巨力推动下，未来 25 年中，发展中国家增长的 90%人口将处在城市地区。但是到 2025 年，非洲和亚洲仍会有 50%以下的人口、美洲和欧洲有 20%以下的人口生活在农村地区（Virchow、Braum，2001）。

应营利目标、效用原则，以便把社会变成市场社会（波兰尼，2007）。按此要求，土地必须从农民手中剥离；农民必须作为自由劳动力个体从农户和村落共同体中分离，至多允许农户与村落共同体分解成经济合作体，并作为市场里弱势的一员。因此，如果社会保护、国家保护方面没有比资本更强大的力量和干预，市场力量断然不会放弃对农村社会特别是村落共同体的瓦解，虽然瓦解途径多样，有些在表面上似乎和缓，或者显得与市场力量没有直接关系。①

现代市场力量渴求简明的关系：一方是追求营利的资本，其他都是受资本支配的商品，以便摆脱一切社会公正的牵制而实现市场公正。其中，作为生产主体的劳动者应该与生产资料一样成为纯粹的商品（而且劳动者所需的生活物品也必须作为商品生产出来），资本与生产活动的主体之间才能建立起由资本全面支配劳动的、市场经济性质的关系。因此，对于市场力量而言，瓦解村落共同体以及农户家庭共同体是必需的，甚至是决定性的条件；因为无法设想共同体可以像自由劳动力个体一样便于在市场交易——例如廉价购买一个农民工的劳力时顺便拖家带口购买或照顾好他的全家，也无法设想这些自由劳动力个体进入市场、工厂后，继续奉行村落共同体成员的原则与规范，使共同体规则影响或取代效用最大化原则。为此，市场力量不仅需要切断劳动者与原来共同体的联系，“以便能够作为工厂日后的员工而被重新调派”（鲍曼，2007），而且需要釜底抽薪，彻底摧毁共同体及其规则。一向写意的鲍曼曾不失历史感地勾勒资本主义市场力量反对与瓦解共同体的策略、进程和后果：资本主义制度是反对传统农业的，而资本主义的策略则是反共同体的。在资本主义瓦解传统的过程中，“自我维系和自我再生产的共同体，位居需要加以熔化（瓦解）的固体物（传统）名单的榜首”。所以，从工业化开始，市场力量一直全力以赴把劳动者从共同体中分离，并且“分解共同体的模式设定和角色设定的力量”，在经济领域与社会生活中剔除共同体，以便使脱离了共同体的个人凝结成为“劳动的大众”。②

韦伯、波兰尼和鲍曼共同提示了一条线索：市场力量在农村的冲击焦点是村

---

① 例如，交通事业发达，加速了社会人口流动；大众传播发达，影响了社区意识形态；工厂制度发达，改变了社区生活方式；科层制度发达，改变了地方社区关系。这些都严重影响社区结构，导致社区的疏离和衰落，包括农村社区（徐震，1980；Flora 等，2008）。类似的重大影响因素显然还包括全球化、网络化等，对于社区产生三种特别明显的影响，即分解地方、加速流动、导致认同不稳定（Day，2006）。

② 鲍曼认为这产生了两个显著社会结果。其一是形成了个人化的社会以及虚假的全球化社会，从此，“管理就不是一件（可）选择的事情，而是一件必需品”，因为“现代资本主义模式”需要的是服务于获利动机的秩序以及为秩序服务的东西——诸如建立全景式监狱以便规范、监视、控制、管理人们行为，用人为设计出来的规则惯例取代共同体的维系，以满足资本主义现代性。其二是共同体破碎化后，除了市场权贵声称不需要共同体之外，人们为了恢复共同体体验和获得确定性，重新轻率地期待共同体。但是，“在新的权力结构框架内，恢复或从零开始创造一种‘共同体的感觉’”，显然是“一种延误了的努力”。所以，鲍曼心情复杂地写道：再度联结共同体的承诺，“可能预示着伤害要比收获更多”，它不仅是用吸墨纸做成的纸筏，而且可能在获救的机会已经失去时才会被发现（鲍曼，2007）。

落共同体及次一级共同体农户家庭，目的是把农村劳动力和土地全部纳入作为价格形成系统的市场，[①] 接受资本的统治。而且，市场力量对共同体的敌意和瓦解，虽然采取解放农村自由劳动力的激进姿态，并不能遮掩它是要求经济从社会脱嵌并要求以市场自由规则支配社会的组成部分；使劳动力脱离家庭和乡村是为了让他们扮演两个角色：既为资本主义生产廉价商品，又作为廉价劳动力本身（Brass，2005）——正是这种要求使得市场力量在本性上不会放弃对村庄社会的冲击。

应该说，面对市场力量的持续冲击，已经没有多少人会认为村庄可以不变化、不适应、不转型。地方性自治实体和共同体意义上的村庄显然很难抵抗不同寻常的市场力量（Day，2006）。为此，最近十多年间很多农民研究者实际上已经转向两个问题：在资本主义向第三世界农村地区扩张的情况下，农民可以在什么范围和什么程度上幸存（Brass，2005）。但是，由于市场力量对农村、农民的冲击根本上就是对共同体的冲击，村庄转型的根本难题主要是村落共同体问题，因此关键性的争议也就在于：村庄转型究竟是采取农民变为自由劳动力个体的方式，还是保留共同体的方式？村庄作为农民、农业的传统的重要聚集单位，是否还有代价最小地融入现代社会的通道？在融入过程中，村庄单位中某些要素的保存是否具有社会意义？其中特别尖锐的问题就是，村庄居民都转变为以个体为单位的自由劳动力，是市场力量的要求，但是农民通常要为此付出惨痛的代价，并且通常会成为市场中的弱者。社会、国家究竟应该如何对待这些村庄及其居民？这显然不仅仅是一个经济学上的效用计算问题，更是一个与社会态度及社会立场相关的问题，其本质是如何对待市场与社会的关系，即是否支持经济从社会中脱嵌。

在笔者看来，目前多数主流经济学家关于农村劳动力大幅度转移与城市化的常规性理论与计划，基本上是基于发达国家资本主义进程的一般抽象和展望——在这种展望中农民和村庄只有数字意义，完全忽略了农民变成单个劳动力、村庄瓦解过程中农民和村庄可能付出的代价，以及由此引起的社会问题，村落共同体的命运几乎被置若罔闻。倒过来说，20 世纪 70 年代以来越来越多地发挥小农户作用、以农业促发展、主张扶持农户以合作社进市场的理论与计划（世界银行，2008），虽然其同情农民、重视农业、要求经济与社会协调的立场值得尊敬，并且富有经济学的想象力，但是它多少有点低估市场化力量及其对村庄的“敌意”。事实上，20 世纪后半期在全球各地出现的重建乡村地区、保护农民权力和乡村活力的“新乡村社会运动”，虽然赢得了重大进展，但是也遇到了各种问题。它

① 波兰尼曾辨析过，市场有两个概念，一个是指根据惯例或法律交换物品的场所，另一个是指作为价格形成系统的市场。共同体内部不属于后一种情况。施坚雅关于中国农村市场体系的空间分布研究（施坚雅，1998）显然混淆了这两种市场及其社会后果的根本区别。

在最近已经迫使研究者们重新审视以下一系列复杂论题："乡土性"在规制社会运动的性质、对象与修辞方面扮演了什么角色？在社会与经济变迁的背景下，社会运动在重构乡村地位方面的角色是什么？在当代乡村政治参与方面，乡村社会运动的组织形式告诉了我们什么？乡村社会运动之间、乡村社会运动与其他组织之间的联盟是怎样的？是什么因素赋予了乡村社会运动构成及其动员以地理特征（Woods，2008）？这些问题其实都应该受到社会学，特别是农村社会学和政治社会学的关注。

对于中国，60多万个行政村及其涉及的村落共同体向何处去，显然是牵扯社会全局的问题，不仅关乎农民，也关乎整个中国市场经济、关乎整个中国社会的将来。什么是村落共同体？它是否值得在社区脱域化和居民个体化趋势下生存、适应与转型，有没有未来？这些都是需要倍加关心的大问题，不仅是作为社会学分支的农村社会学需要加入研究，而且完全应该进入主流社会学的研究视野，以便一方面克服单纯依靠常识观察重大社会问题的缺陷，另一方面则借以审察社会学的知识更新和社会责任。在此意义上，每一个村庄及其转型方式，表面上微不足道，本质上兹事体大。坦率说，没有这一个层面的关心，关于村庄的个案研究多半看似富有现实感，实际上没有现实感，能够生产的只是鸡零狗碎的地方故事，而一些看似更加鸡零狗碎实际上极为重要的东西，又将被过滤殆尽。

## 二、村落共同体作为小型地方性共同体的现代命运

如果专业社会学接受上述判断并且关注村庄转型及村落共同体的命运，实际上就需要重新关心现代社会是否还有小型、地域性或地方性共同体的存在余地与需要，关心这种共同体与社会的关系。由于共同体或社区（Community）的讨论从来都涉及人们究竟是如何聚集成社会这个社会学的一贯主题，因此，这种关心不仅间接地反对社会消失论，[①] 而且意味着要再次反省关于共同体和乡村社区已经

---

① 山口重克曾批评说："现在，源于主流经济学派的市场原理主义的怪物正在世界上空徘徊，美国式的市场经济全球化也正在向全世界蔓延"（山口重克，2007）。这实际上正是社会消失论的两个支持背景。前者是指，市场力量固然力求经济与社会关系、社会规则脱嵌，要求用市场规则支配社会关系或者只保护社会纽带中的货币关系纽带，但是实际上从来不曾存在完全不受国家规制的市场经济，社会也并未真正允许过这样的脱嵌（波兰尼，2007；山口重克，2007）。然而，新古典经济学坚持经济从社会中抽离，坚称市场能理顺一切关系，还是相当程度地模糊了经济仍然嵌入社会的事实，社会似乎已经是一个无意义的概称。至于村庄与其他小型社会共同体，更是旧社会的古怪残余，将很快被市场扫荡干净。后者是指全球化进程助长了一个古怪的后社会理论判断。即文化分裂与跨文化交流稀少，在历史上、在古典社会学和一些人类学家那里的确曾被视为一个共同体形成和存在的必要条件。有一种有影响的后社会理论认为，在全球化进程中地方性的社会已经无可奈何、无足轻重，霍布斯以来社会科学所讨论的国家管理下的"社会"已经消失在全球化、信息化、互联网之中。显然，如果社会真的已经消失，包括村落共同体在内的所有社会共同体自然是无须关心的多余问题。不过，绝大多数社会学研究者都会认为社会实在论根本毋庸争议，社会消失论只是华丽而虚妄的论断（梅勒，2009）。因此，这里不遑直接论辩，而是准备反一个方向去观察共同体存在的基础与意义，从而观察共同体问题是否还能够继续或重新成为社会学的严肃论题。如果农村社区这类小型、亲密、地方性共同体都继续存在着，并且具有意义，社会消失与否是不言而喻的；它甚至有助于解释社会究竟是如何结成的。

消失在大众社会中的社会学判断。

应该承认，自滕尼斯1881年做出Gemeinschaft（通常译为共同体、集体、公社、社区等）和Gesellschaft（通常译作社会、社团、联合体等）的类型学划分，以及涂尔干早期区分机械团结社会与有机团结社会以来（涂尔干后来放弃了早期的意见），共同体、社区与社会的关系以及社区或共同体的前景一直被主要置于相对黯淡的通道内。与韦伯把共同体（Community）与联合体（Association）视为连续、混合地存在于社会关系中的观察不同（韦伯，2004），大多数人不仅把它们视为对立的、相互排斥的两方（Day，2006），而且多少有点忧郁地预计社会兴盛、共同体衰竭是不可逆转的。[①] 20世纪60年代，沃伦甚至提出了一个具体模型解释社区与社会的关系及社区变迁：社区存在着纵与横两种关系；纵向或垂直轴面的关系指社区内各社会单位与超社区组织（诸如区域性、州级、全国性组织）之间的关系，横向或水平轴面的关系是指社区内个人与个人间以及团体间的关系。依此模型描述，现代社区变化的特征是社区的纵向关系强化而横向关系趋弱，垂直整合（Vertical Integration）即社区中超地方的力量逐渐破坏社区的水平整合（Horizon Integration），小型乡村社区变得无力面对强大的城市化、工业化、中产阶层化和中心化的力量。这些宏观进程产生的社会组织变迁已经使乡村社区无法依旧自治，并把它们吸纳进了大众社会（Warren，1963）。基于大众社会已经湮没了社区的判断，20世纪60年代的美国社会学实际上不再把乡社社区作为研究对象（Gallaher、Padfield，1980）。70年代末情况发生转变，虽然信息时代、网络社会、全球化在一些人看来更加意味着传统社会和共有认同的解体，表明社区研究越来越失去意义，但是另有许多研究者意识到共同体、社区，包括乡村社区消失论属于言过其实，垂直整合进程没有削弱，至少没有取消社区水平整合，[②]当代社会学需要在自己的核心保持一种原则，即继续把共同体视为社会组织、社会存在和社会经验的一种形式（Almgren，2000）。人们甚至开始用共同体或社

① 滕尼斯强调两种类型本身只是抽象的理想类型、极端形式，用以观察实存的社会关系类型，后者实际上是动态的，在社会时期共同体作为衰退的力量甚至也会存留。但是，他的确强调过村庄共同体是Gemeinschaft的突出例子。所以，通常Gemeinschaft代表着“旧”、自然的、同质化，而Gesellschaft意味着“新”、理性化、异质化、具有自我意识的个人。滕尼斯还提到Gemeinschaft在市镇、工作团体和宗教团体中可以达到新的水平，但是城市则是它的终极敌人（Day，2006）。强调共同体的自然、有机性，并且认为它代表着某种相对的稳定与同质化，的确很容易令人认为共同体属于旧的社会秩序（Noble，2000）。而工业化、城市化进程和社会异质化程度提高，显然支持了人们更多地注意两者的对立，以及非共同体关系在现代社会中的持续扩张现象，从而把社会联合体大量兴起并与共同体并存的情况理解为前者逐渐取代后者，例如雷德菲德强调俗民社区与都市社区之间存在着连续性变化（Redfield，1947），实际上就是指社区向社会的变迁是一个连续的过程。

② 沃伦本人在《美国社区》1972年第二版中也承认社区死亡论是一种夸张，在1978第三版中则提出宏观系统会对社区发生有利作用，但并不意味着完全决定和替代了地方，许多地方结构与行为首先是在地方水平上规定的，社区仍然可以相对自治（Summers，1986）。

区的“丧失”、“拯救”和“解放”标示社区观点随时代而更新的过程，即社区“丧失”论是基于工业化时期城市和城镇大量兴起的社会经验，社区“拯救”的主张基于社区与共同体关系继续存在于工业化的城市社会的现实，而社区“解放”观点则基于社区纽带的空间依赖将被流动性与通信便利所取代（Wellman、Leighton，1979）。此后伴随着社会资本理论的流行，在社会学中出现了所谓共同体或社区概念复兴的现象（Vaisey，2007）。人们甚至观察到在反对经济、文化和政治剥夺的人们中间，存在着针对全球化和激进个人主义的抗拒性认同和接受共同体的认同，其中包括以地域认同反抗作为信息社会统治特征的流动空间的无场所逻辑，这才是信息时代的潜在主体（卡斯特，2006）。在笔者看来，这个转向有益于认识有关共同体、社区的现代意义，并使农村社区发展、城市社区建设的实务不至于沦为没有前景的工作，但是，如果我们意识到市场力量对于广大村落共同体的敌意，以及村落共同体可能面临的转型陷阱，那么就有必要特别深思以下两个问题：

第一，社区作为地域性的共同体在现代社会仍然被需要；地域或地方特征并不表示社区共同体悖时，关键是地域性共同体（例如社区）是否能建立起共同体与共同体之间、共同体与更大社会之间的联合体。

与滕尼斯一开始就从地域条件、社会关系以及文化一致性两方面同时定义 Gemeinschaft 有关，[①] 一方面从齐默尔曼（Carle C. Zimmerman）开始，共同体的地理要素被社会学所强调，社会学常识意义上的共同体（Community）一度主要是指自然的、地域性的、小型的、成员彼此熟悉的、日常互动频繁的、相互帮助的、有某种共同生活方式的团体——这些条件支持着作为组织范围内的、实体（都经常与地方和区域相连）内的成员相互依赖的、感情的纽带。小镇社区方面林德（Robert S. Lynd 和 Helen M. Lynd）夫妇著名的中镇研究、沃纳（Warner，W. Lloyd）的扬基城研究，村庄社区方面艾瑞森伯格与肯波（Arensberg 和 Kim-ball）对爱尔兰西南部乡村的研究，工人阶级社区方面格林（Bethnal Green）关于伦敦东区工人社区的研究，都支持从地方性定义社区共同体。汉语社会学所表述的“社区”（也就是聚居共同体）即是家庭共同体之外最典型的地域性共同体，接近于韦伯所注意的“邻人共同体”[②]，或者说是邻人共同体的规整（甚至是极

---

① 滕尼斯把 Gemeinschaft 分为 3 种类型：a. 地理的社区，以共同的居住区及对周围（或附近）财产的共同所有权为基础。邻里、村庄、城镇等都属这种社区。b. 非地区社区，亦称精神社区，只内含着为了一个共同目标而进行的合作和协调行动，与地理区位没有关系，如宗教团体和某种职业群体等。c. 亲属社区，也称血缘社区，即由具有共同血缘关系的成员构成的社区。所以，无论从地理还是从文化去观察、定义社区，都会有滕尼斯的影子。

② 韦伯极其注意并强调大多数社会关系中存在着自然的集体特征。即社会行动者并非只关心自己的兴趣，而几乎总是留意其他人的希望、需求和行为。在人们卷入社会互动之处，总会发现共同体的潜在可能性，那些持续性的联系会特别产生互相依存的共同感觉。在这类关系中，除了军队单位、班级、车间、办公室以及情同兄弟的宗教团体等例证外，韦伯特别注意到，邻居的近距离是他们相互依赖感特别真切的根源，邻居正是所需要的典型的帮助者。邻居特别表现了组成兴趣共同体的倾向（韦伯，2004）。

限）形态；村落共同体则是指农村社区意义上的共同体。相反，社团或联合体代表着处在不基于地域边界的、契约关系内的人们之间的交流关系，彼此之间的纽带仅仅是便利。[①]但是另一方面，共同体的社会关系类型、文化类型的要素，也颇受社会学的关注。特别是当代一些主张共同体存在而且应该存在，但又认为现代常规社会采取而且应该采取联合体关系类型的社会学家，通常强调地域条件不再是共同体的必须要求，共同体只是“指人们共同的某些东西，它把人们紧紧连在一起，而且给人们一种彼此相属的感觉”（Day，2006），即它是指这样一种社会结合团体：人们在其中互相帮助以满足需求，彼此有一些共同的利益和可以分享的文化，有一些团结纽带以维持这个团体。所以，小至于家庭与社区、大至于国家的结合团体，只要有这些特征都可以视为共同体。而传统共同体范式不再能容纳当代现实（Bernard，1973），更像一个哲学梦想而不是真实现象（Day，2006）。按维塞的分类（Vaisey，2007），当代社会学中强调共同体的地域条件的解释，属于共同体的结构主义理论，它主张共同体基于4方面机制：时间空间性互动、类似性、权威以及收益。这是一种基于组织要素、环境条件的共同体机制分析，主要在社会网络、社会资本理论（Brint，2001），以及美国新城市主义理论（Calthorpe，1993；Kaitz，1994）中得到集中表述。而主张共同体首先基于共享性道德秩序的观点则属于共同体的实质性理论，它强调共有道德秩序会在面对面交往的团体中激发一种归属感。这是一种基于文化意义、道德产物的共同体机制分析，主要在泽奥尼对普特南等的批评（Etzioni，2001）、泰勒的社群主义理论及其在社会学理论方面的延伸（Colhaun，1991；Smith，1998，2003）中，得到集中表述。

实质性理论有利于认识共同体在当代社会的存在及其价值，但是，把所有的社会结合体都泛视为共同体，降低甚至取消共同体的地域性质，并不见得明智。这不仅因为大多数社会学家们观察到地域性团体仍然是共同体的普遍的、关键性

① 在此意义上说，固然最好把社区与共同体加以区分，以便于区分和定位家庭共同体、社区共同体、农村社区共同体即村落共同体等，但是在本质上，英语社会学术语对共同体与社区不加区分，其实并没有什么不妥；费孝通以社区（聚居共同体）译 Community 也并无不妥。

的特征，[①]而地区、城市、都市、国家等完全不借助 Gemeinschaft 或 Community 的概念也能获得清楚的内涵与外延；更主要的是因为，社区或共同体的地域性与其说是一种保守陈旧，不如说显示了人们仍然是“划分边界的动物”（Day，2006：2）。就社区边界划分而言，它本身不是目的，主要目的和功能在于借此才能有效支持经济互助与情感联系。即一方面，划分社区边界通常是便于满足边界内（特别是面对面交往的）成员间的非市场经济性质的互助与交换。在历史上，绝大部分的共同体虽然主要不是以盈利为取向的经济团体，但一般都具有经济功能，内部通常也存在着分工和交换，只是这种分工与交换一般不是纯经济，至少不是以盈利为目的的市场经济性质的。[②]在市场经济嵌入社会的情况下，市场经济因素主要在共同体之间发挥作用，可能也会在共同体内部发挥补充作用，而共同体的规则被用于弥补市场经济无法满足共同体的群集生活的那部分内容。[③]当然，社区共同体在现代社会的命运，也由此相当程度地取决于它的成员间非市场经济性质的互助与交换是否仍然被需要，取决于这个系统与市场交换特别是社区外市场交

① 奥姆格林指出：齐默尔曼（Zimmerman，1938）关于社区或共同体的经典定义包含 4 个特征：社会事实、规范、联合、有限地区；它需要一种区域性内容。希拉瑞（Hillary，1955）分析了既存的 94 种社区定义后，发现它们基本集中在 3 个因素上：人们之间的社会互动、一个或更多的共有纽带，以及一种地域关系。希拉瑞提出地域关系是最基础的元素。其他研究者（McMillan、Chavis，1986）则认为只要社会网络充分到足以维持 Gemeischaft 水平的互动与协作，社区就能存立；所以区域对于社区或共同体而言既非必要条件，也非充分条件。麦克米兰和查维斯提出只要 4 个元素同时存在即可视如社区或共同体的状态：成员资格、影响、整合与需要的满足，以及共同的情感联系；只要这 4 个元素共存，社区或共同体既可以从关系条件定义，也可以从地域条件去定义（Almgren，2000）。在笔者看来，这些争议显示了很难否定地域边界性仍然是社区或共同体的重要条件。即便在社区脱域性较强的美国城市也是如此。有一项新的关于美国 50 个城市公社的实证研究成果，虽然指出美国的城市共同体十分依赖于道德秩序与文化的共享性，甚至提出这可能是最直接作用于共同体形成的机制，但是也承认对自然空间、权力关系、高收益要求等机制的团体认同，与 Gemeinschaft 积极关联，两类因素同时发挥作用（Vaisey，2007）。至于共同体研究中的社区研究（community study），则一直聚集在三个确定的地方类型上：乡村或村落社区、小镇，以及工人阶级社区；从中形成的关于传统社区自然状态的概念，对共同体研究起支撑作用（Day，2006）。弗雷泽研究了社区研究的传统后，甚至断言社会学家们是把社区视为一个居民定居的位置、一个由多元关系的密集性网格组成的稳定社会结构，以及高度相关的对外边界（Frazer，1999）。

② 经济史家已经指出，当斯密强调新时代中分工与交换的效用，通过市场交换带来社会各阶层普遍富裕时，斯密混淆了一个问题。分工与交换也存在于共同体之中，这种分工并不一定需要市场经济中的交换，交换作为人与人之间交换各自的剩余物品的行为，也未必直接与分工相关。人和动物都拥有不依靠货币媒介便可合作生存的群体性生存形态，即共同体的生存形态。市场经济性质的分工与交换是从共同体之间交换的基础上成长起来的。在这个意义上，我们可以理解为什么马克思会说商品交换是在共同体的尽头，在它们与别的共同体或其成员接触的地方开始的（山口重克，2007）。

③ 因此，一些善良的经济学家希望实现与共同体相协调的市场经济的繁荣，希望共同体之间能够通过和平的市场经济进行相互交流，用交换规则建立共同体之间的联系（山口重克，2007）。这种愿望既表明共同体之间可能需要市场联系并且因此联结成更大的社会结合体（例如区域社会、国家管理下的社会等），但是共同体本身不是基于市场经济实现互相帮助、满足需求的，也并非所有的现代社会结合体都是共同体；同时，它也表明所谓社区共同体衰退是获得现代社会的自由与机会的代价（Little，2002），可能是鲁莽之论。

换能否衔接、如何衔接。另一方面，社区作为小型、紧密的地方性共同体被需要，也是在情感和社会认知意义上的——鲍曼甚至把它概括为人们寻找确定性的需要（鲍曼，2007）。社会学研究通常承认，面对面日常互动与非面对面互动的效果完全不同，熟悉的人群中产生的道德约束与情感联系的强度与性质也完全不同于陌生人群。[①] 对于个体而言，社区共同体边界里的面对面互动的、相互熟悉的人群，不仅常常是个体认知社会的基本场域、基本情景区，而且是个体在社会中满足与否的基本定位点、基本参照对象。例如，个体满足与否的内心感受、社会生活评价，首先或经常是在熟悉的人群中比较出来的，人群愈熟悉愈有可比较性和可持续比较效度，愈不熟悉愈只有即时或暂时的比较效度，甚至不被个体在意；或者说，愈是被个体所熟悉的人群，愈是个体关于社会和自我的定位点，愈是个体关于自我与社会的经验与感受的“不会消失的见证人”（鲍曼，2007）。这是社区作为面对面交往的地方性共同体隐蔽地嵌入个体意识的心理基础。[②]

① 所以，敏感的社会学家发现了两个有趣的现象。其一，在现代都市，所谓异质化的人们在个人行为方面其实很相似，具有行为上的“同质”化，而没有什么当地性。依沃伦的观察：“可以肯定，社区之间在价值观、准则、主导利益、方式和其他文化方面有区别。但如果观察一个人在繁华街道角落、超市、自己家，或体育事件的公开行为，他会很难知道这人是在匹兹堡，而不是圣路易斯；是在布利奇波特而不是洛克兰；在亚特兰大而不是丹佛”（Warren，1978）。其二，在交往行为上，陌生人之间（城市、社会）与熟人之间（社区）是不同的。鲍曼说：“塞特纳……认为，‘城市就是一个陌生人可能在此相遇的居民聚集地’。让我补充一点，这意思是说……陌生人以适合于陌生人的方式相遇；陌生人之间的相遇不同于亲戚、朋友或熟人之间的邂逅——相比而言，它是一个不合适的相遇。在陌生人之间的相遇中，不会去重新找到他们最后相见的地方；在两次相遇的间歇期间，他们谈不上痛苦，也谈不上高兴，更不会产生任何共同的回忆：对任何东西都不会产生回想，也没有任何东西需要在当前的邂逅过程中，去加以遵循。陌生人的相遇是一个没有过去的事情，而且多半也是没有将来的事情（它被认为是，并被相信是一个摆脱了将来的事性），是一段非确切的‘不会持续下去的往事，是一个一次性的突然而至的相遇，在到场和它持续的那个时间里，它就会被彻底地、充分地完成，它用不着有任何的拖延，也不同将未了之事推迟到另一次相遇中……在他们相遇之时，没有尝试和错误的余地，无法吸取错误的教训，也没有另一次尝试的机会和希望。”结果，都市生活只要求有一个相当特殊和熟练的技巧、礼仪客套规则（鲍曼，2002）。沃斯也提出：在人口密度高、异质性强的城市社区，人和人的接触表面化或片面化，初级的人群关系变淡，个人容易感到孤独（Wirth，1938）。这些批评本质上支持一种观念：社会是一种存在于广泛合作关系中的综合实在，所以既是外在的，又是内在于个人的（梅勒，2009）；共同体则既是一种合作层次，是社会子层合作的形成，更是体现了一种需要紧密合作的情感。所以，地方性的共同体很难说是过时的，虽然它在所谓传统社会中更为常见。

② 所以，梅勒说社会情感刺激存在于最平常的日常互动中而产生“初级社会性”（梅勒，2009）。而布迪厄所谓惯习（各种不言而喻的信念、知识）作为一个持续的、可转化的秉性系统，也是首先就存在于社区为人们提供的日常生活圈。社区就这样不受人注意地嵌入到个体意识中。依威尔金森等的观察，社区显然是个体人格成长的主要影响要素，它是个体与社会联系之所，是家庭之外的社会体验的最初领域，是直接表达人走向联合的舞台，可以培养独特的集体责任态度（Wilkinson，1979）；也是人满足需求，特别是避免社会孤独感的基石（Greisman，1980）。在某种意义上说，当滕尼斯一开始指出 Gemeinschaft 体现了人们的自然的、本质意志（Natural Will，即基于感情与信任的结合），而 Gesellschaft 体现理性选择意志（Rational Will，即基于彼此利益或契约的联合）时，他至少是觉察到人的社会感觉的定位标度是有地方性的，社区作为地方性共同体则是人们感知社会与自我，以及做出满意与否评价的基本参照系统之一。共同体的实质性理论所强调的共享道德感及其激发的归属感，可能的确是社区共同体的特征和基础，但是，这不意味着人们的道德感、归属感与地方感（特别是面对面交往之地）不是联系在一起。

第二，社区作为地方性共同体在现代社会的价值和基本境遇，一方面表明村落共同体的农业经济支撑条件以及其他条件（例如国家的行政村体制安排）在现代可能松动甚至剥离，但它作为社区共同体仍然是正常的现代社会的基本资源，因此，听任或助推市场力量扫荡村落共同体，并不是正常的社会要求和社会现象。另一方面，它也表明，村落共同体如果要在现代社会保持活力，不仅需要谋求社区内发展，更需要恰当地突破地理边界，通过谋求社区外联系以及社区外力量对社区的介入而发展社区（Summer，1986），而不是谋求使村落逃避复杂的变迁力量，更不能指望把社会重新“部落化”为一个孤立的、自我维系的单位（Boissenvain，1975）。但是，由于村落共同体在现代社会面临空前复杂的推压力量，村落共同体究竟可以以何种方式、途径联系社区外力量，究竟趋向存留、新生还是衰亡，客观上存在着多种可能性。

与其他共同体特别是现代各种职业团体相比，支持传统村落共同体存在的特别基础通常来自于两方面。其一，经济方面，农耕技术经济条件不仅支持家庭农业，而且导致不易分割农户家庭财产，并且社会通常也支持家庭作为共同消费之地。农村家庭的稳固存在不仅造成经济与社区不分离的状况，而且一般会支持邻人关系及村落共同体的形成和维持，并强化村落共同感。正如韦伯所析：“家是一种满足一般日用的财货需求与劳动需求的共同体。在自给自足的农业经济中，遇到紧急的状态，极端的匮乏与危机而有非常需求时，其中很重要的一部分必须仰赖超越家共同体之上的共同体行动，亦即‘邻人’（Nachbarschaft）。”① 其二，出于特定政治统治或治理体系的需要，政治权力通常也会支持或强化村落作为一个政治共同体单位，甚至以政治与行政力量认可或划定村落共同体的地理边界。正因为这样，传统村落共同体常常受到诟病的特别问题也有相应的两方面。其一，地域边界明显。村落共同体有可能“不借助社会其他成分的帮助而独立进行其自身的再生产，即通过自身的手段（内部社会化）最终把下一代培养成与自己相似的成年人，从而使社区结构及其文化以这种方式世代存续。作为传统社会的组成部分，这种社区只是它所组成的更广泛的一个较小的社会变异体，可以在更小的范围内做那个更大的单位即社会能够做的一切”。“这种社区具有强烈的地域认同感和忠诚感”（冯钢，2002），但是既存在生活方式的重复再生产（Day，2006），也会形成鲍曼所讥讽的严格区分你我、限制自由入出的共同体边界。其

① “所谓‘邻人’，我们所指的并不单只是因为农村聚落的邻居关系，而形成的那种‘原始的’形式，而是所有因空间上的接近，换言之，基于长期或暂时的居住或停留而形成近邻关系，从而产生出一种长期慢性或昙花一现的共同利害关系……以此，按聚居方式的不同，‘邻人共同体’在表面上看来自然极为形形色色，诸如：散居的农家、村落、城市街坊或‘贫民窟’”（韦伯，2004）。当然，村落共同体存在并不表示共同体行动总是通则，比起家共同体的经济功能和社会功能，总是不密集连贯、范围不太确定（山口重克，2007）。

二，如韦伯略带讥讽、冷静得近乎冷酷的描述：共同体可能发展为独占体，如果解体则权益落于私有制。所以，共同体有可能向扩张为更大的社会结合体的方向发展，也可能往独占体方向发展（韦伯，2004）。[①] 由此，村落共同体在现代社会能否继续存在并发挥社会团结作用的关键，也就在于是否存在着社区共同体联结社会的可能性，即在抽象意义上说取决于村落共同体关系能否被发展成韦伯所说的“合理性的‘结合体关系’”。具体说，取决于：其一，向内能否适当地强化村落共同体的经济规制团体的性质和功能，有效地把家庭共同体置基于经济上互助互补，而不仅仅是文化上的手足之情。其二，向外能否在现代职业团体发挥越来越大的社会整合作用的情况下，找到打破村落边界，既链合外部社会又保持村落共同体团结纽带的原则与途径，把村落共同体发展成为社会结合体的一部分。

现在的问题不是没有村落共同体与社会联结的可能性，而是市场力量和国家力量同时介入农村后，村落共同体面临的推拉力量空前复杂，从而面临着联结社会的多重可能性。所谓“推拉力量”，不仅仅是经济性质的——例如刘易斯假设的农村为缓解人地矛盾、转移剩余劳动力而产生的推力，以及资本与现代部门解决劳动力不足而产生的拉力（刘易斯，1989；黄宏伟，2005），同时也是社会性的。韦伯曾提出一个关于家共同体解体的解释：“在文化发展的过程中，促使紧密一体的家权力趋向衰微的内在动因与外在动因不断增加。自内而起的解体动因在于：能力与需求的开始与分化，而这与经济手段在量方面的增加相关联。随着生活可能性的多样化，个人愈来愈不能忍受共同体先前所硬性规定的、未分化的生活形态，从而愈来愈倾向于以一己之力来形塑自己的生活，并且自由享受单凭个人能力所创造出来的成果。外在的解体因素则来自于竞争性社会组织的介入：例如国库有意要更加密集地榨取个人的赋税能力”。前一种力量，即个人主义营利方式一旦成立、个人主义观念一旦形成，“将自己委身于一个大型的共产家计里的诱因，委实愈来愈少”（韦伯，2004），这可以被视为家庭共同体瓦解的内推力量，后一种力量则可以称之为共同体瓦解的外拉力量。显然，韦伯所言并不仅仅适用于观察家庭共同体，也适用于观察社区共同体之外的种种社会经营所产生的村落共同体的分解力量。而且，通常还同时存在着抑制村落共同体分散的“反向推拉力量”：其一，存在着把个人推向村落共同体的力量。除了农村居民可能有乡土归属感，可能通过合作社进入市场，以及特定国家在政治上选择村庄为基层治理单位并支持村庄自治等，小农个体在城市和市场上的经常受挫也会压迫他们转而依赖传统的村落共同体互助。例如，一些关于东欧、中欧前社会主义国家

① 此外，韦伯还指出，共同体成员专门资格规定易招致有些人一味追求会员资格可资利用的门路；近似的共同体在互相争取成员时，即使基本上非经济性的共同体也有意识许诺具体的经济利益（韦伯，2004）。不过，这主要不是针对邻人共同体与村落共同体。

市场化的研究已经发现，计划经济与市场经济混杂时期产生的新的不平等、阶层化，使农村居民产生心理痛苦，被迫发展适应性的家庭经营策略（Brown、Kulc-sar，2000，2001）。农民家庭面临矛盾的选择：一个选择是发展更密集的社会性网络，农村居民个体和家庭将更少联系对他们达到市场目标没有直接帮助的人，结果是更少卷入所居住的社区。另一个选择是更加倾向于发展社区内的非正式社会互助网络，去应对混乱的经济以及社会保障系统的缺失，个人与家庭因此都更加依赖邻居互助，结果更加紧固了社区纽带，而疏离了社会纽带（O'Brien 等，2005）。其二，还存在着出于经济的、政治的，甚至是文化和人道的力量和目的，试图平衡城乡发展，努力振兴乡村地区的农业经济和社区共同体，改变传统乡村精英把持权力的格局，增强乡村大众的权力，并使村落共同体链接社会以形成社会结合体的拉力。例如从 20 世纪后半期起，拉美和非洲的地权运动，亚洲的小农组织，北美和欧洲的改革活动与社区激活，欧洲、北美与澳洲的激进农场主团体，乡村认同运动与乡村社区发展运动（包括本土居民运动、回到土地志愿者和环境维护者对乡村调整的抗议等），都为积极进入乡村社会重建的新乡村社会运动的动员创造了空间。虽然这些运动在乡村社区与社会的关系目标上存在着某些不同的取向，但是要求小农的土地权利，保护农业的传统方式并反对新自由主义土地改革、经济自由化和农产品跨国企业行为，则是两个共同取向（Woods，2008）——在笔者看来都是反对用市场规则联结乡村与社会。

以上四个方向力量的存在，客观上造成村落共同体有四种联结社会的可能性。通常，既要打破共同体边界又要一成不变保持小型、地方共同体规则的努力，都是极其困难的。莫尔在他的《乌托邦》中曾表达过天才而忧郁的预见：一个乌托邦即使全力抑制公民间差异性而达到平等和一致性，仍然面临外部世界的威胁，除非全世界都通行乌托邦规则。因此，莫尔设想乌托邦有一项重大、用意深远的工程：掘开海沟把原来与大陆联结的乌托邦半岛变为乌托邦海岛。这项工程绝不只是增加乌托邦的军事防卫便利，更多的是把乌托邦与外部世界的必要交换减少到最小、最主动的程度，以便在不能把全世界都变成乌托邦的情况下，最大限度地保护作为小型共同体的乌托邦——这恐怕是马克思关于共产主义不可能在一国单独取胜论断的思想来源。这里如果借用莫尔的乌托邦文学底本，把广阔社会比作茫茫大陆，把弱小而相对封闭的村落共同体视如小型岛屿，那么可以说：村落共同体与社会的联系原来就以共同体成员不认识或不方便的自然形式存在（一如大海把岛屿和内陆联结一起），而人们自觉建立与发展两者间的联系则犹如设法过海。莫尔设计的乌托邦掘海工程，把联结大陆的半岛再变回岛屿，岛民过海与世界联系只能通过船只，实际上就是第一种过海可能性与策略选择。在现代社会，它可能表现为要求简单强化村落共同体的主张和行动，属于逆市场化、逆城市化的方式。第二种过海方式，是指原本处在岛屿的居民（村落共同体成员）自然地以船过海，与其他岛屿及大陆作各种必要交换，彼此关系相对不密切不方便但是可以取其所需，其中的经济交换可能是非市场交换性质也可能是市场经济性质的。某些国家和社会听任乡村地区和村落共同体自生自灭的选择，大体属于这一类方式。第三种过海方式与乌托邦掘海工程逆向，即实施填海工程，人为建立岛屿与岛屿、岛屿与大陆的陆行联系，把所有岛屿最终都变为陆地。填海工程的造价昂贵；工程完成后，岛民从此可以自如陆行，但是走远了走久了可能不再回来，或者想回来而迷路。在现代社会，纯粹以市场经济方式扫荡村落共同体，从而满足市场力量对于自由劳动力和土地的觊觎，属于典型的社会填海工程。第四种过海方式，则是本书后面要讨论的建立恰当的、旨在减轻或消除城乡社会不平等的城乡社区衔接，如同造跨海大桥，即便以最小环境代价和小农权益最大化的方式建立起岛屿间、陆岛间的快捷交通，又保持岛屿生活的可选择性；跨海大桥还需有不同于普遍桥梁的形制设计——包括在公民个体间友善原则之上推动共同体之间的友善政治伦理。

面对过海比喻或“过海理论”所表述的四种可能性，国家以及包括村落共同体在内的社会力量究竟选择哪一种，取决于人们争取什么，取决于人们采取何种社会原则、把哪种社会构成视为正常。对于这个问题，公共社会学和政治社会学理应积极介入。

## 三、村落共同体与善治社会

关心善治的、公共性社会的公共社会学实际上也面临一个重大问题：村落共同体作为地方性共同体究竟是不是其敌人？村落共同体在当代社会有多大意义，在很大程度上也取决于它与公共性社会的关联。

对于倡言公共社会学的布络维本人而言——他并没有细致触及公共性社会究竟是基于个体的个人主义理性聚集，还是基于社群或团体的价值与利益共享，抑或是个体、团体与共同体的结合——这个问题也许是不言而喻的。如前所述，共同体或社区从古典社会学开始就被用来解释社会如何团结在一起，是什么赋予集体或团体以单位区分，以及社会纽带被强化或被社会变迁社会发展所规定等。因此，“社区”、特别是肯定“社区”存在意义的研究代表的是一种关于团体及其区别于孤立状态或个人主义的重要讨论（Day，2006），即是关于社会构成的非方法论个人主义的讨论；而个人主义的纯粹竞争性聚合会被倾向于视为失序状态或“失范”。不过，政治社会学、社会学所设想的公共性社会的确存在着两种甚至是更多的可能性。一种是自由主义设想的，个体作为理性个体、私人进入公共性社会，[①] 一如哈贝马斯在早期著作《公共领域的结构转型》中所强调理想的资产阶级公共领域是由理性的私人组成，公共领域作为市民社会衔接国家活动的区域和部分，本身仍属于私人领域的组成部分（哈贝马斯，1999；Warren，1995）。因此，这类设想在根本上没有理由重视共同体，更没有理由尊重村落共同体。另一类政治社会学则把共同体视为一群人，在表达认同感时吸收了一组相同的符号资源；它不仅是与认同的其他形式相匹敌的一种认同形式，还是塑造认同的一种共同的手段。所谓共同体是通过划定边界和管辖成员来发挥功能，边界则是通过相似性和差异性的二重数轴划定的。身处共同体的体验就是以一种方式阐释或解释社会世界，即使这种方式与我们理解他人的方式不完全相同，但却可以是与之一致的（Cohen，1985；纳什、斯科特，2007）。因此，既然国家在现代仍不可能依靠行政手段来控制社会的每一个人，那么要把社会凝聚、整合起来，“社区发展”就是将社会控制下移到一个个自治社区手中的“分权方案”，其目标是通过社会基层组织的自治，来调整政府与民间的关系，并实现社会整合（冯钢，2002）。

这种分歧表明，地方性共同体是不是被视为公共性社会的敌人，首先取决于公共性社会是什么性质的，或者说，取决于公共性社会应该被视为基于方法论个人主义之上还是方法论社群主义之上。从前一个立场说，村落共同体可能是公共性社会的潜在敌人。从后一立场看，村落共同体不是其敌人，反而是一个友善的、善治的公共性社会的组织支柱。例如，1990 年发布“积极的社群主义的宣言”，并将泰勒（Charles Taylor）、桑德尔（Michael Sandel）、沃泽尔（Michael Walzer）的政治哲学的社群主义拓展为社会学流派和社会运动的泽奥尼，曾这样概括两种立场的区别：社会哲学的社群主义（Communitarianism）的核心预设是必须共享利益。而自由主义的核心预设则是人们的考虑无论对错，都有权做出个人决定；社会安排与公共政治在某种程度上是需要的，但是不应该被共享价值所驱使，只能由个人卷入的自愿性安排和契约所驱使并反映他们的价值和志趣。社群主义认为社会制度与政治受传统制约，因而受代代相传的价值的影响，它通过非理性的过程，特别是内化过程而成为自我的一部分，并且被诸如说服、宗教或政治教化、领导，以及道德对话等过程所改变。由此，社群主义还强调人们对其家庭、亲属、社区以及社会有一种特殊的道德责任，因此，它虽不拒斥基本的自由主义理想及其功绩，但是鼓励一种责任伦理，一个好社会被认为是基于小心翼翼达成的自由与社会秩序之间、个人权利与社会责任之间、特性（伦理的、种族的、共同体的）与全社会价值及联合之间的平衡。而自由主义则强调但凡个体都

---

① 社会学的社群主义认为共同体或社群是两种要素的联合：（A）在个人组成的团体中间的一种充满影响力的关系网络，这些关系经常交叉并且互相强化，而不只是一对一或个人关系的链接。（B）对于共享价值、规范、意义的承诺，以及共享历史和对特别文化的认同（Etzioni，2000）。

有普遍权利，可以忽略个体的特殊的成员身份——在此意义上所谓社会的观念甚至是虚构的。

泽奥尼强调，社会学的社群主义见解既是经验性的也是规范性的，比起基于方法论个人主义的自由主义更具经验依据。它观察到，人生来与动物类似而非自由主义所谓人生而道德，但是在社会制度下经过适当的价值内化与强化，人能增进品德。作为一个好社会基石的道德基础则是由四个社会形式塑造的，即家庭、学校、社区，以及许多社区组成的社区（The Community of Communities），这四个核心要素如同大盒套小盒的中国盒子：婴儿出生在家庭中，慢慢接受价值、发生道德自我；学校在孩子变大时进一步发展他们的道德自我，或者矫正其特性；社区或社群则通过强化其成员特征而加固其道德基础，不至于使个人失去对价值的承诺。社区中的道德声音作为他人的非正式赞同会形成一个非正式影响的关系网络，比国家力量更能为社会秩序提供道德基础，社区或社群愈弱（例如因为人口流动量愈大、共享核心价值愈少、异质性愈高），则社会网络愈疏，道德声音愈稀。当然，社群具有边界性，社群之间可能发生冲突，因此社群之上，由许多社区或社群所组成的社群——即社会——就是重要的。基于这个经验基础，社会学的社群主义坚持不能视社会由千百万的个体所组成，而应视之为复合团体（as pluralism within unity），其中的亚文化与地方单位并不是对社会整合的威胁，只要社会的核心共享价值和制度受到尊重；自由与社会秩序、自我与共同体的关系也不是零和的，社群中的个体比孤立的个体更加理性、有效率（但是如果社会压力持续达到高水平，它会破坏自我的发展与表达）。社会学的社群主义在这个意义上，一方面强调社会形成公民结社制度，有助于个体互助以满足其社会需要，可以部分肩负起原本应由国家承担的福利责任；另一方面则强调这种社会虽然好但是不够充分，因为在许多事务上更倾向于道德中立，而不是关心价值自身固有的品性，以及如何把它们变成公民需要并使它们成为更有效的社会成员（例如更加批判性思考），为此，一个好社会要追求发扬实质性的核心价值，而且不能不区分对待社会团体，即认为其中某些社会团体和活动更有品德（Etzioni，2000）。

泽奥尼发起的社会学的社群主义运动并不专门、大量地涉及村落共同体与公共性社会的关系，但是它与自由主义的争辩还是有助于人们重新认识村落共同体与公共性社会的两个层面的关联：

第一，如果在社会学的社群主义立场上做出拓展，则不难发现：①存在着非城居的国民是否应该和如何组成公共性社会的问题，因此有必要面对既存的村落共同体、农村居民与公共性社会的关系与通道问题。甚至，问题首先不是村落共同体与农村居民是不是公共性社会的敌人或拖累，而是农村居民有权成为它的一部分。②类似于托克维尔《论美国的民主》观察到的 19 世纪美国广泛存在的社团、社区组织等自治团体不仅有助于抵挡国家暴政，而且有助于公民在参与熟悉的地方性公共事务过程中自然地培养公民的公共热情与公益能力，成为合格的公民；社会学的社群主义也强调好社会是社群的复合体，好的地方性共同体是好社会的基础，身处这类共同体中的公民会由于共享价值、文化纽带、互助互惠而更富于合作、理性和效率。这类经验观察，说到底是在规范意义上主张公共性社会中公民与公民之间不能只存在各自计算私利、一概斤斤计较的经济关系，只在公共领域中发展你争我斗的权力关系，而要保持阿伦特（Hannah Arendt——中国台湾译鄂兰）反复致意的友善、乡谊（阿伦特兰，2006：31-32），以免公共性社会、公共领域沦为公民的合法争吵场。在此意义上说，一个与社会核心价值、制度保持一致的村落共同体，正是公共性社会的有机部分，而且好的村落共同体正是农村公民既培养公共关心，同时保持乡谊、保护公民间友善的特别温床。③与前述“过海理论”相一致，在实践上由于公共性社会类型、村落共同体前景都存在着不确定性，村落共同体与公共性社会的关系与通道完全可能趋向不同方向。例如，听任市场力量自行作为，村落共同体有可能被瓦解成为残余的私人的聚居链接，遑论成为公共性社会的乡村形态；单纯推进基于方法论个人主义而设计的选举政治、乡村自治，村落共同体成员也有可能加速趋向原子化公民，或趋向政治利益小宗派。

第二，社区虽然被视为新进步主义的基石之一（Day，2006），共同体精神虽然被社会学的社群主义反复提议，它甚至被期望为抵制自由市场经济学及其自由主义哲学的社会基石，存在于家庭和小型社区内的互惠被认为需要扩展到目前受经济思潮主导的国家关系和全球关系中；但是，社群主义的公共性社会并非没有疑问，社区或社群也并非解决现代社会利益宗派化的天然解毒剂，它本身甚至需要祛魅。就村落共同体而言，所谓祛魅，是指它能否成为一个好的公共性社会的组成部分，不仅取决于村落共同体内部能否维系良好的团结，而且取决于村落共同体能否处理好与其他共同体的关系，由共同体内部的乡谊发展出共同体之间的友善，共同维护核心共享价值与制度，并避免形成社会组织间的宗派争斗；取决于能否与一个好的公共性社会形成良好联结，并与整个社会的核心价值、制度保持一致。换句话说，村落共同体要成为公共性社会的构成，需要迈出两大步：基于村落共同体的资源，恰当地训练农村居民的公共关心和处置公共事务的能力，为第一步；解决村落共同体与其他共同体及社会的政治链合，为第二步。但是，争取这种关系与前景，首先需要以各种共同体的社会、政治平等和经济互补为条件。如果村落共同体还被置于城乡二元化的社会结构、政治体制、国家福利框架之中，城乡两种社区还处在极度的社会不平等之中，村落共同体作为公共性社会的积极构成只是奢谈。显然，改变这种状态，有待于积极的国家干预。

## 四、十字路口的中国村落共同体与城乡衔接

英语世界的乡村社会学把乡村聚落分为小村落（Hamlet）、村落（Village）、集镇（Township）、城镇（Town）等。小村落通常是没有教堂的小村子。村落相比小村落，规模大（从数十户到数百户）还属次要特征，最重要的是它有教堂及其他公共性的中心。这里所讨论的中国村落，确切说是指行政村，即是中国当代政治、社会进程中产生的一种"Village"（自然村大体对应于 Hamlet）。这种行政村算不算共同体，或是什么意义上的共同体，在概念上显然有争议。在乡村社会学领域，20 世纪 70 年代以后一些研究者曾从社会史角度特别有力地论证过，与"社会"形成对照的传统村庄共同体或社区只存在于概念和假定上，更多的是某种民俗记忆，乡村社区一直被卷入社会发展进程（Newby，1987）。有些关于乡村社区性质、功能、特征的经典描述与定义（诸如把社区描述为静态的、传统的、团结的与边界固定的），还被批评为缺乏历史分析尺度，以至于把一时现象视为永久特性，例如吉本（Gibbon，1973）等指出 20 世纪 40 年代艾瑞森柏格和肯波所描述和解释的爱尔兰西南部乡村社区的团结、稳定、互助、和谐等特征（Arensberg、Kimball，1940），有很多实际上是受 20 世纪 40 年代马铃薯歉收影响的结果。批评者们虽然多少承认社区具有团结和整合功能，但是更强调农村社区充满了变迁、分化、矛盾而具有复杂的模式。本书同意这类批评，因为本来就很少存在完全吻合 gemeinschaft 概念的共同体，实存的中国村落共同体同样也处在雷德菲德所说的连续变迁序列中的某个位置。此外，20 世纪 40~70 年代日本学者曾基于同样的满铁调查材料，专门就中国村落能否被称为共同体展开论战。持否定意见者认为中国村落缺乏共同体应有的边界、共有财产、村落观念，而持肯定意见者则强调有这些证据（李国庆，2005；黄宗智，2000）。论战的"核心实质"曾被归为"是家优先还是村优先的问题"（李国庆，2005）。实际上，家优先作为农村常态一般并不妨碍村落共同体的产生与维系，关键是中国同一时期不同地方的村落共同体受国家、市场和内部三种压力的不同交替作用，会导致共同体的产生过程、形式、机制、松紧度有所不同，这才是日本学者使用同一批材料而得出不同意见的根源之一。通常，只在理论上存在着村落共同体完全由社区内部力量自发形构的可能性，实际上国家力量、市场力量总是参与、影响甚至决定村落共同体的边界、机制和功能。[①] 因此，清末民初以来国家影响，甚至划分村落

① 以美国为例，研究者和政策制定者关于乡村与城市的界定，依赖于联邦政府的两个系统关于城乡的划分。美国人口普查办公室依照人口密度划分城市与乡村地区，根据 2000 年人口普查，有近 500 万乡村人口生活在 2500 人规模以下的社区中。而管理与预算部门则以都市区与非都市区表示城市、乡村的整合角度，并且对乡村使用了 15 个以上的不同角度的界定（例如从通信负担角度把 5000 人以下居住区视为乡村，而从供电角度划分乡村的标准，2000 年前为 1500 人以下，2000 年改为 2500 人以下，等等）。美国政府建立这种地方标识通常出于管理目的：决定哪些地方适合特定的政府项目。即相应的乡村界定都服务于政策目标（Flora，2008）。

边界，本身并不一定意味着取消了中国的村落共同体（黄宗智，2000），而是意味着村落共同体的边界、方式、功能以及自治（如果有的话）受到共同体之外力量的形塑，以便适合国家选择的乡村治理模式。

20 世纪 80 年代随着人民公社体制结束、实施政社分离而出现的 80 多万个行政村（现减并为 60 多万个），显然既具有国家行政规定的色彩，又有农村自然聚落的基础。它基本上都在人民公社体制中的大队一级设置，与公社体制相比，一方面是延续了 1949 年以来，特别是集体化以来国家在农村以集体组织取代其他村落共同体（例如宗族共同体）的政治努力，另一方面则把农村集体的核心层面从公社下降一级、从生产队上提一级。这个体制推出之初，作为显性规制，它使原来大队一级的村集体被确认为村落首要的、首级的共同体，其他合作体（如原生产队、后来的村民小组）为次级，家庭为基本共同体。它意味着国家承认农村集体（或共同体）是有地方性的，它涉及特定的居民、文化和环境的关系，与国家设置的地方边界可能很不一致，至少公社作为集体过大，政府也无力把公社与城市社区或单位一样整合纳入国家政治、经济和福利体系，同时承认从高级社以来渐次形成的自然村联合的大队已经是被农户广泛认同的村集体，要求它在国家撤出对农村经济与社会直接治理之后作为农村社区共同体担当村落公共供给的主要责任（毛丹，1998）。作为隐性规制，实施政社分离、行政村制度并且与联产承包制相配置，是在激励农户单位的生产积极性的同时，把农村基层公共供给的负担卸给行政村，以便继续保持国家供给和发展城市的能力。它意味着更多地增强了农户的自主性，放松了对农民以劳动力个体进入市场的束缚，并为市场力量影响农村创造了条件。而集体与农户“统分结合”设计中“统”的一端，即村集体发挥组织农户的基础与能力没有得到充分的、切实的资源保障和制度保障（仝志辉、温铁军，2009）。因此，行政村虽然被要求成为经济上的集体单位和政治上的自治单位，但是其变迁前景实际上却具有某种不确定性。改革 30 多年来，对于行政村形态的村落共同体而言，显然有一些力量在推动村落共同体的强化，有一些因素则在发挥瓦解“集体”的作用，村落共同体不能不进入村集体与传统共同体之间的不确定地带（毛丹，2008）。

就村庄与市场关系而言，改革以来既保持村集体又发展农村与市场的联系，形式上有利于发展村落共同体与大社会的联结，但是卷入村庄经济关系重建的三种力量——资本、农民、政府，对于市场经济及村落共同体的态度、要求显然是不一样的。如前文所论，资本在农业、农民、农村与市场的关系问题上，断然不会顾忌农业的弱质和农民的弱势，按其习性只是要利用农业的弱质和农民的弱势，把农民从村落共同体中分解为单个、廉价的劳动力，去获取资本最大收益。而农民对于市场经济的态度是随条件而变化的，即对于市场怀抱着一种安全经济学逻辑，活不下去的时候会做出各种方式的反叛，仅有糊口条件时采取生产消费均衡模式，在条件具备时则接受和进入市场经济。政府则抱有经济繁荣与政治稳定的双重标准，在对待农业、农民、农村与市场的关系上，客观上面临五种选择可能：压榨剥削“三农”，任其暴露在市场，对“三农”实行半保护，保护“三农”，用各种方式提升农民进市场的能力。中国作为发展中大国的政府政策选择显得更加困难些，通常很难简单采取一种选择，推动村庄经济转型的各项改革政策不能不在非市场化、市场化与保护农民进市场之间不断寻求平衡点。于是，在重建村庄与市场的关系过程中就产生了一些相互冲突、相互牵扯的力量，一方面形成了分解村落共同体，把村庄打散进入市场的力量、形式与过程，例如，乡村工业化并最终实行乡镇企业转制、商品农业、农民进城打工与迁离、撤村建居等，以及与此伴生的农村劳动力从农户单位逐渐转向以劳动力个体为单位。另一方面，它也促成村庄、农户面对市场采取各种自我保护，例如，土地制度改革因突出考虑农地对农民的社会保障功能而步伐较小，采取农村新合作，村集体经营及其转化问题受到关注，经济与村社区继续保持紧密性，进行新农村建设等。通常，农业生活提供社区共同体的维系，非农化生活及对集体政治的不信任则被引导为损坏社区共同体（Caldeira，2008）。因此，前一方面变化总体上削减村庄作为社区经济共同体存在的必要性，而后一方面变化则使村集体、村庄共同体得到维持、强化或转型，农业村落共同体由此继续扮演社区经济共同体单位，并替代或仍然部分替代国家实施农村公共物品与服务的供给，村庄仍然具有某种生命力。

就村庄与国家的关系变化的维度观察，改革 30 年间的变化大致上是村庄经历了行政化、半行政化、以村民自治为基础的共同治理三个阶段。行政化主要是指在人民公社体制下，政府通过公社对村庄公共事务有直接决定权和优先决定权。这种行政关系并不总是单向的，它也使村庄、农民具有某种要求地方政府对村庄日常生活、命运负责的权利。半行政化则是指人民公社制度解体后出现的过渡性格局，主要在 20 世纪 80 年代初至 1998 年。村庄根据“村组法”（试行）应享有自治权，地方政府则常常习惯沿用行政化时期的办法干预村庄的生产、生活和公共事务，村庄也在一定程度上仍习惯地接受干预。但是受政府财力、村组法规定等限制，村庄与农民的实际自治权在扩张，而且村庄公共供给方面受政府支持的力度也相应下降。共同治理则是村组法正式实施以后呈现出的国家与村庄关系的某种新趋势。这个时期从 1998 年延续至今，村庄与国家相互间的权利、义务关系趋向明确，各自的权力边界日益明晰，在村庄自主事务的范围也得到了国家法律和实践的尊重的同时，政府也趋向于承担村庄的公共物品供应、公共服务、社会安全网构建等方面的部分责任，把农民、农村重新纳入国家建设的议事日程。三个阶段的总体趋势，形式上有利于行政村成为自治的农村社区政治共同体。但是，由于在地方政府与村庄的关系调整过程中，农民农村始终处于关系弱端，村落作为自治的社区共同体的前景仍然具有不确定性；由于自治的社区政治共同体究竟基于社群主义还是个人主义的选择不明晰，它究竟能否成长为公共性社会的重要基础和重要部分，也存在着不确定性；甚至，由于行政村的撤并归的权力掌控在政府手中，村落作为自治的社区政治共同体有没有将来，还有待于国家对于村庄存在的必要性做出清晰的总体定位。

就村庄与城市的关系观察，行政村作为社区共同体有没有确定的前景，一方面取决于国家在农村劳动力向城市转移的同时，是否发展乡村社区，另一方面取决于国家能否通过在解决城乡社区的经济社会不平等的基础上发展城乡社区衔接。即既非消灭村庄，也不是城乡隔离，而是建立一种有机联系城乡经济和社乡社区的衔接带。它在理论上是指：①在相对消极的意义上，承认城乡经济、城乡社区是有差别的，这种差别是普遍现象，而不是发展中国家所独有的。②在积极的意义上，承认经过对农村社区基础设施的大幅度改善，确立城市和村庄之间的路、讯、人、货的四畅通，可以达到城乡社区生活条件的基本均等；依然存在的村庄，主要是为依然存在的农业从业人员提供便利的社区条件，并且向城市中选择乡村生活的返郊、返村的人口开放；大城市、中小城市、小城镇、中心村与其他村庄等，形成一个经济上互为支持和补充、文化风格不同但是彼此平等、社区基本生活类型不同但品质差别并不悬殊的链接带，各自都是这个衔接带上不可替代的纽结点（毛丹，2009）。改革中前期，国家整体上偏向于劳动力转移路径。2000 年以后，在统筹城市、改善农村社区生产生活条件方面的一系列政府举措，有利于触发城乡社区衔接带的议程。一个充满活力的城乡社区衔接带意味着村落共同体的重生，村落共同体的转型最终能否完成，需要以此为检验尺度。但是，国家目前对于这个路径的含义、进程和前景并不清晰。

换句话说，如果把农村社会 30 年的变迁放在村庄与市场、与国家、与城市社会三重关系转变中考察，几乎可以说村庄正在经历从农业共同体到城乡社区衔接带之弱质自治社区的大转型，即：①经济共同体转型——基于农业和农民半市场化、半受非市场化保护的政策环境，以及双层经营而农户经营实际上更受政策支持的经营环境，村庄从人民公社体制下的集体大队，转向具有不确定性的社区经济共同体。②治理共同体转型——基于村民自治的制度安排和地方性实践，村庄有可能从国家的基层治理单位转向国家与社会共同治理的单位。③村庄作为农民社区的转型——从传统农业社区有可能转向城乡社区衔接带的弱质端。以上转变究竟以何种形态实现，既取决于农村和农民对国家、市场、城市的态度，更取决于国家、市场、城市对农村的态度。从政策社会学的角度说，政府如果期望村落共同体在组织农村人口、增长经济方面长久而稳定地发挥作用，固然要帮助村庄担负起社区经济共同体、社区治理共同体的职责，更要帮助村庄朝着城乡社区衔接的方向建设，使村庄成长有一个明确的未来（毛丹，2008）。

中国的村落共同体正站在十字路口。依赖惯性继续向前滑可能行之不远；向左转，前景是确立城乡衔接，形成村落共同体与城市的联合体；向右转，则是听任市场力量分解村落共同体，一股脑儿驱使农民变成城市的劳动力商品。而政府在政策选择方面又何尝不是站在十字路口？在此意义上说，政策社会学有必要清楚地呈现以下两个基本判断：

第一，城乡和区域发展都将极其依赖于城乡之间的衔接，保障村落共同体与大社会、与城市社区形成联合体。1994 年以来，这一政策主张已经受到联合国人类居住项目的持续倡议。2000 年 7 月有 1000 个城市代表参加的城市未来全球大会，曾发表“关于城市未来的柏林宣言”（Virchow、Braun，2001），强调重新认识城市与区域、城乡之间以及偏远地区之间的相互依赖关系，倡言从城乡分离转向城乡合作，使村庄最终具备城市的品质，城市地区也呈现乡村的特质，促使城乡分离（Rural-urban Divide）越来越被区块（Regional Agglomeration）所取代，否则将不利于城市问题解决，不利于解决人口单向流向城市寻找工作机会而产生的问题，并且会使乡村地区在全球化过程中更加被边缘化——生活在这些村庄里的是被全球化经济排斥在外的老人、孩子以及那些缺乏城市工业与服务部门的职业技术者（Sheng、Mohit，2001）。从这些研究中应该认识到：中国的城乡衔接与

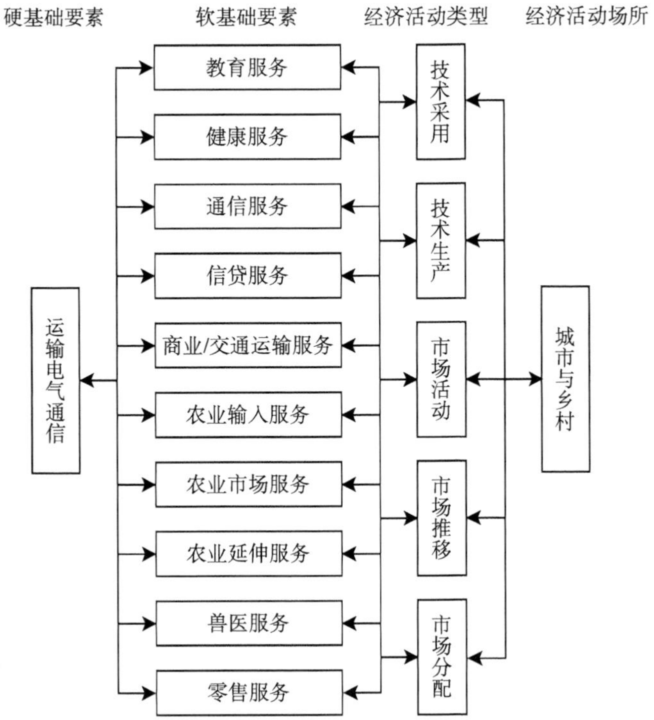


**图 7-1　乡村基础构造、经济活动与城乡连接的框架**

资料来源：Wanmali，2001。

区域发展的基础，是给农村社区提供充分有效的基础设施、服务，以及道路、运输与通信条件和其他公共物品，这是使村庄与城市消除传统区分的根本基础；在此意义上说，中国农村改革以来推动乡村的小型企业、发展乡村地区的非农职业固然是重要的，但是仅此并不够；着力发展农业和商品农业也是重要的，但是仅此也不够。国际粮食政策研究所专家万马丽所具体描绘的“乡村基础构造、经济活动与城乡连接的框架”，有助于表明城乡社区衔接、发展村庄共同体与社会的联合体所需的要素。

第二，依“过海比喻”，推进城乡社区衔接如造跨海大桥。这个工程的主体首先是政府。即城乡衔接需要政府积极干预，上述乡村基础建设虽然可以由政府和非政府提供，但是政府需要首先承担责任。积极的政府干预是必需的，因为减少干预或不干预就是一种干预。如研究者所批评，1980 年以来第三世界国家在农业农村方面纷纷放弃凯恩斯主义经济学积极干预的立场和政策，退出对农村经济事务的调节、计划、供给输入，放弃为农村地区贫困人口积极提供福利。但是，这种新古典主义经济学家所呼吁、赞赏的转变，实际上意味着国家转而代表资本进行干预（例如以立法方式重新变更土地制度）。而资本在农村的积极干预，则到处引起农民的四种形式的反抗，包括反对原始积累、反对资本主义剥削、反对非资本主义镇压和资本所引起的生态条件、反对民主国家对资本的运用，等等，结果又导致新自由主义国家要求一个干预性的国家去应对这些问题（Das，2007）。就中国的农村社区共同体的发展而言，如果国家不能清楚地告别新古典主义经济学的立场，沿着推进城乡衔接的路径和方向，转而用加强农村基础建设，并以服务为中心介入农村社区发展，那么就很难避免加快城市化与建设新农村两大国家战略之间出现断裂，新农村建设也很难避免迷失方向与前景。

## 第二节　基层自主性的起伏

在乡村发展史上，集体企业的兴衰是一个很令人困惑的现象。这种组织在乡村的困厄中异军突起，带给人们巨大的希望，却又在巅峰时土崩瓦解，遽成追忆。其兴也勃，其亡也忽，该怎么解释呢?

乡村集体企业经历了一个艰辛的历程，它一直在与“左”的倾向的纠缠中发展。在主流的政策语言中，集体企业的发展一般被看成是群众对极“左”思潮的自发抵抗。可在潘维（2003）看来，没有“左”也就没有集体企业。他将改革前的社队企业理解成高层政策特别是党内激进派的政策产物，将改革后的乡村集体企业理解成集体主义精神的遗产。这个解释确实指出了部分的事实，但他的框架受限于海外政治学解释中国政治的派别政治范式，结果也就忽视了高层决策者实事求是、与时俱进的精神。如果真的能分清左与右的话，那么对于同一个决策者来说，他的行为既可以左，也可以右。特别是，在一个复杂的超大型社会里，是否“左”的政策一定就只能导致左的结果呢？这也未必。在社会学界，一种最强有力的解释（费孝通，1984，2000）事实上是将乡村集体企业的发展理解成了一系列极“左”政策的意外后果，比如：人口政策的过于宽松导致了农民就业的巨大困难，这在集体内部形成了开辟新道路的压力；而“文化大革命”使得经济秩序崩溃，很多城市企业关停，这就给了乡村组织巨大的市场空间；同时，在严格的城乡二元结构中，下放干部、工人以及上山下乡的知识青年也偶然地成为联结城乡与工农的人格化因素。

将集体企业的发展与宏观政治运动联系起来，这个分析视角给出了集体企业发展的宏观历史背景，却很难让我们从中得到关于农村未来发展道路的启示。我们能否跳出对于意识形态冲突的过度关注，来对集体企业的发展过程进行比较中立的分析呢？采取制度分析的视角或许能达到这个目标。相对于政治风向和政策导向来说，高度集中的政治经济体制要稳定得多。如果我们把集体企业的发展过程看成是乡村集体及其干部在这个制度环境中开展自主行动，并在这个自主行动的过程不断建构制度框架的结果，那么，就有可能建立一种比较中立和有力的分析框架。特别是，既有的研究对于集体企业的兴起给予了很大的重视，对于它的衰亡却研究得不够，这不仅是中文文献里的一个缺憾，在英文文献里也很突出，正如周雪光和赵伟（2009）所发现的：“有趣的是，在乡镇企业研究中，学者们对其当年的飞速崛起有着激烈持续的讨论，而对乡镇企业在90年代末的迅速消亡则鲜有研究。”本书尝试对于集体企业的兴与衰给出一个统一的解释框架。

进一步地，笔者试图思考，当基层自主性在发展经济的过程中受挫之后，它是否可能获得新的扩展空间，比如在社会建设的领域中获得复兴？

## 一、地方/基层的自主性问题

### （一）自主性与分权的关系

当前，关于集体企业兴衰现象最主流的制度分析框架是所谓“市场维护型联邦主义”理论。该框架及其衍生性解释致力于说明一个民主、法治和私有产权都不健全的国家为什么能有持续的经济增长，它的主要支持性经验数据来自中国，所以也称为“中国特色的联邦主义”。该框架正确地肯定了地方政府在发展辖区经济中的积极作用，强调财政分权是导致这种正面结果的关键条件。该框架的核心主张现在被凝练成这样一个口号：“为增长而竞争”（张军、周黎安，2008）。

具体地说，该理论有五个基本假设（Montinola等，1995）：①政府体系至少有两个层级，每个层级都有自己明确的权威范围或者自治权；②下级政府对于其辖区内的经济事务有首要的责任；③中央政府保证国内市场统一；④地方政府的硬预算约束；⑤这种权威与责任的划分是制度化的（Institutionalized）。在他们看来，只要满足了这五个条件，地方政府之间就极可能发展出类似于企业之间的竞争关系，这种竞争将导致市场秩序的构建，以及全面的经济增长。所以，他们的财政联邦主义理论是“市场维护型”的联邦主义。被纳入到这个框架下的第一篇文献是钱颖一和许成钢发表于 1993 年的文章《中国的经济改革为什么与众不同——M 型的层级制和非国有部门的进入与扩张》。这篇文献主要的解释对象恰恰是乡村两级“地方政府”积极和成功地发展“非国有部门”（当时主要是集体企业）的现象。因此，解释乡村集体企业的兴衰，必须与这种理论框架进行对话。

总的来看，市场维护型联邦主义理论确实是点出了中国经济奇迹的一个关键：包括乡村基层组织在内的“地方政府”的积极有为。能够将这种经验理论化，无疑是钱颖一等的一大贡献。在后来的检验中，该理论受到很多批评，在众说纷纭之中，该理论真正的问题究竟在哪里？钱颖一和温加斯特（钱颖一、Weingast，1995，2008）将自己的五个假设分为两类，第一类假设是关于联邦制的，是描述中央和地方关系的；第二类假设是关于维护市场的，也就是说联邦制维护市场的条件。前一类假设包括第一、第三、第五假设；后一类是指第二和第四假设。市场维护型联邦主义理论的使命被设定为要说明一种已经存在的分权关系何以能够维护市场，因此这个理论的核心假设被认为是第二个和第四个假设。但将这个理论应用到其实是中央集权的并且是巨变中的中国时，更核心的问题不应该是并不存在的联邦制度与尚不成熟的市场之间的关系，而应该是这第一、第三、第五假设提出的问题：中央与地方之间的持久平衡是如何可能的，或者说中央与地方政府之间的行政分权如何才能成为“制度化的”。

令人惊讶的是，无论是支持者还是反对者都没有认真地反思这个制度化是如何达成的。他们的思考存在一个共性或者说是一个共同的缺陷：他们都把分权想象成是外在于行动主体的不可更改的变量。分权成为上层对下层的恩赐，与下级政府的争取没有关系。钱颖一认为，在中国的 M 型结构中，地方政府的讨价还价权力极为有限，可是拥有极大的自主权，那么很显然，这种自主权与讨价还价的能力无关。在他随后的一篇文章中（钱颖一、Weingast，1995，2008），细述了新中国成立后的经济分权史，特别是那些写在中央文献上的正式制度的演变，这完全就是中央的放权史。

市场维护型联邦主义的批评者对于地方政府和干部过于老实的形象也没有异议，他们把火力集中在“分权何以就能维护市场”这个市场维护型联邦主义最主要的承诺上。如罗顿和罗斯—阿克曼（Rodden、Rose-Ackerman，1997）、周黎安（2007）、张军（2008）以及杨其静和聂辉华（2008）都提出了这个问题。在周黎安（2007）的替代模式中，仍然保持了地方政府和干部的乖巧形象。“中国地方官员的晋升锦标赛模式”放弃了对财政制度的倚重，转而突出了地方竞争中人事制度的因素，把“行政分权—区域竞争—导致了经济增长”的分析框架转变为“人事集权—官员为了晋升而竞争—以发展经济为手段”。可是，在这个升官大考场里，考试规则也完全是上层设定的，下级官员只要进考场答卷足矣。邢华（2007）利用江苏省52个县级领导的数据得出了官员升迁与经济增长之间负相关的计量结果，杨其静和聂辉华（2008）认为，这至少说明了市场维护型联邦主义理论缺少关于地方政府制度供给的微观基础的理解。蔡洪滨和特雷斯曼（Cai、Treisman，2006）在对市场维护型联邦主义失望之后，转而相信改革就是中央内部改革派的作品，地方的自主性彻底消失了。

周飞舟（2009）则对市场维护型联邦主义将企业治理中适用的锦标赛理论移植到政治治理中来的适用性提出了质疑。可是，周飞舟也认为在多层级的集权体系中，上层必然会适时地发动政治锦标赛来激发官僚集团的活力，此时，目标将被人为地简单化，使竞赛成为可能。这个解释的贡献在于，发现这种竞赛会在集权体系中周期性地出现，而且设定了重复出现的条件，首要的条件就是分权；反过来说，上层大规模放权的原因是想发动政治竞赛。这个解释以一种特殊的方式帮助我们厘清了问题所在。很显然的是，在这种理论预期里不会出现社队企业或乡镇企业，因为这些草根组织并不出自庙堂的理性飞扬，而是属于乡村生活的沉默底色。如果说上层放权和竞赛出现在政治潮流的波峰，那么一直潜行在波谷里的强大自主性又是什么呢？

**（二）地方/基层自主性的内涵辨析**

地方政府/基层组织的老实巴交形象十分缺乏理论和现实的依据。从社会学的制度（也可以说是结构/文化）和主体的关系来说，这个问题的性质是割裂了制度与主体之间的关联，假定无须主体的相互建构，分权制度也能凭空产生。换句话来说，相信缺乏讨价还价能力的地方政府拥有可观的自主权，这实质上是把中国的集权体系想象成了理想官僚制，因为只有在理想官僚制下，自主权才可能单单来自上级的授权而无须下级的争取。经济学家没有为他们的这种贸然颠覆给出任何的解释。从博弈论的角度来说，这种形象体现了对制度形成过程的片面理解。青木昌彦（2001）将制度分为三类：机构、博弈规则、博弈均衡。在第三种定义中肯定了主体是可以参与到制度形成过程中的，而不只是被动地遵从博弈规则。市场维护型联邦主义采取了一种死板的制度形成观，将分权看成地方政府之间进行博弈的既定规则。这大概是为了逻辑的清晰性而放弃了完整性。另外，这种形象里可能也包含了一种陈旧的国家观。在那种把中国的政体与苏联式极权主义画等号的国家观念里，中国的国家权力是可以一竿子到底的，地方根本就没有修正能力。其实，即便在计划经济时代，政策在实际执行中的走样也比苏联和东欧国家普遍和严重得多。迈克尔·曼（1993，2007）认为，古代的中国是一个专制权力强大，基础权力薄弱的国家，这种情况在计划经济时代有所改观，但到了改革年代又旧态复萌。总之，中国虽有中央专权的架构，但实际能力并不高。

反过来，地方政府/基层组织的机智灵活形象，其可以援引的理论资源也不够丰富。那些生活在小国或者联邦制国家里的西方理论家较少注意这个问题。正如迈克尔·曼（1993，2007）所指出的："所有的国家都在为不断增强的斗争所困扰，这种斗争来自中央集权与地方—区域权力的对立……然而，这些至关重要的、关涉中央和地方政府之间关系的问题，一直以来都被所有国家理论所忽视。"他把人们对国家自主性问题的观点分为两类：真正的精英主义和制度国家主义。前者强调国家在领导人的领导下作为一个整体在运作，其表现就如同一个人一样，在国际上作为单一的博弈主体，在国内与各种社会力量进行周旋；后者强调国家与其他行动者一样只是扮演着制度/文化中的角色，"所有的运作者都受到现存政治制度的制约"（迈克尔·曼，1993，2007）。通俗地讲，国家的自主性既有灵活性的一面，也有原则性的一面。同样，可以认为，地方/基层的自主性也具有这两方面。问题是，自主性的原则性层面在中国指的是什么呢？或者说在调节上下级政府间关系方面，我们是否也有一些坚定的基本规范，比如地方自治的宪政制度或者文化传统？当然，我们也有一些相关的规范，但这些规范主要是突出了集权的合法性而不是分权的必然性。而且，我国的农村政策总是在不断的变动中，我们前面提到的自主权，也往往是上级政权的权宜之计，实际上是不同层级的政府和农民之间复杂互动的制度化结果，会因为互动环境或主体策略的变化而继续变动。因此，当我们谈到地方/基层自主性时，灵活性要显得比原则性更突出，其核心内涵主要是地方/基层政权能动地利用一切条件合理地扩展自身权益的能力。

基于这种分析，本书所指的地方/基层自主性在内涵上具有这样两个特质，或者说本书对于地方/基层自主性有以下两个基本假定：

（1）地方/基层自主性区别于地方/基层干部或精英的自主性，代表着一种不可被任何群体或个人所独占的集体利益，或者通俗地说——公道。对上代表着本地民众的利益以及本地实际情况，对下代表着国家意志和公共权威。

（2）地方/基层自主性指的是地方政府与基层组织能动地利用一切条件合理地扩展自身权益的能力。这种能力在事实上也常常超越了上级授权的范围，并且可能被制度化，形成实际上的分权关系，所以，实际的分权关系与文件上记载的上级授权是不一致的，不能混淆。

对于第二条假定将在随后分节说明，这里首先解释第一条假定。这条假定其实是将黑格尔—斯考切波脉络的国家自主性概念借用来解释地方/基层自主性，认为在地方/基层社会中也有一种"自主性的结构——这一结构具有自身的逻辑和利益，而不必与社会支配阶级的利益和政体中全体成员群体的利益等同或融合”（斯考切波，1979，2007）。国家自主性不仅仅是对社会存在的，也对国际社会存在，同样，地方/基层的自主性更是相对于其上下左右的其他主体而言的。

在我们的政策语言中，国家自主性常常被表达成中央的积极性，地方/基层被表达成地方或基层的积极性，要发挥两个积极性。沈德理（2003，2004）比较早地把口语化的“地方积极性”提法改成学理性的“地方自主性”的概念，列举了地方自主性发挥的行为特征，并指出这种自主性是区域经济社会发展的内源性动力。他的定义与本书的定义基本一致。但他未能厘清这个概念的学术脉络，所以还是不够清晰。何显明（2008）在沈德理的研究基础上进一步对地方自主性概念进行了界定，力图使其更为清晰，但他的问题在于，他其实没有区分开地方自主性与地方官僚群体的自主性，结果也就使得这个概念失去了基本的规定性。这种偏离往往由于对地方/基层干部道德品质的负面评价被放大了，似乎认为地方/基层干部既然手段上如此灵活，目标上也难免是自私自利的。比如，魏昂德（Walder，1995）揣测集体企业虽然不是私有企业，但官员扩张私利的动机有助于硬化预算约束。李连江和欧博文（Li、O'Brien，1999）提出了基层自由裁量权（Street-level discretion）的概念，在他们看来，基层自由裁量权的突出表现是干部根据自身利益对上级政策采取“选择性执行”（Selective Policy Implementation）。许慧文（Shue，1988）也认为地方/基层的自主性很容易沦为“局部地方专制”。她的观点得到了张静的发展，张静（2000）反驳了那种以为新中国成立后的国家政权建设已经消灭了基层自主性的看法：“这种视角强调了基层社会变动的外部影响力量，有助于我们观察到基层变化的大背景，但在解释上容易产生的问题是，过高地假定国家组织的控制，而忽略基层社会取外部因素为我所用的方面，特别是忽略基层社会以不同的方式——通常是顺应外部需要的方式和语言，建构自主性空间或防卫来自外部的‘管辖权’竞争方面。”张静乐于看到这种超强国家中的地方/基层自主性，也深刻地认识到这种极其难得的自主性其实正是以集体经济和构建乡规民约为制度基础的。但她更希望能削弱这种自主性的负面，特别是干部脱离群众成为独立利益阶层的倾向，于是，她开出的药方是削弱或者废除地方/基层政权对本地经济发展的主导权，努力发展基层民主，实现从权威性自治向代表性自治的转型。问题是，当整体国家专制的体制没有根本改变时，这种通过汇集民意达成的地方/基层自主性是否真的有存活的可能？古往今来，我们从没有看到过这种可能变成现实，反而看到中国的地方/基层通过发展地方和集体经济势力构建了相对于上层国家的自主性，极大地削弱了过度集权极易导致的社会僵化，甚至构成中国经济奇迹的核心动力。

需要进一步说明的是，基层的自主性与地方的自主性还有重要区别，本书主要探讨的是基层的自主性。在西方政治学里很少做这种区分，总是把基层政权也看成一种地方政权，市场维护型联邦主义就照搬了这种分类。这也造成了本书在辨析基层自主性概念时还不得不把地方自主性也捎带上。潘维（2003）敏锐地辨明，西方政治学里将国家与社会做了太清晰的分别，认为只要是政府就是国家，反之就是社会，国家只有两种：中央和地方。其实中国的政府普遍地具有国家与社会的双重性，只不过国家性从基层向高层强化，社会性从高层向基层加深。基层政府既是国家也是社会，但是社会性十分突出。因此，基层组织的自主性，既是作为一级政权组织相对于上级政权和辖区内群众的自主，也是基层社会相对于国家的自主。既然基层政权生来具有高度的社会性，那么其结构必定与上层国家有所不同，因为它们要建立与群众之间更为紧密的联系，这种联系往往是经济性的和人格性的，这样的联系超出了乡镇范围就很难建立起来。如果一定要让基层政权与上层政权组织同构，比如让基层组织放弃对农民经济组织的主导能力，搞政企分开，那么就应该找到实现基层政权与群众之间联系的替代性机制，否则基层社会可能陷入严重的无序之中。

### （三）地方/基层自主性的社会根源

各级政权的无处不在无时不有的顽强自主性，在文化上可以看成是中国人的自我主义行动倾向的体现（汪和建，2007）以及对普遍性规则体系缺乏虔诚感。需要补充的是，在一种重视特殊性价值轻视普遍性价值的文化里，中国人十分擅长的一点是在“手段不讲究”和“目标讲究”之间的捏合，不能因为中国人自主性强就认定中国人特别是那些基层干部就没有道德准则。从文化来分析还可以解释另一个重要然而常常被忽视的问题：如果地方或基层的“块块”被上级的“条条”洞穿，地方或基层各部门的联系被进一步隔断，那么中国的体制也会从 M 型向 U 型蜕变。可是，由于基层干部之间强有力的人格化联系，使得“块块”在强大的集权体系内部仍然可以存在。于是，就必然出现条块并存且都比较强大的中国特色，不能只从中央放权的角度来看待条块并存的实际。我们看到，当本乡镇党委推进中心任务时，七站八所的干部也会服从调配，此中充满了人格化机制。对这一点有待深入观察和分析。

这种超强的自主性还可以在结构上看成是我国政治体系的必然产物。在比较政治的视野中，现代中国的政治结构显然是以集权而非分权为基本特征的。组织理论告诉我们，行动者在多层级、多部门的集权关系中将获得极大的自主性空间（克罗齐埃，1986，2002；马奇、西蒙，1958，2008；熊万胜，2009），因为集权的多层级和多源性可能导致“有组织的无序”，从而瓦解了集权的控制效力，扩大了下层组织的自主性空间。这不仅是一般原理，也具有浓厚的中国特色。

集权的层次越多，下层的自主性空间就越大。周雪光（2008）试图理解这样一种现象：为什么在造假时各级政府与群众会合作对付上级？他发现：“一个领域中的资源分配渠道越集中，或者政策执行的链条越长，基层政府在执行过程中注入的灵活性越大。因此，基层上下级政府间共谋行为的合法性便越强。”同样，政府内部的部门越多，也越容易让下级找到空隙。对这一点的忽略，是钱颖一框架里的一个基本的缺陷。在钱德勒（1962，2002）提出的M型组织结构里，强调的是同一家企业内部多个部门之间的分立、竞争和协调问题，当钱颖一把这个框架借用来描述政府组织体系时，直接把“多部门”这个M型组织结构的最核心特征去掉了：“在本文中，M型是指多层次、多地区的层级制，而不是指多部门的层级制。”这个做法是草率的，因为，多区域分支机构与一个机构内部的多部门一般是并存的，怎能因为强调了多区域分支就把多部门忽略掉呢？这也就革除了下级政府在上级政府内部众多且协调不善的部门体系中左右腾挪的可能。这部分地解释了为什么钱颖一眼里的下级政府在面对上级政府时居然丧失了讨价还价的能力。既然丧失了讨价还价的能力，那么下级政府确确实实拥有的自主权也就只能来自上级的恩赐。就中国而言，下级政府的超强自主性不仅仅可以借力于上级政府中存在着复杂多样的部门而滋生，而且，还可以依赖于上级政府领导人的派别分歧而扩张。党内无派，千奇百怪。政府领导人之间存在派别是必然的，由于我国政府是全能政府，所以派别分歧的意义就显得极为重要。如果说上级的多部门是上级政府内部的制度化缝隙，那么领导人之间的派别就是上级政府内部的人格化缝隙，这都给了下级组织以扩展自主性的空间。

事实上的分权关系与自主性之间是互为因果的，如果一定要辨明哪方面更有决定性，那么，应该把事实分权看成是自主性的结果，而非相反。就乡镇企业的发展来说，企业办在哪里，哪里的基层组织就一定能从中直接或间接地得到财政上的某些好处，不管正式的财政制度是什么样的。正式的财政制度从各种复杂的统收统支到各种复杂的财政包干，再到分税制下的各种乡镇财政体制，看上去差别巨大，但事实上的财政分权始终存在。因为，在政经不分的条件下，对于财政分权的程度更有决定性的不是预算内收入，而是预算外收入。在当年政企不分的条件下，只要存在集体企业，基层组织就总有能力从企业得到预算外收入，这是任何曾经的财政制度所遏制不了的。在这个过程中，存在着基层组织、集体企业与税务部门的深度共谋。比如，如果制度安排要求乡镇上缴更多的预算内收入，那么乡镇就可以选择从企业少收预算内收入，多收预算外收入。即便收来的预算内收入大部分上缴了，预算外收入还是会膨胀（朱钢、贾康等，2006）。但不管从企业收钱的方式是什么，都必须先把企业发展起来，有了企业，也就有了权力，所谓的分权也就建立了。这种分权关系，反过来又刺激了基层组织办企业的积极性，为农村经济的搞活注入了动力。1984年后的财政分级包干制度把承包制引入财政体制中，实际上可以看成是对这种分权机制的一种追认和推广。于是，这种分权关系也就进一步地制度化了。在一定的程度上，从分权来解释基层组织与地方政府的自主性，进而理解非国有企业的发展，是一种颠倒。

## 二、新的解释框架：基层自主性的建构与挫折

### （一）不同主体的自主性之间的冲突与协调

一旦我们将自主性与分权的关系成功地颠倒过来，也就为理解集体企业的兴衰史打开了一个新的更符合经验直观的思路。我们可以问这样一个略有哲学色彩的问题：在一个集权体系中，最基本的矛盾是什么？一个很朴素然而很实际的答案是：组织的上层与下层之间的矛盾。或者用一个更有社会学意味的方式来回答，也就是制度的维持与成员的自主性之间的矛盾。有控制的地方就有反抗，一切下级都可能反抗，包括生活在社会最底层的农民个体和奋斗于国际政治经济体系中层的国家整体。所有的中间层级都承担着双重任务：抵制上级或下级的自主性，扩展本级的自主性。在这个过程中，集体企业是作为基层组织的一个策略内发出来的。逐渐地，这个策略与国家、精英或农民个体构建自主性的策略越来越难以相容，最后，乡村集体被缴械，集体的企业被民营化。所以，集体企业的成功实质上是基层自主性的成功，而集体企业的失败实质上也是基层自主性的挫伤。

从制度—主体的自主性的角度来理解社会生活的变化，是社会学分析问题的基本视角。李友梅（2008）在梳理改革 30 多年的社会史时，更明确地强调了自主性问题对于理解中国社会生活变迁的重大意义。她说："制度与生活的关系，最后的落脚点是制度如何处理生活领域中不断生长的'自主性'问题，如何管理、引导、约束或者释放'自主性'的问题。"通俗地说，自主就是当家做主，由自己当自己的家，自己做自己的主。自主性就是主体努力实现这种状态的可能性。自主性可以区分为个人意义上的自主性与群体意义上的自主性。个人自主性的形成和发展过程，就是"个体化"的过程，这往往意味着群体的瓦解。群体自主性则指群体或者组织的自我运行、自我管理、自主发展、自主决策、自我服务。"大到一个民族的自决权，小至一个初级群体的自我管理，都属于群体自主性的范畴"（李友梅等，2008）。或者说，在政经合一的庞大集权体系中，每一级组织都有一个自主的问题，而在每一级组织内部的每个个体也都有一个相对于组织的自主问题。李友梅特别强调：自主性的发展是一个充满了矛盾和悖论的过程，它的获得与丧失是同一个过程。一种自主性往往以另一种自主性为代价，一些人的自主性往往以另一些人的自主性为代价。具体到本书的主题，那就是，不同层级之间的组织自主性存在着矛盾，而每一层级组织内部的个体与该级组织的自主性之间也存在矛盾。这些矛盾可能以冲突的形式出现，也可能以协调的方式出现，但是，冲突是基本的，而协调却是不稳定的。

### （二）地方/基层政权试图掌控辖区内经济命脉的倾向

一个值得深思的现象是：在建构自身相对于上下左右的自主性时，我国的各级政权组织包括基层组织高度依赖于对辖区内的经济命脉的控制。用邓小平

(1994) 的话来说就是:“总之，要用经济办法解决政治问题、社会问题。”国家政权一定要控制本国的经济命脉，这其实是所有国家政权维持稳定的一般做法，并不是中国的特例。马克思认为，政治权力的核心经济基础就是所有制，最核心的生产资料归谁所有，谁就可能掌握国家政权。在这个问题上的中国特色体现在三个方面:

(1) 不只是最高层国家要控制经济命脉，实际上每一级政权都在努力控制本辖区内的主要经济发展资源，而且这种努力往往具有权力博弈的性质。

在社会主义国家，经济命脉是以公有制的形式被掌握的。最高层国家不可能掌握所有的企业，所以必须要地方和基层分享。可是这个分级掌控机制从来没有得到法治化，对本辖区经济命脉的控制过程中充满了上下级甚至同级之间的权力博弈。地方或基层的经济命脉，合作化和人民公社时期体现为土地的集体所有和经营，后来体现在发展工商企业上，公有企业改革后主要体现在建设用地的开发权上。当初公私合营时，就有着由什么级别的组织来合营那些较优质企业的矛盾(薄一波，1997)。在计划经济时期，重要企业的行政级别也常常在争夺中被反复变更。以至于“抓—放”被看成是治理大一统国家的一种必要的政治智慧（杨松华，2004)。改革后，这样的权力博弈更加激烈了，甚至不惜冒着违法的风险。这种地方政权控制经济命脉、控制辖区内经济发展资源的做法被曹正汉和史晋川(2009) 概括成“抓住经济发展的主动权”。在改革后和企业改制之前，为了掌握经济发展的主动权，各级政府一方面大办开发区，竭力招商引资，甚至提出“亲商”、“爱商”之类极端的口号；另一方面还对本辖区内原有企业的实际控制权的分配展开激烈的争夺，主要表现为争夺对企业人财物的控制权，争夺企业利税的分配比例。

(2) 一旦地方和基层政权掌握了本地的经济命脉，它就十分依赖这种掌握。地方/基层政权对经济资源的高度依赖关系是逐步形成的，其细节很难收集。从功能的角度来解释，这种依赖关系至少有四方面的价值，所以是很难松解的。

首先，这是建构中央与地方关系的一种途径。无论什么样的政体都必须在中央与地方/基层之间建立一种既民主又集中的关系，不应该和不可能彻底集中。在计划体制中，政治、行政和经济三方面的集权程度都很高。在这三方面中，地方扩大自主权比较容易的切入点只能是经济。实际上，我国计划经济时代的央—地关系中最具灵活性的层面就是经济关系，所谓的抓—放循环主要是在经济领域里发生的。因此，在整体的集权关系中，地方在经济上的自主权还是受到了一定程度的尊重。一旦地方失去对本地经济命脉的控制，一种全面彻底的集权就可能被制度化，这是今天必须警惕的局面。其次，这是政权与民众之间关系实现制度化的一种途径。在中国，政府与民众之间关系的制度化绕不开小农的组织问题。当年毛泽东和梁漱溟在延安的窑洞里有一场讨论，梁漱溟（1937，2006）感叹乡村建设运动一直以来的一大难处："乡村运动而乡村不动"，可是毛泽东认为这是没有抓到点子上。从历史经验来看，要组织民众，必须抓住民众经济生活的根本，这是共产党的群众工作的一条成功经验，也是其他小农经济社会组织小农的一条共同经验。只要不可能让大部分的小农都成为规模化经营的准农场主，这条经验就必须得到尊重。很多学者在讨论中国的政治经济关系时，无视中国的小农经济依然普遍的基本国情，这是不应该的。再次，这是国家与社会的关系制度化的途径。社会主义国家有一种全能国家的倾向，希望维持对全社会进行深度动员的能力；从不满足于通过选票来建立政府和民众之间的形式化联系，总是要努力建立党与群众之间的实质性的鱼水关系。为了达到这个效果，各级政府都必须掌握本地社会中最核心的资源，这种资源必然包括了足以决定民众生存与发展前途的经济资源。最后，如果要继续保持经济的高速增长，就不得不建立政府与企业之间紧密的关联。

（3）集体企业的大发展。在这个充满紧张关系的集权体系的底层，位卑权轻的基层政权也希望掌握本地经济发展的主导权，而且他们居然一度取得了很大的成功，实现了集体企业的大发展。

马克思主义的经典作家曾一度认为已经或即将被资本鲸吞的农民土地应该收归国有，但很快就发现，小农经济的顽强超出了预期，于是转而寻求用合作社的形式发展农业的社会化（恩格斯，1894，1995；列宁，1923，1986），这就出现了集体土地所有制，或者说是出现了基层政权经营辖区内土地的现象。农村土地的集体所有制为集体经济的进一步发展创造了一个前提：农业集体的存在。但是，农业集体在很多社会主义国家都存在，集体企业的发展特别是工业企业的大发展，才是中国的特例。我们不得不说，这个成功其实是一个偶然。集体企业是特定条件下的产物，这个条件是：群众、干部、集体与上级政权构建自主性的策略恰好协调起来了。因此，集体企业也随着这种协调的丧失而失败。当集体企业失败后，各方主体争取自主性的努力不会停止，只是转以其他形式的经济活动体现出来，如此生生不息。

### （三）新的解释框架

经过以上的分析，我们可以整理出新框架的核心假设：

（1）集权体系中的各级主体都有机会扩张自主性；

（2）不同层级的主体建构自主性的策略之间既有协调性也有冲突性，冲突是不可消除的，协调是偶然的；

（3）在社会主义中国，地方/基层的自主性高度依赖于对经济发展主动权的控制，特别是对企业的直接或间接控制；

（4）集体企业的大发展是小农经济社会中的偶然产物，它需要群众、干部、基层组织与上级政权构建自主性的策略恰好协调起来，并随着这种协调的丧失而失败。

从这个新框架出发，我们可以重构市场维护型联邦主义的理论基础。五个假设中的第一、第三、第五个假设其实是片面地突出了中央政府的自主性，磨灭了地方、干部和群众扩展自主性的能力。结果就导致了一个基本的问题：如果中央的集权强大到了可以创立联邦制的水平，那么它也就可以消灭联邦制，可中央为什么居然没有这么做呢？经济学家寄希望于设计出一种理想的分权模式来，可是实施这个设计的只能是中央政府，于是问题还是回到了起点上，如果中央政府有如此设计的能力，怎么保证它会按照最佳模式施政呢？这些问题看似奥妙，其实并非现实中的困境，只是特定解释框架中的逻辑空缺而已，如果不接受这个框架，这些问题也就不存在。事实是：中国的中央政府从来就没有强大到可以单方面设计出任何一种联邦制，所以我们不必担心中央政府会这么干。五个假设中的第二、第四假设是经济学家关注的焦点。它提出的基本问题是地方官员为什么会采取维护市场的行动，而不是破坏它。张军（2008）将这个问题分为两个方面：其一，何以地方竞争会维护市场？其二，官员为什么要一心一意谋发展？第一个问题问的是，地方政府在构建自主性时，为什么这种行动刚好能够在区域之间和上下级之间协调起来，而且这个协调恰是朝着市场化的方向？显然，没有任何机制能保证这种协调一定会出现，更没有机制可以保证这种协调是市场友好型的。这只能是努力集权的中央政府应该完成的任务，而不是刻意扩权的地方政府愿意努力的方向。因此这个问题其实也是一个逻辑的问题。第二个问题问的是，官员的努力为什么会与地方政府的公益目标恰好一致，也就是说官员构建自身自主性的努力与地方政府的自主性策略恰好协调起来。这种协调确实是可能的，而且已经出现过。这才是需要解释的现象。

接下来，我们将通过叙述这种可贵的协调性建立与消亡的历史，努力从经验上来检验这里提出的新框架，在以下的长篇然而概要的叙事中，笔者侧重分析三级最基层组织的自主性策略，也就是公社/乡镇、大队/村和小队/组的自主性策略。

当前的农村基层组织是新中国成立之后合作化运动的遗产。它的自主性的构建可以分为改革前后两个阶段。在改革以前，农民的生活水平增长十分缓慢，当时，农村社会经济生活中最核心的问题就是活路问题。所谓自主性的构建，主要内涵就是控制和扩展活路。而在承包到户之后，农民获得了经营自主权，特别是获得了在土地之外寻找活路的自由。农村社会生活的核心问题升级为增收的问题，农民要增收，政府也要在财政上创收。我们把承包到户作为在两个阶段之间划界的时间点，承包到户的基本完成是以乡镇人民政府的重建为标志的，这发生在 1984 年。我们把 1958~1984 年称为基层组织自主性构建的早期阶段，把 1984 年到 20 世纪 90 年代中后期的集体企业全面改制时期称为基层组织自主性构建的后期阶段。相应的，这种自主性构建的挫折也有两个阶段。

## 三、1958~1984 年：基层组织自主性的早期建构与受挫

在 1984 年以前，农村社会中的活路是十分有限的，活路的控制和扩展是社会生活中的核心问题，因此，这也是自主性构建的首要目标和内涵。所谓自主，也就是在活路问题上当了家。诚然，各地条件不同，人们的具体做法不一样。正如费孝通（1984，2007）所说："……他们千方百计地去开辟种种生财之道，农民常称为'找活路'。各地农民处境不同，条件有别，所找到的活路多种多样，因而形成了农村经济发展的各种发展模式。我们研究各种发展模式时，不能忘记它们只是解决同一问题的不同答案。"无疑，社队企业的发展也可以放在这个框架里来思考。社队企业正是农民在干部的约束下找活路时内发出来的。

### （一）个体与集体之间的竞争

农民一般是不甘心被约束在合作社里的，他们总希望自主地找活路，发展出了层出不穷的策略来维持自己的自主性。高王凌（2006）对这一阶段的农民的"反行为"做了粗略而生动的调查。值得注意的是，其中有不少策略得到了基层组织的支持或默许，以至于成为制度的一部分。正如张乐天（2005）所指出的："人的行为受制度的约束，这并不意味着人的行为完全是制度化的。日常生活错综复杂，交往场合变幻莫测，人的不少行为是非制度化的或者反制度化的。我们可以对后者做出一些区分。第一类是纯粹的反制度行为，如集体中的偷窃。第二类行为从一个角度看是制度化的，从另一个角度看是违反制度的，如 20 世纪 70 年代的迷信活动。第三类行为可以称为新制度的萌芽，但新制度的形成需要时间。"他单单没有列举这个新制度的萌芽有哪些，笔者尝试做一些补充。

①很多地方的自留地的比例特别高，甚至超过了 15%的上限。②发展家庭副业、手工业和商业。③社员超支或向集体借粮、借款。下级集体对于上级也有类似的做法，比如争取上级贷款和返销粮。④发展各种责任制，直至包干到户。以上这些制度其实都充满了悖论：它们是家庭自主权相对于集体自主权的扩张，朝着瓦解集体的方向发展，却得到集体干部的庇护。⑤在有条件的地方，一定要创办集体企业，这种活路是集体的干部和群众都乐见其成的，至少在集体内部可以达成高度一致。

创办集体企业对于集体自主性的扩张来说是决定性的一招。哪个层次的企业搞得好，哪个层次的权威就能得到扩展，在这方面，大队层次的权威提升很能说明问题。本来，在"三级所有队为基础"的体制中，生产小队被当作普遍的基本核算单位，是集体资产的主要所有者，大队的地位被削弱了，但是通过创办集体企业，大队的地位得到了提升。大队比小队更有条件办企业，因为大队范围内可以调集的人财物力比较充足。通过创办集体企业，发展了大队层次的集体经济，这成为基本核算单位上升的经济基础。创办了企业，就有权安排社员就业。如此

就自然建立了对小队的领导地位，并遏制了农民要单干的选择。尤其是，一旦企业办成了，有很多社员进入了队办企业，自然要按照产业分工原则对社员进行重新组织，形成了专门进某某厂的组，专门种地的组，专门搞其他副业的组，等等。这么一来，原来的纯农业性的生产小队事实上就被打散了，建立了以大队为核心的新的组织结构。大队地位的提升，不仅是相对于小队和农民来说的，也是相对于公社来说的，后来很多集体经济强的大队党支部升级成了党委，获得了直接与县市党委联系的机会，地位大大上升。

那么，以创办集体企业来壮大集体经济，需要哪些条件呢？第一，人多地少，社员的就业压力很大，又无法依靠自留地来变相单干。第二，能人没有自发地“走资本主义道路”的条件。第三，村落传统比较弱小，使得劳动力无法大批地变成“自留人”来自谋出路。在这一点上，江南（包括苏南和浙北）和浙南有着明显的区别。两地都是人多地少，新中国成立前，都有很多人依靠外出务工经商、发展工副业来生活，但是，江南的自然村落小而散，浙南自然村落大。按照曹锦清等（2001）的分析，江南的村落是一种家庭组合型村落，而浙南更类似于宗族—家庭双层结构。在这两种村落里，对抗国家干预的能力和意愿是不同的。温州家庭工商业的长期存在和发展，与当地集体和政府对于家庭经营或者假集体企业的佑护是有关的。[①] 第四，一个十分关键的因素是：距离大城市的远近。

与大城市的距离所带来的影响可以分为三个方面：首先，从产权制度来说，距离大城市近，也就是距离市场比较近，这对于集体企业的生存空间有明显的影响。比较宽松的市场环境有利于发展集体企业；反之，比较恶劣的市场环境更适合发展个体和私营经济。这是乡镇企业产权模式区域差异的基本格局。苏南发展了集体企业，苏北也想发展，结果失败了，只好退到“四轮齐转”的耿车模式（陈吉元、夏德芳，1989）。广东的粤南发展了集体企业，但粤北的吴川却走上了“四轮齐转”的道路。正如胡同恭所判断：“耿车模式是一般经济不发达，生产力处于中、下层次发展水平的农业地区乡镇企业发展的模式”（陈吉元、夏德芳，1989）。其次，从技术的角度来说，只有在靠近工业城市的地方才更容易发展大工业企业，而大工业企业在技术上可以排斥家庭经营制度。张家港的沙钢集团是集体大工业的典型。其负责人在解释为什么不发展珠宝加工业而是要发展钢铁

① 温州市官方编著的一本纪念改革 30 年的著作这样总结道：“70 年代末 80 年代初开始出现的经济现象，都是过去没有过的。像家庭工业、联办工业、挂户经营、小集体……这些新事物的出现，充分显示了人民群众伟大的创造力。但是，没有地方党政领导机关的支持扶持，它们也是不能生存与发展的……外地有人议论纷纷，在争论‘温州的改革到底姓社姓资？但在温州内部，则没有这种争论，因为只有这样做才能解决温州的问题”（江海滨、谢小荣，2009）。这段记录表明至少自 70 年代末期以来，温州私人企业的发展是得到了地方的官方默许或支持的。事实上，这里所列举的这些“新事物”早在 70 年代末以前就已经有相当规模了，它们屡经打压却不断壮大，若无政府至少是基层政府的支持，也是不可想象的。

时，认为珠宝加工业不适合由集体来搞（新望，2004）。这其实是讲到了一条普遍的规律：更适合集体组织生产经营的是那些更容易有规模效益的产品。最后，从上级的支持来说，在大城市的附近，集体企业需要的各种外来资源是从一个中心向边缘流动的，客观上就必须有县乡政府的支持才能流下来，所以，大城市附近的集体企业的发展非但不会对上级组织的权威构成威胁，反而可以成为上级组织控制下级组织的工具。因此，这种自主性的增长，有可能出现一个地方、基层和农民多方共赢的格局，是很难得的巧合。①

**（二）集体之间的竞争**

在构建自主性的过程中，组织内的上下级主体之间不可避免地存在着激烈的竞争。之所以纵向竞争会很激烈，大概是与人民公社制度的强制性有关。人民公社不是一种自然演化出来的制度，而是人为强制的结果，所以，每一级组织都面临着内部整合的巨大压力，为了巩固自己的权威，每一级都要争取更多的经济资源。至于相对于兄弟单位的横向排名，并非不重要，但很难改变。人、土地、山林、其他资源都是基本固定的，既不允许自由发展工商业，也就不存在跳跃式发展，贫富之差就很难改变。这与后来市场经济条件下区域排名的急剧变动是不同的。

纵向的竞争集中体现在两个方面：基本核算单位的选择；对企业的创办和控制权。随着合作化运动的升级，核算单位也从相当于后来生产小队的互助组升级到大人民公社，随之而来的是大饥荒。然后从1961年起又重新将基本核算单位下放到生产小队。但是，在农业学大寨运动中，又开始了大面积的所有制升级、搞大队核算的运动。人力、物力和企业的上收、平调从来没有停止过。到了1979年的十一届四中全会还在强调要尊重公社、大队和生产队的“所有权和自主权”（中共中央文献研究室、国务院发展研究中心，1992）。在这种强大的集权

① 这种关于市场空间体系与集体企业发展关联的解释对秦晖（2005）所论的“市场网络所及，国家控制弱区”观点形成了补充。秦晖的解释过于强调了乡镇企业（他不只是讲集体企业，也包括了私人企业）发展的外部环境，也有一些不实际的地方。比如，所谓“市场网络所及”里的市场网络是什么意思呢？市场网络有两种情况，一种是现实企业或商贩之间的关联，有什么样的企业或商贩，就有什么样的网络；另一种是蛰伏起来的传统市场网络，它们在计划经济时期被行政体系强行阻断，但其经济合理性始终存在。在传统的市场体系中，很多较高级别的市场中心都处于行政或地理区域的交接处。在新中国成立后，曾经的通衢之地成为行政体系的最边缘地带，有不少都衰落了。一旦时来运转，就又复兴起来（吴志雄、毕美家等，2006；费孝通，1984，2000）。大小三线建设也会在某些地方带来这样的效果，比如安徽的宁国市。这些地区恰恰处于秦晖所预言的区域中，却与“大共同体本位”没什么关系。至于城关镇或者区域权力中心的乡企何以发展比较晚，从常理或者本书的框架来理解，应承认这里的日子相对好过，干部群众的内在动力不如穷乡僻壤的充足。特别地，秦晖讲的是“大市场中的小角落”，可是当乡镇企业还是小公社时期的社队企业时，其产品是以满足附近农村的生产和生活需要为主的，较少与国家计划的流通体系正面较量，所以很多都活动在“小市场”体系里，应该说是位于“小市场里的中心地”。如果只讲大市场，那么东南地区的乡镇企业发展得比华北好，符合经济区位规律，与所谓“国家控制弱区”的关系就更模糊了。

压力下，下级集体组织为了维护自身的自主，也为了缓和内部群众的抗争，必须有所作为，对于干部来说，也是“有为才能有位”，最好是创办企业。公社与生产队都想办企业，结果，出现了一个双方竞争的格局。

队办企业与公社办企业具有十分不同的逻辑。队办企业比公社办企业具有更强的农民集体性质和更强烈的内发色彩，而公社办企业具有更明显的官办色彩，集体性质比较弱，用毛泽东（1960，1993）的话来说：“人民公社管的企业，有的具有半全民半集体的性质。”队办企业伴随着合作化运动的始终，合作化一开始，就出现了合作社办的企业，这相当于后来的队办企业；但公社办企业，是合作化发展到人民公社化后的产物。在有的地方，队办企业是起源于初级社和高级社的副业，而公社办企业起源于对手工业的社会主义改造建立的手工业合作社（杨佐经，1993）。队办企业发展成功的地方，可以将整个村组都变成一个企业化的单位（毛丹，2000），但乡办企业就做不到这一点。这种性质的不同导致的结果是：队办企业具有比社办企业更顽强的生命力。从数据上看，社办企业在1961年失去国家支持后，也就基本瓦解了，但队办企业还在苦苦维持。到1978年时的发展态势，如果根据国民经济统计提要的数据，社办与队办双方的产值基本是平分秋色，但如果根据国家乡镇企业局的数据，队办企业的产值一直是明显超过社办企业的（见表7-2）。大队和生产队直接面对着社员的生存和就业压力，壮大集体经济的心情应该更为迫切，所以内发的动力更足。

**表7-2　1958~1978年社办企业与队办企业的产值变化**

单位：亿元

| 年　份 | 社队企业总产值 | | 社办企业产值 | | 队办企业产值 | |
|---|---|---|---|---|---|---|
| | 国民经济统计提要数据 | 乡企局数据 | 国民经济统计提要数据 | 乡企局数据 | 国民经济统计提要数据 | 乡企局数据 |
| 1958 | | 82 | | 62 | | 20 |
| 1959 | | 135 | | 100 | | 35 |
| 1960 | | 89 | | 50 | | 39 |
| 1961 | | 51.8 | | 19.8 | | 32 |
| 1962 | | 40.9 | | 7.9 | | 33 |
| 1963 | | 40.2 | | 4.2 | | 36 |
| 1964 | | 44.6 | | 4.6 | | 40 |
| 1965 | | 29.3 | | 5.3 | | 24 |
| 1966~1969 | 缺 | 缺 | 缺 | 缺 | 缺 | 缺 |
| 1970 | 63.99 | 67.6 | 26.69 | 27.6 | 37.3 | 40 |
| 1971 | 78.85 | 92 | 39.05 | 39.1 | 38.3 | 52.9 |
| 1972 | 93.83 | 110.6 | 46.03 | 46 | 47.8 | 64.6 |
| 1973 | 107.25 | 126.4 | 55.5 | 54.8 | 52.5 | 71.6 |

续表

| 年　份 | 社队企业总产值 | | 社办企业产值 | | 队办企业产值 | |
|---|---|---|---|---|---|---|
| | 国民经济统计提要数据 | 乡企局数据 | 国民经济统计提要数据 | 乡企局数据 | 国民经济统计提要数据 | 乡企局数据 |
| 1974 | 129.25 | 151.3 | 66.83 | 66.8 | 62.2 | 84.5 |
| 1975 | 169.42 | 197.8 | 86.8 | 86.8 | 82.6 | 111 |
| 1976 | 243.53 | | 123.93 | | 119.6 | |
| 1977 | 322.69 | | 175.29 | | 147.4 | |
| 1978 | 381.97 | | 211.87 | | 170.1 | |

注：这里的社办企业仅指人民公社办的企业，队办企业包括大队和小队办的企业。1958~1965 年的数据来自张毅（1990），其中 1958~1960 年队办企业产值的数据来自该书第 17 页所载“1958~1965 年社队企业产值变化图”上的估计值。1970~1978 年的数据分别来自国家统计局编《国民经济统计提要 1949~1979》第 108 页（产值按照 1970 年不变价格计算）和张毅，1990。其中，《国民经济统计提要 1949~1979》的数据转引自陈吉元、陈家骥、杨勋，1993：545。

队办企业的内发动力更足，但外部条件更好的却是公社企业。后者得到了更多的上级支持。这突出体现在乡级企业和村级企业在投资来源上的差别，乡办企业比村办企业更加依靠上级扶持款、主管部门投入和银行贷款等。公社企业的政策优势，有几方面的原因。其一，公社办企业被认为更具有规模合理性。一方面公社企业的所有制层次高，另一方面公社企业好像更有规模，两方面似乎可以相互促进，这种高所有制和大规模相互促进的想法，在当时是很自然的。其实，1958 年的农村工业化是与基本社有制同时推进的。在农村办工业的问题上，高层肯定是更倾向于社办，大饥荒使国家认识到，基本社有制暂时行不通，农村办工业条件也不成熟。但是让大集体办工业的理想没有放弃。邓子恢当年在劝导福建省的干部放弃大公社时，试图让大家相信大集体所有制将来一定可以依靠工业重新发展起来，“今后公社还是可以搞社办企业的……过去要求三五年过渡太急了，过去有些社办企业实际不是社办企业（当然也有少数是社办的），而是从大队平调过来的。因为工业利润比农业利润高，交通运输、手工业的利润也比农业高。将来社办企业积累要比大小队的农业积累快，有了公积金和社办企业，公社所有将来总有一天要大于大队、小队所有”（邓子恢，1961，2007）。所以说，“三级所有、队为基础”主要是一种农业制度，并非工业制度。可是，被认为不合时宜的农村工业却在大公社撤销后，由生产队发展起来！这实在出人意料。其二，公社企业更容易得到国家的支持，不仅是因为人们对于经济规模化和所有制公有化的偏好，也是集权行政的自然结果。各种资源从上面分配下来，自然是更高层级的组织更容易获得。比如，1970 年召开的北方农业工作会议，提出了发展农业机械化的号召，要求建立“大修不出县，中修不出社，小修不出队”的三级修造网。国家为了建立这个修造网，给了很多贷款，那么这些贷款总是更高层级的企业更容易得到。所以这个政策在支持了社队企业的发展时，同时也帮助公社集体建立了对于生产队集体的经济优势。一直到后来，乡办企业的投资来源中，来自国家扶持资金和银行贷款的比例都远高于村办企业。其三，上层对于队办企业的歧视性政策可能还有一些其他的原因。比如，在有些南方省份，明确地限制队办企业。张毅在总述《各地贯彻中央四号文件情况》时说道："许多省乡镇企业主管部门的同志还对照文件检查了自己的工作，普遍认为：在思想上……在工作上，只抓公社、大队两级企业，不抓队办、联办企业，有的甚至只抓社办和工业"（张毅，1990）。这种情况不可能只出现在改革后，在改革前也存在。比如：江西临川的社办企业在"文化大革命"期间"几经折腾"，可队办企业干脆"被当作资本主义尾巴而割掉"（杨佐经，1993）。广东省委直到1978年10月还在批转社队管理局党组的《关于进一步整顿和发展社队企业的意见》中规定：社队企业中的工业应以公社办为主，大队办种养业和农副业加工业，生产队集中力量搞农业（潘嘉念，2006）。这是否与对当地宗族势力的顾忌有关呢？

### （三）基层自主性的初步挫伤

在1980年左右，集体企业出现了一次倒闭风潮。主要是队办企业受到了挫折，企业数从1978年的120.45万个，降到1981年的100.22万个，下降17%。直到1984年才超过1978年的规模。经过1984年和1985年两年的爆发之后，又逐年下降。[①] 这主要是农民个体和农民精英扩展自主性的结果，但也与上层国家对集体企业的整顿有关。

1979~1983年，国家对社队企业展开了一场大整顿。要求企业加强民主管理，要反对浪费、贪污和投机倒把。1980年11月国务院召开全国计划会议，一些部委提出社队企业威胁了国有企业，干扰了国家计划。1981年5月，国务院专门下发了一个"十六条"强化社队企业整顿。1982年11月召开了"全国整顿社队企业工作会议"，在这个会议上再次对社队企业的企业性质和内部管理提出严厉批评。一连串的打击，可能影响了社队干部的积极性。更关键的是：此时恰又推行了包产到户，农业集体大面积崩溃。在这样的环境之下，队办企业受到了比乡办企业更直接的影响。因为，队办企业是一种为大家找活路的机制，现在大家都自己找活路了，那么办集体企业的必要性就下降了。人心大散之下，出现大批队办企业的垮台是必然的。

但是，集体企业垮台了，不等于乡村企业就没有人办了。这次整顿促生了大批家庭经营的小企业。到1984年，被统计的个体和联户办企业数已经达到了420.22万个，而且在接下来数年中直线飙升。但同期的村办企业数却不断下降。

---

① 参见《中国乡镇企业年鉴：1978~1987》农业出版社，1989年和《中国乡镇企业年鉴：1991》，农业出版社，1991年。后面关于乡镇企业发展水平的数据，若不注明，都出自《中国乡镇企业年鉴》。

当时，农村特别是中西部地区农村办企业的条件还是比较优越的：城市企业的活力还很不足，发达地区的企业还没有全面成长起来；市场空间不断扩大，而且竞争并不激烈。这本是集体企业大发展的黄金时期，可是集体瓦解了，集体企业怎么发展呢？“皮之不存，毛将焉附”。所以说，集体企业的这次受挫主要还是源于农民个体的单干倾向，源于大家对集体没有信心。如果大家对于集体还有信心，那么，政策上的一些限制，未必真的能遏制队办集体企业的发展势头。

人民公社解体后，村办集体企业在企业总产值的数据上仍有增长，但是，企业数量下降了，集体的性质也不那么纯粹了。特别在不发达地区，发展集体企业的条件本来就不好，在集体瓦解后，能人企业首选办私有的而不是集体的企业。但给集体企业的扶持和保护却不会没人要，于是私人向政府部门缴费，买来一个村办、校办、组办、福利企业等名头戴起来，享受了相关的政策扶持。一大批假集体企业就产生了。所以，这次集体企业的受挫，不是企业的受挫，而是集体的受挫，特别是低层级集体的受挫，是各层次集体组织中更为纯粹的那一部分遭受了重大挫折。集体企业的失败，不是从 1994 年国家号召改制才开始的，应该说，早在 10 年以前，随着承包到户的推行，集体企业就开始失败了。后来的改制与其说是集体企业的改革，还不如说与国有企业“抓大放小”的改革是同一个过程。

在村办/队办和乡镇办/社办企业之间对比，前者原本以内发动力见长，后者以上级扶持取胜。前者的内发动力随着集体化的终结而顿然衰减，后者的上级扶持却没有减少，所以它们的命运会略有不同。在 1979~1983 年的整顿期间，乡办企业数量非但没有减少，还有所增加，后来，当村办企业的数量持续减少时，乡办企业在数量上还保持了较强的增长势头，乡办企业逐渐取代村办企业成为改革后乡村集体企业的主导力量，这在南方发达地区更为突出。

## 四、1984 年至 20 世纪 90 年代中后期：基层自主性的后期建构与挫折

人民公社瓦解后，农民对于集体组织的经济与超经济义务都被松解了；但集体组织相对于上级组织的行政义务却依然存在，并不断强化。如果说在改革前，对基层组织的自主性威胁最大的是来自集权体系的下层——农民的分散化倾向，那么，在改革后，对基层组织的自主性威胁最大的是来自集权体系的上层——上级政府的集权化压力。

这里存在一个很有趣也很重要的认知分叉：有学者认为这一个阶段是基层组织和地方政府通过财政包干制度获得了莫大自主权的时期，另有学者却认为这一个时期是基层组织和地方政府陷入压力型体制铁笼的时期（荣敬本、崔之元等，1998）。真理可能存在于这两种看法的某种混合。比如，我们可以认为，高层地方政府更容易感受到来自中央政策的激励性一面，但县乡政府感受更深的还是压

力性的一面，而且，高层地方政府在受到激励后会向下层施加更大的压力。当压力传导到最基层时，“压力就是压力，没办法变成动力”（某乡干部语）。本书无力也无须讨论这个推断是否正确，但对于1984年以后的基层组织来说，上级政府所施加于它们的确实是越来越粗暴的压力，而不是饱含关爱的激励。甚至于财政包干指标也是作为一种任务列于繁杂的指标体系之中，只不过这种指标不仅仅是个任务，而且还构成了完成其他任务的物质基础。几乎所有下达的指标都要花钱来实现，因此各种各样的压力最后都要转化为财政压力，甚至财政危机，这在汉族聚居的非发达地区十分普遍。如何缓解这些压力呢？荣敬本、崔之元等（1998）提到了统计造假和针对上级的关系运作，但更为主流的做法应当是努力扩大财源，以化解财政危机。如果说，在改革前，自主性建构的主要内涵是开拓和控制活路，那么改革后的主要内涵就是开辟和争夺财源。

### （一）超高压下的自主性策略

在日趋强化的压力型政体中，为了维持自身的基本运转，承担作为一级政府的基本职能，乡镇政府必须努力自筹资金，缓解财政压力。创造财源的方式有很多：①从农民手上收钱集资，加大农业税费附加、统筹、两工折款等的征收力度。承包到户后，原来从生产队收的公积金，现在要从农民头上收，抵制税费的钉子户逐年增加。举办公益事业，以前是义务出工，现在要用货币来购买劳动力，增加了财政负担。②从特殊人群手上收，比如向干部和富人借钱、摊派，超额收计划生育罚款，设卡收费、收取土地使用费等。③买税引税、套取上级财政超额奖励等。④挪用专款。⑤争取上级扶持。比如争取银行贷款或者上级的专项扶持资金，贷了银行的款如果不还，那么等于是无偿扶持。⑥在以上手段之外，更有建设性的是创办企业，所谓“无工不富，无商不活”。

### （二）集体企业的特殊意义

根据朱钢和贾康等（2006）的整理，乡镇财政收入分为税收收入和非税收入，税收收入包括当时财政体制下的各种分成收入。关键在于非税收入，在推广税费改革的2002年以前，这一部分至少占到乡镇全部可支配收入的40%。非税收入包括乡镇自筹、乡镇统筹、税费附加、其他非税收入。其实还要包括贷款、集资、摊派等。这其中，乡镇自筹部分要占到非税收入的40%以上。乡镇自筹收入又包括办企业收入、办事业收入、土地征用费收入和其他收入。这其中就有办企业收入。在企业改制前，办企业收入是自筹收入的大头，比例在50%以上。那么，办企业的直接收入要占到全部非税收入的20%以上。这是上报的收入，实际所占比例无从得知。即便如此，办企业的好处也是很重大的。

无论办什么企业，无论办什么所有制的企业，只要是办在本辖区内，乡村组织都可以或多或少地从中得到财政收入。那么为什么一定要举办集体所有或经营的企业呢？一般我们总会谈到两条原因：一是在确立市场经济体制改革的大方向前，人们对于发展非公有制的企业还是存有很大的政治顾虑；二是在当时还很少有私人能有资本办起企业来，这时候能够办企业的就是乡镇政府和村。本书认为，还需要强调的一点是：从基层组织建构自身的自主性策略来说，集体企业和非集体企业的意义是有重大区别的。首先，办集体企业有利于争取本辖区经济发展的主动权。基层组织可以从集体企业里获得比非集体企业更多的财政上的好处。其次，办企业是扩大基层组织财源的综合性手段。办企业不仅仅是扩大财源的直接手段，还是其他很多手段的依托。比如，经济发展了，各种收费、集资才有可能；经济发展了，买税引税，或者套取上级奖励才能言之成理，不易被察觉，等等。对于干部来说，也能够从企业的发展中得到某些私人的好处。再次，在改革后，基层特别是乡镇这一级办企业很依靠贷款和国家投资，办企业可以争取银行贷款，这等于是争取到了上级补助。这与当初在人民公社体制下争取贷款和返销粮的道理是一样的。最后，在改革后，创办集体企业也是地方政府对基层组织的要求。在日益加强的压力型体制中，创造 GDP 最快的方式就是办企业，特别是由基层组织直接办企业。

尽管办集体企业是好事，但并不是想办就能办起来。相比于苏南和粤南集体企业一统天下的局面，不发达地区发展了更多的非公有制企业。包括联户办企业和所谓的个体企业。这其实说明，在比较恶劣的市场环境里，集体企业这种企业制度的效率低于个体和私营企业。但需要指出的是，即便在这些不发达地区，直到 1994 年以前，乡村办企业在规模上也占有绝对的优势。无论在企业总产值、单个企业产值和用工规模上，对比都很明显。在改革之后，在村办企业里出现了很多假集体企业，但是，乡办企业的规模优势还是很突出的。

各地办企业的方式很不同，总的来说可以分为两种类型，一种是为了在市场上依靠竞争获取利润，另一种是依靠区域垄断和国家、私人资本争夺利益。第一种企业是主流，它们遍布全国，但在那些市场位置比较好的地区发展得更好，比如靠近大城市的苏南、靠近港澳的广东，以及很多大中城市的城郊。第二种企业出现在内地农业地区，特别是粮食主产区。在这些地区，上层国家或者城市的国有商业资本渗透很深，激起了地方利益的反弹。比如吉林发展农工商联合体，这其中内含了与国家粮油资本的较量，是地方与中央博弈的一种方式。安徽阜阳发展的贸易货栈，试图结合供销合作社的改革发展新型的农村商业组织，其实是试图用地方国有资本来垄断本地农村市场。另外，在每次的原材料大战中，也能看到地方国有企业与集体企业之间的紧张关系，这是公有资本在地方内部的竞争。

**（三）集体企业的多重失败**

到 20 世纪 90 年代中期，集体企业陷入了困境。政府对于集体企业乃至地方国有企业的支持开始动摇；市场竞争加剧，企业亏损增加；企业内部出现了内部人控制以及人浮于事等“二国企”的弊端，等等。集体企业迅速走向失败，并且几乎是“一刀切”地走向了民营化改制。我们可以把集体企业的失败分为四个层面。

（1）集体相对于个人的失败。从企业的发展环境来说，总有很多有权势的人有能力让集体企业为自己提供额外的好处。从企业内部的激励制度来说，改制也是对于企业经营者监控失败的表现。周其仁（1996）认为，在公有制条件下，始终有一种资源是私人所有的，那就是人力资本。随着竞争的加剧，这种资本在企业的总资本中占的地位越来越高，结果，所有者对企业经营者的监控越来越困难。如果又无法保证监控者本人的勤奋廉洁，那么企业事实上会走向某种经营者所有制。从大一统国家的政策实行模式来说，改制还是政策“一刀切”的结果。市场条件越恶劣，私有企业制度就越发达。所以，私有企业一定在不发达地区率先普遍化，国家不可能只允许不发达地区搞这种制度，只能任其蔓延。私有制度会挑起集体企业经营者和官僚的私心，最终苏南地区的集体企业也难以抵挡这种侵蚀。

（2）市场体系的边缘地区相对于中心地区的失败。中西部地区的乡镇企业在一开始也有发展，但随着全国统一大市场的建立，银行的商业化改革的完成，集体企业受到的地方保护瓦解了，它的生存也就出现了困难。一位中部地区的市委书记认为（方宁，2004），工业必然向发达地区集中，因此中部地区的乡镇财政必然出现危机。这种看似必然的失败，其实也可以理解为发展过程中的暂时失败。随着经济的进一步发展，只要中西部地区有资源，就还多少能够建立起比较优势，一种企业失败了，另一种企业还是可能发展起来的；工业企业失败了，农业企业还有机会；老的工业企业失败了，新型工业企业未必不行；反超东部是不可能，但跟踪发展则未必不可能。但是，在市场条件比较恶劣的中西部地区，要让集体企业战胜私有企业确实困难。

（3）下级资本相对于上级资本的失败。农工商公司这种地方/集体农业组织和贸易货栈这种地方/集体商业组织的失败，可以被看成这一类。它们抵挡不了上层资本的压力，官僚化的组织内部也是矛盾重重，在内外交困之下，难免土崩瓦解。

（4）基层与地方的失败。这是指发达地区那些有活力然而被改制的企业。企业改制是国家战略，1994 年 3 月农业部出台的《乡镇企业产权制度改革意见》为全国乡镇企业改制吹响了号角。一个社会主义国家将企业从公有改为私有的决心究竟从何而来？又是如何推进的？这需要更进一步的分析。

**（四）基层/地方自主性为什么会受挫**

正如周雪光和赵伟（2009）所强调的那样，政府是多目标的机构，而且也不是所有的干部都热心于当地企业的发展，这使得上级发动的企业改制能够顺利推进。也有观点认为，分税制使得基层政府可以从企业里获取的财政好处下降，所以也降低了它们扶持集体企业的能力和意愿，当上级的改制指令下达时，基层干部就撒手了（白苏珊，2000，2009；渠敬东等，2009）。具体来说，分税制使得可以从上级获得的优惠减少，税负增加，而且上级下达的财政指标不断提高，从企业收取的税费不断提高，企业生存困难（田毅、赵旭，2008）。当然我们也要强调，腐败也是改制得以推进的通用润滑剂。问题是，上级政府发动这场改制的动力是什么呢？

从一般的经济学观念出发，消除政企合一是建立市场经济体制的必要条件，所以，限制集体和地方办企业也深具合理性。但值得深思的两个事实是：其一，所谓破除政企合一，在实际行动中主要针对的是地方和基层的政企合一，上层国家的政企合一关系很难说有实质性的改变，在某些方面还得到了强化。如果政企分开的目标是不能坚持的，上层国家为什么要在维护甚至扩张本级政权控制企业的能力的同时，却刻意剥夺地方和集体掌控辖区内经济生活的权力呢？其二，改制的结果是财政的层层集权，基层政府的财政危机加深了。如果把这个改革的性质只是理解成朝向市场化的步骤，可能是不全面的。

首先，集体/地方国有企业的改制有利于上级政府从下级政府攫取财源。

如果说财政制度的改变增强了上级政府推动企业改制的愿望，那么对这个目标的推动是通过怎样的机制传递的呢。笔者侧重从上下级政府的关系来理解这个过程。在财政包干制度下，较上级的政府可以从下级政府财政收入的扩张中分到好处，所以对于下级政府的财力扩张乐观其成。但是分税制改革改变了这个格局，分税制改革意味着上层的政府可以直接从原本属于下层政府的企业里获取固定比例的税收，而且这个比例是由上级裁定的。而且，私有化的企业更容易被迁移到上级政府创办的开发区或工业集中区里。因此，在分税制的条件下，每一级地方政府在很不情愿本级所属企业被改制的同时，又积极地推进下级政府所属企业的改制，以削弱下级政府与企业之间的控制关系。[①] 在这种“大鱼吃小鱼”式改制动力学的驱使下，只有较高级的政府才能保有某些特殊行业的国有企业，很多地方县级以下的公有制企业几乎全军覆没，基层政权所掌握的集体企业更加难以幸免。

在这个集权体系的内部冲突过程中，表面上无上级的私有企业获得了某种政治上的超脱性。较少受到集体或地方政权直接控制的私有企业，便于更上级政权通过税额分配以及企业选址的权力博弈过程，隐秘而可靠地增大了其对各地各类企业的控制权。结果，相比于集体或地方国有企业的坐大，上级政权宁可接受私人企业的扩张。这种倾向不会因为我们是社会主义国家而有所减弱。

---

① 有广泛的报道提及上级政府在集体企业改制过程中的积极推动，但在具体到内幕时，很少有调研能鲜活可靠地刻画出上级政府对于基层组织的蚕食心态。中部地区的一位乡镇党委书记谷文峰（2006）通过自己亲身经历的一次集体煤矿的改制过程给我们提供了一个个案。

其次，集体与地方对企业的直接控制妨碍了上层国家对自主性的建构，危及上层国家的权威，因此必然被上层国家所废止。

在构建现代民族国家的历史进程中，上层国家特别是中央政府必须发展某种制度化的中央集权。可惜，集体企业的发展并非总是有利于中央集权的制度化，它的发展与上层国家自主性构建策略之间的协调性是偶然的、不稳定的。

在“文革”后期和改革初期，中央的权威受到了损害。可是，家庭承包制的推行和集体企业的迅速发展，大大地促进了农民的增收，极大地有利于树立新任领导人的政治威望，而且为城市改革提供了合法性，结果是以一种分权的方式奇迹般地强化了中央政府的权威。这实际上是走出了一条农村包围城市的改革道路。但这种包围必须被适时地解除，如果任由地方和集体企业坐大，让地方政权控制了地方经济命脉，中央对地方的集权关系就会出大问题。实际上，自从集体企业诞生以来，特别是集体企业超出了“三就地”的经营范围，参与大流通以来，国家上层对它的诟病就从来没有停歇过。作为事实，集体企业的确给国家整体的社会、经济秩序和政治秩序带来了混乱。就社会秩序来说，毋庸讳言，乡镇企业是不正之风的风源之一。就经济秩序来说，集体工业企业干扰宏观计划，威胁国有企业，扰乱价格秩序，也是确有其事。政企不分必然导致地方保护主义，在早期打乱了全国“一盘棋”，后来又阻碍了全国统一大市场。政府、企业和银行的利益联结，更是带来了金融风险。就政治秩序来说，中央希望能加强“国家能力”（王绍光、胡鞍钢，1993），建立大一统的以中央财政为主导的财政体制。要达到这个目标，不仅要搞分税制，还要建两套税务机构。即便是这样，也不能真正硬化地方和基层组织的预算约束。他们可以利用地方国营以及集体企业作为转换器，把上级扶持资金以及银行贷款转化为地方收入。发展乡镇企业，是基层组织扩展自筹资金的综合性手段，是基层组织预算外收入的母体。集体企业是诸多矛盾的根源，地方国营企业对于地方政府也能起到同样的功能。因此，国家首先于 1994 年初施行了分税制改革，压缩了地方预算外收入的空间；继而推行了银行的商业化改革，增大了集体与地方国营企业从银行贷款的困难，进一步硬化了地方政府预算；仅仅这么做还是不够，1994 年还开始在农村着手推行集体企业改制，进而于 1997 年推行了“抓大放小”的全面国有企业改革，大批地方国营企业进行了改制，直接而彻底地弱化了地方与基层政府与企业之间的联盟关系。为了使分税制改革和国有企业改革获得省级政府的支持，曾对省级政府做出了让步。进而，在 1999 年推行了人民银行体制改革，建立了跨省的地方人民银行；几乎同时，以中央企业为龙头组建了很多全国范围的大企业集团，实现了中央企业对于全行业企业的组织集权。于是，省级政府与省级大型国有企业的关联也被削弱了。同时，军队与企业的联系也被有步骤地解除了。20 世纪 90 年代中后期，是一个中央集权突飞猛进的时代，最上层国家的自主性得到了空前的巩固，中央国家的国家政权建设取得了重大的突破。

既然中央集权化是我们构建现代民族国家的必要步骤，既然集体企业的发展是地方和基层组织自主权膨胀的主要根源，那么，在中央集权化的历史性进程中，地方和基层组织就必须放弃对企业的直接控制，放手公有制企业的民营化。因此，在 20 世纪 90 年代，集体企业必须失败，至少威力更大的集体工业企业必须失败，不论这个失败有多么遗憾。

## 五、基层自主性的施展场域：从发展经济到社会建设

如果说在构建现代民族国家的历史进程中，农民集体的企业必须失败，那么，是否基层组织的自主性也必须失败呢？进一步地，如果说依靠发展经济来建构自主性的道路走不通，是否还有其他的道路可走？比如通过社会建设？

前面的分析指出，主体在集权体系中的自主性不可能消失，消失的只是自主性的某种实现形式。集权无力消灭下级主体的自主性，但可以改变这种自主性在不同的主体之间的分配格局。在集体企业失败后，基层组织和地方政府从亲自创办企业转入了对开发区和城镇建设的经营，并从土地的升值中获得了大量的预算外收入。但是，当发展经济的手段从经营企业转入经营开发区和城镇建设之后，地方/基层发展经济的主动权也向上转移了。结果，在集体企业失败之后，基层组织的自主性不可避免地陷入了衰败之中，这一点对于村组两级组织来说更为明显。因为基层组织自主性的衰败是集权的结果，而村组两级组织正处于这个集权体系的最末端。

这种发展经济的主动权的上移是一个持续的过程。在集体企业的发展史上，一开始是队办企业的势头强于社办企业，而且基本核算单位又是生产小队，所以，在改革以前，农业区域的经济发展的主导权是重心在下的。后来社办或乡镇办的企业逐渐得到了发展，地方经济发展的主导权又向公社或乡镇这一级转移。当集体企业被改制后，县级政府在经济发展方面的主动权就大大增加了。首先，开发区经济涉及土地从集体向国有的变性，这个权力掌握在高层政府的手中，村级和乡级政权没有权力使用集体土地办开发区，它们必须服从县级政府制定并报更高层土地管理和规划管理部门批准的县域规划。其次，当企业剪断了与社区相连的脐带之后，基层组织对企业的直接控制也减少了，企业成了自由之身，成为同级组织之间，以及上下级组织之间激烈争夺的对象。企业是税源，企业在哪里，哪里的政府就能得到税源的控制权。企业是政绩，企业在哪里，政绩就主要归于哪里。县级政府和少数强势乡镇积极地顺应工业应该向集中区集中的规律，借助于产业的空间规划，以及小城镇建设的布点等措施，力推企业向开发区集中。在这个争夺过程中，县级政府是大赢家。考察县级政府的开发区，我们会发现，被县政府“招商引资”来的很多企业其实是本县的乡镇企业。最后，与开发

区建设相联系的是房地产经济。这种房地产经济是与城镇发展规划相联系的。县级政府可以决定本县的小城镇建设的布点规划，甚至直接进行乡镇的撤并。一般地说，在整个县域里，房地产经济最发达的镇一定是县城所在的城关镇，而不是城墙外的农村集镇。

毛泽东在《论十大关系》中这样说："中央要注意发挥省市的积极性，省市也要注意发挥地、县、区、乡的积极性，都不能够框得太死。当然，也要告诉下面的同志哪些事必须统一，不能乱来。总之，可以和应当统一的，必须统一，不可以和不应当统一的，不能强求统一。正当的独立性，正当的权利，省、市、地、县、区、乡都应当有，都应当争。这种从全国整体利益出发的争权，不是从本位利益出发的争权，不能叫作地方主义，不能叫作闹独立性。"这里讲到地方从全国利益出发的争权不能叫作闹独立性。这个道理对于基层组织也是适合的，基层组织也应该有自己的独立性，或者这里说的自主性。

基层组织如何才能保有自己的自主性，并使其规范化呢？在现代西方社会，地方的自主性也就是地方的自治权。它的主要内涵是当地居民选举地方首脑，治理本地事务。这就是张静所言的"代表性自治"。迄今，我们的地方或基层自主与这种"自治"还有很大区别。实际上，也还没有哪一个小农经济的国家或地区成功地建立了纯粹的代表性基层自治。无论是日本、中国台湾还是韩国，他们的基层民主其实都严重地依靠农协组织发挥的经济自治，形成一种政治领域里的代表性自治与经济组织内部的经济自治的混合。新中国成立以后，地方/基层的自治基本只限于经济组织内部的自主权的收放，与政治民主程序关系不大。结果，地方自主权突出地表现为一种颇具封建色彩的诸侯经济形态。90 年代以来，我国削弱了诸侯经济，严重打击了经济领域里的地方自主权，建立了类似于西方国家的财政集权，可是却没有同步建立类似西方的地方和基层民主，更为重要的是，在极大地削弱了地方和基层政企合一的特征后，却没有同时解脱它们政经一体的使命。当整个国家在国际分工体系的低端苦苦挣扎时，地方和基层政府却必须确保本辖区 GDP 的连续增长。基层/地方的自主性深陷于非制度化运作的泥潭中不能自拔，却必须挣扎前行。正如渠敬东、周飞舟和应星（2009）指出的，在实现了地方和基层的政企分开之后，并没有真正地取消地方政府和基层组织的经营性，却将这种经营性驱入更为非制度化的歧途中。与此同时，一种科层化和技术化的集权式治理却发展起来。在地方自治与诸侯经济之间，还有第三条道路。这就是某种"王权不下县"状态，或者说是国家权力的"悬浮"状态（周飞舟，2006），但这并不可取。因为王权不下县，县下却不是权力真空，而是官僚权力、绅权、商权、帮权、神权和族权的天下，因为正是他们组织了乡村的经济生活。这启示我们，当基层组织的自主性削弱后，乡村社会生活中的自主性并没有消失，它只不过从正式组织的手里旁落到其他势力的手里。这难道是我们所希望的吗？否！这恰恰是我们坚决反对和必加防范的。那么，确保基层自主性良性生长的第四条道路又在哪里呢？

在这个集权化的时代里，政府集权渗透到社会生活的诸多方面，这里只是谈到了经济生活或者说市场里的国家集权，其实还要谈到政府治理方式的“科层化的技术治理”（渠敬东等，2009），以及政府与非政府组织联结过程中的“非科层性的集权关系”（熊万胜，2009）。我们要反思地方保护主义导致的混乱和无序，也要警惕过度集权可能带来的僵化的危险，一种看似偶然的两全是否可能？笔者深信，一种将各层次主体的自主性协调起来的时代仍然是可能的。从本书的思路出发，只要小农经济的格局没有根本改变，基层组织还必须重建对乡村经济生活的适度组织，或者说，让某种更有大局观的集体经济新生并兴盛于希望之田野上。

另一种可能出现在经济领域之外，基层组织的功能是多样化的。它不仅仅曾经是生产性的组织，也同时曾经是生活性的组织，而且，随着集体经济瓦解，以及社会建设的必要性的提高，它作为生活组织的意义将大大提升。作为百姓身边的组织，也是嵌入到民众日常生活中的组织，必然会在社会建设的过程中发挥出更大的作用。对于生活的组织，应该更多地依靠群众的自发，但这并不是说基层组织就会靠边站。实际上，我们说要建立“党委领导、政府负责、社会协同、公共参与”的社会治理格局，这本身已经表明了政府的主导性，它肯定的是政权组织的自主性，而不是社会组织的自主性。在实践过程中，上层政府越来越感到有必要重心下沉，赋予基层组织以更大的权力和责任。从而使得连接政权与群众的基层组织重新获得了决策者的关注。当前，“基层”这两个字在中央文件中出现的频率不断提升，其背后也有必须依靠基层组织来搞好社会建设和社会治理的因素。

总之，我们或许可以这样说，集体企业在当代的衰落甚至衰亡，可能也只是一种暂时的受挫，不等于说它将来就一定没有复兴的可能。进一步地，基层组织依托发展经济的任务来建构自主性的策略暂时受挫之后，它的自主性将有可能依托社会建设的新使命获得新生。

## 第三节　农村社团的组织结构与功能分析

进入 21 世纪以来，中国共产党与中国政府越来越深刻地意识到了社会治理的重要性。① 如今，加强和创新社会治理已经成为了中国执政党和政府的一项重点工作，而这项工作的一个重要目的，就是优化社会秩序、促进社会和谐。在这种背景之下，思考、探索加强和创新社会治理的有效手段，正日益成为许多社会科学研究者的工作重点；而回顾最近几年来关于加强和社会治理的理论探讨与实践总结，我们不难发现一个重要的共识，即社会组织能够并且应当在改进和创新社会治理的过程中发挥重要作用。然而，尽管围绕社会组织与社会和谐关系问题所展开的理论探讨已经取得了比较丰硕的成果，相应的实证研究却在数量上和质量上都明显不尽如人意。

为缩小这一差距，本书将基于通过大样本实地调查所获得的一手数据，从社会治理与基层治理的角度对中国农村社团的发育及其在纠纷调解与降低群体性上访等方面的作用进行实证分析。围绕这个主题，本书下述部分将从六个部分予以探讨：第一部分将简要介绍社会治理的概念，并综述对于社会组织在加强和创新社会治理中作用的既有研究。第二部分将总结对于中国农村社会组织和农民抗争的既有研究。第三部分将通过描述性统计勾画中国农村社会组织的发育现状，特别是“纠调社团”的分布情况。第四部分将报告“纠调社团”与群体性上访关系的计量结果。第五部分将对“纠调社团”消解群体性上访的机制进行分析。第六部分将从加强与创新社会治理的视角对全文进行总结，并提出相应的政策建议。

---

① 中国共产党和中国政府对于社会治理重要性的认识，是长期理论思考和实践总结的结果，历经了从强调“社会管理”到强调“社会治理”的发展变化过程。2002 年，在中国共产党第十六次全国代表大会上，江泽民提出要“改进社会管理，保持良好的社会秩序”。2003 年，国务院政府工作报告将社会管理列为政府的一项主要职能。2004 年，《中共中央关于加强党的执政能力建设的决定》明确要求“加强社会建设和管理，推进社会管理体制创新”，“深入研究社会管理规律，完善社会管理体系和政策法规，整合社会管理资源，建立健全党委领导、政府负责、社会协同、公众参与的社会管理格局”。2007 年，在中国共产党第十七次全国代表大会上，胡锦涛要求“加强社会管理，维护社会安定团结”，并表明党“支持工会、共青团、妇联等人民团体依照法律和各自章程开展工作，参与社会管理和公共服务，维护群众合法权益”。2008 年，国务院政府工作报告将加强社会管理规定为“加快转变政府职能”和“深化政府机构改革”的重要目标之一，而同年发布的《中共中央关于推进农村改革发展若干重大问题的决定》则明确要求“完善农村管理，促进社会公平正义”。2009 年，国务院政府工作报告重申了“加强社会管理，维护社会和谐安定”的要求；同年，《中共中央关于加强和改进新形势下党的建设若干重大问题的决定》对于培养领导班子和领导干部的社会管理能力进行了强调。2010 年，《中共中央关于制定国民经济和社会发展第十二个五年规划的建议》提出要“加强社会管理能力建设，创新社会管理机制，切实维护社会和谐稳定”，而次年颁布的《中华人民共和国国民经济和社会发展第十二个五年规划纲要》则以五个章节的显著篇幅勾画了与此后五年内国家在“加强和创新社会管理”方面的使命和任务。2011 年，《中国共产党第十七届中央委员会第六次全体会议公报》重申了执政党“加强和创新社会管理，维护社会和谐稳定”的决心。2012 年 3 月，国务院政府工作报告强调，“加强社会矛盾化解、社会管理创新、公正廉洁执法；强化政府社会管理和公共服务职能”；同年 11 月，在中国共产党第十八次全国代表大会上，胡锦涛再次强调要“加强和创新社会管理”。2013 年，在中国共产党第十七届中央委员会第三次全体会议上，执政党新一届领导集体明确提出了“社会治理”概念，要求“创新社会治理”、“提高社会治理水平”和“改进社会治理方式”，标志着中国共产党和中国政府在治理理念上的进一步成熟。

## 一、社会组织在加强和创新社会治理中的作用

正如李强（2014）所言，“社会治理”概念的提出，是执政党和政府“对于多年来推进社会建设，处理我国转型期众多社会矛盾、社会问题经验与教训的吸取和总结，对于以往的理论既有继承，又有发展，既有延续性，又有开拓性”。

21世纪以来，为提升治理效果和优化治理效率，中国共产党和中国政府在治理理念方面，历经了从强调“社会管理”到强调“社会治理”的发展过程。一般认为，执政党和政府在21世纪初提出的社会管理概念，具有狭义和广义两种含义（郑杭生，2006；应松年，2010）。狭义的社会管理，主要指政府对社会进行的管理，政府是管理主体，社会是管理对象；除上述含义外，广义的社会管理还包括社会主体对自身和其他社会主体所进行的管理。随着实践经验的不断丰富和理论认识的逐步深化，治理者和研究者越来越倾向于从广义角度来理解社会管理；[①] 而更具包容性和更强调人民群众参与的“社会治理”，也最终取代“社会管理”，成为了党和政府的核心治理理念。

社会治理不可能脱离社会组织而存在。一方面，社会组织是社会治理的重要对象；另一方面，社会组织也是社会治理的重要主体和依托（李立国，2013）。无论是作为社会治理的对象，还是作为社会治理的主体和依托，社会组织对于加强和创新社会治理，特别是实现优化社会秩序、促进社会和谐等社会治理目标，都具有重要的作用。而通过分析21世纪以来中国共产党的重要文献，我们不难发现：发挥社会组织在社会治理方面的积极作用，已经成为了执政党治理工作的一项核心议题。[②]

---

① 例如，马凯（2010）将社会管理定义为“以维系社会秩序为核心，通过政府主导、多方参与，规范社会行为、协调社会关系、促进社会认同、秉持社会公正、解决社会问题、化解社会矛盾、维护社会治安、应对社会风险，为人类社会生存和发展创造既有秩序又有活力的基础运行条件和社会环境、促进社会和谐的活动”；丁元竹（2008）认为，社会管理是“在一定的共同价值基础上，人们处理社会事务和提供社会公共服务的过程”；而郑杭生（2011）也指出，社会管理的主体“具有多样性，不仅包括执政党和政府，而且包括其他社会主体”。

② 例如，2004年发布的《中共中央关于加强党的执政能力建设的决定》明确提出“发挥社团、行业组织和社会中介组织提供服务、反映诉求、规范行为的作用，形成社会管理和社会服务的合力”；2010年发布的《中共中央关于制定国民经济和社会发展第十二个五年规划的建议》也明确要求“培育扶持和依法管理社会组织，支持、引导其参与社会管理和服务”；2013年发布的《中国共产党第十七届中央委员会第三次全体会议公报》明确提出，“要改进社会治理方式，激发社会组织活力”；而几乎同时发布的《中共中央关于全面深化改革若干重大问题的决定》更着重强调：“创新社会治理体制”，要“激发社会组织活力”，“正确处理政府和社会关系，加快实施政社分开，推进社会组织明确权责、依法自治、发挥作用”，“适合由社会组织提供的公共服务和解决的事项，交由社会组织承担。支持和发展志愿服务组织”，“限期实现行业协会商会与行政机关真正脱钩，重点培育和优先发展行业协会商会类、科技类、公益慈善类、城乡社区服务类社会组织，成立时直接依法申请登记”，“加强对社会组织和在华境外非政府组织的管理，引导它们依法开展活动”。

目前，围绕社会组织在强化和创新社会治理中的作用，实践者、观察者和研究者至少已经取得了三点重要共识。

第一，社会治理及其强化与创新离不开社会组织。莫于川（2010）认为，社会治理不仅是政府的职责，也是“社会自治体、社会群体、社会组织的自我管理和服务范畴”。俞可平（2014）强调，社会治理的主体应当是“多元的”，除政府外，“还包括企业组织、社会组织和居民自治组织等”。王玉明（2001）认为，社会组织所处的第三部门，能够有效应对政府失灵和市场失灵，在社会治理中发挥积极作用。丁元竹（2013）认为，改进社会治理方式，“必须充分激发社会活力”，“把更多的决策交给社会去博弈，交给社会组织去负责”。肖文涛（2007）也指出，实现包括社会组织在内的多元主体“相互协作和参与管理公共事务”，是推动社会治理创新的必要条件。

第二，社会组织与政府之间的良性互动有利于提升社会治理质量。潘小娟、白少飞（2009）指出，“实践一再证明，只有动员社会积极、广泛、持续参与协作，才能真正在政府职能转变的基础上建构一种新的政府与社会的良性互动关系”。唐铁汉（2005）指出，“主动利用基本社会组织、社会利益群体、非政府组织进行社会协作治理”，是全球化市场经济时期社会治理的主要特点和基本经验之一。何林深（2009）指出，“政府主动利用基本社会组织、社会利益群体、第三部门组织或公民力量进行社会合作治理”，是西方公共管理变革的趋势之一。孙立平（2011）也指出，“要形成政府、社会、市场的多元治理模式，很重要的一维就是社会的自组织能力”，而“社会组织就是这种自组织能力的载体”。

第三，我国社会组织在强化和创新社会治理等方面所发挥的作用越来越大。俞可平、王颖（2001）发现，中国市民社会正在兴起，社会组织在“促使政府下放权力、增强政治透明度、扩大民主参与民主监督”等方面发挥着越来越重要的作用，在社会治理中“扮演着越来越重要的角色”。杜明鹏（2011）认为，“我国社会组织的发展趋势正显现出当前情况下中国经济发展和社会进步的现实情况”，“社会组织的出现和成长，恰恰应和时代要求，承担了许多政府转型后转移下来的社会公共管理职能，并且在执行政府转移职能的过程中，显著提高了服务效率和管理质量，促进了政府转型的改革深化”。李培林（2013）更明确指出，“在我国今后数十年的发展中，随着社会体制的改革和社会组织的发展，社会也将展现一个从发育到繁荣的过程”；在此过程中，“社会组织必将在社会治理中发挥越来越重要的作用”。

上述讨论对于我们认识和理解中国社会组织对于社会治理的意义具有重要价值，但它们大多集中在比较抽象的理论层面，对于当前中国社会——特别是农村社会——中社会组织的发育现状与社会功能却关注有限，特别是未能采用实证方法清晰地展示出社会组织在强化和创新社会治理过程中的作用机制。考虑到社会治理的重要目的在于优化社会秩序、促进社会和谐，如果能够勾勒出社会组织在调解矛盾和化解冲突等方面的社会功能，并且阐明社会组织得以发挥功能的条件和机制，我们就可以在很大程度上弥补以上空白。因此，本书将以中国农村社团——特别是具备纠纷调解功能的半独立性农村社团——为例，从社会治理的角度对社会组织与群体性上访的关系进行分析。[①] 因此，在下节中，我们首先将回顾和总结社会科学领域对于中国农村社团和农民抗争的既有研究成果。

## 二、中国农村社团的社会功能

社会组织是加强和创新社会治理的一支重要力量；因此，如果希望中国农村实现优化秩序、促进和谐的社会治理目标，就必须重视社会组织的作用。然而，在当今中国农村社会，那种广泛存在于西方国家的正式而独立的社会组合却并不常见；相反，一些边界模糊、规范简单、结构松散而且乡土气息浓重的社团，却在许多村庄发挥着不容忽视的社会作用。[②]

本书中所使用的“农村社团”概念，泛指中国农村中各种类型的社会组织。这些组织不同于农村政权和农村企业，可能是由农民自发形成的，可能是承袭传统而存在的，也可能是由政府主导创立的。总的来说，学界对“中国农村社团是社会资本一种具体表现形式”的看法基本不存在疑义，并普遍认为这些社团目前发育不良。例如，钟涨宝等（2002）将中国农村社团界定为“农村组织社会资本”，指出其具有不可转让性、公共物品性、投资收益不确定性和个人特质依赖性等特点，并认为现阶段大部分此类社会资本在农民实际生活中尚未发挥出应有的正面功效；而李良平（2006）则认为，中国对民间社团实行的“登记管理机关”和“业务主管单位”双重管理体制不仅门槛高、限制多、监管不力，而且反映出保守的指导思想，制约了第三部门的发展，导致各类农民组织的发展缓慢。

不过，学界对于中国农村社团所发挥的社会作用却存在不同看法。大部分学者对农村社团持肯定态度，但也有一些学者在承认其正面功效的同时，亦指出了农村社团可能存在的负面影响。赵立新（2005）基于对山东 6 市的调查指出，农村团体为人们扩大沟通范围和增进沟通深度提供了环境；他认为：人与人之间的

---

① 上访是国家法律法规给予公民的一项政治权力，公民进行上访不应被简单理解为威胁社会稳定的冲突与抗争；相反，在很大程度上，个体上访其实表明公民试图在体制允许的框架内解决问题。然而，现行法律法规并不鼓励群体性上访，《信访条例》第十八条更明确指出：“多人采用走访形式提出共同的信访事项的，应当推选代表，代表人数不得超过 5 人。”可见，规模大于 5 人的群体性上访并不属于体制允许的范围，而当公民采取这种方式表达诉求时，实际已经逾越了体制所设定的框架，因而可以在一定程度上被理解为抗争活动。在我国目前的实际情况下，较之于群体性上访，游行示威等更为剧烈的抗争活动不仅数量相对较少，而且往往具有突发性；而本研究基于随机抽样的村级数据，群体性上访可能比其他更为剧烈的集体行动更适合作为反映农村抗争活动的变量。

② 关于中国社会组织发展现状及其原因的介绍和讨论，参见王名、陶传进，2004；田凯，2003。

普遍信任来自志愿性团体内部个体之间的规范化、习惯性互动，而这些团体通过推动个体之间的合作，促进了社会信任的形成和提高。蔡晓莉通过对山西、河北、江西和福建4省316个村庄的调查指出，宗教和宗族组织对中国农村公共物品的提供具有重要作用（Tsai，2001）。甘满堂（2007）从宗教社会学的角度分析了福建民间信仰的社会组织特征及其在社区公共生活中的意义，发现当地老年协会以村庙为活动场所，通过组织演戏、放电影以及说服富户捐款等方式兴办了很多福利事业，不仅提供了一般意义上的公共产品，更有助于提升乡村社区的凝聚力。李保平（2006）则认为，当农村社团内聚力过大、社团成员间信任感过强时，社团内的社会成员可能会对社团外的其他社会成员产生排斥，因此从总体上看有些社团反而不利于实现整个社会的整合。

此外，既有文献中对农村社会冲突的关注较多，但对于农民抗争活动的社会机制则讨论得尚不充分，尤其缺乏对中国农村社团与农村群体性上访关系的研究。而对于中国农民抗争活动的既有文献，则可以从两个方面进行总结。

首先，已有大量文献分析了农民抗争活动的发展趋势及其社会、政治影响。张厚安和徐勇（1995）指出，非制度性的政治参与已经成为影响社会稳定的政治问题。郭正林（2001）、肖唐镖（2003）和赵树凯（2003）等学者较为详尽地概括了中国农村社会矛盾和政治矛盾的演变过程及发展趋势，指出这些矛盾已从普通的民事纠纷转变为以干群矛盾为诱因的政治冲突，且在表现形式和手段上不断升级。王有春（2006）将农村干群冲突总结为四个方面，即农民群众对乡村干部失去信任；乡村干部威信下降；村民和村干部情绪对立、矛盾加深；干群矛盾在一些地方已酿成严重冲突、殴打破坏事件多有发生。既有文献对于农民抗争活动所引致的政治后果尚存争论。应星（2007）和吴毅（2007）认为，农民集体抗争活动具有局限性，强调不应过高估计类似行动的政治影响；于建嵘（2003，2008）认为，基层广泛的抗争活动虽然只在特定条件下才会引起较大政治动荡，却可以限制政府的政策选择空间；胡荣（2007）则指出，不断增加的进京上访活动会导致中央政府威信的流失。

其次，农民抗争活动的行动机制也受到了多方面关注，具体研究主要包括四类。第一，就农民抗争活动的行动目标而言，欧博文和李连江比较系统地论证了农民在维权活动中“依法抗争”的行为特点（O'Brien、Li，2006）；于建嵘（2004）则指出，当前农民的维权行动已从“依法抗争”变为“以法抗争”，其行动的目的已不再是单纯的法律维权，而带有十分明确的政治色彩；第二，就集体抗争活动的内部组织形式而言，应星（2001）通过案例分析了集体抗争中组织者和参与者在行动逻辑上的差异；第三，就维权者自身社会资本对其维权行动的影响而言，麦克尔森通过大样本调查数据证明，家庭中存在一定政治网络的村民更有可能到层级更高的政府部门上访（Michelson，2007）；第四，就农民维权领袖和维权组织的发展状况而言，于建嵘、李连江与欧博文通过典型案例研究了农村政治冲突所催生出的“抗议领袖”和“维权组织”，但伯恩斯坦和吕晓波则认为鲜有证据表明那些参与到群体性事件中去的组织能够长期存续（Bernstein、Lü，2003；于建嵘，2005；Li、O’Brien，2008）。

## 二、中国农村社团的发育现状

通过上节中的梳理，我们可以发现：既有研究在分析中国农民抗争时大多着眼于行动者，而较少探讨群体性抗争的社会组织环境；虽然部分研究涉及维权组织对农民抗争行动的影响，但并未阐明何种农村社团对于动员或化解农民抗争具有显著作用。而社会治理方面的文献则指出，并非所有社会组织对于强化和创新社会治理都具有同样作用，为发挥社会组织在社会治理中的重要作用，不仅要“保障社会组织的独立性”，还要“积极培育社会自治的土壤”（应松年，2010）。因此，本书将重点关注那些具有一定独立性的农村社团。

根据我们的实地观察，当今的中国农村社会中罕有教科书上那种规范化的社会组织，以科技协会等名义成立的大量农村社团仅仅徒有虚名，而真正活跃的组织，往往是那些不完全受政府控制、具有较强自主性的“半独立社团”。结合中国农村的实际情况，本书认为中国农村的“半独立社团”应当具有以下两个基本性质：第一，社团的实际负责人不是政府官员或村干部；第二，社团的重大决策不需经由基层政府或村干部批准。本书之所以强调这些社团的“半独立性”是因为它们可能与基层政府之间存在着各种联系；事实上，在实地调查中我们发现，许多半独立社团是在基层政府或者村干部主导之下发起成立的。

我们的样本中共有 120 个半独立社团，表 7-3 对其发育现状进行了简要的描述性统计分析。[①] 就地区分布而言，福建、吉林和河北三省拥有数量较多的半独立社团。就社团参与率而言，福建省显著高于其他各省，而半独立社团较少的陕西省和江苏省却高于此类社团较多的吉林省和河北省。[②] 我们还对各样本村庄中半独

① 本书的描述性统计和计量分析建基于作者于 2005 年在全国 6 省（福建、江苏、四川、陕西、河北、吉林）调查收集得到的村级抽样数据。为确保样本的代表性，考虑到我国区域差异较大的事实，我们先将全国划分为 6 个大区，在每个大区中随机抽取 1 个省份作为样本省份。在每个样本省份中，有 5 个县被随机抽取作为样本县；在每个样本县中，有 2 个乡镇被随机抽取作为样本乡镇；而在每个样本乡镇中，有 2 个村庄被随机抽取作为样本村庄。去除一些无效样本后，调查共收集了 6 个省、30 个县、58 个乡镇、116 个村的信息。在每个样本村庄，我们访问了支书和村长等干部，从总体上了解了村庄的基本情况，通过访问社团首领和宗族领袖等精英收集了关于各类农民社团的职能、规模、组织方式和决策机制等发育状况的数据。同时，每个村庄抽取 14 个左右的普通村民（共 1949 名村民）进行问卷访谈，并将访谈结果与村干部、村精英提供的信息进行比对筛查，以此获取了包括村庄 2000~2004 年的上访情况在内的各类信息。在数据清理的过程中，我们对从不同访谈对象处获得的信息进行了重新整合，对于其中含混或者矛盾的地方进行了电话核实或实地回访，以确保调查数据具有逻辑上的一致性。

② 社团个数和社团平均规模等指标都可用于测度社团发育程度，但考虑到样本村庄的规模不等，我们采用半独立社团参与率——各半独立社团总人数在村庄总人口中的比例——作为测度指标。

立社团的数量进行了统计，发现绝大多数村庄中只有1~2个半独立社团，而福建、河北和吉林等地的部分村庄，则有多达3~6个半独立社团。

**表7–3　农村半独立社团在各样本省份间的分布情况**

| 省　份 | 社团数量 | 社团参与率(%) | 拥有特定个数半独立社团的村庄数量 | | | | | |
|---|---|---|---|---|---|---|---|---|
| | | | 1个 | 2个 | 3个 | 4个 | 5个 | 6个 |
| 江苏 | 11 | 2.10 | 9 | 1 | 0 | 0 | 0 | 0 |
| 四川 | 8 | 0.35 | 6 | 1 | 0 | 0 | 0 | 0 |
| 陕西 | 11 | 3.87 | 5 | 3 | 0 | 0 | 0 | 0 |
| 吉林 | 26 | 1.98 | 10 | 3 | 0 | 1 | 0 | 1 |
| 河北 | 22 | 1.64 | 6 | 2 | 1 | 1 | 1 | 0 |
| 福建 | 43 | 19.36 | 3 | 4 | 3 | 2 | 3 | 0 |
| 全国 | 121 | 4.94 | 39 | 14 | 4 | 4 | 4 | 1 |

表7–4将样本中的121个半独立社团划分为12大类，统计了各类组织的分省分布和全国分布状况。①该统计说明样本中半独立社团的主体是寺庙类宗教组织、教会类宗教组织、文体健康类协会以及红白理事会类组织等4类；而原始数据则显示，其中的文体健康类协会主要是各种形式的老人协会。

**表7–4　各类农村半独立社团的分省分布和全国分布**

| 组织类型 | 江苏 | 四川 | 陕西 | 吉林 | 河北 | 福建 | 全国 |
|---|---|---|---|---|---|---|---|
| 红白理事会类组织 | 0 | 1 | 1 | 3 | 4 | 0 | 9 |
| 文体健康类协会 | 1 | 0 | 1 | 3 | 4 | 9 | 18 |
| 农民自教育类组织 | 0 | 0 | 0 | 0 | 1 | 0 | 1 |
| 寺庙类宗教组织 | 0 | 4 | 6 | 2 | 7 | 21 | 40 |
| 教会类宗教组织 | 9 | 1 | 2 | 14 | 2 | 10 | 38 |
| 农民技术协会 | 0 | 1 | 1 | 2 | 0 | 0 | 4 |
| 生产互助性组织 | 0 | 0 | 0 | 1 | 1 | 0 | 2 |
| 供销类组织 | 0 | 1 | 0 | 0 | 1 | 0 | 2 |
| 农村金融类组织 | 0 | 0 | 0 | 0 | 0 | 1 | 1 |
| 民间纠纷调解组织 | 0 | 0 | 0 | 0 | 1 | 0 | 1 |
| 公共治安维护组织 | 0 | 0 | 0 | 0 | 0 | 2 | 2 |
| 其他类型的组织 | 1 | 0 | 0 | 1 | 1 | 0 | 3 |

从表7–4中，我们还可以发现：中国农村的半独立社团种类繁多、名目各异、功能和目标千差万别。考虑到本书集于社会治理的研究视角，那些能够调解

① 关于中国农民组织更为详尽的分类描述，参见刘永东等，2008。

村民之间、村民与村干部之间或者村民与乡镇干部之间纠纷的半独立社团更令我们感到有趣；因为与其他农村社团相比，此类社会组织更能积极而直接地对社会成员之间的关系进行协调，从而对于“优化社会秩序、促进社会和谐”的社会治理目标可能更具推动作用。为便于后续研究讨论，我们将此类社会组织定义为“具有纠纷调解功能的半独立社团”，简称“纠调社团”。

如表 7–5 所示，若以社团为单位进行统计，样本中共有 25 个“纠调社团”，约占全部农村社团的 4.31%、半独立社团的 20%；若以村庄为单位进行统计，样本中有“纠调社团”的村庄共有 20 个，约占调查村庄总数的 17.4%，其中只有 1 个“纠调社团”的村庄有 16 个，有 2 个的村庄有 3 个，而有 3 个“纠调社团”的村庄只有 1 个；若对拥有“纠调社团”村庄的地理分布进行统计，20 个村庄中的 7 个集中于福建省，且其中 3 个村庄拥有 2 个或 3 个“纠调社团”，江苏、吉林与河北省有“纠调社团”的村庄数量接近，四川和陕西省则各只有 2 个村庄中有“纠调社团”。

**表 7–5　具有纠纷调解功能的半独立社团的分省分布**

| 省　份 | “纠调社团”的数量 | 具有特定个数“纠调社团”的村庄数量 | | |
|---|---|---|---|---|
| | | 1 个社团 | 2 个社团 | 3 个社团 |
| 江苏 | 4 | 4 | 0 | 0 |
| 四川 | 2 | 2 | 0 | 0 |
| 陕西 | 2 | 2 | 0 | 0 |
| 吉林 | 3 | 3 | 0 | 0 |
| 河北 | 3 | 1 | 1 | 0 |
| 福建 | 11 | 4 | 2 | 1 |
| 全国 | 25 | 16 | 3 | 1 |

那么在有“纠调社团”的 20 个村庄中，其他类型的半独立社团又具有怎样的特征呢？统计结果发现，在仅有 1 个“纠调社团”的 16 个村庄中，9 个村庄没有其他半独立社团，5 个村庄有 1 个其他类型的半独立社团，2 个村庄分别有 3 个和 4 个其他半独立社团，平均每村有其他半独立社团 0.75 个；在有 2 个“纠调社团”的 3 个村庄中，每村均有其他半独立组织 1~3 个，平均每村有其他半独立社团 2 个；而有 3 个“纠调社团”的村庄仅有 1 个，该村庄亦有 1 个其他半独立社团。综上所述，多数仅有 1 个“纠调社团”的村庄中不存在其他半独立社团；而有 2 个以上“纠调社团”的村庄中则普遍存在着其他半独立社团；因此我们认为，在“纠调社团”发育程度较高的村庄中，其他半独立社团的发育程度也相应较高。

从理论上讲，中国农村的治保或民事调解协会应该是维护村庄公共秩序和社会稳定的中坚社团；但在实地调查中我们发现，除极少数例外情况，绝大部分此类组织都处于基层政权的直接控制之下，甚至成为基层政权的一部分，远非真正意义上的“纠调社团”，因而不是我们的分析重点。相反，样本中半数以上的“纠调社团”都是基督教会、寺庙或佛教协会等宗教类社团，而老人协会和红白理事会也是“纠调社团”的重要组织形式。其中，江苏、四川和吉林省的“纠调社团”均是宗教类组织，并以基督教会为主；福建省的“纠调社团”呈现出老人协会与宗教类组织并存的特征，以老人协会为主，附之以宗教类组织，且佛教协会略多于基督教会；而陕西与河北省的“纠调社团”则较少，且以红白理事会等专业的村庄公共事务性组织为主。总的来看，在全部 20 个有“纠调社团”的村庄中，9 个村庄没有任何其他半独立社团，而其余 11 个村庄则都伴生有其他半独立社团。分省来看，江苏、四川、陕西和吉林 4 省中，与“纠调社团”同时存在的其他半独立社团较少；而河北和福建省的绝大部分“纠调社团”都与其他半独立社团共生于村庄之中。①

那么，“纠调社团”之间、“纠调社团”与其他半独立社团之间的关系如何呢？通过统计信息，结合在实地调查中的感受和思考，我们对现象背后的一般性规律做出了三点尝试性归纳：首先，“纠调社团”与村庄中其他半独立社团之间的关系可能具有多样性，它们既可能互不相干，也可能相互促进，还可能形成分工。其次，存在“纠调社团”的村庄一般也都存在宗教和宗族社团，这或许表明多数“纠调社团”具有一定程度的宗族或宗教基础。② 但在这些村庄中，宗教或宗族社团既可能具备纠纷调解功能，也可能无法或者不会直接参与纠纷调解；而通过实地观察，我们发现许多具有发达宗教或宗族社团的村庄并未衍生出“纠调社团”；这或许表明“纠调社团”与其宗教或宗族基础之间的关系比较复杂。③ 最后，基督教会普遍出现于具有“纠调社团”的村庄中，但所起作用却不尽相同。在江苏、四川和吉林省，基督教会是主要的“纠调社团”；福建省虽然也存在大量的基督教会，但这些教会却大都不是“纠调社团”。与多神信仰的民间宗教不同，基督

---

① 关于“纠调社团”与其他半独立社团在村庄中的交互分布及其明细情况的统计表，参见刘明兴等，2010。

② 例如，在闽北郑村我们发现，作为“纠调社团”的老人协会，同时也承担着宗族组织的功能，不仅老人协会直接管辖着郑氏总祠，而且村中各郑氏支祠的领袖也都是老人协会理事；换句话说，在郑村，尽管老人协会并不直接以宗族组织的身份开展活动和调解纠纷，“纠调社团”在实质上与宗族组织是重合的（2007 年 7 月 20 日访谈记录）。又如，在苏北孙村，村干部告诉我们，虽然当地的基督教会一般只调解信教群众内部的矛盾，但“当信教群众与干部出现矛盾时，教会也是可以进行调解的”（2008 年 5 月 14 日访谈记录）。本书中所涉及的所有村庄名称，都已按学术惯例进行了技术处理。

③ 例如，在陕北王村，当地民间信仰组织“猪马会”虽然能够动员村民支持举办庙会庆典活动，却不能调解村民为抗议村干部私自砍伐集体林木而组织的群体性上访（2007 年 2 月 5 日访谈记录）。又如，在闽北唐村，宗族组织可以动员村民集资 20 余万修建祠堂，却不能调解村民因不满村干部拆除学校获取土地而组织的群体性上访（2008 年 4 月 29 日访谈记录）。

教作为“一神教”，独立性相对较高，与老人协会等紧密联系于村庄传统关系网络的社团联系较为松散；在老人协会相对发达的村庄中，基督教会调解纠纷的功能相对较弱。[①]

综合以上三点发现，我们认为“纠调社团”在样本村庄中的发育状况大致可以分成如下三种类型：第一，在多数样本村庄中，所有纠纷调解工作都由基层政权或者乡村干部直接控制的农民组织所承担，而任何形式的半独立社团的社会职能都难以充分发育；第二，在一些村庄中，以宗教、宗族为基础的半独立社团率先发展起来；由于宗教教义和宗族规范中往往包含着调解纠纷的内容，在其他类型的半独立社团不甚发达的情况下，宗教、宗族组织往往会成为村庄中仅有的“纠调社团”；[②] 第三，在少数村庄，各类半独立社团能够同时并存。由于宗教宗族组织在实际运作中往往会受到有关部门的规制和限制，而那些同样高度自主但在形式上更具“合法性”的半独立社团往往取代宗教宗族组织成为村庄中主要的“纠调社团”。[③]

## 四、“纠调社团”与群体性上访的关系

“纠调社团”虽然能够调解村民之间、村民与村干部之间或者村民与乡镇干部之间的纠纷，但这种调解主要是基于个体层面的。然而，“社会不是个人相加的总和，社会是一种互动的作用体系”（迪韦尔热，2007）；能够调解基于个体层面的纠纷，并不必然意味着“纠调社团”也能化解以群体性上访为代表的社会层面冲突。而只有掌握“纠调社团”在个体和社会两个层面都能起到化解纠纷与冲突作用的经验证据，我们才可以认定这种社会组织对于“优化社会秩序、促进社会和谐”的社会治理目标具有稳健的积极作用。

此外，通过实证方法探究中国农村“纠调社团”与群体性上访的关系，还具有一定的理论意义。社会组织与社会稳定之间的关系，是西方社会科学研究的一个重要话题；而与此相关的诸多研究，大致可以被归纳为两种相互对立的观点。一方面，以托克维尔、康豪瑟和福科为代表的“比较历史学派”研究者通过对比不同社会的结构和稳定性指出，社会组织能有效降低发生社会冲突和群体性抗争

① 例如，闽北郑村的基督教会虽然发达，但除宗教活动之外，却几乎从不介入村内的世俗矛盾争端；而村庄里真正具有纠纷调解功能的农村社团，则主要是与宗族组织相重合的老人协会（2007 年 7 月 20 日访谈记录）。然而，同样是基督教会，在缺乏宗族组织和其他宗教组织的苏北孙村，就能够积极发挥纠纷调解的作用，而且既能调解村民与村民之间的纠纷，也能调解村民和干部之间的纠纷（2008 年 5 月 14 日访谈记录）。

② 例如，苏北孙村的基督教会不仅是村庄中唯一的“纠调社团”，更是村庄中唯一的半独立社团（2008 年 5 月 14 日访谈记录）。

③ 例如，闽北郑村的老人协会实质上也是宗族组织，在对群体性上访事件进行调解时，却往往以老人协会而非宗族组织的名义发挥作用（2007 年 7 月 20 日访谈记录）。

活动的可能性。其中，托克维尔认为社会组织可以为不同社会阶层提供交流的平台，康豪瑟指出中间组织可以限制"雅各宾式"的精英人物直接鼓动群众卷入政治冲突，特劳认为社会组织有助于形成多样的社会价值并鼓励民众与政府共同承担社会责任，普特南和福科则分别说明了社会组织对提升社会信任程度的作用（Tocqueville，2000；Kornhauser，1968；Traut，2000；Putnam 1993；Fukuyama，1995）。另一方面，通过观察 20 世纪 50~80 年代席卷北美和西欧的民权运动，斯诺和麦克亚当等研究者则认为中层组织会显著提高群体性抗争活动发生的概率。这些学者通过针对社会运动的实证研究指出，具有"网络效益"和"规模经济"的中层组织可以显著降低发动群体性抗争活动的成本，有效防止部分社会运动参与者的"搭便车"行为，并且能够将不同社会群体和阶层中的社会运动积极分子整合起来，极大地便利了群体性抗争活动的发生（Von Eschen 等，1971；Snow 等，1980；McAdam 等，2001）。[①] 那么，究竟哪种理论更适合用来解释当今中国农村社会中的实际情况呢？我们的研究或许也可以对此给出一个回答。

为解决以上问题，在本节中，我们将利用前述调查数据，对样本村庄中"纠调社团"与群体性上访之间的关系进行计量分析。在回归模型中，我们仍将采用村庄的"纠调社团"参与率（即村内各"纠调社团"总参与人数在村庄总人口中的比例）测度村庄半独立社团的发育情况，并以此作为模型的自变量；回归模型的应变量则为"村庄在 2000~2004 年间是否发生过特定规模的群体性上访事件"。具体来说，根据我国现行制度规定，公民采用直接走访方式反映问题时原则上规模不得超过 5 人；但根据在农村调查的实际经验，只有当群体性上访的规模达到 10 人以上时，其在村庄中的政治影响与社会意义才能被显著地与个体上访或者小规模上访区分开来。为将该应变量进一步细化，我们又分别统计了村庄在调查前 5 年内是否发生过 10 人以上、20 人以上、30 人以上、40 人以上、50 人以上和 100 人以上的群体性上访事件。表 7-6 是对样本村庄群体性上访的具体统计。

**表 7-6　样本村庄群体性上访情况的描述性统计**

| 省　份 | 大于 10 人 | 大于 20 人 | 大于 30 人 | 大于 40 人 | 大于 50 人 | 大于 100 人 |
|---|---|---|---|---|---|---|
| 江苏 | 11 | 10 | 5 | 4 | 4 | 2 |
| 四川 | 9 | 6 | 1 | 1 | 1 | 0 |
| 陕西 | 8 | 5 | 3 | 2 | 1 | 0 |
| 吉林 | 12 | 7 | 5 | 3 | 2 | 0 |
| 河北 | 2 | 1 | 1 | 1 | 1 | 0 |
| 福建 | 12 | 10 | 9 | 7 | 6 | 4 |
| 全国 | 54 | 39 | 24 | 18 | 15 | 6 |

① 对上述学术论争更为详细和全面的介绍，参见赵鼎新，2006。

为方便下文的分析和讨论，对于回归模型的应变量（即样本村庄在调查前5年内是否发生过特定规模的群体性上访事件），我们特做两点说明。第一，相对于群体性抗议发生频次和恶性犯罪案发频次等可能反映村庄中集体性抗争活动的其他指标，上访属于村庄政治中的常态化事件，而群体性上访则是中国农民比较熟悉的一种政治表达方式，比较容易进行观测。第二，导致村民上访的侵害事件可能来自村庄内部，也可能来自村庄外部，导致村民上访的原因可能是个体性的，也可能是集体性的；而样本中多达71.65%的调查者报告最近几年内自己所在的村庄出现过两人以上的上访活动，因此单纯使用“是否存在上访”这样简单的指标来测量村庄的社会稳定情况，可能难以有效反映出不同村庄之间的差异。

正如社会学家达伦多夫所指出的那样：冲突无处不有，无所不在，而且无法被彻底消灭，但社会却可以选择不同的方法来应对冲突；如果冲突总是被压制，最后必然形成更大规模的爆发，而如果矛盾能通过经常性的小规模冲突得以释放，那么社会中发生大规模冲突的可能性就会显著降低（Dahrendorf，1968）。因此，在受到有效整合的村庄中虽然也可能存在大量上访事件，但这些上访的规模却往往较小；而在那些缺乏整合的村庄里，同样的矛盾却可能激发大规模的集体上访事件。小规模上访事件具有法律依据，属于公民的合法权利，不应被视为抗争事件；而规模较大的集体上访则逾越了国家通过法律法规设定的界限，牵涉到较多农户或村民，容易引起民众与政府的冲突，可能导致村庄社会秩序失调，应当被视为群体性抗争活动。

考虑到不同乡镇在经济发展水平、空间地理状况、社会结构和政治环境等方面可能存在巨大差异，而这些差异又可能同时影响“纠调社团”的发育和村庄的社会稳定，所以我们在回归模型中加入了村庄人均收入、村庄人口数量、村庄平地比例、村庄人均耕地面积、前三大姓村民占村庄人口比例、村庄到乡镇距离以及外出打工者比例等控制变量。在实地调查中，我们还发现群体性上访往往与村庄资源配置和利益分配紧密关联，集体资源较多的村庄比较容易因利益分配问题产生纠纷和矛盾而引发大规模群体性上访；因此在本书的回归模型中，我们也将2000年村庄人均集体收入作为控制变量。此外，村庄的宗教和宗族结构不仅直接影响村庄精英的动员能力，也可能影响村庄的微观社会结构，从而对村庄中的集体上访产生影响；因此，我们在回归模型中还控制了村庄的宗祠/祖庙个数、寺庙个数以及教会类组织参与率。最后，在控制村庄级别特征变量的同时，我们在计量分析中还考虑了乡镇级别的不可观测因素，在模型中加入了乡镇一级的虚拟变量[①]（见表 7–7）。

**表 7–7　对回归模型自变量和各控制变量的描述性统计**

| 变　量 | 观测值 | 均值 | 标准差 | 最小值 | 最大值 |
| --- | --- | --- | --- | --- | --- |
| 村庄“纠调社团”参与率（%） | 114 | 1.85 | 8.85 | 0 | 80.89 |
| 前三大姓村民占村庄人口比例（%） | 114 | 59.11 | 26.74 | 2.50 | 100.00 |
| 村庄人均收入（元） | 114 | 2873.10 | 1554.84 | 300.00 | 6596.00 |
| 村庄人口数量（人） | 114 | 1564.87 | 938.76 | 161.00 | 4975.00 |
| 村庄平地比例（%） | 114 | 59.03 | 37.19 | 0 | 100 |
| 村庄人均耕地面积（亩） | 114 | 0.11 | 0.10 | 0 | 0.54 |
| 对数村庄到乡镇距离（公里） | 114 | 1.56 | 0.72 | 0 | 3.00 |
| 在外打工者比例（%） | 114 | 27.43 | 22.19 | 0.94 | 92.92 |
| 2000 年村庄人均集体收入（元） | 114 | 21.47 | 71.34 | 0 | 658.64 |
| 宗祠/祖庙个数 | 114 | 0.89 | 2.23 | 0 | 13.00 |
| 寺庙个数 | 114 | 0.81 | 1.69 | 0 | 10.00 |
| 教会类组织参与人次（%） | 114 | 1.74 | 9.59 | 0 | 100.00 |

表 7–8 报告了 OLS 回归的估计结果。如上文所述，为更加准确地考察“纠调社团”对村庄社会稳定的影响，我们将“村庄是否发生群体性上访”这个单应变量细化为一组发生规模由小到大的递进式应变量，即村庄在 2000~2004 年间是否发生过 10 人以上、20 人以上、30 人以上、40 人以上、50 人以上和 100 人以上的群体性上访事件；此外，我们还考察了“纠调社团”对村庄中因集体问题而发生的上访事件（以下简称“集体上访”）是否具有显著影响。特别需要注意的是，集体问题未必一定会导致群体性上访：当村庄社会中存在有效的疏通和调解渠道时，集体问题可能通过各方派代表进行协商等较为温和的手段得以解决；而当村庄社会中缺乏解决矛盾的有效机制时，源发于琐碎小事的冲突也可能发展成大规模的群体性上访。

① 村庄的群体性上访无疑与基层政府的具体行为选择密切相关，为了控制住基层政府行为的差异性，我们在回归中加入了乡镇的虚拟变量。由于部分乡镇内部的样本村庄中没有任何“纠调社团”，因此使用 Probit 方法回归样本数据会大幅度地降低观测值数量，所以我们使用 OLS 来回归样本数据。对于本书的回归分析，OLS 的估计结果也是有效的（在理解变量的影响方面，与 Probit 的估计结果是一样的），但具体的参数估计值不能直接用于预测值的计算。

**表 7-8　对村庄“纠调社团”与群体性上访关系的回归分析**

| | 村庄在 2000~2004 年是否出现过群体性上访与集体上访事件 | | | | | | |
|---|---|---|---|---|---|---|---|
| | 10 人以上群体上访 | 20 人以上群体上访 | 30 人以上群体上访 | 40 人以上群体上访 | 50 人以上群体上访 | 100 人以上群体上访 | 集体上访 |
| 村庄“纠调社团”参与率 | 0.021<br>(1.44) | 0.015<br>(0.85) | –0.018<br>(1.83)* | –0.020<br>(2.83)*** | –0.019<br>(2.11)** | –0.020<br>(1.99)* | 0.006<br>(0.40) |
| 前三大姓村民占村庄人口比例 | –0.000<br>(0.04) | –0.004<br>(0.83) | 0.001<br>(0.20) | 0.004<br>(1.67) | 0.002<br>(1.07) | 0.002<br>(1.34) | 0.002<br>(0.43) |
| 村庄人均收入 | –0.000<br>(0.40) | –0.000<br>(0.49) | –0.000<br>(0.23) | –0.000<br>(0.08) | 0.000<br>(0.25) | 0.000<br>(0.20) | –0.000<br>(0.38) |
| 村庄人口数量 | 0.000<br>(0.79) | 0.000<br>(0.37) | 0.000<br>(0.34) | 0.000<br>(0.51) | 0.000<br>(0.84) | 0.000<br>(0.30) | 0.000<br>(0.58) |
| 村庄平地比例 | –0.001<br>(0.29) | –0.004<br>(1.28) | 0.001<br>(0.34) | 0.003<br>(0.98) | 0.001<br>(0.40) | 0.001<br>(0.56) | 0.001<br>(0.30) |
| 村庄人均耕地面积 | 0.692<br>(0.51) | –0.392<br>(0.35) | –0.345<br>(0.30) | –0.608<br>(0.93) | –0.373<br>(0.72) | 0.203<br>(0.86) | –0.164<br>(0.09) |
| 对数村庄到乡镇距离 | –0.145<br>(1.29) | –0.025<br>(0.25) | 0.009<br>(0.11) | –0.019<br>(0.29) | –0.014<br>(0.24) | –0.043<br>(1.07) | 0.025<br>(0.24) |
| 在外打工者比例 | 0.001<br>(0.17) | 0.002<br>(0.55) | 0.005<br>(1.24) | 0.002<br>(0.76) | 0.003<br>(1.23) | 0.001<br>(1.01) | 0.001<br>(0.37) |
| 2000 年村庄人均集体收入 | 0.001<br>(1.06) | 0.001<br>(0.58) | 0.001<br>(2.38)** | 0.002<br>(3.33)*** | 0.001<br>(0.97) | 0.000<br>(0.22) | 0.001<br>(0.96) |
| 宗祠/祖庙个数 | –0.054<br>(1.53) | –0.038<br>(0.86) | –0.030<br>(0.80) | –0.006<br>(0.20) | –0.001<br>(0.04) | 0.049<br>(1.98)* | –0.040<br>(1.10) |
| 寺庙个数 | 0.137<br>(1.90)* | 0.132<br>(1.76)* | 0.099<br>(1.60) | 0.083<br>(1.45) | 0.063<br>(1.26) | 0.021<br>(0.62) | 0.137<br>(1.99)* |
| 教会类组织参与人次 | 0.024<br>(1.86)* | 0.032<br>(2.26)** | 0.006<br>(0.62) | –0.001<br>(0.16) | 0.001<br>(0.13) | –0.004<br>(0.57) | 0.012<br>(0.88) |
| 截距项 | 0.230<br>(0.43) | 0.521<br>(0.95) | –0.117<br>(0.28) | –0.374<br>(0.87) | –0.332<br>(0.88) | –0.170<br>(0.63) | 0.790<br>(1.93)* |
| R-squared | 0.64 | 0.61 | 0.63 | 0.67 | 0.67 | 0.70 | 0.61 |

注：N=114；括号中 t 值的稳健性；* 为在 10%的水平上显著； ** 为在 5%的水平上显著；*** 为在 1%的水平上显著。

表 7-8 中的回归结果显示：村庄“纠调社团”的参与率虽然与“是否发生集体上访”并不存在显著的相关关系，而且与村庄是否发生 10 人以上和 20 人以上群体性上访的关系不大，但却显著地负相关于发生 30 人以上、40 人以上、50 人以上和 100 以上群体性上访的可能性；这说明在“纠调社团”相对发达的村庄中，虽然因集体原因而产生的上访事件并不更少，但类似事件却一般不会发展成有 30 人以上村民参加的群体性上访。换句话说，表 7-8 中的回归模型说明，“纠调社团”本身可能并不能阻止村庄中发生矛盾，也不能成为村庄社会冲突的“拦洪坝”；但当矛盾与冲突出现以后，“纠调社团”却有助于合理地疏导冲突，

将矛盾解决在源发阶段，成为村庄矛盾与冲突的“导流渠”，引导各方采用选派代表进行对话等比较温和的方式在体制内进行协调，从而避免使用大规模群体性上访等严重威胁村庄社会稳定的方式来表达诉求。①

上述回归结果不仅进一步阐明了“纠调社团”对村庄社会稳定的影响机制，也从一个侧面印证了以达伦多夫为代表的社会学“冲突理论”的观点。更为重要的是，从社会治理的角度来看，上述回归结果说明“纠调组织”不仅可以调解村庄中个人层面的纠纷，还能在很大程度上化解社会层面的矛盾，对于实现“优化社会秩序、促进社会和谐”的社会治理目标，具有不容忽视的意义。同时，这个结果也在一定程度上说明，以托克维尔、康豪瑟和福科为代表的“比较历史学派”研究者对于社会组织与社会稳定关系的看法，可能更适于解释“纠调社团”在当前中国农村社会中的作用和功能。

## 五、“纠调社团”消解群体性上访的机制分析

在上节中，我们采用回归模型对样本数据进行了实证分析，发现“纠调社团”具有消解群体性上访的作用，能够在社会治理中发挥积极作用。那么，除“纠调社团”之外的其他农村社会组织，是否也能发挥类似的作用呢？为了回答这个问题，在本节中，我们将使用同样的统计分析技术，检验样本村庄中具有纠纷调解功能的官方社团以及除“纠调社团”以外的其他农村“半独立社团”是否同样具有消解群体性上访的作用。

表 7-9 中的回归结果显示，具有纠纷调解功能的官方社团参与率与任何规模群体性上访发生的可能性之间并无显著的统计相关关系。换句话说，具有纠纷调解功能的官方社团虽然能够在个体层面调解纠纷，却并不能像“纠调社团”那样有效地消解社会层面上的群体性上访；因而，此类社团在社会治理中的作用远不如“纠调社团”显著。②

---

① 例如，在闽北石村，因对村小扩建工程征地补偿的标准不满，部分村民曾准备采取群体性上访的方式向村干部施加压力。作为“纠调社团”的老人协会——实质上也是宗族组织——在获悉情况后，积极承担起了在干部与群众之间进行沟通的作用。老人协会的理事们利用自己在宗族中的长辈地位，一方面动员村干部与本村和村外的石氏族人联系，争取资源以适当提高补偿标准；另一方面向土地被征的村民做工作，告诉他们如果不修这个学校，本族子弟都要跑到临镇去上小学。在老人协会的协调下，最终村民与干部达成了默契，群体性上访事件没有发生，而崭新的村小也得以很快被建成并投入使用（2008 年 4 月 28 日访谈记录）。

② 例如，在苏北张村，村主任告诉我们，上级要求村两委成立的各类社团多达三四十个，导致许多社团平时连牌子都没地方挂，只能在上级对口部门来检查时才匆匆挂出牌子予以应对。在这种情况下，多数官方农村社团难以发挥自身特点，更难承担化解矛盾等社会公益责任；即便治保民调等组织能够调解村民与村民的纠纷，却在群体性上访事件面前无能为力。因此，张村的村主任甚至对我们感慨道，“村里的农民组织就是花钱，却没有用”（2008 年 5 月 11 日访谈记录）。

**表 7-9 对村庄官方纠纷调解社团与群体性上访关系的回归分析**

| | 村庄在 2000~2004 年是否出现过群体性上访与集体上访事件 | | | | | | |
|---|---|---|---|---|---|---|---|
| | 10 人以上群体上访 | 20 人以上群体上访 | 30 人以上群体上访 | 40 人以上群体上访 | 50 人以上群体上访 | 100 人以上群体上访 | 集体上访 |
| 村庄“官方纠调社团”参与率 | 0.004<br>(0.56) | 0.005<br>(0.87) | 0.002<br>(0.33) | 0.001<br>(0.15) | 0.000<br>(0.08) | -0.001<br>(0.40) | -0.009<br>(1.31) |
| 前三大姓村民占村庄人口比例 | 0.001<br>(0.18) | -0.003<br>(0.63) | -0.000<br>(0.08) | 0.003<br>(1.22) | 0.001<br>(0.55) | 0.001<br>(0.79) | 0.002<br>(0.48) |
| 村庄人均收入 | -0.000<br>(0.41) | -0.000<br>(0.49) | -0.000<br>(0.19) | -0.000<br>(0.04) | 0.000<br>(0.28) | 0.000<br>(0.25) | -0.000<br>(0.44) |
| 村庄人口数量 | 0.000<br>(0.50) | 0.000<br>(0.11) | 0.000<br>(0.32) | 0.000<br>(0.54) | 0.000<br>(0.83) | 0.000<br>(0.46) | 0.000<br>(0.79) |
| 村庄平地比例 | -0.001<br>(0.16) | -0.004<br>(1.12) | 0.001<br>(0.30) | 0.002<br>(0.88) | 0.001<br>(0.31) | 0.000<br>(0.31) | 0.000<br>(0.15) |
| 村庄人均耕地面积 | 0.592<br>(0.43) | -0.523<br>(0.46) | -0.372<br>(0.32) | -0.605<br>(0.87) | -0.366<br>(0.67) | 0.250<br>(0.90) | 0.018<br>(0.01) |
| 对数村庄到乡镇距离 | -0.127<br>(1.02) | -0.003<br>(0.03) | 0.009<br>(0.12) | -0.023<br>(0.35) | -0.019<br>(0.31) | -0.054<br>(1.22) | -0.000<br>(0.00) |
| 在外打工者比例 | 0.001<br>(0.14) | 0.002<br>(0.48) | 0.004<br>(1.13) | 0.002<br>(0.64) | 0.003<br>(1.11) | 0.001<br>(0.76) | 0.002<br>(0.59) |
| 2000 年村庄人均集体收入 | 0.001<br>(0.99) | 0.000<br>(0.51) | 0.001<br>(2.32)** | 0.002<br>(3.27)*** | 0.001<br>(0.97) | 0.000<br>(0.35) | 0.001<br>(1.03) |
| 宗祠/祖庙个数 | -0.045<br>(1.26) | -0.028<br>(0.63) | -0.031<br>(0.77) | -0.009<br>(0.27) | -0.004<br>(0.14) | 0.044<br>(1.59) | -0.051<br>(1.52) |
| 寺庙个数 | 0.118<br>(1.70)* | 0.113<br>(1.56) | 0.104<br>(1.54) | 0.092<br>(1.49) | 0.072<br>(1.31) | 0.034<br>(0.73) | 0.151<br>(2.31)** |
| 教会类组织参与人次 | 0.008<br>(1.50) | 0.020<br>(3.63)*** | 0.017<br>(3.48)*** | 0.013<br>(3.41)*** | 0.014<br>(3.81)*** | 0.010<br>(3.76)*** | 0.009<br>(2.09)** |
| 截距项 | 0.180<br>(0.31) | 0.478<br>(0.81) | -0.088<br>(0.21) | -0.337<br>(0.76) | -0.297<br>(0.78) | -0.129<br>(0.48) | 0.800<br>(1.85)* |
| R-squared | 0.63 | 0.61 | 0.62 | 0.65 | 0.66 | 0.65 | 0.62 |

注：N=114；括号中 t 值的稳健性；* 为在 10%的水平上显著；** 为在 5%的水平上显著；*** 为在 1%的水平上显著。

除“纠调社团”以外，中国农村也活跃着其他许多“半独立社团”，但这些社会组织不能够调节村民与村民间、村民与村干部之间的个体纠纷。那么，其他“半独立社团”也能像“纠调社团”一样降低村庄发生群体性上访的可能性吗？表 7-10 中的回归结果对此给了否定的回答。具体来说，与具有纠纷调解功能的官方社团一样，无纠调功能的“半独立社团”对各种规模的群体性上访发生率都无任何显著影响，因而也不能像“纠调社团”那样有效地促进社会治理实现“优化社会秩序、促进社会和谐”的目标。①

**表 7-10　对村庄无纠调功能“半独立社团”与群体性上访关系的回归分析**

| | 村庄在 2000~2004 年是否出现过群体性上访与集体上访事件 | | | | | | |
|---|---|---|---|---|---|---|---|
| | 10 人以上群体上访 | 20 人以上群体上访 | 30 人以上群体上访 | 40 人以上群体上访 | 50 人以上群体上访 | 100 人以上群体上访 | 集体上访 |
| 村庄“无纠调功能半独立社团”参与率 | 0.016<br>(0.93) | 0.014<br>(0.82) | 0.024<br>(1.77)* | 0.020<br>(1.54) | 0.016<br>(1.32) | 0.009<br>(1.61) | 0.018<br>(1.03) |
| 前三大姓村民占村庄人口比例 | 0.001<br>(0.27) | -0.003<br>(0.52) | 0.001<br>(0.19) | 0.004<br>(1.56) | 0.001<br>(0.87) | 0.001<br>(1.00) | 0.003<br>(0.61) |
| 村庄人均收入 | -0.000<br>(0.31) | -0.000<br>(0.42) | -0.000<br>(0.00) | 0.000<br>(0.15) | 0.000<br>(0.42) | 0.000<br>(0.46) | -0.000<br>(0.23) |
| 村庄人口数量 | 0.000<br>(0.61) | 0.000<br>(0.25) | 0.000<br>(0.35) | 0.000<br>(0.53) | 0.000<br>(0.84) | 0.000<br>(0.38) | 0.000<br>(0.51) |
| 村庄平地比例 | -0.000<br>(0.05) | -0.003<br>(1.05) | 0.002<br>(0.61) | 0.003<br>(1.16) | 0.001<br>(0.56) | 0.001<br>(0.61) | 0.002<br>(0.58) |
| 村庄人均耕地面积 | 0.687<br>(0.51) | -0.392<br>(0.34) | -0.303<br>(0.25) | -0.568<br>(0.85) | -0.339<br>(0.63) | 0.231<br>(0.94) | -0.151<br>(0.09) |
| 对数村庄到乡镇距离 | -0.120<br>(1.05) | -0.004<br>(0.04) | 0.031<br>(0.39) | -0.001<br>(0.02) | -0.001<br>(0.02) | -0.040<br>(0.93) | 0.049<br>(0.46) |
| 在外打工者比例 | 0.000<br>(0.04) | 0.002<br>(0.44) | 0.003<br>(0.97) | 0.001<br>(0.27) | 0.002<br>(0.83) | 0.000<br>(0.27) | 0.001<br>(0.17) |
| 2000 年村庄人均集体收入 | 0.001<br>(1.04) | 0.001<br>(0.56) | 0.002<br>(2.30)** | 0.002<br>(3.22)*** | 0.001<br>(0.98) | 0.000<br>(0.36) | 0.001<br>(0.97) |
| 宗祠/祖庙个数 | -0.067<br>(1.99)* | -0.050<br>(1.16) | -0.060<br>(1.58) | -0.032<br>(0.95) | -0.022<br>(0.74) | 0.037<br>(1.40) | -0.059<br>(1.58) |
| 寺庙个数 | 0.131<br>(2.05)** | 0.130<br>(2.03)** | 0.118<br>(2.04)** | 0.102<br>(1.93)* | 0.080<br>(1.76)* | 0.035<br>(0.84) | 0.141<br>(2.34)** |
| 教会类组织参与人次 | -0.008<br>(0.41) | 0.006<br>(0.28) | -0.009<br>(0.54) | -0.009<br>(0.63) | -0.004<br>(0.27) | 0.000<br>(0.01) | -0.013<br>(0.62) |

① 我们在闽北唐村与石村看到的情况最具代表性。这两个村同处一镇，距离不过数里，而村庄老年协会在化解群体性上访方面的作用却有着天壤之别。在 21 世纪的前几年中，两村都面临着因撤并教学点而失去村小的问题。在上级推行撤并教学点政策的过程中，唐村的干部将关闭村小视为获取集体土地进而扩大村财规模的机会，石村的干部则希望通过扩建村小以避免其因为设施不达标而被关闭。当时，这两个村都存在着群体性上访的苗头，唐村群众因为孩子无法再在家门口上学而感到不满，石村的部分群众则认为村小扩建工程的征地补偿标准过低。两村在此之前都已成立了老人协会，并且两村的老人协会实质上都是宗族组织。然而，由于历史原因，唐村的宗族内部存在矛盾，老人协会虽然能动员部分村民捐资翻修祠堂，却无法调解村民与村民、村民与干部之间的矛盾，不是“纠调组织”；而石村的宗族则一直比较团结，故而其老人协会在村庄纠纷调解中发挥着重要作用。因此，面对撤并教学点所带来的外生冲击，石村老人协会得以协调各方利益，敦促各方让步，最终在未出现群体性上访的情况下完成了村小扩建工程；而唐村老人协会无力发挥调解作用，唐村村民为此组织的群体性上访也未能达到预期效果。如今，石村的儿童得以在修葺一新的村小里安心读书，唐村不少村民却不得不为照顾上学的子女而前往县城租房（2008 年 4 月 28、29 日访谈记录）。

续表

| 村庄在 2000~2004 年是否出现过群体性上访与集体上访事件 | | | | | | | |
|---|---|---|---|---|---|---|---|
| | 10 人以上群体上访 | 20 人以上群体上访 | 30 人以上群体上访 | 40 人以上群体上访 | 50 人以上群体上访 | 100 人以上群体上访 | 集体上访 |
| 截距项 | 0.072<br>(0.13) | 0.388<br>(0.67) | -0.261<br>(0.63) | -0.486<br>(1.09) | -0.415<br>(1.04) | -0.196<br>(0.72) | 0.642<br>(1.47) |
| R-squared | 0.64 | 0.61 | 0.65 | 0.68 | 0.68 | 0.67 | 0.62 |

注：N=114；括号中 t 值的稳健性；* 为在 10%的水平上显著；** 为在 5%的水平上显著；*** 为在 1%的水平上显著。

可见，在当今的中国农村，并非所有社会组织都能够起到消解群体性上访的作用；除“纠调社团”外，无论是具有纠纷调解功能的官方社团，还是其他不具备纠纷调解功能的“半独立社团”，都不具备在社会层面上化解群体性冲突的功能。因此，使“纠调社团”得以在样本村庄里诸多社会组织中脱颖而出的因素，必定与这种社团所具有的一些结构性特征密切相关。具体来说，“纠调社团”既具有“自主管理与决策”能力，又具有“调解人际纠纷”功能，而正是这两个结构性特征共同作用，才使得“纠调社团”能够显著降低村庄中发生大规模群体性上访的可能性。

首先，“纠调社团”具备“调解人际纠纷”功能，意味着这种社会组织在村庄中具有一定的权威，因为“调解的‘和解’理念符合农村社会的文化传统”（赵挺，2010）；而通过调解人际纠纷，“纠调社团”也在不断强化着自身的社会权威。然而，官方组建的治保民调协会、消费者权益保护协会等社团虽然在一定程度上具有调节社会纠纷的功能，却不能显著降低村庄中发生大规模群体性上访的可能性。换句话说，社会组织具有纠纷协调功能，并不一定表示它的领袖能够成为被政府与群众都信任的社会权威，也并不表明它能够化解群体性的对抗事件；而“纠调社团”能够起到化解社会冲突的作用，主要原因在于其领导者作为政府之外的村庄权威，能够有效发挥沟通基层政府与普通村民的作用。

具体而言，当政府威信下降以及村庄权威缺失时，群众会变得比较容易听信谣言，谣言成为了一种重要的集体行动动员手段，而村庄的社会稳定很可能将因此受到威胁。在那些缺乏“纠调社团”领袖等社会权威的村庄中，一旦出现集体性利益冲突，诸如捏造或者夸大村干部贪污数额等谣言就很容易被制造出来，并且在村庄中迅速传播，极易刺激群体性上访事件发生。因此，在那些缺失权威的村庄中，群众和政府谈判的能力可能较弱。一方面，少数在抗争事件中产生出来的维权积极分子缺乏与政府打交道的经验及各种非正式关系，他们表达利益诉求的最直接方法就是增加上访规模，而这恰恰是政府所不希望看到的，往往也无益于问题的解决；另一方面，在这种情况下，面对突然涌现的大规模上访，政府也难以迅速确定谈判对象并了解民众的诉求，而这往往会导致情况进一步恶化，促发更大规模的群体性上访。

相反，“纠调社团”在村庄中往往是得到基层政府批准或者默许、可以公开活动的组织，社团的领导人一般在村庄里都具有较高地位，与基层政府也有各种正式或者非正式的良好关系（邓燕华、阮横俯，2008）。在这种情况下，他们通常既不会主动将组织发展成被政府所抵触的、比较极端且带有明显政治色彩的对抗性维权组织，也不会带头制造影响那些不利于解决问题却可能威胁社团生存的大规模群体性上访。因此，在“纠调社团”比较发达的村庄中，当政府政策和村民利益发生矛盾时，以“纠调社团”领导者为代表的村庄权威（比如样本中一些福建村庄的老人协会会长）可以代表村民到各级政府反映问题，而村干部也可以把自己不便向上级机关或者普通村民直接言说的苦衷透露给村庄权威，以求得各方谅解；因此在存在“纠调社团”的村庄中，干群关系更容易得到协调，谣言的产生和传播更容易受到抑制，政府和群众的矛盾与冲突往往就可以通过较为理性的方式得以沟通和舒缓，而大规模群体性上访则出现的可能性则应该相对较低。

我们认为，当一个村庄中缺失社会权威时，其内部矛盾不太容易得到化解，出现群体性上访的可能性则相应较高；而当“纠调社团”的领袖填补这个空白，成为新的村庄社会权威时，就能抑制谣言产生和流传、疏导官民关系，从而使矛盾与冲突更容易被以理性的方式解决在萌芽阶段，避免出现严重威胁村庄稳定的大规模群体性上访。

## 六、中国农村“纠调社团”社会治理的政策思路

既有理论指出，社会治理离不开社会组织，社会组织对于加强和创新社会治理具有重要作用。本书通过对基于大样本的一手数据进行统计分析，从实证上确认了上述理论的有效性；本书发现，“纠调社团”能够显著降低村庄中发生大规模群体性上访的可能性，从而推动实现优化社会秩序与促进社会和谐的社会治理目标。然而，通过更加细致的比较研究，本书也发现在当今中国农村，并非所有社会组织都能像“纠调社团”那样在社会治理中发挥出显著的积极作用；换句话说，既有理论的解释力是有边界的，无论是具有纠纷调解功能的官方社团，还是其他不具备纠纷调解功能的“半独立社团”，都不能切实起到消解大规模集体性上访事件的作用，因而它们在社会治理中所能发挥的作用远不如“纠调社团”。

那么，“纠调社团”为何能在社会治理中发挥与众不同的积极作用呢？我们认为这是由此类社会组织独有的两个结构性特征——“纠调功能”和“半独立性”——所决定的。改革开放以来，市场经济逐渐深入乡村社会，“削弱了全权主义的社会控制，动摇了国家机器的权力”（单伟等，2006）；这种情况为基层政权之外的社会权威崛起创造了空间。“纠调社团”所具备的“纠调功能”，不仅使其领导人得以成为村庄中的社会权威，还有助于这些社会权威通过调解纠纷不断

强化自身的影响力。"纠调社团"所具有的"半独立性"，则将其与国家正式权力界分开来，使之既可以被那些因种种原因而对基层政权心存芥蒂的村民理解与接纳，又可以充分利用非正式制度与非官方网络处理那些基层政权所无法或不便介入的问题。因此，作为一种富有生命力和切实功能的社会权威，"纠调社团"不仅成为了当今中国农村"权威多元"中的重要一员（赵旭东，2001），甚至能够在某些农村纠纷调解中发挥出比政府和法院等国家正式权力机构更加积极的作用（孙胜男，2011）。

以上发现提醒我们重视社会组织——特别是中国农村"纠调社团"——在社会治理中的重要作用；进一步说，为了更好地实现优化社会秩序与促进社会和谐的社会治理目标，必须要发现和培养社会权威，并鼓励它们与国家正式权力机构积极配合，共同消解大规模群体性事件，保证经济和社会实现健康良性发展。具体来说，我们认为政策制定者和执行者在加强和创新社会治理的过程中，可以重点从以下两个方面着手进行思考和探索。

首先，在那些已经存在社会权威的地方，要重视发挥这些社会力量的作用。社会权威既可能产生于体制内，也可能产生于体制外，但无论其基于哪种情况产生，总是影响社会政治的一个重要因素；特别是当基层干部在群众中缺乏威信时，建立村庄自身权威就对避免村庄中出现大规模群体性抗争具有更为重要的作用。在一般观念中，乡村权威主要应当依靠民主选举来建立，但是当从调解矛盾和化解大规模冲突的角度来思考这个问题时，单纯依靠体制内权威来实现村庄社会和谐可能成本过高。在现实中，村两委的民主建设并非永远与协调社会矛盾的工作目标相一致。相反，当上级政策和村民利益产生冲突并引发上访时，试图居中调解的村干部往往会发现自己地位尴尬：如果村干部明显地偏向群众，那么失去上级政府支持后其自身地位将难以确保；而如果村干部坚决贯彻执行那些群众所不欢迎的政策，那么失去群众支持后其工作将更难开展。在这种情况下，村庄往往需要借助体制外权威的力量来协调各方矛盾并缓解各方冲突；而本书的研究结果说明，以"纠调社团"为代表的农村社会权威对于降低大规模群体性上访确实具有积极作用，它们应当被视为加强和创新社会治理所可以依靠的力量。

其次，在那些社会权威不发达的地方，需要对这类权威进行鼓励和培养。具体来说，为了发挥社会组织在社会治理中的潜在积极作用，基层政府首先应给予这些社团适度的独立性，因为既有研究指出：当社会组织能够进行自我决策时，其成员会更加珍视自己在组织内的身份，而其成员间往往能够产生更高程度的信任，这有利于社会资本和社会权威的形成（Tao，2011）。然而，仅仅给予社会组织独立性，并不足以使其成为社会权威；事实上，正如我们的统计结构所揭示的那样，目前中国农村的许多"半独立社团"，并不能像"纠调社团"那样切实肩负起优化社会秩序与促进社会和谐的社会治理目标。那么，如何通过社会治理创新来促使这些没有纠纷调解功能的“半独立社团”成为像“纠调社团”那样的社会权威呢？这个问题显然值得进行更加深入的理论探讨和实证分析。就目前在田野调查积累的经验而言，我们认为问题的关键可能在于鼓励这类组织积极介入村庄公共事务，在处理村民与村民、村民与干部之间关系的实践过程中，逐渐培养与不断强化其社会权威。为给社会权威提供发展空间，基层政权或许应当主动退出一些能够由社会发挥力量的领域，鼓励社会组织在遵纪守法的前提下有所作为；这样不仅能够降低国家进行社会治理的成本，使有限的财政资源集中到更能发挥国家比较优势的治理领域，更能实现国家与社会的积极互动，促进二者在相互补充与相互促进中协同发展。

**参考文献**

《中国乡镇企业年鉴：1978~1987》，农业出版社，1989 年。

《中国乡镇企业年鉴：1991》，农业出版社，1991 年。

阿盖尔（Argyle，Michael）：《社会互动》，苗延威、张君玫译，巨流图书公司，1998 年。

艾尔弗雷德·D.钱德勒：《战略与结构：美国工商企业成长的若干篇章》，孟昕译，云南人民出版社，2002/1962 年。

爱德华·汤普森：《共同有习惯》，沈汉、王加丰译，上海人民出版社，2002 年。

安东尼·吉登斯：《第三条道路：社会民主主义的复兴》，郑戈译，三联书店，2000 年。

安东尼·吉登斯：《现代性的后果》，田禾译，译林出版社，2000 年。

白苏珊：《乡村中国的权力与财富：制度变迁的政治经济学》，郎友兴、方小平译，浙江人民出版社，2009/2000 年。

薄一波：《若干重大决策与事件的回顾》，人民出版社，1997 年。

曹锦清、张乐天、陈中亚：《当代浙北乡村的社会文化变迁》，上海远东出版社，2001 年。

曹正汉、史晋川：《中国地方政府应对市场化改革的策略：抓住经济发展的主动权——理论假说与案例研究》，《社会学研究》，2009 年第 4 期。

陈吉元、陈家骥、杨勋：《中国农村社会经济变迁：1949~1989》，山西经济出版社，1993 年。

陈吉元、夏德芳主编：《乡镇企业模式研究》，中国社会科学出版社，1989 年。

单伟、章奇、刘明兴：《市场化改革与中国乡村控制的变迁》，吴毅《乡村中国评论》（第一辑），广西师范大学出版社，2006 年。

邓小平：《邓小平文选》，人民出版社，1994 年。

邓子恢：《依靠农民发展农业生产》，《邓子恢自述》，人民出版社，2007/1961 年。

丁元竹：《创新社会治理　激发社会发展活力》，《前线》，2013 年第 12 期。

杜明鹏：《加强社会组织党建　推进公民社会创新》，《社团管理研究》，2011 年第 12 期。

恩格斯：《法德农民问题》，《马克思恩格斯选集》第四卷，人民出版社，1972/1894 年。

方宁：《中部地区乡镇财政研究》，清华大学出版社，2004 年。

菲利普·梅勒：《理解社会》，赵亮员等译，北京大学出版社，2009 年。

斐迪南·滕尼斯：《共同体与社会》，林荣远译，商务印书馆，1999 年。

费景汉、古斯塔夫·拉尼斯：《劳力剩余经济的发展》，王月等译，华夏出版社，1989 年。

费孝通：《〈城乡协调发展研究〉后记》，《志在富民》，上海人民出版社，2007/1984 年。

费孝通：《小城镇大问题》，《费孝通论小城镇建设》，群言出版社，2000/1984 年。

冯钢：《整合与链合——法人团体在当代社区发展中的地位》，《社会学研究》，2002 年第 4 期。

甘满堂：《村庙与公共社区公共生活》，社会科学文献出版社，2007 年。

高王凌：《人民公社时期中国农民“反行为”调查》，中共党史出版社，2006 年。

谷文峰：《非常自述：一个乡镇书记的梦与痛》，新华出版社，2006 年。

郭正林：《当代中国农民的集体维权行动》，《香港社会科学学报》，2001 年第 19 期。

哈贝马斯：《公共领域的结构转型》，曹卫东等译，学林出版社，1999 年。

汉娜·鄂兰：《黑暗时代群像》，邓伯宸译，立绪文化有限公司，2006 年。

何林深：《公民社会创新：一种制度分析的路径》，《决策咨询通讯》，2009 年第 1 期。

何显明：《市场化进程中的地方政府行为逻辑》，人民出版社，2008 年。

贺雪峰：《乡村的前途》，山东人民出版社，2007 年。

胡荣：《农民上访与政治信任的流失》，《社会学研究》，2007 年第 3 期。

黄宏伟：《20 世纪 90 年代中国农民跨区域流动的成因分析》，《农村经济》，2005 年第 1 期。

黄宗智：《长江三角洲小农家庭与乡村发展》，中华书局，2000 年。

黄宗智：《华北的小农经济与社会变迁》，中华书局，2000 年。

江海斌、谢小荣主编：《温州农村改革与发展 30 年》，中国农业出版社，2009 年。

卡尔·波兰尼：《大转型——我们时代的政治与经济起源》，冯钢等译，浙江人民出版社，2007 年。

凯特·纳什、阿兰·斯科特：《布莱克维尔政治社会学指南》，李雪等译，浙江人民出版社，2007 年。

拉南·魏茨：《从贫苦农民到现代化农民——一套革命的农村发展战略及以色列的乡村综合发展》，杨林军、何大明等译，中国展望出版社，1990 年。

李保平：《社会资本消极功能的社会排斥分析》，《内蒙古民族大学学报》（社会科学版），2006 年第 2 期。

李国庆：《关于中国村落共同体的论战——以“戒能—平野论战”为核心》，《社会学研究》，2005 年第 6 期。

李立国：《创新社会治理体制》，《求是》，2013 年第 24 期。

李良平：《建设农村的社会资本：为农村提供可持续发展的动力》，《理论观察》，2006 年第 5 期。

李培林：《我国社会组织体制的改革和未来》，《社会》，2013 年第 3 期。

李强：《创新社会治理体制》，《前线》，2014 年第 1 期。

李友梅等：《中国社会生活的变迁》，中国大百科全书出版社，2008 年。

梁漱溟：《乡村建设理论》，上海人民出版社，2006/1937 年。

列宁：《论合作社》，《列宁全集》第四十三卷，人民出版社，1986/1923 年。

刘健哲：《城乡新风貌——德国之农村与规划》，詹氏书局，2006 年。

刘明兴、刘永东、陶郁、陶然：《中国农村社团的发育、纠纷调解与群体性上访》，《社会学研究》，2010 年第 6 期。

刘永东、刘明兴、徐志刚、陶然：《中国农民组织发展：治理结构与组织功能——基于 6 省调查的分析》,《经济社会体制比较》,2008年第1期。

马凯:《努力加强和创新公民社会》,《国家行政学院学报》,2010年第5期。

马塞尔·莫斯:《礼物》,汲佶译,上海人民出版社,2002年。

迈克尔·曼:《社会权力的来源》,陈海宏等译,上海人民出版社,2007/1993年。

麦克·布洛维:《公共社会学》,沈原等译,社会科学文献出版社,2007年。

曼纽尔·卡斯特:《认同的力量》(第二版),曹荣湘译,社会科学文献出版社,2006b年。

曼纽尔·卡斯特:《网络社会的崛起》,夏铸九、王志弘译,社会科学文献出版社,2006a年。

毛丹、王萍:《村级组织的农地调控权》,《社会学研究》,2004年第6期。

毛丹、王燕锋:《J市农民为什么不愿做市民——城郊农民的安全经济学》,《社会学研究》,2006年第6期

毛丹:《村庄大转型——浙江乡村社会的发育》,浙江大学出版社,2008年。

毛丹:《赋权、互动与认同:角色视野里的城郊农民市民化问题》,《社会学研究》,2009年第4期。

毛丹:《乡村组织化与乡村民主》,《中国社会科学季刊》(香港)春季号,1998年。

毛丹:《一个村落共同体的变迁:关于尖山下村的单位化的观察与阐释》,学林出版社,2000年。

毛泽东:《读苏联〈政治经济学教科书〉的谈话》(节选)(1959年12月至1960年2月),《毛泽东文集》第八卷,人民出版社,1993/1960年。

米歇尔·克罗齐埃:《科层现象》,刘汉全译,上海人民出版社,2002/1986年。

民政部基层政权和社区建设司编:《全国农村社区建设重要资料选编(2003~2008)》,2009年。

莫里斯·迪韦尔热:《政治社会学——政治学要素》,杨祖功、王大东译,东方出版社,2007年。

莫于川:《行政法治视野中的公民社会创新》,《法学论坛》,2010年第6期。

潘嘉念主编:《广东省志:乡镇企业志》,广东人民出版社,2006年。

潘维:《农民与市场》,商务印书馆,2003年。

潘小娟、白少飞:《中国地方政府公民社会创新的理论思考》,《政治学研究》,2009年第2期。

皮埃尔·布迪厄、华康德:《实践与反思:反思社会学导引》,李猛、李康译,中央编译出版社,2004年。

齐格蒙特·鲍曼:《被围困的社会》,郇建立译,江苏人民出版社,2006年。

齐格蒙特·鲍曼:《共同体》,欧阳景根译,江苏人民出版社,2007年。

齐格蒙特·鲍曼:《流动的现代性》,上海三联书店,2002年。

钱颖一、B. R.Weingast:《中国特色的维护市场的经济联邦制》,张军、周黎安主编《为增长而竞争》,格致出版社,2008/1995年。

钱颖一、许成钢:《中国的经济改革为什么与众不同——M型的层级制和非国有部门的进入与扩张》,张军、周黎安主编《为增长而竞争》,格致出版社,2008/1993年。

秦晖:《"大共同体本位"与传统中国社会》,《传统十论》,复旦大学出版社,2005年。

青木昌彦:《比较制度分析》,周黎安译,上海远东出版社,2001年。

渠敬东、周飞舟、应星:《从总体支配到技术治理——基于中国30年改革经验的社会学分

析》，《中国社会科学》，2009 年第 6 期。

荣敬本、崔之元等：《从压力型体制向民主合作体制的转变——县乡两级政治体制改革》，中央编译出版社，1998 年。

桑德斯：《社区论》，徐震译，黎明文化事业股份有限公司，1982 年。

山口重克：《市场经济：历史·思想·现在》，张季风等译，社会科学文献出版社，2007 年。

沈德理：《非均衡格局中的地方自主性：对海南经济特区（1998~2002 年）发展的实证研究》，北京：中国社会科学出版社，2004 年。

沈德理：《简论地方自主性》，《海南师范学院学报》，2003 年第 4 期。

施坚雅：《中国农村的市场和社会结构》，史建云、徐秀丽译，中国社会科学出版社，1998 年。

世界银行：《2008 年世界发展报告：以农业促发展》，胡光宇、赵冰译，清华大学出版社，2008 年。

孙立平：《走向积极的公民社会》，《社会学研究》，2011 年第 4 期。

孙胜男：《农村纠纷解决中的村庄权威》，南京大学硕士学位论文，2011 年。

唐铁汉：《强化政府公民社会职能的思路与对策》，《国家行政学院学报》，2005 年第 6 期。

田凯：《机会与约束：中国福利制度转型中非营利部门发展的条件分析》，《社会学研究》，2003 年第 2 期。

田毅、赵旭：《他乡之税：一个乡镇的三十年，一个国家的“隐秘”财政史》，中信出版社，2008 年。

仝志辉、温铁军：《资本和部门下乡与小农户经济的组织化道路——兼对专业合作社道路提出质疑》，《开放时代》，2009 年第 4 期。

涂尔干：《社会分工论》，渠敬东译，三联书店，2000 年。

涂尔干：《自杀论》，钟旭辉等译，浙江人民出版社，1988 年。

汪和建：《自我行动与自主经营》，《社会》，2007 年第 6 期。

王名、陶传进：《中国民间组织的现状与相关政策建议》，《中国行政管理》，2004 年第 1 期。

王绍光、胡鞍钢：《中国国家能力报告》，辽宁人民出版社，1993 年。

王有春：《农村干群关系紧张的根源和对策》，《南方农村》，2006 年第 1 期。

王玉明：《第三部门及其公民社会功能》，《中共福建省委党校学报》，2001 年第 7 期。

威廉·阿瑟·刘易斯：《二元经济论》，施炜等译，北京经济学院，1989 年。

韦伯：《经济通史》，姚曾廙译，上海三联书店，2006 年。

韦伯：《经济行动与社会团体》，康乐、简惠美译，广西师范大学出版社，2004 年。

沃尔夫：《乡民社会》，张恭启译，巨流出版社，1983 年。

吴毅：《权力—利益的结构之网与农民群体性利益的表达困境——对一起石场纠纷案例的分析》，《社会学研究》，2007 年第 5 期。

吴志雄、毕美家等：《论农业产业化经营体系》，中国社会出版社，2006 年。

西达·斯考切波：《国家与社会革命：对法国、俄国和中国的比较》，何俊志、王学东译，上海人民出版社，2007/1979 年。

肖唐镖：《二十余年来大陆农村的政治稳定状况》，《二十一世纪》（中国香港），2003 年第 2 期。

肖文涛：《社会治理创新：面临挑战与政策选择》，《中国行政管理》，2007 年第 10 期。

新望：《村庄发育、村庄工业的发生与发展》，三联书店，2004 年。

邢华：《政治企业家与制度变迁——对中国经济转型的一个解释》，中国人民大学博士学位论文，2007 年。

熊万胜：《合作社：作为制度化进程的意外后果》，《社会学研究》，2009 年第 5 期。

徐琦、莱瑞·赖恩、邓福贞：《社区社会学》，中国社会出版社，2004 年。

徐震：《社区与社区发展》，正中书局，1980 年。

杨懋春：《乡村社会学》，正中书局，1970 年。

杨其静、聂辉华：《保护市场的联邦主义及其批判：基于文献的一个思考》，《经济研究》，2008 年第 3 期。

杨松华：《大一统制度与中国兴衰》，北京出版社，2004 年。

杨佐经主编：《临川县志》，新华出版社，1993 年。

应松年：《公民社会创新引论》，《法学论坛》，2010 年第 6 期。

应星：《草根动员与农民群体利益的表达机制——四个个案的比较研究》，《社会学研究》，2007 年第 2 期。

应星：《大河移民上访的故事》，三联书店，2001 年。

于建嵘：《当代农民维权抗争活动的一个解释框架》，《社会学研究》，2004 年第 2 期。

于建嵘：《当代中国农民维权组织的发育和成长——基于衡阳农民协会的实证研究》，《中国农村观察》，2005 年第 2 期。

于建嵘：《农民维权与底层政治》，《东南学术》第 3 期。

于建嵘：《农民有组织抗争及其政治风险》，《战略与管理》，2003 年第 3 期。

俞可平、王颖：《公民社会的兴起与政府善治》，《中国改革》，2001 年第 6 期。

俞可平：《推进国家治理体系和治理能力现代化》，《前线》，2014 年第 1 期。

约翰·冯·杜能：《孤立国同农业和国民经济的关系》，吴衡康译，商务印书馆，1997 年。

詹姆斯·马奇、赫伯特·西蒙：《组织》，邵冲译，机械工业出版社，2008/1958 年。

张厚安、徐勇：《中国农村政治稳定与发展》，武汉出版社，1995 年。

张静：《基层政权——乡村制度诸问题》，浙江人民出版社，2000 年。

张军、周黎安主编：《为增长而竞争》，格致出版社，2008 年。

张军：《为〈为增长而竞争〉而写》，《为增长而竞争》，格致出版社，2008 年。

张乐天：《告别理想：人民公社制度研究》，上海人民出版社，2005 年。

张毅：《中国乡镇企业：艰辛的历程》，法律出版社，1990 年。

赵鼎新：《社会与政治运动讲义》，社会科学文献出版社，2006 年。

赵立新：《社会资本与当今农村社会信任——基于一项调查的社会学研究》，《内蒙古社会科学》（汉文版），2005 年第 2 期。

赵树凯：《乡村治理：组织和冲突》，《战略与管理》，2003 年第 6 期。

赵旭东：《习俗、权威与纠纷解决的场域——河北一村落的法律人类学考察》，《社会学研究》第 2 期。

浙江省人大法制委、内务司法委、浙江省民政厅：《浙江省村民委员会换届选举工作手册》，浙江人民出版社，2008 年。

郑杭生：《社会建设和公民社会研究与中国社会学使命》，《社会学研究》，2011 年第 4 期。

郑杭生：《社会学视野中的社会建设与公民社会》，《中国人民大学学报》，2006 年第 2 期。

中共中央文献研究室、国务院发展研究中心：《中共中央关于加快农业发展若干问题的决定》，载《新时期农业和农村工作重要文献选编》，中央文献出版社，1992 年。

钟涨宝、黄甲寅、万江红：《农村社会资本理论探讨》，中国社会学会《中国社会学会学术年会获奖论文集 No.1（2000·南京）》，社会科学文献出版社，2000 年。

周飞舟：《从汲取型政权到“悬浮型”政权——税费改革对国家与农民关系之影响》，《社会学研究》，2006 年第 3 期。

周飞舟：《锦标赛体制》，《社会学研究》，2009 年第 3 期。

周黎安：《中国地方官员的晋升锦标赛模式研究》，《经济研究》，2007 年第 7 期。

周其仁：《市场里的企业：一个人力资本与非人力资本的特别合约》，《经济研究》，1996 年第 6 期。

周雪光、赵伟：《英文文献中的中国组织现象研究》，《社会学研究》，2009 年第 6 期。

周雪光：《基层政府间的“共谋现象”——一个政府行为的制度逻辑》，《社会学研究》，2008 年第 6 期。

朱钢、贾康等：《中国农村财政理论与实践》，山西经济出版社，2006 年。

Almgren，Gunnar，“Community.” In Borgatta，Edgar F. editor-in-chief，Encyclopedia of Sociology（Second Edition）. New York：Macmillan Reference，2000.

Amit，Vered（ed.），Realizing Community：Concepts，Social Relationships and Sentiments. London; New York：Routledge，2002.

Arensberg，C.M. & S.T. Kimball，Family and Community in Ireland. London：Peter Smith，1940.

Balloch，Susan & Michael Hill（eds.），Care，Community and Citizenship：Research and Practice in a Changing Policy Context. Bristol：Policy，2007.

Beck，U.，Risk Society：Towards a New Modernity. London：Sage，1992.

Bell，Rudolph M.，Fate，Honor，Family and Village：Demographic and Cultural Change in Rural Italy since 1800. London：Aldine Transaction，A Division of Transaction Publishers，2007.

Bernard，J.，The Sociology of Community. Glenview，Ⅲ：Scott，Foresman，1973.

Bernstein，T. P. & X. Lü，Taxation without Representation in Contemporary Rural China. Cambridge：Cambridge University Press，2003.

Boissenvain，J.，“Towards a Social Anthropology of Europe.” In Boiseenvain，J. & J. Friendl（eds.），Beyond the Community：Social Process in Europe. The Hague：Department of Education and Science of the Netherlands，1975.

Brass，Tom. “Journal of Peasant Studies：the third decade”. The Journal of Peasant Studies 2005，32（1）.

Brint，Steven，“Gemeinschaft Revisited：A Critique and Reconstruction of the Community Concept.” Sociological Theory 19，2001.

Brint，Steven，“Guide for the Perplexed：On Michael Burawoy's ‘Public Sociology’.” In Nichols，Lawrence T.（ed.），Public Sociology：The Contemporary Debate. New Brunswick：Transaction Publishers, 2007.

Brown, D.L. & L. Kulcsar, "Rural Families and Rural Development in Central and Eastern Europe." Eastern European Countryside 6, 2000.

Brown, D.L. & L. Kulcsar, "Household Economic Behavior in Post-Socialist Rural Hungary." Rural Sociology 66 (2), 2001.

Burawoy, Michael, "Presidential Address: For Public Sociology." American Sociological Review 70 (1), 2005.

Burawoy, Michael, " Third -Wave Sociology and the End of Pure Science." In Nichols, Lawrence T. (ed.), Public Sociology: the Contemporary Debate. New Brunswick: Transaction Publishers, 2007.

Cai, Hongbin & Daniel Treisman, "Did Government Decentralization Cause China's Economic Miracle?" World Politics 58 (4), 2006.

Caldeira, Rute, "'My Land, Your Social Transformation': Conflicts within the Landless People Movement (MST), Rio de Janeiro, Brazil." Journal of Rural Studies 24, 2008.

Calthorpe, Peter, The Next American Metropolis: Ecology, Communi ty, and the American Dream. New York: Princeton Architectural Press, 1993.

Cantle, Ted, Community Cohesion: A New Framework for Race and Diversity (rev. and updated ed.). Basingstoke; New York: Palgrave Macmillan, 2008.

Carlton -LaNey, Iris B., Richard L. Edwards & P. Nelson Reid (eds.), Preserving and Strengthening Small Towns and Rural Communities. Washington, DC: NASW Press, 1999.

Cloke, Paul & Terry Marsden, Patrick Mooney, Handbook of Rural Studies. London: Sage Publications, 2006.

Cohen, A. P., The Symbolic Construction of Community. Chicester: Ellis Horwood Ltd. Publishers, 1985.

Coleman, James, Community Conflict. New York: The Free Press, 1957.

Colhaun, Graig, " Morality, Identity, and Historical Explanation: Charles Taylor on the Sources of the Self." Sociological Theory 9, 1991.

Dahrendorf, R., Essays on the Theory of Society. London: Routledge and Kegan Paul, 1968.

Das, Raju J., "Introduction: Peasant, State and Class." The Journal of Peasant Studies Vol. 34, No.3-4 (July/October), 2007.

Day, Graham, Community and Everyday Life. London and New York: Routledge, 2006.

DeFilippis, James & Susan Saegert (eds.), The Community Development Reader. New York: Routledge, 2008.

Delanty, Gerard, Community. New York: Routledge, 2003.

Dixon, John, R. Dogan & A. Sanderson, "Community and Communitarianism: A Philosophical Investigation." Community Development Journal Vol. 40, No.1, 2005.

Dominelli, Lena (eds.), Revitalizing Communities in a Globalizing World. Burlington: Ashgate, 2007.

Essex, Stephen et al. (eds.), Rural Change and Sustainability. Wallingford, UK: CABI Pulishing, 2005.

Etzioni, Amitai, The Spirit of Community: Rights, Responsibilities and the Communitarian Agenda. London: Profile Books, 1995.

Etzioni, Amitai, "Communitarnism." In Borgatta, Edgar F. (editor-in-chief), Encyclopedia of Sociology (Second Edition). New York: Macmillan Reference, 2000.

Etzioni, Amitai, "Is Bowling Together Sociologically Lite?" Contemporary Sociology 30, 2001.

Flora, Cornelia Butler & Jan L. Flora, Rural Communities: Legacy and Change (third editon). Philadelphia: Westview Press, 2008.

Frankenberg, R., Communities in Britain: Social Life in Town and Country. Harmondsworth: Penguin, 1966.

Frazer, E., The Problems of Communitarism Politics: Unity and Conflict. Oxford: Oxford University Press, 1999.

Fukuyama, F., Trust: The Social Virtues and the Creation of Prosperity. New York: The Free Press, 1995.

Gallaher, A. Jr. & H. Padfield (eds.), The Dying Community. New Mexico: University of New Mexico Press, 1980.

Gibbon, P., "Arensberg and Kimball Revisited." Economy and Society 4, 1973.

Greisman, H. C., "Community Cohesion and Social Change." Journal of the Community Development Society 11 (1), 1980.

Hillary, George A. Jr., "Definitions of Community: Areas of Agreement." Rural Sociology 20, 1955.

Kaitz, Peter (ed.), The New Urbanism: Towards New Architecture of Community. New York: McGraw-Hill, 1994.

Kornhauser, W., Politics of Mass Society. London: Routledge and Kegan Paul, 1968.

Langton, Phyllis Ann & Dianne Anderson Kammerer, Practicing Sociology in the Community. New Jersey: Pearson Education, 2005.

Li, L. & K. J. O'Brien, "Protest Leadership in Rural China." The China Quarterly 193, 2008.

Li, Lianjiang & Kevin J. O'Brien, "Selective Policy Implementation in Rural China." Comparactive Politics 31 (2), 1999.

Little, A., The Politics of Community: Theory and Practice. Edinburgh: Edinburgh University Press, 2002.

Loomis, Charles P. & J. Allan Beegle, Rural Social System. New York: Prentice-Hall, 1950.

Lynch, Kenneth, Rural-Urban Interaction in the Developing World. London and New York: Routledge, 2007.

McAdam, D., S., Tarrow & C. Tilly. Dynamics of Contention. Cambridge: Cambridge University Press, 2001.

McMillan, David & David Chavis, "Sense of Community: A Definition and Theory." Journal of Community Psychology 14, 1986.

Michelson, E., "Climbing the Dispute Pagoda: Grievances and Appeals to the Official Justice

System in Rural China." American Sociological Review 72 (3), 2007.

Miller, Linda S. & K. M. Hess, Community Policing: Partnerships for Problem Solving. Belmont: Thomson Wadsworth, 2007.

Minar, David W. & Scott Greer, The Concept of Community: Reading with Interpretations. London: Aldine Transaction, A Division of Transaction Publishers, 2007.

Montinola, Gabriella, Yingyi Qian & Barry R. Weingast, "Federalism, Chinese Style: The Political Basis for Economic Success in China." World Politics 48 (1), 1995.

Newby, H., Country Life: A Social History of Rural England. London: Sphere Books, 1987.

Noble, T., Social Theory and Social Change. Basingstoke: Macmillan, 2000.

O'brien, David J., Sephen K. Wegren & Valeri V. Pastsiorkovsky, "Marketization and Community in Post-Soviet Russian Villages." Rural Sociology 70 (2), 2005.

O'Brien, K. J. & L. Li., Rightful Resistance: Contentious Politics in Rural China. New York: Cambridge University Press, 2006.

Park, Robert, "Human Ecology." In Warren, Roland L. (ed.), Perspectives on the American Community. Chicago: Rand McNally & Company, 1969/1936.

Phillips, Rhonda & Robert H. Pittman (eds.), An Introduction to Community Development. New York: Routledge, 2009.

Popkin, Samuel, The Rational Peasants. Berkeley: University of California Press, 1979.

Putnam, R., R. Leonardi & R. Y. Nanetti, Making Democracy Work: Civic Traditions in Modern Italy. Princeton: University of Princeton Press, 1993.

Redfield, Robert, "The Folk Society." The American Journal of Sociology 52 (3), 1947.

Redfield, Robert, The Little Community. Chicago: University of Chicago Press, 1955.

Rodden, Jonathan & S. Rose-Ackerman, "Does Federalism Preserve Markets?" Virginia Law Review 83 (7), 1997.

Rubin, Herbert J. & Irene S. Rubin, Community Organizing and Devel opment (4th ed.). Boston: Pearson/Allyn & Bacon, 2008.

Shanin, Teodor, Peasants and Peasant Societies: Selected Readings. (2nd Edition) New York: Basil Blackwell, 1987.

Sheng, Yap Kioe & Radhika Savant Mohit, "Employment and Migration in the Urban Future of Southeast Asia." In Virchow, D.& J.von Braum (eds.), Villages in the Future: Crops, Jobs and Livelihood. New York: Springer, 2001.

Shue, Vivienne, The Reach of the State: Sketches of the Chinese Body Politic. Stanford, California: Stanford University Press, 1988.

Smith, Christian, American Evangelicalism: Embattled and Thriving. Chicago: University of Chicago Press, 1998.

Smith, Christian, Moral, Believing Animals. New York: Oxford University Press, 2003.

Snow, D. A., L. A. Zurcher & S. Ekland-Olson, "Social Networks and Social Movements: A Microstructural Approach to Differential Recruitment." American Sociological Review 45 (5), 1980.

Strange, Marty, Family Farming: A New Economic Vision. (New Edition) Lincoln and London: University of Nebraska Press, 2008.

Summers, Gene F., "Rural Community Development." Annual Review of Sociology 12, 1986.

Tao, Y., "Recognizing Allies of the 'Harmonious Society': Intermediate Associations and Collective Petitions in Contemporary Chinese Villages." The 61st Political Studies Association Annual Conference, London, 2011.

Taylor, Marilyn, Public Policy in the Community. New York: Palgrave Macmillan, 2003.

Tocqueville, A., Democracy in America. New York: Perennial Classics, 2000.

Traut, C. A., "Government and Non-Governmental Organization Relationships: Possibilities and Perils." The International Association of School and Institutes of Administration Annual Conference, Beijing, 2000.

Tsai, L. L., "Cadres, Temple and Lineage Institutions, and Governance in Rural China." The China Journal 48, 2001.

United Nations Human Settlements Programme, Urban-Rural Linkages. UN-HABITAT, 2004.

Vaisey, Stephen, "Structure, Culture, and Community: The Search for Belonging in 50 Urban Communes." American Sociological Review 72 (6), 2007.

Virchow, D.& J.von Braum (eds.), Villages in the Future: Crops, Jobs and Livelihood. New York: Springer, 2001.

Von Eschen, D., J. Kirk & M. Pinard, "The Organizational Substructure of Disorderly Politics." Social Forces 49 (4), 1971.

Walder, Andrew G., "Local Governments as Industrial Firms: An Organizational Analysis of China's Transitional Economy." American Journal of Sociology 101 (2), 1995.

Wanmali, Sudhir, "Urban-Rural Linkages in the Context of Decentralized Rural Development." In Virchow, D.& J.von Braum (eds.), Villages in the Future: Crops, Jobs and Livelihood. New York: Springer, 2001.

Warren, Mark E., "The Self in Discursive Democracy." In White, Stephen K. (ed.), The Cambridge Companion to Habermas. Cambridge: Cambridge University Press, 1995.

Warren, Roland L., The Community in American. Chicago: Rand McNally & Company, 1978 (1963 1st, 1972 2nd).

Wellman, B. and Leighton, B., "Networks, neighborhoods and communities." Urban Affairs Quarterly 14 (March), 1979.

Wilkinson, K.P., "Social Well-being and Community." Journal of the Community Development Society 10 (1), 1979.

Wirth, L., "Urbanism as a Way of Life." The American Journal of Sociology 44 (1), 1938.

Woods, Michael, "Engaging the Global Countryside: Globalization, Hybridity and the Reconstitution of Rural Place." Progress in Human Geography 31, 2007.

Woods, Michael, "Guest Editorial: Social Movements and Rural Politics." Journal of Rural Studies 24, 2008.

Zimmerman, Carle C., The Changing Community. New York: Harper and Brothers. 1938.

# 第八章　劳动关系变化与社会治理创新

自20世纪80年代以来，随着市场经济的建立与发展，中国劳动关系经历了一场历史性的转型，即从计划经济时期“统包统配”和“固定工”的用工模式转向了市场化和契约化的雇用关系。发展到今天，中国劳动关系已基本完成了市场化的转变。但是，由于经济全球化的不断推进，以及劳动关系自身运行规范与机制的不健全，目前中国劳动关系领域中的问题仍然很严重，例如，劳工权益难以得到有效保护，劳资矛盾严重，劳资群体性事件不断发生。在当前社会治理创新的背景下，有效解决劳资矛盾冲突，构建和谐劳动关系，就非常有必要对当前劳动关系的运行机制和体制进行深入研究，并在此基础上提出创新的建议与有效的改进措施。

## 第一节　劳动关系转型与劳动关系政策的发展

随着劳动关系的市场化转型，中国劳动关系政策也经历了历史性的转变，即从计划经济体制时期国家统一劳动计划与管理的政策，转向了以市场化的劳动关系为核心的政策体系。与欧美国家相比，中国劳动关系政策在所要解决的问题方面存在着一定的差异。在欧美国家，劳动关系政策主要是为了解决劳工问题（巴德，2007），但是中国为了配合劳动力市场的建立与发展，劳动关系政策除了实现这一目标之外，另一个需要解决的核心问题是劳动关系的市场化。所以，在市场转型时期，劳动关系的市场化和解决劳工问题成为中国劳动关系政策的两大核心目标。

两大核心目标贯穿于中国劳动关系政策自改革开放以来的发展历程当中。关于劳动关系政策要解决劳动关系市场化的问题，这一点已得到学界普遍的共识。国家为了建立和完善市场经济制度，颁布了一系列相关的劳动关系法律法规，目的就是要促使国有企业劳动关系的市场化转变，并使农民工能够顺利进入城市劳动力市场。从政策实施30多年的结果来看，一些学者认为中国已完成了劳动关系的市场化（常凯，2009；乔健，2007；郭悦，2004；等）。这即意味着这一政策目标目前已基本实现，劳动合同制度、就业制度以及社会保险制度的建立和完善都可视为这一目标已实现的标志。但是，对于解决劳工问题的政策目标，就现阶段而言，劳动关系政策仍然未能得以实现，劳动者个体劳动权益受损与集体劳动权益保护的缺乏仍导致当前劳动关系领域中劳资矛盾冲突严重，并且劳资群体性事件不断发生。所以，本节有必要对中国劳动关系政策发展的历程进行回顾，并对当前的政策进行评估，以便更好地分析当前政策的不足与今后发展的方向。

本节将以政策目标为逻辑线索，来梳理劳动关系政策的发展历程。在本部分将回答以下几个问题：第一，围绕这两个核心目标，劳动关系政策构建了哪些政策与制度？第二，在改革开放以来的30多年中，劳动关系政策在不同时期要解决的重点问题是什么？第三，目前劳动关系政策存在哪些问题？

## 一、劳动关系政策的核心与目标

劳动关系政策作为社会政策的一部分，是由政府制定用以保障劳动者基本权益的各类法律、法规和条例等。[①] 根据佟新的界定，劳工政策要求满足两方面内容：一是要解决劳动者所需解决的公共问题，如劳动时间、劳动保护、劳动安全、最低工资标准等社会控制问题，可称为劳工政策的“控制性”；二是要有能力和具体的办法解决社会存在的损害劳动者权益的公共问题，可称为劳工政策的“效能性”（佟新，2008）。如果按此界定，劳动关系政策的核心目标在于通过立法解决劳工问题。乔健在界定劳工政策时做出了类似的表述，他认为，狭义的劳工政策一般是指由国家向劳动者提供制度化的权益保障和服务，广义的劳工政策可延伸到那些对劳工问题有重要影响的政治、经济及社会政策方面（乔健，2005）。所以无论是从狭义还是广义的角度进行界定，劳工政策的核心目标都在于解决劳工问题。但是，中国的劳动关系政策还面临着工业化和市场化转型的问题，辅助和促进劳动力市场的发展也成为其核心目标之一。因此，在以往的文献当中，学者们通常会用“劳动力市场政策”来取代劳动关系政策，用“劳动力市场政策”的概念来诠释政府的立场和角色，其侧重点主要放在制定和完善劳动力市场规则，促进劳动力市场自由化和提高运行效率方面（乔健，2005）。

那么，我们到底该如何来研究中国的劳动关系政策呢？佟新（2008）把近年来研究劳工政策和劳工研究的理论归纳为四个方面：第一，公民权/市民社会视角和法制建设；第二，劳工研究的文化视角和共同体的建立；第三，阶层视角和

① 乔健（2005）认为，从劳工政策的内容来看，可以将其划分为劳动关系政策、劳动条件政策、劳工福利保障政策、劳动环境政策、劳动监察政策、就业安全政策五种类型。在这里他把劳工政策与劳动力市场政策和劳动政策进行了区分。但是，在国外的学者论述当中，对劳工政策的界定都较为模糊，即认为解决劳工问题的政策都属于劳工政策。所以，在本书中，基本上把劳工政策等同于劳动关系政策。

加强工会的谈判能力；第四，后现代主义视角和差异政治。她认为这些理论对劳工政策具有不同的优先权取向，有的强调立法建设，有的强调工会建设，有的要求增加话语权，有的强调平等待遇。从佟新的总结中可以看出，这四种研究视角更侧重于研究中国的劳工问题，而缺乏对政策的具体研究，所以这四种视角的研究对劳动关系政策研究，其借鉴之处非常有限。

另外，国外研究劳动关系政策的文献侧重于本国的具体政策与制度，例如在美国学者的研究中，侧重于研究 1935 年以来的集体谈判制度、平等就业制度以及公平劳动制度（巴德，2007）。用国外的这些研究成果来分析中国劳动关系政策，也存在一定的欠缺。具体原因有两点：其一，中国与欧美市场经济国家劳动关系政策发展的历程存在着巨大的差异；其二，对欧美国家具体政策的研究成果难以从总体上把握中国劳动关系政策框架与体系。所以，我们在分析中国劳动关系政策时，将政策所要解决的问题和所要实现的目标作为分析切入点，具体分析不同阶段政策是如何来解决现实问题的，即如何来解决劳动关系的市场化与劳工问题。

关于中国劳动关系政策要促使劳动关系市场化的目标，学界已给出了很多分析。弗里德曼和李静君认为，在过去 30 多年里，雇用的商品化和短期化贯穿于中国雇用关系的整个改革过程。市场化和短期化的发展过程一方面导致传统计划经济时期的社会契约关系转向了市场化的劳动关系，在此过程中工人丧失了工作保障和计划经济时期的福利；同时另一方面，市场化和短期化又引发了一定程度上局部的劳工反抗行为（Friedman、Lee，2010）。在这篇文章中，他们认为，在计划经济转向市场经济的转型过程中，中国首先要解决的问题是要建立市场经济。作为市场经济建立和完善的配套制度，劳动关系政策的基本任务和目标是要解决劳动关系的市场化问题，但中国一味强调经济的发展，同时也带来了劳动关系的短期化问题。

沃纳主编的《中国经济中工作关系的变迁》一书，论述的主题就是在中国经济转型中，中国劳动关系如何从“铁饭碗”的用工制度和单位制体制转向市场化的劳动关系。沃纳认为，1978 年改革开放之后，中国首先要解决的问题就是如何打破“铁饭碗”，从计划经济时期的单位制转向市场化的契约用工制度。这种转变不仅体现在中国劳动关系政策的转型，而且直接影响到工作场所中人力资源的管理工作当中。同样，岳经纶（2007）以 1994 年的《劳动法》和 2007 年的《劳动合同法》为分析重点，来研究中国劳动关系政策和劳动立法的市场化转型。他认为，推动中国劳动关系政策转型背后的巨大动力来自于 20 世纪 70 年代末 80 年代初的失业危机，国家为解决失业危机逐渐释放了对劳动力流动的控制与工作分配。自此之后的 20 多年里，中国劳动关系政策最重要的变迁是市场化的劳动合同关系替代了终身雇用关系，劳动力市场替代了国家工作分配。

西蒙·克拉克等在2004年的一篇文章表述了同样的观点，认为，中国劳动关系的改革可以视为用劳动合同规范替代了行政管理的规范（Clarke、Lee和Li，2004）。为了建立市场经济和进入全球市场，中国政府对传统行政管理的劳动关系规范进行了拆分，建立了一套新的制度规范，即市场化的劳动合同规范体系。这套新的劳动关系规范体系主要体现在三大方面：劳动关系的合同制度、劳动争议处理的三方机制以及工会与雇主之间的集体协商制度。这三项制度的目标都是一致的，即要建立适合市场经济的劳动关系规范体系。

在上面的文献中，学者们的观点都较为一致，都认为中国劳动关系政策转型的主要目标是要实现劳动关系的市场化。但是，按照国外劳动关系政策的界定，劳动关系政策的核心目标在于解决劳工问题。那么，改革开放以来中国劳动关系政策的转型是如何来处理这两个目标的呢？弗里德曼和李静君认为，劳动关系的市场化必然会带来劳工的不满和反抗，所以国家通过劳动法律和调解仲裁的机制，以实现劳动冲突得到个体化和制度化的解决。劳动立法和劳动关系制度的构建是国家规范和控制劳工反抗的策略，国家通过立法的途径来化解劳工反抗，从而维护社会的稳定（2010）。在他们的分析中，劳动关系政策改革的主要目标是要实现劳动关系的市场化，同时也要通过立法的形式来控制劳工的反抗。在这里他们把劳工问题视为了劳工反抗，所以劳动关系政策的两个目标是一致的，解决劳工反抗问题就是为了更好地实现劳动关系的市场化。在他们看来，劳动关系政策起不到维护劳动者权益的作用。

与他们观点相类似的是，有些学者认为，劳动关系政策改革的首要目标是实现劳动关系的市场化，但同时也要实现维护社会稳定和促进经济发展的目标。克拉克等（Clarke、Lee和Li，2004）认为，在新的市场化劳动关系规范中，劳动法律和政策必然要考虑是否与市场经济发展相适应，是否能够促进经济的发展。国家在建立市场化劳动关系规范的同时，也加强了国家对劳工的控制，通过控制劳动关系规范，从而起到维护社会稳定和促进经济发展的作用。

还有一些和上面两种不太一致的观点认为，中国劳动关系政策的改革是在寻求劳动关系市场化和个体权益保护的平衡。在岳经纶看来，在新的劳动关系政策体系中，劳工政策对劳动关系的治理职能得到了加强。在促进经济发展和维护社会稳定这两个大前提下，劳动关系政策一直在寻求稳定劳动关系市场化改革和保护劳工权益的平衡（2007）。岳经纶（2006）在一篇文章中也表述了类似的观点，他认为，就整体而言，在市场化、工业化和全球化的冲击和制约下，中国的劳动关系政策在资本与劳工、效率与公平、发展与稳定之间左冲右突，艰难地寻求平衡，但是，市场转型期中国劳动关系政策的主要问题是对劳动问题缺乏前瞻性和整合性的回应，没有切实保障劳工权益。在他看来，决策者们都把劳工问题简化成经济问题或人力资源问题，把劳动政策等同于就业政策，或者说把劳动政策主要理解为就业政策。所以，应该在科学发展观的指导下，必须重新思考转型期的劳动关系政策，把劳动关系政策的重心放在劳工权益的保护上。

通过对文献的梳理，我们发现，对于劳动关系政策要实现劳动关系市场化这一目标，学界存在着普遍的共识，但是对于解决劳工问题的目标却存在着一定的争议。在弗里德曼和李静君的文章中，他们把劳工问题视为劳工反抗问题，政策的目标是要解决劳工反抗问题。与此类似，克拉克等人认为政策要解决的目标在于通过立法的手段控制劳工的行为，从而维护社会稳定。不同的是，岳经纶认为，政策一直在努力平衡这两个目标，只不过在过去30多年里，市场化的改革和经济发展占了主导地位，从而忽视了劳工权益的保护。

对于以上观点，我们认为都存在着一定的偏颇。第一，忽视了劳动关系政策对劳工权益的保护。李静君和克拉克等人仅看到了劳动关系政策对基层产业秩序进行规范的作用，却没有看到自1994年以来，劳动关系政策对劳工权益的保护，特别是《劳动法》、《劳动合同法》、《劳动争议调解仲裁法》、《就业促进法》等相关法律法规对劳动者权益的保护。第二，对劳工权益保护的分析过于模糊。岳经纶虽然看到了目前劳动关系政策对劳动者权益的保护，但是，却未对劳动者个体权益保护和集体权益保护进行详细的区分和分析。第三，未对劳动关系政策在过去30多年的发展历程进行区分。在所有这些学者的分析当中，都把劳动关系政策发展看成是一成不变的历程，实际上在不同的时间段，中国劳动关系政策所要解决的问题存在着一定差异。

所以，在文献分析的基础上，我们对研究当前的劳动关系政策提出三点基本的预设：第一，劳动关系的市场化和维护劳动者权益是劳动关系政策要解决的两大基本问题；第二，要把劳动关系政策的发展历程进行阶段性划分，在不同阶段劳动关系政策所要解决的核心问题是不一样的；第三，劳动者权益保护要区分为个别劳动权益保护和集体劳动权益保护，在现有的劳动关系政策中，重点在于保护个别劳动权益，而忽视了对集体劳动权益的保护。

## 二、劳动关系政策发展的三个阶段

根据上述三个基本假定，我们对劳动关系政策发展的不同阶段以及所要重点解决的问题进行初步界定。第一阶段，1978年至20世纪90年代初期，劳动关系政策主要解决的问题是劳动关系的市场化。第二阶段，20世纪90年代中期至21世纪初期，劳动关系政策主要解决的问题仍然是劳动关系的市场化，同时开始解决个体劳动权益保护的问题。第三阶段，21世纪初至今，劳动关系的市场化基本实现，劳动关系政策主要解决个体劳动权益保护的问题，并开始关注解决集体劳动权益保护问题。

第一阶段，1978~1993年。改革开放初期，为配合国有企业改革和市场经济建立，国家在劳动就业、劳动用工、劳动报酬、社会保险与福利以及劳动关系等劳动领域进行了改革，颁布了一系列相关的劳动政策。这一时期的劳动关系政策仅是作为市场经济改革的配套政策而出现的，只属于宽泛意义上的劳动政策的一部分。所以，这一阶段的劳动关系政策所要解决的核心问题是要促进劳动关系的市场化，配合国有企业就业与用工制度改革和劳动力市场的建立。在这一时期，市场经济条件下以保护劳工权益的目标并非是它的核心目标。

自20世纪50年代以来，我国在国有企业逐步建起了一套“固定工”的用工制度，职工和单位、国家之间形成的是一种终身固定的隐性社会契约关系（李琪，2003）。20世纪80年代的劳动政策改革的直接目的就在于建立劳动力市场，并在此基础上构建市场化的劳动关系，从而改变国家、单位和职工利益一体化的用工模式，打破国家统筹统包的就业、管理与收入分配的劳动制度（常凯，2009）。这一阶段劳动关系政策改革主要体现在劳动合同制度的试行与初步发展之上。早在1983年，当时的劳动人事部就颁布了《关于积极试行劳动合同制的通知》，这一规章开启了劳动合同制度的改革，在全国开始试行劳动合同制度。此次推动劳动合同制的目的在于：“试行劳动合同制的根本目的，就是为了打破‘铁饭碗’、‘大锅饭’，真正实行‘各尽所能、按劳分配’的社会主义原则，充分调动人们的社会主义积极性，解放生产力。”[①] 所以，当时推动劳动合同制度的核心目的在于打破传统的“固定工”的用工制度，改革分配平均主义的“铁饭碗”、“大锅饭”弊端，解放生产力，促进经济发展。

时隔三年，国务院于1986年7月颁布了《国营企业实行劳动合同制暂行规定》（以下简称《规定》）。《规定》明确规定，在国营企业新招用的工人中推行劳动合同制度，使企业可以根据生产的需要确定对劳动力的需求，当劳动合同期满，企业可以根据需要，延续或终止合同。《规定》第二条规定：“用工形式，由企业根据生产、工作的特点和需要确定，可以招用五年以上的长期工、一年至五年的短期工和定期轮换工。不论采取哪一种用工形式，都应当按照本规定签订劳动合同。企业招用一年以内的临时工、季节工，也应当签订劳动合同。”并且，不仅要在国营企业推行劳动合同制度，而且国家机关、事业单位和社会团体在常年性岗位上招用的工人应当也要执行劳动合同制度。当时国务院推动劳动合同核心目标仍在于“增强企业的活力，充分发挥劳动者的积极性和创造性”，所以，在此阶段的劳动合同制度仍然是国有企业改革和劳动力市场的配套政策。

1992年，劳动部又颁布了《关于扩大试行全员劳动合同制的通知》。在1986年的《规定》中，还是实行“老人老办法，新人新办法”的原则，即新招用的职工实行劳动合同制度，而对固定工没有硬性的要求。但是，1992年的《通知》要

① 详见劳动人事部：《关于积极试行劳动合同制的通知》第二条，1983年。

求企业全员实行劳动合同制。《通知》明确规定："试行全员劳动合同制，重点是在国营大、中型企业和新建国营企业，其他有条件的企业也要积极试行。在企业内部，试行全员劳动合同制的范围包括企业干部、固定工人、劳动合同制工人及其他工人。试点企业中新进的职工，包括按国家规定统一分配的大、中专毕业生，城镇复员退伍军人，军队转业干部以及外单位流动进入企业的原固定职工等均试行全员劳动合同制。"试行全员劳动合同制的目的，在《通知》中也表述得非常明确："试行全员劳动合同制是为了适应社会主义有计划商品经济发展的需要，有利于搞好国营大中型企业，合理配置劳动力，保障企业和职工的合法权益，维护职工的主人翁地位，调动企业和职工的积极性，提高劳动生产率和经济效益，推动生产力发展。"所以，从这一表述中也可以看出，推动劳动合同制度的核心目标仍然未发生根本性变化。

第二阶段，1994~2001 年。20 世纪 90 年代初期，市场经济初步建立时，随着现代企业制度的推行与私营经济的发展，工作单位不再是职工"依附型"的组织，无论是国有企业还是私营企业都变成了"无序专制"的霸权组织（Lee，1999）。根据李静君的研究，她认为进入社会主义市场初期的企业已超越了沃尔德研究的"新传统主义"下的单位，企业在用工、劳动报酬以及解雇工人时都存在着随意性，工人已不再是企业的"主人翁"，劳动力仅是劳动力市场中的商品而已，劳动者的权益受到了极大的损害（Lee，1999）。所以，从 1994 年开始，中国的劳动关系政策有了重大的转向，在继续推动劳动关系市场化的同时，并开始关注劳动者权益的保护。但是，这一时期的市场经济仍然处于不完善的阶段，国有企业在 1997 年之后又加大了改革的力度，在"下岗分流、减员增效"的政策引导下，劳动关系政策仍然还继续保留着促进劳动关系市场化的功能。因此，这一阶段劳动关系政策主要解决的问题有两方面，其一，劳动关系的市场化；其二，保护市场经济中劳动者的权益。

这一阶段主要以 1994 年《劳动法》等法律法规的颁布为标志。《劳动法》第一条明确规定了该部法律的宗旨，即"为了保护劳动者的合法权益，调整劳动关系，建立和维护适应社会主义市场经济的劳动制度，促进经济发展和社会进步，根据《宪法》，制定本法。"该条明确规定了《劳动法》实施的是对劳动者权益"单保护"的宗旨，也说明中国的劳动关系政策回到了国际上普遍采取的保护劳动力市场中劳动者权益的轨道上来。在《劳动法》的具体规定中，劳动者享有一系列的权利保护，如"第三条：劳动者享有平等就业和选择职业的权利、取得劳动报酬的权利、休息休假的权利、获得劳动安全卫生保护的权利、接受职业技能培训的权利、享受社会保险和福利的权利、提请劳动争议处理的权利以及法律规定的其他劳动权利"。从这一规定也可以看出，《劳动法》要在当时社会经济背景下对劳动者权益进行最大程度上的保护。《劳动法》既是对 20 世纪 90 年代初期劳动者受损局面的扭转，同时也奠定了直到今天整个劳动关系政策的基准。它不仅有效地保护了劳动者权益，而且也对中国市场经济的完善与发展起到了重要的作用。

除《劳动法》之外，这一阶段国家还颁布了一系列法律法规对劳动者在工资、工时、劳动安全与卫生以及女职工和未成年工等权益上进行保护。例如，1994年劳动部发布了《工资支付暂行规定》，《规定》的宗旨在于维护劳动者获取劳动报酬的权利，并规范用人单位的工资支付行为。1995年国务院颁布了《关于职工工作时间的规定》，规定了劳动者每日工作8小时、每周工作40小时的制度，以维护劳动者的休息权利。自1992年以来国家相继颁布了《矿山安全法》、《矿山安全法实施条例》以及《职业病防治法》等法律法规，保护了劳动者获得劳动安全卫生的权利。另外，国家还颁布了《女职工权益保护法》、《未成年工特殊保护规定》等，对女职工和未成年工实施特殊保护。这些法律法规从劳动者权益的各个方面进行了具体规定，对市场经济中劳动者的权益起到了有效的保护作用。

20世纪90年代中后期，劳动关系的市场化并没有全部完成，1998年又开始大范围实行“下岗分流、减员增效”的国有企业改革，来推动劳动关系的市场化。所以，劳动关系政策在解决劳动者权益保护问题的同时，仍然要解决劳动关系市场化的问题。在这一阶段，劳动合同制度实现了巨大的突破。1994年劳动部发布了《关于全面实行劳动合同制度的通知》，这是在1992年全面试行劳动合同制度的基础上做了进一步发展。《通知》要求，“到1996年底，除个别地区和少数特殊情况的企业外，应基本在全国范围内全面实行劳动合同制度”。在《通知》中，明确规定了要在企业实行全员劳动合同制度，改变固定工的用工制度。《通知》第四条第2点规定：“全员劳动合同制，是针对企业内部两种劳动用工制度并存而采取的一项改革措施，即在全体职工中推行劳动合同制。《劳动法》规定的劳动合同制是适应市场经济要求的、全体劳动者都要通过签订劳动合同建立劳动关系的制度。”在此基础上，劳动部又于1995年和1996年相继发布了《关于贯彻执行劳动法若干问题的意见》和《关于实行劳动合同制度若干问题的通知》，这两个文件对企业各种特殊人员，包括企业党委书记、厂长、停薪留职工人和临时工签订劳动合同的问题都做了具体规定。这些劳动关系政策的颁布大大促进了劳动合同制度的发展，有力地推动了劳动关系的市场化进程。

第三阶段，2002年至今。进入21世纪，随着国有改革的深入开展和统一劳动力市场的建立与发展，劳动关系的市场化基本完成。按照常凯的研究表明，目前中国劳动关系已初步实现了市场化运行。进入21世纪以来，中国的劳动关系的运行机制，已经初步实现了从以政府为主体的行政控制到以企业为主体的市场调节的转变。这种转变主要表现为：劳动关系的归属企业化、劳动关系调节市场化和劳动关系规范契约化（常凯，2009）。但劳动权益受损的状况并没有得到根本改善，所以，自 2002 年开始，国家加大了劳动关系政策的推行力度，颁布了一系列的法律法规。这一阶段的劳动关系政策所要解决的核心问题不再是劳动关系市场化的问题，而是保护劳动者权益的问题。当然，这一阶段劳动者权益的保护也不仅限于个体劳动者权益的保护，同时也开始关注解决集体劳动权益保护的问题。

劳动关系政策进一步对劳动者个体权益的保护，集中表现为两方面：其一，劳动关系法律法规的颁布；其二，对农民工权益的保护。自 2002 年开始，国家颁布了《安全生产法》(2002 年)、《就业促进法》(2007 年)、《劳动合同法》(2007 年)、《劳动争议调解仲裁法》(2007 年) 以及《社会保险法》(2010 年) 等法律，同时还颁布了《最低工资规定》、《工伤保险条例》、《劳动保障监察条例》、《安全生产许可条例》、《劳动合同法实施条例》、《劳动争议调解仲裁法实施条例》等法规，这 10 年的劳动关系政策制定的数目与涵盖的范围，都是改革开放之后从未出现过的。劳动关系政策从劳动者就业、工资、工时、劳动合同、劳动安全与卫生以及培训等各方面权益进行了保护。以《劳动合同法》为例，法律的立法宗旨就在于保护劳动者的权益，即“第一条：为了完善劳动合同制度，明确劳动合同双方当事人的权利和义务，保护劳动者的合法权益，构建和发展和谐稳定的劳动关系，制定本法。”《劳动合同法》要求通过劳动合同的形式保护劳动者的合法权益，限制用人单位单方面决定劳动过程中涉及劳动者权益的事项。该法的第四条明确规定：“用人单位在制定、修改或者决定有关劳动报酬、工作时间、休息休假、劳动安全卫生、保险福利、职工培训、劳动纪律以及劳动定额管理等直接涉及劳动者切身利益的规章制度或者重大事项时，应当经职工代表大会或者全体职工讨论，提出方案和意见，与工会或者职工代表平等协商确定。”所以，综合来看，劳动关系政策在近 10 年取得了巨大的进展，不仅涉及的主题扩张了，而且对劳动者个体权益的保护力度也加大了。

对农民工权益的保护是从规范企业拖欠工资行为开始的。从 2003 年开始，国务院和各部委就颁发了一系列文件来解决农民工工资拖欠问题，例如 2003 年国务院发布了《关于切实解决建设领域拖欠工程款问题的通知》，劳动部和建设部于 2003 年发布了《关于切实解决建筑业企业拖欠农民工工资问题的通知》，建设部又于 2003 年发布了《关于建立解决拖欠工程款和拖欠农民工工资问题情况报告制度的通知》，并且在 2004 年发布了《关于进一步解决拖欠农民工工资问题的紧急通知》，劳动部也在 2004 年发布了《建设领域农民工工资支付管理暂行办法》等。这些法规的颁布为解决农民工工资拖欠问题起到了有效的作用。

除了工资之外，国家还颁布了一系列其他的政策来保护农民工在就业、技能培训、工资、社会保障以及劳动安全与卫生等方面的权益，其中最为突出的是 2006 年国务院颁布的《关于解决农民工问题的若干意见》(以下简称《意见》)。

《意见》的宗旨很明确，即“为统筹城乡发展，保障农民工合法权益，改善农民工就业环境，引导农村富余劳动力合理有序转移，推动全面建设小康社会进程”。《意见》要突出解决的问题是当时农民工存在的一系列的权益受损严重的问题，即“农民工面临的问题仍然十分突出。主要是：工资偏低，被拖欠现象严重；劳动时间长，安全条件差；缺乏社会保障，职业病和工伤事故多；培训就业、子女上学、生活居住等方面也存在诸多困难，经济、政治、文化权益得不到有效保障。这些问题引发了不少社会矛盾和纠纷”。此次《意见》把解决好农民工问题视为关系到社会公平正义与社会和谐稳定的问题。所以，《意见》从农民工权益的各方面进行了政策上的保障，为保护农民工在劳动力市场中的权益起到了关键性作用。

虽然进入 21 世纪以后劳动关系政策加大了对劳动者权益保护的力度，但是劳资矛盾冲突仍然激烈，并且停工和游行等群体性事件不断发生，所以自 2004 年开始，国家又加大对集体劳动权益保护的力度。2004 年劳动部发布了《集体合同规定》，同时 1994 年的《集体合同规定》废止。从此，中国开始加大力度推动集体协商和集体合同制度，保护市场经济条件下劳动者的集体劳动权益。《集体合同规定》明确规定，用人单位在确定劳动报酬、工作时间、休息休假、劳动安全卫生、职业培训、保险福利等事项时，都要与本单位职工进行集体协商，签订集体合同。2010 年，国家人力资源和社会保障部、全国总工会以及中国企业联合会/中国企业家协会联合发布《关于深入推进集体合同制度实施彩虹计划的通知》，开始在全国全面大力推行集体合同制度。全国总工会于 2010 年提出了“两个普遍”，并且于 2011 年又下发了《中华全国总工会 2011~2013 年深入推进工资集体协商工作规划》。这些关于集体协商与集体合同的劳动关系政策，在一定程度上保护了劳动者的集体劳动权益。

回顾劳动关系政策 30 多年的发展历程，我们看到，劳动关系政策在不同时段所要解决的核心问题是不一样的。在进入 21 世纪之前，劳动关系的市场化和保护劳动者权益一直是两大核心问题，但不同的历史阶段所要解决问题的重要性存在着一定的差异。当劳动关系市场化基本完成之后，劳动关系政策所要解决的核心问题便是劳动者权益保护的问题，劳动关系政策也从改革初始的市场经济配套政策转向了劳工政策。当时，目前劳动关系政策对劳动者个体权益进行了较为全面的保护，对集体劳权益虽有涉及，但仍然存在着欠缺与不足。

## 三、当前劳动关系政策的困境

从 1994《劳动法》颁布伊始，中国劳动关系政策就开始着手解决劳动者权益保障问题，但保护劳动者权益的劳动关系政策实施了近 20 年，为什么目前个体劳动者权益受损现象仍然严重？劳动关系领域中的问题不断凸显，无疑暴露出目前劳动关系政策在解决劳工问题时陷入了困境。那么到底是劳动关系政策设计本身出现了问题，还是劳动关系政策在实施中出现了问题呢？

吴忠民（2009）认为，目前中国现代型的劳动政策框架基本形成，但现阶段仍然存在着大量明显的不足之处。这种不足具体表现为：其一，劳动政策的体系化程度较低，即罢工政策缺失和雇主组织政策基本缺失；其二，劳动政策缺乏同一性和公平性；其三，劳动政策的执行和落实十分不力，劳动政策的具体实施状况与劳动政策的规定之间存在着几乎是全方位的巨大落差。乔健（2005）也认为，中国转型时期的劳工政策体系已经形成，但其对劳工权益的保护是初步的和低水平的，尤以进城务工的农民工、弹性就业人员及下岗失业人员等社会弱势群体的权益保护亟待加强。之所以做出这样的评估，他从政策的覆盖范围和实施效果两个方面做出了评估，具体表现在：其一，劳动合同制度覆盖范围主要在城镇，对乡镇企业和进城农民工还存在较大空白；其二，劳资集体协商工资制度的实施范围和力度非常有限；其三，集体谈判制度有待进一步完善；劳动监察制度难以发挥应有作用；其四，劳动争议处理制度存在许多制度设计上的缺陷。

从上面两位学者的分析当中可以看出，学界在分析和解释当前劳动关系政策的问题时，普遍存在着两大不足。具体表现为：其一，把劳动关系政策制度设计缺陷与政策实施中出现的问题混在了一起，这样一来，我们很难从他们的分析中辨识目前政策出现困境的原因到底是制度设计本身，还是制度实施过程中出现了问题；其二，把劳动关系政策对劳动者个体权益的保护与集体权益的保护混在一起分析，从而无法对目前的政策做出客观的评价。我们认为，要解释清楚目前劳动关系政策存在的困境，首先，要把劳动关系政策设计缺陷与政策实施中的问题区分开来。当然，这两个是内部紧密联系在一起的，但是，导致这两大问题的原因是非常复杂的，一旦混为一谈，就很难清晰且客观地评价目前的政策体系。其次，要把劳动关系政策对劳动者个体权益的保护与集体权益的保护区分开来。就目前政策体系来说，中国的劳工标准与国际劳工标准逐步接轨，也就是说目前的政策体系对劳动者个体权益保护虽有不完善的地方，但保障的水平与范围与国际劳工标准差距并不大。目前存在最大问题的是，劳动关系政策没有有效地保障劳动者集体权益。按照巴德的论述，他认为，自 1935 年“新政”以来，美国劳动关系政策是以集体谈判和劳工标准为基准的，集体谈判保障的是劳动者集体权益，而制定和实施劳工标准保障的是劳动者个别权益。所以，对比中美两国，目前中国劳动关系政策最为关键的问题就在于集体劳动权益保护方面存在着巨大的缺陷。

这种缺陷和不足集体表现在中国劳动关系政策体系缺乏对劳动者的团结权、罢工权和谈判权等集体劳权的有效保护。关于劳动者的团结权，虽然《工会法》（2001 年修订）规定工会是职工自愿结合的工人阶层的群众组织，但是中国实行的是“一元化”的工会组织体系，劳动者并不享有在全国总工会组织体系外的结社自由。对于此问题，目前学界已做了非常多的探讨，并且这一问题涉及工会组织体系、工会与党和国家之间的复杂关系，所以在此不做更多讨论。本章第二节对此将做较为详细的探讨。

关于罢工权的问题，目前也是学界探讨的热点话题，特别是2010年以来中国出现了大范围停工事件之后，更是社会的焦点问题。自1982年《宪法》（修订）取消了“罢工自由”之后，中国的劳动关系法律法规中就缺失了关于劳动者享有罢工权的明确规定，但同时法律法规也从来没有关于禁止罢工的规定（常凯，2010）。所以在目前劳动关系政策当中，关于罢工权的规定基本上是一片空白，现行的《劳动法》、《劳动合同法》、《工会法》以及《劳动争议调解仲裁法》都未对罢工权和罢工问题做出相应规定（常凯，2004）。罢工权相关规定的缺失，正如吴忠民所说，“从一个重要的方面造成中国劳动关系政策明显的不完整性”（吴忠民，2009）。所以，加快罢工权的立法，将是促使劳动关系政策趋于完整的不可或缺部分。

关于集体谈判权的问题，尽管进入21世纪之后，中国加大了推动集体协商与集体合同制度的力度，但是目前对劳动者集体谈判权的保护还存在着许多不完善的地方。集体协商与集体合同制度目前存在的问题主要表现在：其一，立法层次太低。虽然国家劳动和社会保障部于2000年发布了《工资集体协商暂行规定》，2004年又修订了《集体合同规定》，并且《劳动合同法》就集体合同做出了专门的规定，但是，到目前为止，改革开放以来中国还未就集体协商和集体合同颁布一部独立的部门法，立法层级仅停留在政府部门的规章层面上。其二，设立的协商层级过低，大部分协商都设计在企业层级。虽然相关政策中规定工会可以在企业、行业、区域各个层级上进行集体协商，但就目前的劳动关系政策来分析，集体协商的主要层级仍然是企业层级。从2009年开始，全国总工会推动全国实施区域性和行业性工资集体协商，但是就目前全国总工会发布的几个文件来看，在区域性和行业性层次的协商主体、协商代表选举程序、协商过程以及签订集体合同程序等方面，在制度设计上都存在着巨大的缺陷和不足。其三，对集体协商程序的规定过于简化和模糊。集体协商要经过反复的讨价还价，协商的过程实际也是双方求同存异、逐步达成共识、解决矛盾和分歧的过程（程延园，2005）。但是目前的政策法规对此的界定却过于简化，例如在《集体合同规定》中，仅用了第三十二、三十三、三十四、三十五条进行规定协商的程序，其中真正规定程序的只有第三十四、三十五条，第三十二、三十三条分别是为协商做准备的条文。第三十五条规定：“集体协商未达成一致意见或出现事先未预料的问题时，经双方协商，可以中止协商。中止期限及下次协商时间、地点、内容由双方商定。”从这一条款也可以看出，目前中国集体协商制度在程序设定上的缺陷与不足。

虽然目前劳动关系政策关于劳动者集体权益保护方面存在着巨大的缺陷和问题，但这并不能否定近十年来在劳动者个体权益保护方面的作用与功能。既然政策在个体权益保护方面取得了进步与发展，那么为什么目前中国劳动者的权益受损现象依然严重呢？我们认为，在集体劳动权益得不到有效保障的情况下，个体劳动权益也难以取得根本性的保障。当劳动者无法通过自发性组织进行谈判和罢工时，只能依赖于外部的力量来维护权益。这种外部的力量主要表现为：企业的自觉守法、国家劳动监察与行政执法以及通畅的仲裁与诉讼渠道。但是，目前这三种外部力量在维护劳动者权益方面都遇到了问题。首先，企业违法的成本过低，当企业面对经济利益与劳动者权益保护的矛盾时，企业必然选择前者，而违法的成本又非常低，要使企业自觉遵守劳动法律法规非常困难。其次，目前的劳动监察制度不完善与劳动监察力量薄弱，也使得劳动者依赖国家行政力量来维护权益变得非常困难。最后，尽管《劳动争议调解仲裁法》实施后，劳动仲裁和诉讼的渠道变得通畅许多，但目前由于劳动仲裁与诉讼资源紧张、仲裁员队伍整体素质不高以及仲裁和诉讼衔接困难等问题，也使得仲裁和诉讼渠道不够通畅，一大部分劳动者很难通过仲裁和诉讼的渠道得到司法的救济。所以说，当劳动者的集体权益无法得到保障的情况下，劳动关系政策对个体劳动权益保护设计得再完善，劳工标准与国际劳工标准再接近，都无法保护劳动者的权益。当劳动者内部无法实现自我组织起来，而只能通过外部的力量来维护权益时，这就要求劳动领域外部的制度建设更加完善和整个国家体制进行改革与创新，当然这已超出了劳动关系政策所能涉及的范围。

## 四、劳动关系市场化的政策挑战

通过梳理和回顾中国劳动关系政策发展的历程，我们会发现它经历了几次重大的转变。如果笼统去理解和分析劳动关系政策的发展，势必会形成一定的偏差。所以本章以劳动关系政策所要解决的问题为线索，把劳动关系政策发展历程划分成三个阶段来进行分析和理解。西方市场经济国家劳动关系政策所要解决的核心问题是劳工问题，但是，中国处于从计划经济向市场经济转型中，解决劳动关系市场化和劳工问题始终贯穿于劳动关系政策发展的过程。当进入 21 世纪之后，劳动关系市场化已基本完成，劳动关系政策所要解决的核心问题才全部转向了解决劳工问题之上。

当然，目前中国劳动关系政策在解决劳工问题时面临着巨大的困难。但是，当我们要去解释和分析为什么劳工问题仍然未得到有效解决时，我们也要区分清楚劳动关系政策的制度设计与制度实践的关系。我们不是要否认二者之间的关系，如一般所言，政策设计是好的，而是制度实施出现了问题。在本章中，我们仅分析和评价了当前劳动关系政策本身，而对于政策实施出现的问题，这是一个更为错综复杂的问题，所以文章并没有对此进行更为深入的分析。只有把政策设计与政策实施区分开来，这样才能更为客观地评价和分析当前的政策体系。正如前文所分析的，当前的劳动关系政策设计在保障劳动者个体权益方面确实取得了较大的进步和发展，但是，对于劳动者集体权益的保障却存在着较大的缺陷。这充分说明目前的政策体系的不完整性，同时也反映出政策设计的起始点和指导思想都出现了一定的问题。仅有个体层面的权益保障而缺乏集体权益保障的政策，是无法从根本上保障劳动者权益的。当劳动者的维权意识越来越强，市场经济越来越发达，劳动力市场的国际化程度越来越高，中国的劳动关系政策的缺陷就暴露得愈发明显。要想解决目前劳动关系政策的困境，完善和发展保障劳动者集体权益的政策就显得至关重要。

## 第二节 从实践的角度反思中国工会的性质与核心职能

自 20 世纪 80 年代末期以来，随着市场经济的发展，中国工会组织系统也变得越来越庞大。全国总工会公布的数据显示，截至 2009 年底，全国基层以上工会 6.6 万个，基层工会 184.5 万个；全国工会会员人数达到了 22634.4 万人（中华全国总工会研究室，2010）。随着工会组织系统的不断膨胀，工会的组织力量也得到了增强，工会在劳动立法、劳动监察以及协调劳资关系等方面，发挥的作用也愈益明显，例如，工会在《劳动合同法》、《劳动争议调解仲裁法》以及《社会保险法》等法律法规的立法和实施过程中都发挥了积极的作用。但与此庞大的组织系统形成鲜明对照的是，中国的劳工权益保护却没有得到实质性的改善（Eli、Lee，2010；Pu、Lu，2010），劳动合同短期化、劳动条件恶化、劳工权益受损、劳动争议数量持续攀升等现象仍然没有得到改观。特别是近两年来，劳资群体性事件的数量急剧上升，引发群体性事件的一个重要原因就是劳工权益得不到有效的保障。

那么该如何来解释：一方面工会组织系统越来越庞大，而另一方面劳工权益却得不到有效保护这一矛盾现象呢？对此问题，学界给出了两种不同的解释。一种解释认为，自 20 世纪 80 年代末期以来，工会通过自身内部改革在组织力量和独立性方面都取得了巨大的进步，但由于受到社会政治体制的影响，工会在维护职工权益方面仍然受到重重约束，导致的结果是工会组织力量与劳工权益维护没有得到同步发展（Howell，2008；White，1996；Ding、Goodall 和 Warner，2002；游正林，2010）。另一种解释则认为，实行市场经济之后，工会组织力量确实得到了增强，这是毋庸置疑的事实，但是，目前工会已完全整合进了党政系统，工会首要的任务是履行作为政府机构的职责。当维护劳工权益与发展经济和维护社会稳定相抵触时，工会首要的职能是维护社会稳定以确保经济发展，而并非是维护职工利益（Taylor 和 Li，2007；Chen，2009）。通过分析这两种解释，我们发现二者都承认工会的组织力量在市场经济中得到了增强，但在认识工会、党和政府以及职工三者之间的关系、工会的性质、工会的职能还有工会的力量来源等方面，存在着根本性的差异。第一种解释认为工会正在力图改善与党和政府的关系，通过增强工会的自主性与活力、加大维护职工群众合法权益等手段来加强工会与职工群众之间的联系（游正林，2010）。第二种解释则恰恰相反，认为工会力量的增强是党和政府出于发展经济和维护社会稳定的需要，工会是党和国家用来维持基层产业秩序的机构，作为政府机构的工会与职工之间的关系将会拉得越来越远。

这两种解释在学界都有一定的拥护者，那么当前工会、党和政府、职工三者之间到底存在一种怎样的关系？工会的性质是什么？工会的组织力量来源于哪里？工会在实践中履行怎样的职能？在此，本节将从学术的角度尝试对这几个问题进行分析。

## 一、工会的性质

由于中国工会与西方市场经济中的工会主义存在着巨大差异，所以探讨中国工会的性质，首先要厘清工会与党和国家的关系，因为这直接决定了工会的性质与职能。[①] 在社会学和政治学领域中，“古典二元论”（Classic Dualism）是研究中国工会问题的一个最为重要的分析框架，早在 20 世纪 80 年代中期，学者们就开始用这个分析框架来描述共产主义国家的工会。他们认为在共产主义制度下，工会被赋予了双重职能，即按照列宁主义描绘的“传输带”（Transmission Belt）图景，工会发挥着连接党和政府与工人之间的管道作用：工会自上而下代表国家的集体利益传达指示，动员工人进行生产劳动；自下而上传递工人要求，保护工人权力和利益。在这双重身份下，工会具有双重属性，工会既具有作为国家工具的国家属性，又有作为工人组织的社团属性（Pravda 和 Ruble，1986）。

后来陈佩华借用“国家组合主义”（State Corporatism）的概念对“古典二元论”进行了阐释与推进。她并没有否认工会的“双重功能”，但她认为工会在扮演国家属性的角色时，与党和政府的利益并非是完全一致的，“党—国家”

---

① 陈峰（2003）认为，随着市场经济的发展，尽管工人的主要对立面是资本和管理者，但是，工会能在多大程度上代表工人利益，它有多大权力和可以采取什么样的手段去抗衡管理者与资本，起决定作用的首先是国家而不是管理者与资本，因为国家才是劳资关系游戏规则的制定者。

(Party-State) 是具有官僚利益复杂性的，国家组合主义承认存在互相冲突的社会利益，而建立起组合主义体制的本身意图就是为了要控制各利益的崛起。在她的论述中，她把中国工会定义为代表工人阶层利益的组织，只不过在国家组合主义下，工会承担了“双重功能”(陈佩华，2001)。张允美从历史的角度也对工会与国家的关系进行了分析。他认为，工会有着与党—国家不完全一致的利益，工会的行为往往受其组织集体利益和其成员个人利益的支配。他在梳理工会与党—国家五次冲突的历史脉络中发现，围绕“生产”与“维护”职能，工会与党—国家的关系一直没有摆脱“顺从—冲突”的怪圈（张允美，2003）。

“古典二元论”的分析框架把工会的性质界定为国家和社团的“双重属性”，这种分析框架是否可以来解释当前市场经济条件下的中国工会呢？我们发现用这种分析框架进行解释，存在着几个问题：

第一，夸大了党和国家与工会之间的利益分歧。游正林认为，在一定程度上，这些学者都夸大了工会与党之间利益的不一致性，他们往往把党对工会的要求（代表并反映职工群众的意愿和要求）理解为工会独自的欲求，从而过分强调了双重功能之间以及工会与党之间的冲突。第二，假设工会的力量来自于工人的“联合力量”(Associational Power)。不管国家组合主义还是“冲突—理顺”的观点，他们在分析工会时都做出了一个假设，即工会能够在国家和工人之间周旋，甚至能够与国家发生冲突或抗争，它的力量来源于工人的“联合力量”，工会仍然是一个群众性的组织。即便工会扮演了双重角色和履行了“双重职能”，但作为“国家属性”的职能是因为政治体制所导致的，而工会最根本的还是一个社团组织。实际上，这种假设很难解释工会与工人之间的关系。第三，过分强调党、政府与工会之间的关系，忽视了企业或资本与二者之间的关系。在上述分析框架中，工会在国家与劳工之间扮演着“双重身份”，但他们并没有关注在劳资关系中另一个重要的主体，即企业或者说是资本的利益（陈峰，2003）。忽视这一利益主体，对分析市场化条件下的工会存在着很大的缺陷，特别是在国有企业改制、私营企业与外资企业兴起之后，这种分析框架就更难辨识出在市场化的劳资雇用关系中工会的职能与特征（吴清军，2008）。

那么中国工会的性质到底是“国家属性”，还是“社团属性”，或者是“双重属性”呢？在《工会法》和《中国工会章程》中，工会的性质被界定为工人阶层的群众组织。显然这种法律上界定的属性并不被学界所认同，同样，用“双重属性”来解释中国工会也面临着上述几大问题。所以，近年来学界又给出了另外一种解释，他们认为中国工会就是政府机构。陈峰（Chen Feng）、泰勒（Bill Taylor）和李琪（Li Qi）等认为，全国总工会和各级地方工会都被整合进入到了同级政府机构当中，工会本身就是一个政府机构。

陈峰引用王健英的观点认为，自新中国成立伊始，全国总工会就已完全被整合进入了正式的党政体系，成为党的核心组织机构之一（王健英，2005）。按照党的组织机构设计，全国总工会主席、副主席以及工会党组核心成员都是党的核心班子成员。同样，各级地方工会也被整合进入到各级党政机构当中，各级地方工会领导人也是同级党政班子的核心成员。所以这种性质的工会组织应该称之为“工会官僚组织”（Union Bureaucracies）。泰勒和李琪更是直截了当地指出，全国总工会就是党政机构，而并非是工会组织（Taylor 和 Li，2007）。他们用西方工联主义最基本的三个特征来比照全国总工会，发现全国总工会在这三个特征上并不具备作为一个工会组织的基本条件。比照的这三个特征分别为：第一，全国总工会的职能被法定界定为保护工人的利益和国家的利益，那么在市场经济改革中，当国家的利益是发展市场经济和保护雇主利益时，工人的利益就要屈从于国家的利益，所以全国总工会在这一点上是无法维护工人利益的。第二，工会系统内部并没有一个有效的直选系统，从车间工会小组到全国总工会，工会干部都不是由工人自己选举出来的，而是由上级任命，这与工会是工人的社团组织相违背。第三，中国实行的是一元化的工会，中国工人并没有组织和行动的自主权，工会虽然在法律法规上是工人的唯一组织，但它是作为国家机构的一部分组织起来的。

关于工会性质的判断，我们基本上认同陈峰、泰勒和李琪等的观点。但是，与之相区别的是，我们认为工会仅仅是一个“类政府机关”，并非完全是行政组织机构。做出这种判断，有两方面的原因：第一，经过工会几十年的自身改革和外部环境的需要，全国总工会和地方工会都已整合进了同级党政机构当中，它的力量来源于在党政系统中的制度性地位。根据全国总工会的统计，2009 年，全国县及县级以上地方工会领导班子成员 1.2 万人，其中工会正副主席 9972 人。县及县级以上地方工会主席中担任同级党委常委的 683 人；担任同级人大常委会副主任的 860 人；担任同级政协副主席的 173 人；担任同级其他党政副职的 364 人。县及县级以上地方工会正副主席中担任同级党委委员的 1119 人；担任同级人大常委的 1743 人；担任同级政协常委的 1018 人。从这些数据可以看出，从全国总工会到县级工会的主要领导都整合进入了同级党政系统中，并担任一定的职务。他们都具备双重的身份，既是工会领导干部，又是党政系统中的核心成员。工会的战略思路与行为方式都与整个党政系统相一致，工会作为党政机构的一部分，贯彻和执行党政系统的决策与方针。第二，即便工会机构全部都整合到了党政机关当中，但也并非完全是一个政府机关。之所以做出这种判断，是因为工会还受制于法律身份，它在法律上仍然是一个群众性社团组织，所以它并不具有像政府机构那样的行政执法权力。工会在劳动监察、协调劳动关系以及维护职工权益等方面，都要受助于政府部门，特别是劳动行政部门，这一特征直接影响到它所履行的职能与行为方式。工会在面对企业违法或者侵害职工权益时，它只有监督和建议权，并没有权力对企业或个人做出处罚，而只能依赖于行政部门给予解决。例如，2001年《工会法》第二十二条明确规定："企业、事业单位违反劳动法律、法规规定，有下列侵犯职工劳动权益情形，工会应当代表职工与企业、事业单位交涉，要求企业、事业单位采取措施予以改正；企业、事业单位应当予以研究处理，并向工会做出答复；企业、事业单位拒不改正的，工会可以请求当地人民政府依法做出处理。"这一条规定就非常明确地表述了工会与行政部门在法律权力上的差别。

所以，我们在判断全国总工会和地方工会的性质时，要充分考虑到这两个层面的问题，工会的法律属性制约了它作为一个政府机关扮演的角色和发挥的职能。随着劳动关系的进一步市场化与劳资矛盾冲突加剧，中国工会在党政系统中的地位也会得到增强。与此同时，工会的这种性质特征将会更加突出。

## 二、工会的力量来源

改革开放30多年来，特别是自1989年以来，中国工会的组织力量得到了巨大增强，工会在立法、协调劳动关系以及在整个行政管理体系的制度性地位方面，都得到了前所未有的发展（Howel，2008）。工会的组织力量增强表现在以下几方面：

第一，工会组织结构得到了巨大发展。从全国总工会到地方各级工会，中国构筑了一套组织结构完整且人员规模庞大的工会系统。截至2009年底，全国基层以上工会专职工作人员12.0万人，兼职工作人员则达到了28.3万人。

第二，基层工会与会员数量随着劳动关系市场化持续攀升。到2009年底，全国基层工会领取工会法人资格证书的87.8万个，比2008年增加了25.7万个。全国基层工会专职工作人员62.6万人，而兼职工作人员则达到了517.4万人，比2008年增加了25.2万人。全国职工入会率达到了78.6%，其中，农民工会员8014.8万人，占到了35.4%。

第三，工会在劳动立法与协调劳动关系方面的力量越来越大。根据全国总工会的统计，2009年，全国省、地（市）级地方工会参与制定地方法规141个，其中涉及职工权益的法规102个，涉及工会权益的法规23个。全国基层工会所在企事业单位建立劳动争议调解委员会42.7万个，覆盖职工8671.4万人，占职工总数的38.5%。2009年全国企事业单位劳动争议调解委员会受理劳动争议27.6万件，调解成功6.8万件，占24.5%。

工会组织力量在20世纪80年代末以来得到了增强，这是毋庸置疑的事实，但工会的力量为什么能在发展市场经济的转型时期得到增强呢？我们认为，这是党和政府对稳定和控制基层产业秩序的需要。尽管工会自新中国成立以来就被整合进入到党政系统中，但工会在党政系统中的地位和力量在过去的60多年里发生了巨大的变化。陈峰将其分为两个阶段，第一个阶段是在“文化大革命”之前，工会在党政系统中处于组织上的弱势地位。在当时的计划经济体制下，国家、单位和工人的利益是一致的，工人的主要经济利益来自于国家的父爱主义(State Paternalism)。党和政府只需要工会做好职工的福利的工作，工会变成了简单执行国家福利政策的机构，成为了党政机关的福利机关。第二个阶段是“文化大革命”之后的市场经济改革中，工会经历了巨大的制度变迁，工会在党政系统中的组织地位得到了巨大增强，工会的组织力量（Union Power）在立法和协调劳资关系等方面得到了前所未有的提升（Chen，2009）。随着市场经济的不断发展，劳资矛盾冲突越来越激烈，劳动争议数量也急剧上升，并且工人不断要求成立独立于工会之外的组织，这些都严重影响到社会稳定。党和政府在面对这种境况时，需要工会作为强有力的机构来加强和维护基础产业秩序的稳定。同时，自1989年以来，工会调整了与党和政府的关系，通过自身内部的不断改革，使得工会的组织力量也随着市场经济的发展而不断增强。

那么，在工会力量不断增强的背景下，工会的组织力量来源于哪里呢？在资本主义市场经济中，工会的力量来自于组织工人的联合力量，但是，中国工会力量来自于完全不同的基础。我们认为，中国工会的组织力量并非来自于动员基层员工的力量，而是来自于它自身处于党政系统中的合法地位与身份。在中国的市场经济中，工会已完全整合进入到政府机构当中，不仅全国总工会整合进入到中央政府机构当中，地方工会也同样整合到同级政府机关当中，所以工会的力量来源于行政力量（Administrative Power），来自于国家和政府赋予的组织力量(Chen，2009)。在泰勒和李琪的分析中，他们认为，探讨中国工会是否是一个工会组织比探讨中国工会是否是一个独立的社团组织更为有意义，如果说中国工会连一个工会组织都不是的话，那么它的力量不可能来源于工人（Taylor 和 Li，2007）。

结合工会的性质进行分析，我们认为，工会的力量正是来源于行政力量，它的人员编制、主要经费以及工会干部的任命都来源于它在党政系统中的合法地位与身份。在全国总工会和地方各级工会中，大部分工会干部实行的都是公务员编制，这是一种属于党政机关才具备的国家性质的编制体系。更为重要的是，工会机构的主要经费来源也来自于它的合法身份。《工会法》规定工会经费的来源有五种：工会会员缴纳的会费，企事业单位、机关向工会拨缴的经费，工会所属企业、事业单位上缴的收入，人民政府的补助，其他收入。在这五类经费当中，无疑企业向工会拨缴的经费是工会经费的最主要来源。这种经费来源并非来自职工的缴纳，而是工会向企业收缴的经费，这正是工会在党政系统中的合法性身份与地位的体现。在工会干部的任命方面，虽然一些地方基层工会开始了直接选举，但全国总工会和地方工会干部的任命，并非是由会员选举所产生的，而是上级工会任命的，这在一定程度上也切断了工会与会员之间的联系，反映出它的力量并非来自于基层的会员。

无论是从工会经费还是工会干部任免方面看，工会与会员之间的纽带都被工会的合法身份所削弱。尽管中国工会会员人数不断攀升，但是这些会员实际上是一种“被统计”出来的“会员”，在现实当中，有相当数量的“会员”并不了解工会，甚至部分会员连自己是否是工会会员都不知道（常凯，2005）。所以，中国工会不可能像西方市场经济国家工会那样，能够动员和发动会员进行维权、罢工、示威等活动，这些都存在着制度上的障碍，并且党和国家也不希望工会那样去做。当工会面对劳资冲突时，首先要做的是“依法维权”，而并非是动员会员进行抗争。正如陈峰在 2003 年的一篇文章中介绍的那样，在三种具体的劳动争议案件中可以看出工会扮演的角色。这三种情况分别是：第一种情况，现实需要工会扮演的角色与制度允许它们扮演的角色无冲突，而且基本一致，因此工会有较大的制度空间去代表工人利益；第二种情况是两种制度身份有明显冲突，这种冲突迫使工会站在国家一边；第三种情况是当工人要求成立自己的组织时，工会会绝不妥协地站在国家一边，工会只能或必须扮演国家工具的角色（陈峰，2003）。从他的分析中可以看出，工会面对劳资冲突，它是作为会员的“维护者”还是作为劳资双方的“协调者”，工会要从工会的合法地位出发进行分析，而并非是简单地动员会员进行维权。这其中的最主要的原因就在于工会作为一个“类政府机构”，它的组织力量仍然来自于党政系统。

## 三、工会的核心职能

在上述对工会性质与力量来源的判断下，工会的核心职能是什么呢？按照《工会法》和《中国工会章程》的规定，工会有四项主要职能，即“维护职能”、“建设职能”、“参与职能”与“教育职能”，其中维护职工合法权益是工会的基本职能。这是法律条文规定的工会职能，但在实践中工会履行怎样的职能呢？陈峰把实践中作为政府机关的工会的核心职能概括为“协调劳动关系”。我们认为这是一个较为准确的概括，但这个界定存在不足之处在于，它界定得过于宽泛。如果我们将其具体化，可以把工会的核心职能概括为两个方面：即“维稳”和“维权”。

“维稳”和“维权”作为工会的两项核心职能，实际上是《工会法》中“工会在维护全国人民总体利益的同时，代表和维护职工的合法权益”的提炼与概括。同时，这两项职能也是全国总工会一再强调的。全国总工会主席王兆国 2010 年 7 月 25 日在“全国总工会十五届四次执委会议”上的讲话就充分表明了这一点。他提出：“各级工会组织和广大工会干部要切实增强政治敏锐性和政治鉴别力，从事关社会主义现代化建设的全局、事关党执政基础的巩固、事关国家长治久安的高度，高度重视、切实做好工会维权维稳工作，更加自觉、更加主动地肩负起维护职工权益的神圣职责，努力实现保障职工合法权益与促进企业健康发展的统一，自觉维护职工队伍和社会和谐稳定。”同时，他强调：“履行工会社会责任，协助党政维护职工队伍和社会稳定。要推动党委统一领导、党政群齐抓共管、有关部门各负其责、全社会积极参与的群体性事件应急处置机制的建立健全，形成维护职工队伍和社会稳定的强大合力。”（王兆国，2010）

从王兆国主席的讲话中可以看出，“维权”和“维稳”是立足于党的执政基础、国家的稳定与社会主义建设的政治高度上提出来的对工会的要求。我们认为这两项核心职能非常好地体现了中国工会机关的性质，“维权”是工会社团属性的必要职能，而“维稳”则是党和政府机构的职能。但是，从西方市场经济国家工会主义的特征来看，工会虽然有保持和平的义务，但并没有执行政府机构应该执行的义务与职责。所以，作为法律意义上的社团属性，它要承担“维权”的职责，而作为整合进入党政机关的工会组织，它又要体现党和国家整体的利益，执行党政机关的职能，即在劳资矛盾多发时期要履行“维稳”的职能。

那么，“维权”和“维稳”这两项职责到底存在怎样的关系呢？在全国总工会领导人的讲话和全国总工会的文件当中，他们认为这二者是紧密联系在一起的，因为“维权”是“维稳”的前提和基础，“维稳”又是“维权”的保障，并且是“先维权再维稳”。但是，如果我们仔细分析会发现，“维权”和“维稳”应该是两种性质的机构履行的职责。当全国总工会和地方工会的权力来自于党政系统，并且在履行职能时要“协助党政维护职工队伍和社会稳定”，那么在实践当中，“维权”和“维稳”的顺序就并非是全国总工会所表述的那样，而是“维稳”排在第一位，在此前提下才有可能根据中国工会特有的方式进行“维权”。

在“维稳”的前提下，全国总工会和地方工会如何进行“维权”呢？在《工会法》中，维护劳动者的权益被规定为工会的首要职责，并且自 20 世纪90 年代以来，工会在维护劳动者权益方面也做出了一些改革，并创造了一些维权模式。2006 年，全国总工会为适应市场经济与社会发展的需要，更是提出了全新的“维权观”，即“以职工为本、主动依法科学维权”。对新的维权观，在全国总工会第十四届执行委员会主席团第十一次全体（扩大）会议上，王兆国主席提出：“社会主义市场经济条件下的工会维权工作，既不同于中国社会主义计划经济时期，也与西方资本主义国家的工会有本质的区别，还要警惕那些独立于党领导的工会之外的‘职工维权组织’和敌对势力打着‘维权’的旗号对中国职工队伍和工会组织的渗透和分化。”因此，“既不能盲目照搬西方国家工会的模式，也不能沿袭革命时期和计划经济条件下的做法，更不能支持所谓‘职工维权组织’的行为。”（王兆国，2006）在此基础上，全国总工会提出，要坚持党政主导、工会运作的维权格局，要求工会在维权工作中必须自觉接受党的领导，争取政府的支持和社会各界的配合。

工会新的维权观从党政全局的政治高度给维权行为定了基调，这也直接影响到中国工会的维权不同于西方工会的维权模式。与西方工会主义相比，中国工会的维权模式表现出“过度政治化”、“外部维权”以及“社会化维权”三方面的特征。

第一，“过度政治化”。工会维权职能过于政治化，这是由政治体制所决定的。全国总工会的“主动依法科学维权”强调维权的原则是“坚持两个维护相统一”，即在维护全国人民总体利益的同时，更好地代表和维护职工群众的具体利益。基于这个原则，全国总工会提出，既要支持改革，教育引导职工理解和投身改革；又要维护职工合法权益，促进职工群众的具体利益不断得到实现和保障。所以，工会要自觉接受党的领导，坚决贯彻党的路线、方针和政策，才能始终保持正确的政治方向，真正履行好维护职工合法权益的基本职责。并且，工会维权工作必须纳入党和政府主导的维护群众权益机制之中。从这个方面进行判断的话，全国总工会的维权要贯彻和执行的是党和国家的方针与政策，体现出来的是高度政治化的理念。

第二，“外部维权”。工会维权体现“外部维权”的特征是由工会的力量来源所决定的。工会的力量来源于它自身在党政系统中的合法地位，它在维权时不能像西方市场经济国家那样，通过动员基层职工进行维权，而是通过像参与立法、推动集体合同与民主管理制度等“源头参与”的方式进行维权。这些维权都不能够深入到企业之中，而是在企业外部进行的维权。无可否认的是，近些年来，全国总工会参与了《劳动合同法》、《促进就业法》、《社会保险法》等法律的起草和制定工作，尤其是在《劳动合同法》的制定过程中，全国总工会投入了巨大的热情和精力，地方工会也参与了大量的地方法规与条例的制定与修改。同时，全国总工会近些年来也一直在推动集体合同、民主参与管理等制度。但是，当企业工会在私营企业和外资企业存在严重依附的情况下，这些通过“源头参与”的维权方式很难在企业层面上落实。

第三，“社会化维权”。“社会化维权”特征是各地维权模式的总结与提炼，实际上这种特征是由它的性质所决定的。工会是一个“类行政机关”，它并没有行政执法的权力，所以，它要进行维权活动或者协调劳资关系必须要依靠其他党政部门。工会在维权时需要党委的领导，同时需要政府的重视和社会各方的支持，这充分体现了工会在实践中缺乏有效的、独立的维权手段与力量。这种维权模式假设了工会与其他党政机构之间存在着高效运转的联动机制，各方在行动目标和行动步伐上都要协调一致。但从现实中来看，这种高效运转的联动机制远远没有发展起来，目前除了“三方机制”之外，我们看不出来还有其他正式的联动制度，并且“三方机制”现在仍然处于发展阶段中。所以，要通过“社会化维权”

的模式来维护劳动者的利益，目前依然还不具备条件。

通过上述的分析可以看出，受到工会性质与力量来源的影响，工会实际上履行了两种性质的组织应该履行的职能，一方面要“维稳”，另一方面还要“维权”。那么这两个方面如何在实践工作中结合起来呢？我们发现，工会在实践工作中把“维稳”和“维权”都统一到协调劳动关系的工作当中，这样就非常巧妙地结合了这两种职能。所以，我们看到工会的具体行为时，它既不像行政机关那样履行执法的职能，也不像西方市场经济国家工会那样动员工人维权，而是借助其他党政机构的力量进行协调劳动关系。

## 四、工会职能面临的新挑战

关于中国工会的性质和职能，一直是学界争论不休的话题。在此背后，实际上隐含的是关于中国工会与党和政府之间关系的讨论。与西方市场经济国家不同的是，中国工会要处理的最核心问题并不是与雇主或资本之间的关系，而是要处理与党和政府之间的关系。所以，我们看到大量的文献都在分析中国工会的独立性问题，原因也正在此。学者们都在努力厘清工会与党和政府之间的关系，只有在此基础上才有可能分析清楚中国工会的性质与职能，否则照搬研究西方工会的分析框架，其对中国工会的解释力度远远不够。

本节也是在分析工会与党和政府的关系基础上，来分析工会的性质、力量来源与职能。在本节中，我们提出了三个核心观点：工会组织是一个“类政府机关”；工会的力量来源于它在党政系统中的合法地位和身份；工会的核心职能是“维稳”与“维权”。当然，这三个观点与《工会法》和《中国工会章程》对工会性质、职能的界定存在一定的差异。在此要做出解释的是，我们是从学术研究的角度进行分析的，提出的观点也是立足于社会实践的。

如果把这三个核心观点联系起来，我们就可以很好地解释本章一开始提出的问题，即为什么工会组织与劳工权益保护没有得到同步发展。我们认为，当前工会利用“外部维权”和“社会化维权”且“高度政治化”的方式来协调劳资关系，很难深入到企业当中（冯钢，2006），所导致的结果必然是劳动者的合法权益难以得到有效的保护。从目前的发展趋势来看，这种现象将会愈演愈烈。随着经济结构的不断调整，公有制企业的工会数量和会员会越来越少，而非公有制企业的工会数量与会员将越来越多，当工会不能深入企业进行维权，私营企业和外资企业职工的利益就很难有保障。如果全国总工会和地方工会仍然指望企业工会能够发挥维权的职能，这可能在目前企业工会存在严重依附的情况下，难以取得明显成效，职工权益也将会变得越来越没有保障。

# 第三节　集体协商与“国家主导”下的劳动关系治理

自20世纪20年代以来，集体谈判制度作为调整劳动关系的核心制度，在欧美国家得以确立，并在此后的几十年中得到了充分发展。但在20世纪80年代之后，由于产业结构调整、工人组织力量衰落以及工会密度下降，欧美国家的集体谈判呈现整体衰落和分散化的趋势，集体合同的覆盖面越来越小，同时谈判的层级也越来越低（Kochan，1980；Kochan，Katz和McKersie，1986；Katz，Lee和Lee，2004）。与此形成鲜明对照的是，自1994年以来，中国集体协商却在“国家主导”模式下走出了一条完全不同的道路，集体合同签订率和覆盖率都呈现持续上升的趋势。全国总工会公布的数据显示，2010年，全国签订集体合同数达140.7万份，覆盖企业243.8万个，覆盖职工数甚至高达18465.1万人（中华全国总工会研究室，2011）。

如果仅从全国总工会公布的数据来判断，中国的集体协商制度得到了巨大的发展。但是在实践工作中，“不愿谈”、“不敢谈”、“不会谈”的现象仍然非常普遍，这已成为政府、学界甚至是工会所公认的事实（常凯，2009；程延园，2004、2011；徐小洪，2004；等）。那么，在“国家主导”模式下，集体合同数量与覆盖率是如何统计出来的？统计结果与实际情况为何出现如此大的反差？中国选择了一种怎样的集体协商模式？又是什么力量推动了这种模式的形成与运行？这些问题都亟待学界给出学术性的分析和解释。本节将结合H省的集体协商工作情况，对以上问题进行尝试性阐述与分析。

## 一、集体谈判与“国家主导”的集体协商模式

“集体谈判”（Collective Bargaining）一词要追溯到一个多世纪之前韦伯夫妇（Sidney Webb and Beatrice Webb）的著作，他们在1891年有关劳工合作运动的研究中首次提出了这一概念。但在这一研究中，他们并没有对集体谈判的概念进行明确界定，仅把它看成是工会和雇主或雇主组织之间形成的一种制度化谈判关系（Hyman，2001，2004）。在1897年的《产业民主》（Industrial Democravy）中，

韦伯夫妇对集体谈判进行了更为深入的分析（Webbs，1914）。[①] 在著作第二部分阐述工会职能时，韦伯夫妇认为工会需要推动八大“共同规范”（The Common Rule）来维护会员的生活标准和工作条件，即工资基准利率、标准工作时间、劳动安全与卫生、新劳动进度、新技术、工作稳定性、参加工会的权利和组织工会的权利。同时，八种“共同规范”可以通过三种途径来加以实现，分别是：互助保险、集体谈判和立法（Webbs，1914）。在此他们解释道，集体谈判是工会为维持和提高会员生活水平的手段之一。工会的集体谈判与个体的市场谈判之间是存在巨大差别的，个体的市场谈判缺乏关于工作以及劳动力价格等信息的交流，谈判的结果只会引发工人之间恶性竞争，从而降低了工人的工资水平；但是工会可以作为工人的集体力量向雇主要价，从而可以提高工人工资和改善劳动条件。所以，集体谈判最大的优势不仅在于可以在企业、地区以及国家层面上避免工人之间的恶性竞争，而且还可以保护个体工人的权益不受雇主侵害（David，2008）。

尽管韦伯夫妇在《产业民主》中仍然没有清晰界定集体谈判的概念（Warner、Ng Sek-Hong，1999），但阿兰·弗兰德斯认为，他们的论述为后来的多元主义（Pluralism）提供了非常有益的引导和奠基，并且在他们的著作中也隐含了多元主义对集体谈判本质的认识（Flanders，1969）。所以在韦伯夫妇研究的基础上，弗兰德斯认为集体谈判的本质并不等同于市场中的讨价还价，集体合同也不是真正意义上的集体谈判，集体谈判的本质是劳资双方进行博弈的制度，是一个包含双方组织力量制定规则的过程（Flanders，1968）。他在著作中指出，个体的谈判是工人和雇主在劳动力市场上交换条件的过程，谈判的结果会形成劳动合同；劳动合同确定了双方的交换条件，可以用来调解劳资双方存在的利益冲突。但通过集体谈判形成的集体合同，就不仅仅只保证单一的劳动力买卖双方利益的实现，而是要确保所有受合同覆盖的买卖方在劳动力价格和其他交换条件上受到合同条款的约束。所以，集体合同实际上成为了规范所有劳动合同条款的实体性规则。在此意义上，集体谈判的本质是一种制定规则的过程（Flanders，1968）。

弗兰德斯的观点基本上代表了多元主义对集体谈判本质的认识，在约翰·邓洛普等的著作中也都表达了类似的观点。邓洛普在1958年的《产业关系系统》

---

① 集体谈判的概念虽然最早出现在韦伯夫妇的著作中，但集体谈判的实践在英国和美国早就存在了。自19世纪50年代以来，在英国和美国，仲裁（Arbitration）在宽泛的意义上就是指我们今天的集体谈判工作；并且，有时调解（Conciliation）也被用来指称集体谈判工作，只不过那时这个概念用得更为宽泛（Jensen，1956）。仲裁和调解这两个概念与今天的含义存在着较大的差异，当时仲裁和调解工作的主要目的是政府用来解决产业动乱问题而提出的对策。工会和资方都认同这种在政府支持下对劳资关系的调解。只不过到了19世纪后期，英国在《工会法1871~1875》实施之后，工会才逐渐摆脱政府支持下的仲裁，而选择了直接与资方进行谈判的行为模式。在美国也一样，到了20世纪初期，随着工人运动兴起和工会得到法律的承认，工会也做出了同样的选择（Jensen，1956）。

(Industrial Relations System) 中并没有单独分析集体谈判，但他把集体谈判、调解、仲裁和立法都看成是制定规则网络 (Web of Rules) 的过程。劳方、资方与政府三方力量在外部环境下进行了力量的较量，最后形成了具体的程序性规则 (Procedural Rules) 和实体性规则 (Substantive Rules) 的规则网络 (Dunlop, 1958, 1993)。邓洛普之后的美国劳动关系学者也基本上承袭了他的思路，虽然托马斯·寇肯在20世纪80年代根据美国产业关系的现状，对邓洛普的观点做了一定的调整，即在"战略选择模型" (Strategic Choice Model) ① 中把集体谈判看成是中观层面上的制定规则的过程 (Kochan, 1980)；但是，在集体谈判本质的界定上，他并没有做出太大的改变。

多元主义的观点虽然得到了学界很大程度上的认同，但对此也存有很多的质疑和批判。阿兰·福克斯认同弗兰德斯的论点，但是对他的论证却提出了尖锐的批判。福克斯认为，弗兰德斯基本上把集体谈判等同了个体谈判的集合，这是一个非常大的错误 (Fox, 1975)。具体来说，福克斯批判道：第一，工会代表工人与雇主进行谈判并不等同于个体在劳动力市场上的买卖，个体谈判是工人在寻求工作中的买卖，而集体谈判则是谈判代表寻求改变雇用条件和环境的力量较量；第二，个体谈判是一个劳动力买卖的经济过程，但集体谈判并不仅仅是经济的过程，同时它还是一个政治过程；第三，集体谈判的最终结果并不一定都会达成协议，也可能存在着谈判破裂甚至罢工的结果，如果从达成协议的结果来倒推集体谈判是一个制定规则的过程，未免太过于狭窄，集体谈判应该是一个组织之间力量比较的关系 (Fox, 1975)。面对弗兰德斯观点的缺陷，之后的一些学者对集体谈判的使用开始转向了休·克莱格的观点，即认为集体谈判是产业民主的核心过程 (Ackers, 2007)。克莱格在分析产业民主时加入了工人参与 (Workers' Participation) 的概念，认为集体谈判是工人参与企业管理的一种核心形式，也是工会活动的中心过程 (Clegg, 1976)。

以上梳理了西方文献对集体谈判本质的认识。那么，这些文献是否可以用来解释中国的集体协商② 呢？如果不能，中国集体协商与欧美集体谈判在制度安排

① 寇肯自20世纪80年代以来就一直倡导他们所提出的"战略选择模型"，在该理论模型中，他们并没有像邓洛普那样关注宏观的产业关系结构，而是更注重对企业层面上的劳动关系主体的选择行为进行分析。他把企业层级的劳动关系的制度化结构缺乏分为宏观、中观和微观三个层面，中观层面上的战略选择就是集体谈判，而宏观和微观分别是战略活动和工作场所活动 (Kochan, 1980; Kochan 等, 1986)。

② 在英文文献中，为了区别欧美国家的集体谈判与中国的集体协商，一般把"集体协商"翻译成 collective Consultation。国际劳工组织1981年第154号公约《关于促进集体谈判的公约》对集体谈判给出了界定，即"第2条本公约的目的，'集体谈判'一语包括在以一个雇主、一个雇主团体或一个或一个以上的雇主组织为一方，以一个或一个以上的工人组织为另一方进行的所有谈判，以 (a) 确定工作条件和雇用条件；(b) 调整雇主和工人之间的关系；(c) 调整雇主或其组织与一个工人组织或一个以上的工人组织之间的关系"。这条只界定了集体谈判的主体与谈判内容，是一个非常松散的定义界定。如果按照这个定义标准来界定中国的集体协商，中国集体协商也属于国际劳工组织的集体谈判范畴，只是在制度安排上与欧美国家存在着差异。

与实践中存在着哪些区别？我们又该如何进行解释？很显然，二者之间存在着巨大的差异。罗奈尔得·布朗指出，二者存在五大方面的差异：第一，谈判或协商双方在利益分歧和相互关系上存在着差异；第二，代表工人利益的工会存在着差异；第三，谈判或协商的范围与内容存在着差异；第四，谈判或协商代表的职责存在着差异；第五，集体合同的履行与法律责任存在着差异（Brown，2006）。除这些差异之外，中国集体协商与欧美集体谈判最大的差异还来自于国家的作用与职责不同。

在欧美国家，集体谈判是劳资双方的博弈行为，正如贝威斯·马布里论述的，集体谈判在本质上是劳资双方的行为，尽管双方的行为在很大程度上会受到政府的影响，但最后做出决策和选择的仍然是劳资双方（Mabry，1965）。但是，中国集体协商实施的却是一种“国家主导”的模式，关于这一点，学界存在着高度的认同（Warner、Ng Sek-Hong，1999；Clarke 等，2004；常凯，2009）。他们认为，在集体协商中，不管是企业管理者还是工会，都不能自由代表雇主或员工的利益，二者都要服从于国家的直接指导，工资和雇用条件的最终确定都要受制于地方政府实施的准则。所以，中国的集体协商是国家自上而下由行政力量推动的结果，而非自下而上劳资博弈的结果。①

学界认同中国集体协商的“国家主导”模式，但是在国家推动集体协商的目的以及集体协商的本质上却存在着不同的见解。马尔科姆·沃纳等认为，随着单位制的解体和新型经济形态的出现与发展，当国家从劳动组织中撤出时，国家要主动积极推动集体协商。这主要基于两方面的考虑：第一，国家要对劳动力市场的工资状况进行宏观调控和规范；第二，国家要填补政府从企业中撤出之后的空白。总而言之，他们在几篇文章中都表达了一个共同的观点，即中国之所以要引入集体协商制度，并非要真正推动劳资双方就工资和劳动条件进行谈判，而是要延续国家对基层劳动关系的规范和管制（Warner、Ng Sek-Hong，1999）。但是，西蒙·克拉克等却持有不同的判断。他们认为，集体协商制度为劳资冲突提供了合法化的解决渠道，但集体协商在规范劳动关系方面起到的作用却非常有限。进入市场经济之后，国家在劳动关系领域进行了三大制度建设，即劳动关系的合法化和契约化、劳动争议的三方机制以及企业层面的集体协商制度（Clarke 等，2004）。在文章中，他们引入了民主参与的概念，认为国家自上而下地建立集体

---

① 这里需要指出的是，国家主导并不同于国家干预。在欧美国家，国家也对集体谈判进行干预，主要表现在通过立法赋予劳资双方集体谈判权利和确立劳资双方行为规范。例如，美国 1935 年罗斯福政府颁布的《国家劳资关系法》（National Labor Relations Act），它赋予工人加入工会和通过工会代表进行集体谈判的权利，但具体协商事务由劳资双方谈判确定。由此法而设立的全国劳动关系局（National Labor Relations Board）也只扮演两种角色，其一，确认工会代表权；其二，处理不当劳动行为。在实行“自愿主义”原则的英国更是如此，国家仅扮演制定制度的角色，而不直接参与集体谈判。

协商制度，目的不仅在于提供解决劳资矛盾的合法化渠道，更重要的是为工会民主参与企业事务提供合法化的制度与规范。

沃纳和克拉克等的观点基本上代表了西方学界对中国集体协商的认识。虽有分歧，但在两点上存在着高度的共识：第一，中国集体协商实行的是自上而下的“国家主导”模式；第二，中国推动集体协商的目的并非要真正实现劳资谈判。对于“国家主导”模式，自 1994 年以来的集体协商工作就非常明晰地凸显出这种模式的特征。[①] 但是国家推动集体协商的目的到底是什么？“国家主导”的模式在实践中又是如何来实现这种目的的？在自上而下的“国家主导”模式中，“上”、“下”是如何互动来推动集体协商工作的？国家层面使用了怎样的策略，而地方政府和工会又扮演了怎样的角色和职能？对于这些问题，现有的西方文献都未做出很好的回答。

## 二、国家劳资治理策略与指标管理

中国学者对集体协商的研究目前主要集中于两大方面：第一，对集体协商制度的研究，以实现“劳动三权”[②] 为理念基础，从法学的角度分析《劳动法》和《集体合同规定》存在的缺陷与不足，以此来推动集体合同立法（关怀，1995；王全兴，1995；常凯，2002；程延园，2004；等）；第二，对集体协商工作存在问题的研究，在这一主题下，集中研究中国工会的代表性与独立性、谈判的形式化以及罢工权等问题（程延园，2004；徐小洪，2004；郑桥，2003；等）。这两方面研究已涉及了集体协商制度和实践中的方方面面，但对目前集体协商模式是如何自上而下推行的，特别是国家和地方层面是如何具体操作的，目前的文献仍少有分析。所以，下面将结合集体协商制度与政策，对“国家主导”模式的实践运作给予分析。

### （一）劳动关系治理策略

沃纳等认为国家推行集体协商制度是要填补政府从企业组织中撤出来之后的空白，从而重新控制基层产业秩序。这一解释只能说明国家高度重视集体协商工作，但是，如果国家如此重视这项工作，那么为什么又会出现在实践中形式化的问题呢？在这一点上沃纳等的观点是没有说服力的。克拉克等认为国家推动集体协商的目的在于为工会民主参与提供合法化的制度与规范，对于这个论点，我们

---

① 自 1994 年《劳动法》颁布以来，党和政府为推动集体协商，集体合同制度做出一系列的制度变迁和实践。特别是近年来，当劳资矛盾渐趋严重，因劳资矛盾而引发的劳资群体性事件数量也持续攀升的情况下，集体协商工作成为了政府和工会调解劳资矛盾、调整劳资关系工作中的重中之重。政府和工会为推进集体协商工作做出了很大的努力，在制度建设方面，随着 2004 年《集体合同规定》的修订，近两年来各地又相继出台了相关的条例。

② “劳动三权”分别指自由结社权、集体谈判权和罢工权。

认为过于理想化了。目前大部分企业签订的集体合同条款都类似于法律条款，法条化的条款可操作性并不强；并且工会对企业能否有效履行合同也缺乏约束力。那么，国家推动集体协商的目的到底是什么？

我们认为，国家最终的目的是要把劳资双方都纳入到一定的法律制度框架之内，使劳资双方行为能够法制化和契约化，从而化解劳资矛盾，维护基层产业的良性运转秩序。在此意义上，沃纳等对国家目的的判断并未出现太大的偏差，但是这种法制化和契约化的规范行为并不等同于简单的控制与规范。随着劳动关系市场化程度越来越高，以及国际环境和产业结构调整的持续影响，近些年来基层劳资矛盾越来越严重，由劳资矛盾引发的群体性事件也呈现持续增长的趋势。为稳定和维护基层产业秩序，国家试图寻找一条化解劳资矛盾的制度途径。如果仅凭处理突发性事件的应对办法和措施，这种事后被动的应对模式很难维护基层产业秩序，所以需要寻找一种制度化和常规化的模式来化解劳资矛盾。在现有的制度框架下，集体协商制度是较为合适的选择。从 1994 年确立集体协商和集体合同工作以来，实际上真正推动这项工作进程的时期与两次劳资矛盾爆发高峰期都是直接相关的。第一次是 21 世纪初，经过十多年的市场经济之后，劳资关系处于一种无序发展的状态，劳资关系急剧恶化。所以，21 世纪初全国总工会成立了集体合同部，并且当时的劳动和社会保障部于 2004 年修订了《集体合同规定》。第二次是 2007 年金融危机爆发之后，劳资群体性事件增发，为稳定劳资关系，全国总工会大力推动工资集体协商与区域性、行业性工资集体协商，并且各地政府纷纷出台集体合同相关规章制度，大力推动工资集体协商。

另外，沃纳和克拉克等都未看到进入 21 世纪以来，国家治理劳资矛盾技术的转变。国家要将劳资双方行为法制化和契约化，并不是要进行简单的控制，而是转变为自上而下的项目管理和指标管理的策略。根据渠敬东等的观点，他们认为自进入 21 世纪以来，国家权力已实现了从总体性支配向技术治理的转变，并将法治化、规范化、技术化和标准化作为行政建设和监督的核心议题，从而实现从经营到治理的转变（渠敬东等，2009）。对于此主题，经济学已做了大量的研究（周黎安，2004；张晏、龚六堂，2005；吴一平，2008；徐现祥、王贤彬，2010），劳资关系领域中固然也存在着同样的问题。指标管理成为了集体协商工作中的核心。国家人力资源和社会保障部、全国总工会以及国家协调劳动关系三方会议[①] 向地方下发指标，而地方政府和工会要使用各种各样的策略来完成指标考核。

但是在国家推动集体协商工作中，正如渠敬东等提到的，国家更偏重于对指

① 国家协调劳动关系三方会议由“三方机制”的三方主体组成，即全国总工会、国家人力资源和社会保障部以及中国企业联合会/中国企业家协会。

标完成手段的管理，实行的是目标管理的策略，对地方政府与工会具体完成指标的技术与技巧并不加以太多的干预。所以，地方政府和工会在“合法”、“合理”的范围内，可以使用各种策略和途径来完成指标。按照集体协商的本意，集体协商应是劳资双方通过谈判博弈，确定劳动报酬、工作时间、休息休假、劳动安全卫生、职业培训、保险福利等事项。但在目前只注重指标结果而不注重完成过程的治理模式下，往往会出现集体协商形式化的现象，使得集体协商并非是劳资博弈，而成为一项以指标为导向的体制内部考核与评估。地方政府和工会可以调用各种资源，并使用各种技巧，在不发动工人和企业讨价还价的情况下扩大集体合同数量和覆盖率，这样既完成了国家的指标考核，又不真正推动劳资进行博弈。但是，这样做的结果是，集体协商演变成了一场国家和地方围绕指标考核而进行的体制内互动。

### （二）指标管理

在这套指标考核体系中，全国总工会和国家“三方会议”通过控制指标来推动集体协商工作，这充分体现了 21 世纪国家对劳资关系治理的新思路。指标考核既是对制度化建设的有力推动，同时也是对地方和基层工作的一种激励。在这场互动中，签订集体合同数量和扩大覆盖面成为了推动集体协商工作的标志，集体协商也并非是劳资双方的协商，而成为了地方党政联合工会与企业之间的博弈。

#### 1. 国家层面的战略“指标”

从近几年全国总工会的工作实践中，我们可以非常明晰地理清推动集体协商的两条工作思路：其一，在“面上”，制定合同全覆盖的最高目标，采取“运动”的方式在全国铺开集体协商工作；其二，在“点上”，总结地方“典型”经验，并在全国范围内进行推广。为了达到集体协商全面铺开的目标，以近两年为例，国家人力资源和社会保障部、全国总工会以及国家协调劳动关系三方会议就制定了多个战略部署。例如国家协调劳动关系三方会议于 2010 年下发的《关于深入推进集体合同制度实施彩虹计划的工作方案》、全国总工会于 2010 年提出的“两个普遍”，以及全国总工会于 2011 年下发的《中华全国总工会 2011~2013 年深入推进工资集体协商工作规划》。

在这些战略部署中，国家人力资源和社会保障部、全国总工会以及国家协调劳动关系三方会议在国家层面上为集体协商工作定了基调，提出了最高目标任务。例如，在《关于深入推进集体合同制度实施彩虹计划的工作方案》中规定：2010~2012 年，力争用三年时间基本在各类已建工会的企业实行集体合同制度；其中，2010 年集体合同制度覆盖率达到 60%以上，2011 年集体合同制度覆盖率达到 80%以上。中华全国总工会十五届四次执委会议提出的“两个普遍”设定的目标是：力争到 2012 年，基本在各类已建工会的企业依法全面推行工资集体协商。《中华全国总工会 2011~2013 年深入推进工资集体协商工作规划》设定的目标是：从 2011 年起用 3 年时间，到 2013 年底已建工会组织的企业 80%以上建立工资集体协商制度，基本实现已建工会企业普遍开展工资集体协商，其中实现世界 500 强在华企业全部建立工资集体协商制度。

国家层面设定明确的战略目标对指导推动全国性工作是非常有益的，但是，我们发现，衡量国家战略目标的标准主要用的是单一的数字化指标。例如，《中华全国总工会 2011~2013 年深入推进工资集体协商工作规划》规定：2011 年底实现已建工会组织的企业工资集体协商建制率达到 60%，2012 年底实现已建会组织的企业工资集体协商建制率达到 70%，2013 年底实现已建工会组织的企业工资集体协商建制率达到 80%。这些指标虽然很明确，但用数字化的指标来指引全国集体协商工作，注重的仅是集体合同的数量和覆盖面，对于合同的质量问题并没有设定明确的目标。所以，只注重覆盖面的指标往往会演变成难有实质性工作的导向，而口号一旦变成了全国工会系统的行动目标，最后只会变成一场指标数据的考核。

国家层面下达指标可能会陷入数字游戏的困境，但是指标化管理却体现出了国家治理劳资关系的新转变。这种新转变体现在两方面：第一，指标化管理使国家对地方的工作绩效有了更简单且明确的考核标准，由简单控制基层劳资关系转变为了对地方的指标考核。同时国家只强调目标考核，为地方的工作也留下了巨大的发挥空间，这样可以激发地方政府和工会使用各种策略来完成指标。第二，国家通过设定指标引导地方工作的重点和方向。在 2008 年以来国家颁布的相关政策与文件中，集体协商的工作重点和难点集中在外资企业和中小型非公企业，二者都是目前劳资矛盾冲突最严重，同时也是工会工作最薄弱的领域。所以，国家设定的指标有针对性地指向这两个领域，体现了国家对劳资关系治理的基本思路。例如，在《中华全国总工会 2011~2013 年深入推进工资集体协商工作规划》中提出当前工作重点，即抓好区域性、行业性工资集体协商，抓好非公有制企业工资集体协商制度建设，抓好世界 500 强在华企业建制工作。前两个重点强调的就是中小型非公企业方面，而后者则放在外资企业方面。在这两个领域中，工会力量都比较薄弱，集体协商工作推动起来较为困难，特别是在外资企业尤其如此。所以，在具体目标任务中也特别强调了外资企业集体协商建制率的指标，例如，2011 年底实现世界 500 强在华企业工资集体协商建制率达到 80%以上，2012 年达到 90%以上，2013 年建制率达 100%。这些为地方工作给出了重点，指明了方向。

*2. 地方层面的落实“指标”*

在具体实践工作中，作为“国家主导”模式的下达指标，在国家层面和地方层面上也存在着差异。国家层面的指标更像一种战略目标，而传达到地方则演变成了“政治任务”。地方政府和工会除了要制定相关配套实施计划之外，还要设定与国家层面目标相一致的硬性落实指标。在课题组调查的 H 省，例如每年 3~6 月，省总工会、人力资源社会保障厅、省国资委、省工商联、省企业联合会五个部门要联合开展工资集体协商“百日行动”。在 2011 年五部门联合下发的《关于在全省开展工资集体协商“百日行动”实施方案》中明确规定了硬性指标：力争在 2011 年 6 月底前，各地 85%以上的企业建立工资集体协商制度，其中国有及其控股企业、世界 500 强在冀投资企业、开发区（工业园区）企业、规模以上企业基本实现全覆盖。同时还制定了三个“一百”计划，即“实施百家知名国有企业集体要约计划，实施百家外资企业要约计划，实施百家知名民营企业要约计划”。省总等五部门发布工资集体协商指标之后，各市、区、县也相应转发和出台相应的“落实”指标，层层落实下来，工资集体协商指标变成了各级政府和工会需要完成的政治任务。

更为甚者，在 H 省，工资集体协商纳入了各级党政考核指标体系。2010 年 6 月，H 省省办公厅下发了《关于进一步推进工资集体协商工作的意见》。在这份《意见》中就将工资集体协商纳入了党政政绩考核体系，即“县级以上政府要将工资集体协商建制率和职工工资增长率列入对各设区市、县政府及有关部门的目标考核指标体系，由省协调劳动关系三方负责对各设区市和省有关部门下达考核目标并实施考核”。在这样的“政治任务”目标下，工资集体协商就不仅仅是工会的工作，而且也是各级政府的任务；政府和工会推动工资集体协商就不单单是为了维护职工合法权益，而且关涉到各级政府工作的考核。H 省并非特例，从 2011 年 1 月至 7 月，全国就有 15 个省份将工资集体协商纳入了政府目标考核体系。

从战略指标到“政治任务”，从劳资博弈转变为政府绩效考核指标，这些都充分说明了国家治理劳资关系技术与策略的转变。一旦集体协商成为政府考核指标之后，指标的完成就与政府和工会领导的升迁直接挂钩。国家实行指标化管理，不仅给地方政府和工会设定了考核标准，与此同时也为地方政府和工会协调基层劳资关系设定了激励机制。在国家只强调目标管理的情况下，地方各级政府和工会就会在实践工作中创造出各种途径，并调用各种资源来完成甚至超额完成指标。

## 三、“完成指标”策略与形式化的困境

在国家治理劳动关系新模式下，集体合同数量和覆盖面近些年来呈直线上升的趋势。就 H 省来说，仅工资专项集体合同一项，截至 2011 年 10 月，全省签订工资集体合同 4.6 万份，覆盖企业 7.5 万家，覆盖职工 686 万人。在 H 省会城市 S 市，截至 2011 年 9 月，全市建立了工资集体协商制度企业达 12963 家，建制率达到了 94%，覆盖职工 94 万人；签订行业工资协议 29 份，覆盖企业 1685

家；仅2011年，行业工资协议覆盖的企业新增了712家，新增职工3.5万人。这样华丽的数据，自然体现了地方党、政、工会为推动集体合同与工资集体协商工作做出的共同努力，但同时也陷入了形式化的困境。那么，地方层面是如何完成这些指标的？完成指标的背后又存在着怎样的问题？

**（一）“完成指标”的策略**

在调查中我们发现，地方政府和工会在实践中围绕考核指标使用了多种策略。如果形象地说，则分别使用了“软硬兼施”和“偷梁换柱”的办法。具体来讲，“软硬兼施”的办法包括了制度化的“要约行动”和非制度化的“监察督促”；而“偷梁换柱”的办法则是在扩大企业集体协商存在困难的情况下，尽可能扩大区域性或行业性集体协商，通过区域性或行业性集体合同来扩大合同的覆盖面。

1. 制度化的“要约行动”

工会向企业提出集体协商“要约”，这是法律赋予工会的权利，《工会法》、《中国工会章程》、《劳动合同法》以及《集体合同规定》等对此都做出了明确的规定。但是，在企业拒绝“应约”的情况下，目前的法律法规并未赋予工会相应的手段和可操作的办法。尽管如此，作为正式制度化的法律手段，“要约行动”往往是工会推动集体协商工作的首要手段。

在H省，除了工会在日常工作中向企业提出要约之外，而且每年3月与工资集体协商“百日行动”一起，同时推动“要约行动”。全省每年3月都要统一开展工资集体协商要约行动，并且全省各地要结合实际情况，创新要约的方式，“通过企业主动要约和工会要约相结合、基层工会要约与上级工会代行要约相结合、集体要约与个别要约相结合，企业工会要约与区域、行业要约相衔接，开展多层次、多形式的协商要约”。最后在全省形成“基层工会主动要约—企业行政积极应约—上级工会提出整改—人力资源和社会保障部门执法检查的要约工作链”。

“要约行动”对督促企业应约，并签订工资集体合同具有一定的效果。企业面对的不仅仅是企业工会的要约，而是上级工会联手政府一起的要约。在H省，2011年省总工会与省人力资源和社会保障厅还建立了“对账”制度，制度规定：“对于拒不应约、拒不依法开展工资集体协商的企业，对其进行监督执法，依法查处。”“要约行动”变成了一场由企业外部联合力量推动的工作，而并非企业内部劳资双方的协商行为。这种企业外部力量联手推动“要约行动”已成为H省普遍的模式，例如，H省省会城市2011年工会、政府和“企联”三家联合起来，组织开展了由300多家市直属企业的大规模“集体要约”行动。H省另一城市还制定了“代理工资集体协商试行办法”，明确规定由上级工会进行“要约”代理。在企业外部联合力量的督促下，只要集体合同不影响企业的正常经营和效益的话，一大部分企业都会“应约”，并签订集体合同。

2. 非制度化的“监察执法”

作为一项纳入了政府政绩考核体系的任务指标，推动集体协商的工作就已不再仅仅是工会的任务，而是政府和工会一起需要完成的工作。在工会力量无法推动工作的情况下，工会可以联合政府的力量共同推进。除了上述正式制度化的“要约行动”之外，在实践中，各地还出现了一些非制度化的做法。

在H省，我们看到了两种做法：一是自上而下的党政、工会联合领导与督促。2011年1月，省委专门发文，成立了由省委副书记任组长、15个行政单位负责人为成员的领导小组，同时制定了各成员单位的《责任分工》。全省11个设区市和大部分县也都成立了由党政领导任组长的领导组织。省总工会、人力资源和社会保障厅与省企联联合下发了《关于建立乡镇（街道）工资集体协商指导小组的意见》，在这份《意见》指导下，全省2219个乡镇（街道）普遍建立了由党委负责人或工会主席任组长，由乡镇（街道）工会、人保、工商、司法、税务、财政、企业代表组织等部门人员组成的工资集体协商指导小组。同时，各级工会还借助三方机制的职能，采取联合发动部署、联合组织实施、联合督导检查、联合表彰奖励等措施，协助推进工资集体协商工作。由此，H省形成了自上而下、党政主导、各方行政力量相互配合的工作格局。二是借助执法监察之名推动集体协商。完成集体协商是一项党政和工会的硬性指标，所以，工会可以在工作中借助行政部门的力量，在行政执法的名义下督促拒不应约、拒不开展集体协商的企业。当然，目前在法律上并未对拒不签约企业的处罚进行明确规定，但实践中，工会可以联合行政部门的力量，以其他名义督促企业签约。例如，工会往往借助以劳动监察、卫生监察、安全检查以及税收、经营检查等名义进行执法检查，目的自然并不在于执法检查结果，而是督促企业尽快进行集体协商应约并签订集体合同。在访谈中，H省总工会一位负责人这样表述：

企业坚持不应约，目前工会在法律上是没有太多办法的。但是，我们工作中办法多的是，只要随便用一个法子就能让他们来谈。你比方说，我们可以进工厂查他们的用工情况，说有职工举报企业用工不合法，实际上也不是真要查，就是起到敲山震虎的作用。去了之后，企业也知道怎么回事，有些企业也不太敢惹事，说我们马上开展工资集体协商。只要他答应了，我们就算了。办法多的是，可以借税务工商的办法，去查他们是否偷税漏税，哪家企业经得起查啊，只要你去查，最后都能签集体合同（In1120111012）。

3. 扩大区域性和行业性集体协商

正式的“要约行动”和非正式的“监察执法”督促，并不能完全促使所有的企业进行集体协商。对于正式的“要约行动”，仍然有很多企业不予理会，例如，H省省会城市在2011年“要约行动”中向77家市百强企业和14家市领导联系的重点企业，发出了工资集体协商敦促函，但结果是，仅有一半不到的企业给予了回函。非正式的“监察执法”督促又会影响政府、工会与企业的关系，针对那些坚持拒不应约的企业，政府和工会在工作推进中也存有顾虑。所以，在企业集体协商工作推进存在巨大困难的情况下，为扩大集体合同的覆盖面，一些地方开始采用签订区域性或行业性集体协商的方式来扩大合同覆盖面。

在此背景下，我们看到近年来区域性和行业性集体合同的数量呈现急剧上升的趋势。根据全国总工会的统计，2006 年，全国签订区域性集体合同 6.6 万份，覆盖企业 75.3 万个，覆盖职工 2958.5 万人；行业性集体合同 1.9 万份，覆盖企业 17.2 万个，覆盖职工 1287.0 万人。但到了 2010 年，全国签订区域性集体合同 18.1 万份，覆盖企业 110.8 万个，覆盖职工 4537.7 万人；行业性集体合同 13.0 万份，覆盖企业 39.3 万个，覆盖职工 2276.4 万人。区域性和行业性集体合同的签订率增速要远远超过工资专项集体合同。从这些数字可以看出，签订区域性和行业性集体合同是扩大集体合同覆盖面最为直接且便捷的补充，通过此类做法，覆盖企业数量和职工数量都迅速扩大，从而有效地保证了集体合同的签订指标。

通过“软硬兼施”和“偷梁换柱”的方法，集体合同数量和覆盖率近五年来都增长了一倍多。在这持续攀升的数字背后，隐含着集体协商和集体合同正进行着一场围绕指标考核的体制内运动。为完成指标考核，不仅仅是工会，而且是地方党政各个部门都卷入了这场运动之中，形成了“党政主导、各个部门参与、工会运作”的工作格局。

**（二）形式化的困境**

地方层面使用各种策略来完成指标考核，但在巨额数量的集体合同背后，大部分地区普遍存在着集体协商形式化的困境。具体来说，表现在三大方面，即有“协商”但无“博弈”、有合同但合同“法条化”、“重”合同签订但“轻”合同履行。

1.“无博弈”的协商过程

按照《集体合同规定》，集体合同必须经由用人单位和职工进行“博弈”协商之后再行确定。① 但是，在调查中我们发现，企业在协商过程中力量过于强大，在工资和福利待遇等方面大多由企业单方决定，而企业工会作为职工代表力量较为薄弱，在协商中无法与企业进行有效博弈。双方处于力量不均衡的平台上，协商的过程就很难形成博弈的局面。“无博弈”的协商过程导致的结果是，签订集体合同类似于“走过场”，涉及职工权益的相关事项大多由企业单方决定。

“无博弈”的现象不仅体现在企业层面，在区域性和行业性的集体协商中体

---

①《集体合同规定》第三条：“本规定所称集体合同，是指用人单位与本单位职工根据法律、法规、规章的规定，就劳动报酬、工作时间、休息休假、劳动安全卫生、职业培训、保险福利等事项，通过集体协商签订的书面协议。”

现得更为明显。在区域性和行业性集体协商中，不仅企业工会缺乏有力的博弈力量，而且连大部分企业都未参与协商过程。在推动区域性和行业性集体合同的工作中，区域性集体合同由地方工会与企业代表组织签订，而行业性集体合同则由行业工会或地方工会与企业代表组织签订。在调查中发现存在的普遍问题是，企业代表组织很少组织所代表的企业进行内部协商，在签订合同中，也未能真正与工会进行协商与“博弈”。H省省总工会主管集体合同的领导在访谈中谈到了“无博弈”的协商过程存在的问题：

“在协商过程中，我们也发现了下面一些问题。首先，很多集体协商仍然存在有合同无协商、无博弈过程的问题。在为了完成上级下的集体合同指标的情况下，有的工会干部为了完成任务，就签订行业集体合同，在一个行业中通过找一个行业企业代表来代表所有企业签订工资集体协商合同，但是这个代表能不能代表所有的企业却是个问题，代表即使签订了集体合同，但是下面的企业却不一定都能够、都愿意相信代表实施工资集体谈判。其次，一个协商如果是没有博弈、没有争论，这肯定不会是一个好协议，协商代表本身就是一个利益分配的协商，是涉及个人利益的，但是如果一个协议雇主和劳动者都没有任何异议就同意了，这意味着协议并没有触及协商的实质，达不到实质效果（In1120111013a）。

2.“法条化”的集体合同文本

集体合同在“无博弈”的情况下签订，导致的结果是大部分合同条款存在着“法条化”的现象。在H省调查中我们发现，不论是企业层级的集体合同，还是区域性或行业性集体合同，绝大部分用的都是上级工会下发的集体合同“样本”。在合同形式上以及在具体条款上，大量照搬照抄法律法规，很少有按照企业或区域、行业的特殊性进行细化的条款。这种照搬法律条文的合同文本虽然在内容上不违法，但在履行中却存在着很大的问题：一方面，合同条款难以操作，法律规章制度都是原则性条款，只有结合了企业具体实情的条款才便于操作和细化；另一方面，合同条款使用的是最低劳工标准，如果集体合同也同样使用最低劳工标准，那么就失去了集体协商的本来意图，违背了集体协商的宗旨。[①] H省省总工会也非常清晰地认识到了这一问题，但就目前的情况来看，这种局面仍然难以改观。省总工会主管集体合同的领导对此问题的认识是：

我们现在的情况是“有合同、无硬件”。在检查集体合同时，我们发现了有的合同中就是简单摘抄法律条文，都是些劳动法律规定，说明基础工作还很薄弱。在我们检查一个小企业的集体合同中，还出现了“工资按照法定货币支付”这样的内容，这完全是摘抄的法律原文，连这种明显的地方都没有改正过来。我

① 最低劳工标准是法定的最低用工标准，一旦低于最低标准则属于违法，这些条款由法律法规界定而无须协商，只有高于法定最低标准才需要集体协商。

当时就批评他们，这是连抄都不会抄啊！现在工资集体协商是一定不能走集体合同的老路了，要做到“细划、量化、硬化”，要细化到岗位、计件的计算方法，做好劳动定额的计算方法，标准是基础。这些都是最薄弱的点，目前要改变还是很困难的（In1120111013b）。

3.“软约束”的合同履行

目前集体协商工作虽有党政的高度重视，但是，党政和工会的主要精力都集中在签订集体合同阶段，对集体合同的履行，目前既缺乏相应的法律法规进行约束，又缺乏可细化的工作规范。集体合同作为约束劳资双方行为的契约，应该在实践中得以履行，否则契约将变成一纸空文。在H省调查中我们了解到，在上级政府和工会的大力推动下，企业虽然签订了集体合同，但是上级政府和工会既无精力又无制度化的规范来督促每家企业履行合同，所以只能依靠有限的几次检查来督促企业。在H省，建立了督导检查制度，即把每年10月定位为全省“定期督导检查月”，由省厅级领导干部带队，对各省工资集体协商情况进行督导检查。这样有限的几次“检查”并不能变成日常工作的监督和督促，在一定程度上很难约束企业的行为。在整个集体协商工作格局当中，出现了“重签订、轻履行”的局面。H省总工会主管集体合同的领导在访谈中很好地概括了目前集体合同实施效果的具体情况：

现阶段工资集体协商发挥的作用还不够理想，没有真正达到剩余价值共享的目的。现阶段制定工资的主体，仍然是老板而不是集体，没有充分体现到职工利益。在企业中，职工素质不高，工会主席的地位也比较尴尬。而老板的地位，层次比较好，有很好的意见表达途径，可以向上级领导进行游说，但是职工文化水平有限，也没有意见表达的途径，职工和老板所能够获得的信息也不对称，导致整个工作推进起来比较复杂，而职工却看不到这些，当看到工会工作没有明显进展的时候，就会出现不知道、不理解、不买账的情况（In1120110823）。

综合来看，集体协商工作呈现出一对矛盾现象，即一方面党政领导高度重视，并且成为了政府考核指标体系中的一部分；另一方面，集体协商又普遍出现形式化的问题，导致的结果是：有“签订”而无“博弈”，有“合同”而无“履行”的局面。如果我们进一步分析，这对矛盾的现象实际上在现实工作中并不矛盾。地方党政高度重视集体协商工作，重视的是签订集体合同的数量，而并非要促使劳资双方进行真正的博弈；重视的是集体合同的覆盖范围，而并非是集体合同实施的效果。签订集体合同，完成指标考核是整个地方党政和工会推进集体协商工作的核心，衡量集体协商工作的标准也并非是合同的执行效果，而是完成数量和覆盖面的指标。

## 四、集体协商：谁的博弈？

沃尔顿和麦克西在20世纪60年代中期把欧美国家的主要集体谈判方式界定为四种：分配式谈判（Distributive Bargaining）、整合式谈判（Integrative Bargaining）、态度的构架（Attitudinal Structuring）和组织内谈判（Intraorganizational Bargaining）（Walton & McKersie，1965）。他们对欧美国家谈判方式的概括得到了学界的普遍认可，那么我们是否也可以用这四种谈判的模式来解释和分析中国的集体协商模式？答案肯定是否定的。

沃尔顿和麦克西的四种谈判方式的背后隐含了两个基本前提，第一，在集体谈判中政府、工会和企业方的角色是非常明确的，政府是规则的制定者，工会和资方是博弈的主体；第二，谈判的目标是明确的，即要对工资和劳动条件达成协议。但是，中国集体协商模式在这两个问题上与欧美国家存在着根本性的差异。第一，在“国家主导”的模式中，政府的角色不仅仅是规则的制定者，而且还变成了真正的博弈主体，工会的角色也不仅是职工的协商代表，还扮演着“代理政府”的角色；第二，谈判最主要目标不仅要确定工资和劳动条件，而且更主要的是要提高签订合同的数量和扩大覆盖面。所以要分析中国“国家主导”的模式，就有必要分析政府和工会的角色。

### （一）政府：“第三方”角色的转变

在欧美国家的集体谈判中，尽管政府介入的程度存在差异，但是政府作为“第三方”的角色是相同的。政府“第三方角色”主要体现在：第一，政府是集体谈判制度和规则的制定者，政府通过法律法规的形式介入集体谈判；第二，政府是劳资纠纷的调停者和仲裁者，虽然在一些国家存在着一定的差异，但大多数国家都规定当集体谈判出现争议的情况下，政府可以通过“第三方”的身份介入。与欧美国家不同的是，中国政府在集体协商中不仅扮演“第三方”的角色，而且还直接参与整个协商过程当中，并成为整个协商的主导。在《劳动法》及《集体合同规定》等法律法规中，政府被赋予的仍然还是“第三方”的角色，这种角色和身份与欧美国家相差无几。但是，在“党政主导、各方参与、工会运作”的工作模式中，政府一方面扮演“第三方”的角色，制定集体协商的制度与规则；另一方面，在签订集体合同和扩大覆盖面工作上，政府作为主导者，直接成为与资方博弈的主体。所以在中国，集体协商虽然在法律上仍然被界定为劳资博弈，但在具体工作中则成了党政联合工会与资方的博弈。政府角色的这种转变主要体现在两大方面。

第一，政府直接成为集体协商工作的主导。“党政主导”的工作模式，不仅体现了党政对集体协商工作的重视，同时也体现了党政成为了主导的角色。在现有的法律法规中，当企业拒绝集体协商应约的情况下，工会并无明确的程序和规则要求企业应约，只能求助于政府，但法律法规又没有明确规定政府处理的具体程序和规则。《集体合同规定》第五十六条规定："用人单位无正当理由拒绝工会或者职工代表提出的集体协商要求的，按照《工会法》及有关法律、法规的规定处理。"但是，在2001年修订的《工会法》第五十三条中规定："违法本法规定，有下列情形之一的，由县级以上人民政府责令改正，依法处理：……（四）无正当理由拒绝进行平等协商的。"虽然在此条款中规定了政府的职责，但是如何具体进行操作并未做出明确规定，所以目前有些地方出台的相关集体合同的规章制度规定用罚款的形式进行处理。"党政主导"的工作模式试想通过利用"党政"的力量来弥补这种制度上的缺陷，督促企业应约，并签订集体合同。一旦企业拒绝应约和签订集体合同，集体协商就演变成了地方政府与企业之间的博弈。

第二，多个政府部门直接参与集体合同的签订工作。在《工会法》和《集体合同规定》中，仅有劳动行政部门作为政府的代表参与集体协商的监督和审查工作。例如，《集体合同规定》第七条规定："县级以上劳动保障行政部门对本行政区域内用人单位和本单位职工开展集体协商、签订、履行集体合同的情况进行监督，并负责审查集体合同或专项集体合同。"但是近年来，这种工作局面发生了转变，不仅劳动行政部门参与集体协商工作，而且多达十多个政府部门直接参与督促企业签订集体合同的工作。2010年国家人力资源和社会保障部发布的《关于深入推进集体合同制度实施彩虹计划的通知》中规定："要在当地党委、政府领导下，建立由人力资源社会保障部门主要领导牵头，协调劳动关系三方主管领导具体负责，有关职能部门参加的工作协调领导机构，形成政府部门主导、三方协同、多方支持、企业和职工积极参与的工作机制。"除了"三方"之外，"多方支持"主要指各级相应的政府部门都要参与督促集体合同的签订工作。在地方层面上，我们所调查的H省，在2011年1月，省委专门发文，成立了由省委副书记任组长，15个行政单位负责人为成员的领导小组，并还制定了各个成员单位的《责任分工》。这15个单位基本涵盖了大部分相关行政机构，包括工商、税务、财政、司法、监察以及安检等行政部门。多个行政部门的直接参与，加强了政府直接介入集体协商的力度。

通过以上两个方面来看，政府在集体协商工作中不再是"第三方"的角色，就签订集体合同工作来说，地方政府也同时扮演了与资方博弈的角色。

**（二）工会："双重代理"的角色**

中国工会既具有"国家属性"又具有"社团"属性，这一点已成为学界的共识（陈佩华，2001；陈峰，2003；等）。工会的"双重属性"在集体协商工作中体现得尤其明显，它既要代表政府的利益，同时又要体现出作为职工代表的角色，扮演的是"双重代理"角色。工会作为职工代表的角色，这是法律法规赋予的角色，《工会法》、《劳动法》以及《集体合同规定》都有明确规定。这种法定角色一直没有发生改变，只不过在“党政主导、各方参与、工会运作”的工作模式中，工会直接参与集体协商的层级越来越高。在《工会法》、《劳动法》以及《集体合同规定》中，规定的协商层级都仅限于企业层级，但近两年来协商的层级越来越高，除了企业层面之外，区域和行业层级也成为了工会工作的重点，要求企业之上的工会直接参与其中。在企业层级集体协商工作难以取得进展的情况下，“以上代下”的要约模式也成为各地集体协商的普遍模式。在以往的法律法规中，上级工会只有指导职责，例如《工会法》第二十条规定：“工会签订集体合同，上级工会应该给予支持和帮助。”但是，在“党政主导”的工作模式中，上级工会要直接参与协商要约行动。在H省，每年的“百日行动”和创新的要约新机制，都体现出“以上代下”的特征。目前上级工会已不再仅仅负有作为企业层级协商的“支持”和“帮助”的职责，而且要履行直接参与集体协商的职责。

与此同时，工会又成为党政的“代理者”角色，例如在集体协商工作中出现劳资冲突时，工会以“第三方”的角色介入调解，并且在“党政主导、各方参与、工会运作”的工作模式中，工会“代理政府”的角色得到了强化。在以往集体协商工作中，工会仅凭自身的力量来推动集体协商，但是在“党政主导”的工作模式中，随着党政对整个集体协商的工作承担主导职责，而且多个政府部门直接参与，工会就可以借用政府部门的行政力量来推动集体协商工作。所谓“工会运作”，运作的是政府的权力与力量，从中体现出了工会“代理政府”角色得到了强化。工会针对拒绝协商应约或拒绝签订集体合同的企业，可以通过劳动、司法、税务、工商以及安全等部门协助进行处理。如果说“以上代下”的模式是解决目前企业工会在集体协商中缺乏独立性的难题，那么，强化工会“代理政府”的角色就是要解决上级工会缺乏行政执法权的困境。工会作为社团组织，并不拥有行政执法权力，所以在面对企业拒绝应约或签订集体合同的情况下，工会缺乏相应的应对手段。但是多个政府部门的直接参与，工会就可以凭借行政力量与企业进行博弈，在这一过程中，工会的力量得到大幅增强的同时，工会“行政化”色彩也得到了强化。

综合上述的分析，我们认为，中国的集体协商已不再仅是劳资博弈，而演变成了党政联合工会与资方的博弈。政府“第三方角色”的转变以及工会“代理政府”角色的强化，实际上都说明目前推动集体协商工作的主导是行政力量，而并非是来自职工的团结力量。在这场推动签订集体合同与扩大覆盖面的工作中，职工一直都是“被参与”的主体。尽管法律法规明确规定，职工是集体协商的主体，但是，党政和工会并未发动职工的力量，而是依靠行政力量与资方进行博弈。

集体协商是国家治理劳动关系技术的一个重要组成部分，当国家面对矛盾突出的劳资关系时，试图通过指标化管理把劳资双方行为都纳入到法制化和契约化的道路上来。但是，在这套治理技术中，国家过于强调目标管理，而对实现目标的过程与途径未加以重视。所以，导致的结果势必会出现一对矛盾现象，即一方面集体协商工作越来越受政府和工会重视；而另一方面集体协商形式化问题依然严重。

当集体协商工作成为了地方政府的绩效考核指标时，完成指标就与政绩和领导人的升迁直接挂钩。在此背景下，地方政府和工会必然会结合当地的实际情况，充分调用一切资源来完成指标。在完成指标的过程中，地方政府和工会即便使用各种各样的策略，唯独不会去促动劳资双方进行真正的博弈。之所以如此，地方政府和工会主要存有两方面的担心，其一，推动劳资双方博弈势必会提高企业用工成本，影响投资环境，导致地方经济受损；其二，劳资双方博弈可能会带来无法预知的后果，即一旦谈判破裂可能会带来劳资之间剧烈的冲突，地方政府和工会都没有充足的把握能够控制局面，其结果是导致基层产业秩序更为混乱，政府和工会掌控的难度也会自然加大。地方政府和工会综合各方面因素考虑，在既要维护当地的稳定和发展，同时又要完成指标任务的目标下，才会使用上述的策略来完成指标任务。所以，在这场自上而下依靠行政力量推动的工作中，集体协商最核心目标并非是要确定工资和劳动条件，更为主要的是要提高集体合同的签订数量和扩大合同的覆盖面。对于地方政府和工会来说，这是两全其美的策略，既完成了指标，又不会对地方经济和社会稳定带来影响。但是，这些策略的使用则完全背离了集体协商的本质。要想解决这一问题，根源还在于国家治理技术的转变。

**参考文献**


常凯：《WTO、劳工标准与劳工权益保障》，《中国社会科学》，2002 年第 1 期。

常凯：《罢工权立法问题的若干思考》，《学海》，2005 年第 5 期。

常凯：《关于罢工合法性的法律分析》，《战略与管理》，2010 年第 4 期。

常凯主编：《中国劳动关系报告——当代中国劳动关系的特点和趋向》，中国劳动社会保障出版社，2009 年。

陈峰：《在国家和劳工之间：市场经济下中国工会的角色冲突》，http：//www.usc.cuhk.edu.hk/wkgb.asp，2003 年。

陈佩华：《中国、组合主义及东亚模式》，《战略与管理》，2001 年第 1 期。

程延园：《集体谈判制度在中国面临的问题及其解决》，《中国人民大学学报》，2004 年第 2 期。

程延园：《“劳动三权”构筑现代劳动法律的基础》，《中国人民大学学报》，2005 年第 2 期。

程延园：《世界视阈下的和谐劳动关系调整机制》，《中国人民大学学报》，2011 年第 5 期。

冯钢：《企业工会的“制度性弱势”及其形成背景》，《社会》，2006 年第 3 期。

关怀：《积极推行集体合同制度》，《工会理论与实践——中国工运学院学报》，1995 年第 1 期。

郭悦：《转型时期中国劳动关系研究》，http：//www.dajunzk.com/laodongguanxi.htm，2004 年。

乔健：《加强对转型时期劳工政策的研究》，《中国劳动关系学院学报》，2005 年第 3 期。

乔健：《略论中国劳动关系的转型及当前特征》，《中国劳动关系学院学报》，2007 年第 2 期。

渠敬东、周飞舟、应星：《从总体支配到技术治理》，《中国社会科学》，2009 年第 6 期。

佟新：《劳工政策和劳工研究的四种理论视角》，《云南民族大学学报》（哲学社会科学版），2008 年第 5 期。

王健英：《中共中央机关历史演变考实（1921~1949）》，中共党史出版社，2005 年。

王全兴：《集体合同论纲》，《中南财经政法大学学报》（法学版），1995 年第 4 期。

王兆国：《在全国总工会十四届十一次主席团（扩大）会议上的讲话》，中华全国总工会网站，http：//www.acftu.org/template/10005/file.jsp？cid=318&aid=53832，2006 年。

王兆国：《全总十五届四次执委会议上的讲话》，《工人日报》，2010 年 7 月29 日。

文魁、谭浩：《中国集体协商制度存在的问题及对策建议》，《湖南社会科学》，2006 年第 1 期。

沃尔德：《共产党社会的新传统主义》，龚小夏译，牛津大学出版社（香港），1996 年。

吴建南、马亮：《政府绩效与官员晋升研究综述》，《公共行政评论》，2009 年第 2 期。

吴清军：《“守法”与“维权”的边界：外企工会组建与运行模式的分析》，《学海》，2008 年第 5 期。

吴一平：《财政分权腐败与治理》，《经济学》（季刊），2008 年第 3 期。

吴忠民：《中国劳动政策问题分析》，《当代世界与社会主义》，2009 年第 2期。

徐现祥、王贤彬：《任命制下的官员经济增长行为》，《经济学》（季刊），2010 年第 4 期。

徐小洪：《中国工会的主体性分析》，香港中文大学中国研究服务中心内部网站，http：//www.usc.cuhk.edu.hk/wkgb.asp，2004 年。

游正林：《60 年来中国工会的三次大改革》，《社会学研究》，2010 年第 4 期。

岳经纶：《中国劳动政策：市场化与全球化的视野》，社会科学文献出版社，2007 年。

约翰·巴德：《人性化的雇佣关系》，北京大学出版社，2007 年。

张晏、龚六堂：《分税制改革、财政分权与中国经济增长》，《经济学》（季刊），2005 年第 4 期。

张允美：《理顺与冲突：中国工会与党——国家的关系》，《二十一世纪》网络版 9 月号，2003 年。

郑桥：《劳资谈判》，北京：中国工人出版社，2003 年。

中华全国总工会研究室：《2009 年工会组织和工会工作发展状况统计公报》，中国工会统计调查网，http：//stats.acftu.org/template/10002/file.jsp？cid=24&aid=167，2010 年。

周飞舟：《分税制十年：制度及其影响》，《中国社会科学》，2006 年第 6 期。

周黎安：《晋升博弈中政府官员的激励与合作》，《经济研究》，2004 年第 6 期。

Ackers，P.，“Collective Bargaining as Industrial Democracy.” Industrial Relations 45（1），2007.

Brown，R.C.，“China Collective Contract Provisions：Can Collective Negotiations Embody Collective Bargaining?” Duke Journal of Comparative and International Law（16），2006.

Chan，A.，“Labour Relations in Foreign-Funded Ventures，Chinese Trade Unions，and the Prospects for Collective Bargaining.” In G. O'Leary（eds.），Adjusting to Capitalism：Chinese

Workers and the State. Armonk, N.Y.: M. E. Sharpe, 1998.

Clarke, S. & Lee, Chang-Hee, "The Significance of Tripartite Consultation in China." Asia Pacific Business Review 9 (2), 2002.

Clarke, S., Lee, Chang-Hee & Li, Qi, "Collective Consultation and Industrial Relations in China." British Journal of Industrial Relations 42 (2), 2004.

Clegg, H. A., A New Approach to Industrial Democracy. Oxford: Blackwell, 1960.

Clegg, H. A., Trade Unionism under Collective Bargaining. Oxford: Blackwell, 1976.

Cooke, F. L., "Ownership Change and Reshaping of Employment Relations in China: a Study of Two Manufacturing Companies." Journal of Industrial Relations 44 (1), 2002.

David F., "Beatrice and Sidney Webb and the Intellectual Origins of British industrial relations," Employee Relations 30 (5), 2008.

Dunlop, J. T., Industrial Relations Systems ($2^{nd}$.). Boston: Harvard Business School Press, 1993/1958.

Flanders, A., "Collective Bargaining: A Theoretical Analysis." British Journal of Industrial Relations 6 (1), 1968.

Flanders, A., "The Nature of Collective Bargaining." In A. Flanders (ed.), Collective Bargaining. Harmondsworth: Penguin, 1969.

Fox, A., "Industrial Relations: a Social Critique of Pluralist Ideology." In J. Child (ed.), Man and Organization. London: Allen and Unwin, 1973.

Fox, A., "Collective Bargaining, Flanders, and the Webbs." British Journal of Industrial Relations 13 (2), 1975.

Howell, J., "Trade Unions in China: the Challenge of Foreign Capital." In G.O'Leary (ed.), Adjusting to Capitalism. Armonk, N.Y.: M. E. Sharpe, 1998.

Hyman, R., Understanding European Trade Unionism. London: Sage Publications Ltd., 2001.

Jensen, V. H., "Notes on the Beginnings of Collective Bargaining." Industrial and Labor Relations Review 9 (2), 1956.

Katz, H. C., W, Lee & J, Lee, The New Structure of Labor Relations: Tripartism and Decentralization. New York: Cornell University Press, 2004.

Kochan, T. A., Collective Bargaining and Industrial Relations: from Theory to Policy and Practice. INC: R. D. Irwin, 1980.

Kochan, T. A., "Walton and McKersie's Behavioral Theory of Labor Negotiations: An Industrial Relations Perspective." Journal of Organizational Behavior 13 (3), 1992.

Kochan, T. A., Katz, H. C. & McKersie, R. B., The Transformation of American Industrial Relations. New York: Basic Books, 1986.

Mabry, B. D., "The Pure Theory of Bargaining." Industrial and Labor Relations Review 18 (4), 1965.

McKersie, R. B. & E. Richard, "The Theory of Bargaining." Industrial and Labor Relations Review 19 (3), 1966.

Ng, S. H. & M. Warner, China's Trade Unions and Management. London/New York: Macmillan/St Martin's Press, 1998.

Walton R.E. & R.B.McKersie, A Behavioral Theory of Labor Relations. New York: McGraw-Hill Book Company, 1965.

Warner, M., The Management of Human Resources in Chinese Industry. Basingstoke: Macmillan, 1995.

Warner, M. & Ng Sek-Hong, "Collective Contracts in Chinese Enterprises: A New Brand of Collective Bargaining under' Market Socialism?" British Journal of Industrial Relations 37(2), 1999.

Webb, S. & B. Webb, Industrial Democracy. New York: Longmans, 1914.

# 第九章　社会公正与社会治理创新

## 第一节　以社会公正奠定社会安全的基础

改革开放以来的 30 多年，中国取得了举世瞩目的巨大成就。但是，社会矛盾问题日益凸显。胡锦涛指出，“在当前和今后相当长一段时间内，我国经济社会发展面临的矛盾和问题可能更复杂、更突出”（胡锦涛，2005）。日益凸显的社会矛盾问题，对中国的社会安全造成了多方面的负面影响。有两组数字足以说明社会安全方面问题的严重性。一组数字是，十几年来，全国发生的群体性事件数量急速增加，从 1993 年的 0.87 万余起，上升到 2007 年的 8 万余起和 2009 年的 9 万余起（汝信等，2008；李利璇，2012）。另一组数字是，近年来中国用于公共安全方面的财政支出数额急剧攀升，2010 年达到了创纪录的 5517.70 亿元，首次超过同一年度的国防开支（5333.37 亿元）（国家统计局，2011）；2011 年，用于公共安全方面的财政支出预算高达 6244.21 亿元，明显超过国防财政支出预算的 6011.56 亿元（财政部，2011）。

中国现阶段的社会矛盾问题之所以日益凸显，究其主要原因，是由于社会建设和社会治理的发展明显滞后于经济发展，特别是由于中国在社会建设和社会治理的核心内容方面亦即社会公正方面出现了明显的问题。应当看到，社会公正是社会安全的基础：社会公正是制度安排的基本依据；维护社会公正是缓解贫富差距的重要杠杆；社会公正有利于形成良性互动的社会结构；维护社会公正是形成橄榄型的社会结构的主要途径。所以，为了确保中国社会的安全运行和健康发展，就必须高度重视维护和促进社会公正问题，以社会公正奠定社会安全的基础。

### 一、社会公正是制度安排的基本依据

对于一个社会的安全运行来说，制度尤其是规范、合理、公正的制度是必要前提。“制度是一个社会中的一些游戏规则；或者，更正式地说，制度是人类设计

出来调节人类相互关系的一些约束条件”（诺斯，1994）。一个社会如果缺少了基本制度，而仅仅是停留在随机性的政策导向层面，那么，社会各个群体便会无章可循，各行其是，相互间难免产生种种纠纷、矛盾和冲突，进而使社会陷入某种无序及不安全的状态。

制度的设计和安排需要根据一种基本的理念来进行。更为重要的是，一个社会不仅要有制度，而且应当有“良性的”制度。换言之，一个社会不仅要有规则体系，而且这个规则体系必须要由“良法”、“良规”、“良俗”构成，而不能由“恶法”、“恶规”、“恶俗”构成。

而这个“良性的”制度的形成必须基于社会公正。这主要表现在两个方面：

一方面，社会公正使得现代制度在价值观层面上具有了“良性的”意义。社会公正是人类社会具有永恒价值的基本理念和基本行为准则。现代意义上的社会公正基本理念集中体现了以人为本、自由、平等等基本理念，是现代社会最为重要的基本价值理念。作为现代意义上的社会公正，其基本价值取向在于：一是要让全体社会成员共享社会发展成果，二是要为每个社会成员的自由发展提供充分的空间。社会公正的基本规则包括社会成员基本权利的保证；机会平等；按照贡献进行分配以及社会调剂。社会公正的基本立足点在于：以维护每个社会成员的基本权利为出发点，不管这个人是穷人还是富人，只要属于社会成员基本权利范围内的事情，都应当得到充分的保护。正因为社会公正如此之重要，所以，社会公正理应成为现代社会基本制度设计和安排的基本理念依据。罗尔斯认为，“正义是社会制度的首要价值，正像真理是思想体系的首要价值一样”（罗尔斯，1988）。温家宝也指出，“让正义成为社会主义国家制度的首要价值”（温家宝，2007）。可见，只有基于社会公正基本理念所设计的制度，方具有稳定和可持续的积极意义。如果将社会公正的理解只是仅仅限于社会再分配领域的“福利”政策层面，那么，由于缺乏基本制度的保障，这样的“福利”政策一是影响力有限，二是随机性过强而难以持续。

另一方面，社会公正使得公平合理的基本制度的制定程序成为可能之事。基本制度的制定程序十分重要。如果基本制度的制定程序不公平不合理，那么在此基础之上所制定的基本制度就不可能具有正向的意义。只有基于社会公正理念，制度的制定程序才成为可能之事：其一，公平对待。制度制定程序的公平对待至少有两层含义。一是在处理社会成员利益关系时，应当按照同一尺度一视同仁地进行；二是应当采取必要的措施，建立必要的规则体系，使制定制度的直接当事人不能将自己的利益倾向和偏好体现在相关的制度当中，简而言之，就是不能“夹带私货”。其二，多方成员参与。在现代社会，随着民主化进程的推进，社会成员参与社会事务的意识得以普遍地形成，他们有责任、有能力也有愿望参与重要社会事务的讨论和制定。因此，在制定法律和重要的公共政策时，应当也必须让多方人员参与，即不仅需要公共权力部门成员参与，同时也应当让社会成员参与，以获得必要的民意基础和起到有效监督的作用，尤其是要允许相关社会利益群体成员有充分的参与和表意的机会，以维护自己的利益。其三，信息公开。信息占有的对称性对于制度制定程序十分重要，是制度制定程序具有公平性的必要条件。同某项制度制定与实施的相关信息如果出现不对称性的情形，即一方是对相关信息相对充足地占有，而另一方则是相关信息的匮乏，那么，社会成员就难以做到有效地参与，无法得到公平对待，进而使公平的制度制定程序无从谈起。况且，一方通过垄断信息可以在制定和实施制度的过程中进行种种舞弊活动，比如，可以通过信息的不对称对于其他社会群体进行各种类型的欺骗和误导。因此，为了防止信息的不对称，一个行之有效的方法就是将相关的信息向全社会充分公开。

## 二、维护社会公正是缓解贫富差距的重要杠杆

虽然还不能说贫富差距过小的社会就一定是一个稳定的社会，但是可以肯定地说一个贫富差距过大的社会必定是一个不稳定的社会。“所有这些内讧，都常常以‘不平等’为发难的原因。”“内讧总是由要求‘平等’的愿望这一根苗生长起来的”（亚里士多德，1965）。如果随着社会发展进程的推进，社会财富越来越集中在少数社会群体，少数社会成员一方，那么就说明社会发展的成果只是为少数社会群体，少数人所享用。这样的发展不可能是真正的发展，而只能是畸形化的发展。就一般情形而言，一个社会的贫富差距越大，社会问题就越多，社会就越加不稳定、越加动荡，甚至存在着很大的倾覆的可能性。如果我们观察一下大多数发展中国家的贫富差距状况，就会发现，凡是基尼系数过高的发展中国家往往都存在着社会不稳定甚至是社会动荡的情状。

社会公正的一项重要内容就是强调共享社会发展成果。发展应当是以人为本的发展，而这里所说的“人”又是由全体社会成员所组成的，所以，发展应当是以全体人民为本的发展，全体社会成员应当共享社会发展成果。随着社会发展进程的推进，每个社会成员的基本生活水准应当相应地不断得以提高，每个社会成员的尊严应当相应地更加得到保证。正如恩格斯所说的那样，应当“结束牺牲一些人的利益来满足另一些人的需要的情况”，使“所有人共同享受大家创造出来的福利”，“使社会全体成员的才能得到全面的发展”（马克思、恩格斯，1995）。社会成员共享社会经济发展的成果，既是现代社会文明的标志，也是现代社会的客观需要。

在中国现阶段，为了逐渐实现共享社会发展成果这一重要目标，需要做的事情有很多，其中最为重要的事情当属大力改善民生。不能否认的是，改革开放以来，中国经济虽然获得举世瞩目的成就，但是，社会建设明显滞后。其中的一个重要表现是：在为时不短的一个时期当中，由于目标取向的片面，由于政府对自

身的定位有误等原因，因而，就中国公共投入的优先顺序而言，呈现出一种明显颠倒的状况。一方面，国家在基本民生方面公共投入的比例小得可怜，在 21 世纪之初曾经位居世界各国之后列（吴忠民，2012）。公共投入用于民生的比例近年来虽然有明显改观，但由于历史欠账过重，因而仍然是积重难返。这与中国经济发展状况很不匹配：中国经济总量现在已经位居世界第二，国家财政收入 2011 年已经超过了 10 万亿元，外汇储备高居世界第一。另一方面，国家不合理的公共投入比重过大，高居或者说是远远高居世界第一的位置。这主要表现在：中国的行政成本过高，国家财政在公务方面的支出比重过大；在“豪华型”的城市建设方面投入过大；在具体的豪华工程和豪华建筑物方面的投入巨大。公共投入优先顺序的明显颠倒，使得我们国家的民生问题长期以来没有得到应有的改善。民生改善的滞后，使得中国民众的基本生存缺乏底线的保证，因而从一个重要的方面直接拉大了贫富差距。中国现在实际的基尼系数已经超过了 0.5，已经进入到世界上贫富差距比较严重的国家行列，在 1 亿人以上的大国当中居于前几名的位置。而过大的贫富差距又引发了种种社会矛盾问题，对社会安全造成了多方面的负面影响。据 2009 年《人民论坛》的千人问卷调查显示，6555 名受访者认为“分配不公激化社会矛盾”是未来 10 年的严峻挑战，占受访人数的 80.6%（周晓燕，2009）。

所以，为了有效地维护社会安全，就必须维护和促进社会公正，大力改善民生。就此而言，我们应当开始着手建立一个初级的民生保障体系。初级民生保障体系的基本内容是：要初步做到“使全体人民学有所教、劳有所得、病有所医、老有所养、住有所居”（胡锦涛，2007）。其基本特征在于低水准、广覆盖、有实效。显然，在中国现阶段，随着经济实力的迅速增强，随着财政收入持续的大幅度提高，改善民生所需的公共资金已经完全不是问题。建立一个初级的民生保障体系已经不是一个“能不能做”的问题，而是一个“想不想做”的问题。在现有的条件下，政府只要想去做，初级的民生保障体系就能够顺利地建立起来。

从最为基础的意义上讲，只要注重社会公正，大力改善民生，就能够在不小的程度上满足民众的基本需求、满足其对日常消费品的需求，保证其基本生活水准的持续提高，从而有效地缩小贫富差距。民众基本生存尊严底线一旦得到有效的保证，贫富差距一旦被有效地缩小，那么就能够使民众认同社会，就可以在很大程度上稳住了社会的基本面；并且，还可以使执政党和政府建立起必不可少的公信力，从而增强执政的基础。这些，能够为社会安全提供一个基本的前提条件。

### 三、社会公正有利于形成良性互动的社会结构

社会是由众多群体共同组成的利益共同体。在这样一个共同体当中，每个群体都是不可或缺的。在现代社会和市场经济条件下，社会共同体的正常运行和健

康发展有赖于各个群体之间的良性互动。从社会公正的角度看，社会群体之间的良性互动表现为社会各个群体之间的互惠互利，即处在较高位置群体的利益增进不能以损伤处在较低位置的群体的合理利益为必要条件，同样，处在较低位置群体的利益增进也不能以损害较高位置群体的合理利益为必要条件。社会各个群体应当进行有效的社会合作，互惠互利，相互促进，获得一种共赢的结果。

随着现代化和市场经济进程的推进，中国民众的平等意识、独立意识以及维权意识在迅速增强，并且得到了国家层面上的认同。2004年，“国家尊重和保障人权”和“公民的合法的私有财产不受侵犯”的条款被列入《中华人民共和国宪法》。在这样的情形下，任何损害别的群体成员合理利益和基本权利的做法，均会招致人们的广泛抵触。具体到中国现实社会，虽说社会矛盾问题十分复杂，但我们可以发现，大比例的社会纠纷、矛盾和冲突常常是由某一群体试图侵占损害另一群体的合理利益或基本权利，而另一群体要维护自身的合理利益和基本权利的行为所引发的。比如，有的企业主为了获取高额利润而有意压低工人的工资，因而引发了工人的抗争活动；有的房地产开发商为了巨大的商业利润进行强行征地拆迁，因而引发了许多城乡居民激烈的抗争活动。显而易见的是，社会群体之间非互惠互利的行为是一种恶性互动，有损于中国社会的安全大局。

只有基于社会公正才能形成互惠互利的社会互动结构，进而有效地维护社会安全。就此而言，社会公正的意义在于：其一，有利于形成各尽所能各得其所的局面。应当承认，在现实的社会中，社会各个群体的具体位置不可能完全一致，是有差别的。问题在于，这种有所差别的位置，应当依据社会公正中的按照贡献进行分配的规则而获得。如果某个群体对于社会的贡献较大，而只是获得了较低的经济收入，处在较低收入阶层的位置，那么，这是不公正的，需要予以矫正。其二，有利于进行社会再分配。由于种种原因，社会会有一部分群体处在困境当中，甚至失去了某种能力。如果由之演化下去，既不利于社会合作以及社会潜能的开发，也不利于社会安全，所以，社会有责任对其进行援助，使其渡过难关并恢复必要的合作能力。其三，有利于形成社会阶层之间相互开放和平等进入的局面。在现代社会和市场经济条件下，自致性因素成为影响一个人发展前景的最为重要的因素。基于社会公正当中机会平等的规则，一个人只要是具备了某种能力，就应当有机会按照自己的意愿和实际努力状况得到相应的社会位置。任何阶层特别是具有较高社会位置的阶层都不应以任何理由人为地设置障碍和壁垒，来排斥其他阶层的社会成员进入本阶层，以达到维护本阶层特有利益的目的。

在中国现阶段，影响良性的社会互动结构的不公问题是多方面的，其中，有三个比较严重的不公问题应当引起我们的特别关注。

第一个问题是社会主要群体的弱势化。与其他国家相比，中国社会弱势群体问题的不同之处在于，中国不仅仅存在着一般意义上的数量巨大的弱势群体成员，而且更为严重的是，中国社会的一些主要群体如工人阶层和农民阶层中的许多成员呈现出一种弱势化的趋向。这主要表现在：许多工人和农民的生活处境非常困难；许多工人和农民的基本权益难以得到切实有效的维护；工人群体和农民群体的相对地位在明显下降，在一定程度上讲已经逐渐丧失掉了社会话语权，对现实社会及重要政策的影响力越来越小。以全国人民代表大会代表的比例为例。1977~2003 年这 20 多年当中，工人和农民代表的比例从 1977~1981 年的 26.74%和 20.59%分别迅速降至 1983~1984 年的 14.88%和 11.69%，又降至 1993 年的 11.15%和 9.40%，再降至 1996~1998 年的 10.84%和 8.06%以及 2003 年的 10.79%和 7.67%（刘智等，2001；史卫民、刘智，2004）。

第二个问题是公权的扩张。如果说任何一个国家的公权都有扩张冲动可能的话，那么，相比之下，中国现阶段公权扩张的冲动来得更为强烈。中国采取的是渐进型现代化模式，而渐进型现代化模式的一个重要特征就在于政府主导着改革和发展进程；同时，多年来中国社会没有形成一个能够对公权进行有效监督和制约的机制。这一切，使得公权扩张的可能成为现实。公权的扩张必然会造成与民争利现象，损害整个社会的互惠互利局面。比如，近年来一方面是劳动者报酬比重呈逐年下降的趋势。在按收入法统计的地方 GDP 构成中，1993~2007 年劳动报酬占比从 49.49%逐渐下降到 39.74%（常进雄等，2011）。另一方面则是政府收入比重的上升，2002~2006 年，政府收入比重从 17.9%上升到 21.4%，上升了 3.5 个百分点（陈江生，2008）。

第三个问题是精英群体之间的利益结盟。由于种种原因，中国现阶段的精英群体之间出现了一种利益结盟的现象。这主要表现为：其一，政治精英群体成员与经济精英群体成员之间排他性的利益分享。对于政治精英群体成员能够掌控、有着重要经济利益空间的，同时又必须经过经济精英群体成员开发经营的事项，经济精英群体成员从中“寻租”并获得暴利，而政治精英群体成员则通过公权进行设租以分得一部分“寻租”收入。其二，政治精英群体对经济精英群体的政策倾斜。经济精英群体有时通过从政治精英群体那里得到的种种带有明显倾向性的优惠政策，获取了超额利润。比如，在国有企业改制过程中，国有资产向新的所有者和经营者一方严重流失（吴忠民，2008），而本为“主人”的工人群体则被不断地边缘化、弱势化，以致“失语”（沈原，2006）。精英群体之间的利益结盟不仅损害了民众的利益，而且形成了众多的壁垒，直接阻碍着大量社会成员的上向流动。

上述三个社会不公问题的存在，必然会使中国形成一种非互惠互利的社会互动结构。更为严重的是，由于基数的不断增大，类似的不公问题呈现出一种加速度演化的趋势。一旦演化到一定地步，就会持续不断地造成社会群体之间的恶性互动，进而使社会处在一种不安全的状态之中。有鉴于此，必须基于社会公正的准则，有效地消除这几个突出的不公问题，以维护社会的安全。

## 四、维护社会公正是形成橄榄型社会结构的主要途径

社会结构的具体状况对于社会安全有着重要的影响。社会结构是社会构成的基本框架，反映了各种社会力量对于社会安全的支撑状况。在现代社会和市场经济条件下，“两头小，中间大”、以中等收入者人群为主的橄榄型社会结构是最有利于社会安全的。之所以这样说，其主要理由在于：

首先，橄榄型社会结构有助于缩小社会贫富两极分化。贫富两极分化中的群体矛盾最为常见的是劳资、官民以及贫富矛盾。而橄榄型社会结构以中等收入者群体为主干，有利于形成缓解贫富分化的“缓冲层”和“安全阀”（张宛丽，2005），有助于缓解尖锐的劳动矛盾。

其次，橄榄型社会结构有助于消除或减缓社会成员的生存危机以及相对剥夺感。一个社会的民众如果普遍陷入一种绝对的贫困状态，那么这个社会实际上是存在着一种生存性的危机。这种生存性的危机在一定的条件下，容易诱发某种形式的社会动荡。另外还有一种情形值得注意，这就是相对剥夺感所引发的社会不安。相对剥夺感根源于相对贫困。与绝对贫困不同，一些社会成员的基本生活水准已经没有问题，已经摆脱了绝对贫困的状况，但是与别的群体相比，其相对生活水准没有得到相应的提高，出现了一种相对贫困的情形。在相对贫困的基础上，很容易造成一种相对剥夺感，而且，相对剥夺感往往会表现出一种晕轮效应，即具有相对剥夺感的人数往往超过了实际的相对贫困人数。相对剥夺感会使一些社会成员对社会产生明显的不满，这同样不利于社会安全。而橄榄型社会结构不仅意味着社会已经从总体上解决了绝对贫困问题，而且在很大程度上也已经解决至少是缓解了相对贫困问题，因而对社会安全有着十分有利的积极作用。

最后，橄榄型社会结构有助于使社会成员普遍形成一种社会认同感。有恒产者方有恒心。这是一个很简单的道理。当人们一无所有的时候，就很难对社会形成一个积极的认同态度，就很希望瓦解现有的社会秩序，重新产生一个有利于自己利益分配的社会结构。但是，当大比例的社会成员成为中等收入者，普遍拥有了一份来之不易、像样的家庭财产，有了一份稳定的职业，过上了比较“体面”、有尊严的生活，并拥有抵御各种人生风险、社会风险的社会保障制度时，就会倾向于认同社会，就会希望社会保持一种安全的局面。

中国目前离橄榄型社会结构还有不小的距离。学者们估计，中国现在中等收入者只有20%左右。换言之，中国现在的中低收入者、低收入者和贫困者这三块相加超过了70%。这样的一个社会结构，抗风险能力较低，不利于社会的安全运行。所以，从长远战略的角度看，为了有效地维护社会安全，中国必须建立一个以中等收入人群为主的橄榄型的社会结构。

只有基于社会公正，才能建立一个橄榄型的社会结构。就此而言，至少需要做好以下几个方面。其一，保护社会成员的财产权。在社会成员诸项基本权利当中，财产权当属基础性的基本权利。私有财产（包括个人的生活资料和生产资料）是大多数社会成员基本生计的必要屏障，是其安身立命的基础条件；同时，社会成员的私有财产状况同其发展前景密切相连。这不仅仅是因为积累财富是大多数社会成员的一个重要目标，而且还因为社会成员的财富是其赖以发展的基本平台。将《宪法》有关保护私有财产的规定以及《物权法》予以有效实施，有助于其财富的可预见积累，进而排除大多数社会成员发展过程中的许多不确定因素。其二，扩大社会成员的财产性收入。一个规律性的事情是，随着现代化和市场经济进程的推进，社会成员的财产性收入在其总收入总财富当中所占的比重越来越大。长期以来，中国城市居民的收入主要来源于工资收入。从财富积累的角度看，这种收入方式一是过于单调，二是财富积累速度过于缓慢。所以，现在应当结束股市、房地产市场成为公权和少数人群大幅度敛财的情形，应当将藏富于民作为重要国策，采取种种有效措施，鼓励居民拓展财产性收入的渠道，如投资安全稳定的股市、投资债券、投资安全稳定的房地产市场等。其三，大幅度减税。中国现在的税负过重。按照专家的估算，如果将各种显性和隐性因素都考虑进去，中国现在的宏观税负水平已经超过 40%，明显超过 24 个新兴和发展中国家（地区）平均 35.6%的水平（王长勇，2012）。世界银行提供的数字则显示，2008 年中国劳动者平均税率为 45%，远远高于经合组织国家的平均水平，甚至要稍高于欧盟 15 国的平均水平，高出澳大利亚、美国的平均税率近一倍（定军、沈麟，2012）。沉重的税负负担，增加了民众的额外支出成本，严重地妨碍着社会成员收入的正常提高，进而妨碍着橄榄型社会结构的形成。所以，现在必须大幅度减税，为橄榄型社会结构的形成创造必要的条件。

## 第二节　行动者的道德资源动员与中国社会兴起的逻辑

### 一、“保卫家园”与行动者的政治伦理

#### （一）从行动者的政治伦理压力说起

在本书中，笔者拟通过一些都市运动[①]个案的分析，解释这样一个问题：市

---

① 关于“都市运动”概念，参见陈映芳，2006。

民/农民在抵制由政府主导、以国家需要为名义的各种开发项目的运动中，是如何实现价值规范的自我正当化的？进一步地，笔者还希望探讨，行动者的道德资源开拓，对于“中国的”国家—社会关系[①]的演变而言，意味着什么？

这些问题所蕴含的，实际上是这样一些认知前提：在中国现代化的进程中，个人价值的兴起尚没有达到能使社会成员以个人权益去抗衡国家需求的足够程度，而国家之外的各种类型的“群”——“家”、“宗族”、“团体”、“街坊”、“社区”、“地方”等——的利益需要也还不具备抗衡国家利益的足够的正当性。在笔者多年来关注的中国大陆地区的各种市民/农民的群体性抵抗行动中，处处可以感受到行动者在抵制政府项目时所面临的政治伦理困境：以个人、家庭、社区的利益来否定国家利益、国家需要，以“国家”、“政府”为直接的抵抗对象，在价值规范层面有着难以正当化的压力，在策略层面也是极不理性的。所以，“服从国家需要”、“不和政府作对”等，是抵抗者不能不顾忌的红线。通常，在为自己的抵抗行动所做的辩解中，行动者会设法将具体的政府部门行为与“国家需要”区分开来，并将职能部门的负责官员与“政府”区分开来，或者是将“上面”（上级党和政府）与“下面”（基层官员）区分开来。他们往往会反复强调：“我们这不是反对政府”，“我们一直是服从国家需要的”（陈映芳，2004）。显然，面对由政府主导、以国家发展需要为名义的各种开发项目或市政工程，在观念意识层面，市民缺少正面抵制的价值资源和伦理正当性。而在实际的博弈中，作为经验判断，行动者也普遍认为，只有“上头”才是可以纠正下面基层官员和职能部门官员错误行为的最管用的权力。因此，从官方意识形态中寻找观念/政策依据，向上级党政部门提出申诉，通常是行动团体最重要的表达方式。[②]不仅如此，行动者还经常会采取将个人/家庭利益与国家根本利益一体化的表达方式，包括将自己解决家庭生活困难的努力解释为“为国家减轻负担”，将“政府应该考虑市民利益”解释为“维护国家安定团结大局”的需要，等等。

制度结构对于都市运动的限制，一直是笔者强调的分析路径（陈映芳，2006）。但是，一方面，我们看到，即使《物权法》这样的法律被颁布，“风可进、国王不可进”的规范在中国依然没能形成可以制约权力意志的法律准则、政治伦理。另一方面，市民/农民也不会完全被动地受制度规范的束缚。作为能动的行动者，他们在抵抗运动中，有冲破规范束缚的冲动，有为自己的愿望和行动辩解

---

① 与笔者此前的同类问题研究相似，“国家—社会”的分析模式，依然是本书的主要学术路径。在以既有的现代（西方）社会科学理论来讨论具有地域特性的问题时，东方主义（西方中心主义）无论是作为认识结构还是作为存在结构，都可能对研究者形成某种影响（加加美光行，2007），包括国家—社会关系模式或市民社会理论等在内。但本书的主要意图正在于对这种限制的反思，即社会学发现并阐释中国经验的新的可能性。

② 即使是对司法和媒体的求助，往往也被他们理解为是为了让“上面”出面干预的必要手段。

的需要，这种辩解，以及价值规范的自我供给行为，实际存在于他们的行动中。如何发现并解释行动者的实践逻辑，应该是都市运动研究者的课题。同时，这也应该被理解为发现“社会如何可能”的途径之一。

**（二）运动团体的实践**

近年来，借着访学、研究的机会，笔者曾有机会观察、了解了中国香港及中国台湾地区城乡民众抵抗土地开发、城市更新项目的都市运动的一些个案。[①] 在此过程中，“都市运动”不仅成为笔者的研究对象，也成为笔者考察中国国家—社会关系演变机制的一个重要视角。在本论文中，笔者拟以几个典型个案，对大陆及中国香港、中国台湾各地区的都市运动作一种比较性的研究。[②] 作为具体的探讨路径，笔者尝试从运动团体自己描述、定义的运动（包括运动起因、抵抗的理由、运动的过程、性质及意义等），来了解行动者基于抵抗“国家发展需要”的正当性源泉和方式是些什么。

从运动团体自我呈现的运动文本，来解读行动者的价值规范资源及自我正当化的机制，就本研究而言，多少与研究者受到现场调查可能性的种种限制有关。不过，行动者自身对运动的描述、对反抗行动的辩解（Justification）以及对运动意义的建构，理应受到研究者的重视。[③] 作为社会运动进入公众视野的主渠道之一，大众传媒并不可能仅仅是向一般社会“报告新闻”，报道者不可避免会将自己或他们背后的控制者的意愿折射到运动报道中去（Zald，1996）。因此，运动团体所做的自我表达、自我呈现，其功能和意义并不限于社会动员，它也是运动团体与外界发生关系的主要方式，是运动团体在价值规范层面与权力系统以及一般社会展开互动的方式。在多元、复杂的社会价值规范的体系中，他们的主张表白，必然会勾连各种公众共享的普遍价值，以及知识精英可能提供的思想资源，同时也可能与国家意识意态形成互动——既可能直接解构某些官方意识形态，也可能借道于某些主政者提倡的价值观念，来质疑、否定具体的政府目标或政策设置，从而实际推动价值观念体系以及国家—社会关系的演变。运动团体的正当性辩解，应该被视为现代社会中社会与国家之间互动的一种重要方式和文本，它也是价值规范系统变动的重要的形式及内容。

① 关于本人近年来的在中国香港、中国台湾地区的个案考察，在此要感谢中国香港浸会大学的邓永成先生和他的研究生们，中国台湾清华大学的吴介民先生和他的研究生们，还有中国台湾大学的夏铸九先生和中国台湾艺术大学的孙瑞穗博士等。

② 本书研究内容涉及中国大陆地区和中国香港地区、中国台湾地区，本书中的“国家”是在“国家—社会关系”研究模式中展开的类型概念，特指与“社会”相对应的政治权力系统，不具有“国别”意义。

③ 关于社会运动中“话语”的意义，赵鼎新认为，它是与“变迁”、“结构”共同影响和决定社会运动产生和发展的宏观结构的三要素之一，它包括社会运动的意识形态，参与者的认同，口号或话语策略，行动过程中的突生规范（Emergent Norm），以及塑造运动话语的文化等（赵鼎新，2007）。

本书所涉及的个案，主要包括：

1. 中国香港利东街居民反拆迁运动

自1996年至2007年，中国香港湾仔区利东街居民为反对中国香港开发局（后更名为市区重建局）的开发重建规划，持续展开了为期近十年的反拆迁运动。政府最终没有采纳当地居民提出的保护“喜帖一条街”的规划方案，对利东街实施了强拆。这次运动成为20世纪末以来中国香港市民运动的标志性事件：它不仅有效阻击了由政府主导的、经济开发型的城市更新运动的迅猛势头，[①]且由于文化知识界、政界及社会各界力量的介入，利东街事件事实上成了中国香港市民以民主参与为核心诉求的社会运动的一次总演练。[②]

2. 中国台湾金山面居民抵制高铁道路事件

自1996年至1998年，中国台湾新竹县金山面地区居民为反对中国台湾交通部高铁局舍弃从新竹科学园区的穿越路线，改为直穿金山里六邻风空地区心脏地带，从而将砍掉五棵三百年或两百年的珍贵老树、推平三个山头、废掉三个伯公（土地公）的高速铁路路线计划，起而抗争。运动最终获得基本胜利：高铁绕道而过，古树与伯公庙免于迁移，原地保留。[③]

3. 厦门/上海“散步”事件

2006~2007年，厦门市民反对PX项目（对二甲苯企业）的运动，以2007年6月1日和2日的“散步”为高潮。本次运动中，除遭受污染之害的市民外，厦门大学化学、法学等专业的专业知识分子群体以及一些作家、NGO组织、政府部门负责人、全国105名政协委员等，都不同程度地参与了反对行动。运动以PX迁址而告结束。继厦门“散步”事件后，2008年1~5月，上海市民在反对磁悬浮延伸计划的运动中采取了类似的抵抗方式。本次运动以2008年1月12日数千市民在人民广场及南京东路的“集体散步”行动为高潮。除规划线路沿线业主外，部分专家介入了运动并公开发言支持市民抵制运动。运动以上海市政府有关

---

① 虽然利东街反对运动总体上以失败告终，但重建局在具体的动迁方案和重建方案上作了一系列的让步。此外，近期其他项目的反对运动获得成功，这不能不说与利东街运动有关。

② 本书参考的运动团体文本主要有：网站：http：//www.h15.hk（H15关注组）；http：//www.lee-tungvideo.wordpress.com（旧区更新电视台之利东街台）；http：//www.videopower.org.hk/myhome/tv_front.htm（“旧区重建电视台”，录影力量videopower.org.hk及重建监察urm.hk合办）。DVD：《黄幡翻飞处》（重建监察urm.hk）。印刷品：《看！我们的利东街》（H15关注组，2008年1月）；《整整一条利东街》（民间博物馆计划）；《故园故事》（湾仔区议会）；《湾仔街纸——市区重建策略检讨公民参与文件》（湾仔区议会、长春社文化古迹资源中心）等。

③《金山面社区报》（金山社区发展协会出版）；活页《红布与绿树 金山面》（金山面社区营造工作室）；活页《金山面社区营造 科学与人文》（金山面文史工作室、第三工作室）；《风空主义 金山面社区营造》（陈板著，唐山出版社，2000）；李丁讚等著《“金山面”社区史》（新竹市立文化中心出版，1997）；《竹中乡土志》（吴庆杰著，金山面文史工作室出版，2001）等。

部门宣布暂停项目而告一段落。

在大陆地区的这两次市民运动中，运动团体用以资源动员、正当性辩解和行动发动的言论空间，主要局限于一些网络论坛（BBS）、个人博客（Blog）、QQ群，甚至手机短信。[①]

从以上这些个案看都市运动，笔者注意到：

（1）市民的生活需求与国家的开发利益，二者之间的张力成为运动的主题。身处这种关系中，抵抗者实际上面对着这样一个课题：如何冲破支配意识形态下有关家—国关系的观念束缚？包括"家国一体"的家国观（如"大河满了小河才能满"、"保家卫国"等所体现的那样），或以民族国家价值否定家庭价值的国家主义的家国观，以及强调家庭利益必须服从国家需要的政治伦理。

（2）"保卫家园"不约而同地成为各地抗争者用以抵抗开发项目的重要口号。在上述这些个案中，运动团体对于自身权益的申诉，普遍超越了对个人、家庭的财产利益的计算，而涉及了对"家园"所象征的各种传统价值和现代价值的挖掘和提炼，包括传统中国社会中"家"所具有的"公"的价值/规范的意义，[②] 以及与环境保护、社区文化等相关的价值，这成为他们在价值层面上解构国家利益正当性或政府政策合法性的重要方式。这种对价值规范的运作（道德资源动员）也是社会中坚力量（专业人士、知识人、各类社会团体等）介入社会运动的主要的方式和成就。

**（三）都市运动在价值/规范层面的展开**

社会运动是在一定的意识形态、文化资源的制约或支持下展开的（Zald，1996）。对运动在价值层面上的展开的分析，多少有利于我们避开"到底是政治制度限制了社会运动，还是社会运动在改变政治制度"这样的关系缠绕，而去接近结构与行动的一个重要联结点：社会的价值系统。价值系统不仅为制度提供合法性，同时也为行动提供正当性。事实上，无论是在大陆、中国香港还是在中国台湾，"行动抉择永远是结构条件与主体价值的互动结果，单单考虑结构条件并不能说明政策承诺的转向"（吴介民，2002）。无论是国家权力，还是社会运动团体，作为能动的主体，都可能参与价值资源的开拓、价值规范体系的建构或修正，在国家—社会的政治互动中，双方都会致力于操作、运用价值规范的实际功能。国家权力与社会团体间的这样一些互动，必然会导致价值系统自身的变化，同时，价值系统的演变又会进一步影响到社会各系统的变化，以及国家—社会关

① 本书的参考文本主要来源于以下几个论坛：厦门业内论坛 http：//xm.focus.cn/msglist/4057；连岳博客 http：//www.lianyue.net；上海房地产网—谈房论市—平阳绿家园论坛 http：//sh.focus.cn/msglist/10210。

② 关于传统中国社会中的"家（族）"及其家庭伦理所具有的"公"的意义的相关论述，参见陈映芳，2007。

系的转变。

在本研究的三地个案中，从运动团体的各种形式的表达中，我们不仅可以看到行动者对于自身抵抗国家权力的伦理正当性的辩解，还可以看到他们针对国家权力及其开发项目的合法性所做的价值批判。在本研究涉及的三地个案中，运动团体的伦理辩解和价值批判，不约而同地，都被提炼成了具有鲜明特色的观念符号：

1.“风空主义”

中国台湾金山面运动中，以里长吴庆杰、社区工作者（“第三工作室”负责人）陈板、台湾交通大学人文社会学院教授陈其南等为代表的运动领导人和规划参与者们，以各种形式，发表一系列文著，全面地阐述了运动团体的观念主张。在标志性的“风空主义”一文[①]中，社区价值（“家园”）和文化价值（“客家”、“老樟树/伯公庙”），成为最为重要的理念。在实际的主张表白中，金山面居民一方面要求高铁改道，同时还要求科学园区从此尊重当地文化、参与社区建设。不仅如此，在运动结束后，他们依然还在致力于对金山面的乡土资源文化的挖掘整理和对社区价值的建构。

2.“利东精神”

“利东精神”一词被中国香港运动团体及媒体频频使用，但未见有概括性的表述。从各种相关主张的陈述中，笔者注意到，被运动组织者、参与者采用的价值规范资源，以及被概括为运动意义的内容，主要包括了社区价值（“整整一条利东街！”、“社区保存运动”、“文化保育与活化社区的目标”），以及民主价值（“香港要补民主这一课”、“现时利东街的示威人士都是区外人，他们是为了某一信念的问题来表达意见”）。[②]同时，知识分子和城市规划专业人士的参与，还使运动具有了实践“新城市运动”理念的意味（“第一份人民城市规划”，“利东街的存亡关系整场城市运动的未来，与我们每一个为城市出力的人都密不可分，我们不容许推土机继续乱来！”）。此外，“香港意识”也成为运动凝聚公众力量的观念之一（“利东街是中国香港唯一的印刷街，一条喜帖街，遗留一丁点中国香港的文化。而今市建局要收购重建，见利忘本，毁中国香港仅有传统于一旦，岂是中国香港之福。”）。

---

① 该文署名“金山面”，广泛刊登于各种宣传材料、媒体及相关书籍中。

② 中国香港知识分子在这一次的运动中，表现了将“保卫家园”嫁接于“政治民主”的努力：“虽然城规会不接受街坊的建议，但我们坚信：连自己的家也不能掌握的社会，又怎会是一个‘民主’的社会呢？我们也相信：当大家都主动为自己的想法发声，才会有一个真正的‘公民社会’，为民主发展打好基石。”（《湾仔重建区 H15 项目居民的人民城规方案放映会》）

3.“厦门经验”

在厦门、上海的市民“散步”运动中，被运动群体直接用以自我正当化的价值伦理资源，主要是环境保护主义，较少见有对“国家发展需要”作正面的价值否定。由于对群体性表达的制度限制的存在，市民抵制政府项目的组织化行动本身的正当性（自由/民主价值），在运动过程中并未成为行动者的公开诉求。只是当厦门运动平安落幕之后，运动的意义才集中地被提炼、表述为“公民发声、公民参与与公民决定”的“厦门经验”。[①]“厦门经验”除了将“市民社会”定义为厦门市民运动的核心理念外，还把公民坚持权利与学会“耐心”、“理性”、“法定程序”与“妥协”等要素概括为当前中国社会运动的成功模式。

**（四）被重构的“家园”及其被赋予的意义**

行动者试图挖掘道德新资源，从而突破政治伦理束缚的努力，在笔者看来，是本研究所涉及的几个个案中最具意味的内容。就像“厦门经验”所呈现的那样，“公民权”等概念所象征的个体权利观念，正在成为大陆市民运动中越来越重要的价值/伦理支持。在这个文本中，权益的表达者被定义为“公民”而不再是“老百姓”。据此，作为个体的市民的权利，被赋予了与国家权利对等的地位：“每一个人都是重要的”。作为公民的农民、市民，其抵制政府权力侵害的权利由此获得正当性：“公民，是你尊重自己的权利，尊重自己的感受，不认为你低于任何人，你能掌握自己的命运，你能自然而然地说出‘我反对’”（连岳博客，2007）。

市民社会的理念，在中国香港利东街运动中，同样是运动重要的价值伦理支持。行动者强调“公民的民主参与”是政府权力合法性的基础，这也成为市民否定城建局规划的正当性的主要理据。在运动团体及其支持者的陈述中，利东街运动“象征着一份保卫居民参与、社区网络、地区文化的决心，她控诉任何自上而下的市区重建计划”。

然而，我们也可以发现，虽然在实际的组织、动员过程中，与“公民权”相关的理念被运动团体用作重要的政治伦理依据，就如我们从上海个案中可以看到的那样：“‘厦门经验’四个字成为小区居民挂在嘴边的词语之一，在小区集会中，不时有居民分发打印出来的连岳关于‘厦门经验’的文章。”但是，在公开的示威行动中，当抗议者在人民广场上与警察对峙时，他们齐声喊出的口号却是“反对磁浮，保卫家园”。[②]我们可以将这种口号选择视为一种行动策略：相对于“公民权”概念具有的法律、政治的意蕴，“家园”概念在中国文化中所具有的超

① 该文作者连岳系网络自由作家，自始至终以网络发言的形式参与了厦门运动，曾在博客中发表《厦门人民这么办!》等文章，在运动中有特殊影响力。

② 参见 http：//sh.focus.cn/msglist/10210。

越经济、政治之上的道义性，被行动者用来抵御政治的、法律的风险。[①] 而在市民行动较少政治风险的中国香港，“合法合理保家园”同样被运动团体用作为标志性的口号。以基于情理之上的家园需要作为运动的目标诉求，利东街居民实际上将城市规划的方案之争转化成了道德控诉，将政府看似以城市发展为目标，也符合行政程序/法律规范的城市更新项目定义成了“毁我家园”的不义之举。

“家园”在中国的语境中，既包含有“家”、“家庭”、“家族”等概念所具有的以血缘亲情为基础的共同体的价值，亦含有作为场所的“居所”、“邻里”、“家乡”等的意义。一方面，在中国传统的价值规范体系中，“家”具有可与“国”抗衡的价值地位和伦理正当性。另一方面，从今天家园保卫运动的直接起因，我们可以看到一些相似的因素：在政府与市民之间，不仅存在着开发者与土地/房屋所有者之间的涉及产权的经济利益纷争，更存在着国家经济发展需要与市民维持“家庭”、“社区”生活的需要之间的冲突。所有这些，可以被理解为“家园”概念在中国的都市运动中拥有特殊地位的历史的现实的背景。

与作为权利人所有物的“土地”、“住宅”不同，在市民/农民的抗争运动中，“家园”其实是一个被重构的概念，它的意义被行动者不断地赋予和追加。以中国台湾金山面的个案为例，事实上行动者恰恰是在运动进行的过程中，着手于对作为“家园”的“金山面”的历史及其文化意义的建构的：运动的组织者一面致力于对“家园”的意义阐释，包括区域自然风貌/文化遗留调查、乡土史/家庭志等的整理、社区文化的普及教育等，一面投身于以家园存续需要抵制国家发展需要的行动。同样，中国香港利东街的居民，也是在这次运动中，在各种社会力量的支持下，展开了对“整整一条利东街”的文化意义、社区传统等的整理和阐发。而在大陆的两个城市中，新兴的住宅小区本来缺少自身的历史，大量的业主原是所在城市中的年轻的新移民，但这并没有妨碍他们将自己的住宅定义、建构为“我们的家园”，并以“保卫家园”来命名他们的抵抗运动。

## 二、关于国家—社会的价值地位秩序

### （一）“中国”作为社会学的对象

20 世纪 90 年代末以来，“社会”的发育、兴起，一直是国内外社会学领域以及中国研究领域一个备受关注的问题。在大部分的语境中，这个问题被镶嵌在这样一种意义脉络中：在 1949 年以后的 30 多年中，在中国大陆，国家通过取缔生产资料私有制和市场经济，同时建立起一整套社会主义的职业系统、社会保

---

① 与此同时，有些示威者“甚至异口同声地喊出‘人民警察，保卫人民’”的口号。这同样可以被视为行动者的基于某种政治智慧的策略行为：人们本能地试图以“人民”这一具有政治道义性的概念来抑制警察弹压市民的冲动。

障/社会控制系统等，从而成功地将所有社会成员纳入到了“单位”系统和人民公社之中，进而实现了国家对社会的吞没。现在，随着市场经济、私有经济的复兴，以及社会职业系统、社会保障系统等的多元化，“社会”不可避免地将在中国重新发育、重新生长。

对中国社会演变趋势的这样一种预期和解释，大多是以市民社会理论，以及国家—社会关系范式为基本视角的。这样一些视角，有利于社会学者在面对纷繁复杂的经济发展、社会变动的事实时，从一个特殊的角度迅速接近现代化问题中具有核心地位的社会学问题：政治的现代化。对中国社会的这样一种阐释路径，事实上也可以被认为是对“Post-Socialist”概念及相关范式的一种呼应。20 世纪 80 年代以来的中国，与其他曾经实践社会主义制度的国家呈现有类似的社会演变轨迹，包括私有经济、市场经济的兴起，以及民众对政治民主化的热切期待和奋勇的实践。这样的类似性，不可避免地会体现在社会研究的理论路径之中。但是，近二三十年的社会变动历史，越来越显示出了中国与其他原社会主义国家的差异性：除了中国经济的迅速“崛起”令苏联、东欧诸国相形见绌以外，在政治领域，不仅政治民主化的进程迂回不同，国家与社会的关系也呈现了诸多的差异。

面对这种种的差异，我们不能不重新思考理论路径的可能性。我们正面对这样的一种“中国经验”：虽然民众以政治民主为诉求，或以自身利益为愿望的表达和抗争的行动，从没停止，但市场经济并没有必然地带来法律和政治制度的现代化，新的社会群体、社会阶层的形成也没有造成国家与社会之间的单向度的退或进。相反，随着权力主导的经济增长成为事实，政治系统不仅获得了新的合法性资源，而且也全面提升了支配能力。那么，“社会的兴起”在中国是个伪命题？或者，在经济系统与政治系统、社会系统之间，真的还存在一个绕不过去的“中国的”，或者说“亚洲的”文化症结？

行文至此，我们不能不提到马克斯·韦伯的中国研究。当中国的社会学者信手拈来市民社会理论、国家—社会关系研究范式等，用以建构中国的社区发展模式、解释民众维权等社会现实时，韦伯学术在中国，实际上也得以逐渐摆脱了 80 年代被中国学者简单地理解为文化决定论的尴尬境遇。然而，悖论恰恰在于，当我们试图将韦伯学术当作政治科学来接受时，现实中，我们却正面对着一个显然与文化脱不了干系的问题：如何解释“中国的”的政治现代化的特殊现状？

韦伯关于新教伦理与西方资本主义兴起的内在关系的命题，由于内含了中国的宗教传统不利于中国的资本主义发展和现代化的命题，遂成了海内外汉学/中国学研究者的一个历久弥新的热门话题（同时也是日本的日本学/中国学/亚洲学的一个重要领域）。在中国的韦伯理论接受史中，除了基于中国历史及现实而展开的对韦伯命题的论证或反证之外，更可以看到历史学者、文化学者对中国近世经济伦理的研究和发现，以及对“多元现代性”观念的阐述（单世联，2004）。然而，在笔者看来，将韦伯的种种命题视作著名的定论，不如将其理解为开放的研究路径。以新教伦理与资本主义精神之间的关系而论，对研究者而言，它所昭示的，首先应该是价值规范维度在现代化研究中的重要性。一方面，价值规范有其自身演变的内在机制。另一方面，作为一个社会子系统，在与社会各系统的互动中，价值规范既受到其他各种系统的制约和推动，也对其他各系统起着制约、推动作用，对于它的演变，我们需要从它与其他各系统的关系中去寻找解释。也可以说，韦伯的研究为我们启示了这样一些探索问题的路径：在一定的制度结构和客观情势下，价值伦理是如何推促或约束人的行为的？换句话说，在与经济、政治、社会诸系统的互动中，价值观、伦理规范可能起什么作用，它自身又可能发生什么样的变化？

对这些问题的反思，有利于我们思考这样一个问题：现代化的过程包含了现代民族国家的兴起和个人兴起的过程，与此同时，它也是各种“群”（包括家庭、社区、各类社会团体等）与个人及国家间的关系重新形成的过程。而个人—“群”—国家间的关系转变，不仅事关法律制度、政治制度，它还涉及政治伦理的变化，尤其是在中国及东亚其他各国。在中国的现代化进程中，个人对家庭/家族权力的反抗，曾是社会革命、伦理革命的主要内容。如今，市民以“个人（权利）”或“家”、“社区”等的名义正面抵抗国家权力，在伦理上，它如何可能？

### （二）日本现代化研究的参照：“亚洲的”社会如何成熟

对于中国学者（以及亚洲其他国家的学者）而言，重新面对韦伯，其实也是重新面对自身。韦伯的思想和学说，真正让中国/亚洲学者感到难以回应的，可能是这样一个问题：在亚洲，个人、社会如何能获得独自的（相对独立于民族国家的）价值和地位？

这不仅涉及政治系统的结构，也涉及价值秩序和政治伦理。

说它是真正的难题，是因为，在韦伯学说的接受史中，日本的学者自很早开始，就一直在不无艰难地面对这个问题（有意思的是，在日本，韦伯的资本主义经济伦理、城市类型等的研究，通常被定义为“亚洲命题”）。与中国学界相类似，面对韦伯关于“禁欲的新教伦理”是西方现代化的原动力这一命题，几十年来，诸如“为什么日本在亚洲能够成就唯一的现代化”、“儒教文化圈的东亚各国，现代化是如何可能的”之类，一直是日本学界的热门题目。与此同时，另一个问题也越来越困扰许多日本学者：在早已实现经济现代化的日本，特别是“二战”后实现了政治民主化和经济重新起飞的日本，为什么社会和文化的现代化迟迟难以“实现”？自 20 世纪 90 年代以来，韦伯关于“市民社会”的命题重新受到日本学界的重视。① 在一些日本学者看来，日本始终还没有走出韦伯意义上的那个“亚洲”。因为所谓的现代社会是以成熟的市民为主体的“成熟社会”，而日本的市民说到底还只是“没有成熟的个人”，日本的社会是“没有成熟的社会”（宫台真司，2000）。

在对韦伯学说的再回归方面，富永健一先生的研究，可以被视为一个具有代表性的文本。在《马克斯·韦伯与亚洲的现代化》中，富永健一不仅将日本的现代化历史，也将 20 世纪 90 年代末的亚洲经济危机，以及中国 80 年代以来的剧变等同时纳入到了他的视野之中。他所着眼的是日本（以及亚洲、中国）与西方的不同。以帕森斯对韦伯的解释为框架，富永认为社会系统是由经济、政治、社会、文化四个子系统组成的，而所谓现代化，是指这些子系统中的制度性变动：

经济领域：经过产业革命，建立资本主义。

政治领域：由市民革命而实现民主化，以及运行民主政治的官僚科层制的发展。

社会领域：现代化是指家庭共同体和封建领主支配的村落共同体的解体。

文化领域：通过文艺复兴和宗教改革实现基督教的合理化（新教伦理的兴起）。

富永认为，前三者作为客观存在的制度，日本可以模仿得很像。明治政府热心地发展了资本主义。此外，尽管天皇主权和家/村制度被延续了下来，民主化和城市化、核心家庭化在“二战”后日本还是有了长足的发展。可是，文化——这一涉及主观精神的存在——到底无法简单地输入。富永认为，在“天皇教”这一日本式宗教被否定后，日本所成立的，实际上是一种“无精神的资本主义”。合理主义不是由宗教传入日本，而是作为一种启蒙的社会思想被吸收到日本来的。这样的合理化，同时也带来了“政治的未成熟”（如官员的腐败）和“文化的未成熟”（如奥姆真理教的药物使用）。他认为，对应于西方的个人主义，亚洲文化的特征是集体主义，这是亚洲的“现代”之中的不确实性的根源（富永健一，1998）。

日本学者这样一种对“日本的/亚洲的”文化根源的挖掘，多少带有宿命论的色彩。② 在笔者看来，如果我们试图借助韦伯的社会学，来思考、回答“亚洲的市民”、“亚洲的成熟社会”是否可能的问题，那么，我们还是有必要将文化放到制度—文化的关系中去，以及放到结构/关系的演变轨迹中去加以考察。

---

① 阪神大地震后，随着各种市民团体、市民运动的勃兴，市民社会理论在日本学术界强势复活，围绕这一主题，近年来有一系列的学术活动在日本举行。

② 日本学界对于现代化进程中“日本的”社会特征、文化特性，以及文化—制度关系、国民精神结构等，有许多研究分析，例如关于“纵向社会”（从社会）、“‘群’的社会”（群れ社会）的研究，以及现代社会“原子化”的解释。也可以看到对如关于“公、私观”与日本权力结构的研究，还有对现代日本人心性结构、精神结构的种种分析等，都广有影响。

### （三）从“亚洲的”价值规范情境看“家园”的意义

从国家—社会关系的角度来分析，所谓“中国的/亚洲的”现代化难题，其背景之中，始终存在一个国家地位优先的价值规范体系，以及国权压倒民权的政治结构。

国家在其所处国际关系中的地位，是理解国家及社会结构演变的必要的视角（斯考切波，2007）。来自于西方资本主义、殖民主义的冲击，让近代东亚各国的民族国家的生存、发展需要，自一开始便拥有了独特的正当性。[①] 包括中国、日本在内，东亚诸国的现代化，都是在民族国家目标（建立独立的、强盛的、先进/发达的现代民族国家的国策目标）压倒一切的历史情景中，得以启动、展开和延续的。也因此，在东亚的现代化进程中，虽然各国不约而同地经历了家庭价值、区域共同体价值被贬低而渐趋式微的过程，但这一变化换来的，不是个体价值相对于整体价值的平等性，而是国家价值的至上地位。在这个过程中，“个人”、“自由”、“民主”等的现代价值，是依附于民族国家的价值而获得其相应的地位的。就如在中国，青年们否定家庭价值、批判家族制度的行动，虽然包含对个人权利的强烈诉求，但其反抗族权/父权行为的正当性的获得，以及“青年”在中国获得其独特的角色地位，很大程度上是由于他们对国家价值的认同、对民族命运的担当（陈映芳，2007）。同样，在日本，“一身独立，一国独立”（福泽谕吉语），“独立的人格”也是作为“独立的国格”的手段、条件而被肯定的（李冬君，2005）。

在这样一种内在逻辑中，我们可以看到，相对于现代国家的兴起，亚洲的“社会”，其兴起的过程，呈现了两种相对相向，又相互关联的轨迹。

一方面，如同个人权利、民主价值、自由价值等是东亚各国近代启蒙运动的主要内容一样，“社会”（西方式市民社会）也被认为是现代国家（Nation/Country）的基本要件之一。“为了国家的社会”，既成为一种观念，[②] 也成为社会发育的实际的机制。从中国晚清时期商会等各种社团的兴起，一直到 20 世纪 80~90 年代以来日本的“造町运动”、中国台湾的“社区总体营造”，以及大陆地区的“社区建设”等由政府主导、以基层社会与政府的合作为特色的社区建设运动，我们不难发现，在“国家”与“社会”之间，始终存在着特殊的粘连：为了建立现代国家（Nation/Country），国家（State）必须致力于建设社会，或为社会的形成提

① “在晚清降的思想氛围中，‘国家’的必要性不是从社会内部的关系中加以论证的，而是在殖民主义时期的国际关系中提出的。人们普遍地相信，只有通过国家把民族组织成为一种法人团体或政治、经济和军事单位，才能够有效地保障社会内部的安全。世界资本主义关系为国家的‘必要性’提供了论证，而这种‘必要性’论证又掩盖了借助于国家建设形成新的社会统治的过程”（汪晖，2000）。

② 在中国，在形成社会的同时形成国家，或者通过社会组织的建立（如商会、学会、媒体以及国会）来重建国家的制度，是晚清社会思想的中心主题（汪晖，2000）。

供条件。也就是说，对“社会”生长、发育的规划和推促，是国家的任务之一。为此它需要不断地做出相应的承诺或姿态。当然它也无法否定社会自身发育的正当性，即使后者可能对国家权力造成压力。在这种关系结构中，社会的各种力量，可能以“建立现代国家”作为名义，提出发展社会的主张。或借助既有的国家意识形态，来为自己的社会运动赋予正当性。事实上，不仅是社会建设运动，就是东亚各国的近代经济运动，甚至政治民主运动，也多是以民族主义、爱国主义为价值支持的（小熊英二，2002）。

另一方面，国家价值优位、国权至上，社会的需要必须服从于国家目标。只有当“社会”被确认为与国家目标相一致时，社会才可能在国家权力许可的范围内，谋得相应的存在和发展。换句话说，如果“社会”被认为不利于国家利益，或有损于国家地位，那它存在、发展的正当性就可能遭到否定。在这样的关系结构中，国家的生存危机、国家特殊的国策目标等，都可能成为国权压倒民权、国家需要压倒一切“社会”发展需要的情景或理由。而国家目标实现、国策失落等情景，则可能带来民权的反弹、社会的活跃（松本三之介，2005）。由于在现代国家，权力系统事实上具有自我设置目标、制定国策的能力，“国家”为了满足其自身系统的生长需要，或维护权力结构的需要，[①] 完全可能以不断创造“国家需要”的方式，来扼制社会的生长发育。或者，国家也可能通过种种政策技巧，将“社会”的发育程度，始终限制在国家权力可介入、可控制的框架之内。这构成了东亚各国普遍存在的社会发育困境的深刻背景，亦即国家长期压制个人/社会兴起的重要机制。[②] 在这样一种“国家—个人关系”、“国家—社会关系”的地位秩序中，个人、社会兴起，不可避免地受到了来自于政治伦理的严重约束。

在作了上面这样一些分析之后，让我们再次回到本书的核心议题上来——“家园”在都市运动中所具有的价值/伦理的意义。虽然“保卫家园”这样一种口号，普遍地被用于世界各国的都市（社会）运动中。但是，理解这一口号在中国各地区当下社会的意义，我们需要结合另一些情形：以中国大陆为例，在这些年来由政府主导、以国家发展需要为名义的征地、拆迁运动中，包括各种所有权、使用权在内的法律权利，以及农民/市民的民生需求，还有公民权/市民权这些政治资格，基本上都没有能成为市民/农民抵制权力侵害、保护个人/家庭权益的有

---

① 国家具有相应的自主性，参见斯考切波，2007。

② 在这样一种国权与民权的关系演变中，“个人价值”难免处于某种尴尬的情景中。“还在日俄战争之前，日本青年就对他们的国家和社会产生了怀疑，并因此而苦闷。”日俄战争结束，获胜的日本，“富国强兵的国策兑现完毕”，人们一时失去了确保国家独立的国家目标，“国策失落”的情景下，明治精神内部的思想裂变由此发生，自然主义曾获得一时的流行，个人主义的思想和精神相应抬头（松本三之介，2005）。从某种意义上讲，一部日本的近代史，正是国家不断重新确立“国策”、重申“外交需要”以确保国家价值优势地位的历史，同时它也是各种平民主义、民主主义、自由主义再兴起—被压制—再抬头的历史。

力的制度保障或道义屏障。而人权、民主等现代价值也没有能成为社会结集力量、民众制约权力的有效的价值伦理资源。甚而连“公平”、“正义”这些价值，在市民/农民的权益诉求和都市运动的道德动员中所起的作用，也十分有限。不能不认为，除了既有政治制度的结构性因素以外，近代以来“国家”所拥有的优势的价值地位以及相关的伦理规范，一直对个人、家庭、社会共同体的权益伸张起着种种压制作用。在这样的价值规范情景中，“保卫家园”成为都市运动的象征性口号，意味着市民在以权力体系为对象的反抗行动中，不能不致力于从本土文化中发掘足以抗衡“国家”地位的道德资源。

## 三、社会兴起的逻辑：关于文化—制度关系

### （一）制度限制：政治的与文化的

早在20世纪40年代，波兰尼在他的研究中就曾指出，当自由市场对人类社会的生活构成威胁时，社会内部的各种团体与阶级，会不自觉地联合起来，对抗这种危机，亦即形成社会的自我保护运动（波兰尼，2007）。但是对于当代社会学者来说，发现并说明社会自我保护的实际可能及其机制，依然是不无艰巨的课题。

社会成员因缺乏结合体而缺少自我保护的能力和方式，这构成了80年代以前的中国台湾有关方面以及目前大陆政府推行经济型开发运动迅速奏效的背景因素。从本书涉及的几个个案中，我们可以看到，无论是在中国台湾，还是在中国香港、大陆，市民抵抗政府开发项目的都市运动，基本上都发生在政府成功的、大规模的开发项目之后，相应的抵抗运动都是一种反应性的、滞后的行动。不仅中国台湾金山面地区先有科研园区的成功降落、北二高的顺利穿越，中国香港在利东街之前，也早有一些老街区被成片拆去，本次利东街抵抗运动中有些居民就是二次动迁者（前几年刚因其他街区拆迁而搬到利东街来）。至于厦门市民的抵制PX项目运动，以及上海市民的抵制磁悬浮项目行动，作为具有整体规模的市民联合行动，都发生在相关项目，或同类项目已成功开发多年、项目之于居民生活的危害性广为人知之后。①

无疑，社会组织化程度的强弱直接受制于国家给定的政治空间，政治制度的差异对于新的社会结合体的形式及其行动力的发挥，具有决定性的影响。就这些实例而论，相对于“地域”、“文化”、“城乡”，甚至“阶层”等因素，保障结社自由、表达自由的法律制度的存在与否，是影响市民组织化程度的更为重要的变

① 上海磁悬浮南汇—浦东段（浦东机场至龙阳路站，全长33公里）立项于2000年，2002年12月31日举行通车典礼。相关部门划定动迁范围原则上为高架周围50米内，但实际上没有全部兑现此承诺。通车后沿线居民因不堪忍受噪音，要求二期动迁，至2005~2006年一些村子形成群体性上访。

量。厦门与上海的“散步”行动，其行动主体（商品房业主群体）虽被媒体和一些学者称为“城市中产阶层”，他们的专业知识也确实使他们有可能打破居民与相关专业部门间专业技术信息不对称的不利状况，在受害事实和新项目危害性的建构过程中，显示了相应的博弈能力。① 但是，就运动团体的组织化程度而言，厦门和上海参与行动的市民的结合形式松散而隐蔽，“散步”的行动式样也明显具有“集合行动”的某些特征。② 相对而言，中国台湾金山面的运动群体虽然以山区农民/居民为主，但成员间不仅有正式的、稳固的组织体（“社区”、“里”、“文史工作室”等），其动员、组织、表达的方式也规范而有效。而一波三折、历时 10 年的利东街运动，以城市自营业店主为主体，虽然最后以失败告终，但其动员、组织、表达的水平，以及与社会各界的互动成效，均远在厦门、上海运动之上。显然，较之运动主体的社会属性，制度差异是更重要的决定性要素。

尽管如此，我们不能不看到，在强大的政治权力系统背后，国家相对于个人和社会的压倒一切的价值地位，始终是权力合法性的最重要的基础。以大陆地区而论，“国家利益需要”也是这些年权力系统用以压制民众抗议的最重要的政治伦理的正当性源泉。而在各种抵抗运动此起彼伏的过程中，政治系统与经济、文化、社会诸系统的相互关系，也始终处于动态的变动之中。市民、农民的各种类型的抵抗行动，看似正在驱使权力系统强化其控制装置，但实际上这也说明国家与社会之间的价值地位秩序正在发生变化，既有政治伦理的约束功能正在衰退。

**（二）价值规范作为社会联合的条件**

在中国传统社会中，家族团体与行会组织，是可以被用来对抗国家压迫的团体行动的主要担纲者（韦伯，1997）。除此而外，大量的研究已经证实，各种地域性团体多有保护社会的实际功能，如乡绅群体之于地方利益，同乡组织之于迁移群体。这样的社会功能团体，由血缘和业缘、地缘等自然关系而结成，在传统社会中不乏正当性。但是，在包括产业化、城市化进程在内的社会现代化进程中，家族团体逐渐失去了其作为经济生产单位和社会共同体（如身份团体、社区共同体）的重要功能，在价值层面上也因国家主义的兴起而失去了原有的地位。乡绅团体则随着现代教育制度和政治选拔制度的兴起而趋于衰落，其在地方的政治功能也多被现代行政系统所替代。③ 所以，当村落、社区的存续面临政府权力或

---

① 厦门和上海的事件中，关于 PX 项目和磁悬浮对周边地区的环境影响以及对附近居民的健康危害，运动团体与相关专业部门都有一个论证博弈的过程，在缺乏独立裁决的专业机构的情况下，居民自己直接展开专业技术信息的搜寻、整理和论证，同时获得“有良知的”专家的支持。

② 行动群体以网络论坛、短信等为主要的联络方式。行动者必须显示出“自发性的活动而非组织性的”，这被认为是“散步”最重要的形式特征和行动策略。

③ 在大陆地区，自 20 世纪 40 年代末期开始，自土地革命至人民公社运动，乡绅群体在农村中更因直接受到政治经济的冲击而迅速消亡。

外来资本的威胁时，在缺乏市民社会传统的中国社会，很难避免地会出现社会成员原子化的状态：人们即使存在共同的利害关系，也难以有效地组织起来，展开自主的行动和有效的抵抗，并建立起自我治理的制度。

在这种情况下，新的社会结合体的形成，在文化层面首先将面对这样一些问题：在国家主义之外，成员们需要拥有共享的、可资对抗国家主义的价值目标和伦理正当性。不仅如此，作为与权力系统展开合法互动的社会运动团体（而非革命组织），行动者所运作的新的价值规范，还必须是对政治权力的支配者同样具有制约作用的意识形态装置，而不是仅为单一阶层或某些群体所认同的社会亚文化——这可以解释为什么是家庭主义这样的传统意识形态在中国各地区被都市运动团体激活，同时环境主义等全球普世价值被运动团体所张扬。

**（三）价值资源的发掘**

国家—社会关系既是一种政治关系，也是一种文化关系。如前所述，在近代以来的“亚洲的”国家—社会关系模式之中，普遍存在着国权高于民权的价值地位秩序，这会造成“个人”、“社会”的价值资源不足，以及抵抗者的政治伦理困境。而政治权力系统压制社会的兴起，首先需要维护这样一种价值地位秩序。也因此，权力系统对于既有价值秩序的强化，以及对政治伦理的运作，一直是其维持国家—社会关系的重要机制。这一方面需要有压倒一切社会需求的国策目标的源源不绝的供给（诸如“民族危机”、“球籍危机”、“民族崛起”以及各种盛世庆典等）。并且，在操作层面，则有赖于知识界、文化界的普遍配合：对民族主义/国家主义的认同、扩散以及再生产，同时扮演政治伦理的教化者和督察者。同样，在都市运动中，运动团体试图冲破既有支配价值及其政治伦理的束缚的努力，也需要展开与知识界、文化的有效互动。

从本书的几个个案可以看到，在道德资源的动员过程中，运动团体与知识分子及专业群体之间的互动，呈现了不同的模式；他们不约而同地致力于建构的“家园”价值，其实际上的政治对抗性，以及文化的辐射程度，也有明显的差异。这种种的差异，让我们可以从中探究，制度与文化的复杂关系是如何存在于国家—社会关系变动的过程中的。

1. 运动团体对道德资源的开拓

运动团体对道德资源的开拓，包括动员的模式和实际可供运用的价值资源，不可能脱离于现实的政治制度和政治文化情景。我们可以看到，相对于在厦门、上海运动中专业人士和文化人发声、参与状况而言，港台文化知识界人士和专业人士在金山面和利东街的运动中的深度介入及所扮演的角色令人注目。[①] 中国在台

① 中国台湾知识人自 60 年代开始已形成参与社会运动的新传统，在金山面运动中，知识人自始至终直接扮演了运动策划人角色，并为运动提供道德思想资源。利东街运动中，中国香港各路文化人、知识人、专业人士形成了大集结。

湾，由于20世纪80年代后期政治制度转变，政党制度正式形成，60年代开始积聚的社运力量部分转入政党政治，从而开始形成一个“政治社会”（Political Society），由此，中国台湾的社运力量与政党力量形成若即若离的互动局面（吴介民，2002）。与此同时，随着民众反对运动的体制化，部分知识人以公共知识分子和专业知识分子的身份走向社区，直接参与社会抗争和社会建设运动。从金山面案例可以看到，基层社区的市民力量和以文化知识人/专业人士为主体的中坚力量的有机联合，已成为推动中国台湾“市民社会”形成、有效制约政府权力的重要途径。由此，在“政治社会”与“市民社会”之间，制度化的良性互动机制逐渐形成。相比而言，在结社自由和表达自由已经获得法律保障，而民主政治制度尚不完备的中国香港，政治能量尚缺乏制度化的发散渠道，社区居民力量与各种政治力量的结合、政治（民主）诉求与社区家园需求的合流，成为社会制约政府权力的重要方式，这也是本次利东街运动规模和影响得以逐步扩大的主要原因。而在厦门和上海，市民抵抗运动与各种政治力量之间，由于政治风险的存在，其互动合作微乎其微。

2. 新的道德资源

由于都市运动的政治空间和动员模式的不同，其实际冲击原有价值秩序的可能性，会有较大的差异。虽然就实际功能而言，“保卫家园”运动在价值规范层面的展开，无论是在大陆地区还是在中国香港、中国台湾地区，都可能直接对国家开发项目构成观念压力。换句话说，由于公民权利、民主、环境保护主义等具有现代“普世价值”的意味（为社会广泛共享，亦构成权力的合法性需求），对这些观念的运用，有利于运动团体在全社会动员起广泛的道德资源，从而给政府及开发项目形成相应的正义压力。但是，我们可以发现，在大陆地区的运动中，厦门、上海的运动团体虽然同样以“保卫家园”为口号，可他们的价值诉求中，环境保护主义实际上是以“为了民族国家利益的环保”、“为了民族的未来”这样一些逻辑被表达出来的。[①] 他们对于自己的生命权和居住生活利益（“百姓幸福”）的申诉，也往往是借助于执政党有关“稳定压倒一切”、“和谐社会理念”、“科学发展观”等政治指导性观念来表达的。社会运动团体在执政党提倡的意识形态、政治观念的空间中寻找相应的价值规范资源，来质疑实际的政府行为、表达自己的权益需求，这当然可以被理解为行动团体的一种表达策略，[②] 但无疑也与观念传播

① 例如，在厦门、上海的运动中，“为了孩子的健康”，成为一个重要的表达主题，“孩子”作为“祖国的花朵”，较之“公民”在中国所具有的特殊意义，被运动团体所运用。

② 在现有的法律/政治制度限制下，市民通常会借“上面的精神”来否定“下面的做法”，拿执政党的合法性需求，压政府部门及官员的利益需求，就像《论坛上上海居民给俞书记的信》的开头所表现的那样：“我是居住在上海闵行区的一个普通居民，不知道这封信您能否看到，但我还是满怀希望，因为这封信首先是一个公民坚信：我们的政府是民主开放为人民利益而运转的国家机器！我们政府的各级领导是为国家发展、为社会安宁、为百姓幸福而工作着！……”

的制度限制，以及社会运动中知识分子角色的缺席、知识界提供的道德/思想资源的匮乏有关。

运动团体借助国家意识形态来抵抗政府项目的这样一种表达方式，虽然亦具有抵抗权力的特性，但这种方式实际上也是对权力系统所规定的政治伦理的一种实践，它意味着对既有权力秩序的强化和修复，以及对执政党道德资源的再开发。正是在这样一种背景下，我们可以看到，在近30年来的大陆地区社会演变过程中，来自社会成员的对制度的批判、对政治秩序的冲击从未间断，但与此同时，国家意识形态表现出了极为突出的自我扩容、自我修复的能力，包括汲取新价值资源、整合知识分子群体的能力，国家权力结构也逾趋稳固。

3. 全球化背景下的价值挑战

在全球化背景下，都市运动团体的道德资源动员，不仅面临着来自于“亚洲的”国家优势价值地位的压力，还面临着诸如“现代主义”、“发展主义”、“科学理性”这些现代价值的挑战。就像日本学者已经意识到的那样，政治、经济的现代化，并不必然带来成熟的文化。即使在“民主”、“自由”的价值得到制度化落实之后，“国家需要”可能在政治运行中受到各种社会力量的掣肘，但它对地方/社区的侵蚀、对市民生活的全面介入，依然不难从另外一些现代价值中获得相应的正当性。在这种情况下，兴起中的社会，需要面对被国家所裹挟的种种现代价值。

在本研究中，通过中国台湾金山面的个案，笔者注意到，抵抗者的价值资源开拓，已经涉及这样一种价值对抗：由“家园”而延伸出来的“社区”、“地方”等，不仅被运动团体越来越多地赋予了对等于“国家”的价值意义，而且，在这样的表述中，“家园”不仅是人们的生活空间，它也是地域共同体的社会的、历史的“文化”遗存。“社区”及其“文化”的（并不依附于国家的）独自的价值意义，被运动团体用以消解来自“经济发展”的压力。特别值得一提的是，在金山面运动中和运动后，运动的领导人和参与其中的知识分子，对于社区—国家关系，对于“社区”相对于“国家”，以及“文化”相对于“经济”/“科学”的价值等等，作了持续的、重要的梳理：

我们知道，人类原始的社会生活形态是社区或部落，但随着人群组织的复杂化，人类开始在“社区”之层次上面组织新社会单元；“国家”就是这种新社会单元之中最重要的一种。“国家”与“社区”最大的不同是，“社区”是一个生活单位，举凡生活中的各个面向，都融蕴在社区生活之中。但是，“国家”并不是一个生活单位，而是社区之上的“社治”单元，其主要的职责乃是掌管社区与社区之间的行政管理，因此，国家与社区之间，逐渐形成等级性的权力关系，当这种关系一旦确立，国家变成了权力核心。

当然，社区的消失，除了反映强势国家/弱势地方的权力结构关系之外，资本主义所引发的经济强势：如工商本位，发展迷思，进步神话等，也一再地让传统的社区变得无法维系；尤其，政治势力和经济势力的结合，更让社会的连带性和自主性荡然无存。笔者认为，当前文建会有关社区总体营造的政策，应该放在这个双轴线发展的历史脉络下审视，才更能凸显其意义。简单地说，社区总体营造既是一个文化运动，也是一个政治运动。在文化运动的意义上，社区营造的目标，既尝试克服经济势力入侵下的社会失序状态，重建新的社区连带和人际网络。但在政治运动的意义上，社区营造的目标，是在面对国家势力的长期介入下，如何重新建立社区居民的自主意识，扩大参与，进而建立地方/国家平等的权力结构，这也是现代民主国家的重要目标所在（李丁讚，1997）。

在这里，阐述者不仅要将“金山面”的意义，从一地一区的地方利益推向全人类“环境生态”的普遍问题，而且也不只是要将其扩展成一个市民参与、政治民主的市民社会建设问题，或仅仅扩展为一个保护“乡土文化”的问题，它已经被阐述为诸如国家政治与市民生活的关系、地域社会自治的正当性等这样一些现代人类社会普遍面临的问题。如图 9-1 所示，在这里，通过对“社区”价值的再建构，阐述者致力于对“国家”（政治势力）与“资本”（经济势力）结合下，“社会”（人的连带性、自主性）被肢解、被淹没的状况的反思。

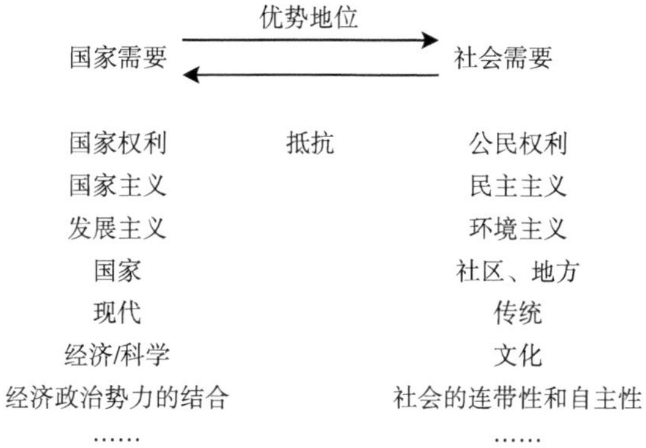


**图 9–1　国家政治与市民生活的关系**

## 四、拓展我们的认识视野

在国家—社会关系的变动过程中，价值资源的发掘、道德资源的动员等，不仅是运动团体的课题，它也是政治权力系统的课题。笔者在有关中国城市开发机制的研究中，曾分析了在土地开发/城市更新运动中，以及在应对市民抵抗的政治策略中，城市政府是如何不断发掘价值资源、拓展社会合理性空间，以消解城市开发运动的正当性危机的，并指出了在这样的价值资源的发掘、道德资源的动员中，市民与政府完全成为不对称的地位（陈映芳，2008）。而在本书中，笔者则试图通过对运动团体在道德资源动员中的新的动态的分析，来发现“社会的兴起”在中国的现实轨迹。

在对 20 世纪 60 年代以来各国社会运动的研究中，欧美学者曾借助机会结构理论与资源动员理论等，从不同角度分析了社会运动的运行机制。社会运动的研究范式无疑为我们研究价值规范在国家—社会关系变动中的作用提供了可资借鉴的研究路径。近年来，在对拉美、东南亚等地区的民众抵抗运动的研究中，研究者们又从各种角度，讨论了底层反抗何以可能和何以不能的问题。如 J. C. 斯科特基于对东南亚农民反叛行动的研究而对“共同的阶级观念”、“共同行动的组织”作为抵抗行动条件的分析（斯科特，2001），以及对反抗运动中意识形态如何被运作，以及反抗者如何在统治意识形态笼罩下展开意识形态斗争的实践逻辑进行了阐释（斯科特，2007）。这样一些研究，亦有利于我们了解在政治威权国家、经济开发国家，民众在种种制度限制和观念束缚下是如何展开其抵抗行动的。

不过，在本书中，由于笔者的问题涉及了行动者的政治伦理问题，由此不能不触及所在社会的政治文化情景，并就“中国的”国家与社会的价值地位秩序展开论述。这样一种问题意识及探讨路径，作为社会科学的中国研究的实践，多少会带来认识论及方法论层面的种种问题，亦需要研究者对自身作为本土学者的立场及视角的反思和自觉（周晓虹，2010）。但无论如何，通过这样一种研究尝试，我们可以关注到这样一些事实：行动者都身处特定的社会结构之中，且是特定的政治文化传统的承载者；而作为能动的行动者，在国家支配意识形态、由西方传入的现代价值、中国传统价值以及他们自身的地域/社群亚文化之间，都市运动的组织者、参与者们，不仅具有冲破既有价值规范束缚的需求，也有相应的行动能力和实践——包括重构价值秩序、发掘道德资源的种种努力和成就，甚至对自身角色的自觉。不仅如此，通过对有关“中国的”价值规范情景及其社会兴起的逻辑的梳理和分析，我们还可能对所谓“社会的结构规定性”、“文化作为社会子系统”等社会学命题的意义产生新的认识。事实上，这样的研究，还有利于我们越出以民族国家为单位、以结构—行动之类为范式路径的学科桎梏，而将作为地域社会、文化场域的“亚洲”、“中国”以及隐含于这些概念背后的诸多研究维度收入视野。这样一种努力，其实也可被视为我们对韦伯等古典社会学家致意的方式。

此外，毋庸讳言，在这里，虽然笔者试图以不同的个案，来说明中国各地都市运动中，行动者从“家园”中发掘道德资源，以图以道义力量对抗政治、资本的权力的一些普遍性现象。但是，在实际的经验事实中，都市运动呈现出了不同的政治格局，行动者的实践逻辑也存在种种差异（陈映芳，2009）。而且，就都市运动比较研究的方法可行性论，“家—国”、“乡土—国家”关系等，即使我们可以忽略地域间的差异而假设传统的、文化的“中国性”依然普遍存在，但近代以来不同的现代化路径所造成的现实差异，特别是 1949 年以后大陆地区国家在意识形态层面和政治经济领域对家族、家庭制度的全面冲击，以及中国台湾地区20世纪60年代以来乡土运动及各种社会运动、政治民主实践等对国家—社会关系的改变，所有这些，不能不令我们对这项研究的研究意图和结论持十分审慎的态度。

**参考文献**

卡尔·波兰尼：《大转型：我们时代的政治与经济起源》，刘阳、冯钢译，浙江人民出版社，2007年。

财政部：《2010年中央和地方预算执行与2011年预算草案报告》，中央政府门户网站，http://www.gov.cn/2011lh/content_1826493.htm，2011年3月17日。

常进雄、王丹枫、叶正茂：《要素贡献与我国初次分配中的劳动报酬占比》，《财经研究》，2011年第5期。

陈板：《风空主义　金山面社区营造》，唐山出版社，2000年。

陈江生：《调整国民收入分配格局事关重大》，《学习时报》，2008年3月25日。

陈映芳：《群体利益的表达如何可能》，《天涯》，2004年第6期。

陈映芳：《行动力与制度限制：都市运动中的中产阶层》，《社会学研究》，2006年第4期。

陈映芳：《“青年”与中国的社会变迁》，社会科学文献出版社，2007年。

陈映芳：《城市开发的正当性危机与合理性空间》，《社会学研究》，2008年第3期。

单世联：《韦伯命题与中国现代性》，《开放时代》，2004年第1期。

定军、沈麟：《中国劳动者税率高达45%世行建议大幅减负》，《21世纪经济报道》，2012年4月13日。

富永健一：《マックス·ウェーバーとアジアの近代化》，講談社学術文庫，1998年。

宮台真司：《自由な新世紀·不自由なあなた》，メディアファクトリー，2000年。

国家统计局：《中国统计年鉴2011》，中国统计出版社，2011年。

何宏光、王培刚：《国家与社会：当代中国研究的基本范式》，《中国研究》春秋季合卷，总第5-6期，2007年。

胡锦涛：《在省部级主要领导干部提高构建社会主义和谐社会能力专题研讨班上的讲话》，《人民日报》，2005年6月27日。

胡锦涛：《高举中国特色社会主义伟大旗帜　为夺取全面建设小康社会新胜利而奋斗——在中国共产党第十七次全国代表大会上的报告》，《人民日报》，2007年10月25日。

加加美光行：《现代中国学的新范式——共同行动论的提倡》，《中国研究》春秋季合卷，总第5-6期，2007年。

金山里办公处、金山社区发展协会、金山面社区营造工作室：《红布与绿树　金山面》（活页），新竹金山面社区营造工作室，1997年。

金山面文史工作室、第三工作室、新竹文化协会、金山面爱乡促进会、金山面社区营造工作室：《金山面社区营造　科学与人文》（活页），新竹金山面文史工作室、第三工作室，1999年。

金山社区发展协会：《金山面社区报》第三期（老树专辑），1997年2月；第四期，1997年4月；第五期，1997年8月；第六期，1997年11月；第七期，1998年3月；第十期（新竹市金山寺专辑)，1998 年 10 月。

李丁讚：《社区史与社区营运》，李丁讚等《“金山面”社区史》，新竹市立文化中心编印，1997 年。

李丁讚等：《“金山面”社区史》，新竹市立文化中心出版，1997 年。

李冬君：《论明治精神结构——走向国家主义和民主主义的儒家精神》，松本三之介《明治精神の構造》，李冬君译，《国权与民权的变奏——日本明治精神结构·译者代序》，东方出版社，2005 年。

李利璇：《关于群体性事件频发和社会主义和谐社会建设问题的思考》，《法制与社会》，2012 年第 9 期。

李强：《传统中国社会政治与现代资本主义——韦伯的制度主义解释》，《社会学研究》，1998 年第 3 期。

连岳博客：http：//www.lianyue.net，2007 年。

刘智、史卫民、周晓东、吴运浩：《数据选举：人大代表选举统计研究》，中国社会科学出版社，2001 年。

约翰·罗尔斯：《正义论》，何怀宏、何包钢、廖申白译，中国社会科学出版社，1988 年。

马克思、恩格斯：《马克思恩格斯选集》第 1 卷，人民出版社，1995 年。

马克斯·韦伯：《儒教与道教》，王容芳译，商务印书馆，1997 年。

马克斯·韦伯：《经济与社会》（上、下卷），林荣远译，商务印书馆，2006 年。

诺斯：《制度、制度变迁与经济绩效》，刘守英译，上海人民出版社，1994 年。

汝信、陆学艺、李培林主编：《2009 年：中国社会形势分析与预测》，社会科学文献出版社，2008 年。

上海房地产网—谈房论市—平阳绿家园论坛：http：//sh.focus.cn/msglist/10210。

沈原：《社会转型与工人阶级的再形成》，《社会学研究》，2006 年第 2 期。

史卫民、刘智：《间接选举》（上），中国社会科学出版社，2004 年。

斯考切波：《国家与社会革命：对法国、俄国和中国的比较分析》，何俊志、王学东译，上海世纪出版集团，2007 年。

斯科特：《农民的道义经济学：东南亚的反叛与生存》，程立显、刘建等译，译林出版社，2001 年。

斯科特：《弱者的武器》，何江穗、张敏、郑广怀译，译林出版社，2007 年。

松本三之介：《明治精神の構造》，李冬君译，《国权与民权的变奏——日本明治精神结构》，东方出版社，2005 年。

塔罗：《运动中的力量：社会运动与斗争政治》，吴庆宏译，译林出版社，1998/2005 年。

汪晖：《作为社会关系的科学：主体/客体、市场/计划、社会/国家二元论》，《死火重温》，人民文学出版社，2000 年。

王长勇：《中国的税收为什么这样痛》，《新世纪》，2012 年第 15 期。

温家宝：《温家宝总理答中外记者问》，《人民日报》，2007 年 3 月 17 日。

吴介民：《解除克劳塞维兹的魔咒：分析当前社会改革运动的困境》，《台湾社会学》，2002 年第 4 期。

吴庆杰：《竹中乡土志》，金山面文史工作室出版，2001 年。

吴忠民：《走向公正的中国社会》，山东人民出版社，2008 年。

吴忠民：《社会公正论（第二版）》（下卷），山东人民出版社，2012 年。

夏铸九、王志弘编译：《空间的文化形式与社会理论读本》，明文书局，1993 年。

厦门业内论坛：http：//xm.focus.cn/msglist/4057。

小熊英二：《〈民主〉と〈愛国〉——戦後日本のナシヨナリスムと公共性》，东京新曜社，2002 年。

亚里士多德：《政治学》，吴寿彭译，商务印书馆，1965 年。

张宛丽：《缓冲与示范——构建和谐社会中中间阶层的社会利益关系协调功能》，《中国党政干部论坛》，2005 年第 10 期。

赵鼎新：《理论更新和中国经验：社会运动与革命》，巨流图书公司，2007 年。

周晓虹：《中国研究的可能立场和范式重构》，《社会学研究》，2010 年第 2期。

周晓燕：《分配不公激化社会矛盾》，《人民论坛》，2009 年第 31 期。

Castells，Manuel，Urban Question：A Marxist Approach. Cambridge，Mass.：The MIT Press，1977.

Zald，Mayer N.，"Culture，Ideology，and Strategic Framing." Doug McAdam（ed.），Comparative Perspectives on Social Movement：Political Opportunities，Mobilizing Structures，and Cultural Framings. Cambridge University Press，1996.

# 第十章　信访制度变迁与社会治理创新

信访制度作为一种重要的冲突化解机制，是当前社会治理的一个重要手段。与此同时，围绕信访活动而产生的种种社会问题，也是当前社会治理的一个重要内容。在社会治理实践中，不管是正确运用信访手段，还是合理化解信访问题，都必须了解新中国信访制度形成和演变的历史及其规律。为此，本章首先勾勒1949年以来信访制度发展的历史过程并揭示其中蕴含的历史规律，然后以此为基础分析当前信访矛盾的基本类型和信访工作的基本形势，最后指出今后社会治理创新的基本方向以及需要注意的若干问题。

现在人们普遍把信访制度看作一种有中国特色的冲突化解机制，国家也一再强调信访制度的冲突化解功能。但研究发现，除冲突化解之外，国家信访工作中还存在一种可称为“社会动员”的取向。前者致力于化解民众基于个人利益需求而产生的不满和纷争，以消除社会冲突隐患；后者则热衷于围绕国家工作部署去调动民众对相关公共事务的参与。总的来看，信访制度的演变表现为一个矛盾运动过程。首先是国家的意志与功能之间的矛盾，即国家根据自己对社会需要的理解和愿望设计出信访制度，但信访制度在运行过程中发生国家意料之外的负功能，于是国家不得不修正自己的观点，对信访制度进行调整。其次是国家意志与功能之间的矛盾，又是由国家与社会之间的矛盾引起的，即正是社会的自主性使国家不能完全遂行自己的意志，使信访制度时常发生设计之外的负功能。这两对矛盾互为表里，推动着国家对信访制度的调整，从而推动着信访制度的演进。明白信访制度演变的上述规律，有助于更深入地理解当前信访工作和信访矛盾面临的基本形势及其成因，从而科学地创新社会治理，促进社会和谐。

## 第一节　国家分析和历史分析视角下的信访问题

信访问题是近年来包括社会学在内的多个学科的研究热点之一。也许是因为现实信访问题比较紧迫的缘故，当前关于信访问题的绝大多数研究都是对策性研究，基础性研究相对而言比较少。[①] 不过，尽管大多数信访问题研究都不是以理论阐发为目标的基础性研究，但在理论上却表现出两个共同倾向：一是非历史主义，二是社会中心论。在这两种倾向影响下，信访制度作为一种政权设置而形成和演变的历史过程以及国家在其中扮演的角色，在很大程度上被忽视了。而且，即使那些为数不多的基础性研究（郑卫东，2004；胡荣，2007；刘平，2011），也主要关注信访制度在社会层面引起的反应，亦即信访制度对社会运作的影响，而很少关注国家建构信访制度的历史过程本身。作为对以往研究的补充，这里拟采用一个新的可称为“国家政权建设论”的理论视角。在这一视角中，国家建构信访制度的历史过程及其逻辑将成为整个研究的焦点。相对于以往关于信访问题的诸多研究，该视角强调两点：一是从历史的脉络中，而不是从片断的经验事实或某种先验的政治价值出发去理解信访制度的处境和走向；二是把“国家”而不是“社会”置于理论分析的中心。

在现代政治生活中，国家制度的兴革是一个高度理性化的选择过程，因此，任何国家制度的形成都是一个有目的的建构过程，并会随着内外形势的变化而不断调整。这就是这里所说的“国家政权建设”。亦同此理，自 1951 年正式创立以来，信访制度在政治理念、组织机制和社会功能等方面都发生了极其深刻的变化。因此，要理解信访制度的现状和趋势，必不可少的途径之一是全面研究国家建构信访制度的历史过程及其逻辑。但在以往，很少有人专门研究这段历史，更很少有人从社会学角度去分析和总结信访制度作为国家政权设置的演变规律。为了克服这样一种倾向，这里主张重拾历史分析和国家分析。

首先是所谓重拾历史分析，一是引入历史思维。制度的变迁总是一个陈陈相因的过程，前后制度选择之间往往形成一种相反而又相成的辩证关系。引入历史思维，就是要把揭示这样一种历史关系作为一个重要内容来研究。二是引入历史方法，即强调对信访史事实的搜集、考辨和分析，力争“以史立论，论从史出”。不过，这里提倡的“历史分析”不是纯粹的历史学分析。毋宁说，它是一种历史社会学研究，相对于通常的历史学研究，它有着更浓厚的理论兴趣，在史实考辨之外更注重寻绎史实背后的社会规律。关于中国信访史，此前已有若干种研究。这些研究虽然在史料的整理和史实的呈现上贡献良多，但要么只编年记事，理论建构不是其核心关切（刁杰成，1996；李秋学，2009；吴超，2009），要么虽有理论关切，但只限于某一方面而未对信访制度史做整体考察（应星，2004；陈柏峰，2004；李宏勃，2007）。与这些研究不同，这里的兴趣是对信访制度形成和

---

① 关于信访问题的著述可谓汗牛充栋，这里难以尽列。北京市信访办组织的课题组曾将 2010 年 4 月底以前公开发表的信访问题研究成果编印成《信访理念》、《信访实践》（全二册）和《信访制度》等四册，并对有关研究作了综述，为观察信访研究的整体状况提供了很好的基础。

演变的历史规律做一个整体的历史社会学研究。

其次是重拾国家分析。当前的信访研究具有明显的社会中心论倾向，即总是依据社会的某种功能需要，特别是对公平、正义、民主、法治、宪政等价值的需要去讨论信访制度改革（童之伟，2011；于建嵘，2005），似乎国家的信访制度安排不过是对社会需要的机械反应。事实上，国家并不是社会观念、结构和过程的简单对应物，而是一个具有相对自主性的，有其相对独立的偏好、利益及运作机制的行动主体。特别是新中国政权作为公认的“强势国家”（Strong State），信访制度在历史上的形成和演变以及在当前和未来的改革，无疑会更多地受国家自身因素（包括价值取向、认知能力和组织机制等）的影响，而不是社会因素的影响。这不是说社会因素完全没有影响，而是说，首先，这种影响一定要通过国家这个中介才能发生；其次，就国家和社会这两种塑造信访制度的基本力量而言，国家起着主导作用。这一点从新中国成立以来信访活动的总体趋势中可以得到验证。如图 10-1 所示，1952~1995 年，国务院信访办、北京市信访办、北京市公安局和天津市信访办[①]这三个地方、四个部门所接到的信访活动的总量在历史趋势上具有高度一致性。显然，如果不是国家非常强势，它就不可能消除地方因

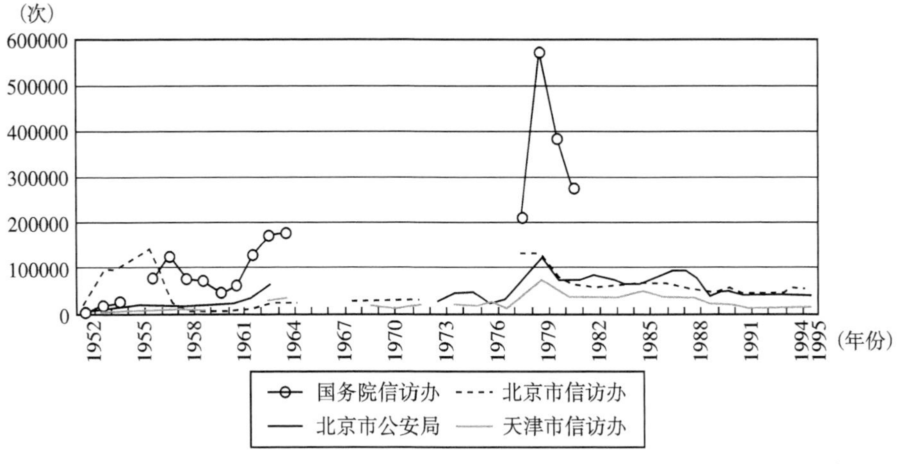


**图 10-1　国务院、北京市和天津市 1952~1995 年受理的信访活动总量（案次）**[②]

① 国务院以及各地区和部门的信访机构的设置及其名称在历史上多有变化，为简便起见，这里统称“信访办”。

② 表中国务院的信访总量系从刁杰成所编著的《人民信访史略》一书中辑出。刁杰成退休前长期在国务院信访部门工作，该书所披露的国务院历年信访数字虽未注明出处，但该书受到原国务院秘书长习仲勋肯定并为之作序，这些数字应当是可靠的。天津市数据来自《天津通志·信访志》（天津市地方志编修委员会，1997）；北京市信访办数据来自《北京志·政府志》（北京市《政府志》编纂委员会，2001）；北京市公安局数据来自《北京志·公安志》（北京市《政府志》编纂委员会，2003）。因为数据有缺失，所以表中的线段不连续。之所以选择这三个地方、四个部门，是受到数据获取限制的缘故。到目前为止，作者只发现这三个地方、四个部门披露了系统的、可比较的数据。

素、部门因素和其他社会因素所能造成的差异，而使不同地方和部门的信访活动表现出显著的趋同性。国家对身处政权系统之外的民众的信访活动尚且有如此强大的影响，它对政权系统内部信访制度变革的主导作用就更是毋庸置疑了。

国家在信访制度变革中的主导作用要求信访问题研究必须重拾国家分析。所谓重拾国家分析，就是要把国家对社会形势（包括但不限于社会矛盾和冲突形势）及需要的理解和反应置于分析的中心，进而对国家的制度选择逻辑进行深入的经验性研究，不能单纯根据社会形势去拟测国家的反应或呼吁国家做出某种选择。显然，要把国家的反应和选择过程置于分析的中心，首先必须承认国家是一个具有能动性和整体性的行动者（Actor），而不只是一个拼合性的、静态性的结构（Structure），就必须承认国家制度是一个不断建构和调整的动态历史过程。而在以往的信访问题研究中，“国家”一词虽然频频出现，但往往只是一个模糊的背景，或被肢解为一个个孤立的政策、制度或组织，失去了整体性、动态性和能动性，结果导致对国家选择问题重视不够，相关经验性研究亦严重不足。要承认，一个国家不管多么强势，其制度选择都不可能全面、准确地反映现实，也不可能完完整整地执行下去。但无论如何，其制度选择作为一种国家意志，一旦形成和推动，总是能够对现实产生深远的影响。新中国作为一个强势国家，其制度选择的现实影响自然就更加深远。正是认识到这一点，这里一方面肯定国家意志对信访制度演进的强大影响，但另一方面也特别注意考察国家的信访制度选择在实践中产生的非期然后果（Unintended Consequences），以及国家为消除非期然后果而做出的制度调整。在这个意义上，这里关于信访制度演进的解释既不是单纯强调国家意志的意志论解释，也不是纯粹进行制度分析的功能论解释，[①]而是用国家意志与其后果（功能）之间的矛盾来解释，是融合了意志论和功能论的矛盾论解释。

需要说明的是，这里所谓“国家”以及相应而来的“国家”、“社会”这样一种两分法，都是出于研究目的而进行的理论抽象。这样一种抽象并不意味着对国家内部、社会内部以及国家与社会之间关系的复杂性的否认。而只是说，为了某种研究目的，在特定条件下选择性地忽略国家内部、社会内部以及国家与社会之间关系的某些特征，与此同时突出另外一些特征，对于形成简洁有力的科学解释来说是非常必要的。在这里，“国家”是指国家政权及其附属组织，包括党、政、军、群机构以及其他在国家直接控制下的企事业单位和社会组织。这个意义上的

---

① 在功能分析方面，闵采尔（Minzner，2006）和童之伟（2011）关于信访制度的研究是很好的样板。在他们看来，信访制度只是宪政和司法缺位条件下的“代偿性制度”。这一观点虽然部分地抓住了信访制度运作的表现和特征，但由于没有仔细研究驱动信访制度运作及演进的国家理念，因此，对于信访制度运作的历史轨迹及其未来走向（包括应然的和可能的）的分析是不完备的。

“国家”，即英文的State，更近于汉语中的“政权”。为表述的方便，这里常将“国家”、“政权”和“国家政权”三个概念交替使用，其含义没有区别。与之相对的“社会”，则是指国家直接控制之外的个人、群体或组织，以及它们通过相互交往而形成的市场关系或社会关系之网。

## 第二节　信访制度的创立与国家信访工作的两种取向

信访制度是根据党的群众路线而创立的。根据群众路线，信访工作有冲突化解和社会动员两个基本内容，并应努力做到两种内容的有机统一。但从历史上看，国家在实践过程中往往只注意其中一个方面而忽视另一个方面，并相应形成了两种相互对立的信访工作取向。

信访制度创立于1951年，其标志是政务院于当年发布的《关于处理人民来信和接见人民工作的决定》[①]（以下简称“五一决定”）（见政务院，1951，1997）。“五一决定”要求县（市）以上人民政府“责成一定部门，在原编制内指定专人，负责处理人民群众来信，并设立问事处或接待室，接见人民群众；领导人并应经常地进行检查和指导”。“五一决定”虽然内容简略，但它第一次把信访制度提上国家政权建设的正式日程。在“五一决定”推动下，各地开始把信访制度作为一项国家制度来建设。

1957年5月，中共中央、国务院召开第一次全国信访工作会议。[②]会议对“五一决定”发布后的全国信访工作实践做了系统回顾和总结。会后，国务院发布了《关于加强处理人民来信和接待人民来访工作的指示》[③]（以下简称“五七指示”）（见国务院，1957）。“五七指示”从政治原则、组织制度和业务流程等多个方面对“五一决定”作了重要发展。特别是其中首次规定各级国家机关“必须有一位领导人亲自掌管机关的处理人民来信和接待人民来访的工作”，并要求“县以上人民委员会一定要有专职人员或者专职机构”，极大地提高了信访工作的体制化程度，标志着信访制度作为一项国家制度的政治地位正式确立。

对于信访制度的创立，尽管不能完全否认传统政治文化的影响，但从历史上看，它主要是中国共产党在建政过程中自觉贯彻群众路线的产物。早在新中国成

---

① 为简洁起见，下面引用该文件时不再注明出处。

② 会议情况见《人民日报》1957年6月3日第1版报道。这次会议当时被称为“处理人民来信来访工作会议”，“第一次全国信访工作会议”是后来的叫法。

③ 为简洁起见，下面引用该文件时不再注明出处。

立前，中共中央即已着专人，后又设立专门机构负责处理群众来信来访（刁杰成，1996）。新中国成立后不久，1950 年 11 月 30 日，毛泽东（1950）即批示各地加强对群众来信处理工作的组织领导，“对群众来信认真负责，加以处理，满足群众的要求”。次年 5 月 16 日，毛泽东（1951）又批示，要求各地“必须重视人民的通信，要给人民来信以恰当的处理，满足群众的正当要求，要把这件事看成是共产党和人民政府加强与人民联系的一种方法，不要采取掉以轻心置之不理的官僚主义的态度”。1951 年 2 月 28 日，即“五一指示”发布前夕，刘少奇（1985）在北京市第三届人民代表会议上的讲话中说：“各级人民政府和协商委员会要建立专门的有能力的机关来适当处理人民向政府所提出的每个要求，答复人民的来信，并用方便的办法接见人民。这样，使各级人民政府密切地联系人民，切实地为人民服务，而广大的人民也就可以经过各级人民代表会议和人民政府来管理自己的事务和国家的事务。”这些指示都渗透着中国传统政治文化中所没有的群众路线精神。“五一指示”就是根据毛泽东和刘少奇的这些指示出台的。秉承群众路线精神，“五一决定”开宗明义指出，“各级人民政府是人民自己的政府，各级人民政府的工作人员是人民的勤务员。各级人民政府应该密切地联系人民群众，全心全意地为人民服务；并应鼓励人民群众监督自己的政府和工作人员。因此，各级人民政府对于人民的来信或要求见面谈话，均应热情接待，负责处理”。自此及今，国家一直把密切与人民群众的联系作为信访工作的根本宗旨和任务。

信访制度既然是根据群众路线而创立的，那么，群众路线就规定着国家信访工作的基本内容。根据党的理论，群众路线包括对立统一的两个方面：一方面，党是人民群众的忠实代表，是全心全意为人民服务的，在这个意义上，党的利益与群众的利益是统一的；但另一方面，党是人民群众的先锋队，代表着最广大人民群众的根本利益和长远利益，而“在一切群众中，通常总有比较积极的部分及中间状态与落后状态的部分，在最初时期，积极分子总是比较占少数，中间与落后状态的人总是组成广大的群众”（刘少奇，1980），因此党与群众又存在着先进与落后、整体与局部、长远与暂时的对立。党与人民群众这种既统一又对立的关系，决定了党的群众工作也由两个既统一又对立的方面构成。

一方面，基于处于中间和落后状态的群众总是占大多数的现实，群众工作必须照顾这些处于中间状态和落后状态的群众，否则党就会受到孤立。在强调这个方面时，群众工作具有明显的调和性，即使群众提出了不合理的要求，国家也必须倾听和回应。由于处于落后和中间状态的群众总是占大多数，可以想见这样的要求一定是不少的。但另一方面，群众路线也要求，党作为人民群众的先锋队，不能单纯“迁就群众中错误的意见”，而应抓住时机“对群众实行正确的有远见的领导”，否则也是脱离群众（刘少奇，1980）。在强调这个方面时，群众工作具有明显的斗争性。因为所谓领导，就是动员群众中的先进部分，去启发和争取处于中间和落后状态的部分。不难理解，这是一个暴露矛盾、激化矛盾然后消除矛盾的过程，斗争自然是免不了的。在此过程中，群众的要求即使从局部来看是合理的，也必须服从全体的、长远的利益。简言之，在上述两个方面中，前者强调照顾大多数，后者强调改造大多数。

对应群众路线的上述两个方面，国家信访工作也有两个基本内容：一个是以照顾大多数为优先考虑的冲突化解，另一个是以改造大多数为优先考虑的社会动员。冲突化解的中心工作是利用信访渠道助贫问苦，以便及时化解社会矛盾，维护社会团结和稳定；社会动员的中心工作则是利用信访渠道激浊扬清，以便有效地调动民心民力，从而有效地贯彻国家的政策和部署。从群众路线的要求来说，信访工作应该做到上述两个方面的有机统一，即一方面要尊重群众的切身利益，把回应群众的利益诉求放在重要位置，另一方面也要通过适时、适当的社会动员，将群众的兴趣引导到整体利益和长远利益上来。如果只讲冲突化解，不讲社会动员，单纯跟在群众的利益诉求后面跑，会犯“尾巴主义”错误；如果只讲社会动员，不讲冲突化解，则会脱离群众当下的觉悟，犯“命令主义”错误。但事实上，由于多种因素影响，国家在特定历史时期的信访工作往往都只围绕其中一个方面展开而忽视另一个方面，并相应发展出社会动员和冲突化解这样两种信访工作取向。这两种取向在多个方面存在对立。

首先是对民众信访活动的定性。社会动员取向认为，信访活动是群众政治参与热情和公共服务精神的表现，信访活动越活跃，表明党和政府与群众的联系越密切，群众对党和政府越信任、越拥护、越爱戴，对国家事业越关心、越支持、越投入。因此，信访量上升是好事。相反，冲突化解取向则认为，信访活动是反映社会稳定及和谐程度的“晴雨表”，信访活动越活跃，意味着社会隐患越严重，党群关系和干群关系越紧张，发生社会冲突的风险越高。因此，信访量上升是坏事，至少是一件堪忧的事。

其次是对民众信访活动的期望。社会动员取向期望民众在信访活动中将公共利益放在首位，个人利益服从公共利益。又由于公共利益被认为是由国家来代表并体现在国家的工作部署中，因此，民众的信访活动又被要求服从和服务于国家在特定时期的工作部署。相反，在冲突化解取向中，国家承认民众通过信访渠道表达个人利益，或将个人利益置于公共利益之前的必然性和合理性。换言之，在社会动员取向中，国家更强调公共利益，提倡国家政治目标的优先性；而在冲突化解取向中，国家更尊重个人利益，承认个人利益的首要性。

最后是在开展信访工作的方式上，如果持社会动员取向，国家对民众信访活动将是欢迎的、鼓励的，基本姿态将是主动的、求取性的，民众则处于被动响应的地位。为了达到动员的目的，国家倾向于激化社会差别和对立，以便更好地团结自己的力量，同时暴露、孤立和打击那些不利于社会变革的势力，整个信访工作因此而具有显著的斗争性。如果持冲突化解取向，国家对民众信访活动将是忧虑的、规制的，基本姿态将是防卫性的，倒是民众为了维护自己的利益而采取积极主动的姿态。为了达到化解冲突的目的，国家倾向于尽量模糊社会差别，而不是去激化社会对立，整个信访工作因此而具有显著的调和性。

从历史上看，到目前为止，国家信访工作观念的发展有两个阶段：一是1951~1978年，占主导地位的是社会动员取向；二是1978年至今，占主导地位的是冲突化解取向。下面首先分析1951~1978年社会动员取向的形成及其影响。

## 第三节　1951~1978年社会动员取向的片面发展及其后果

1951~1978年，信访制度基本上是伴随连绵不断的政治运动而不断发展的。一方面，借助于政治运动的强大攻势，信访制度得以从无到有地迅速建立起来，在组织和制度上初具雏形并确立了作为国家政权设置的政治地位；但另一方面，不断服务于政治运动的过程也使信访工作中的社会动员方面压倒冲突化解方面而获得片面发展，造成国家信访工作严重脱离群众的实际需求。随着整个国家工作大局越来越“以阶级斗争为纲”，国家信访工作也越来越左，最终沦为林彪、“四人帮”的专政工具，信访制度建设遭到严重挫折。

### 一、社会动员取向的片面发展

前已述及，信访制度正式创立于1951年，但到1957年就确立了作为国家政治制度的地位。信访制度之所以能够如此迅速地发展，得益于“五一决定”发布后不久一系列政治运动的推动。在这些运动中，中央特别注重发挥人民来信来访的社会动员功能。为了敦促各地重视信访工作，中央对利用群众信访活动进行社会动员的可能性、必要性、意义和方法做了大量论述。在这些论述中，信访工作对于化解社会冲突的意义被置于次要的、服务于社会动员的位置，国家更感兴趣的是从群众来信来访活动中发现乃至树立忠奸、善恶、美丑、新旧的对立，以佐证开展政治运动的必要性和信访工作的重要性。就这样，本来只是信访工作两个内容之一的社会动员逐渐脱离冲突化解而片面地发展起来。

1951年底，也就是“五一决定”发布后约半年，中央先后决定开展“三反”和“五反”运动。配合运动的开展，1952年5月30日，《人民日报》发表题为《必须肃清官僚主义》的评论。文中在讲述山西省崞县赶车工人张顺有为检举反革命分子而在绥远、山西、察哈尔三省间往返奔波、备受刁难的故事之后，直言申斥山西省政府、归绥市人民法院和崞县公安局“无组织、无制度的情况达到了何等惊人的程度”！与此同时，一些地方开始运用信访手段进行群众动员。其中，北京市派遣了 253 个代表组到各街巷村庄去征求群众来信来访，4 天内就收到检举材料和意见 10986 件。事后，市长彭真（1952）在《人民日报》头版发表公开信，感谢市民“对于我们的帮助，对于国家的爱护和负责”，并号召市民“不管是对政府工作人员的检举，或是对政府工作的批评，无论什么时候，什么地方”都可以直接给政府写信。这样一种主动征求信访、事后还高调表示感谢的工作姿态在现在看来不可想象，但从社会动员的角度来说则是顺理成章的。

“三反”和“五反”运动结束后不久，1953 年 1 月，中共中央又决定在各地开展“新三反”运动。毛泽东（1953）特别要求各地“从处理人民来信入手，检查一次官僚主义、命令主义和违法乱纪分子的情况，并向他们展开坚决的斗争”。配合这一指示，《人民日报》在一年之内三发社论。这些社论一方面描绘人民踊跃来信的盛况，盛赞这些来信体现了“人民群众对国家事业的无限关心”，“对党和人民政府的深厚的爱和无限的关怀与信任”，各地应该对此“感到兴奋和愉快”；另一方面也厉声批评一些地方怠慢群众来信，包括毫不留情地批评中央政治局委员彭真直接领导下的北京市“有许多信件竟霉烂在意见箱中而无人过问”（《人民日报》社论，1953），甚至用一篇社论专门批判华东军政委员会交通部部长黄逸峰拒不接受群众来信批评，反而进行压制的行为（《人民日报》社论，1953）。态度之激进和决绝由此可见一斑。在运动结束时，《人民日报》又对利用群众来信开展政治斗争的情况做了总结，认为经过认真处理人民来信，“有效地推动了反对官僚主义斗争的开展，密切了党和人民政府与群众的联系，大大发扬了人民群众中潜在的智慧，为集思广益建设我们伟大的祖国畅通了言路”（《人民日报》社论，1953）。

与政治运动的紧密联系对信访制度的发展具有双重效应。从积极的方面说，正是借助政治运动的强大攻势，信访制度才得以迅速从无到有、从上到下、从点到面地建立起来；从消极的方面说，则是片面地发展了信访工作的社会动员取向。从上面《人民日报》的种种论述中不难发现，当时信访工作的基本倾向是围绕国家的工作部署去调动群众参与相关公共事务的积极性，而不是处理群众的利益纷争和困扰。为了激发群众参与信访活动的自豪感、正义感和积极性，国家特别热衷于从群众信访活动中发现和塑造正与邪、忠与奸、善与恶、新与旧的对立，一厢情愿地把信访群众想象成了国家事业而四处奔走的热心人或受尽打击而孤苦无告的苦命人。在信访工作中，为了团结群众，国家有时也会回应群众的个人利益诉求，但这些都是从属性的，是为社会动员的需要服务的；一旦国家的需要发生转移，国家对民众利益诉求的关注、理解和处置也会转移。

即使在毛泽东提出正确处理人民内部矛盾的问题之后，这一倾向仍未得到扭转。遵循毛泽东讲话精神，1957 年召开的全国信访工作会议首次把信访工作与处理人民内部矛盾联系起来，认为信访工作除了“可以向人民群众解释、宣传党和政府的政策”之外，还“可以使党和政府及时了解和调节人民内部矛盾”，并承认当时绝大多数来信反映的都是人民内部矛盾（《人民日报》本报讯，1957）。然而，就在为这次会议配发的社论中，《人民日报》仍将信访工作与当时正在开展的整风运动相联系，认为“人民群众的政治积极性正在蓬勃地增长，各机关的来信、来访数量大量增加，内容愈加丰富”，因此，各地要善于利用信访工作“推动机关整风运动前进”（《人民日报》社论，1957）。也就是说，信访工作仍然只是整风运动的一部分，必须服务于整风运动。这就不难理解，就在当年，随着整风运动迅速转入反右运动，信访工作也从服务于整风运动迅速转变为服务于反右运动。结果，信访工作非但没有发挥应有的“了解和调节人民内部矛盾”的作用，反而造成大批因响应整风运动号召而积极去信去访的群众被划为“右派”并遭到打击。

为缓和社会矛盾，中共中央、国务院曾于 1963 年下发《关于加强人民来信来访工作的通知》[①]（以下简称“六三通知”）（见中共中央、国务院，1963，1997）。“六三通知”虽然将化解社会矛盾提到一个新的高度，但并未从根本上扭转片面强调社会动员的信访工作取向。及至“文革”，对社会动员的片面强调终于使信访工作彻底走到自己的反面——沦为林彪、“四人帮”实行反动专政的得力工具。新华社（1977）曾揭露，“四人帮”为了搜罗陷害中央和地方领导同志的“黑材料”，竟在清华大学私设信访办事机构，“收受全国各地的来信来访，俨然另立了一个‘中央办公厅’”。

## 二、社会动员取向下的信访主要矛盾

社会动员方面的片面发展给信访工作造成了严重后果。最严重的后果是，国家信访工作不但对群众的真实诉求缺乏了解和回应，而且无中生有地制造大量社会矛盾。社会动员取向的国家信访工作之所以会与民众的利益诉求发生严重对立，是因为民众的信访诉求主要是个人利益而非公共利益，[②] 而国家的兴趣却是引导群众把注意力转移到国家所关心的“整体利益”和“长远利益”上来。因此，那些与国家期望相投的信访诉求容易引起国家重视，甚至被树为典型，从中大力挖掘超出当事人诉求之外的宏大政治意义；那些与国家兴趣相左的信访诉求则容

① 为简洁起见，下面引用该文件时不再注明出处。

② 刁杰成所著《人民信访史略》（1996）一书披露了国务院信访部门在不同时期所接到的各类信访活动的情况。陈荣光（2005）也披露了 20 世纪五六十年代北京市所接到的各类信访活动情况。尽管这些数据不够系统和完整，但仍不难发现，当时民众的主要信访诉求是解决个人利益问题。

易遭到忽视，甚至有被视为“落后”、“反动”而遭到打击的危险。在此过程中，群众的信访诉求完全处于被选择的地位。随着国家政治天平的摇摆，同样一件信访诉求，随时可能被国家视为政治对立面而遭到忽视、排斥或打击，也随时可能被国家视为政治同盟军而受到重视和优待。要理解这一点，不妨回顾曾经轰动一时的“黄帅事件”。

黄帅是北京中关村一小的学生。1973 年 10 月，她给《北京日报》写信，希望《北京日报》能够派人来调解她与老师之间的矛盾。没想到，她的信被“中央‘文革’领导小组”看中，并将她与老师的矛盾定性为“两个阶级、两条路线、两种思想的斗争”，她是在“向修正主义教育路线的流毒开火”（《人民教育》编者，1973）。在这种定性之下，黄帅以“反潮流英雄”的身份一路飞黄腾达，其老师则深受迫害。可惜好景不长。粉碎“四人帮”之后，政治风云突变，黄帅的老师被平反，她则被视为“四人帮”的爪牙而受到政治审查。在该事件中，黄帅与老师之间的矛盾本来只是日常生活纠纷，把老师打成“修正主义的流毒”亦非黄帅的本意。但基于社会动员的需要，国家偏要小题大做，罔顾事实地发掘所谓“两个阶级、两条路线、两种思想的斗争”。经过国家的一番重新表述，黄帅本人的诉求以及事实真相已经不再重要，黄帅及其老师都被抽象成先进与落后、正义与邪恶的代表，黄帅的信访诉求于是被纳入这个新的框架来处理。在此过程中，像黄帅的老师那样被认为代表落后和邪恶的一方受到国家的严厉处置，而像黄帅这样被认为代表先进和正义的一方则受到优待，国家对其利益诉求的满足甚至超过她本人的要求。不过，这样一种吻合是不稳定的，于是随着政治气候的转变，黄帅马上成为国家的对立面，从获益者变成了受害者。

“黄帅事件”虽然只是一个极端事件，但正因为极端，所以将国家的社会动员取向与民众的利益诉求之间矛盾的发生机理展现得更加清楚。1957 年以后，随着大政方针越来越左，国家实施社会动员的兴致也越来越高，信访工作脱离群众实际、粗暴对待群众诉求的情况也越来越严重，遭到群众抵制自在情理之中。诡异的是，群众的抵制反过来却“佐证”了国家实施社会动员的正当性和必要性，助长了国家通过信访工作“扶正祛邪”的兴趣。如此恶性循环，信访工作非但不能化解社会矛盾，反而制造出更多、更严重的社会矛盾。所以，曾长期在国务院信访部门工作的刁杰成（1996）发现，群众信访活动的涨落与国家政治运动有着十分密切的联系：“政治运动开始的时候，群众发动起来了，投入了运动，来信来访的数量增多，其内容多是揭发问题，少数是反映运动中存在的问题，或是要求落实政策；到运动后期，要求落实政策的内容占多数，而且数量也比较大；运动结束后，在相当长的时间内，要求落实政策的内容比较集中，等落实政策基本结束后，来信来访的数量和内容又恢复正常。”

## 三、社会动员与信访制度建设

社会动员取向一方面造成严重的信访矛盾，另一方面却严重妨碍信访制度建设，从而使国家信访工作与群众信访需求的背离更加突出。

首先，社会动员取向秉持的革命化思维，使国家迷信革命觉悟是做好工作的决定性因素，因此，虽然在政治上把信访工作的地位提得很高，实践中却不太重视组织和制度建设。这主要表现在国家对设立专门信访工作机构和人员的态度一直十分勉强。在1951年那篇著名的指示中，毛泽东（1951）在要求重视人民来信的同时，又对设置专人持保留意见："如果来信不多，本人或秘书能够处理，则不要另设专人。"在随后发布的"五一决定"中，虽然明确要求"指定专人"，但要求限制"在原编制内"；到"五七指示"中，信访机构的专门化又有所突破，要求"县以上人民委员会一定要有专职人员或者专职机构"，且未再要求"在原编制内"，但同时要求信访工作"实行专人负责和大家动手相结合的办法"，实际上是希望通过"大家动手"的办法尽可能减少专职人员和专职机构。到1963年，国务院颁布试行的《国家机关处理人民来信和接待来访工作条例（草稿）》（刁杰成，1996），不但明确允许设立专职机构，而且对行政级别都做了规定，但随着"文革"的爆发，这个规定被搁置。国家迟疑的态度严重影响信访体制的专业化进程，以致作为首都的北京到1961年仍然存在信访干部"兼职过多"、"处理信件要靠晚间突击加班"，不少公社把信访工作交给打字员、收发员兼管，领导干部也不过问，错转乱转现象比较普遍等问题（中共北京市委办公厅，1961）。

其次，革命热情的膨胀使国家疏于探究信访活动和信访工作的规律，一方面低估群众信访活动的复杂性，另一方面又高估自身的威信和能力，致使很多制度安排严重脱离实际：一是不问是非、不顾条件地"方便群众"，不仅将接访地点直接安排在新华门，而且给信访群众提供食宿、报销往返车票（参见国务院秘书厅，1965），导致利用信访骗食骗宿骗车票的现象时有发生。二是不顾部门分工地要求"多办少转"，即群众的信访到达哪一级，就由哪一级直接办理，尽量不转办。三是过分要求有信必复，有访必接。曾有群众先后去信十余次向周恩来总理报告自己发明了"阻声器"，未获回音而大表不满，国务院信访部门因此而受到严厉批评（习仲勋，1995）。国家对该事件的处置虽然精神可嘉，但从效率的角度来讲实在没有必要。迫于现实压力，国家也曾对若干不切实际的制度安排做过修正。比如将接访地点从新华门迁至国务院西门，最后又迁至更偏远的陶然亭附近（张成良，1999）；先是降低，最后取消对信访群众的食宿交通补助，还曾出台《关于防止来访人骗卖车票的暂行办法》（内务部，1957）等内部规定；将"多办少转"的原则修正为"分级负责、归口管理"，等等。但由于社会动员观念没有得到根本纠正，这些修正都是局部的、零碎的，并随政治气候的变化而时有反复。

最后，敌我观念浓厚的“人民信访观”严重妨碍信访制度的规范化和法治化。由于信访制度基本被定位为一种服务于革命的社会动员机制，而革命动员的首要问题又是分清敌我，因此，信访不是一体性地赋予全体公民，而是只有公民中的“人民”才能享受的权利。对于被视为“敌人”的公民来说，信访不但是一种被剥夺的权利，而且是一种对其实行专政的手段。本着“人民信访”观念，“五一决定”专门规定，对“人民所提出的意见和问题”要认真办理，对“反动分子借人民名义向政府提出的带有挑拨性或试探性的问题”则不要理睬。“五七指示”也规定：“对于假借人民来信、来访名义，进行无理取闹的坏分子、诈骗犯”，要根据情节轻重“作适当的处理”。即是说，同样内容的来信来访，被判定为来自“人民”还是来自“敌人”，结局可能有天壤之别。由于“人民”是一个非常抽象的政治概念，不仅内涵随着政治形势而不断变化，而且没有一个明确和稳定的操作性标准，这就为一些人打击信访人或利用信访工作排斥异己提供了机会。“六三通知”最重要的目的之一就是要纠正这种现象，可见这种现象在当时非常普遍和严重。但“文革”的到来，不但使纠偏成为泡影，而且使问题愈演愈烈。因此之故，信访工作的规范化在改革前虽有一定进展，但都只限于登记、转办、检查、催办、存档等技术环节，在调整国家与社会的关系这个核心问题上，可以说没有丝毫进展。

社会动员方面的片面发展，使信访作为一种制度安排的合法性和有效性两败俱伤，严重背离国家创立信访制度的初衷。本来，根据党的群众路线，社会动员和冲突化解这两个方面应该做到有机统一，即既要利用信访工作宣传国家政策，提高群众觉悟，使之认清和服从长期利益和整体利益，又要尊重大多数群众觉悟不高、总是从切身利益角度考虑问题的现实，把解决他们的个人疾苦放在重要位置，如此方能实现国家的合法性和有效性的良性互动。但社会动员取向的片面发展使信访工作严重背离社会期望，即使国家难以通过信访工作推动大政方针，又严重损害党和政府的威望，不管从合法性角度来说，还是从有效性角度来说都难以为继。

## 第四节　1978 年以后国家信访观念的调整与信访制度的科层化

“文革”以后，特别是 1978 年第二次全国信访工作会议以后，国家关于信访工作的主导观念迅速从社会动员取向向冲突化解方向调整。促成这一转变的内因，是国家多年来频繁的社会动员，特别是“文革”，严重损害群众的切身利益，由此造成的社会矛盾严重地威胁到政治秩序和社会稳定，使国家无法再漠视群众的利益诉求，不能再把信访诉求动辄抽象到国家政治高度，而必须回到事实和当事人的诉求本身，务实地、实事求是地处理。当然，外部政治环境的改善，即国家大政方针从“以阶级斗争为纲”向“以经济建设为中心”的转变，也为信访观念的调整创造了条件。

## 一、国家信访观念的调整

“文革”结束后，全国开始出现信访高潮，信访量大幅上升，来访量上升尤其明显（刁杰成，1996；张成良，1999）。为此，1977 年 9 月 4 日，《人民日报》发表题为《必须重视人民来信来访》的评论员文章。该文虽然老调重弹，声称对“借信访为名进行翻案反扑、诬告陷害等反革命活动的阶级敌人”要坚决打击，但同时承认，信访工作“涉及群众的切身利益”，要求各地“打一场处理信访积案的‘歼灭战’，并且抓好经常性的信访工作，使老案彻底清、新案及时办”（《人民日报》评论员，1977）。这可说是国家信访观念转变的先声，表明国家信访观念正在朝冲突化解方向调整。

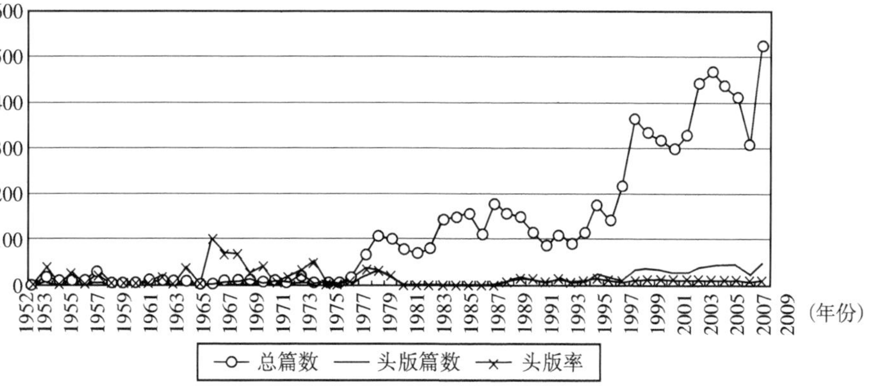


**图 10–2 《人民日报》1952~2009 年关于信访的言论和报道**[①]

面对不断高涨的信访浪潮，1978 年底，第二次全国信访工作会议召开。次年 10 月 22 日，《人民日报》发表评论员文章——《正确对待上访问题》。该文不但将“安定团结”列为信访工作的目标之一，而且破天荒地对信访群众提出警告，

① 图中所使用的数据系作者根据历年《人民日报》整理得来。整理的方法是，利用《人民日报图文数据库》，以“来信”、“来访”和“信访”为关键词检索出所有含有上述字眼的报道和言论，然后逐篇检读内文，将其中虽然含上述字眼但实际与信访工作无涉的条目去掉，再按年份和版别编码处理。

指出用闹事的办法施加压力，迫使国家突破现行政策规定的做法是十分错误的，也是根本做不到的，“不仅无理不能取闹，有理也不能取闹”（《人民日报》评论员，1979）。从歌颂和鼓励群众来信来访，到为了维护安定团结而不惜公开警告信访群众，表明国家信访观念已经实现从社会动员取向向冲突化解取向的调整。

图 10-2 从一个侧面印证了国家信访观念的转变：一方面，从 1952 年到 2009 年,《人民日报》关于信访的言论和报道不管是总篇数还是头版篇数都在不断上升，特别是最近 10 余年来上升尤其明显。这表明，国家对信访工作越来越重视，信访工作在国家政治日程中越来越常规化。但另一方面，从头版率，即头版篇数占总篇数的比例来看，总体趋势却是下降的。大致以 1980 年为界，此前的头版率明显高于此后的头版率。同样一篇关于信访的文章是否置于《人民日报》头版，不仅表明国家对信访问题的重视程度，而且决定着社会影响的大小。从社会动员的角度来说，关于信访的报道或言论应尽量置于头版，以便引起社会注意，扩大社会影响；而从冲突化解的角度来说，则应尽力避免引起社会对信访活动的关注和兴趣，置于头版显然是不明智的。因此，头版率的显著下降体现了国家信访观念从社会动员取向向冲突化解取向的调整。

## 二、信访制度的科层化

国家信访观念的转变引起了信访制度建设的深刻变革。这集中表现在，国家努力扭转以往基于社会动员取向而来的革命化路线，积极推进信访制度的科层化。

首先是观念上的理性化。社会动员取向的淡出，使国家不再把某种革命理想和价值绝对化，进而轻率地否定现实的必然性和合理性，而是倾向于从常人可感知的经验现实出发，仔细研究事物发展的规律，然后选择一个最佳目标、最佳手段以及达到目标的最佳行动路线。思维方式的转变，使国家对信访活动的认识更加冷静和客观，信访工作更加理性和务实。如上所述，国家不再像以前那样片面地赞颂和鼓励群众信访，而是着力强调维护信访秩序，国务院还为此于 1980 年发布了《关于维护信访工作秩序的几项规定》（刘旭、聂玉春，1988）。与此同时，国家不再将信访活动简单地归咎于官僚主义或干部的违法乱纪，进而公开申斥，而只是平和地要求各级政府和干部要善于通过信访渠道“去听取群众的呼声，了解群众的疾苦……团结广大群众，改进我们的工作”。这些情况表明，国家信访工作已经摆脱革命浪漫主义的影响，变得更加尊重现实，更加讲求效率。

其次是机构的专职化。对现实规律的尊重和对工作效率的追求，使国家勇于承认信访工作具有独立于政治要求的专业性，从而愿意根据合理分工而设立专职信访机构，自觉而持续地推进信访体制的专业化。国家于 1982 年发布的《党政机关信访工作暂行条例（草案）》（刁杰成，1996）对各级信访机构的设置做了明确规定。对比“文革”前，该条例对专职信访机构的设立不但要求更为明确，而且分布更为普遍，行政级别也更高，由此奠定了中国信访体制的基本格局，即县级及以上党政机关和国有企事业单位设立专门机构、配备专职人员，县级以下党政机关至少应配备专职人员。1995年颁布和2005年修订的《信访条例》都肯定了这一原则，并做了更具约束力的规定。2007年，根据《中共中央国务院关于进一步加强新时期信访工作的意见》要求，县级及以上党政机关的信访工作机构从同级党政部门的办公厅（室）独立出来，信访体制的专职化程度进一步提高（王学军，2008）。

最后是化解社会冲突、维护社会稳定的强烈愿望使国家不再热衷于发现和树立社会对立，而是把更多的精力用于促进社会整合。为此，国家逐渐放弃敌我意识浓厚的“人民信访”观念，代之以“公民信访”观念。这一转变是在1995年《信访条例》中最终完成的。在该条例中，除了总则中象征性地提到“人民”、“人民群众”等概念外，整个布局都是以“信访人”概念为中心展开的。相对于具有浓厚政治色彩的“人民”概念，“信访人”概念只是刻画提出信访事项的公民作为行政相对人这一法律事实，不包含任何政治含义。2005年《信访条例》修订时沿用了这个核心概念。核心概念从“人民”到“信访人”的变化，表明国家在信访权利的赋予上不再区别“人民”和“敌人”。显然，只有所有公民在人格上平等，包括政治意义上的“敌人”与“人民”在人格上平等，才有可能推进真正的法治。“公民信访”观念的兴起推动了信访工作的规范化和法制化：国家继1995年颁布《信访条例》之后，又在2005年做了修订；在此期间，各地政府也相继颁布和修订本地《信访条例》。

总而言之，1978年以后，信访制度发展的根本性变化是国家信访观从社会动员取向向冲突化解取向的调整。观念的调整使信访制度建设迅速扭转此前的革命化趋势而稳步走向科层化。不过也要指出，信访制度到现在仍然留有社会动员取向的痕迹。比如，2005年版《信访条例》第八条规定：“信访人反映的情况，提出的建议、意见，对国民经济和社会发展或者对改进国家机关工作以及保护社会公共利益有贡献的，由有关行政机关或者单位给予奖励。”第二十六条规定：“公民、法人或者其他组织发现可能造成社会影响的重大、紧急信访事项和信访信息时，可以就近向有关行政机关报告。”这两条规定表明，国家仍然希望通过信访制度吸引和激发群众参与国家所允许的公共事务。当然，随着信访观念的调整，这一取向对国家信访工作的实际影响已经微乎其微了，这正是当前信访制度普遍被视为一种冲突化解机制的原因所在。

## 第五节　信访制度演进的历史规律与当前信访矛盾的基本形势

事物的发展都是由矛盾推动的。要揭示新中国信访制度的演变规律，首先必须揭示信访制度的内在矛盾。前已述及，根据群众路线的要求，国家信访工作应当做到社会动员和冲突化解这两个方面的有机统一。但这种统一并不是抽象的，而是有约束条件的。既然信访制度的根本目标是调整国家与社会的关系，那么，社会对信访制度的期望以及相应而来的行为选择就构成国家开展信访工作的最重要的约束。对民众来说，国家推出的信访制度相当于提供了一个政治机会结构。利用该结构，民众可以名正言顺地提出政治参与要求或利益表达要求。首先，基于社会动员需要，国家是鼓励民众参与公共事务的。尽管国家希望这种参与是国家管束下的参与（Cai，2004），但不管怎样，它为民众的政治参与打开了一道口子，提供了一个机会。因此，民众可以“响应国家号召”，通过信访渠道提出政治参与要求。与国家的社会动员工作一样，这一选择也是以增进公共利益为出发点和落脚点的，至少在形式上如此。其次，基于冲突化解需要，国家信访工作承认个人利益的必要性和首要性。适应这一选择，民众可以利用信访渠道去维护个人的既得利益或期得利益。与国家的冲突化解工作一样，这一选择也是以增进个人利益为出发点和落脚点的。表面上看，国家和社会各自围绕信访制度而展开的行为选择之间并无矛盾：民众要求参与政治，国家也希望他们参与政治；民众要求维护个人利益，国家也承认个人利益的合理性和优先性。但问题是，国家无论如何强势，都不可能完全掌握和顺应民众的选择。于是如图 10-3 所示，在信访

| | | 国家选择 | |
|---|---|---|---|
| | | 社会动员 | 冲突化解 |
| 社会选择 | 利益诉求 | (A)<br>民众只有利益诉求，国家追求的却是政治目标。两种目标一旦契合不佳，即会产生矛盾 | (B)<br>双方都把信访事件理解为单纯的利益纷争，但对解决利益冲突的方式和结果有分歧 |
| | 政治参与 | (D)<br>双方都认为应该鼓励民众的政治参与，但对政治参与的方向和方式存在争议 | (C)<br>国家倾向于把信访事件界定为单纯的利益纷争，社会却倾向于把问题政治化 |

**图 10-3　信访矛盾的基本类型**

实践中，国家的每一种选择与社会的每一种选择之间都有可能发生矛盾。根据其构成，可以将这些矛盾划分为 A、B、C、D 四种基本类型。

首先是国家的社会动员与社会的利益诉求之间的矛盾，即图中的 A 类。主要表现为，民众从个人利益需要出发，希望国家能够直面自己已经或可能受到的利益损害，并没有什么政治追求，国家却基于社会动员需要，把简单的利益纷争上升到国家政治高度，根据国家的政治需要去解释和处置。在政治逻辑主导下，国家对事件的回应也许会达到甚至大大超过当事人的要求，但这种契合随时可能因国家政治需要的转变而瓦解，甚至对立。一旦出现这种情况，即会产生矛盾。

其次是 B 类，即国家的冲突化解与社会的利益诉求之间的矛盾。在这类矛盾中，民众只有单纯的利益追求，国家也倾向于把信访事件当作单纯的利益矛盾来处理，但双方对解决的方式和结果有分歧，比如一个强调程序正义，一个强调实体正义，于是产生矛盾。

再次是 C 类，即国家的冲突化解与社会的政治参与之间的矛盾。在这类矛盾中，国家倾向于把信访事件界定为单纯的利益诉求，希望调用既有的利益调处机制来解决，但民众却基于政治参与的需要，倾向于把问题政治化，希望突破既有的利益调处机制用政治手段来解决。所谓“政治手段”，既包括为国家所承认但尚未落实为具体制度或规定的政治理念，也包括不被国家所认可的体制外抗争。

最后是国家的社会动员与社会的政治参与之间的矛盾，即 D 类。在这类矛盾中，双方在允许民众为公共利益而参与政治这个问题上有共识，但由于对什么是公共利益、怎样维护公共利益等问题的理解不同，从而在政治参与的方向和方式上存在争议。

由于上述矛盾的存在，国家关于信访制度的意图和构想，不管是社会动员取向的，还是冲突化解取向的，在实践中都不可能完全达到预期目的，因而会发生非期然后果。非期然后果，特别是其中的负面后果，促使国家对信访制度进行调整，从而推动着信访制度的演进。根据图 10-3 所揭示的信访矛盾谱系，新中国成立以来信访制度演进的历史趋势和规律可用图 10-4 来表示。

| | | 1951~1978 年 | | 1978~2000 年 | | 2000 年至今 |
|---|---|---|---|---|---|---|
| 信访主要矛盾 | 国家选择 | 社会动员 | | 冲突化解 | | 冲突化解 |
| | | A | → | B | → | B→C |
| | 社会选择 | 利益诉求 | | 利益诉求 | | 利益诉求→政治参与 |
| 信访制度建设 | 国家作为矛盾的主要方面主导着信访制度建设，但受到社会选择的制约 | 迅速建立并确立政治地位，但日益脱离社会实际，最终遭遇严重挫折 | | 基本满足群众的信访需求，国家得以稳定地推进信访制度的科层化，但正在落后于形势变化 | | 国家怎样回应当前信访矛盾正在从 B 类向 C 类转变的形势，将在很大程度上决定信访制度建设的走向 |

**图 10-4 新中国成立以来信访主要矛盾的转变与信访制度的演进**

大致可以说，1951~1978 年，信访主要矛盾是 A 类，即国家的社会动员与社会的利益诉求之间的矛盾。在该矛盾中，国家关于社会动员的观念和选择主导着信访制度的发展。在社会动员取向驱动下，国家在政治上高度重视信访工作，这一方面使信访制度迅速确立作为国家政权设置的政治地位，另一方面也使信访制度不能有效回应民众对个人利益的追求。吸取这一教训，“文革”结束后，国家信访工作的主导观念转为冲突化解取向，从而使信访主要矛盾从 A 类转变为 B 类（即国家的冲突化解与社会的利益诉求之间的矛盾）。在这一矛盾中，国家与社会的主要分歧出现在技术层面，即利益纷争到底应该采取什么方式来调处，要达到什么结果才算理想。正因为没有根本分歧，国家与对社会的对立较弱，所以国家能够基本按照自己的意志持续而稳健地推进信访制度的科层化。

大约从世纪之交开始，随着住房、医疗、教育等攸关民生的改革渐次开展，国家与社会之间的这样一种“共识”开始受到挑战，于是信访主要矛盾开始发生从 B 类向 C 类（即国家的冲突化解与社会的政治参与之间的矛盾）的转变。造成这一转变的根本原因在于，随着改革逐渐步入深水区，涌入信访渠道的大量社会矛盾既是一个民生问题，也是一个政治问题。这要求国家必须从政治高度对社会利益格局做出战略性和前瞻性调整。改革前，在社会动员取向主导下，国家倾向于把一切社会问题都视为政治问题并用政治手段去解决，固然是极端的，但当前在冲突化解取向主导下，国家似有走向另一个极端的趋势，即把一切社会问题都视为经济问题并用经济手段去解决。如果说在改革之初，这样一种处理手法尚算顺应社会形势，那么，随着最近 10 余年来社会利益格局的深层调整问题日益突出，其局限也就暴露得越来越明显。最大的局限在于，它使国家不能直面社会问题的政治性质。

更困扰的是，与国家竭力“去政治化”的努力相反，信访制度本身在设计上却为社会的政治动员提供了方便。尽管多年来国家已几乎不再利用信访制度进行社会动员，但并不能阻止民众利用信访制度进行政治动员。原因在于，基于群众路线的基本精神，民众本来就有利用信访渠道进行政治参与的政治合法性，而群众路线又是比国家目前秉持的冲突化解理念更上位的、更有政治约束力的意识形态路线。这也是最新修订的《信访条例》从程序正义观出发企图禁止越级上访，但仍然禁而不止的根本原因。因为从群众路线来说，越级上访既是信访制度相对于司法制度的“优势”，也是群众应有的“权利”。就这样，国家信访工作常常陷入“左右互搏”的尴尬境地。而这一困境又为一些人利用信访问题要挟甚至敲诈国家提供了政治机会。

当然，当前 C 类矛盾中民众政治参与行为的形成，情况很复杂。大体来说有四种：一是信访民众本来就有政治意识，因此主动利用信访制度提出政治要求；二是信访民众本无政治意识，但国家“大事化小”的处置办法使其合理诉求得不到有效解决，其政治意识在申诉和抗争过程中逐渐觉醒，于是把信访事端上升为政治问题；三是抓住国家急欲“去政治化”的心理，故意反其道而行之，非要把有关事端上升到政治高度，实际上是把“政治化”作为一种问题解决策略；四是本来没有遭受不公或不义，却恶意制造蒙受不公平对待的假象，然后利用国家面临的政治压力对国家进行敲诈。[①] 在上述四种情况中，当事人尽管动机各异，但都是利用政治压力逼国家“就范”，客观上和形式上都具有政治动员和政治参与的性质，因此最终都表现为国家的冲突化解选择与社会的政治参与选择之间的矛盾。与以往一样，作为信访矛盾中的主要方面，国家如何回应当前的信访矛盾形势，将在很大程度上决定信访制度和信访矛盾在今后的走向。

## 第六节 信访制度改革与社会治理创新的核心问题

### 一、信访制度改革与社会治理创新的基本原则

与时俱进地改革信访制度、改善信访工作，使之更有效地发挥排解社会纠纷、化解社会矛盾、消解社会冲突的作用，使各种信访矛盾能够得到更加及时、合理的解决，是当前社会治理创新的一个重要方面。讨论信访制度改革，必须在深入把握信访制度演进的历史规律的基础上，廓清历史给今后的发展留下了什么问题，又创造了什么条件，然后才能讨论什么样的改革是可能的，什么样的改革是可行的。从上面所揭示的信访制度的发展规律以及当前信访矛盾的基本形势来看，当前信访制度改革和社会治理创新至少应该把握以下三个基本原则。

第一，冲突化解取向的信访观已经越来越不适应当前的社会形势，它在化解大量社会矛盾的同时，也徒然制造出大量社会矛盾。与改革之初果断调整社会动员取向一样，当前国家也必须对冲突化解取向进行适当调整，并在此基础上对信访制度做出具有前瞻性和战略性的改革。

第二，信访制度是秉承群众路线而来的一种国家制度，而群众路线作为党的根本政治路线和组织路线，一直是新中国政权之政治合法性的重要理论基石。因此，信访制度改革在追求行政效率的同时，还要考虑它对国家合法性基础可能造成的冲击。只有兼顾国家的效率需要和合法性需要，信访制度改革才是可能而又可行的。

---

① 广东等地近年出现的名为“工闹”职业犯罪团伙，就是这方面的例子。关于“工闹”，可参见蒋铮、张卉，2011。

第三，在历史上，信访制度是一个直接调整国家与社会之间关系的总体性机制。相应地，信访制度改革必须有大格局和大视野，必须将其与未来若干年内中国应当和可能建构一种什么样的国家与社会关系这样一个战略性思考联系起来，不能就信访而论信访。对任何一个政权来说，如何处理与“社会”的关系，都是一个事关政权安危的根本性问题，必须稳健从事。

具体来说，信访制度改革和与之相应的社会治理创新必须把握一个关键，即处理好法治与政治的关系。下面将要指出，中国政治体制的一个基本特征是法治与政治的纠结，而前面所指出的社会动员和冲突化解这样两种信访工作取向及其在实践过程中引发的诸种信访矛盾，实际上都是这一特征的具体体现；当前信访制度改革和社会治理创新不是一个单纯讲法治还是讲政治的问题，而是一个如何正确理解和处理法治与政治之间的关系的问题。

新中国的政治体制在实践过程中一直面临法治与政治的纠结。这个难题来源于中国所采取的赶超型发展战略。作为世界现代化史上的一个迟发展国家，中国在社会发展过程中必须采取赶超战略。中国现代化进程的历史起点很低，一方面，推进现代化所需要的人力资源和经济资本严重短缺，另一方面，在世界政治经济格局仍然严重不平等且被西方把持，政治和经济独立始终是一个威胁中国现代化进程的严重问题。这决定了中国的赶超型发展必然是强势国家主导下的发展。因为只有一个强势国家，才能“集中力量办大事”，才能有效地克服资源和资本严重不足的问题；也只有一个强势国家，才能保证现代化所需要的政治和经济独立。所谓“强势国家”，就是国家在决策和行动上有相当大的自主性，在组织和制度上受社会的制约较小。而要做到这一点，国家就必须树立和维护自己的卡理斯玛权威，因为相对于法理型权威和传统型权威来说，卡理斯玛权威的行动自主性最大。[①] 确实，自 1949 年以来，党和国家一直在用自己所拥有的优秀品质来论证并要求民众尊重和服从自己的卡理斯玛权威。[②]

在这样一种权威观念和逻辑下，在相当长的时间内，党的领导被认为是高于法律的，党凭自己的优秀品质及人民的拥戴即可施行社会治理，法律顶多是党施行社会治理的一个工具，而不是其权力的合法性来源。既然党的优秀品质而非法律被认为是政治合法性的决定性因素，那么，顺理成章地，党就可以根据“革命需要”而随时制定、修改和废止法律，党的指示和政策就应该高于法律，如果墨守法律和法规，反倒被认为不利于党根据形势的变化而随时调整政策，从而妨碍党的领导能力的充分发挥。就这样，讲政治，即坚持党的领导，就与讲法治存在

① 关于权威类型及其特征和相互关系的论述，可参见韦伯，2004。

② 关于这个优秀品质，党在不同时期有不同的表述。早期最为典型的表述是毛泽东在《论人民民主专政》所概括的“最有远见、最大公无私，最富于革命的彻底性”，近期最为典型的表述则是“三个代表”。

严重冲突。冲突最严重的时候，甚至谁讲法治，谁就被认为在否定党的领导。

但事实上，不管其主观愿意如何良好，没有任何政党和政府能够超越历史限制，以致能够完全洞察历史发展的规律，能够完全掌握并适时人民群众的需要。因此，党和国家基于卡理斯玛权威逻辑而来的具有高度自主性的行动，总是有失误甚至有严重失误的时候，由此造成的社会矛盾迫使党和国家不得不在一定程度上承认自己的局限性并愿意接受法律的约束，从而承认法治的合理性和重要性。与此同时，伴随赶超型发展而来的急剧社会变革所引起的剧烈社会冲突，也使党和国家认识到法治的必要性和优越性。改革开放以后的法治思潮就是在这种背景下逐渐兴起，并在党的"十五大"上作为一种治国方略而肯定下来的。不过，基于推进赶超型发展的需要，党和国家一直没有放弃也不可能放弃卡理斯玛权威逻辑，因此，法治与政治的纠结仍然是当前中国政治体制改革中的一个根本性难题。①

新中国成立以来信访制度的形成和演变也体现着中国政治体制中法治与政治的纠结。如前所述，新中国的信访制度一直蕴含着社会动员和冲突化解这两种取向，正是这两种取向之间的张力决定着信访制度的演变轨迹，以及信访矛盾的基本类型和当前信访矛盾的基本形势。事实上，社会动员取向正是遵循政治要求的必然结果，而冲突化解取向则潜在地要求法治。因此，社会动员与冲突化解这两种取向之间的矛盾及其后果，正是法治与政治之间的纠结在信访问题上的展现。

在信访工作中，所谓"社会动员"，本质上是要求通过信访工作激发民众对党的信任、忠诚和爱戴，使民众相信和服从党和国家的卡理斯玛权威，积极投入党和国家所决定的政治事务。相应地，信访制度建设的基本路线应该是讲政治，即加强党和人民群众的团结，以维护和巩固党的领导。而所谓"冲突化解"，本质上是要求通过信访工作为信访人提供利益救济，以使社会秩序不至于因激烈的利益纷争而紊乱或崩溃。相应地，信访制度建设应该立足于讲法治，因为历史已经证明，法治是调整社会利益关系的最有效的手段。

如前所述，在改革开放以前，国家信访工作的基本取向是社会动员，因此，"讲政治"的特征十分鲜明。然而，由于当时党和国家工作中的失误，以加强党和人民群众的团结为根本目标的信访工作在不期然间成为错误政策的助推器，结果不但无助于加强党和人民群众的团结，反而造成严重的社会矛盾。在解决这些矛盾的过程中，迫于行政效能和效率的压力，党和国家也不得不在一定程度上接受信访工作的程序化和法制化，尽管这些程序化和法制化并不完全符合社会动员取向关于"加强党和政府与人民群众的联系"这一政治需要。

---

① 关于国家的卡理斯玛权威观念的成因、后果、历史合理性以及当前面临的困境，可参见冯仕政，2011。

改革开放以后，吸取以前信访工作过分强调社会动员功能的教训，国家把信访工作的重点转到冲突化解上来，国家信访工作从此走上法治的轨道。这方面最集中的表现是国家于1982年出台了《党政机关信访工作暂行条例（草案）》，又于1995年出台了《信访条例》，并在2005年做了修订。这些条例基于法治的思路，对国家的权利和义务、信访人的权利和义务，以及国家的信访工作和民众的信访活动做了越来越明确和细致的规定。然而，“讲法治”的思路并没有取得预期的效果，越级上访、重复上访、闹访、缠访等行为仍然屡禁不止。根本原因仍在于党和国家苦于政治和法治的纠结而不能把法治原则贯彻到底，必须有法律之外的政治考虑。法治的基本行为特征是系统化、规范化、专业化，正是这样一些特征使其在矛盾调处方面具有其他调处方式不可比拟的效率优势。然而，从巩固和加强党的领导地位来说，这样一些特征恰恰是其弱点所在，因为这些特征将使党与信访民众之间的关系，从充满温情的政治关系变成冷冰冰的法律关系；如果在信访工作中将法治原则贯彻到底，那么，党在群众心目中的形象将从一个充满关爱的“父亲”形象变成一个超然事外的仲裁者形象，或者变成一个因为受法律的约束而对信访民众爱莫能助的“弱者”形象。这显然会妨碍民众对党恩的感念和拥戴，不利于党树立和维护自己的卡理斯玛权威，因而是党不可能接受的。不仅如此，如果在信访工作中将法治原则贯彻到底，在整个社会范围内树立起来的将会是法理型权威。这样一种权威的树立，不但会在事实上削弱民众对党的卡理斯玛权威的支持，而且会对党的卡理斯玛权威构成潜在挑战，因为民众随时可能以法律和法理为基础去质疑党的卡理斯玛合法性逻辑。这显然是党和政府所不愿意看到的。基于这种政治压力，很多时候即使民众的信访诉求从法律的角度来说是毫无道理的，国家也不得不受理，由此造成前面所说的C类信访矛盾。

于是，尽管在改革开放以后相当长一段时间内国家信访工作表现出强烈的法治化意愿，并在客观上呈现出明显的法治化趋势，但在强大的民意压力下，国家不得不继续保持信访制度的人性化和政治化特征。事实上，从20世纪90年代末开始，随着社会矛盾的日益严峻，对矛盾化解的效率要求越来越高，从而对法治的要求越来越迫切的时候，国家信访工作的法治化趋势不是越来越加强，反而是在某种程度上削弱了。代之而起的，是“讲政治”的趋势越来越明显。2007年发布的《中共中央国务院关于进一步加强新时期信访工作的意见》，就是一个明显的信号。这说明，受宏观政治体制的约束，信访制度至今仍然无法摆脱政治与法治的纠结。

当前关于信访制度改革的争论也体现了这一点。在信访制度改革问题上，目前主要有两种主张：一种是“取消派”，另一种是“加强派”。“取消派”认为，信访制度的功能不但与通行的司法机构——监察、检察、法院等部门的职能严重重叠，甚至有凌驾而上的趋势，信访制度的继续存在将会弱化和严重妨碍司法机构充分发挥其职能，不利于法治建设，因此信访制度必须取消。一个替代的办法，是将信访部门的职能分别纳入人大、监察、检察、审判、仲裁等已经存在或正在建立和健全的法治机制。与之相对的“强化派”则认为，信访制度不但不能取消，而且必须加强，因为信访制度有利于党听取和回应民众呼声，有利于密切党和群众的关系，有利于培养群众对党的信任和爱戴，有利于巩固和加强党的领导。于是，信访制度的改革问题就变成了一个“讲政治”还是“讲法治”的问题。

总而言之，中国信访制度的变革以及当前信访矛盾的基本形势，表面上是由社会动员和冲突化解这两种取向之间的矛盾造成的，但根本的原因还在于中国政治体制中政治与法治的纠结：一方面，为了加强与群众的团结，巩固群众对党的信任、忠诚和爱戴，国家倾向于讲政治；另一方面，为了化解社会矛盾，国家倾向于讲法治，因为法律规则的系统化、专业化和条理化，可以使社会纠纷的调整在总体上更有效率。但由于政治与法治之间的内在紧张和冲突，国家难以做到法治和政治两全其美；政治与法治的纠结，常使国家左右为难。

事实上，政治与法治的纠结不仅充盈于国家的信访制度和实践之中，而且影响到民众的信访观念和行为。当前信访矛盾的一个重要成因是群众“信访不信法”，即老百姓认为信访是法律机制之外的一条“便捷通道”，希望信访渠道对问题的解决比法律渠道更快捷、更方便、更彻底。而对信访部门来说，即使信访群众的诉求是合理的，也必须尊重既有的部门分工，以及行政、法律等方面的程序和规则。基于对部门分工和有关规程的尊重，信访部门对绝大多数利益纷争并没有直接解决的能力，而只能转介给包括司法部门在内的其他职能部门，督导或协调它们解决，于是问题转了一圈又回到了原来的程序化轨道上。信访部门这样一种“只分诊、不看病”的做法与信访群众对快速、便捷的追求相去甚远，于是产生了矛盾。

老百姓为什么“信访不信法”？原因不外乎两个方面：一是法不值得信，二是访更值得信。所谓“法不值得信”，是指现在虽然已经有一整套法律制度安排，但这些制度的工作不够有效、不够公正，逼得老百姓去寻求法律之外的利益救济渠道——信访就是选项之一。所谓“访更值得信”，是指即使法律是有效的、公正的，但信访以其自由性和便捷性，确实有相对于法律解决方式的优势，从而吸引民众放弃法律渠道而走信访渠道。这两个方面中，“法不值得信”所扮演的角色是推力，把民众从法律渠道推向信访渠道，而“访更值得信”所扮演的角色是拉力，把民众从法律渠道吸引到信访渠道。实事求是地说，当前大量民众遇事“信访不信法”，既有“法不值得信”的原因，也有“访更值得信”的原因，是推力和拉力复合作用的结果。

老百姓之所以认为“法不值得信”，从根本上说，是因为法律没有树立起足够的权威。而这种状况的形成与国家长期以来政法不分、以政干法的做法不无关系。这使得老百姓只信政治，不信法治，遇事偏爱找政府，不去找法院。要承认，这并不完全是老百姓的误解和臆想。在现实生活中，出于政治考虑，确有很多案件的审理并不完全是依法办事。此类事件之频繁，足以影响老百姓对法律的信仰。而且，国家在处理信访案件过程中确实普遍存在徇情不循法的情况。特别是近年来，在强大的维稳压力下，“摆平就是水平”、“搞定就是稳定”成为有关领导和部门处理信访案件的信条，这反过来进一步助长了民众“访更值得信”的观念，进一步弱化了老百姓对法律的信仰。

可以说，老百姓“信访不信法”的观念的形成，固然与中国几千年来缺乏法治精神有一定关系，但根本原因还在于国家本身：苦于政治与法治的纠结，国家长期以来对法治不愿或不敢把法治贯彻到底。只要国家愿意，以新中国政权的强势，完全足以营造出法治这样一个新法统。法治精神之所以未树立起来，不是国家不能，而是不愿。国家在法治与政治之间依违两可的结果，使老百姓对法律没有信仰，遇事不走法律渠道，而走政治渠道，并且希望政治渠道越便捷越好。在他们看来，信访就是这样一个便捷的政治渠道。但信访部门基于行政秩序和效率的考虑，又不可能完全满足他们对于“便捷”的期望，结果造成信访群众对国家的埋怨和不满。这类矛盾的形成，表面上看是因为老百姓的法治观念不强，但事实上，老百姓的法治观念不强与国家的法治观念不强是孪生子、双胞胎。

基于政治与法治的纠结，长期以来国家在行政过程中“政”、“法”不分，不仅严重影响了民众对法律的信仰，造成了“信访不信法”的矛盾，而且为一些访民进行政治操作提供了政治机会。笔者在社会调查中曾经碰到这样一个案例：一群工人在自愿签订协议、领取补偿金之后离职，与所在的国有企业解除了劳动关系。过了若干年，他们却以生活困难为由，找到原企业，要求追加补偿金。企业理所当然地拒绝了他们的要求，他们于是不断上访。在与有关领导对话时，某领导以法律和法规为依据驳回他们的要求，他们却理直气壮地质问：“你们还是不是共产党的企业？你们还讲不讲‘三个代表’?!”让企业领导一时无言以对。

在这里，领导在讲法治，但上访工人自知在法律上理亏，于是聪明地不讲法治，而去讲政治，用“三个代表”这个“政治”去压领导所讲的“法治”。为什么上访工人能够进行这样一种操作？不得不承认，是国家政治体制和信访工作中政治与法治的纠结给他们提供了操作空间。面对上访群众以“政治”为武器的进攻，由于存在政治与法治的纠结，国家往往不能快刀斩乱麻地处理，结果常常使问题和矛盾更加复杂化。简言之，信访民众将利益问题上升到政治高度，以寻求更好、更快地解决这样一种观念和行动策略，与国家方面存在政治与法治的纠结是密切相关的。

综上所述，各类信访矛盾的形成，都与国家政治体制中政治与法治的纠结及其对民众信访观念的影响有关。这进一步说明，处理好政治与法治的关系，是有效推进信访制度改革和创新社会治理的关键。

## 二、信访制度改革和社会治理创新的政策建议

既然处理好政治与法治的关系是当前信访制度改革和社会治理创新的核心问题，那么，到底应该怎样认识和处理这一问题？在很多人看来，政治干涉法治实际上是人治，应该被唾弃，法治是中国政治发展的唯一道路；在改革开放之前，只是由于党治国理政的指导思想发生了偏差，才导致崇政而废法；现在之所以仍有人以政干法，是封建专制思想在作怪或是“左”的残余未尽除。这种观点有一定道理，但中国的现代化建设内在地要求将二者调和起来（冯仕政，2011）。也就是说，既要讲政治，又要讲法治，一方面要维护和加强党的权威，另一方面也要维护和加强法律的权威。兼顾政治和法治是信访制度改革的一个基本的原则。二者如何调和，还需要做专题研究。这里仅根据这个基本原则，对于信访制度改革和相关的社会治理创新提出以下三点建议。

### （一）剥离信访制度的冲突化解职能，将信访工作定位于群众工作

尽管国家的整体政治改革需要兼顾政治和法治，但从信访这个局部制度来说，则可以在政治与法治中择一端而从之，以尽可能规避政治与法治的纠葛。基本思路是：第一，剥离信访制度中的冲突化解职能，将其并入司法制度，并着力完善司法制度，以便承接从信访制度中转移过来的相关职能。第二，将信访制度定位于群众工作，实际是强化信访机构的政治动员职能，而弱化其公共管理职能。之所以确立这样一种定位，原因在于：

首先，信访制度本来就是作为一种群众工作机构的面目登上历史舞台的，冲突化解职能是在法制不健全的历史条件下附加给它的职能。随着法制的逐渐完善，它应该退出冲突化解领域，回归群众工作机构的定位。

我党创立信访制度的初衷是希望在执政之后继续保持和加强与人民群众的联系，应该承担的是群众动员功能。尽管由于种种原因，这一功能在改革开放以后有所弱化，但这一职能定位至今仍然保留在信访制度中。近年来，随着各方面形势的变化，党的领导地位面临越来越大的挑战，党的群众动员工作因此而显得越来越重要，在这种情况下，恢复信访机构作为群众工作机构的本来面目，并根据新的社会和政治形势予以加强，既符合传统，又符合当前形势的需要。

反观信访制度所承担的冲突化解职能，却是特定历史条件下的产物。在任何现代社会中，冲突化解职能都主要由司法机构承担，但我国在相当长的时间内，由于以政代法的现象十分严重，司法机构不健全、作用不显著，信访部门实际上长期承担着本应由司法部门承担的工作，致使信访工作与司法工作的在观念上、组织上、制度上都混淆不清。特别是改革开放之初，在司法机构彻底被破坏的情况下，为了快速平反冤假错案，信访机构的冲突化解职能更是被大大强化。改革

开放以后，随着法治观念的确立和法律机构的完善，在特定历史条件下由信访机构承担的冲突化解职能也应逐渐转移到司法机构中去，信访机构的冲突化解职能不但不应加强，而应该逐渐削弱。

其次，如果不剥离信访制度的冲突化解职能，将使信访制度在讲政治还是讲法治的泥沼中越陷越深，既达不到有效化解社会矛盾的目标，也不能很好地发挥其政治动员功能。既然鱼与熊掌不可兼得，不如舍鱼而取熊掌。

假如仍然保留信访制度的冲突化解职能，而同时保持高度政治化的特征，就相当于保留了一条直接民主渠道，这对于提高国家的政治合法性当然是非常有利的。但这样一来，信访渠道就会成为一条比司法途径更便捷、更有效的利益表达机制和政治参与机制，因此而产生的虹吸效应，将把大量利益诉求和政治诉求吸引到信访渠道上来。由此造成的后果是，一方面，国家已经投入大量资源建设的、本应作为一个社会中核心矛盾调处机制的司法途径被冷落、被悬置，既无法充分发挥其应有的冲突化解职能，又导致资源的严重浪费；另一方面，信访渠道不堪重负，出于效率考虑，最终仍然不得不实行分工协作，分工就要分权，分权就必须法治化，而一旦法治化，信访制度就不仅丧失了它作为直接民主机制的政治团结功能，而且在冲突化解职能上容易与既有的司法机制冲突。既然如此，就不如将现在由信访制度同时承担的政治动员功能和冲突化解职能分开，信访工作主要承担政治动员功能，而冲突化解职能则主要由司法机构去承担。这样有所为，有所不为，既能避免冲突，又能提高效率。

**（二）信访机构的主要任务是围绕社会矛盾察访民情、疏导民怨、服务群众**

将信访工作定位于群众工作，具体来说，其主要任务是围绕社会矛盾察访民情、疏导民怨和服务群众。我们党一直很注意体察民情，但长期没有一个专门的机构。在革命时期，由于天天生活于群众之中，政治、军事等各项工作都寓于群众工作之中，不设立专门的民情察访机构也不会脱离群众。但执政之后，党的各项工作逐渐专业化、制度化和规范化，专业化、制度化、规范化就意味着精英化，就意味着与群众相脱离。在一段时间内，党企图通过不断的群众运动来克服因为专业化、制度化、规范化而脱离群众的现象，但事实证明，专业化、制度化、规范化是保证社会治理效率和效能的必经之路，以群众路线冲击专业化、制度化、规范化是行不通的，是不可持续的。那么，现在似可换一种思路，即将信访部门转型为一个群众工作部门，专司保持和加强党与人民群众的联系。这样既不干扰其他党政工作的专业化、制度化、规范化，又能达到体察和掌握民情民意的目的。不过，与革命时期的群众工作不同的是，信访部门的群众工作不像以前那么广泛，而是专门围绕特定时期突出的社会矛盾而展开，以免因为开展群众工作而对其他部门的工作造成干扰。

信访部门应该结合特定时期党和政府的工作重点、当时的国际国内形势，特别是民众的来信来访，仔细研判社会矛盾的基本趋势和特征，为党和政府的决策提供参谋。这是“察访民情”。

所谓“疏导民怨”，主要是指加强对民众的教育和引导。任何社会都会有矛盾。但客观存在的社会矛盾在主观上形成何种民怨，在一定程度上是可控的。信访部门可以通过思想政治工作，引导民众对社会矛盾的认识，从而控制民怨的程度和方向。这个工作与宣传部门的工作有一定重叠，但并不完全重合，因为宣传部门的工作更基础、更广泛，民怨疏导工作只是其工作中的很小一部分，难免不够专精，而信访部门的任务就是要把这方面工作做得更专精。

所谓“服务群众”，主要是指接受民众的来信来访，然后根据信访事项的内容和特征，转介给相关业务部门处理，并代表党政领导催办、督察有关信访事项的落实。在此过程中，需要注意转介、催办和督察必须尊重部门分工和法律法规，不得逾越职权。

**（三）信访工作应立足于引导法治、补充法治、催生法治**

信访工作要尊重法律作为矛盾调处的核心机制的地位，把引导法治、补充法治、催生法治作为自己的神圣职责。所谓“引导法治”，是信访部门可以根据自己对民情，特别是民怨的了解，给党政领导部门和有关法律机关提供政策建议和咨询，从而使中国的法治之路更切合中国实际。所谓“补充法治”，是指信访部门的工作应该主动为司法工作拾遗补阙，而不能越俎代庖。所谓“催生法治”，是信访工作应该把推进冲突化解的法治化作为自己工作的方向，应该服从而不能背离这个方向。信访工作应该在引导法治、补充法治、催生法治的大前提下去开展群众工作。

之所以要把法律作为社会冲突化解的核心手段，是因为：第一，法律规则和程序很明确，当事各方对问题解决的方法、周期、成本和收益能够了然于胸，能够理性地计算利害得失并做出决策。法律规则的可预期性和可计算性可使问题解决过程更平稳、更理性。而政治解决基本上是一事一议，主要依靠临场协商和妥协，由于没有明确的规则，当事人总是倾向于用“闹”来不断试探政府底线，争取最大利益，从而使问题解决更加无序，成本更高。第二，法律是经过严谨的立法程序制定出来的，法律规则和程序已经综合考虑各方利益的平衡，通过法律方式解决能够更好地做到公平公正，可以杜绝因解决不公平而造成新的矛盾和冲突。第三，法律是由训练有素的专业部门和专业人员保证实施的，从整体和长远来说，其专业性能够保证信访突出问题的防范和化解更科学、更有效。

为强化法律解决的核心地位，党和国家应有意识地降低信访群众对政治解决的期望。一是有关部门和领导应主动降低政治调门，不做过多政治承诺，有意识地把社会预期引导到法治轨道上来，减轻司法部门同时也是减轻政府自身的政治压力；二是尊重司法的专业性和严肃性，摒弃“搞定就是稳定，摆平就是水平，没事就是本事”的司法实用主义思维；三是加紧立法，严肃司法，提高司法的专业性和公正性，让法律真正成为一条可靠的、有效的问题解决途径。

当然，当前纯粹使用法律手段还存在一些困难，比如法律讲究程序，以致缓不济急；法律本身不够完善；并不是所有当事人都尊重和服从法律，等等。但作为国家来说，必须坚定不移地把法律解决作为基本方向，坚定不移地维护法律权威。在当前信访事件多发、频发的形势下，政治手段不失为保持社会稳定的一个重要选择，但基于长治久安的考虑，它只能是辅助性的，不能超越和取代法律手段。

当前，从地方到中央都高度重视化解信访突出问题，化解信访突出问题在政治上被提到很高的高度。随着信访突出问题被高度政治化，政治手段也成为国家处置信访突出问题的主要方式。这种处置方式虽然简便快捷，短期效果可观，但从长远来说，它不但使政府越来越深地陷入合法性困境，而且本身会滋生新的信访突出问题和冲突。

首先，偏重政治的问题解决方式会反过来助长事件参与人将事件政治化的思维，两方互为镜像、相互强化，导致法律手段不断被边缘化，使问题越来越难以回到法律轨道解决。问题一旦被推入政治轨道，就会被事件参与人和外部舆论无限上纲，使政府面临的政治合法性压力越来越大，回旋余地越来越小，解决效果越来越有限。“吃力不讨好”，越讨好越吃力，越吃力越不讨好，在自己设置的“合法性困境”中越陷越深。

其次，政府对不同事件的解决因政治压力的大小而畸轻畸重，反过来又助长一些群体把事情“搞大”的心理，即通过制造政治压力胁迫有关部门让步。结果，政治化解决方式不但不能有效化解信访突出问题，反而制造新的矛盾和冲突。

最后，政治解决一般是通过“派糖”，即给予经济实惠对事件参与人进行安抚。一旦国家面临经济或财政困难，导致无法继续“派糖”时，财政或经济困难会引发政治危机，二者交相作用，会造成极为严重的社会后果。因此这种方式是不可持续的。

**参考文献**

北京市信访办课题组：《信访理念》、《信访实践（上、下）》、《信访制度》，研究资料汇编，未印行，2010 年。

北京市《政府志》编纂委员会：《北京志·政府志》（送审稿），未印行，国家图书馆藏，2001 年。

北京市《政府志》编纂委员会：《北京志·公安志》，北京出版社，2003 年。

陈柏峰：《缠讼、信访和新中国政法传统》，《中外法学》，2004 年第 2 期。

陈荣光：《北京市人民来信来访工作史料一组》，《北京市档案史资料》，2005 年第 3 期。

刁杰成编著：《人民信访史略》，北京经济学院出版社，1996 年。

国务院：《关于加强处理人民来信和接待人民来访工作的指示》，《中华人民共和国国务院公报》，1957年第52期，第1093–1096页。

国务院：《信访条例》，人民出版社，1995年。

国务院：《信访条例》，人民出版社，2005年。

国务院秘书厅：《转发北京市民政局关于统一解决来访人员食宿路费的两个办法的通知》，载北京市委党史研究室编《北京市重要文献选编(1965)》，中国档案出版社，2007/1965年，第30–35页。

冯仕政：《中国国家运动的形成与变异：基于政体的整体性解释》，《开放时代》，2011年第1期。

冯仕政：《法治、政治与中国现代化》，《学海》，2011年第4期。

胡荣：《农民上访与政治信任的流失》，《社会学研究》，2007年第3期。

蒋铮、张卉：《"工闹"真相》，《羊城晚报》，2011年11月4日A6版。

李宏勃：《法制现代化进程中的人民信访》，清华大学出版社，2007年。

李秋学：《中国信访史论》，中国社会科学出版社，2009年。

刘平：《单位制的演变与信访制度改革》，《人文杂志》，2011年第6期。

刘少奇：《论党》，人民出版社，1980年。

刘少奇：《刘少奇选集》(下)，人民出版社，1985年。

刘旭、聂玉春主编：《信访工作手册》，高等教育出版社，1988年。

毛泽东：《中央转发关于处理群众来信问题报告的批语》，载中共中央文献研究室编《建国以来毛泽东文稿》第一册，中央文献出版社，1996/1950年。

毛泽东：《转发中央办公厅秘书室关于处理群众来信的报告的批语》，载中共中央文献研究室编《建国以来毛泽东文稿》第二册，中央文献出版社，1996/1951年。

毛泽东：《中央关于反对官僚主义、反对命令主义、反对违法乱纪的指示》，载中共中央文献研究室编《建国以来毛泽东文稿》第四册，中央文献出版社，1990/1953年。

内务部：《关于防止来访人骗卖车票的暂行办法》，北京市档案馆第137–001–131号档案，1957年。

彭真：《关于感谢市民检举政府工作人员中的非法行为致各界人民的函》，载北京市委党史研究室编《北京市重要文献选编 (1952年)》，中国档案出版社，2002/1952年。

《人民教育》编者：《〈人民日报〉、〈北京日报〉发表黄帅来信和日记摘抄时所加的编者按语》，《人民教育》，1974年第1期。

《人民日报》本报讯：《作好人民来信来访工作有重大意义，中共中央办公厅和国务院秘书厅开会讨论》，《人民日报》，1957年6月3日第1版。

《人民日报》评论员：《必须肃清官僚主义》，《人民日报》，1952年5月30日第3版。

《人民日报》评论员：《必须重视人民来信来访》，《人民日报》，1977年9月4日第2版。

《人民日报》评论员：《正确对待上访问题》，《人民日报》，1979年10月22日第1版。

《人民日报》社论：《认真处理人民群众来信，大胆揭发官僚主义罪恶》，《人民日报》，1953年1月19日第1版。

《人民日报》社论：《压制批评的人是党的死敌》，《人民日报》，1953年1月23日第1版。

《人民日报》社论：《把处理人民来信工作向前推进一步》，《人民日报》，1953年11月2日第

1 版。

《人民日报》社论：《结合整风运动，加强处理人民来信来访工作》，《人民日报》，1957 年 6 月 3 日第 1 版。

《上访通讯》编辑室编：《春风化雨集》（全二册），群众出版社，1981 年。

天津市地方志编修委员会：《天津通志·信访志》，天津社会科学院出版社，1997 年。

童之伟：《信访体制与中国宪法》，《现代法学》，2011 年第 1 期。

王学军主编：《学习贯彻中共中央国务院关于进一步加强新时期信访工作的意见百题解读》，人民出版社，2008 年。

韦伯：《韦伯作品集Ⅱ》，广西师范大学出版社，2004 年。

韦伯：《韦伯作品集Ⅲ》，广西师范大学出版社，2004 年。

吴超：《新中国六十年信访制度的考察》，《中共党史研究》，2009 年第 11期。

习仲勋：《习仲勋文选》，中央文献出版社，1995 年。

新华社：《从清华北大看“四人帮”篡党夺权的罪行》，《人民日报》，1977 年 1 月 30 日第 2 版。

应星：《作为特殊行政救济的信访救济》，《法学研究》，2004 年第 3 期。

于建嵘：《信访制度改革与宪政建设》，《二十一世纪》（中国香港），2005 年6 月号。

张成良：《我经历的三次信访高潮》，载中国行政管理学会信访分会编《在光荣的信访岗位上》，中国民主法制出版社，1999 年。

郑卫东：《农民集体上访的发生机理》，《中国农村观察》，2004 年第 2 期。

政务院：《关于处理人民来信和接见人民工作的决定》，载中共中央文献研究室编《建国以来重要文献选编》第二册，中央文献出版社，1997/1951 年。

中共北京市委办公厅：《关于 1957 年至 1960 年处理人民来信来访工作的初步总结》，载北京市委党史研究室编《北京市重要文献选编（1961）》，中国档案出版社，2005/1961 年。

中共中央、国务院：《关于加强人民来信来访工作的通知》，载中共中央文献研究室编《建国以来重要文献选编》第十七册，中央文献出版社。

Minzner, Carl F., “Xinfang: An Alternative to Formal Chinese Legal Institutions.” Stanford Journal of International Law 42, 2006.

Cai, Yongshun., “Managed Participation in China.” Political Science Quarterly 119, 2004.

# 第十一章　社会福利模式与社会治理创新

## 第一节　社会福利模式

社会保障或广义的社会福利建设是社会安定的基础，也是最有效的、基本的社会治理。一个好的福利模式所要解决的不仅仅是养老、医疗、失业、社会救助等事务性问题，它实际上着眼于基本的社会关系的平衡与社会基础构建，而这正是搞好社会治理的前提。福利建设具有无可替代的社会功能，它可以降低社会紧张度，增强社会团结，让穷人得实惠，富人得面子，政府得政绩，社会得安宁，从而使社会治理事半功倍。

如果把加强社会治理片面理解为加大“打压管控”力度，那就只能事倍功半，甚至事与愿违。社会福利建设可以明显地缓解社会紧张，发达国家提供的成功经验，就是把社会治理置于社会福利建设的基础之上。我国目前正处于矛盾凸显期，社会治理的治本之策是缩小社会差距、增进社会福利，这是社会治理创新的基础和重点。

### 一、社会治理创新要以解决基础性问题为依归

#### （一）社会治理创新的基础性问题

我们现在强调社会治理创新，不是在一般的社会发展和社会转型背景下提出的，而是在面临诸多严峻挑战的重要关头，把它作为一种应对战略提出的。这种“战略”超出了一般所谓“管理”的含义，而具有根本性的、基础性的社会建设的意义。

首先，我国正在发生世界历史上空前绝后的人口大流动，长年有两亿左右农民工在城乡之间、东西部之间频繁流动；每到春节，中国就会出现一大奇观，几亿人回家过春节，飞机、火车、汽车都挤得水泄不通，这给社会治理带来极其严峻的挑战。其次，我国是世界上规模最大、发展速度最快的网络社会，而且地区

分布极不平衡，东部有些省市非常集中。例如，人口仅列全国第18位的福建省，2011年初互联网域名总数就达到119万个，居全国第5位；网民人数达到1629万人，居全国第8位，互联网普及率达45.2%，居全国第6位。[①] 厦门市人口在2010年末为353万人，不算多，但它是全国互联网管理的一类城市，托管的服务器和虚拟网站占全国的10%，占全省的80%。如何应对互联网迅猛发展所带来的管理难题，也是一个非常艰巨的任务。最后，我国还是世界上社会差距迅速扩大而且涉及面最广的国家。就收入差距来说，基尼系数之大，在世界上已不多见，而且差距拉大速度很快。特别是城乡差距，在全世界更是名列前茅，由于在公共设施、福利补贴等各个方面长期实行二元体制，致使城乡的实际差距可能达到5∶1或6∶1。地区之间的差距历史上就比较大，改革开放以来，拉大的速度也很快。例如，上海市小学生的生均财政投入相当于贵州省的30倍，在如此大的差距面前，所谓起点公平真是无从谈起。所以，中央把我国现在的发展阶段概括为矛盾凸显期，既然是矛盾凸显期，社会治理如果不与这些基本问题的解决紧密结合起来，仅仅就管理谈管理，是不可能有真正意义上的创新的。

此外，我国对社会治理的要求标准很高，甚至比一些发达国家还要高。比如，美国校园的枪击案频发，但国会却一再否决禁止个人拥有和携带枪支的提案。而在我国，前段时间校园治安出了些事情，我们就在包括幼儿园、小学、中学都派驻了公安民警。欧美国家三天两头就有游行示威，但我国这方面管得就很严，对进京上访者更是层层围堵。2011年日本发生核泄漏，当日本人还没疏散的时候，我国老百姓就如惊弓之鸟，全国发生抢购食盐风潮，这说明老百姓对社会安全的承受能力、应对能力也很有限。如果我们首先下大力气解决前述凸显的基础性问题，同时加强社会治理，二者就可以相互促进、相得益彰；但是，在社会基础性问题未能根本触及的情况下，而又对社会治理提出过高要求，那就很容易造成追求短期效果、做表面文章，根本性问题却积聚下去，越发难以解决。

近年来，各地在社会治理方面积累了一些好经验，但成本很高，工作压力很大。例如，福建省晋江市在一个较大的旧城改造项目中，认真开展社会稳定风险评估，把矛盾纠纷化解在事前，不到50天内实现4个镇15个村、5000多户的“和谐拆迁”，实属不易。北京城南的丰台区，2011年拆迁73个行政村，拆迁户达几万人，没有出现什么纠纷。即使在许多发达国家，要做这样的事情也是很困难的。日本东京的成田机场，到现在还有“钉子户”拆迁不了。中国台湾同胞看见大陆迅速建设的高速路，都非常羡慕，在中国台湾要想修个路、搞个拆迁不是那么容易的事情。

---

①《福建域名总数达119.18万　居全国第5位》，中国通信网，http://news.ename.cn/yuming_20100303_22057_1.html，2013年。

我们在社会治理方面的力度不可谓不大，但问题在于，我们今天面对的问题，只靠加大管理力度能够解决吗？或者说，是不顾成本地加大管理（打压管控）力度，赚取一时的稳定，还是把更多的人力、财力、物力投向解决前述基础性社会问题，赢得可以支持长治久安的社会基础？如果仍然延续打压管控的传统思路，不建设新的平台，就不可能有真正意义上的社会治理创新。我们认为，这个新的基础和平台，就是福利社会建设，福利社会建设可以为社会治理创新提供坚实的制度基础。

**（二）加强社会治理的前提是缓解社会紧张**

社会治理大致可划分为三个层次。

第一个层次，对一般的社会矛盾来说，矛盾或处于酝酿阶段，或只是初露端倪，基本可以自行化解。大量的日常生活矛盾都处于这种状态，可以通过沟通、调解或者其他方式得到解决。

第二个层次，矛盾不但已经产生并且已经外在化了，但是可以用非冲突、非暴力的方式解决。我们很多工作大体上是处理这类问题。尽管矛盾已经表现出来了，但是可以用比较温和的方式调解，在这方面，我国创造了很多经验，例如人民调解制度；调解不了的，也可以依据法律法规，理性地、平和地加以解决。

第三个层次，矛盾已经产生并产生了不良的社会影响，一般地说，必须采取强制的甚至暴力的方式解决。

划分了上述三个层次之后，就可以做这样的假设：如果一种社会治理的措施能够把第三层次的状况变成第一或第二层次的状况，我们就可以说这种社会治理措施是上策，它的代价低、效果好。对于本来是第一、第二层次问题就用解决第一、第二层次问题的方法去解决，本来是第三层次的问题就用解决第三层次问题的方法去解决，这是中策；如果一种社会治理把第一、第二层次的状况变成了第三层次的状况，或者说，本来不是第三层次的问题，但却用解决第三层次问题的方法去解决，这是一种下策。例如，城市拆迁、农村征地过程之中发生的一些矛盾，本来可以通过其他办法解决，但是，有些地方很轻率地就把公安民警派上去，往往不利于矛盾的化解。

为什么这样区分上、中、下三策？因为，加强社会治理的前提就是要缓解社会紧张，不管什么样的管理措施，如果是在社会高度紧张的情况下，任何管理措施的作用都会大打折扣。从某种意义上讲，一个管理措施是否有效，很大程度上是看它增加了社会紧张还是缓解了社会紧张。从这些年的情况看，之所以社会治理引起了中央和地方的高度重视，首先是因为我们国家这些年社会紧张度明显增强。一个主要表现是在很多地方都会看到这样的情况：一方面，经济高速增长；另一方面，发案率增长速度更快。虽然不能绝对地讲，但大体上存在一种关联性：越是 GDP 增长快的地方，发案率可能就越高。好不容易创造的 GDP 并没有用来缓解和改善社会的状况，也没有体现在改善人民生活方面，反而造成很多的社会问题。中国东部城市出现了世界上少有的奇观，城市的楼房大都安装防盗门、防盗窗，有的能装到十几层楼，这也许对提高居民的安全感有用处，但是遇到地震、火灾就麻烦了，而且外观上也把居所搞得像监狱一样，它对于提高人民的生活品质很难说有什么好处。由于社会矛盾突出，很多地方，特别是维稳部门的压力和任务非常重。我国南方有的乡镇，经济很发达，但一年不得不花 1 亿元用于维稳的支出。东部城市外来人口多，农民工在人口总量中所占比例高，成为发案率高的主要因素。可是，这些农民工在农村时都是遵纪守法的，为什么到了城市就成了“高危人群”呢？一个农民工到城市找工作，兜里揣的钱不多，比如说只带 300 元，几天找不到工作，300 元钱花光了，饿一两天可以扛，饿三天他就得抢。所以说，社会的一些基本状况、基本建设，比如就业介绍、生活救助措施跟不上，就会对社会治理造成很大的难题。安装再多的摄像头，也挡不住他们铤而走险。

社会治理不是一两个部门的事，而是应纳入到整个社会建设大局中来看待。社会紧张度表现在很多方面，从某种意义上讲，如果收入分配问题不公、收入差距很大这样的状况不能从根本上得到解决，社会紧张度就不能得到缓解，采取多少社会治理防控措施其效果都只能事倍功半。

### （三）缓解社会紧张的上策是福利社会建设

社会福利和社会治理分属于不同系统，如果我们把社会治理只理解为“打压管控”，社会福利和社会治理的关系就不是那么紧密。从发达国家的经验看，可以把社会福利建设看成很基础的社会治理。因为要想缓解社会紧张，上策就是福利建设，目前还找不到比社会福利建设更好的、能够从基础上缓解社会紧张的办法。为什么“铁血首相”俾斯麦率先搞起社会保险？为什么“二战”硝烟未落，贝弗里奇就跑到德国去取经，提出了“福利国家”的基本国策？为什么“二战”过后许多国家争先恐后地建立现代福利制度？显然不是突然善心大发，而是因为经验证明社会福利建设有 3 个无法替代的社会功能。

#### 1. 提高穷人对贫富差距的容忍度

福利供给是穷人最欢迎的，即使是补缺型的、救助性的福利供给，也是雪中送炭。在实行市场经济的社会，收入差距较大往往难以避免，但是，如果对市场竞争中失利的劳动者、底层群众、困难群体及时地给予福利支持，可以很明显地提高穷人对贫富差距的宽容度，在基本生活无虞的情况下，人们就容易理性地容忍贫富差距的存在，不至于采取过激的行为。研究证明，补缺型的福利供给虽可解生活急需，但对于调节收入分配的作用甚微，对基尼系数几乎没有影响，只有比较完善的福利制度，才可以发挥力度不同的调节收入分配的作用，从一些发达国家和发展中国家的经验看，只要适当加强社会保障和社会福利供给，将基尼系数降低 0.1~0.2 都是可能的。

在各项社会支出中，对底层群众、困难群体的福利支出还有一个重要优点，就是投入小、效益大。一般地说，底层群众、困难群体的需求是基本生活需求、低端需求，比较容易满足，消费量不大，而需求弹性很小，只要得到温饱就基本满足了，因而公共提供的福利不会有大的浪费，福利损失很小；而高端的福利需求，如保健型的医疗产品和服务、享受型的住房、消遣型的度假等，消费量大，难以得到满足，需求弹性很大，在很多情况下是福利提供越多，需求越大，形成无底洞，因而公共提供的福利容易被过度消费，损失大，社会效益就差。

2. 激发富人的社会责任感

随着经济的发展，社会财富的增加，我国迅速形成了富人群体和富裕阶层，社会怎样看待他们，他们怎样确立自己的社会形象？无论对富人还是对社会，都是一个亟须解决的问题，否则，贫富矛盾就会成为社会不和谐甚至发生冲突的根源。

就富人而言，怎样看待财富？怎样看待自己？怎样对待社会？我国先贤圣人对财富看得很透彻，认为“福”与“祸”是相依而生的，财富是身外之物。尽管有些人占有财富的欲望是无止境的，但是，任何人消费财富的能力却是有限度的。过度占有，其实是祸；过度消费，其实是灾。过度了，并不能给富有者带来有意义的享受，也不能对经济带来有意义的刺激。

就社会而言，也有正确对待财富，合理引导消费的责任。正如宗教发明了慈善事业一样，社会发明了福利事业，现代社会建立了完善的社会保障和社会福利制度体系。经济发展确立了增进社会福利的目标，人类良知树立了美好社会的理想，这在中国，自古以来被称为“大同社会”，在现代，则叫“福利社会”。社会保障和社会福利制度就是现代社会解决贫富矛盾，协调阶层关系，保障社会健康存在和良性运行的一项重大发明。

调整收入差距的措施虽然很多，但许多措施往往会遇到较大的阻力，比如劫富济贫的一些措施，推行起来就很不容易，而且效果也不一定好。如果是搞福利，搞慈善，搞救助，既可伸张社会正义，又可弘扬社会美德，富人得面子，穷人得实惠，社会得安宁，有社会责任感的富人能够意识到这对于富裕阶层也是有好处的。因而，搞福利建设也是富人最愿意接受的。这几年，富人的社会责任感提升明显，2008 年汶川大地震时，率先捐助巨款的是港台企业家，但是最近这种情况有明显的改观，内地企业家也纷纷热心公益事业，改善职工福利，支持缩小收入差距，努力改善自身的社会形象。

根据帕累托效率原则，一种福利再分配只要能够使一部分社会成员提高福利水平，而又不至于降低另一些社会成员的福利水平，这种再分配就是有效率的。照此来说，如果一种福利再分配能够使多数人提高福利，又可以让另一些人增强社会责任心，改善社会形象，其实也提高了他们所拥有财富的使用效益，那就是有很高效率的再分配，是公平与效率的统一，是富裕阶层与贫困阶层的“双赢”。我们实行的再分配调节就是要达到这样一种社会效果。

3. 转变政府职能，增强执政的合法性

福利建设是政府最大的民心工程，而且也最易于操作。近年来，我国在福利建设方面推出了一系列措施，效果十分明显。最初，充分显示福利建设对社会稳定起到意想不到作用的是1999年应对下岗失业“洪峰”，当时，国有企业改革深化，有几千万职工下岗，大部分集中在老工业区。例如，当时的沈阳市铁西区，工厂一片凋敝，下岗职工生活非常困难。在这之前，我们城市虽然有最低生活保障制度，但主要依靠地方财政，中央财政是不出钱的。但在一些国有企业集中的省份和城市，地方财政极其困难，中央财政必须出手，承担低保责任。从1999年开始，中央财政拿出23亿元，2000年翻一番达到46亿元，2001年又翻一番达到92亿元，几年之间就健全了城市最低生活保障制度，使得我们国家能够在几千万城市职工下岗的情况下社会没有发生大的动荡，其社会效果不容低估。低保制度花钱不多，却显奇效。

同样，到2002年，老百姓“看病难、看病贵”问题成为焦点，特别是广大农村居民的呼声很高。国家又适时推出新型农村合作医疗制度，化解了民怨。新型农村合作医疗新在哪里？新就新在财政出钱。用老百姓的话说就是“政府掏钱给群众看病”。过去农村的合作医疗都不是由财政出钱，人民公社时期靠给赤脚医生记工分，一根银针、一把草药，初步解决农民缺医少药问题。集体经济瓦解后，合作医疗制度失去了经济支撑，全国只有在苏州的某些县市、山东招远市、广东肇庆地区高要市的少数农村勉强维持了农村合作医疗，其他地方的合作医疗都解体了。2002年开始试点、2003年后在全国迅速推广新型农村合作医疗，最初，中央和地方财政补贴标准并不高，每人每年20元，农民自己出10元，以后筹资标准逐年提高。经过几年时间，医疗危机就被基本化解了。

无论是发达国家的经验，还是我们的切身体会，充分证明福利建设是缓解社会紧张的最基础措施。穷人最欢迎、富人愿意接受、政府最易于操作，或者说，穷人得实惠，富人得面子，政府得选票，社会得安宁，这是福利建设最突出的几大优点。

总之，福利社会建设是积极地调整和改善社会结构的有效措施，是缩小社会差距，形成橄榄型社会结构的最稳妥、最便捷的途径，也是加强社会治理的代价最小、效果最好的上策。

**（四）福利社会建设是社会建设和社会治理创新的基础和平台**

也许有人会问：目前西方许多国家陷入债务危机，这在很大程度上与它们的福利制度有关，而且它们自己正在对福利制度进行改革，在这种情况下，提出建设中国特色福利社会是否适宜？答案是肯定的。首先，“福利社会”与“福利国家”在概念上有明显区别，吉登斯等理论家是在对“福利国家”进行反思的基础上，作为替代，提出“福利社会”概念的，这是指一种积极的、有利于经济发展的社会福利制度（吉登斯，2000）。其次，“福利社会”即使在西方国家也有很多种模式，没有证据能够证明，任何一种福利社会必然会导致福利危机。最后，即使“福利国家”制度发生了危机，对它也不能全盘否定，特别是不能否定社会保障和社会福利制度对于稳定社会、健全社会所发挥的重要的、不可替代的作用。

对我们来说，应该吸取西方“福利国家”的经验教训，但不能以偏概全，更不能因噎废食。应该确信，福利社会是人类普遍追求的目标，但它有不同的类型或模式。“福利国家”只是西方国家在特定的历史阶段和情境中创造的一种实践模式和特殊的福利制度，我们完全可以并且必须依据中国的国情和文化特点，创造适合我们自己的社会福利模式，建设具有中国特色的福利社会。

与西方发达国家不一样，中国在福利制度建设上要考虑到我国主要的基本国情。经济总量大、人均收入低，这是我们建设福利社会必须考虑到的基本情况。经济总量大，大到了居世界第二位；人均收入低，低到世界第 100 位以下。总量大也有我们的优势，我们可以搞转移支付，但收入水平低，比如说新型农村合作医疗，如果像欧美那样采用社会保险的方法来做，肯定是行不通的，农民自己缴费是缴不起的。所以，从 2002 年进行农村新型合作医疗试点时起，这个制度搞得比较灵活，国家财政补贴多一点，农民出一点，而且农民可以自由选择参保或不参保，选择不同的档次，强制性和自愿性相结合，这样，我们就把西方国家制度的刚性变成柔性的，把强制性的制度变成强制性和自愿性相结合的制度，这就与西方医疗保险制度不一样。因为农民不是按月领工资，他们的医保费用无法直接扣除，所以，他们参保就有更多讨价还价的余地，制度运行的成本就很高。基于这样一种国情，把强制性与自愿性结合起来，这样就能在几年之内尽快实现新型农村合作医疗普遍覆盖。

同样，关于城镇职工养老保险、医疗保险，近两年连续推出的城市非职工居民医疗保险、城市居民养老保险，加上新型农村养老保险，这些制度设计更加符合我国的国情。当然，也可能会存在其他方面的问题。但不管怎么说，我们完全可以根据自己的国情创造出适合我们国家的福利制度，这个福利制度的特点既不是高福利也不是高税收，而是现在被学术界称为的“适度普惠”。筹款主要由财政承担的部分，称作基础养老金、基本医疗保险的社会统筹部分；由个人或家庭承担的部分，称作个人账户，这两部分结合起来。2004 年景天魁提出的底线公平理论，就是主张划分基础部分与非基础部分，基础部分是刚性的，非基础部分是柔性的，前者是政府承担的责任，后者是家庭、个人、社会承担的责任。这样做，主体是多元的，方式是多样化的，制度结构是灵活的，这是我国福利制度建设的最大特色。

近年来，在理论上、制度上，我们都有一些具有创新意义的东西。约从2004年、2005年开始，我们年年强调社会保险要扩面，劳动保障部门花了很大力气，但从全国的情况看，每年新参保的也就1000万人左右，照这个速度，100年才能扩面10亿人，对于中国这样的大国，几代人都过去了，老百姓等不起。所以，我们立足于中国国情，有了制度上的创新，在制度设计上，加进了选择性，加进了自愿性，加进了不同的档次，区分了基础和非基础的部分，这样我们的路子就走通了。这两年我们在社会养老保险和医疗保险上打开了广覆盖的新局面。尽管目前我们的保障水平还比较低，但思路打开了，制度设计合理了，适合中国国情了，路就走顺了。

对于缓解社会紧张、改善社会治理来说，要高度重视福利制度的建设。不管建设什么样的福利制度，欧美型的也好，中国特色的也好，都是经济发展到一定阶段的必然选择。如果不建立福利制度，不从根本上缩小社会差距，不从根本上改善不同群体之间的关系，那其他的社会治理措施的效果就会大打折扣。所以，进行福利制度建设是必然趋势，不是愿不愿意搞的问题，也不是我们只要重视公安民警队伍建设就能解决的问题，经济社会发展到一定阶段会出现的问题、应该解决何种问题是不可回避的。

进行福利制度建设必然需要一定的资金投入，但不要以为搞福利就是“烧钱”。社会福利可以分为资金形式的福利和服务形式的福利。一定资金形式的福利对于解决基本生活需要以及提高生活品质是必需的，但服务形式的福利也很重要，而且在人民群众基本生活需要满足以后将会越来越重要。因此，不是只有钱多了才能搞福利，也不是只有发达地区才能建设福利社会，即使经济不太富裕也可以发展福利服务。而且，以服务为主来发展社会福利，对社会治理更有效果，因为社会服务可以拉近人际关系，社区服务、便民服务、邻里互助、志愿服务，都主要靠社会组织来发动、来协调，不需要多大的资金投入就可以收到引导社会关爱、密切社会联系的效果。我们中华民族本来就有这样的优良传统，要继续维护、发扬光大。大力开展福利服务，有可能是中国福利模式的最大特色。

总而言之，福利社会模式和道路多种多样，我们不能搞西方那样的福利国家，但不等于就不能建设我国自己的、适合中国国情的福利社会。以近年来的事实来看，我们大力推进了中国的社会保障、社会福利制度建设，同时也成功地应对了2008年的国际金融危机，而且保持了经济快速稳定发展，保持了社会稳定。经验证明，社会福利建设与社会治理具有内在的密切关系，证明了福利社会建设对于社会治理创新具有基础性的作用，证明了“把民生优先作为社会治理的治本之策”是正确的。

当然，福利社会建设并不是万应药方，它的作用也是有限的，但它是一个必要的基础和平台，有这个基础和平台其他事情才可以逐步展开。特别是对于社会治理创新而言，这一点更应引起重视。

## 二、以福利模式创新优化社会治理

世界上经济发达、社会稳定的国家必有完善的福利建设，差别只在于模式不同。适合国情的福利模式是一个社会成功的社会治理和建设的奥妙所在和主要标志。

社会保障制度（Social Security System）在中国台湾被称为社会安全制度（詹火生等，1993），它具有化解社会和生活风险、促进社会公平、维护社会稳定的功能，是社会治理的重要机制之一。然而，近几年的英法大罢工、希腊等国深陷债务危机的状况也表明，社会安全制度也可能带来社会不安全因素。这就警示我们，选择什么样的福利模式[①]具有非常重大的意义（郑秉文，2011）。对于正在谋求可持续发展的中国来说，经济发展与福利模式之间的关系是必须破解的难题：怎样才能增进人民福利又不发生福利危机？保障劳动者劳动权利又不引发失业危机；社会步入老龄化社会却不陷入养老危机？

与欧洲相比，我国实行社会福利的条件要差得多。首先，我们虽然经济总量大，但人均水平太低，而社会福利最终是要落实到人头的；其次，我国收入差距、城乡差距、地区差距很大，因而选择好的福利模式的难度和风险远比欧洲大得多（景天魁，2011）。因此，我们必须认清我国有哪些社会的、文化的因素和优势可资利用；如何扬长避短，克服西方福利模式的缺陷，从而依据中国国情和中国文化，创造出适合自己的福利模式。

### （一）福利模式的可靠基础

总结欧洲国家的经验教训，我们可以看到，一个福利模式是否会导致福利危机要看对 4 个基本关系的处理是否正确，能否保持 4 个基本均衡，这也是我们判断一个福利模式好不好的标准：一是经济发展与福利支出的关系能不能均衡；二是福利支出中的基础部分与非基础部分的关系能不能均衡；三是福利机制中的刚性与柔性的关系能不能均衡；四是福利责任结构中的政府与市场、家庭、个人之间的关系能不能均衡。这 4 个基本关系均衡了，福利制度就可以健康地运行，否则就可能发生危机。

如上所述，中国的经济和社会条件如此不均衡，如何使福利模式的基本关系达到均衡呢？社会福利固然有普遍性的东西，但它又有特殊性乃至主观性的一面，满意不满意、幸福不幸福与文化有很大的关系。要想实现均衡，就必须为福

① 本书使用的是“大福利”概念，它包括社会保障，也包括以优惠方式提供给广大社会成员的教育补助、劳动保护、公共服务、社会服务和社会工作，等等（景天魁等，2010）。

利模式找到坚实可靠的基础。自己脚下的土地、自己土地上的实践是最可靠的。在中国大地上有一种实践，就是那些富裕了的农村所搞的集体福利。比如，江苏的华西村、山东的南山集团、青岛的后田村、河南的刘庄、北京的花乡，等等。它们在走向富裕的同时，都在村里建立了很高水平的福利。这些福利的特点：第一，都把住了“底线”，也就是基础福利。村里负责满足每家每户日常生活最基本的需要，如米、面、菜、肉、油，且不论家庭人口多少、富裕与否。第二，明确区分基础部分与非基础部分的界限。它们的责任界限把握得好，村里解决的是基础福利，但每一个家庭、每一个人可以依据他们的劳动收入，来把雪中送炭转化为锦上添花，提高他们底线以上的福利水平。第三，特别强调劳动和就业在福利中的基础意义。每个有劳动能力的人，只有参加劳动（工作），才能获得福利，这是一个前提，绝不养懒汉。第四，他们都把教育特别是基础教育纳入福利范围，把教育福利作为消除贫困、提升福利的根本措施。令人感兴趣的是，这些村做到了较高水平的福利，但是没有发生福利危机、失业危机、养老危机，更没有像欧洲那样的债务危机。更可喜的是，这些村社会安定、家庭和睦、邻里友善，发案率近乎为零，社会治理井然有序。他们依据的是中国的传统文化，依据中国的社会结构优势，例如，家庭和社区的作用等来设计他们的福利模式。这些村也许存在别的问题，它们的做法是否具有典型性，另当别论，这里不妨碍我们得出一个启示：依据中国的传统文化和社会结构的优势，我们有可能在保持高水平福利的同时不陷入福利危机。

上述 4 个特点和基本含义与笔者在 2004 年提出的“底线公平”非常契合(景天魁，2004)。笔者从首次论述这个概念的文章开始就一再强调，底线公平不是说的低水平的公平、低水平的保障。尽管“底线”和“低水平”容易混淆，但它们的含义是两码事。保障水平高低，主要是由经济水平决定的。而“底线”说的是政府与市场、政府与社会、政府与个人关系的责任底线、制度底线、政策底线、道德底线。“底线公平”特别强调其“不能含糊、必须坚持”的含义。以往几十年，我们的社会保障、社会福利建设中一个很大的教训就是这些界限不清，该坚守的底线没有守住。吸取了这个教训，我们近几年在养老保险、医疗保险等制度的改革中都特别强调了基础的部分，这是政府必须保障的；底线以上的非基础部分，可以由市场、家庭和个人来承担。例如，在住房问题上，不能一个时期搞清一色的福利房，一个时期又全部搞商品房，老百姓不管有钱没有钱都得自己到市场上买房。现在，我们的政策明确了商品房和保障房要有一个恰当的比例，这里面就体现了政府在住房问题上的责任底线。

就社会福利的公平性来说，底线公平的实质是重点保障大多数人的利益，优先满足基本需要，重在雪中送炭，而非锦上添花。在存在着巨大社会差距的情况下，底线公平最有利于保障占人口大多数的中低收入者的利益，保障他们的基本需要。因为巨大的社会差距会形成强势的利益导向——财富分配向富有阶层倾斜，在这种情势下，如果实行所谓的“一般公平”，形式上是公平的，实质上会造成“越富越保”的逆向调节，结果会更不公平。

就社会福利的有效性来说，占人口大多数的中低收入者的基本需要属于弹性小的福利需求，例如，果腹之需总是有限的；而富有阶层的需求，特别是奢侈性消费弹性是很大的，难以满足。因此，重点保障占人口大多数的中低收入者的基本需要，其福利效益最大。

就社会福利的合理性来说，像中国这样的发展中的人口大国，福利需求总量远远大于福利供给能力，政府的福利责任必须既是明确的，又是有限的。而社会差距大，也意味着福利需求层次多，底线以上的需求满足让市场充分发挥作用，这不仅是重要的，市场作用的边界也是明确的。

既然底线公平可以实现社会福利的公平、有效、合理，我们就可以认为，底线公平是福利模式可靠的理念基础。也就是说，建立在自己经验的基础上，建立在科学地总结自己经验的基础上，这样的福利模式才有可靠的基础。

### （二）福利系统的内外平衡

对于发展迅速的转型中大国而言，要达到福利基本关系的均衡很难，而要在剧烈变动中保持均衡更难。这就要求福利系统不仅能够与外部条件和环境保持平衡，系统内部也要有自我维持、自我调节、自我平衡的能力。底线公平有助于解决公平与效率、福利与发展的关系，将发展性要素内置于福利模式之中，实现福利系统的内外平衡，夯实社会治理的保障基础。从这个角度看，底线公平福利模式具有以下 4 个特点。

#### 1. 教育福利在福利结构中占据突出地位

尽管教育不一定完全是福利，但从发展性福利的观点看，教育福利具有重要意义。韩国和希腊人均收入水平基本相同，如 1995 年人均国民收入水平韩国为 7660 美元，希腊为 7390 美元。但韩国的教育投入在财政支出中所占比重为 16.8%，约为希腊（8.5%）的 2 倍；希腊的住宅和社会福利占财政支出的比重为 14.7%，是韩国（7.2%）的 2 倍；医疗支出在财政支出中所占比重相差更为悬殊，希腊占 7.4%，是韩国（1.5%）的 5 倍（顾俊礼、田德文，2002；杨玲玲，2009）。二者的福利结构不同，且正好相反——韩国的福利结构更重视教育这一对经济发展和国民素质提高有直接促进作用的因素，希腊更重视对提高生活质量有直接作用的因素。而这两个国家在金融危机和债务危机中的表现也正好相反。虽然我们不能断定福利结构差异是其不同表现的唯一原因，但却也无法否定它是一个重要原因。

由此我们可以得到启发：不仅要关注社会保障和社会福利水平，更重要的是要关注社会福利结构；不能仅仅重视提高社会福利在财政支出中的比重，更要重视财政支出的结构。我国要想在世界科技和经济发展中居领先地位，真正提高国民生活品质，首先就要把教育支出比重提到最高水平。我国初中文化程度及以下的劳动力所占的比重仍然很大。据2000年第五次人口普查数据测算，初中文化程度及以下的劳动力所占的比重高达47%，这一比例在农村地区则高达近60%（冯明亮，2009）。我们要在发挥家庭重视教育的优良传统的同时，尽快将义务教育年限扩大到12年以上，逐步争取将人均受教育年限提高到发达国家的水平；同时，要扩展基础性的教育保障，实现学龄前幼儿免费教育和中学毕业生就业前一年的义务职业教育，并将儿童的营养和健康保障纳入教育保障的范畴。大量研究证明，教育福利投入具有很高的经济回报率，让教育福利在福利结构中占据突出地位，教育投入就可以转化为增进福利的可靠源泉。

2. 福利保护劳动，劳动创造福利

福利是普遍性的权利。要想持续保障福利制度，就必须激发劳动者劳动和就业的积极性。福利不是消极地应付失业，而是积极地促进就业，开展职业培训，提高劳动技能；不是被动地缓解贫困，而是主动地消除贫困；不是纯粹的消费，而是发展性投资。福利制度既要维护无劳动能力者的权利，又要求有劳动能力者必须以劳动作为获得福利的前提（索洛等，2010；吉登斯，2000）。

中国要实现现代化，实现民族复兴，真正可以依赖的就是人力资源，我们必须对人力、人才变化情况保持高度的敏感。因此，福利与劳动的关系就显得特别重要。福利制度的初衷就是保护劳动和劳动能力的再生产，福利和劳动本质上是相辅相成的。但是如果福利制度设计不合理，二者也可能相互抵消。实践表明，并不是只有福利水平高了才可能产生福利依赖，高低总是相对的，即使是现在的低保，如果与最低工资标准不保持恰当的比例，也会影响就业和劳动市场。比如在一些大城市，已经有一定数量的低保人员就业意愿明显下降，有劳动能力而不就业的人数显著上升。北京市社会科学院城市问题研究所的调查显示，北京市有6.1%有能力就业的低保未就业人员表示“无论什么工作都不感兴趣”，究其原因，其中之一是“与低保资格挂钩的福利政策有25项，而如果低保人员选择工作的话，其收益有可能只相当于低保收益的75%左右”（齐心，2007）。不仅是部分低保人员，有劳动能力而不就业的“啃老族”在一些大城市所占比例也很高，据中国老龄科研中心的调查显示，在19~35岁的青年中，有30%左右的人基本靠父母供养（戴香智、侯国凤，2006）。

一种福利制度一旦割裂了权利与义务的联系，默许和鼓励人们只知索取不思奉献，那对一个民族来说，福利与其说是“免费午餐”，不如说是“最后的晚餐”。[①] 因为，一旦滋生福利病，我国人力资源丰富这一最大优势就可能转化为最

① 原为达·芬奇一幅著名画作的名称，这里只取“无以为继”的意思。

大的劣势。对于福利建设来说，发票子是人人都会的，但要发得好，有好的历史效益，却是很难的。一个好的福利模式应该能够激励劳动、促进就业，凡有劳动能力者，人人有工作，社会才好管理；人人靠劳动立世，才有基础正义和底线公平。这是福利模式好坏的又一重要标志，也是福利模式设计的最大难点。

3. 以服务型社会化解老龄化危机

欧洲国家福利制度设计之初并没有遇到老龄化问题，然而时至今日，这个问题已经构成对福利制度可持续能力的最大挑战。老龄化是社会发展进步的必然趋势，迟早会到来，只是中国“未富先老”，陡增了应对的难度。如何把老人由负担变为财富，将老龄化社会建设成文明社会的更高阶段，考验着中国人的智慧。

导致危机的因素也可能成为化解危机的力量。实现转化的关键是在资金保障之外，大力发展服务保障，建设服务型社会。一般而言，面向大众基本需要的服务保障的成本是低廉的，不需要建大工厂，造机器人、代步车，人人都可以搀扶老人；不需要盖大医院，看医生，人人都会给老人捶捶背；就连几岁孩童，也能陪老人说说话、解解闷，这些都不需要什么资金成本，但效果极佳。我们有可以倚重的中国社会结构和文化的优势。中国人多，提供服务的能力就强；中国人代际联系紧密，家庭伦理深厚，亲属邻里守望相助，如能在政策上大力倡导社会服务，支持服务型组织，发展服务型产业，就可有力地推进服务型社会建设。还有，在大力支持机构养老的同时，积极组建由不同年龄段的老人、志愿者、在校学生、社工人员组成的养老互助组、合作社、微型社区；建立“时间银行”，用年轻时为他人服务换取年老时享受他人服务，尤其是鼓励不同身体状况的老人之间开展互助服务；大力发展社区居家养老。另外，鼓励进城务工人员进入规范的服务产业，将生活型服务业置于与生产型服务业同等重要的地位，从对就业的贡献率来说，生活服务业提供的就业岗位将大大多于生产服务业；从对生活品质的贡献率来说，生活服务业的贡献远大于生产服务业；即使就对 GDP 的贡献而言，生活服务业也可与生产服务业相比肩。由此可期望服务型社会成为中国福利模式的最大优势。

4. 发挥中国特有优势的健康实现方式

目前 60%的人类疾病是因不良生活方式造成的，但现在医疗支出的 90%却用于疾病的临床治疗（首都社会经济发展研究所课题组，2008）。据世界卫生组织（WHO）的一项调查发现，在影响人的健康长寿因素中，现代医疗药物的作用只占 8%（黄明达，2012）。当慢性病已经成为人类主要杀手时，醉心“高难度”技术不仅对大多数人没有什么好处，也使医疗福利成为社会发展的陷阱。西方福利解不开的难题是医疗“无底洞”，医疗支出凭借单一治疗的生物医学模式和高技术崇拜这两只翅膀而成了脱缰的野马，将医疗保险拖入无法摆脱的困境。在我国的医疗卫生保健习俗中，有重在预防的“上医治未病”的传统，有注重养生修身的生活方式的保健传统，更有中医中药、中西医结合的医疗系统的独有优势。这些传统、优势有利于我们探索用独特的社会医学模式超越生物医学模式之限，有利于我们探索独特的社会医疗保障机制。

医疗保险要面向人，而不是把人只当作生物体；要着眼于大多数人的健康，而不是极少数人的需要。要重在保基本、保基层，保证公益性。建立维护公立医院公益性的法人治理结构和运行机制，公立医院要在服务质量上立标杆，在服务态度上立榜样，在服务价格上立尺度，在服务市场上立秩序，在服务目的上立旗帜。加强农村和城市社区医疗卫生体系建设，建立全民健康计划，立法保护婴幼儿、青少年的营养供给和全民食品药品安全。从而，将单一治疗模式转换为全面健康模式，让医疗支出（药罐子）不再是“无底洞”，而能换成“甘露瓶”[①]——支持发展的不竭源泉。由此走出一条发挥中国特有优势的医疗保健道路，让健康中国人成为福利发展的主要象征。

综上所述，尽管我们不可能在短时间内把人均收入提高到世界先进水平，但可以通过总结国内外经验教训，发挥中国的制度和文化优势，创造适合中国的福利模式，让中国人过上有尊严的幸福生活。而教育为基、劳动为本、服务为重、健康为要，应该是中国福利模式的四大特点和优势。这是一个本身具有“造血”功能（产生福利）的福利模式，不是一个仅仅消费、消极的福利模式。它把形成福利的功能内化在模式之中，而不是作为模式的外在条件；它把福利支出转化为经济和社会发展的投入，使二者由相互抵消转变为相互促进；它把难以调节的刚性需求置于可以调控的柔性体系之中，防止陷入福利危机；它把源于西方社会的福利制度结合到中国的文化传统和社会结构之中，后者的优势不是遭到弱化而是得到发挥。由此看来，它是可以支撑中国经济和社会持续发展的福利模式。

## 三、以福利制度机制支撑社会治理

以上所述的底线公平理念基础和基本特点体现在制度和机制上，就会形成特定的制度和机制体系，底线公平的制度和机制对于加强和促进社会治理具有重要意义。

### （一）底线公平福利模式的制度体系

与“一般公平”不同，底线公平把社会公平区分为“无差别的公平”与“有差别的公平”。底线部分福利体现“无差别的公平”；底线以上部分福利可以有差别，体现“有差别的公平”。底线部分福利主要由政府负责，底线以上部分可以由政府、社会、家庭和个人共同承担，发挥市场机制的调节作用。这样，我们就可以把多种多样的社会保障和社会福利制度归并为三种，形成具有三个层次的制

---

① 传说中观音菩萨手持的宝器，只洒几滴，即可化作不尽甘霖。

度体系。

1. 体现权利一致性的底线福利制度

这是满足基本福利需求的制度，主要包括：

（1）最低生活保障制度。这项制度的功能是满足社会成员的生存需求，保障社会成员的生存权，对于实现底线公平具有基础意义。实践证明，最低生活保障制度是花钱最小、效益最好的社会保障制度，它能够最明显地提高穷人对于贫富差距的容忍度，缓解社会紧张，增强社会安全感，为社会稳定奠定重要的制度基础（景天魁，2009）。

（2）公共卫生和基本医疗保障制度。这项制度的功能是保障健康权。生命权力对每一个人来说都具有绝对的优先性，公共卫生和基本医疗保障制度满足社会成员的健康需求，维护社会成员的生命权，对于实现底线公平具有关键意义。

（3）基础教育制度（义务教育制度）。教育对于个人发展和国家发展都具有非常重要的意义，基础教育制度满足社会成员的发展需求，保障社会成员的受教育权，对于实现底线公平具有根本性的意义。教育公平是一个连续谱，从基础教育到高等教育，教育公平性呈现出连续变化的差异性。基础教育阶段的公平性是一种无差别的公平，体现为教育的普享性、均等性和一致性（景天魁，2009）。基础教育阶段的公平性就是教育领域的底线公平，基础教育制度（义务教育制度）就是一种底线公平制度。

最低生活保障制度、义务教育制度、公共卫生和基本医疗保障制度，保障的是社会成员有尊严生活的基本权利：生存权、健康权、发展权，通俗地说就是吃得饱饭、看得起病、上得了学，这都是人人需要保障的基本权利，满足这三项需要是政府不可推卸的责任。因此称为底线福利制度。

2. 部分体现权利一致性、部分体现权利差异性的跨底线福利制度

凡是惠及广大群众乃至覆盖全民的社会保障和社会福利制度，由于对象群体本身存在差别，它们的需求不同，同时，满足需求的供给能力又是有限的，因而相应地在制度上就既有体现权利一致性的部分，又有体现权利差异性的部分，养老保险制度、医疗保险制度就是这样。基础养老金部分应当体现权利的一致性，不论哪个群体，不论哪个地域，应该尽量减少差别，通过提高统筹层次体现共济性，最终实现全国统筹；个人账户部分可以体现差别。医疗保险制度中基本医疗部分也要体现权利的一致性，个人账户部分可以有差别。这种差异性是对社会成员对社会所做贡献的承认和肯定，是一种正向激励，归根结底，有利于增大社会福利，促进社会发展，有益于所有社会成员。

可见，不能简单地把养老保险、医疗保险、失业保险这三项制度以及其他的社会保障和社会福利制度都视为非底线福利制度。不仅养老保险中的基础养老金，医疗保险中的基本医疗服务，还有公共福利、公共服务中的人人共享部分

等，都属于底线部分。但由于这些制度是“跨底线”的，既有底线部分，又有底线以上部分，所以尽管它们也是很重要的制度，却不能作为划分底线的标志。

3. 体现权利差异性的福利制度

由于不同的福利需求可以分为底线福利需求和非底线福利需求两个部分，同一种福利需求可以分为底线福利需求和非底线福利需求两个层次，有些个人和群体在发展和消费方面的需求差异很大，在我们这样一个社会差距很大的国家，把所有方面都拉平是不可能的，只能在满足基本需要部分尽可能缩小差别，在非基本需要的满足方面可以有差别。但是，这种差别一是不应过于悬殊，二是需要的满足应该通过市场机制去实现，而不应或尽量少用政府财政的力量。这种福利制度是非基础性的，因而可以称为非底线福利制度。它们的特点，一是面向特定对象，例如，劳动模范、英雄人物等群体的休养制度；二是满足特定需要，例如旅游、休闲、进修等。有一些福利需要的满足，尽管采取的是自费或减费形式，但由于利用了公共资源，或者部分符合规定的开支，可以作为福利补贴在公共支出项目中列支，因而也属于社会保障和社会福利的范畴。

底线公平福利模式在制度设计上区分了基础性部分和非基础性部分，包含了底线福利制度、跨底线福利制度、非底线福利制度三个层次，是整合的而不是单一的制度体系。这样的社会福利制度体系，反映并符合我国社会复杂多样的利益关系这一基本国情，具有包容性，可以广泛覆盖，因而能够发挥团结各方、协调关系、安定社会的作用。它既不是那种完全社会统筹的，也不是完全个人积累的，而是制度整合的。这种制度在实行中也存在问题，例如，农民工社会保险转移就遇到困难，有的地方规定，只能带走个人账户部分，不能带走社会统筹部分，导致大批农民工纷纷退保。于是，有人提出将社会统筹部分都归入个人账户。这样可以方便转移，但又出现另一个问题。社会保障制度的实质是共济，是风险共担，当个人面临难以应对的风险时，需要社会成员共同面对，这样风险就可以化解了。这是该项制度的精髓。社会统筹就是体现这种共济性。现在的养老保险、医疗保险都分社会统筹和个人账户两块，这两块在比例上如何协调，在运行中如何磨合、如何互补，还需要不断完善。

目前在我国实行的福利制度存在的问题恰恰在于基础部分差别太大。以养老保险制度来说，支付金额退休早的和退休晚的不一样，公务员、事业单位、企业之间差别很大，城市和农村差别也很大，更不用说一些行业差别、垄断企业和非垄断企业的差别了。底线部分福利应该是权利一致的，如果不平等、不公平，就会造成大量的社会矛盾。现在，经济发展迅速，人们的生活得到了很大的改善，但是为什么人们的满意度不高？该体现权利一致的地方没有一致，造成了不必要的差别，这是一个重要的原因。

### （二）底线公平福利模式的调节机制

多层次整合的制度体系要求有多种调节机制，同时也为多种机制发挥作用提供了条件。

社会保障和社会福利的固有问题就是所谓“福利刚性”，只能升不能降，只能多不能少。如果只有这样一种刚性机制，那所谓要求社会保障水平与经济发展水平相一致、相协调就会无法实现。经济发展是有升有降的，更不用说还难免会遭遇到金融危机、债务危机、经济危机，先行的福利国家最头痛的就是福利刚性问题，待遇稍有降低就游行、罢工，社会就动荡。所谓福利改革，核心问题也是解决社会福利的可调节性问题。但是，先行福利国家的制度已经高度定型，要想植入柔性调节机制如同伤筋动骨、做大手术，极其困难。中国是后来者，社会保障和社会福利制度有的刚刚建立，有的正在改革，整个体系还未定型，我们要抓住这个难得的“时间窗口”，及时植入柔性调节机制和反馈机制。

1. 刚性机制

在底线公平福利模式中，刚性机制不像福利国家那样适用于整个福利领域，而是其作用范围相对有限，主要是针对社会成员的底线福利需求。这一部分是必须满足的、人人必保的，因而是刚性的。“底线部分福利”不是市场机制发挥作用的领域，而是公共财政确保的领域。因此，满足社会成员的底线福利需求主要是政府的责任，“底线”是政府责任的“底线”，是市场经济条件下政府必须管的事。在这个意义上，刚性机制实质上是一种政府责任机制。作为一种政府责任机制，刚性机制主要与政府责任有关，而与经济发展水平无关。“在经济发展水平比较低时，政府要守住底线公平这条线，以确保每个公民都有基本的生活保障，过上有尊严的生活。在经济发展水平提高以后，政府仍要守住底线公平这条底线，以防止社会保障水平继续刚性上升”（景天魁，2009）。刚性机制是实现底线公平的首要机制，离开了刚性机制，就没有底线公平。根据刚性机制的要求，在建设中国特色福利社会的过程中，政府首先必须建立和完善满足社会成员底线福利需求的各项保障制度。

2. 柔性机制

柔性机制主要针对底线以上的福利需求，底线以上的福利需求具有差别性甚至偏好性，可以通过市场的作用或通过动员社会资源、个人缴费等来解决，因而是柔性的。在底线福利以上的部分，责任主体是多元的，企业负企业的责任，个人和家庭以及非政府组织等也要各负其责，政府的责任主要是制定政策、规范行为、指导监督和宏观控制。由于加入个人和家庭的选择自由和责任，加入市场因素，加入非政府组织的作用，也就加入了柔性机制（景天魁，2004）。柔性机制实质上主要是一种市场机制或者说是非政府机制。柔性机制既可以限制政府在福利供给上的负担，防止和避免完全由政府承担福利刚性的风险，同时也为市场和非政府组织发挥作用留下了足够的空间。

3. 反馈机制

依据底线公平理论，我们可以确定底线部分社会福利向量，通过对它的控制来调节社会福利状态和社会福利效应之间的关系。其原理是，根据前期的社会福利效应指标，确定各项社会福利的底线部分支出，底线部分的社会福利支出会影响社会整体的福利状态，反过来，又会产生新的社会福利效应，形成一个反馈，然后进入下一轮调节过程。通过对社会福利运行数据的分析还可以优化输出反馈矩阵，改善系统性能，提高社会福利运行效率，改善社会整体福利状态。根据这个原理，结合社会控制论方法，我们可以建构社会福利的输出反馈控制系统。

$x(k+1)=Ax(k)+Bu(k)$，$x(0)=x_0$

$y(k)=Cx(k)$

式中，$x(k)\in R^{n\times1}$ 为社会福利状态向量，$u(k)\in R^{m\times1}$ 为底线部分福利支出向量，$y(k)\in R^{r\times1}$ 为社会福利效应向量（可观测向量）。A、B、C 均为参数，通过实证数据加以确定。A、B 分别为第 k+1 期社会福利状态与第 k 期社会福利状态和第 k 期底线部分福利支出之间的回归系数矩阵，C 为社会福利效应与底线部分社会福利支出之间的回归系数矩阵。H 为输出反馈矩阵，是待定的。

由此，依据底线公平原理，我们就可以建立起福利反馈机制。也就是说，当福利支出发生以后，效果怎么样，能够鲜明地反映出来。我们不能像有些高福利国家那样，直到大街上懒汉成群了，才知道福利水平高了。但是福利又是刚性的，降不下去。我们把底线部分的福利支出当作一个向量，建立起福利反馈机制，就有了解决在福利社会中称为“老大难”的福利刚性问题的可能。

国内外经验证明，有社会福利制度和机制作为基础的社会治理，与缺乏这一基础的社会治理效果有很大不同。就管理的性质而言，缺乏这一基础，就不可能是现代社会治理；就效果而言，缺乏这一基础，也许能维持稳定的秩序，但不可能收到团结社会、促进和谐的效果。

## 四、社会组织创新：社会治理和福利发展的关键环节

不论是加强社会治理还是推进福利社会建设，加快社会组织的发展和创新是关键环节。我国的社会建设进程与西方发达国家不同。一般而言，西方发达国家首先是自发地形成了各种社会组织，然后由这些社会组织作为行动主体开展社会服务，实行社区自治，在此基础上，政府购买服务，对社会服务和社会组织加以规范，依法实施管理。我国由于先期缺少自发形成的社会组织，特别是缺少面向老百姓提供社会服务的公益性社会组织，而民众的社会服务需求又特别强烈，需求增长迅猛，为了回应这种客观需求，政府只好率先出手。可是，在社会组织缺位的情况下，过多地依赖政府主导，容易造成以行政管理代替社会治理，以“打

压管控”取代社会服务，社区建设行政化，把社区变成街道和乡镇政府的派出机构；把政府与社会组织平等的合作关系，搞成了社会组织对政府的隶属关系，这样反而抑制了社会自治组织的成长和发展。缺少社会自治组织这个主体，社会治理和社会福利发展不可避免地会形成新形式的政府包办。

与社会治理和福利发展直接有关的社会组织，一是非营利组织；二是虽可营利但从事公益的社会组织，亦称“社会企业”。

### （一）非营利组织的发展和创新

目前中国大陆社会服务需求进入急剧增长期，迫切需要非营利组织迅速发展。随着持续 30 多年的经济快速增长，中国大陆人均 GDP 从 1978 年的 381 元增长到 2011 年的 3.5 万元；到 2012 年底，城乡居民的社会保障基本可以实现全覆盖，在得到资金保障之外，对社会服务的需求爆发式增长。加之长期以来存在着“重经济，轻社会”、“强管理，弱服务”的政策偏向，城乡社会服务基础薄弱、设施匮乏、人才短缺、体制落后、欠账太多，致使社会服务的供需矛盾非常突出。此外老龄化问题日益突出，老龄人口正以每年 3.28%的速度增长，到目前为止，城乡失能和半失能老年人已达 3300 万人，占老年人口总数的 19%（宋林飞，2012）。老龄人口、失能和半失能老人的养老服务需求特别迫切，而社会养老服务体系建设仍然处于起步阶段，与需求严重不相适应，加快社会养老服务体系建设已刻不容缓。

由于子女外出打工或者在异地工作，城乡空巢家庭比例很高。目前中国大陆 1.8 亿 60 岁以上老年人中，40%过着子女不在身边或没有子女的“空巢”生活，有的城市空巢老人家庭比例已高达 70%以上（姚爱兴，2012）。空巢老人面对的最大问题不仅是日常生活照料，更主要的是精神生活方面的心灵孤独。这对社会服务创新提出许多新的要求。在服务内容方面，不仅包括生活照料、医疗保健，还应包括精神慰藉、问题疏导和法律服务，要鼓励和吸引老年人主动走出家庭，走向社会，减少寂寞和孤独感。

庞大的流动人口以及留守儿童、留守妇女和老人群体，提出了新的社会服务需求。以户籍制度为基础的现行社会服务管理体系导致流动人口在劳动就业、权益保障、子女教育、技能提高、生活居住、公共服务、社会融合等方面面临诸多困难与障碍。农村留守儿童、妇女和老人的数量激增，农业生产、农村养老、社会治安等问题也十分突出。

社会服务需求急剧增长的压力也是大力发展社会组织的动力，特别是在提供社会服务方面具有优势的非营利组织发展遇到难得的历史机遇。大力培育社会组织、发挥社会组织在社会服务中的作用，已经成为政府和全社会的共识。然而，目前包括非营利组织在内的社会组织的现状远远不能适应要求，迫切需要创新。

在提供社会服务方面，非营利组织既不像政府那样具有强大的资源动员能力，又不如营利组织那样具有便利的市场运营机制，非营利组织只有靠服务理念、服务方式、服务态度的创新才能打开一片天地。如果服务能力不强，服务质量不高，单靠为市场所不愿为，为政府所不便为，即使面对巨大的发展空间，非营利组织也恐难有大的发展。

目前，中国的非政府组织发展滞后，原因固然很多，但打铁先要自身硬，提高服务能力是首要的。现在的突出问题是非营利组织自身能力不足，服务内容单一，规范化程度不高。关键的原因是缺乏高素质的人才，服务需求的增长与服务人员的数量、质量之间明显存在矛盾。因此，加强对社会服务从业人员提供包括免费培训在内的各种职业培训是首先要解决的问题。

非营利组织应是提供社会服务的基本主体，但是长期以来，由于政府包揽太多，没有很好地发挥各方面的社会力量参与社会服务。当前，要转变观念，创造条件，采取得力措施，推动非营利组织健康有序发展，积极培育引导各类社会组织（如公益性组织、社会团体、行业组织、志愿者组织等）参与和提供社会服务。

鉴于目前公益性社会组织自身发育能力较弱，东部较发达地区大多采取构建孵化平台，建立公益园区的办法，加快培育和发展各类公益性社会组织。政府部门向社会组织转移职能，向社会组织开放更多的公共资源和领域，重点培育和优先发展经济类、科技类、公益慈善类和社区服务类社会组织，积极扶持发展行业协会、公益慈善类组织、农村专业经济协会和城乡社区社会组织。推进社会组织登记管理创新，拓展社会组织直接登记范围，探索登记管理和业务主管职能一体化，推行社区社会组织社区备案制度。按照社会化、专业化的要求，进一步推进政社分开，加强社会组织制度建设，积极解决社会组织发展中的困难和问题，加快社会组织专职工作者职业化、专业化进程，营造社会组织发展的良好制度环境。加强对社会组织的管理和监督，完善法制监督、政府监督、社会监督、舆论监督和自我监督相结合的监管体系，加大对违法、违规社会组织和非法组织的查处力度，健全社会组织退出机制，提高社会组织的公信力。

城乡社区是提供社会服务的基础和平台。社会服务要侧重基层，贴近群众，整合社区资源，建设以社区养老服务、法律服务、就业服务、卫生医疗服务、困难群众帮扶服务等为内容的服务平台，形成综合性的规范化服务体系。

社会服务不仅包括物质生活方面的服务，还包括精神文化方面的服务。要克服重硬件建设，轻软件建设；重专业性文化艺术活动，轻基层群众性文化活动；重大型文化团体，轻民间文化和民营文化企业的现象，在政策上支持非营利性文化组织，扶持民营文化团体，引导、带动和支持公共文化服务体系建设。鼓励社会力量积极参与公益性文化建设，提高文化产品和服务的供给能力。

在社会组织管理机制方面，各地创造了许多新经验。广东在行业协会实行改革，实现协会“自愿发起、自选会长、自筹经费、自聘人员、自主会务”以及

“无行政级别、无行政事业编制、无行政业务主管部门、无现职国家机关工作人员兼职”。从 2012 年 7 月 1 日起，广东所有社会组织均直接登记。北京、天津、浙江、安徽、湖南、海南等省市也先后探索双重管理体制改革，实行社会组织直接登记。为适应公共管理和服务重心下移，各地探索、实行由县（区、市）民政部门统一备案，由街道办事处（镇、乡政府）作为业务主管单位并履行指导监督职责的备案管理制度，使得大量活跃于社区、为基层群众服务但又暂不具备法人条件的社区社会组织能够取得合法地位。上海、山东、江西、陕西、宁夏等地大力推动登记和备案双轨制，据不完全统计，目前全国备案的社区社会组织已超过 20 万个（杨琳，2012）。

### （二）社会企业的发展和创新

在社会治理过程中如何创新社会组织，这是一个难题。发达国家一个很重要的经验就是发展社会企业。社会企业的概念是在 20 世纪 90 年代初提出的，之前，这些发达国家的非营利性组织已经有很大的发展，但也遇到一个问题，即在提供社会服务中有些内容很难盈利，如养老服务、残障儿童服务等，发达国家这些公益性组织的活动经费基本上由政府来提供。但是随着需求不断扩大，财政的压力很大，有一些非营利组织就难以维持。如何能够既扩大社会福利服务的提供，又能够使这些组织有较强的自生能力？这是一个很大的课题。20 世纪 90 年代初，美国哈佛大学等学术团体率先对社会企业进行研究，做了一些社会实验，就是试图解决在提供社会服务的同时如何增强社会组织自身的自我维持能力问题。这就触及一个棘手的问题——非营利性组织是否可以营利？这好像自相矛盾，营利了就不能叫非营利性组织了，但是不营利它们又如何生存呢？

美国学者总结了一些社会企业的特征：第一，它是一种企业战略，而不是企业性质；第二，结合营利和非营利的两种组织形式，它既是营利的，但在提供福利方面相对于企业的性质而言又是非营利的；第三，它的营利仅仅是为了服务于一定社会公益的实现，不像炒股、投资，完全是为了获取利润；第四，它以不同的服务方式来运作，可以收费也可以不收费，也可以免费、优惠等；第五，资金一般采取民间自筹方式（陈金贵，2011）。

社会企业的创新之点，就在于它可以像市场上其他企业一样运作，可以适当收费，但企业的经营范围不能超出其原来所设定的公益性目的，它的盈利只能用来扩大、改善其原定目标，这是最主要的含义。比如企业原定社会目标是提供养老服务，它可以面向不同老年人对服务的不同需求提供不同的服务，对有较强缴费能力的老人，可以收费；如果提供特殊服务，可以多收费。但收益不能用于股东分红，只能用于养老服务等原定社会利益目标，可以提高服务水平，或者用于扩大规模等。这样，既增强了社会企业满足社会需要的能力，也增强了这些企业自我维持、自我发展的能力。

这种社会组织与我们以前所说的“非营利组织”有明显区别，对我们国家来说，它可能更加符合我国福利需求量巨大而财政供给能力、个人缴费能力不很强的基本国情。另外，在我国，也具备这类企业发育的适宜土壤。计划经济时期的社会福利企业、劳动服务企业（解决残疾人、烈军属、回城知青、失业下岗人员等的就业和生活问题），市场经济时期的非正规就业组织、民办非企业单位，都在一定程度上具有社会企业的性质。这种组织创新有历史经验作基础。

事实上，我国现在的一些企业正在向社会企业发展。比如，武汉百步亭社区的经营者就是一家房地产企业，为了满足小区居民的生活需求，诸如解决小孩放学后无人管的问题、垃圾问题、交通问题、卫生问题、老人日常医疗问题等，这家企业先是让自己的一些职工来提供服务。后来发现企业职工做得不够专业，就干脆出钱聘请社会上的专业人士，其中就有社工师，但聘请这些人需要有一大笔开支，那就依靠房地产收入来支持，每年拿出一两百万元。后来，这家企业干脆在集团公司下成立一个相对独立运作、提供社区服务的中心，聘请专业人才提供服务，很受社会欢迎。

宁夏回族自治区在黄河边上创办“黄河善谷”，这是一项创新性的扶贫助残实践，是社会福利创新管理的重大探索。“善谷”将慈善事业与现代产业相结合，依托黄河河谷，建设慈善事业集聚区、现代产业高地，同时开展生态移民，将生活在自然条件恶劣、水资源奇缺的苦瘠环境中的困难群众逐步迁移过来，提供新的就业机会，提高他们的收入水平，给全国最困难地区的群众带来幸福生活。政府通过政策扶持，降低企业投资和经营成本，企业为困难群众提供就业岗位，或者将其所创造的部分利润注入专门的慈善基金，使企业既能赚取利润，又能完成慈善使命。目前，全国还有 4 个园区正在建设中：吴忠市社会企业园区、红寺堡福利企业园区、平罗县老年产业园区和固原市生态产业园区。

可以预期，随着国家整体财力的提升，大量社会服务的开拓，以及企业家社会责任感的逐渐增强，将会有大批企业投入到社会公益事业中来，也会创办起一大批类似的社会企业，这些企业的生命力要强于“非营利组织”这种形式。这样，我们就会形成政府、企业、个人通力合作，满足人民群众福利服务需求的新局面。

## 五、社工队伍建设：社会治理和福利发展的人才保障

长期以来，我国在人才培养和教育的思路方面存在着严重的偏向：重视科技人才，轻视社会科学人才；在社会科学人才中，重视科研和教学人才，轻视社会管理专业人才；在社会管理人才中，重视行政管理人才，轻视公共服务和社会服务人才。这些偏向造成在直接为群众提供面对面日常生活服务的第一线，专业人才奇缺。无法实现规范的、专业的社会服务，远远不能满足人民群众快速增长的

社会服务需求。

**（一）抓紧培养社会工作人才，实现社会治理和服务专业化、柔性化、多样化**

推进社会治理模式创新，实现社会治理和服务专业化、柔性化、多样化，不仅需要培养造就大批“打防管控”（打击破坏社会治安不良分子、防止和预防社会治安案件的发生、加大社会治安管理、增加监控网络设施的简称）让坏分子无可乘之机和应急处置方面的人才，以及信息科技人才，进一步提升社会治理的信息化、科技化水平，更迫切的是要加快建设一支规模较大、结构合理、素质优良的社会工作人才队伍，让他们能在社会福利、社会保障、社会救助、社会慈善、残障康复、优抚安置、司法矫正、教育卫生等领域，广泛开展困难救助、矛盾调处、权益维护、心理疏导、行为矫治等专业化、职业化的社会治理和服务工作。

由于长期存在“重管理、轻服务”的倾向，我们现在应强调“服务优先”、“寓管理于服务之中”。重视社会服务，还要看到社会服务与公共服务的区别，公共服务的主要提供者是政府，它主要面向公共事务，如安全、交通、卫生、文化等基本生活条件和社会秩序；而社会服务主要面向群众的基本生活、社会福利、社会保障的需求，它的提供者是多元的，包括政府、企业、社会以及个人。

我们还要区别行政管理和社会治理这两个概念。在我们国家每当遇到一种社会需要，往往会不断加大政府部门的权利。加强社会治理就会理解成加大政府部门的管理；讲社区建设，那就首先加强政府在社区的建设。对于社会治理，政府当然有重要的责任。但社会治理从概念上就与行政管理不一样，社会治理有社会治理的专业，行政管理有行政管理的专业，专业训练和要求也是不一样的。一定要培养出专业的社会治理和社会服务队伍，进行职业训练，就像工程技术方面有工程师队伍、医疗方面有医师队伍、教育方面有教授队伍的道理一样。社会治理的主体或说主要承担者是社会组织，是社会工作者，要使社会治理专业化就一定要加强专业化队伍的培养。所以，我们要在人才建设方面加快建设一些规模较大、结构合理、素质优良的社会工作人才队伍。

**（二）发展福利服务是壮大专业化社会工作队伍的最佳契机**

社会治理要落到实处，最终要靠专门的人才队伍；福利建设也有一个福利提供问题，不然也无法落实。我们以往讲社会保险、社会保障都特别强调资金保障，强调怎么提高社会保障资金的筹集水平和供给能力，这当然非常重要，且不说目前我们的资金保障水平并不高，就是今后，也还要提高资金方面的投入。但是从发达国家的经验来看，社会保障要想满足人民群众的要求，还要重视社会服务，这就有个由谁来提供服务的问题。发达国家的成功经验是培养社会治理、社会服务的专业化社工队伍。

要培养社会治理、社会服务的专业化社工队伍就要相应地解决两个重要问题：一是各个部门能够开发较多的社会工作岗位，不仅是民政事业要设置相当多的社工岗位，还有教育、卫生、公安、司法等部门以及各人民团体都要拓展社会工作岗位，使社工专业人才能够及时就业。中国社会科学院研究生院首届社会工作硕士班初次就业率几近 100%，厦门大学的社工专业本科毕业生初次就业率高达 97%，这说明社会非常需要这方面的人才。二是政府部门要采取项目管理的办法，政府设立项目、政府购买服务，从经费上支持社工在社区开展工作。从笔者的实际调查情况来看，各地社工待遇差别很大，很不规范，总体水平偏低。2010年，福州的社工月收入 1200~1600 元，厦门 2500 元；2012 年，哈尔滨市社工月收入只有 1000 元，有些城市每月只给社工几百元补贴。近年来，有许多地方在提高社工待遇方面做了很有价值的创新。济南市早在 2008 年就提出社工待遇要相当于职工平均工资水平，而浙江省嘉兴市出台了《嘉兴市社会工作人才专业技术职位设置及薪酬待遇办法》，明确规定事业单位社会工作者实行同职级专业技术职务聘任工资标准；城乡社区社会工作者平均薪酬不低于上年度城镇职工平均工资上浮 10%的标准，并对取得国家职业证书的社工，每月给予 100~200 元的职称补贴；对民办社工服务机构社会工作者，建立以学历、资格、业绩、岗位等指标相结合的职业薪酬指导制度，薪酬标准达到上年度城镇职工均资上浮 20%，提高了对专业社工的吸引力。

加强基层社会治理重要的一条就是财政经费要向基层倾斜，并以优惠政策大力吸引社会资金投向基层、投向社区。要让基层为老百姓直接提供服务的工作人员能够有较好的收入，社工这种职业系列不宜往行政级别上套，他们的待遇不要太行政化，不要过多考虑他们相当于什么行政级别，应该明确他们是一个专业系列，正如工程师系列、医师系列一样，否则他们的工资待遇难以提高。北京市提出对农村进行社区化管理，基层民警如果不脱离类似行政工资级别，这些基层民警的待遇上不去，就难以吸引优秀人才安心基层工作。我们目前存在行政化过于严重的问题，教育行政化、就业也行政化，现在社会治理也搞行政化，这会带来很多问题。因为在此只讨论社会服务专业化问题，因此只涉及专业社工人员的待遇，实际上全体社区工作人员都存在待遇太低的问题。要发展社会服务，必须资金下沉，打破什么都往行政系列上套的习惯，让在群众身边直接提供服务的人员都有体面的待遇，而且要相对优厚。公务员系列固然需要素质较高的人才，直接为群众提供社会服务也需要高素质的人才。要鼓励优秀人才愿意沉到基层，并且留得住。公务员也要有到基层为群众服务的经历和锻炼。这样，才能真正体现“以人为本”，体现“服务为先”。

### （三）中国台湾培养社工人才的经验

中国台湾社会工作教育起步早、质量高；自愿服务队伍遍布各个社会领域；福利服务支出占比高于发达国家平均水平；社会工作有专门的立法保障。这四个方面很值得我们重视。

就社工教育而言，中国台湾高校开展社工专业教育要比大陆早得多，台湾大学、东海大学早在1968年就开设了社会工作课程，而大陆最早是1987年北京大学开设了社工课程，其他高校到20世纪90年代甚至21世纪初才开设这一课程和设立社工系。中国台湾高校在社工课程设置、教育质量、专业水平方面都达到相当水准，值得我们借鉴。

中国台湾的社工在社会生活的方方面面都发挥了很突出的作用。社工的素质较高，很敬业，他们是一支训练有素、专业化的队伍，活跃在所有的公共场所，每一个公园、展馆、社会福利机构，以及医院、学校等处都有他们的身影。专业社工，还有大批志愿者成为提供社会服务的主体。

尽管大量的社会服务是由志愿者无偿提供的，但中国台湾的福利服务在社会总支出中所占的比例非常高（见图11-1）。

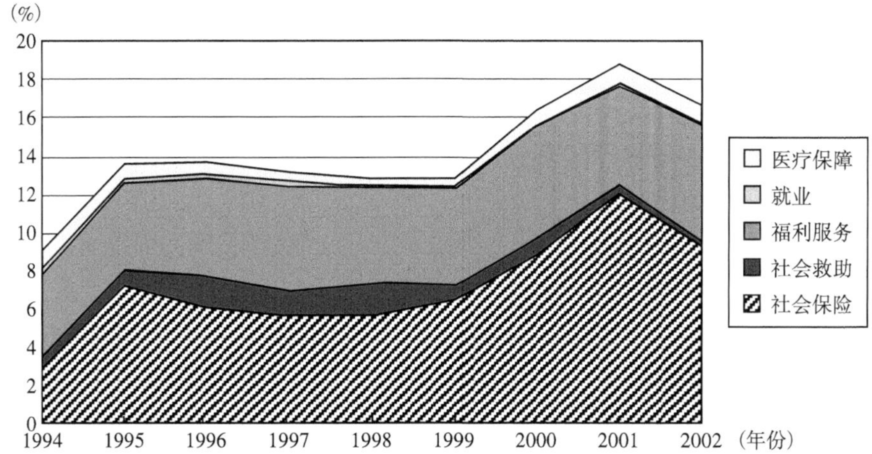


**图 11-1 中国台湾的福利服务在社会总支出所占比例（1994~2002）**

资料来源：张嘉仁，2002。

如图11-1所示，福利服务仅次于社会保险，在社会支出中占据第二位。这一比例甚至比许多发达国家所占比例都高，这一点很值得我们研究和思考。对社会福利来说，福利服务所起的作用往往是资金保障难以企及的。

中国台湾还有一个经验值得重视——社工的立法比较完备。中国台湾在1968年颁布的《社区发展工作纲要》，1969年颁布的《社区建设纲领》，其中就有社会工作方面的内容；20世纪80年代颁布的《老人福利法》、《残障福利法》、《社会救助法》都把社会工作作为主要内容。特别值得一提的是1997年专门颁布的《社会工作师法》，全面规范了社工师的权利、职责和待遇等；2001年颁布了《志愿服务法》；2004年修订 《社会福利政策纲领》。中国台湾的社工立法比大陆早，它在提升社工的专业化水平、规范社会服务方面的作用是不可低估的。

### （四）要像重视科技和经管人才一样重视社会工作人才

科技需要大批人才，经济管理需要大批人才，这在全社会都有高度共识。社会工作难道也需要专门人才吗？多年来，社区里的工作由老大爷老大妈，或者非专业的“4050”下岗失业人员负责，不是也就这么过来了吗？现在提出加强社会治理，社会治理是一个专业，是一个与老百姓的日常生活最密切相关的专业。我们致力科技发展的目的是什么？努力发展经济的目的是什么？最终都要落实到人民群众生活水平的提高、幸福感的增强上。过去强调“先生产、后生活”，重经济、轻社会，经济发展要聚集优秀人才，基层社区就交给大字不识的老大妈去对付了。现在不同了，经济社会发展到新阶段，人民群众的新期待也更多样，相应地，经济社会发展目标校正过来了，经济与社会必须协调发展的理念已经成为科学发展观的基本要求，中央已经明确提出人财物要下沉到基层，向基层倾斜。因此，不仅财政资金要加大对基层的投入，优秀人才也要向基层流动。要求公务员、各行各业的从业人员特别是医务工作者、教育工作者、文艺工作者、公安民警等都要深入基层，到群众身边提供各个专业各个行业的服务，更要有大批社会工作专业人才，提供专业化的社工服务。目前，社会工作者承担着繁重的社会治理与服务工作，工作种类繁杂细致，工作量很大。但是，与巨量的社会工作需求相比，社工从业人员明显不足，尤其是一线社会工作服务人员严重短缺。如福州市第二福利院在岗工作人员 37 人、临时工 10 人，收寄养孤残智障人员 157 人，配比为 1∶3.3，远低于 1∶1.5 的标准。厦门市精神病院在岗工作人员 40 人、临时工 10 人，收寄养精神病人 251 人，配比仅为 1∶5。福清市、长乐市民政局反映，他们每年都要收养 20~30 名弃婴（多属残障），由于工作人员和经费不足，大部分只能寄养在农村家庭，无法做到有效救助和人性化服务。①

我们现在要加强的社会治理是现代社会治理，它的职能是协调社会关系、规范社会行为、应对社会风险、提高生活品质。不是简单地“维稳”，不是片面地加强“控制”。现代社会有效管理是要有基础和前提的。

社会治理的重要制度基础之一是社会福利制度。在此基础上，社会才能减少矛盾和冲突，在存在社会差距的情况下才能缓解社会紧张度，增加社会包容度，以此为前提，社会治理才能事半功倍。当然，也不是只要建立了福利制度就可以万事大吉，选择适当的福利模式具有关键意义。适宜的社会福利模式是社会治理创新的一个重要机制。一个福利模式会否导致福利危机，要看能否保持 4 个基本均衡：经济发展与福利支出的均衡，福利支出中的基础部分与非基础部分的均衡，福利机制中的刚性与柔性的均衡，福利责任结构中的政府与市场、家庭、个人之间的均衡。底线公平福利模式具有 4 个特点和优势：教育为基、劳动为本、

---

① 数据来自福建省民政厅关于加强社会管理和社工队伍建设的汇报材料。

服务为重、健康为要。它充分发挥中国优秀文化和社会结构优势，把发展性要素内置于福利模式之中，可以实现社会福利的内外平衡，支撑经济社会持续发展。

一个好的福利模式不仅包括制度机制，也包括福利组织、福利服务和队伍建设。同时，这些也都是现代社会治理必不可少的组成部分。

社会治理的重要组织基础之一是福利组织，主要是非营利组织和提供公益性服务的社会企业。加强社会治理，特别是基层社会治理和社区建设，要防止行政化倾向，要让非营利组织和社会企业成为实施社会服务的主要力量。政府既要鼓励和支持非营利组织和提供公益性服务的社会企业发展，又要善于加以规范和管理，这是政府在社会治理创新中必须做好的功课。

一个好的福利模式还应该具有一个与之相适应的人才结构。社会治理的重要人才基础之一是社工专业队伍。同时要建立政府工作人员、社会工作人员、广大志愿服务人员，比例恰当、匹配合理的人才结构，形成各司其职而又密切配合的社会治理和社会服务大军。当前以及今后的重点，是鼓励和吸引优秀人才下沉基层、深入群众、服务群众，改变不合理的人才结构和流动导向。

总之，社会福利制度、社会组织、社会服务队伍，是创新社会治理的三项基础条件，是现代社会治理的必要前提。以福利模式创新为基础的社会治理，可以大幅度降低恶性事件的发案率，大幅度减少因福利待遇太低而导致的群体性事件，大幅度减少民事纠纷，增强社会和谐度，大幅度增强社会认同感、社会公平感，从而促进社会和谐，提高社会质量。

## 第二节　国家回归与社会福利责任的多元承担

改革开放以来，中国的社会政策体系开始从国家垄断性提供福利向社会多元化提供福利进行转型，在这一过程中，国家、市场、市民社会与个人（或家庭等传统支持网络）之间责任的重新平衡和界限的重新划分成为改革的关键。“由谁在何种领域承担何种福利责任”，不仅仅是一个福利意识形态或文化偏好的问题，还是一个不同责任主体之间相互平衡、相互建构的动态过程，而这也是全球社会政策体系变迁的主旋律。

从世界范围来看，社会政策的发展一直在国家干预与社会自我负责之间左右摆动，在意识形态、经济发展和社会结构转型的时代背景下经历着复杂的转型。20 世纪初，一些主要的西方资本主义国家都或多或少地建立了自己的福利制度，但这种国家干预的方式却并未得到广泛地认可。随着工业社会的不断发展，有关社会福利是国家首要责任的观念逐渐得到越来越多人的认可，并在“二战”后直接推动了"福利国家"的建立。但是，在 20 世纪 80 年代，资本主义福利国家却遭受了一次严重的危机，以英美为代表的西方资本主义国家开始纷纷削减福利开支，进行私有化和市场化的改革，并试图通过提高税收水平来缓解日益沉重的福利负担，社会政策的发展进入一个相对艰难的时期。在这种情况下，对国家干预的批评越来越多，主要是抨击社会政策抑制了经济的发展，带来了一系列的负面效应，主张削减福利，以工作替代福利。进入 90 年代，许多国家开始重新审视福利政策与经济政策之间的关系，倡导一种更加积极的社会政策取向，如"第三条道路"和发展型社会政策等。2008 年，席卷全球的金融危机和随后的经济衰退又向政府发出了国家干预的强烈信号，不论是在经济还是在民生问题上，一些资本主义国家政府开始变得越来越积极，连最奉行自由主义的美国也在 2010 年初通过了新医改方案，开始迈向全民医保的时期。近几年，社会政策的改革向右转的趋势似乎又日益明显，以英国为例，自卡梅伦政府上台以后，新一轮的福利削减计划又被重新提上了日程。目前来看，全球社会政策的改革依然还在摇摆中进行，改革每前行一步都存在着巨大的争议。

在中国，20 世纪 80 年代以来的社会福利改革似乎一直深受自由主义的影响，试图通过国家收缩、引入市场机制的方式来达到构建多元化福利体系的目的，民营化和市场化的特征明显（Mok，2001；张学泰，2007；Wong，1994；尚晓援，2001；王思斌，2002）。但 90 年代末特别是进入 21 世纪以来，中国社会政策改革的市场化趋势却开始得到明显的调整，国家干预在社会福利领域中越来越明显，社会福利的支出也开始随经济发展而不断增长（见图 11-2）。改革初期，国家财政用于抚恤和社会福利方面的支出占国民收入的比重不断下降，从 1978 年的 0.52%一直滑落到 1996 年的 0.18%，甚至在 2000 年之前一直在 0.2% 以下徘徊。但是自进入 21 世纪之后，这一趋势却开始强力反弹，到 2006 年达到

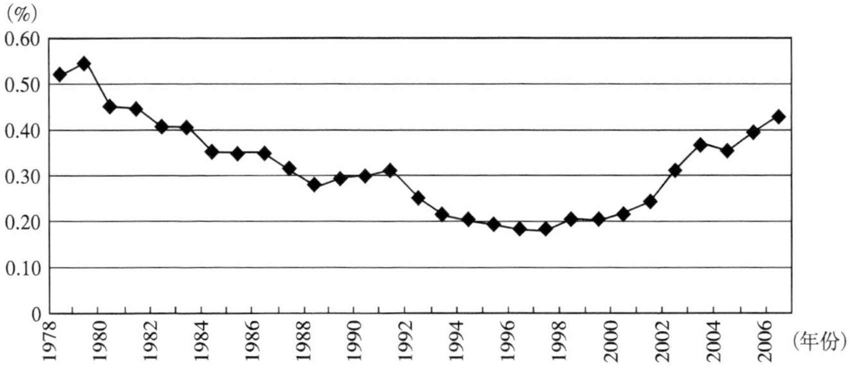


**图 11-2　1978~2006 年国家财政用于抚恤和社会福利的支出占 GDP 的比重**

注：图中所用"社会救济福利"支出的指标并不包含抚恤支出、离退休费和救灾费。

资料来源：《中国财政年鉴（2005）》。

0.43%。国家收缩的趋势似乎发生了明显的转变，一些学者甚至认为中国正在跨入社会政策的时代（王思斌，2004）。

国家角色的这一转变是否真的存在？什么因素导致了这种转变？如何理解这种转变？本书试图以养老保障政策为例，借助福利多元主义的视角，从福利责任多元承担的角度入手来描述、分析自改革开放以来国家角色的转变过程，借以透视整个社会政策体系的变迁轨迹。

## 一、社会福利责任的多元承担

“福利多元主义”是分析社会政策变迁的重要理论之一，尽管其产生较晚，但它的思想则早已孕育在社会福利理论和实践当中。无论是早期沃伦斯基（Harold Wilensky）和莱博克斯（Charles Lebeaux）的福利模式二分法，还是之后蒂特马斯（Richard M. Titmuss）与安德森（Gosta Esping-Andersen）的三分法，其思想中都体现了对国家、市场与家庭的福利角色的不同认识（Wilensky & Lebeaux，1958；Titmuss，1974；Anderson，1990）。历史地看，任何国家的福利结构也是多元化的，即使是鼎盛时期的福利国家也并没有完全摒弃家庭等非正式支持网络的作用，只不过在不同国家、不同历史时期，福利结构呈现出不同的多元组合方式而已。“福利多元主义”尤为关注社会福利责任的分配，认为由于市场失灵、国家失灵与志愿失灵的存在，福利责任可以由公、私两大领域中的四个部门——政府、志愿组织、商业组织和非正式组织共同承担（Gilbert，2000；Rose，1986；Johnson，1989；Evers，1990），并指出福利的多元化并不必然因政府的缩减而自然达致（Johnson，1993；Le Grand、Robinson，1984）。从这一点上来说，福利多元主义对理解中国的社会福利改革具有重要的启示意义，许多学者也认为中国的福利改革具有多元主义的特征（姚建平，2007；孙炳耀、杨团，2001；Wong，1994）。

福利多元主义还认为不同责任主体所承担的福利责任可以在服务提供、资金筹集和制度约束等三个不同的方面展开（Le Grand、Robinson，1984），因而不同责任主体的福利角色还具有类型和程度上的差别。从这一角度而言，社会福利责任的多元化承担可以呈现出更加复杂的构成方式，政府、志愿组织、商业组织、个人和家庭等非正式组织可以在不同福利领域内承担各不相同的、程度有别的社会福利责任，从而扮演不同的角色。本书主要从资金筹集的角度来分析养老保障政策中福利责任承担的情况，并由此透视中国社会政策的变迁。

## 二、中国社会政策变迁：从“国家收缩”到“国家回归”

自新中国成立之后，中国的社会政策改革至少历经两次较为明显的转折。第一次转折发生在20世纪80~90年代，这是从传统计划经济时期向现代市场经济时期跨越的关键时期。与改革前相比，这一时期的社会政策改革呈现出明显的国家收缩的特征，主张政府责任的有限性，强调个人和社会的责任。第二次转折发生在20世纪90年代末特别是进入21世纪之后的和谐社会建设时期，与改革初期相比，这一时期的社会政策改革以国家责任的适度回归为重要标志。

### （一）改革开放前的社会政策

新中国成立以后，中国逐渐建立起了一套“国家—单位”式的社会政策体系。在城市以企事业单位和街区组织为载体，在农村以人民公社为载体，国家通过“单位”或集体提供就业、住房、医疗等各项社会福利保障。

政府的强干预是这一时期社会政策的首要特征。在城市，大多数单位都是国有的企事业单位，资料显示，1956年有近81.4%的劳动者在国有单位工作，即使是在市场化刚刚开始的1979年，全民所有制单位职工的比例也达到了77.2%（国家统计局，1982）。通过单位，国家将各项福利传送给职工，1979年全民所有制单位职工的劳保福利费已相当于职工工资总额的17.4%（严忠勤，1987）。1951年，我国颁布了《中华人民共和国劳动保险条例》，要求企业建立相关的劳动保险制度，并对职工养老待遇进行了详细的规定。1955年国务院又颁发了《国家机关退休人员处理暂行办法》和《国家机关工作人员退职处理暂行办法》，要求各级人民政府及相关事业单位建立相应的保障制度。至此，覆盖政府与企事业单位的城市养老保障制度基本建立。1956年，劳动保险已覆盖了城市中约94%的职工（严忠勤，1987）。

与城市相比，中国农村的养老保障体系发展一直比较滞后，家庭和土地是农民主要的养老资源，除此之外，并无法定形式的保障制度，国家责任相对缺失。农业合作化以后，集体成为承担农民福利保障的重要载体，针对一些无依无靠的老人，1956年还建立了相应的“五保制度”，其资金主要来源于村集体。因此，农村的养老保障是一种集体与家庭共同负担的模式。

从资金筹集的形式来看，“现收现付”制是这一时期养老保障制度的主要原则，即个人不需要为退休金进行强制储蓄，而其退休金也与自身的工作贡献没有直接关系。国家制定出一套相对平均的养老金给付体系，并由单位按照相应的标准统一给付给职工。这是一种相对平均、普惠式的保障形式，个人责任并未直接体现在养老金的给付标准之中，而是更多地体现了企业和政府的责任。

综上所述，从福利责任多元承担的角度而言，当时的养老保障体系集中体现了政府、企业、集体与个人（家庭）的责任。由于农村的保障体系相对滞后，而企业在当时具有强烈的国家所有的特征，因此可以认为当时的养老保障制度更多地体现了国家和个人的责任。而事实上，由于养老金并不与个人的贡献挂钩，因此国家承担了更为明显的保障责任，以一种全能主义的姿态，几乎在垄断性地提供社会福利。但是这种状况在改革开放以后逐渐被改变。

### （二）国家收缩：第一次转折

20 世纪 80~90 年代，社会政策改革受到经济体制改革的深刻影响。在整个经济体制改革的过程中，转变企业的生产和经营方式成为中心环节，中共十三大报告指出要围绕这一中心环节分阶段地进行各方面的配套改革，而社会保障制度正是这一配套体系中的重要一环。无论是 1993 年《中共中央关于建立社会主义市场经济体制若干问题的决定》，还是随后的《关于 1994 年经济体制改革实施要点》、《关于 1995 年经济体制改革实施要点》和《中共中央关于制定国民经济和社会发展"九五"计划和 2010 年远景目标的建议》等，都主张社会政策应按照效率优先兼顾公平的原则进行改革，主张建立起与生产力发展水平相适应的社会化的保障制度。因此，与计划经济时期平均式、普惠式的保障模式不同，这一时期的福利改革呈现出明显的市场化和多元化的特点，政府的有限性和个人应为自身负责的理念不断被强调。

从城市养老保障来看，1986 年国务院颁布了《国营企业实行劳动合同制暂行规定》，要求企业统一实行劳动合同制，实行劳动合同制的员工，其退休养老实行社会保险制度，养老金的筹集由企业和劳动合同制工人自己缴纳，不足时由国家适当补助。劳动合同制的实施打破了传统的就业终身制，也打破了工人与单位之间的依附关系，使其通过单位获得福利保障的可能性大大降低，传统"国家—单位"式的养老保障模式遭遇到了挑战。最为重要的是，社会养老保险的实施使"个人责任"的作用被明确凸显出来，无论是企业还是个人缴费都与个人的工资水平挂钩，"多劳多得"的原则得以彰显。1993 年，《中共中央关于建立社会主义市场经济体制若干问题的决定》进一步主张中国要建立个人账户与社会统筹相结合的养老保险制度，明确保险金应由个人与企业共同负担。综合这一时期养老保障改革的特点，可以发现，社会福利责任的多元化是以企业和个人责任的凸显与政府责任的缩减为明显标志的。

从理论上讲，这一改革取向在当时是科学和理性的，它既考虑到经济体制改革的需要又考虑到人口结构的转变。但是从实践发展的情况来看，却带来严重的社会问题，比如转制过程中的"空账"问题、保障制度的碎片化问题等。最为严重的是，大量的劳动人口在这一改革过程中被抛到了养老保障体系之外。首先是越来越多在新兴经济组织和社会组织中工作的职工未被养老保障覆盖；其次则是大量国有企业下岗职工被甩出社会保障体制之外；此外，越来越多流入城市的农村务工人员也缺乏相应的社会保护。与改革前相比，养老保障的覆盖面非常狭窄。数据显示，1989 年城市中约有 33.5%的职工被各种养老保障体系所覆盖，到 1995 年，这一数字仅上升为 45.9%（国家统计局人口和就业统计司、劳动和社会保障部规划财务司，2005），有一半以上的城市劳动者没有任何形式的养老保障。

而且，农村的养老保障体系随着集体经济的削弱，也开始面临越来越多的挑战。人民公社的解体不仅使农民靠“集体”获取保护的可能性大大降低，也使长期以来的“五保制度”面临资金来源的危机。1994 年《农村五保供养工作条例》和 1997 年《农村敬老院管理暂行办法》颁布，规定五保制度所需经费和实物应当从村提留或者乡统筹费中列支，有集体经营项目的，从经营收入和利润中列支。但是这一政策并没有从根本上改变农村养老保障由集体经济负责的原有状况，仍然缺乏国家财政的有效支持。与此同时，国家在这一时期也开始探索建立农村社会养老保险制度。1992 年民政部印发《县级农村社会养老保险基本方案（试行)》，尝试在各地推行以“个人缴纳为主，集体补助为辅，国家予以政策扶持”的养老制度，即“老农保”制度。但是由于这一制度本质上是农民自我储蓄式的养老模式，缺乏集体特别是国家财政的支持，导致其始终在低水平、低覆盖上运转，并未起到理想中的保护作用。1999 年，国务院叫停该制度，农村养老保险进入停滞期，而究其根源，国家责任的缺位是导致改革失败的主要原因。

值得注意的是，这一时期国家开始鼓励“社会力量”即非政府力量参与到福利服务中来。从 20 世纪 80 年代开始，大量非营利性组织在中国以爆炸性的速度增长，1988 年我国共有各类民间组织 4446 个，1990 年已达到 10855 个（中国社会组织网，2005)。1988 年，国家开始公开发行社会福利彩票，它掀开了从民间直接筹集福利资源的序幕。此外，大量民间养老机构也开始频频出现。种种迹象表明，由于国家的撤出和政策环境的宽松，各种社会力量开始尝试去承担政府转移而出的福利责任。但是由于缺乏有效的资源支持和良好的政策环境，这些社会力量的发展极其缓慢，有关这一问题的相关研究颇多，这里不再赘述。

从社会福利责任多元化承担的角度分析，这一时期的政策改革具有明显国家收缩的特征，强调政府责任的有限性，主张个人应该为自身的福利负责，因此政府的责任被不断弱化，而个人、家庭与社会的责任则被过分强调，这是一种典型的自由主义式的改革。这种改革取向在随后的几十年里带来了严重的社会问题。

**（三）第二次转折：国家回归**

世纪之交，国有企业改革进入了攻坚阶段，市场经济体制改革的进一步深化面临着配套设施不健全，特别是社会保障体制不健全的问题。而经济的发展、社会的进步则把社会公平、公正等问题提到了与发展问题同等重要的位置上来，积极构建社会主义和谐社会成为 21 世纪党和政府工作的重点。在新的社会形势下，社会政策改革开始重视国家在社会福利中的重要作用。从 20 世纪 90 年代末开始，政府即不断加大对社会民生事业的投入，同时出台一系列相关政策完善社会保障体系、支持社会力量发展。图 11–3 显示，自 1998 年以来，政府社会保障支出开始以年均 28.3%的速度增长，其中社会保障补助支出的增长速度达到 39.3%，社会保障总支出占财政总支出的比重从 1998 年的 5.16%上升至 2002 年的 11.5%。与改革初期相比，政府角色有了明显调整，国家干预在社会福利领域中的特征日益明显。

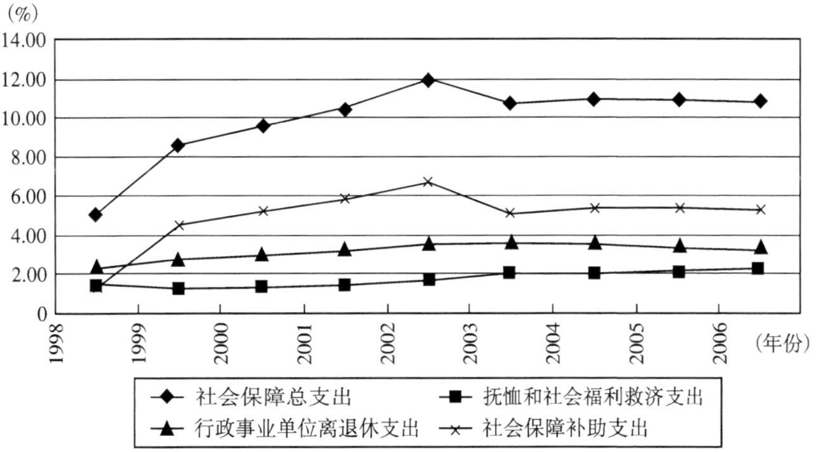


**图 11-3　1998~2006 年中国社会保障总支出占中国财政总支出情况统计**

注：2007 年以后年度社会保障支出科目口径与以前年度不一致，因此不具可比性。

资料来源：《中国财政年鉴》(2010)。

以下将从三个方面来具体分析国家角色在养老保障政策中的变化。

首先，在国家的努力下，城市职工养老保险的覆盖面开始不断扩大，个人账户开始逐步做实，保障资金也开始进行统一管理和社会化征缴。在这一时期，社会政策改革的主要目标是建立一个能够适应市场经济需要的统一的保障体系，以利于劳动力的自由流动和劳动力市场的稳定。养老保障的覆盖面必须要不断扩大从而覆盖更多的人群，包括非公企业职工和农村务工人员。2000 年《关于完善城镇社会保障体系的试点方案》明确规定要逐步扩大养老保险的覆盖面，覆盖灵活就业人员和个体工商户。2007 年国家颁布新的《劳动合同法》，对企业缴纳社会保险费做出更加明确和严格的限定。在各项措施的共同作用下，从 20 世纪 90 年代末开始特别是 2002 年以来，城镇职工养老保险的覆盖面开始大幅度增长（见图 11-4）。

另外，在老龄化不断加剧的情况下，逐步做实个人账户，提高养老保险的统筹层次也成为这一时期的重要工作。2000 年《关于完善城镇社会保障体系的试点方案》对个人和企业的缴费责任进行了更加明确的界定，个人缴费比例一步提高到 8%，企业缴费全部进入社会统筹，而个人账户资金则全部由个人缴费形成。个人账户和统筹基金分开管理，统筹基金不再透支个人账户基金用于先收现付，同时鼓励个人多缴多得，由此而产生的资金缺口经核实后由中央给予补助。这一点突出反映了国家责任的回归。

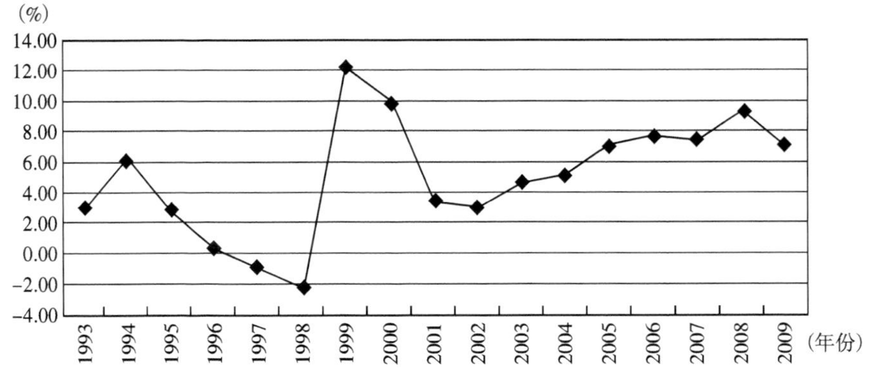


**图 11-4　1993~2009 年城镇职工参加基本养老保险人数的年增长率**

资料来源：《中国劳动统计年鉴》(2010)。

其次，国家推动建立一些新型的养老保障制度，以覆盖原有无法纳入保障的人群，如农民工养老保险、失地农民养老保险、新型农村养老保险、城镇居民养老保险，等等。与以往不同的是，国家责任在这些新型保险制度中被明确凸显出来。以新农保为例，政府补贴在农民缴费和领取养老金时都有明确的体现。农民缴费时，政府补贴随缴费的档次不同变化，分 30~50 元等 5 个档次，政府的补贴和个人缴费的资金全部纳入农民的个人账户；农民领取养老金时，其基础养老金部分则全部由政府负责，目前为每人每月 55 元。从理论上来说，在缺乏企业和集体补贴的情况下，新型农村养老保险采取了“国家—个人”责任分担的形式，与旧农保相比是一大进步。此外，为避免农村税费制度改革给农村社保制度所带来的影响，国家决定加大公共财政对农村社会保障制度建设的投入。2006 年新修订的《农村五保供养工作条例》明确规定“五保”供养资金在地方人民政府预算中安排，实际上将农村“五保”制度融入了现代社会救助制度，并凸显了国家在农村的福利责任。

最后，由于国家财政的支持，社会养老保障的待遇也在逐年提高。从 2005 年开始，国家连续提高企业退休职工养老金待遇，平均年增长率达到 10%以上。图 11-5 显示，自 20 世纪 90 年代末以来，企业平均离退休费一直在不断增长。1998~2008 年，企业离退休费从 413 元增长到 1121 元。自 2002 年以来，增长速度更是不断加快。

综上所述，我们可以看到这一时期的社会政策改革开始重新调整政府、企业、个人以及非营利性组织之间的关系，重视政府的责任。政府责任的凸显首先表现在资金投入力度的不断加大，同时在制度设计和管理上也表现得更加积极。此外，这一时期的社会政策还为社会力量的发展创造了更多的政策空间，政府通过规范监督、资金支持、购买服务等各种方式，不断鼓励社会力量参与到社会服务中来。与改革初期强调市场化改革相反，这一时期的社会政策更加注重平等与

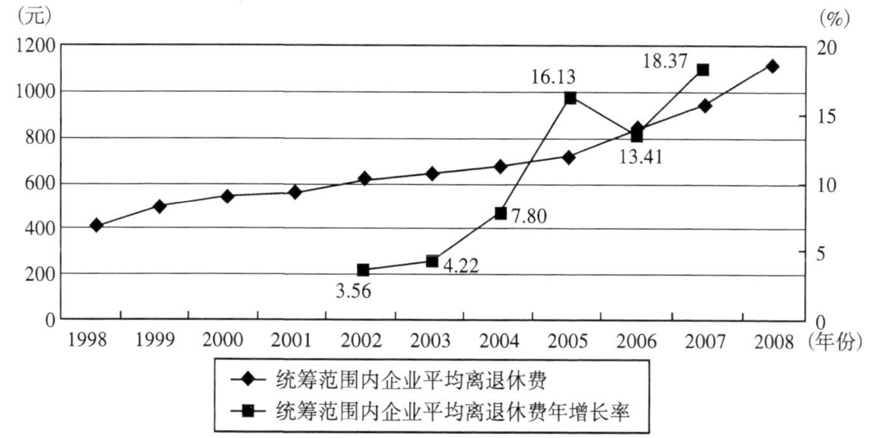


**图 11-5　统筹范围内企业平均离退休费增长情况**

资料来源：《中国人力资源与社会保障年鉴（2009）》。

公平，主张通过政府主导、社会广泛参与的途径来弥补市场失灵所带来的社会发展不平衡的问题，通过社会政策的健全与完善使社会成员能够共享社会发展的成果，增进个人权利，增强社会团结。许多学者认为中国正在构建一种政府主导、社会广泛参与的适度普惠型模式。

## 三、福利责任的多元承担与社会政策变迁

### （一）国家角色的转变与福利责任的多元承担

养老保障政策的变迁历史十分清晰地展现了“国家”在改革的不同阶段所扮演的不同角色。计划经济时期，国家扮演了一个全能的、父爱式的社会保护角色，通过“单位”向社会成员提供相对均等的社会福利；改革开放以后，国家角色开始收缩，个人和社会责任开始凸显，在社会发育不全和国家过度收缩的情况之下，个人承担了较多的社会福利责任，社会福利的供给严重不足且不平等；进入 21 世纪特别是社会建设时期之后，国家开始重新回归，积极干预社会福利，努力构建一个均等化的公共服务体系。在这一过程中，国家、市场、市民社会与个人之间的关系也在不断地被重塑，从控制社会力量的发展到积极支持和培育社会力量参与到社会福利事业之中，一个“国家”与“社会”良性互动的关系格局正在形成。

图 11-6 比较简化地呈现了在养老政策变迁的过程中福利责任多元承担的变化情况。为简化起见，将企业组织、集体组织和非营利组织等统称为“社会”以区别于政府和个人家庭，而这也符合实际工作中对“社会性力量”的指涉。简化图的纵轴为“福利责任”，横轴为“时间”，斜线为“福利需求”的变化。从中可以发现不同时期国家角色的不同，从计划经济时期承担较多的责任，到改革初期

责任下降，再到新时期责任的回归，国家角色呈现出明显的波动。

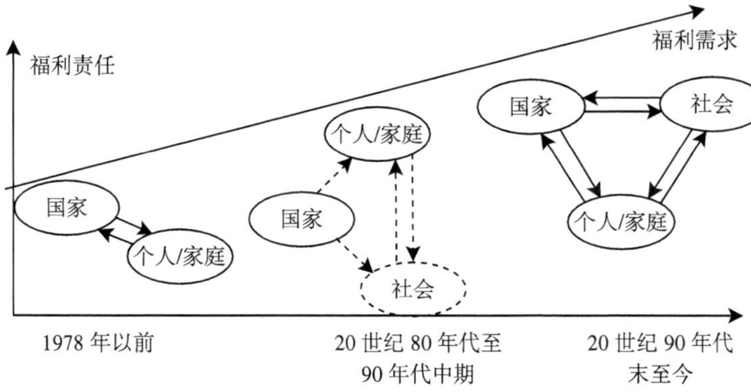


**图 11-6　养老保障政策变迁中“福利责任多元承担”简化图**

在改革开放之前，社会福利责任主要由国家、个人与家庭共同承担，相对而言国家承担了更为明显的保障责任，国家对个人和家庭有较为明显的支持，二者之间互动明显；改革开放初期，国家责任减弱，个人与家庭承担了较多的责任，社会力量虽有所发展但发育滞后，三者之间的互动关系较弱；进入新时期以后，国家责任开始增强，个人与家庭承担责任减弱，社会力量开始发展，按照理想的状态发展，未来将会形成一个三者良性互动的格局。简化图还表明，国家责任的缩减不仅表现在绝对意义的层面，也表现在相对意义的层面，即随着福利需求的不断增加而相对地缩减。

围绕国家角色的转变，养老政策的变迁也呈现出一个曲线式的变化轨迹，这一轨迹表明改革开放以来养老保障政策改革的趋势不是直线式的，而是波动的，且表现为明显不同的两个阶段，而这一点在其他社会政策如教育、医疗、住房等政策中都有所体现，有关这一点将另具文述之。

**（二）国家角色转变的内在逻辑**

与社会政策转型同理，国家角色的转变也是一个内外因素共同作用的结果。在外部条件上它往往指压力或拉力的存在，而在内部条件上则指的是政策制定者内部是否具有政策变迁的能力和意愿。事实上，改革开放后国家福利角色的转变正是转型过程所产生的外部压力和政府执政理念转变共同作用的结果。

1. 福利供给失衡所导致的结构性压力

改革初期，中国的社会政策改革采取了一种效率优先的市场化逻辑，国家的责任不断地被减弱，而个人和社会的责任则不断地被强调。按照福利多元主义的设想，如果其他责任主体能够有效地承担国家让渡而出的福利责任，那么社会的总体福利并不会减少。但事实上，现实却远比理论复杂得多。就养老保障而言，一方面民间力量由于缺乏足够的资源并未“及时地”成长起来；另一方面，家庭养老功能和传统社区支持的弱化却使得非正式的支持网络变得越来越艰难。因此在国家收缩、家庭养老功能弱化和民间力量发育滞后的情况下，养老保障领域内的福利供给产生了严重的失衡，失衡所带来的压力要求国家必须以更加积极的姿态承担本应由其承担的福利责任。

从更深层的角度而言，福利供给的失衡不仅仅表现在总量的失衡，它还表现在福利供给的多元结构并不适应中国社会发展的阶段性需求。从制度和文化的角度而言，不同的福利责任主体在承担福利责任的能力上本身就存在一定的差别，而社会公众对它们的接纳程度也各不相同。相对而言，对政府的信任和依赖程度较强，而对民间力量的信任则需要一定的时间。因此，在各方面条件还未成熟的情况下，政府过快地、过度地撤出，将会带来严重的断裂问题。[①] 因此政府承担必要的福利责任，并且帮助其他福利主体获得能力的增长和社会的信任，是中国社会福利多元格局形成的必由之路。

2. 社会转型期福利需求不断增长的外部压力

国家收缩所带来的福利供给短缺具有更加明显的相对意义，即相对于不断增加的福利需求而言。事实上，在改革初期，由于国家收缩而带来的福利压力并不明显。相反，市场经济的飞速发展和生活水平的提高给政策制定者们带来一种乐观主义的假设，即通过经济的发展可以达到社会福利的提高，而福利的市场化也可以带来效率的提高和效益的改善。但事实上，随着市场经济改革的不断深入和社会转型的加速，改革所带来的问题开始日益凸显，给社会的福利保障体系带来巨大的压力。就养老政策而言，老龄化的加剧、家庭功能的弱化和城市化的不断推进使社会总体的养老保障需求不断增加，与改革开放之前相比，社会整体的福利需求大大增加。社会福利需求的增加和社会福利供给能力的相对滞后进一步放大了福利供给失衡所导致的结构性压力。

3. 政府执政理念的不断发展

政策的变迁必须要通过政策制定者的意识和行动才能切实产生，因而与政府执政理念的转变密切相关。改革开放以来，党和政府对社会主义市场经济、对国家或政府的职能和角色、对社会性力量的认识和判断都在不断地走向成熟。改革开放初期，“经济发展”是中国的首要目标，而自由的市场经济是实现这一目标的重要手段，社会政策改革也必须要服从于市场经济改革，因此效率优先、兼顾公平的原则得以彰显，而国家有限性和个人应为自身负责的观点也不断被强调，因此国家的收缩成为改革的必然。但是 20 世纪 90 年代末以来，公平与公正的问题开始凸显，积极构建社会主义和谐社会逐渐成为新时期党和政府的工作重点，特别是随着“科学发展”、“社会建设”和“社会管理”、“社会治理”理念的提出，

---

① 有关社会保障体系的断裂问题事实上早已有学者指出（王思斌，2003）。

以民生为重点的社会事业开始日益受到党和政府的重视。正是在这一时代背景之下，社会政策在保障人民生活、维护社会稳定、促进社会公平等方面的作用日益凸显，中央和地方各级政府开始不断加大投入、加强管理、制定政策，积极推动社会福利事业的发展。

4. 国家财政能力的增长

国家财政能力的增长是国家角色能够转变的基础性条件。社会政策的发展要求分享更多的财政支出，也要求政府有能力调整财政收支结构，扩大公共服务的覆盖范围，事实上中央也意识到了这一点。[①] 改革开放后，中国经济取得了飞速发展，国家财政收入占国内生产总值的比重在 1996 以后开始稳步增长。2011 年国民生产总值达到 47.12 万亿元，全国财政收入超过 10 万亿元，已跃居世界第二大经济体，发展速度惊人。飞速发展的市场经济尽管带来了许多复杂的社会问题，但它最大的功绩则是为国家累积了一个良好的物质基础。正是有了这样一个基础，政府调整收入分配，扩大社会保障覆盖范围，建设适度普惠型的福利制度才成为可能。事实也证明，从世纪之交开始，社会福利支出占国内生产总值的比重开始逐年上升。

总体而言，国家福利角色的转变或社会政策的变迁是一定时代背景下社会、政治、经济和文化等各种因素共同作用的结果，它与党和政府对社会政治经济状况的判断密不可分，是社会发展进入到关键转折期的理性选择。

## 四、国家角色转变的实践意义

养老政策变迁中国家角色的转变反映了社会政策从“国家收缩”到“国家回归”的历史转折。从国家收缩到国家回归的转变，是中国社会政策变迁的重要转向，它意味着改革开放以来中国社会政策的改革过程并不是直线式的，而是有明显波动的一个曲折的过程。

对中国来说，理解国家角色的转变对理解社会政策的变迁具有特别重要的意义，这不仅因为中国具有独特的政治体制、文化传统和组织特点，也因为国家、市场、市民社会与传统非正式支持网络的发育程度和相互关系在中国呈现出独有的特征。从社会政策变迁的历史来看，可以发现中国的社会政策改革具有明显的自上而下的特征，任何一次重要的转折都与党和政府执政理念的转变密切相关，与政府对社会发展形势的判断密不可分，因此理解中国社会政策的变迁必须首先要理解中国政府、理解政府执政理念发展下的国家角色的转变。改革开放以来的实践也表明，国家角色的转变从来都不是一个单方面的过程，它是建立在国家、市场、市民社会、个人与家庭之间互动的基础之上的。因此，应当从一个多元互

---

① 2008 年，胡锦涛在中共中央政治局第四次会议时指出了这一点。

动的角度去分析不同责任主体角色的转变，进而理解社会政策的变迁。

当我们看到国家责任回归所带来的良好效果的同时，也必须注意其可能带来的潜在风险。首先，国家回归不是回到过去，更不是回到计划经济时期国家垄断性提供社会福利的状态。“国家回归”是对改革开放以来“国家收缩”趋势的调整，是相对而言的具有增长取向的国家干预的加强。其次，国家回归是有层次的、适度的回归。有层次的回归指的是在福利责任的三个不同层面，即服务提供、资金筹集和制度约束等三个方面，不同程度地回归。适度的回归指的是国家责任的回归应当是适度的、符合社会经济发展的基础和需要的。此外，国家回归并不意味着替代或“挤出”其他福利主体的责任，恰恰相反，国家角色的调整必须伴随着市民社会、市场和传统支持网络的发展，形成资源配置的最佳组合。因此，必须要避免过度强调政府的能力和责任，而忽视社会的自我管理和自我负责倾向。要警惕可能由于社会政策的过快和过热发展，而导致改革超出现有的社会经济基础，从而带来可持续发展危机的风险。因此，构建一个更加“适度”的社会政策模式亟须引起重视。

社会政策领域内国家角色的转变是相当独特和复杂的，任何普遍性的概括都有可能流于简单化和表面化，因而需要结合不同的福利项目从不同的研究视角出发去理解这一变化过程。通过对养老保障政策的分析，我们发现了国家责任在“资金筹集”方面的回归，但是这一趋势是否在其他福利领域、其他责任方面依然存在却是一个更加复杂的问题，需要未来更加深入细致的研究。

**参考文献**

安东尼·吉登斯：《第三条道路——社会民主主义的复兴》，郑戈译，北京大学出版社、三联书店，2000 年。

阿什老轨：《促进基本公共卫生服务逐步均等化 逐步缩小城乡居民基本公共卫生服务差距 提高全民健康水平》，《政协第十一届全国委员会第五次会议大会发言材料汇编第二十册（191–200）》，2012 年。

保罗·皮尔逊编：《福利制度的新政治学》，苗正民译，商务印书馆，2004 年。

蔡汉贤、李明政、徐娟玉编著：《中华社会福利经典选析》，松慧有限公司，2011 年。

陈金贵：《社会企业家精神应用在非营利组织筹募资源的探讨》，《社会福利模式：从传承到创新》，台北中华救助总会、财团法人中华文化社会福利事业基金会，2011 年。

多丽斯·A.格拉伯：《沟通的力量——公共组织信息管理》，张熹珂译，复旦大学出版社，2007 年。

戴香智、侯国风：《“啃老”现象的社会工作视域分析》，《社会工作》，2006 年第 11 期。

丁建定：《西方国家社会保障制度史》，高等教育出版社，2010 年。

冯明亮：《从教育保障入手完善社会福利体系》，《中国发展研究基金会·研究参考》，2009 年第 17 号。

高体健：《加强和创新服务管理让流动人口共享经济社会发展成果》，《政协第十一届全国委员会第五次会议大会发言材料汇编第六十九册（681-690）》，2012 年。

顾俊礼、田德文：《福利国家析论——以欧洲为背景的比较研究》，经济管理出版社，2002 年。

关信平：《社会政策发展的国际趋势》，《江海学刊》，2002 年第 41 期。

国家统计局：《中国统计年鉴（1981 年）》，中国统计出版社，1982 年。

国家统计局人口和就业统计司、劳动和社会保障部规划财务司编：《中国劳动统计年鉴（2005）》，中国统计出版社，2005 年。

国家统计局人口和就业统计司、人力和社会保障部规划财务司编：《中国劳动统计年鉴（2010）》，中国统计出版社，2010 年。

国家图书馆：《“两会”专题文献信息专报》，2012 年 3 月 5 日。

何小平：《加强和创新公民社会要注重基层》，《政协第十一届全国委员会第五次会议大会发言材料汇编第一册（1-10）》，2012 年。

何雨：《社区居家养老：潜力巨大的养老模式》，《中国社会科学报》，2012 年 2 月 20 日。

黄明达：《2012 世界健康产业大会北京宣言》，2012 年 4 月 7 日。

景天魁：《底线公平：和谐社会的基础》，北京师范大学出版社，2009 年。

景天魁：《社情人情与福利模式——对中国大陆社会福利模式探索历程的反思》，《探索与争鸣》，2011 年第 6 期。

景天魁等：《福利社会学》，北京师范大学出版社，2010 年。

罗伯特·索洛等：《工作与福利》，刘文忻等译，中国社会科学出版社，2010 年。

弗兰茨—克萨韦尔·考夫曼：《社会福利国家面临的挑战》，王学东译，商务印书馆，2004 年。

李培林、王思斌、梁祖斌、周弘、张秀兰：《构建中国发展型的社会政策——“科学发展观与社会政策”笔谈》，《中国社会科学》，2004 年第 6 期。

齐心：《低保未就业人员求职意愿及影响因素研究》，《城市问题》，2007 年第 7 期。

尚晓援：《从国家福利到多元福利》，《清华大学学报（哲学社会科学版）》，2001 年第 4 期。

首都社会经济发展研究所课题组：《中国医疗模式应由“重病治疗”向“重病预防”转变》，《北京日报》，2008 年 7 月 7 日。

宋林飞：《积极推进养老服务平台与体系建设》，《政协第十一届全国委员会第五次会议大会发言材料汇编第四十一册（401-410）》，2012 年。

孙炳耀、杨团：《国家、社会与市场：中国社会福利服务体制的重构》，杨团：《社会福利社会化：上海与香港社会福利体系比较》，华夏出版社，2001 年。

托马斯·亚诺斯基、亚历山大·M.希克斯：《福利国家的比较政治经济学》，姜辉等译，重庆出版社，2003 年。

孙希有：《服务型社会的来临》，中国社会科学出版社，2010 年。

王思斌：《混合福利制度与弱势群体社会资本发展》，《中国社会工作研究（第一辑）》，社会科学出版社，2002 年。

王思斌：《断裂与弥合：社会转型与保障制度建设》，《中国行政管理》，2003 年第 9 期。

魏铭言：《民政部：社会组织可承担养老服务》，《新京报》，2012 年 3 月 22日。

温家宝：在第十一届全国人民代表大会第五次会议上所做的《政府工作报告》，人民出版社，2012 年。

徐学陶：《社会福利——台湾的经验》，松慧有限公司，2009 年。

严忠勤：《当代中国的职工工资福利和社会保险》，中国社会科学出版社，1987 年。

言恭达：《关于充分发挥公益性社会组织在社区服务中作用的建议》，《政协第十一届全国委员会第五次会议大会发言材料汇编第七十七册（761-770）》，2012 年。

杨琳：《民政部民间组织管理局：社会组织面临难得发展机遇》，《公益时报网》，2012 年 3 月 15 日。

杨玲玲：《韩国社会福利模式的特点、问题及对我国的启示》，《中国党政干论坛》，2009 年第 9 期。

姚爱兴：《创新公民社会　关爱空巢老人》，《政协第十一届全国委员会第五次会议大会发言材料汇编第四十二册（411-420）》，2012 年。

姚建平：《福利国家的国家福利责任简析》，《理论与现代化》，2007 年第 9 期。

伊丽苏娅：《关于发展老龄事业的几点建议》，《政协第十一届全国委员会第五次会议大会发言材料汇编第六十五册（641-650）》，2012 年。

詹火生、杨莹、张菁芬：《中国大陆社会安全制度》，五南图书出版公司，1993 年。

张嘉仁：《政治、社会结构的变迁对社会福利支出的影响》，中国台湾社会福利学会等主办“民主政治与社会福利学术研讨会”论文，2002 年。

张学泰：《福利国家社会福利服务“民营化”探讨》，《民政论坛》，2007 年第 1 期。

郑秉文：《从福利国家走向债务国家——欧债危机对中国养老金制度提出的改革清单》，《战略与管理》，2011 年第 9/10 期。

郑秉文：《欧洲国家掉入“福利陷阱”了吗?》，腾讯博客，http：//www.nbd.com.cn，2011 年 12 月 7 日。

《中国人力资源和社会保障年鉴》编辑部：《中国人力资源与社会保障年鉴（2009）》，中国劳动社会保障出版社，2009 年。

中国财政年鉴编纂委员：《中国财政年鉴（2005）》，中国财政杂志社，2005 年。

中国社会组织网：《民间组织历年统计数据》，http：//www.chinanpo.gov.cn/2201/20151/yj-zlkindex.html，2005 年。

Esping-Anderson，G.，The Three Worlds of Welfare Capitalism. New Jersey：Princeton University Press，1990.

Evers，A.，“Shifts in the Welfare Mix：Introducing a New Approach for the Study of Transformations in Welfare and Social Policy.” In Evers A. & H. Wintersberge eds. Shifts in the Welfare Mix：Their Impact on Work，Social Services and Welfare Policies. Frankfurt：Westview Press，1990.

Gilbert，N.，“Welfare Pluralism and Social Policy.” In Mideley J. & M. B. Tracy eds. The Handbook of Social Policy. Thousand Oaks：Sage Publications Inc，2000.

Johnson，N.，“Welfare Pluralism：Opportunities and Risks.” In Evers A. & I. Svetlik eds. Balancing Pluralism：New Welfare in Care for the Elderly. Aldershot：Avebury，1993.

Johnson，N.，“The Privatization of Welfare.” Social Policy & Administration 23，1989.

Le Grand，J.& Robinson，R.，“Privatisation and the Welfare State：An Introduction.” In Le Grand J. & R. Robinson eds. Privatization and the Welfare State. London：Allen and Unwin，1984.

Mok，Ka-Ho，“Education Policy Reform.” In Wong L. & N. Flynn eds. The Market in Chinese

Social Policy. New York: Palgrave, 2001.

Rose, R., "Common Goals But Different Roles: The State's Contribution to the Welfare Mix." In Rose R. & R. Shiratori eds. The Welfare State East and West. New York: Oxford University Press, 1986.

Titmuss, R. M., Social Policy: An Introduction. London: Allen & Unwin, 1974.

Wilensky, H.L. & C. N. Lebeaux, Industrial Society and Social Welfare: the Impact of Industrialization on the Supply and Organization of Social Welfare Service in the United States. New York: Russell Sage Foundation, 1958.

Wong, L., "Privatization of Social Welfare in Post-Mao China." Asian Survey, 1994.

Wong, L., Marginalization and Social Welfare in China. London: Routledge, 1998.

# 第十二章　社会风险与社会治理创新

## 第一节　社会治理创新与社会风险防治

从一般意义上讲，社会治理包括：①对“社”的管理，即社区管理；②对“会”的管理，即民间组织管理；③对“社会”（事业、事务）的管理。各级人民政府特别是其中的民政系统多年来在这几个领域做了大量具体的工作，取得了相当的成绩。但是近年来党中央、国务院异常强调加强和创新社会治理，显然并非主要指加强和创新这几项工作，而是另有原因。

为了理解当前如此强调加强和创新社会治理的意义，有必要考察：①中国社会的发展正经历哪些新的变迁？②受变迁驱动，民众有哪些新的需求？③面对新的需求，多年社会管理中既有的做法、经验和模式面临了怎样的挑战，其中有哪些已经不能再持续下去，因而严重影响了社会的和谐稳定？然后通过寻求这三者的交集，来确定加强社会治理的突破口和重点领域。

循此思路，我们发现：上述三者的交集，即当前影响社会和谐稳定的突出问题主要表现在如下四个方面。

### 一、风险社会—安全需求：应急、减灾、维稳亟待创新升级

社会风险与风险社会所带来的挑战，以及人民群众对于安全的渴求，迫切要求我们的应急、减灾、维稳体系创新升级。

现代性及获取现代性的现代化趋势，对于中国人来说并不陌生，但是基于现代化进程的社会风险却是进入 21 世纪以后摆在中国人面前的新问题：自然灾害频繁发生，生产事故屡禁不止，生态环境持续恶化，问题食品无处不在，新型传染病防不胜防，群体性事件愈演愈烈。面对如此严峻的形势，贝克（U. Beck）、吉登斯（A. Giddens）等创立的风险社会理论已经取代亨廷顿（S. Huntington）的转型政治发展理论，成为中国学界热捧、政府认可的新的话语解释体系。亨廷顿

认为社会政治风险仅存于现代化转型期，一旦完成了现代化进程就会进入一片坦途；而风险社会理论则强调，“虽然在某些领域和生活方式中，现代性降低了总的风险性，但同时也导入了一些以前所知甚少或全然无知的新的风险参量，这些参量包括后果严重的风险，它们来源于现代性社会体系的全球化特征”（吉登斯，1998），“风险造就社会；全球风险造就全球社会”（贝克，2008）。

一方面，在全球风险社会的背景下，我国长期积蓄的矛盾、危机都可能随时找到突破口而爆发出来，有的已经爆发出来，由风险转化为伤害或灾难，打断了社会的演进和转变过程，这就把中国社会推向了“高风险社会”（孙立平，2004）；另一方面，改革开放以来以经济建设为中心，狠抓发展不动摇，告别了短缺经济时代，先后摆脱了贫穷，实现了温饱和小康，正在向全面小康挺进，根据马斯洛（A. Maslow）的需要层次理论，人们在基本满足了生存需要以后，安全就上升为其第一位的需求。高风险社会与民众安全需求之间存在着巨大的张力，在此情况下如何确保民众的公共安全需求就成为政府行使社会管理职能的重大职责。自 2003 年“SARS”之后，为了应对日益严峻的自然灾害、事故灾难、公共卫生和社会安全事件等突发公共事件，减少民众的生命财产损失，我国建立了“一案三制”（应急预案和应急体制、机制、法制）的应急管理体系（内含减灾、维稳），取得了显著的成效，“汶川地震”、“玉树地震”、“舟曲泥石流”等重大自然灾害的救援处置与灾后重建便是明证。然而，这种“重事后，轻事前”、“重应急管理，轻风险管理”的应急模式还无法适应现实的需要，仍然无法解决食品安全、防灾减灾、环境污染等重大问题，而这些问题已经成为影响社会和谐稳定的突出问题，甚至出现了“越应急，急越频；越减灾，灾越多；越维稳，越不稳”的尴尬局面。因此，以现有应急管理体系为基础的社会体制改革和社会治理创新还需要进一步深化，尽快将针对突发公共事件的应急管理转向针对社会风险的风险管理。这一转变表面上看是现实应急、减灾、维稳的形势之所迫，但在深层上却是全球风险社会和中国高风险社会的必然要求，也是顺应民众安全需求上升为首位需求的必然之举。

胡锦涛同志于 2011 年 2 月 19 日在中共中央党校省部级主要领导干部社会管理及其创新专题研讨班开班式上的重要讲话就提出：进一步加强和完善公共安全体系，健全食品药品安全监管机制，建立健全安全生产监管体制，完善社会治安防控体系，完善应急管理体制（胡锦涛，2011）。

## 二、开放社会—融入需求：户籍制度、单位制度亟待改革

社会疏离与开放社会所带来的挑战，以及社会成员融入社会的意愿，迫切要求我们对已实行多年的单位制度、户籍制度实施根本性的变革。

对近年来“瓮安事件”（2008）、“石首事件”（2009）、“潮州事件”（2011）、

“增城事件”（2011）等大规模群体性事件的深入分析显示，流动人口的社会疏离和缺乏社会认同是导致群体性事件扩大升级的主要原因。在以宗法网络关系和以伦理等级秩序为基础的传统社会中，个体具有相对安定的生活、固定的居所和稳定的社会关系，社会相对稳定；新中国成立以后，机关、企业、事业和公社的单位制度以及僵硬的户籍制度，确保了国家对社会的全面控制，但也造成整个经济社会活力丧失、发展被扼制的严重后果。市场为导向的改革启动以后，社会开放了，单位制与户籍制松动了，随着市场配置资源和生产要素基础作用的日益发挥，我国的人口迁移与流动进入了最为活跃的时期，目前全国的流动人口已超过2亿，未来还将形成5亿城市人口、5亿农村人口、5亿流动人口“三分天下”的格局。从构成上看，中国当前的“流动人口”主要由两部分人构成：一是“种田无地、就业无岗、社保无份”的“三无游民”，国土资源部提供的数据表明，全国1/3以上的群体上访归因于土地问题，其中60%左右直接由征地引起。近年来，由于暴力拆迁愈演愈烈，失地农民更是成为上访和群体性事件的主要参与群体。二是“新生代农民工”，多分布在城乡结合部或“城中村”，没有稳定的工作甚至没有工作，不种地、不返乡，缺乏来自政府与社会的有效管理与服务，容易诱发社会矛盾甚至刑事犯罪的发生。从本质上看，社会疏离和社会认同的丧失本身就是开放社会的异质性所带来的挑战，由于我国社会流动的强化和社会阶层的固化，社会疏离和社会认同的丧失也就表现得尤为突出。

应当看到，我国的经济改革比较顺利和彻底，公社解散，企业改制，农村人和企业人都变成了“社会人”；但政治改革和社会改革相对滞后，机关事业单位的改革徘徊不前。于是，中国进入了“单位制”与“社区制”并存、“单位人”与“社区人”共处的时期。市场经济的发展带来了越来越频繁、规模也越来越大的人口流动。“单位制”下的各机关事业单位都有严格的编制管理，“社区制”下各社区的管理又都以户籍为基础，这就导致单位中有大量的“非单位人”，社区中有大量的“非本地人”（童星，2012）。长期以来，我们一直奉行“谁的人由谁管好”的原则，那么，“非单位人”算不算该单位的人？“非本地人”算不算该社区的人？各地社会管理和公共服务的对象到底应覆盖哪些人群？这些都成了说不清、理不顺的大问题。如果联系到马斯洛的需要层次理论，这里所遇到的恰恰是民众要求人际交往、融入社会的迫切需求与现有的单位制度、户籍制度之间存在的尖锐矛盾，亟待我们做出管理创新和体制改革。

胡锦涛在上述开班式上关于社会管理及其创新的讲话中也强调：进一步加强和完善流动人口和特殊人群管理和服务，建立覆盖全国人口的国家人口基础信息库，建立健全实有人口动态管理机制，完善特殊人群管理和服务政策（人民日报，2011）。值得注意的是，这里提及的是“实有人口”、“流动人口”和“特殊人群”，而非人们习以为常的“户籍人口”和“常住人口”。

## 三、多元社会—公平需求：整齐划一要求和利益倾斜政策亟待更新

社会矛盾与多元社会所带来的挑战，以及人民群众对于公平正义的强烈呼声，迫切要求我们终止已经习惯了的整齐划一的号召和利益倾斜的政策。

当前我国的社会矛盾已经十分尖锐，不仅各地维权性（有组织、有直接利益诉求型）群体事件频发，而且泄愤性（无组织、无直接利益诉求型）群体事件多发，甚至有向社会骚乱转化的趋势；群体事件的发生区域也扩展至包括经济欠发达的中西部省份和经济相对发达的东部沿海省份在内的几乎所有地区。这说明，作为社会治理主要主体的政府及其相关部门与作为社会治理对象的民众之间的紧张关系并未得到有效缓解，这也成为社会体制改革和社会治理创新的主要压力和重要动力。究其原因，我国当前社会矛盾的根源在于由总体性社会进入多元社会所导致的利益诉求的多元化，而现有的利益分配方式却使某些群体总是收益，而另外一些群体总是受损，最终导致社会结构的断裂。

“不患寡而患不均”的古训尚萦绕在耳，马斯洛的理论又告诉我们，盼望得到尊重是人的重要心理需求。正像近年来温家宝强调的那样：公平正义比阳光还要有光辉！然而，由于多年来的惯性，我们一直坚守在政治意识形态上要求整齐划一，在物质利益关系上动辄向特殊群体予以“倾斜”，“要钱没有，给你政策”成了许多领导的“口头禅”。应当承认，允许乃至鼓励一部分人、一部分地区先富起来，这是党的十一届三中全会针对当时平均主义盛行、人们普遍贫穷的现实，提出的一项“大政策”，而且获得了极大的成功。但是现在矛盾的主要方面已发生了转化，平均主义、普遍贫穷的现实已让位于贫富悬殊、两极分化，人们安贫乐道、怕富仇富的心理已变成想尽法子、费尽心思地发家致富。鉴于新的分配体制、新的利益格局、新的阶层结构已经形成，不同的地区、不同的行业部门、不同的利益群体除了具有共同利益和共同愿望（如国家的统一、富强、现代化等）以外，已经开始具有自身不同的特殊利益和特殊愿望，此时政府推出的改革政策和举措，就很难再取得“阳光普照”、“利益普惠”、“大家都叫好”的效果。因此，如何坚守为中国最广大人民利益服务的宗旨，确立公正、共享的理念，制定对全体公民一视同仁、机会均等的政策法规，而非动辄“政策倾斜”，并善于运用质询、论证、预测、建议、监控、评估等一系列现代公共政策分析手段，就成为制定并推行正确的改革发展政策的必要前提（童星，2006）。

我们看到，胡锦涛在上述开班式上关于社会管理及其创新的讲话中特别强调指出：进一步加强和完善党和政府主导的维护群众权益机制，形成科学有效的利益协调机制、诉求表达机制、矛盾调处机制、权益保障机制，统筹协调各方面利益关系，加强社会矛盾源头治理，妥善处理人民内部矛盾，坚决纠正损害群众利益的不正之风，切实维护群众合法权益（人民日报，2011）。

## 四、虚拟社会—表达需求：网络管理的思路和方法亟待创新

网络污名与虚拟社会所带来的挑战，以及社会公众表达意愿的诉求，迫切要求我们更新舆情引导和网络管理的思路和方法。

近些年来，“躲猫猫”、“欺实马”、“跨省追捕”、“微博开房”、“悬浮视察”、“郭美美事件”等网络民意事件的频频发生，削弱了政府的公信力，使政府形象严重受损，以至于政府形象在网络上出现了严重的污名化，任何与政府有关的事件在网络上都有可能被污名化。在众多网民的“围观”中，如果政府反应迟钝或不依互联网规律行动，通常会导致事件不断扩大、升级，政府的公信力也会在这一过程中逐渐被消解。网络污名给政府管理带来了严重挑战，现有的调查显示，尤其是基层政府官员，对互联网表现出极度的不适应。网络污名其实是虚拟社会所带来的挑战。当然，由于现实中缺乏利益诉求表达的制度化渠道，使得中国的网络表达“风景这边独好”；可是，政府（尤其是地方政府）对互联网的管理仍然倾向于压制，中央政府和一些地方政府虽然进行了一些网络问政的尝试，但健全的引导和沟通机制还未正式建立起来。诚然，网络污名给政府管理带来的冲击，其根本原因并非“在线”，而是在网下即现实社会中，存在着社会结构失衡（如钞票与选票的作用失衡，导致政府在富人、强势集团与穷人、弱势群体之间偏向严重，公信力缺失）、政务活动不透明（如红头文件强于法律法规，长官意志又强于红头文件，保密手段被大量滥用）、民众诉求表达渠道不畅（普通老百姓几乎没有任何话语权）等不尽如人意之处；但不可否认，网络管理与引导的状况如何也是重要因素之一。因此，在致力于矫正社会结构、实施政务公开、建立健全民众诉求表达机制的同时，加强与完善互联网的管理也是在虚拟社会背景下社会治理创新的应有之义。

胡锦涛在上述开班式上关于社会管理及其创新的讲话也提及：进一步加强和完善信息网络管理，提高对虚拟社会的管理水平，健全网上舆论引导机制（人民日报，2011）。

总之，社会的变化、民众的需求、传统管理模式的困境，这三者交集于以下四大领域，这些就是当前加强与创新社会治理的重点：

风险社会——安全需求——应急、减灾、维稳亟待创新升级；

开放社会——融入需求——户籍制度、单位制度亟待改革；

多元社会——公平需求——整齐划一要求和利益倾斜政策亟待更新；

虚拟社会——表达需求——网络管理的思路和方法亟待创新。

概而言之，所有这些几乎都涉及社会风险的处置与防范、社会矛盾的化解与疏导、社会和谐稳定的构建与维护。

## 第二节　高风险社会及其在中国的表现

### 一、国外关于社会风险的研究

20世纪70年代以来，西方学者十分重视广义的社会风险研究。他们把广义的社会风险分成三种类型：一是政治风险。包括与别国发生战争的可能性，或外敌入侵、内战、恐怖事件引起的动乱，意识形态冲突、地区性冲突、党派纷争、与政府对抗等因素造成的风险。二是社会风险。包括分配不均、经济利益纠纷、发生天灾、结社群斗、失业人口增加与不安定、宗教纠纷、社会各阶层各集团对立等因素引起的风险。三是经济风险。包括经济萎缩、罢工、失业率上升、生产成本大幅度上升、出口收入锐减、出口货物竞争力低落、外销价格大幅度跌落、粮食与能源价格大幅度上涨、外汇枯竭、货币大幅度贬值等因素引起的风险（童星，1991）。

西方学者在对社会风险进行研究的过程中，提出了不少颇具解释力的理论观点。以政治风险的研究为例，亨廷顿在《变化社会中的政治秩序》一书中曾提出三个著名的公式：

社会不满=社会动员/经济发展；

政治参与度=社会不满/流动机会；

政治动乱=政治参与度/政治制度化（亨廷顿，1989）。

可见，社会不满与社会动员成正比，与经济发展成反比；政治参与度与社会不满成正比，与流动机会成反比；政治动乱与政治参与度成正比，与政治制度化成反比。这就解释了不少发展中国家现代化进程中发生政治动乱，其原因就在于过度的社会动员和政治参与；也说明了只有在适当控制社会动员和政治参与程度的同时，坚定不移地促进经济发展、增加流动机会、推进政治制度化，才能确保社会的和谐与稳定。

格尔（Gurr）从社会变迁对大众心理的影响的角度探讨了社会革命的形成。在《人们为什么要造反》一书中，格尔提出了“相对剥夺感”的概念，认为每个人都有某种价值期望（Value Expectation），而社会则有某种价值能力（Value Capacity），当社会变迁导致社会的价值能力小于个人的价值期望时，人们就会产生相对剥夺感。这一过程被称为“挫折—反抗”机制。戴维斯（Davies）在此基础上提出了“发展型相对剥夺感”的概念，即“J”曲线理论，指出革命最容易发生在发展中或处于改革中的社会。在此之前，托克维尔（Tocqueville）也有类似的观察。托克维尔在《旧制度与大革命》一书中指出，革命一般不会发生在一个从坏的往更坏的方向发展的社会中，而发生于社会正在向好的方向发展之时（托克维尔，1996）。

李普塞特（Seymour Martin Lipset）认为，现代社会的政治生活中本身就蕴含冲突。在具有竞争性的政党制度中，由于各个政党所代表的利益与宗旨上的差别，它们之间常常会发生分裂乃至冲突；即使在同一个党内，也可能形成不同的派别和分裂。他在《一致与冲突》一书中将社会冲突分为四种：一是国家建设的中心文化与边缘身份的芸芸大众在种族、语言和宗教上日益增长的敌视之间的冲突；二是中央集权的、大一统的和实施动员的民族国家与教会拥有的在历史上承袭下来的一些特权之间的冲突；三是地主阶级和新兴工业企业家之间的利益冲突；四是以所有者和雇主为一方与承租人、劳动者和工人为另一方之间的冲突（李普塞特，1995）。

白鲁恂（Lucian Pye）认为政治发展过程是一种状态到另一种状态的过程，在此过程中会出现一系列的政治危机，包括认同危机、合法性危机、参与危机、分配危机等（Pye，1996）。

这一时期关于社会风险的研究，其基本倾向是将社会风险看成是社会转型、社会变迁或曰现代化过程中的一种特有现象，随着现代性的获得即现代化进程的完成，社会风险就会让位于社会安定。在此基础上，还产生了风靡一时的“阵痛期”（即指人均 GDP1000~3000 美元的阶段）以及其后修正为“中等收入国家的陷阱”（即指人均 GDP3000~10000 美元的阶段）等所谓“定论”。

## 二、风险社会理论

1986 年，德国社会学家乌尔里希·贝克（Ulrich Beck）在出版的《风险社会》（Risk Society）一书中，第一次提出了风险社会理论。几乎与此同时，苏联切尔诺贝利核电站发生泄漏，引发世界性危机，为贝克的风险社会理论提供了佐证。10 年后，英国“疯牛病”的暴发及其在全球的蔓延，使风险社会理论成为西方学界研究的热点和焦点之一。

不约而同的是，英国学者安东尼·吉登斯（Anthony Giddens）和斯科特·拉什（Schoot Lash）也对现代社会中的风险问题做出了类似的回应。在《现代性的后果》一书中，吉登斯这样描述道：“核战争的可能性、生态灾难、不可遏制的人口爆炸、全球经济交流的崩溃以及其他的潜在的全球性灾难，为我们每个人都勾画出了风险社会的一幅令人不安的危险前景”（Giddens，1990）。拉什也表达了同样的担忧，“伴随风险文化时代而来的也许是人类许许多多的惶恐和战栗，并且不再有小规模的恐惧和焦虑”（拉什，2002）。历史的发展越来越印证了学者们对风险社会的理论洞见，使我们不得不进行认真的反思：现在我们是否真的面临一个完全不同于传统社会的新社会？而且这种反思已经超越了纯理论的学院派探讨和夸张的口号式预言。①

在关于风险社会的诸多探讨中，贝克、吉登斯和拉什三人的理论无疑是最具洞察力和影响力的。贝克从生态和科技的角度，吉登斯从制度的层面，拉什从文化的视角，分别对风险社会进行了研究。贝克坚持科技是把“双刃剑”的观点，揭示了核裂变的放射性污染、空气和水的毒化、森林的消失等工业化的“副作用”（The Side Effects）给人类带来不可预料的可怕性后果。他写道：“在现代化的进程中，生产力的指数式增长，使危险和潜在威胁的释放达到了一个前所未知的程度”（Beck，1992）。吉登斯在《现代性的后果》中一开始就指出了“现代性的断裂”（The Discontinuities of Modernity），认为现代性具有双面的特征，除了“机遇的一面”（Opportunity Side），还有“阴暗的一面”（Sombre Side）。他进而分析了现代性的四个制度支柱可能带来的严重风险，如世界民族国家体系可能带来极权主义，世界资本主义经济可能带来经济崩溃，国际劳动分工体系可能带来生态恶化，军事极权主义可能带来核战争等（Giddens，1990）。拉什不同意贝克、吉登斯从制度主义视角得出的结论，认为风险是一种心理认知的结果，在不同的文化背景和现实情境下有着不同的话语解释，不同群体对此的解读并不一样，因此风险更应当是一种文化现象。他宣称，风险文化的时代已经来临，且风险文化依存于非制度和反制度的社会状态中；在风险文化时代，治理社会并非依靠制度，而要依靠价值和理念。

毫无疑问，上述贝克、吉登斯、拉什等提出并不断丰富、完善的风险社会理论是当代社会风险研究成果的结晶。当然，社会风险并不等于风险社会：前者是指社会中存在的一种现象，后者则指社会变化发展过程中出现的一个全新阶段；存在着社会风险的社会并非就是风险社会，社会风险成了常态的社会才是风险社会。而且风险社会理论也不同于早期社会风险研究：如果说早期社会风险研究者还笃信“前途是光明的，道路是曲折的”，不失为乐观主义者的话，那么风险社会理论则根本不相信有一个宿命的光明前途在等着人类，而强调人类未来的前途究竟如何完全取决于当今地球人的选择。贝克、吉登斯等指出，虽然在某些领域和生活方式中，现代性降低了总的风险性，但同时也导入了一些以前所知甚少或

① 我们是否真的面临一个完全不同于传统社会的新社会？西方学者围绕这个问题提供了一系列的答案：乐观者信心满怀，如丹尼尔·贝尔（Daniel Bell）将其称为“后工业社会”，阿尔温·托夫勒（Alvin Toffler）形容它为“第三次浪潮”，约翰·奈斯比特（John Naisibitt）将其定义为“信息经济”（此后世界经济合作与发展组织正式将其界定为“知识经济”），曼纽尔·卡斯特（Manuel Kastells）则看到了“网络社会的崛起”；悲观者忧虑重重，如罗马俱乐部揭示了“增长的极限”，塞缪尔·亨廷顿（Samuel Huntington）看到了“文明的冲突”，弗朗西斯·福山（Francis Fukuyama）则预言了“大分裂”。相比这些学院派的探讨或口号式预言，风险社会理论无疑更富有洞见，更令人警醒。

全然无知的新的风险参量，这些参量包括后果严重的风险，它们来源于现代性社会体系的全球化特征（吉登斯，1998）。

## 三、中国当前转型期的“风险共生”

反观中国，由于正处于现代化进程中最为关键的社会转型期，加上又处于全球化、信息化的当今世界，则是既存在着亨廷顿等所说的动荡与风险，又存在着贝克、吉登斯等所说的风险社会的风险。中国正走在现代化的快车道上，几乎所有风险社会理论所讨论到的、源于现代性的社会风险，在当今的中国社会不是症状明显，就是初露端倪。然而，对于当代中国社会而言，所面临的社会风险绝不限于这些现代性的“副产品”，还包括社会转型带来的不良后果。因为当代中国社会除了正在经历一个现代化的社会变迁外，还在经历一个巨大的体制转型的社会变迁。相对于现代化过程中的工具性、物质性的变迁来说，社会体制和社会结构的变革更为根本。中国正在经历的社会转型使得社会体制与社会结构处于急剧的变革中，这种变革也蕴含着各种各样的风险。所以说，中国社会面临的风险是叠加的或曰共生的。

作为外源型后发展国家，中国的社会转型具有自身的特点，前现代、现代和后现代这些历史发展不同阶段的表现特征，同时并存于当代中国社会，它们挤压在一起，相互制约，相互激荡，使当代中国的社会结构呈现出极其复杂的局面，原来历时态展现的矛盾集聚在一起，共时态地表现出来（李淑梅，2005）。中国目前的社会形态既不是纯粹传统的，也不是纯粹现代的，而是一种混合形态的社会。在这种社会里，历时态的社会形态和社会生活共时态地存在，从风险分析的角度看，也就表现为历时态的风险类型共时态地存在，即所谓“风险共生”现象。一个很明显的事实是，在中国现阶段，传统类型的风险，如传染病、自然灾害等依然构成对人民生活和社会安全的威胁，而在以工业化、城市化为标志的现代化进程中，还不断涌现和加剧一些需要面对的失业、贫富分化、生产事故、劳资冲突和刑事犯罪等社会风险。此外，从局部意义上讲，中国社会也出现了晚期工业社会或现代化晚期的社会征兆，社会的个体化趋势初露端倪，高新技术日益发展，预示着新型社会风险对社会生活和自然环境的威胁都在不断积聚、加大，并在一定程度上显现出来。

社会转型期的“风险共生”还有另外一层含义。中国的社会转型表现为结构转型与体制转轨的同步启动，即在实现以工业化、城市化为标志的现代化的同时，还要完成从以计划经济为特征的总体性社会向以市场经济为特征的多元化社会的转变。这样一种转变过程大致是从 20 世纪 70 年代开始的，到现在还远未结束，但其基本趋势是市场化、非集中化、流动化和多元化。正因为这样一种转型过程还没有结束，旧的社会资源分配体系、控制机制、整合机制正在趋于解体，而新的体系与机制尚未完善并充分发挥作用，所以诱发和加剧了一些特殊类型的风险，如贫富差距过大、社会越轨乃至犯罪激增、传染病控制难度加大、族群冲突加剧、道德失范、信任危机和控制失灵等（郑杭生、洪大用，2004）。“风险共生”的结果必然是高风险。

## 四、中国高风险社会的表现

关于高风险社会在表象上的判断主要来源于国内近些年的社会现实：自然灾害频繁发生，生产事故屡禁不止，有毒食品无处不在，生态环境持续恶化，新型传染病防不胜防，群体性事件愈演愈烈。据粗略统计，全国每年因自然灾害、事故灾难、公共卫生事件和社会安全事件造成的非正常死亡超过 20 万人，伤残超过 200 万人，经济损失超过 6000 亿元（新华网，2006）。除了人员伤亡和经济损失外，政治和社会影响也难以估量。

高风险社会的表现之一是经济社会发展可能出现停滞，甚至倒退，这也是目前国际金融危机带来的直接忧虑。世界银行的经验数据为此提供了依据：人均 GDP 超过 1000 美元之后，社会既进入黄金发展期，又进入风险高发期。通过对世界上不同经济发展水平国家的比较分析，世界银行的研究者们发现，20 世纪 70 年代以人均 GDP1000 美元左右起步的国家在 30 年后有相当多的国家仍停留在 1000 美元，一部分国家超过 1000 美元，少量国家超过 10000 美元。这组数据说明，人均 GDP 超过 1000 美元之后要实现经济的持续增长是很困难的。这些国家中出现了两个极端：一是以日本、韩国为代表的“东亚奇迹”，人均 GDP 超过了 10000 美元；二是以智利、阿根廷为代表的“拉美化陷阱”，人均 GDP 仍停滞不前，而且社会问题丛生。这一由学者们提出的简单理论很快被中国的政策制定者接受，并广为应用，以此来解释当前频繁发生的生产事故、社会失序与群体性事件等。

高风险社会的表现之二是社会结构紧张乃至断裂，社会冲突加剧。我国经过 30 多年的改革开放，经济结构的变化带来了社会结构的变化，导致目前的社会关系紧张。学界对此有三种比较有代表性的理论解释：一是陆学艺的“十大社会阶层、五大社会等级”说，他依据职业的分化和对组织资源、经济资源和文化资源的占有状况，抽取了深圳、合肥、福清、汉川、镇宁等地的几千个样本，对我国的社会结构做出总体描述（陆学艺，2001）。二是孙立平的“断裂”说，他认为改革开放以后，资源重新聚集并重新扩散，而这一扩散不是匀质的，其结果是某些群体总是受益，而某些群体总是受损，导致社会结构的全面“断裂”（孙立平，2003）。三是李强的“倒丁字型”说，他采用经济社会地位指标对第五次全国人口普查资料进行分析，发现我国的社会阶层结构不仅离理想的“纺锤型”、“橄榄型”相去甚远，甚至也不是“哑铃型”，而是更加危险的“倒丁字型”，在这种结构之下，“社会关系处于一种很强的张力之中，社会矛盾比较容易激化，社会问题和社会危机比较容易发生”（李强，2005）。关于高风险社会结构紧张乃至断裂的分析，适用于解释我国当前频繁发生的群体性事件。

高风险社会的表现之三就是社会各系统、各要素之间的交互影响增强，由此导致无法预知的后果。经济合作与发展组织（OECD）的报告《面向 21 世纪的新风险——行动议程》（Emerging Risks in the $21^{st}$ Century：An Agenda for Action）指出，人口、环境、技术和社会经济结构改造了传统危害，却导致了新型风险，改变了风险的脆弱性，转化了事故影响扩散的途径，出现了“系统性风险”（Systematic Risk）。例如，人口流动性的加速加剧了风险的传播；全球气候的变暖使得干旱、洪涝、暴风雪之类的重大自然灾害发生频率和发生强度都有所增加；技术的连通性加强了各系统之间的相互影响；公众对于风险的感知依赖于大众媒体，而媒体报道着眼点由信息公布转向娱乐，使得相关问题以大众化而非信息化的方式表现出来，造成信息闭塞，加剧了危机的社会后果（OECD，2003）。这种观点对当前自然灾害、生产事故和公共卫生事件所出现的新特点也极有解释力。例如 2008 年中国“南方冻雨雪灾”，就很难单纯用自然灾害、事故灾难或社会安全事件来称谓之，它源于春运、电力机车代替内燃机车、持续的雨雪冰冻和社会整合力下降等因素的交互影响，是人口、环境、技术和社会经济结构之间的“系统性风险”。

高风险社会的表现之四是现代性的不确定性与自我危害。风险社会理论对此进行了充分、深入的论述。现代性的不确定性与自我危害最直接的体现就是全球性的生态灾难。如前所述，贝克指出：“在现代化的进程中，生产力的指数式增长，使危险和潜在威胁的释放达到了一个前所未知的程度。”（贝克，2004）吉登斯作了更加全面的描述，“核战争的可能性，生态灾难，不可遏制的人口爆炸，全球经济交流的崩溃以及其他的潜在的全球性灾难，为我们每个人都勾画出了风险社会的一幅令人不安的危险前景”（吉登斯，2000）。从根本上讲，现代性的不确定性与自我危害来自于现代制度，是科技理性的负面后果，其影响也是全球性的。对此，贝克认为“运用我们的文明的决策，可以导致全球性后果，而这种全球性后果可以触发一系列问题和一连串风险，这些问题和这些风险又与权威机构针对全球范围内的巨大灾难事例而构筑的那一成不变的语言及其做出的各种各样的承诺形成了强烈的反差”（贝克，2004）。风险社会理论特别适用于解释由现代社会制度自身所带来的灾难，如全球生态的恶化与不安全食品的泛滥等。

## 第三节　风险灾害危机演化连续统

笔者及其所带领的团队，在多年研究社会预警和应急管理的基础上，从社会学和公共管理学交叉的视角，针对中国的实际情况，独创性地提出了“风险灾害危机演化”连续统理论。其主要内容如下。

### 一、连续统解释框架：“风险—灾害（突发事件）—危机”

灾害是一个古老的话题。千百年来人类一直面临各种灾害的侵袭，对灾害的抗争与反思也从未停止过。在长期灾害研究的过程中形成了三种学术传统，相应地也产生了三个核心概念：一是“工程—技术”传统，相应的核心概念是“灾害”(Disaster)，其研究者大多来自自然科学与工程技术学界，持乐观主义态度，坚信可以通过工程技术（Engineering）、教育（Education）和执行（Enforcement）来预防和控制灾害；二是“组织—制度”传统，相应的核心概念是“危机”(Crisis)，其研究者基本来自管理学界，也持乐观主义态度，坚信通过加强组织管理、完善制度设计可以预防、识别、隔离、处理和控制危机；三是“政治—社会”传统，相应的核心概念是“风险”（Risk），其研究者主要来自社会科学界，他们不相信有一个宿命的美好前景在等待着人类，前途是否光明完全取决于当代地球人的选择。

在我国政府的工作语言以及法律法规中，则常常使用“突发公共事件”即“突发事件”的概念。其实这里的“突发事件”基本上等同于西方国家所谓的“灾害”，按照斯托林斯（Robert Stallings）的说法，灾害不应仅仅被看作自然的或技术的风险，还应是基于社会正常运行的例外（Stallings，1998）。然而在我国，“天灾人祸”的成语早已有之且深入人心，所以一旦讲到灾害，其含义仅限于自然灾害外加属于人祸的“火灾”。本书将在同等意义上使用“灾害”和“突发事件”的概念。

俗话说：“冰冻三尺，非一日之寒。”“灾害”或“突发事件”并非纯粹的“突发”，如果将“灾害”或“突发事件”放置于“一个广泛联系、相互链接、动态发展的复杂世界中”（Quarantelli，1998），就需要考虑灾害（突发事件）与风险、危机之间的关系。当然，不仅“灾害”（突发事件）如此，“风险”、“危机”同样有这样的要求。就风险而言，如果风险预言无法上升为管理策略，其意义将十分有限；就危机而言，也需要研究不同类型危机的原因与发展及其演变的规律，以便更好地理解和管理危机，摆脱被动应付的局面（Rosenthal，2001）。风险、突发事件（灾害）、危机之间的结构关系如图 12-1 所示（童星、张海波等，2012）。

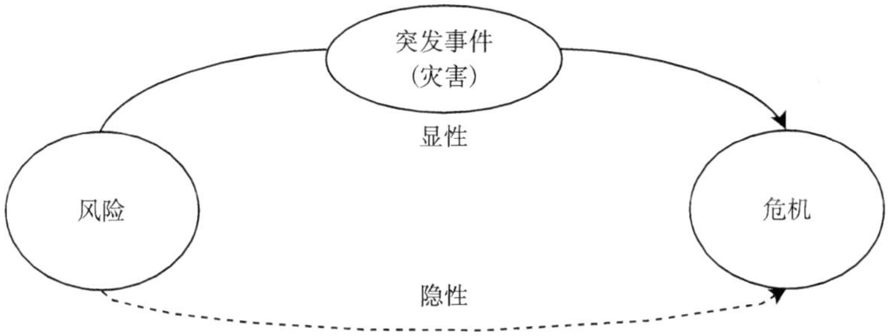


**图 12-1　风险、突发事件（灾害）、危机之间的逻辑关系**

就风险与危机之间的逻辑关联而言，在公共性的层面上，风险是指一种可以引发大规模损失的不确定性，其本质是一种未发生的可能性；危机则是指某种损失所引发的政治、社会后果，其本质是一种已发生的事实。因此，风险在前，危机居后，二者之间存在着因果关系，造成危机后果的根本原因是风险（张海波，2006）。然而这种前因后果的关系却是隐性的，只有专门对其进行研究的人们才有可能发现它，[①] 而一般的民众却不知晓，特别是在缺乏风险文化的民族以及担负一定领导责任的人们那里，甚至反对将这种因果关系公开挑明，其理由是以免引起民众恐慌。其实，对于特定领域素有研究的专家来说，这种潜在的因果关系往往不能逃过他们的慧眼，例如：气象台站对洪涝、台（飓）风等灾害及其后果的准确预报，地震台（站）对地震、地质灾害程度不同的预测，世界卫生组织专家对甲型 H1N1 流感蔓延全球的预测，安全生产专家对各类安全事故的预警，以及社会科学家对于社会矛盾的积淀叠加必将引发社会冲突的预言等，都是有力的例证。

然而，一旦作为导火索的“突发事件”爆发出来，风险与危机之间这种隐性因果关系立即转变为显性，成了即使是普通的老百姓甚至刚愎自用的领导者也不得不承认的“铁”的事实。在现实当中，这一显性的因果关系往往有两种表现：①某一起特定的大规模的突发事件就可以使风险与危机之间潜在的因果关系显性化，这是风险与危机之间隐性因果关系的集中暴露，因而容易引起社会关注；②多起不明显的小规模的突发事件逐渐使风险与危机之间潜在的因果关系显性化，这是风险与危机之间隐性因果关系的缓慢释放，因而不易被人们所觉察。这

① 当然由于科学技术和人的认识在任何历史阶段都有其局限性，不排除而且越来越多地出现没有人能够认识到这种因果联系。因而某些特定的突发事件之所以在现在看来是“突发的”，其原因就是受制于人类现有的科学技术和认识水平还不够高。

两种由风险到危机的不同路径，正好对应于急性危机（Instant Crisis）与慢性危机（Creeping Crisis）。

当然，风险与突发事件无法截然分开，因为风险能够放大突发事件本身的后果，一起小规模的突发事件，经过风险的放大，也会变成大规模的突发事件。

几乎所有的突发事件都可以在揭示上述风险与危机间因果关系的"连续统"分析框架中得到解释。例如，地震、极端天气等自然灾害通常被认为是突发的，似乎与风险无关，但事实上，越来越多的证据表明，它们与人类的活动密不可分，其社会属性越来越明显，导致自然灾害的人为风险逐步占据了主导地位。不明传染病的突发和越来越严峻的食品安全等公共卫生事件，更是人类自身的行为所导致。"矿难"、"化学物品泄漏"、"环境污染"、"动车追尾"等事故灾难的发生，经事后查明，几乎全由人为因素引起，几乎在事故灾难发生前都存在着安全隐患即风险。至于社会安全领域内的群体性事件，则明显源于社会目标单一、社会结构失衡、社会关系失调、社会冲突增生的社会风险及其不断的积累与叠加。

按照我们这一"连续统"解释理论，灾害（突发事件）并不等同于危机。例如，2008 年中国先后遭受的南方冻雨雪灾和汶川地震，从灾害程度而言，汶川地震远重于南方冻雨雪灾；但南方冻雨雪灾给中国政府及其领导下的"春运"带来了很大的危机，而汶川地震不仅没有给中国政府带来危机，相反却在随后的抗震救灾中向全世界生动地展现了中国政府的惊人能力和骄人绩效。同样地，2010 年西半球连续发生的两场地震即海地 7.3 级地震和智利 8.8 级地震，从灾害程度而言，智利地震远重于海地地震；但海地地震给海地国家、人民、政府都带来了浩劫般的危机，至今尚未缓过气来，而智利地震却以仅遇难 400 余人的事实为智利国家、人民、政府赢得了荣誉。灾害（突发事件）之所以不同于危机，原因就在于二者之间存在着"脆弱性"及其作用。"脆弱性"一般被定义为暴露于风险源而缺乏足够能力来应对其影响，脆弱性是将风险可能转化为危机现实的"催化剂"，也就是说灾害（突发事件）及其后果与现存社会状态有密切的联系。在社会科学看来，脆弱性可以来自政治、经济、社会、文化领域，群体脆弱性则是指个人、群体的特征以及它们所在的社会系统影响其抵御灾害风险、应对灾害以及灾后恢复的能力（Wisner 等，2004）。

## 二、全过程应对体系："风险管理—灾害（应急）管理—危机管理"

马克思强调："哲学家们只是用不同的方式解释世界，而问题在于改变世界。"（马克思，1972）对应于上述"风险——灾害（突发事件）——危机"连续统的解释框架，我们又设计了"风险管理——灾害（应急）管理——危机管理"的全过程应对体系。也就是说，从管理实践来看，原有的"灾害管理"扩展为

“应急管理”,[①] 而“应急管理”又有待进一步增加向前的“风险管理”与向后的“危机管理”，它们之间的结构关系如图 12–2 所示（童星、张海波等，2012）。

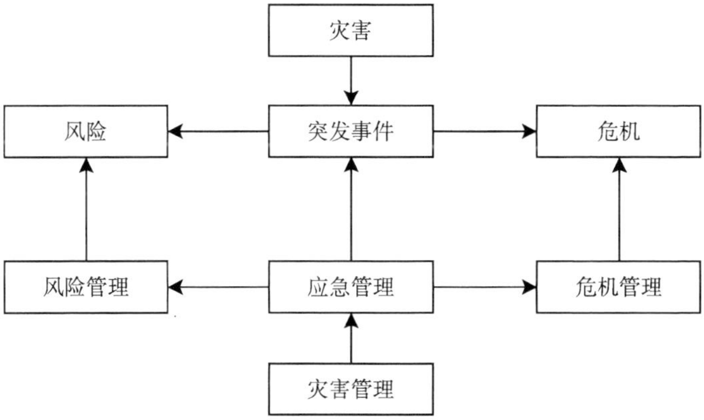


**图 12–2　灾害管理、应急管理、风险管理、危机管理之间的逻辑关系**

在上述几种管理实践中，目前的实际状况是：应急（灾害）管理能力最强，绩效最好；危机管理次之；风险管理才刚刚起步。应急（灾害）管理之所以能力强、绩效好，源于领导重视，党中央将应对国内外各种突发事件的能力与领导经济建设、政治建设、文化建设、社会建设的能力相并列，统称为“执政能力”，并专门做出加强党的执政能力建设的决定；[②] 从中央到地方建构了“一案三制”（即应急预案、应急体制、应急机制和应急法制）的应急管理体系；加强了各级政府的应急能力建设；在应急管理中实施行政官员问责制和“一票否决权”等。

尽管应急管理的绩效较好，但其本身的功能却极为有限，它只能控制事态，不能解决问题，真正能够解决问题的是危机管理。正如在上述“连续统”中灾害（突发事件）并不等同于危机一样，在全过程应对体系中应急管理也不等同于危机管理。由于危机的根源是风险而非突发事件，所以危机管理要求发现真正导致危机的风险，包括问题、矛盾、漏洞和“病根”，从而解决问题，化解矛盾，堵塞漏洞，拔除“病根”，以达到同类危机不再发生的效果。现在我们经常看到，在处置城市逢雨就淹水、渣土车撞人闯祸、食品安全事故以及群体上访等突发事件时，为什么总是不见效、难除根，其原因就在于只是停留于旨在控制事态的应

① 当然这种扩充也是有条件的，比如用应急管理的办法来应对旱灾就是完全没有效果的。因为旱灾是一种非常特殊的自然灾害，与洪水、地震等自然灾害相比，旱灾的发生具有持续时间长、生成缓慢且影响不易察觉、影响的非结构性（主要伤害农民等社会底层群体）与空间的广泛性（没有类似决口、震中一样的“点”以便集中大量的人力、物力、财力予以救灾）等特征，在旱灾应对中会出现“应急失灵”的现象。参见陶鹏、童星，2011。

② 即 2004 年中共十六届四中全会通过的《中共中央关于加强党的执政能力建设的决定》。

急管理，并没有实行真正解决问题的危机管理。

当然，相比应急管理和危机管理，从源头开始治理的风险管理更能起到事半功倍、防患于未然的良效。比如针对日益严峻的社会安全形势，现在开始倡导对重大政策决策和重大建设项目开展社会稳定风险评估，实施“双提高”（提高劳动者报酬在国民收入初次分配中的比重、提高城乡居民所得在国民收入再分配中的比重）政策，探索建立健全诉求表达机制、利益协调机制、矛盾调处机制、党政主导群众维权机制，强调正确处理人民内部矛盾、做好群众工作等，就是一种风险治理的思路。然而所有这些都才刚刚起步，要真正落到实处、产生明显效果，还要付出极大的努力。

如果说应急管理仅限于“头痛医头”，那么这里所谓的全过程应对体系则追求“全身调理”。正如中国古语所说：“不谋万世者，不足谋一时；不谋全局者，不足谋一域。”应急管理并不能从根本上减少政府所面临的危机，中国当前最根本的问题是风险，而非突发事件，只有涵盖风险管理、应急管理、危机管理于一身的全过程应对体系才能根治风险，摆脱危机。在这个意义上，我们可以将上述“应急管理”称为狭义的“应急管理”，而将上述的“全过程应对体系”称为广义的“应急管理”。也就是说，广义的应急管理应该被纳入国家治理结构优化的整体框架，进行“三位一体”的战略治理。其具体含义为：

第一，系统治理。风险管理、应急管理、危机管理三者缺一不可。不仅要控制事态，减少损失；还要修复政府形象，增强政府合法性；更要借此契机推动社会改革，优化治理结构，化解风险，以此达成社会的长治久安。

第二，动态治理。从理论上讲，最理想的办法就是主动治理社会风险；但就现实而言，突发事件发生前针对风险的主动变革，总是既缺乏动力又充满阻力，难以启动。因此，应急管理不失为一个切入的契机，以应急管理推动危机管理，再以危机管理推动风险管理。

第三，主动治理。主动治理应被置于优先位置。突发事件毕竟会造成人员伤亡、财产损失、社会失序等客观性恶果，而且也不能保证每一次的突发事件都能被控制在社会可承受的范围之内。

就行动措施来看，涵盖全过程应急管理的战略性治理，还需从全球化和中国的国家转型这两大历史进程出发，对现代性的不确定性（如贝克和吉登斯的风险社会理论所言）和现代化的不稳定性（如亨廷顿的现代化政治转型理论所言）进行反思，一方面推动诸如控制气候变暖的全球协作，另一方面化危机为转机，主动推动国内治理结构的调整，其中后者更为重要。对此，贝克中肯地指出：“中国正在全面迈向现代化，中国用30年的时间走完西方两三百年现代化里程，其间社会转型的痛苦、震荡是不可避免的，宛如一个饥肠辘辘的人快吃一盒压缩饼干，短时间内可能还尚无饱意，但不久肠胃胀痛与不适就会接踵而来。”（贝克，

2008）

要实现风险管理、应急（灾害）管理、危机管理“三位一体”的战略治理，有三种现实的路径可供选择：路径之一，以应急（灾害）管理为切入口，进一步完善初步建立起来的应急（灾害）管理体系；路径之二，从应急（灾害）管理推进到危机治理，推动某些政策的调整与制度的变革；路径之三，从危机治理推进到风险治理，优化社会结构，从根本上降低不确定性。

就突发事件的四种具体类型而言，上述战略治理的路径选择可以遵循如下的原则：对于除旱灾以外的其他自然灾害以及除食品安全事件[①]以外的其他公共卫生事件，应以路径一为主，路径二、三为辅；对于各类事故灾难以及食品安全事件，应以路径二为主，路径一、三为辅；对于旱灾以及各类社会安全事件，则应以路径三为主，路径一、二为辅。

要实现“三位一体”的战略治理，从现实的选择来看，可分为三个步骤实现：近期，以应急（灾害）管理为切入口，进一步完善初步建立起来的应急（灾害）管理体系；中期，从应急（灾害）管理推进到公共危机治理，推动某些政策的调整与制度的变革；远期，从公共危机治理推进到社会风险治理，优化社会结构，从根本上降低不确定性。换言之，上述路径一适用于近期；路径二适用于中期；路径三则适用于远期。

## 三、基于连续统解释框架的整合研究

对应于上述“风险—灾害（突发事件）—危机”连续统的解释框架和全过程应对体系，相应地也要求我们实现研究方法上的突破。

首先是将社会学风险预警研究与行政学危机管理研究予以整合（童星，2008）。以往社会风险、风险预警的研究集中于社会学，广泛分布于经济学、政治学、管理学、环境科学、系统科学之中；公共危机、应急管理的研究则主要分布在政治学（含行政管理、公共管理）之中。两项研究之间缺乏交流，鲜有对话，导致各自的研究既不全面，又缺乏层次感。因此将社会学的风险预警研究和行政学的危机管理研究进行整合，就是一个既重要又迫切的任务。

其次在研究思路和研究内容上实现整合，从风险研究、灾害（突发事件）研究、危机研究三个层面依次推进（童星、张海波，2009）。风险识别服务于灾害应对，灾害应对带动危机传播，危机传播又推动风险识别，从而形成一个首尾相接、不断重复的循环。在这种情况下，灾害不再是纯粹的“祸”，也表现出积极的一面——动态地、持续地提高应急管理的绩效；在这种逻辑中，我们也不再不

① 实际上，食品安全事件可以被视为在食品的生产、流通、消费领域中的事故灾难，其性质和事故灾难极为相似。

切实际地要求将所有的风险“防患于未然”。

最后在研究方法和研究技术上实现整合。既包括针对特定领域、特定问题的特殊性方法和技术，又包括超越了单一学科的系统性方法和技术。前者对某些特定的问题具有直接的解释力，但难以顺应跨学科研究的要求；后者对一般问题具有普遍性解释力，但往往失之抽象。如何既使前者走向整合又使后者走向特定的问题领域，是风险灾害危机研究方法创新的主要任务（童星、张海波等，2012）。

## 第四节　中国当前的主要社会风险

根据“风险—灾害（突发事件）—危机”演化连续统，各类突发公共事件尤其是社会安全事件频发，其根源在于社会风险及其不断的积累与叠加；根据“风险管理—灾害（应急）管理—危机管理”全过程应对体系，社会安全事件的治理尤其适用于从危机治理推进到风险治理，优化社会结构，从根本上降低不确定性。中国当前的主要社会风险可以概括为以下四个方面。

### 一、社会目标单一

社会目标是多元的，以几门主要的社会科学为例，经济学追求效率，政治学追求秩序，法律学追求公正，社会学追求和谐，所有这些都是社会自身应当追求的目标，如果哪个目标不再需要，相应的社会科学学科也就没有存在的必要了。[①]而且这些目标难以实现统一，只能并存互补、相辅相成。当然，国内外学术界也几乎达成以下共识：在遭遇到特大自然灾害和大规模战争的特定背景下，全社会的目标基本只有相同的一个——战胜灾害、赢得战争。

中国传统的强大中央集权政治体制，以及后来学习借鉴的苏联社会主义模式，其产生都与严峻的自然灾害以及军事斗争压力紧密相关，目标单一是其重要特征，因而在面临大规模战争和大规模自然灾害时往往体现出巨大的优越性。在毛泽东的年代，开始是夺取政权，以后是巩固政权，都以阶级斗争为纲；邓小平主政后，断然中止阶级斗争为纲，转向经济建设为中心，迎来了改革开放发展的新时期。然而目标单一的特征基本没变，形成了党政机关企业化、党委书记董事长化、行政首长总经理化，政府运作过程中出现了大量的“越位”、“缺位”和

① 自幼就立下“与人奋斗，其乐无穷”座右铭，成年以后特别是成为党和国家最高领导人以后多次强调“共产党的哲学就是斗争哲学”、“中国有7亿人口，不斗行吗?”的毛泽东，从来不言和谐，因而也就依靠政治动员和行政命令，在中国一举“消灭”了以和谐为目标的社会学学科。

“错位”现象，某些地区和部门甚至“官商不分”、“官商合谋”。

社会目标单一的优点在于能够凝聚全社会的力量，从而高效率地实现既定目标，正是在这个意义上，我们说这种体制最大的优势就在于能够集中力量办大事。然而正像“一个钱币两个面”，该体制最大的弊端就在于容易将许多虽然排不上大事，却是应当做好的中事、小事都给耽搁了；而且万一选错了大事，还会造成社会资源的巨大浪费。现在存在的许多社会问题、社会矛盾乃至社会冲突，就是这种体制最大弊端的显现，即片面强调经济增长、一味追求 GDP 的后果。

## 二、社会结构失衡

首先表现在比例结构失当。例如，城乡之间、地区之间、部门之间发展的严重不平衡，经济发展与社会发展之间的严重不平衡，经济社会发展与环境保护之间的不平衡，以及各种比例结构（如人口的性别比，社会的上中下层之比等）失当。当前全国正在学习和贯彻科学发展观，注重统筹兼顾，强调全面协调可持续，就是为了改变和扭转上述种种失当失衡现象。

其次体现在要素组合失序。劳资矛盾、征地拆迁、执法纠纷一直是社会冲突特别是群体性事件爆发的“由头”，这实际上反映了企业员工、老板高管与政府之间，城乡居民、开发商与政府之间，老百姓、执法人员与政府之间存在着深刻的结构性矛盾。以劳资矛盾为例，市场经济较为发达、法治较为健全的西方国家，经过近两百年自然历史过程的演进，形成了较为稳定的“政府—老板—员工”的“三角结构”（见图 12-3 右），老板与员工之间的关系既对立（企业赚钱有限，一方得利多则另一方就得利少）又统一（双方都与企业的兴衰共利害），平时通过自组织自调节来处理相互关系；只有等到双方对立压倒统一、出现冲突之际，政府才出面协调、仲裁，由于政府与老板、员工之间都没有直接的联系，且都存在着几乎等距离的间接联系（政府与老板的联系依靠钞票做载体，政府与员工的联系依靠选票做载体，钞票和选票对于政府及其官员的制约作用动态平衡），因而基本都能将老板与员工之间的矛盾“摆平”。我国在计划经济年代建立了“政府—企业—员工”的“直线结构”（见图 12-3 左），伟人一句“正确处理国家、集体、个人三者关系”的“最高指示”就可“摆平”一切矛盾。改革开放以后，通过招商引资、企业改制等一系列变迁，这种“直线结构”演变为“政府—老板—员工”的“不完全三角结构”（见图 12-3 中），政府和老板（企业）之间有着直接的联系，然而政府与员工之间却几乎没有任何联系（各级政府官员几乎都不是通过民选直接产生的），这一失衡的结构必然导致政府在处理老板（企业）与员工关系时常常有失偏颇，必然导致政府公信力的减弱乃至丧失。显然，由这种“不完全三角结构”退回到原先的“直线结构”是根本不可能的，那么只能得出这样的结论：必须加快由“不完全三角结构”向稳定的“三角结构”

演进。

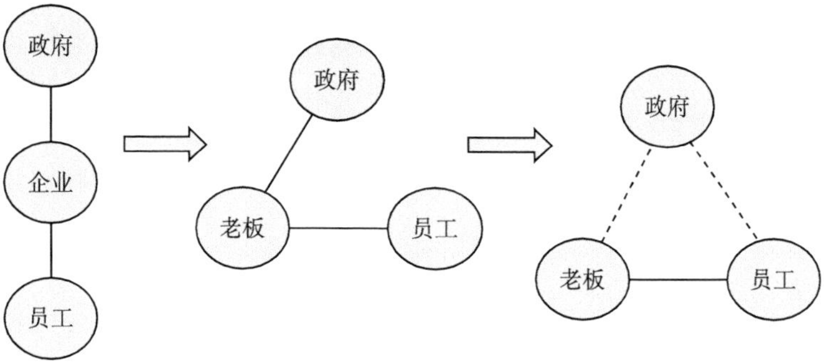


图 12-3　三方关系图（以劳资关系为例）

## 三、社会关系失调

社会结构的失衡导致社会关系的失调。城乡之间、地区之间、部门之间发展的严重不平衡，直接带来城乡居民之间，东中西部居民之间，不同产业、部门、单位人员之间关系的失调。社会构成要素组合失序，自然带来政府与雇主、员工之间，政府与房地产开发商、城乡居民之间，政府与执法人员、老百姓之间的关系失调。

中国社会转型中的分化主要发生在三个层面：一是以个体进行分化，从吃“大锅饭”到“一部分人先富起来”，从而形成了个体之间的贫富分化。在这一分化过程中，虽然能否致富在一定程度上源于个体能力的差异，但“先富起来”的那部分人仍在相当程度上得益于社会结构中的不平等，无论是 20 世纪 80 年代“价格双轨制”时期对资源的控制，20 世纪 90 年代“下海潮”中的政商合作，还是从 90 年代至今在股票等金融市场中的利益输送，他们总是由于在社会结构中的优越地位而优先获得资源或信息。二是以群体（Group）进行分化，以国有企业改革为主线，从八九十年代的“抓大放小”到现在的“国进民退”，形成了以垄断企业干部职工为主体的既得利益群体和“下岗”工人、“低保”人群为主体的利益受损群体。与个体之间的贫富分化不同，群体并非松散的“集合（Aggregate）”或“社会类属（Social Categories）”，而是共享特定的目标和期望（波普诺，1999）。群体间的分化也会带来他们的关系失调。三是以阶层（Stratum）进行分化，形成了阶层与阶层之间的关系失调，因为阶层是“另一只看不见的手”（李培林，1992），这种分化虽然是潜在的，但在很大程度上影响了社会矛盾的表现形式。

转型社会的分化已经泛化到几乎任何一项公共政策中，形成了政策受惠者与政策受损者之间的张力。政策受惠者总是试图以“服务大局”或“发展的代价”

为理由来迫使政策受损者接受现实，但政策受损者越来越不满意于这种强加的分配格局，试图通过抗争来实现合理的利益和理性的收益（张海波、童星，2012）。正是在这些背景下，产生了众多的关系失调，包括贫富关系的失调，劳资关系的失调，官民关系的失调，医患关系的失调，警民关系的失调等。

### 四、社会冲突增生

社会关系失调的结果必然加剧社会冲突。俗话说："一个巴掌拍不响。"造成冲突的双方对此都有一定的责任。

一方面精英肆意妄为。中国社会的转型，可以视为一个将政治激情转化为利益追求的过程，但利益一旦失去制衡，私欲将如洪水猛兽般泛滥。的确，"彻底的唯物主义者是无所畏惧的"，干好事无所畏惧，干坏事、缺德事也无所畏惧！"不管白猫黑猫，逮住老鼠就是好猫"，在激励人们解放思想、大胆创新的同时，也激发了一些人只要达成目的而不择手段的行为。高收入层中有些人起到了好的示范，引导别人跟着他们去勤劳致富、合法经营，也有一些人客观上却在败坏社会风气，刺激低收入层的不满情绪，挑战底层社会的承受力底线。有些竞争的获胜者已经是"肆意妄为、无所顾忌"。相当数量的权力精英、财富精英、知识精英结成"神圣同盟"，把一切事情搞定（如在"经营城市"的过程中，书记市长拍板，专家论证，然后交给老板"市场化运作"），从而引起了民众的强烈反弹。

这就造成另一方面底层嫉妒怨恨。如前所述，中国社会的转型是将政治激情转化为利益追求的过程，但是利益并未彻底驯服破坏性的激情。从改革初期的嫉妒成风（"红眼病"）到目前重重郁积的怨恨，社会经历了一系列的情感基调演变。嫉妒尽管也具有破坏性，但它作为竞争的动力，曾经发挥了特有的历史作用。但随着利益格局相对固定化，社会差异显明化和向上流动机会受到钳制，加之社会性伤害的存在，怨恨成为主导性的情绪氛围，"官二代"、"富二代"、"砖家"、"叫兽"等网络语言形成并向现实社会传播，就是底层怨恨的写照。而怨恨除了会产生强大的社会破坏力外，是没有什么积极作用的。

## 第五节　中国社会矛盾的形式与结构

社会治理创新和社会风险管理的目标就是构建和谐社会，实现这一目标的根本途径则是化解社会矛盾。根据社会矛盾的表现强度和数量规模，可以从各种特定的社会矛盾中归纳出中国当前社会矛盾的形式与结构。

## 一、形式之一：暴力群体性事件

最为极端的是带有暴力行为的群体性事件，也被称为“无组织—无直接利益诉求”群体性事件（童星、张海波，2007），可因具体利益冲突迁延日久而越拖越大，也可因偶然的官民纠纷而瞬间爆发，容易失控，前者如“瓮安事件”、“孟连事件”、“石首事件”、“潮州事件”等，后者如“万州事件”、“池州事件”、“增城事件”等。冲突的一方包括了大量的“围观者”，他们既可以是路见不平的市民，也可以是县域中的“游民”（徐勇，2009）；另一方是政府或其代理机构。在这些群体性事件中，有的开始有具体利益冲突，但一旦达到一定的群体规模，便可能形成古斯塔夫·勒庞（Gustave Le Bon）所说的“乌合之众（The Crowd）”，“自觉的个性消失，形成一种集体心理”（勒庞，2007），容易诱发集体暴力；有的一开始就没有具体利益冲突，参与者有意发泄对政府或其代理机构的不满，围观者也迅速地分化、站队（孙立平等，2007），形成集体对集体的冲突，由格奥尔格·齐美尔（George Simmel）所说的“作为手段的冲突”转向“作为目的的冲突”（齐美尔，2002），也因此被称为“社会泄愤事件”（于建嵘，2008）。

## 二、形式之二：具体利益冲突

在已经发生的暴力群体性事件中，大部分是由具体利益冲突迁延日久拖大的，例如，“石首事件”在失控前有 4 天时间，“瓮安事件”在失控前有 8 天时间，“孟连事件”在失控前也有 7 次小规模的维权行动，而“乌坎事件”之前的上访则长达几个月。具体利益冲突通常由特定的政策所引发，如征地拆迁、转业安置、身份待遇、环境与资源分配等，包括实质性的抗争行动，如上访、堵路、散步等。冲突的一方是因政策而利益受损者，是严格意义上的群体，共享特定的目标和期望，另一方则通常是政策的制定者。这种冲突通常是有节制的、可控的，有些可以称为“集体行动（Collective Behavior）”，如正常的上访（即不是所谓的“越级上访”或“进京上访”），是现行制度可以允许的合法抗争，与查尔斯·蒂利（Charles Tilly）在《抗争的法国人》中提到的西欧 17 世纪和 18 世纪的反应性抗议类似（裴宜理、阎小骏，2006）；如果人数达到了群体性事件的数量规模，[①] 也可称为“有组织—有直接利益诉求”的群体性事件（童星、张海波，2007）。

---

① 实践中，群体性事件的统计口径不一致，公安部门的治安群体性事件通常是 10 人以上，信访部门的集体上访是 5 人以上，各地在应急预案中规定的群体性事件的人数规模通常在几百人到几千人不等。

## 三、形式之三：集体性敌视

少量的暴力群体性事件则是集体性敌视的集中宣泄，而这种集体性敌视主要由参与者的身份区隔所致。这种身份区隔在客观上源于财产、职业、住房制度所形成的“社会闭锁（Social Disclosure)”，进而形成主观上的阶层归属，或是群体的文化疏离与敌视。前者如“底层”、“下层”的自我归类，例如，李培林的调查发现，主观的阶层认同比客观的阶层归属更能考察人们的冲突意识（李培林，2005)。后者如“蚁族”、“屌丝”、“穷二代”、“官二代”、“富二代”、“高帅富”等网络语言所构建的身份标签，按照文化冲突理论（Culture Conflict Theory）的观点，这表面上是一种自我嘲讽或调侃，实质上则是在社会流动不畅的情况下对主流文化的疏离和敌视，是一种亚文化与主流文化的对立。

## 四、形式之四：社会不满

在更为基础的层面上，中国社会矛盾则主要源于社会挫折感和相对剥夺感所致的普遍的社会不满。这是变革社会中的普遍现象，主要体现在心理层面。法国历史学家托克维尔对法国大革命发生的观察发现，“这种持续稳定增长的繁荣，远没有使人民乐其所守，却到处滋生着一种不安定的情绪”（托克维尔，1996)。美国社会学家戴维斯将这一现象解释为“发展型相对剥夺感”，在快速发展的社会中，社会的价值能力和人们的价值期望都在提高，但社会的价值能力提高的速度赶不上人们价值期望提高的速度，导致价值期望和价值能力之间的落差逐渐扩大，就会产生“发展型相对剥夺感”（赵鼎新，2006)。德国社会学家贝克也承认，中国社会用 30 年完成了西方二三百年间走过的道路，经历了急剧的社会变迁。因此而造成了巨大的心理落差，也就不可避免地带来大量的社会矛盾（贝克，2008)。从总体上看，民众都承认生活水平得到了大幅提升，但也都有这样或那样的不满，社会的分化带来参照群体的变化，民众并不总是与自己的过去比，而是与现在的他人比。这种对比集中体现在城市拆迁中，抛开其他各种因素，被拆迁户谋求经济利益最大化的心理动因也是推动拆迁矛盾生成与演化的重要变量，这种心理主要源于对某些群体在城市化进程中所获高收益的比照。

## 五、社会矛盾的“冰山结构”

上述四个层次构成了当前中国社会矛盾的主要结构，如图 12-4 所示。

显然，中国转型期的社会矛盾也是一个“连续统”（Continuum)：一是作为社会矛盾极端表现形式的暴力群体性事件是逐步演化而来的，以普遍的社会不满、集体性敌视、具体利益冲突为基础。当然，特定的暴力群体性事件的演化路径可以不同：有的是具体利益冲突失控，直接转化为暴力群体性事件；有的则是

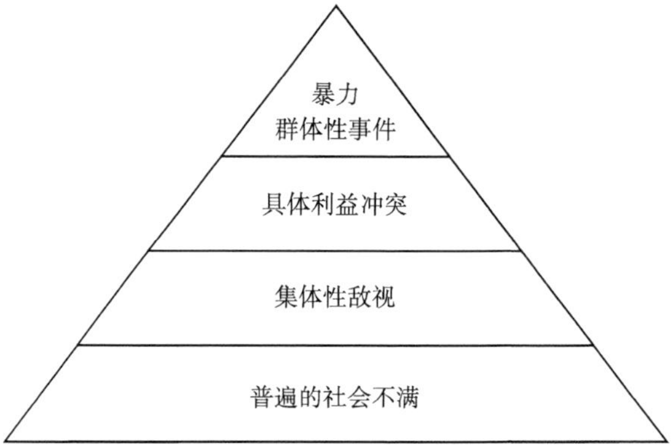


**图 12-4　中国转型期社会矛盾的“冰山”结构**

集体性敌视或是普遍的社会不满在特定情境下的集中宣泄。二是这四个层次之间的相关性，普遍的社会不满可以向集体性敌视转化，集体性敌视则可以向具体利益冲突转化，而具体利益冲突也可以向暴力群体性事件转化。当然，这种转化并不一定是线性的，普遍的社会不满和集体性敌视在特定的条件下都可以直接转化为暴力群体性事件；具体利益冲突也并不一定表现为暴力群体性事件，有可能在被压制的过程中进一步反过来强化集体性敌视和普遍的社会不满。

由此也可以看出，研究中国转型中的社会矛盾必须要有整体视角，不能人为割裂它们之间的相互联系。从总体上看，中国转型期的社会矛盾是一个“冰山”结构。在管理学中，麦克利兰（McClelland）提出了“冰山模型”，指出冰山之下的才是决定性因素，却常常被忽视。用“冰山”来形容中国转型期的社会矛盾十分恰当：第一，暴力群体性事件、具体利益冲突是冰山之上的部分，是外显的，容易被认知；而集体性敌视、普遍的社会不满则是冰山之下的部分，是内潜的，容易被忽视；第二，冰山之下的部分更具决定作用，这不仅体现在数量规模上，也体现在对立性质上，即使在特定的事件中，具体利益之争或暴力群体性事件外显为不同的形态，但实际上，在普遍的社会不满、集体性敌视这两个层面上的要素内在地决定了具体利益之争或暴力群体性事件的基本特征，例如，行动直接指向政府或国家、弱势群体与强势群体的对抗等。

通常情况下，研究者只关注外显的、实质性的冲突，而忽视内潜的、情绪性的对立。但事实上，正如迪尔凯姆（Emile Durkheim）所言，“一切行为方式，不论它是固定的还是不固定的，凡是能从外部给予个人以约束力的，或者换句话说，普遍存在于该社会各处并具有其固有存在的，不管其在个人身上的表现如何，都叫作社会事实”（迪尔凯姆，2009）。因此，人们在社会互动中建构出来的普遍的社会不满和集体性敌视是中国社会矛盾中不可忽视的结构性因素。

## 第六节　阻断与化解社会矛盾的制度安排及政策建议

### 一、阻断与化解社会矛盾的制度安排

上述“连续统”式的“冰山”结构最重要的启示在于，中国的社会矛盾并非是以单一、静止的形式存在，而是在不同的形式之间进行动态转化，其中的关键变量则是现行制度对社会矛盾的阻断、吸纳、整合与化解。

采用倒推的方式，首先来看暴力群体性事件，它的存在形式和数量规模主要取决于两项制度：一是应急管理制度，如果回应及时、适当，信息公开、透明，则可以减少因“乌合之众”的原因所造成的集体无意识，降低暴力群体性事件的发生概率，减轻其对政治和社会系统的冲击；二是以诉讼、调解与信访为主体的社会矛盾化解制度，如果其灵敏、高效，则可以将大量的具体利益冲突吸纳在制度之内，减少具体利益冲突向暴力群体性事件的转化，降低暴力群体性事件的总量。

其次来看具体利益冲突，它的存在形式和数量规模除取决于现行社会矛盾化解制度的吸纳效率外，还受到社会稳定风险评估制度的影响。如果社会稳定风险评估制度是灵敏、高效的，则可以大幅减少因政策问题而引发的具体利益冲突。比照前述的事中应急管理、事后危机管理、事前风险管理“三位一体”的战略治理，这里所谓的应急管理制度、社会矛盾化解制度、社会稳定风险评估制度，就是针对社会安全事件的事中管理、事后管理、事前管理的制度设计。

再次来看集体性敌视，它的存在形式和数量规模主要取决于社会整合和社会保障制度，通过有效的社会整合和有力的社会保障，可以减少因社会排斥而产生的身份区隔，进而减少集体性敌视。

最后来看普遍的社会不满。按照亨廷顿的观点，政治稳定不稳定，全凭它能否在完善其政治制度化的速度和扩大群众政治参与水平二者之间求得最佳平衡(亨廷顿，2008)。因此，要减少普遍的社会不满，最为理想的制度安排就是通过建立健全诉求表达机制、利益协调机制、矛盾调处机制、权益维护机制，完善底层群众的政策参与。

任何社会都有矛盾，社会矛盾并不可怕，可怕的是社会矛盾的不良结构。由于缺乏有效的制度吸纳、整合、化解尤其是制度阻断（即阻断社会矛盾由“冰山”结构的下层向上层跃迁），中国的社会矛盾在总体上有可能向着更为不良的结构转化。其中最为典型的是信访总量和群体性事件总量之间的数量关联。国家

信访局统计数据显示，我国信访总量自 2005 年以来呈现持续下降趋势，2009 年同比下降 2.7%，连续 5 年保持下降态势，且集体信访、初信初访总量下降。2010 年继续维持下降趋势。但与此同时，群体性事件则不断增多。信访与群体性事件总量的此消彼长表明，“制度内出口”（信访）吸纳社会矛盾的能力下降，则社会矛盾就会涌向“制度外出口”（群体性事件）。如果仅站在信访部门的角度看，以信访总量下降为目标可能并无不妥；但如果站在社会稳定的全局上，片面追求信访总量下降，则不仅会迫使本来可以通过信访制度吸纳的社会矛盾可能演变为暴力群体性事件，也加剧了集体性敌视和普遍的社会不满，造成社会矛盾的进一步积累和沉淀。这在实践中的相应体现就是，有相当数量的重复上访者，其上访的理由从最初的具体利益诉求已转向在上访过程中所遭受的不公正待遇。

应急管理制度和社会稳定风险评估制度也有类似的问题。例如，当前对群体性事件的应急管理，更多的是僵化地按照群体性事件的人数规模来划分政府责任，主要依靠政府拥有的资源和能力来进行强力干预，缺少对群体行为规律的深入研究和分析；社会稳定风险评估也主要被操作化为政府部门对重大决策和重大项目合法性、合理性、安全性、适时性、可比性的内部评估，缺少了老百姓的参与，通常只是评估了政府可能面临的风险，却忽略了民众承受的风险。

至于社会整合和社会保障制度以及政治参与机制，也需要从整体上予以反思。例如，社会保障本应是社会最为基本的整合机制之一，但事实上，现行的社会保障制度本身也存在着身份区隔，公务员、事业单位职工、企业职工、农民工、城市居民、农民等各类主要社会群体的缴费水平和待遇给付都存在着很大的差异，不仅没有起到社会整合的作用，反而加剧了社会疏离。又如，上访和网络政治表达也都是基本的政治参与途径，但目前这两种渠道都受到了较大的阻碍。

究其原因，从表面上看，制度设计的“碎片化”首当其冲，应急管理、诉讼调解信访、社会稳定风险评估、社会保障、网络监管等分属不同的部门管理，如果缺乏一种对中国社会矛盾的总体性思考和判断，难免在工作目标上自行其是，甚至互相抵牾。但从根本上看，还在于制度设计的排斥化倾向，重问题解决，轻权利维护，尤其是对社会分化后处于弱势地位的各种群体利益的代表性不够，没有及时予以整合。在这种意义上，社会治理为社会矛盾的化解提供了总体性思考的战略框架和政策路径。当然，这也是社会矛盾化解对社会治理提出的要求。

作为对跨学科的回应，中国的社会矛盾显然难以用任何单一的西方理论来加以解释，对中国社会矛盾的研究也必须要有整体性关照。这种整体性关照不仅反映在分析过程中，也体现在研究结论上。从内在逻辑上看，跨学科研究和整体性关照所得出的政策建议必定也是整体性的，以消除各项单一政策之间的相互抵牾。就社会治理而言，当下的创新可能会有多种思路和形式，但一定要避免陷入“碎片化”的陷阱，使社会治理创新仅止于孤立的“亮点”或是互相抵消。

## 二、高风险社会的公共政策

高风险社会是一套关于“社会已经怎样”的实然判断，现实中更需要的则是“我们应当怎样”的应然解答，它是对“社会已经怎样”的进一步追问。

毫无疑问，高风险社会带来的变化是全方位的，从个人到家庭，再到社区和政府，乃至整个国家和全球社会，因应形势而需要做出的变化也应是全方位的。其中的关键是风险管理和公共政策的改变，因为高风险社会所讨论的主要是公共安全和公共事务，公共安全必然会提出社会风险管理的问题，公共事务则对公共政策提出了一系列新要求。

### （一）高风险社会中公共政策的调整

高风险社会的来临对现有的公共政策理念和体系提出了挑战。

高风险社会的直接后果之一是扩展了公共政策的传统边界，使所有的政策都直接或间接地表现为公共政策。从纵向上看，如果说以前的公共政策主要着眼于解决业已存在的问题，那么当今的公共政策则应以前瞻性或预防性为导向。正如弗朗索瓦·埃瓦尔德（Francios Ewald）所言，“风险是一种控制未来的方式，或者说可以是一种拓殖未来的方法，现在还不存在的事件强烈地影响着我们当前的事务和行为。……威胁越大，改变当前事务的要求和力量也就越大”（贝克，2005）。从横向上看，几乎不存在公共政策以外的政策，所有的政策都有可能带来公共性后果。一直以来，第一部门和第三部门是公共政策的产出主体，而第二部门是私人领域政策的产出主体。现在的情况不同了，由于社会系统各领域之间的交互性增强，私人领域的政策也应强调公共责任，即所谓的“私人领域风险的制造意味着它不再被认为是与政治无关的事情”（贝克，2005）。近些年，由于企业缺乏社会责任而造成公共性后果的事件比比皆是，“三鹿三聚氰胺奶粉”便是典型一例。“在这里，我们不再仅仅关心现存的政治学的全部内容，如通过经济政策控制市场、收入的再分配和社会保障措施，而是关心非政治的方面：在现代化进程中，消除危险的行为本身成为政治性的。属于工业管理自主性领域的问题，如生产计划的细节、生产过程、能源的类型和废物的清理，不再仅仅是工厂管理的问题。他们继而成为政府决策的烫手山芋，这些在选民中的观念甚至可以与失业问题相提并论”（贝克，2004）。

高风险社会的直接后果之二是转换了公共政策的议程设置模式。谈到公共政策的制定，人们通常将注意力集中在公共政策的制定过程。但比这更重要的问题是：什么问题被提上议事日程？政府的资源是有限的，而各利益团体的需求又是多样的，使得政府在制定公共政策时不得不有所取舍。美国政治学家彼得·巴克鲁克（Peter Bachrach）和默顿·巴拉兹（Morton Baratz）早在1962年就曾指出“权力的两方面”：能否影响决策过程固然是权力的一面，能否影响政策议程的设置（Agenda-Setting）则是权力更重要的一面（Bachrach、Baratz，1962）。议程设置的思想最初来源于沃尔特·李普曼（Walter Lippmann），在其影响深远的《公众舆论》（Public Opinion）一书中提出通过“虚拟环境”来控制大众舆论。这种思想后来被政府用来设置媒体的议程，但在高风险社会中，媒体甚至连大众也可以设置政府的政策议程。有学者将政策的议程设置分为六种模式：关门模式、内参模式、上书模式、动员模式、借力模式、外压模式（王绍光，2007）。高风险社会中的政策议程设置模式正是第六种：外压模式。“在这种模式中，问题由非政府组织提出，接着充分扩展，首先成为公共议程，最终进入制度性议程。……如果他们拥有必要的政治资源和技巧，并能以谋略和战略战胜或反对其他议案的支持者，他们就能成功地推动他们的议案进入正式议程”（豪利特、拉米什，2006）。在高风险社会中，突发事件的发生引起全社会的高度关注，暴露出来的社会风险给政府制造了强大的压力，使得各种利益团体、政府官员、媒体、一般民众对存在的问题有了直观感受，容易超越利益纷争而达成一致，进而迫使决策者迅速调整政策议程（Kingdon，1995）。托马斯·戴伊（Thomas R. Dye）在其经典著作《理解公共政策》（Understanding Public Policy）中曾总结出八种公共政策模式：制度模式、过程模式、理性模式、渐进模式、团体模式、精英模式、公共选择模式、博弈论模式（戴伊，2004）。在以往的政策制定中，我们可能更靠近精英模式；但在高风险社会中，我们离公共选择模式更近。

高风险社会的直接后果之三是改变了公共政策的评价标准。如果说以前的政策评价标准是“成本—收益”之比，那么现在及以后的政策评价标准将是“收益—风险”之比。这包括：第一，现实风险的增加增强了人们关于风险的感知，这使得任何政策都必须考虑到随之而来的风险。这具体有两层含义，一是人们看到了新出现的风险，如吉登斯所说的“虽然在某些领域和生活方式中，现代性降低了总的风险性，但同时也导入了一些以前所知甚少或全然无知的新的风险参量，这些参量包括后果严重的风险，它们来源于现代性社会体系的全球化特征”（吉登斯，1998）。二是人们认识到了原来认识不到的风险，如“本来用来解决问题的手段反而变成了新的问题”。风险文化崛起的一个总体后果是“风险语义正逐渐盖过经济语义，成为当代社会的主要特征”（周战超，2003）。第二，风险感知的增强使得风险的接受变得不再理所当然，人们完全有理由选择接受或拒绝风险，这使得任何政策也变得不再理所当然，人们有可能因风险而拒绝接受该政策，如果拒绝该政策的人较多，该政策就有可能被废弃。其典型案例就是 20 世纪 70 年代的美国环境正义运动。美国联合基督教会种族正义委员会就少数民族和穷人社区面临的环境问题进行了深入调查后发现，“美国白人一直在把垃圾堆放在黑人的后院里”。在有色人种社区建造商业性有毒废物填埋场的可能性是白人社区的 2 倍；大约 60%的非洲裔、西葡裔美国人生活在建有被禁有毒废物填埋场的社区；全国 5 个最大的有毒废物填埋场中的 3 个，容量占全国所有填埋场的 40%，建在非洲裔美国人占绝大多数的社区里（王向红，2007）。这随后导致了美国的环境正义运动，民权运动者打出的口号就是“不要在我后院”（Not In My Back Yard，NIMBY，又译为“邻避”）。第三，能否接受风险取决于人们对风险的认知和态度，这使得任何政策都表现为关于风险的不同认知达成一致后的产物。有关风险认知的测量模型发现，人们对于风险的态度并不取决于该风险的实质危害程度，而取决于其危害程度能否被接受。例如，如果夺取很多人生命的事故发生在熟悉的和很好理解的系统中（如火车出轨），它可能产生相对较小的社会混乱；如果是在陌生系统（如核反应堆和重组 DNA 实验）中的小事故，也会被看成进一步不幸的预兆，从而产生巨大的社会影响（Solvic，1992）。当科技理性和制度理性被否定之后，任何政策都不再只有“一边倒”的声音，而成了各方关于风险的关注度间的妥协。因此，没有最好的政策，只有可以接受的政策。

### （二）对当前中国公共政策的思考

中国无疑已经进入了高风险社会。在这种意义上，未来整个公共政策的导向都是面向社会风险的。市场化改革只是“工具理性”，不是我们追求的目的；只有防范公共风险（即社会风险），以避免公共危机，才是改革所追求的终极价值（刘尚希，2005）。依这种角度来看，从“科学发展观”到“和谐社会”，无一不是面向高风险社会的政策转向。具体而言，当前中国的公共政策应注意以下几个转变：

第一，重视私人领域风险政策的公共性影响，将其纳入公共政策的框架。近些年，引发重大政治社会影响的突发事件有相当部分是因为私人领域的风险政策出现了偏差。如果我们仅将目光集中于传统公共部门即政府和第三部门的政策输出，可能无法缓解突发事件的严峻态势。目前，我国已经建立了专门针对突发事件的政策体系，即以“一案三制”为核心的政府应急管理体系，但是，政府应急管理体系即使能在最大程度上发挥预设的功能，也无法有效降低突发事件的发生频率。这一方面是由于应“急”并非治本之策，另一方面也是由于很多问题并非出自政府和第三部门。例如，2003 年发生“‘12·23’重庆开县井喷事故”，最终造成 243 人死亡，在事后进行责任调查时，首当其冲的是中石油的安全管理制度，其操作规程明确规定：当井喷发生以后，要避免火种的接近，以保护井口和设备（徐恺，2004）。如果仅从中石油企业管理的视角出发，这项风险政策无疑有助于保护中石油的财产设备；但如果跳出中石油的立场，这项政策是导致井喷迟迟不能点火、有毒气体大量泄漏、最终造成大量人员死亡的主要原因。此外，中石油缺乏对当地民众的危险告知和逃生知识的教育，也是其风险政策仅限于企业内部的典型表现。2008 年的“三鹿三聚氰胺奶粉”事件和 2009 年发生于成都的“公交车自燃”均属此列，由于企业风险政策的缺失，导致公共安全的巨大威胁。因此，在高风险社会中，将私人领域的风险政策纳入公共政策的框架，有助于全面、有效地应对风险，提高风险管理的效率。近些年，企业社会责任的理念虽已引起重视，但缺乏实质性进展，将企业的风险政策纳入公共政策的框架就是落实企业社会责任的体现之一。

第二，增强政策的民众参与，尤其要尊重网络民意在公共政策议程设置中的合法地位。目前民众参与政策议程设置的渠道相对较少，因而网络民意在政策议程设置中的作用才凸显重要。如果说“孙志刚事件”所推动的收容遣送制度改革是网络力量在政策制定中的初步体现，那么时至今日，网络的力量已经十分强大。2008 年 6 月 20 日，时任国家主席胡锦涛在“人民网”强国论坛上和在线网友进行交流，成为互联网进入我国政治决策领域的标志性事件，标志着网民作为公共政策议程设置参与群体的地位得到肯定（人民网，2008）。早在 2007 年底，我国网民总数已达 2.1 亿人，超过美国居全球首位，网民平均每周上网时长已是 16.2 小时，认为“互联网对工作/学习有很大帮助”的网民占 93.1%，认为“互联网丰富了网民的娱乐生活”的比例高达 94.2%，网民对互联网的正面作用评价很高，互联网已在网民生活中占据了重要地位（中国互联网络信息中心，2008）。吉登斯在谈到风险社会的出路时，提出了与“解放政治”相对应的“生活政治”概念，认为“解放政治”是一种生活机会的政治，只关注正式的政治制度和体制，没有把与生活相关的各种决策包括进去，因此失去了对选民的吸引力，而“生活政治”是认同的政治、选择的政治，它要解决的是集体人面临的挑战（吉登斯，2001）。

第三，重新看待公共政策的评价标准，以最多的利益相关群体可接受的政策为好政策。近些年，我们在政策的制定和实施过程中，仍然十分依赖于专家话语和科技理性，不顾民众对风险的可接受性而强制推行，引发社会不满，其中典型的表现便是各地屡禁不止的“强制拆迁”。对于推行“强制拆迁”的地方政府而言，他们衡量政策好坏的标准仍然停留在“成本—收益”的比较，而有意或无意地忽视了“强制拆迁”政策所带来的风险——政府的合法性危机。由于专家话语不合时宜的泛滥，也导致专家的信用贬值，专家被戏谑为“砖家”。就风险的可接受性而言，在我国当前的众多社会风险中，“社会不公”是最不可接受的。有统计数据显示，全国有 91%的人关注收入差距扩大和社会分配不公问题，比例居所有供选问题之首；多数人认为和认同我国的贫富差距已经过大，认为当前收入差距拉大“勉强可以接受”和“完全可以接受”的人只占 18.7%，而其余 80%的人则是“完全不能接受”；相当多的人认为贫富差距拉大的原因不合理、不公平，约 70%的人将其归咎于权力腐败；相当多的人对富人的看法比较消极或否定；大多数人认为政府有责任减少贫富差距，75%的民众希望政府采取行动降低收入差距（胡联合、胡鞍钢，2007）。因此，对于现阶段的任何公共政策而言，最大的风险就是社会不公，它足以抵消实行该政策的任何收益。例如，2009 年 2 月 29 日，国务院发布《事业单位工作人员养老保险制度改革试点方案》，确定山西、上海、浙江、广东、重庆五省市先期开展试点，试点的主要内容包括：养老保险费用由单位和个人共同负担，退休待遇与缴费相联系，基金逐步实行省级统筹，建立职业年金制度，实行社会化管理服务等。按照常理，这项政策是理性的，可以为财政减负，并降低企业工人关于退休待遇的不公平感。但在高风险社会的背景下，这项政策不但不会降低企业工人关于退休待遇的不公平感，反而会加剧事业单位工作人员的不公平感，凸显机关公务员相对于企事业单位员工的“特权”，难以被事业单位工作人员所接受，从而引发新的社会不满，可以预计，该项政策的最终难以推行和落实也就在情理之中。

## 三、以社会稳定风险评估为抓手的社会风险管理

既然公共政策的边界已由传统的政府部门和第三部门扩展到涵盖了企业，既然公共政策的评价标准已由“成本—收益”分析转变为“收益—风险”分析，这就意味着凡是政府、第三部门甚至企业有重大的政策决策出台，都应对其所带来的社会稳定风险进行评估。考虑到公共政策面广量大，加上我国社会仍是典型的政府主导型社会，可以先从一些对社会公众影响面广、影响力大的公共政策开始做起，因此，由政府出面做出的重大政策决策，以及由政府出面或是审批通过的重大建设项目，都应在决策出台或项目审批之前，对其所带来的社会稳定风险进行评估。

严峻的现实也证明了这一点。作为迎接广州亚运会的一项惠民举措，广州市政府决定 2010 年 11 月全市公交地铁均免费搭乘，然而 11 月 1 日实施当天，全市公交地铁就不堪重负，原本得到实惠的广大市民也怨声载道，在勉强坚持了 5 天之后，不得不叫停。又如，近些年来随着城市化进程的不断深入，诸如垃圾处理厂、核电厂、污水处理厂、焚化炉、精神病院、传染病防治中心、殡仪馆、城市流浪人员救助中心等设施陆续兴建，虽然这些设施为城市发展所必需，却因其给设施附近的民众带来“负外部性”影响，进而引发了群体性抗争，包括集体上访、集会、阻塞交通、围堵党政机关、静坐请愿、聚众闹事等群体行为。类似的情况在我们周围并不鲜见。这就引出了在公共政策出台和建设项目开工之前对其进行社会稳定风险评估的必要性和紧迫性。

早在“十一五”期间，三市（遂宁、深圳、上海）一项目（2008 年北京奥运会）就已先后进行了这方面的探索和试点，从 2011 年开始实施的“十二五”规划也对重大政策决策和重大建设项目的社会稳定风险评估做了统一要求，但由于这项工作刚刚起步，尚有不少有待完善与提升之处。

### （一）问题一：社会稳定风险评估的对象

表面上看，这个问题似乎已经解决，社会稳定风险评估的对象不就是重大的政策决策和重大的建设项目嘛！但是究竟何谓“重大”？不好操作！于是一些地方补充解释道，“重大”就是指群众“最直接、最关心、最现实”的利益问题。但是究竟何谓“三个最”？还是不好操作！只要这个问题在可操作性上没有突破性进展，就会导致对于风险评估对象确定上的随意性，甚至出现并不必须评估的事项大张旗鼓地搞评估，而真正需要评估的事项却寻找各种借口避开评估，从而背离提出进行社会稳定风险评估要求的初衷。

### （二）问题二：社会稳定风险评估的地位

对于重大的政策决策和建设项目进行社会稳定风险评估，究竟是在“走程序”还是作为“决策依据”？究竟是“略占地位”还是具有“战略地位”？这也是亟待需要明确的问题。

根据先行试点市的做法，目前对于存在严重社会稳定风险（以下称为A级风险）的重大决策事项，按照不同的决策类型，分别落实应对措施：属于贯彻上级统一部署、近期必须实施的重大决策，由市维护稳定办公室（以下简称维稳办）组织相关部门修改完善应急预案，协调各方力量共同落实防范、化解和处置措施；属于本市探索创新提出的重大决策，由承办部门组织维稳、信访等部门按有关决策程序，就决策是否实施、是否暂缓实施，向有权做出决定的组织和机构提出建议。对于存在A级风险的建设项目，由发展改革部门请项目行政主管部门组织项目单位，根据评估意见，对项目可行性研究报告的建设方案进行优化调整，再重新上报。

从决策与风险评估的时序来看，目前一般都是重大政策和建设项目的决策在前，然后再进行相关政策和建设项目的社会稳定风险评估，极少是先进行相关政策和建设项目的社会稳定风险评估，然后再进行决策。也就是说，一般都是把风险评估当作决策以后补充进行的一个程序“走一走”，甚至也可能是“认认真真”地“走程序”，而极少把风险评估当作相关政策和建设项目决策前的“依据”，更遑论“重要依据”了。

在“走程序”中如果的确发现有可能出现A级风险，目前的对策也仅限于：

（1）属于建设项目，由发展改革部门请项目行政主管部门组织项目单位对项目建设方案进行优化调整后重新上报。按照目前的惯例或潜规则，允许重新上报也就意味着最后会被批准。为什么不能提出“终止”或“取消”该建设项目呢？

（2）属于本级政府做出的决策，由承办部门就决策是否实施、是否暂缓实施，向有权做出决定的组织和机构提出建议。为什么不能享有“一票否决权”呢？

（3）属于上级政府做出的决策，由维稳办组织相关部门修改完善应急预案，然后“硬着头皮”去办。为什么不能（或不敢）向上级建议暂缓实施或改变决策呢？

如此看来，目前的社会稳定风险评估，充其量还只能算是“略占地位”，而非具有“战略地位”。这当然是不够的。其实，现实当中已经出现决策有误在前、后发现存在巨大的社会稳定风险而暂缓或停止执行决策的案例。因此，如果在社会稳定风险评估中的确发现有可能出现A级风险，就应当明确提出改变或取消决策、终止或取消重大项目；对于属上级做出的决策，也应当勇于向上级建议暂缓实施或改变决策。进一步努力的目标应当是：明确提出在社会稳定风险评估提交以后再做决策的要求，使得社会稳定风险评估真正成为重大政策和建设项目进行决策的“重要依据”和“必要环节”。

**（三）问题三：社会稳定风险评估的主体**

对于重大的政策决策和建设项目进行社会稳定风险评估的主体究竟是谁？这是又一个值得关注的问题。

从学理上分析，不难得出社会稳定风险评估的主体不宜是制定重大决策的部门和承办重大建设项目的单位，而应当交给具有相对独立性的第三方来做。同一个部门既负责重大政策决策的出台又负责评估和判定这一政策决策是否会影响社会稳定，或是同一个单位既负责承办建设项目又负责评估和判定这一建设项目是否会影响社会稳定，可以预期的是，最后风险评估的结果往往是肯定而非否定该政策决策和该建设项目。这样的风险评估就成了“做形式”、“走程序”，甚至出现控制论中所说的“正反馈”，即评估方输出的反馈信息进一步强化了决策方的指令信息，决策方和评估方同方向地施力，导致无法提前预知，甚至有可能强化政策决策和建设项目所带来的重大社会稳定风险。

遗憾的是，目前各地往往借助强大的传统惯性，指定或允许重大决策拟定部门成为开展重大决策社会稳定风险评估的承办单位，指定或允许项目建设单位及其行政主管部门负责指导、协调、预审项目的社会稳定风险评估；如果兼有决策和评估职能的部门和单位认为有必要的，可商请维稳、信访部门参与，而不是强制性地要求维稳、信访部门一定得参与。当然有的地方也规定了“可委托社会中介机构开展重点建设项目社会稳定风险评估”，“可委托中介机构在项目可行性研究报告评估时一并对社会稳定风险进行评价，也可委托中介机构单独对社会稳定风险进行评价”，如此的“可委托”、“也可委托”显然不属于强制性的，没有什么约束力。而且，从各地选择的社会中介机构的性质来看，也往往是投资类咨询公司，而非律师事务所、社会工作类、社区草根组织以及社会科学专家等适合进行社会稳定风险评估的中介机构。

目前许多事业单位及其主管部门都受到“政事不分”的质疑和要求“管办分离”的压力，中共十七大报告明确要求医院“管办分离”，体现出以此为“突破口”普遍实施事业单位“管办分离”的决心，十八大报告又提出“加快形成政社分开、权责明确、依法自治的现代社会组织体制”。当然，深化事业单位体制改革以及培育和发展社会组织，都需要一定的时日。鉴于这样的教训，现在试点和推进重大政策决策和建设项目的社会稳定风险评估时，就应强调并坚持进行风险评估的主体的独立性和超脱性，从一开始就贯彻“管办分离”，避免制造新的“政事不分”、“政社不分”，以后再增加“管办分离”的麻烦。

**（四）问题四：社会稳定风险评估的方法**

对于重大的政策决策和建设项目进行社会稳定风险评估应当运用怎样的方法？这也是值得关注的问题。诚然可以借鉴企业进行风险评估的一系列方法，因为目前企业的风险评估方法相对成熟，经验也相对丰富。然而，企业都是以利润最大化为其宗旨，它们的风险评估考虑的主要是自身经济利益方面的损失和不确定性；即使涉及非经济利益的风险，其目的也往往是担心由此失去了以往的“客户”，从而最终还是导致其经济利益受损。而公共政策的风险评估主要是考虑社会稳定和民众拥护方面的风险，或是担忧侵犯了民众的利益而失去民心和政府的公信力。由于进行风险评估的目的不同，所以不能完全照搬企业风险管理的评估方法。

由于重大政策决策和建设项目的社会稳定风险评估是一件新事物，其方法还需要在实践中摸索，这里不可能系统阐述。值得指出的是，应当认真借鉴发达市场经济和健全法治国家所采取的一系列方法，包括舆情民意调查、听证会、相关利益群体协商、充分利用各类媒体特别是互联网作为载体、经济补偿等，都可以结合我国国情，大胆进行试验。

**（五）问题五：社会稳定风险评估的问责**

为了保证重大政策决策和建设项目的社会稳定风险评估不“走过场”，必须重视社会稳定风险评估领域的问责制。这种问责应当建立在明确决策与评估的职责划分的基础上。凡是风险评估没有发现问题，待重大政策决策和建设项目执行以后导致大规模群体性事件和严重社会不稳定的，进行社会稳定风险评估的主体及其责任人应当被追究责任；凡是风险评估发现并如实提出了问题，却未被决策者所重视仍然付诸实施而导致大规模群体性事件和严重社会不稳定的，则应加大力度追究决策者的责任，并对进行社会稳定风险评估的主体予以表彰和奖励。当然也要注意防止出现另一种状况：负责社会稳定风险评估的机构和人员出于逃避被问责的需要，从而对任何评估对象一概提出否定性的结论，既妨碍了决策者的决策，也违背了设立社会稳定风险评估制度的初衷。

**参考文献**

安东尼·吉登斯：《失控的世界》，周红云译，江西人民出版社，2001年。

安东尼·吉登斯：《现代性的后果》，田禾译，译林出版社，2000年。

安东尼·吉登斯：《现代性与自我认同》，赵旭东、方文译，三联书店，1998年。
戴维·奥斯本、特德·盖布勒：《政府改革——企业精神如何改革着公营部门》，上海译文出版社，1996年。
戴维·波普诺：《社会学》（第十版），李强等译，中国人民大学出版社，1999年。
邓小平：《邓小平文选》第三卷，人民出版社，1993年。
迪尔凯姆：《社会学方法的准则》，狄玉明译，商务印书馆，1999年。
古斯塔夫·勒庞：《乌合之众》，冯克利译，广西师范大学出版社，2007年。
胡联合、胡鞍钢：《贫富差距是如何影响社会稳定的》，《江西社会科学》，2007年第9期。
李培林：《另一只看不见的手：社会结构转型》，《中国社会科学》，1992年第5期。
李培林：《社会冲突与阶层意识：当代中国社会矛盾研究》，社会科学文献出版社，2005年。
李强：《“丁字型”社会结构与“结构紧张”》，《社会学研究》，2005年第2期。
李淑梅：《中国社会转型的特殊方式与人的发展》，《社会科学战线》，2005年第3期。
刘尚希：《以公共风险为导向的改革》，《中国改革》，2005年第8期。
陆学艺：《当代中国社会阶层研究报告》，社会科学文献出版社，2001年。
马克思：《关于费尔巴哈的提纲》，《马克思恩格斯选集》第一卷，人民出版社，1972。
迈克尔·豪利特、M. 拉米什：《公共政策研究——政策循环与政策支持子系统》，庞诗等译，三联书店，2006年。
毛泽东：《关于重庆谈判》，《毛泽东选集》（全一卷），人民出版社，1966年。
裴宜理、阎小骏：《社会运动的理论发展》，《当代世界社会主义问题》，2006年第4期。
齐美尔：《社会学：关于社会化形式的研究》，林荣远译，华夏出版社，2002年。
《人民日报》，《胡锦涛同志于2011年2月19日在中共中央党校省部级主要领导干部公民社会及其创新专题研讨班开班式上的重要讲话》，2011年2月20日。
人民网：《港澳媒体聚焦胡锦涛上网，称国家领导更开明自信》，http：//media.people.com.cn/GB/40606/7409338.html，2008年。
塞缪尔·亨廷顿：《变化社会中的政治秩序》，王冠华等译，三联书店，1989年。
塞缪尔·亨廷顿：《变化社会中的政治秩序》，王冠华等译，上海世纪集团出版社，2008年。
斯科特·拉什：《风险社会与风险文化》，王武龙译，《马克思主义与现实》，2002年第4期。
宋林飞：《我国现代化进程中的风险及其防范——邓小平国家风险理论初探》，《社会科学战线》，2000年第6期。
孙立平：《断裂：20世纪90年代以来的中国社会》，社会科学文献出版社，2003年。
孙立平：《转型与断裂：改革以来中国社会结构的变迁》，清华大学出版社，2004年。
孙立平等：《2007中国改革评估报告》，中国经济出版社，2007年。
陶鹏、童星：《我国自然灾害管理中的“应急失灵”及其矫正——从2010年西南五省（市、区）旱灾谈起》，《江苏社会科学》，2011年第2期。
童星、张海波：《群体性突发事件及其治理》，《中国社会科学内刊》，2007年第5期。
童星、张海波：《灾害社会科学：一种跨学科整合的可能》，《中国应急管理》，2009年第3期。
童星、张海波等：《中国应急管理：理论、实践、政策》，社会科学文献出版社，2012年。
童星：《从改革观和发展观上寻求化解社会问题的思路》，《南京政治学院学报》，2006年第1期。

童星：《公民社会的组织创新》，《江苏行政学院学报》，2012 年第 1 期。

童星：《公民社会学概论》，南京大学出版社，1991 年。

童星：《社会学风险预警研究与行政学危机管理研究的整合》，《湖南师范大学社会科学学报》，2008 年第 2 期。

托克维尔：《旧制度与大革命》，冯棠译，商务印书馆，1996 年。

托马斯·戴伊：《理解公共政策》，彭勃等译，华夏出版社，2004 年。

王绍光：《安邦之道：国家转型的目标与途径》，三联书店，2007 年。

王向红：《美国的环境正义运动及其影响》，《福建师范大学学报》，2007年第 4 期。

乌尔里希·贝克：《“9·11”事件后的全球风险社会》，王武龙编译《马克思主义与现实》，2004 年第 2 期。

乌尔里希·贝克：《风险社会》，何博闻译，译林出版社，2004 年。

乌尔里希·贝克：《风险社会政治学》，刘宁宁、沈天宵编译《马克思主义与现实》，2005 年第 3 期。

乌尔里希·贝克：《什么是全球化？全球主义的曲解——应对全球化》，薛晓源主编，常和芳译，吴志成校，华东师范大学出版社，2008a 年。

乌尔里希·贝克：《世界主义的观点：战争即和平》，杨祖群译，华东师范大学出版社，2008 年。

西摩·李普塞特：《一致与冲突》，张华青译，上海人民出版社，1995 年。

新华网：《中国每年因突发事件死亡 20 万人，经济损失逾 6 千亿元》，http：//news.xinhuanet.com/politics/2006-07/15/content_4837443.htm，2006 年。

徐恺：《开县井喷案公审进行时，“系统性制度缺失”成控辩焦点》，《21 世纪经济报道》，2004 年 7 月 19 日。

徐勇：《“接点政治”：农村群体性事件的县域分析》，《华中师范大学学报》，2009 年第 6 期。

羊城晚报：《群体性事件上升到每年 9 万起》，2010 年 2 月 27 日 B05 版。

于建嵘：《中国泄愤事件的管制与困境》，《当代世界与社会主义》，2008 年第 1 期。

张海波、童星：《公民社会创新与信访制度改革》，《天津社会科学》，2012 年第 3 期。

张海波：《风险社会与公共危机》，《江海学刊》，2006 年第 2 期。

赵鼎新：《社会与政治运动讲义》，社会科学文献出版社，2006 年。

郑杭生、洪大用：《中国转型期的社会安全隐患与对策》，《中国人民大学学报》，2004 年第 5 期。

中国互联网络信息中心：《中国互联网络发展状况统计报告》，http：//tech.qq.com/zt/2008/cnnic21/，2008 年。

周战超：《当代西方风险社会理论研究引论》，《马克思主义与现实》，2003 年第 3 期。

Bachrach，Peter & Morton Baratz，“Two Faces of Power.” American Political Science Review 4，1962.

Beck，Ulrich，Risk Society：Towards a New Modernity. London：Sage Publications，1992.

Giddens， Anthony， The Consequences of Modernity. California： Stanford University Press，1990.

Kingdon，John W.，Agenda，Alternatives and Public Policies（2nd ed.）. New York：Harper

Collins, 1995.

Organization for Economic Co-operation and Development (OECD), "Emerging Risks in the 21st Century: An Agenda for Action" (http: //www.oecd.org/), 2003.

Pye, Lucian W., Aspects of Political Development: An Analytic Study. Boston: Litter, Brown, 1966.

Quarantelli, E. L., "Epilogue: Where We Have Been and Where We Might Go." In E. L. Quarantelli (ed.), What Is a Disaster? Perspective on the Question. London: Routledge Press, 1998.

Rosenthal, Uriel, R. Arjen & Louise K. Comfort (eds.), Managing Crisis: Treat, Dilemmas, Opportunities. Springfield: Charles C. Thomas, 2001.

Slovic, Pau, "Perception of Risk: Reflections on the Psychometric Paradigm." In Sheldon Krimsky & Dominic Golding (eds.), Social Theories of Risk. Westport, CT: Greenwood Pressl, 1992.

Stallings, Robert A., "Disaster and the Theory of Social Order" In E. L. Quarantelli (ed.), What Is a Disaster? Perspective on the Question. London: Routledge Press, 1998.

Wisner, Ben, Piers Blaikie, Terry Cannon & Ian Davis, At Risk: Nature Hazards, People's Vulnerability and Disasters. London: Routledge, 2004.

# 第十三章　虚拟社会（网络社会）与社会治理创新

## 第一节　网络化时代的社会结构变迁

人类社会已经进入网络化时代，通过手机、计算机和互联网触及社会生活各种层面的网络化发展，向人们展现了十分复杂的变化，但其中最突出的变化莫过于缺场交往的快速扩展、传递经验的地位提升和社会认同的力量彰显。而这三方面变化的共同性在于它们都已深入到社会心理结构的变化，是社会结构内在的深层变化，这预示了人类社会将发生一场工业社会以来空前深刻的社会结构转型。清楚理解网络化引起社会结构变迁的复杂性和深刻性，明确认识从不同视角形成的关于网络社会变迁的理论分歧，已经成为当代社会学研究不可回避的重大课题。本书对这些问题作些初步讨论，以期引起学术界更加深入的研究。

### 一、缺场交往的快速扩展

虽然还有很多人对网络化时代来临的意义并不很清楚，但大部分社会成员都已凭借各种不断提升的网络技术而快速扩展了自己的交往空间。不过，人们利用网络技术开展的交往行为，是一种与传统的面对面的在场交往不同的、隐匿了身体存在的缺场交往。虽然身体不在场的交往在传统社会也存在，但它只有依靠功能强大的网络技术，才能成为一种充满活力的具有广泛普遍性的缺场交往方式。并且，过去曾一度被称为虚拟交往的缺场交往或网络交往，现在人们越来越清楚地认识到，缺场的网络交往不仅不是虚拟交往，相反却是反应敏感、传播快捷、功能强大的真实交往。

缺场交往的快速扩展，首先表现在网民队伍的快速扩大。据美国市场研究机构 Royal Pingdom 日前发表报告指出，截至 2010 年 6 月，全球网民数量为 19.7 亿人（清雨，2011）。这就意味着，到目前为止，全世界至少已有 20 亿网民，占世界总人口已近 1/3。中国网民队伍扩大的速度更是难以预料。据中国互联网络信息中心发布的《第 1 次中国互联网络发展状况统计报告》，1997 年 10 月，中国网民人数为 62 万人。2012 年 1 月 16 日，中国互联网络信息中心发布的《第 29 次中国互联网络发展状况统计报告》则显示：至 2011 年 12 月底，中国网民已达 5.13 亿人，手机网民 3.56 亿人。可见，中国网民队伍在短期内快速发展，现在已经超过中国总人口的 1/3。

其次，缺场交往的快速扩展还表现为网络交往活动空前活跃。另据美国咨询公司麦肯锡发布的报告显示，中国 60 个大中城市的居民 70%的业余时间在上网，小型城镇居民的这一比例为 50%。虽然人们可以质疑麦肯锡的调查结果未必准确，但就我们自己的实际生活而言，每天上网确实占用了很长时间。人们不仅通过互联网了解不断更新的新闻时事，而且越来越多的人通过互联网沟通信息、表达观点甚至评论时事。近两年，一个最令人们兴奋的网络现象是微博的迅速发展。国家互联网信息办公室副主任钱小芊在 2011 年 11 月 21 日开幕的第十一届中国网络媒体论坛上披露：中国互联网微博客等社交网络呈蓬勃发展势头，目前微博用户已经超过 3 亿人。又据《第 29 次中国互联网络发展状况统计报告》统计显示，微博用户 2011 年的年增长率是 296.0%。

应当指出，网民队伍和网民活动的扩展不仅仅是数量上的扩张，更重要的是，网民大多数是中青年社会成员，并且是中青年社会成员中热爱生活、关心社会，嗅觉灵敏、思维灵活、积极参与、努力进取的那一部分人。正是这些人的积极交往构成了一个真实的、有旺盛活力的现实社会。虽然缺场交往形成的社会空间是一个只见语言流动不见言说者身体的符号社会，人们因此而称之为虚拟社会，但形似虚拟的网络社会实质却非常真实，甚至比在场社会更加真实。因为不仅有越来越多的网民真名实姓地发表着自己的话语评论，而且即使是隐姓埋名的匿名者，也真情实意、爱憎分明地表达着对社会生活的陈述与评价。而那些在某种社会组织、机关团体或群体集会中的在场交往，人们却可能因为某种具体制度的直接规定或特殊环境的限制而呈现出很多伪装与假象，官话、套话、虚情假意、口是心非等，是在场交往中司空见惯的假象。所以，这个形似虚拟的缺场社会却比貌似真实的在场社会真实得多!

进一步说，缺场交往不仅超越了活动场域或村庄城镇等物理空间的边界，而且也超越了社会空间的限制。社会空间是近年学术界使用频率较高的一个名词，通常指在特定场域中的由人口、群体、制度、资源、权力和文化等因素构成的社会环境。实际上，这种对社会空间概念的理解与社会结构概念并没有本质区别，但其突出了社会环境的实存性、边界性和间隔性。在场交往一定是发生在特定物理空间和社会空间之中的，因此必然受到个别场域中的各种物理因素和社会因素的制约，特别是受到在个别场域中具有硬性规定作用的制度、资源和权力的制约。而缺场交往却不仅突破了物理空间的限制，而且在一定程度上也突破了社会空间的限制，网民们可以在广阔的网络空间中展开信息沟通、事实陈述和价值评价。虽然不能完全排除局部环境的空间限制，但具有较强局部性或特殊性的风俗习惯、群体规则、资源局限和部门权力等因素的作用却在很大程度上被淡化了。

麦肯纳和巴奇认为，正是因为对物理空间和社会空间限制的突破，互联网为现实生活中的边缘群体提供了交流沟通的场所。网络活动中的相对匿名性使得人们可以将平时隐藏的价值信念展示出来。通过在网络群体中的互动，以及对群体资格的认定，人们原有的边缘化的社会认同得以强化，从边缘化走向去边缘化。通过对边缘化网络群体卷入程度、边缘化的性别认同群体和边缘化的政治认同群体的研究，麦肯纳和巴奇发现，网络群体中的认同也反过来影响到人们在实际生活中的社会认同，形成了“去边缘化”的认同机制，这使参与网络的群体弱化了人们之间的社会疏远和社会隔离（McKenna、Bargh，1998），他们指出：“互联网作为一种交流的渠道，具备一种独特的，甚至是革命性的力量，表现为相对的匿名性，与此同时，人们可以相对容易地联系与自己具有相似兴趣、价值和信念的人。”“互联网交流的相对匿名性，身体和非语词互动的缺失，减少了许多具体环境的限制，有助于人们相互间更加容易地形成共享的信念和价值观。”（Bargh、McKenna，2004）

空间界限的突破必然引起空间状态的变化。在传统物理学和传统哲学观念中，物理空间可以呈现相对静止状态，但在以传递信息为其基本内容的网络社会中，空间却一定始终处于流动状态。因此，卡斯特说：“我们的社会是环绕着流动而建构起来的：资本流动、信息流动、技术流动、组织性互动的流动、影响声音和象征的流动。”（卡斯特，2006）于是，网络社会呈现的空间是流动着的空间，是从传统社会的眼光看令人眩晕的快速变化的过程。因此，流动空间要求人们突破面对相对静止状态而形成的各种认知观念和评价原则，以崭新的视野去认识不断流动的空间。

流动的空间还不仅仅是一种空间状态的变化，更重要的是流动已经成为社会空间中的一种支配力量。卡斯特指出：“流动不仅是社会组织里的一个要素而已：流动是支配了我们的经济、政治与象征生活之过程的表现。”（卡斯特，2006）这是一个非常重要的判断，对于在社会生活网络化的新形势下如何认识和行使权力具有重要的启示。在过去漫长的政治史中，无论何种社会形态的权力掌握者，都是以稳定的机构和稳定的手段去维持社会的稳定。只要政府、军队、监狱、警察这些国家机器能够被稳定地控制，社会秩序就能被稳定下来。然而，这种情况在今天发生了权力掌握者难以理解的变化。卡斯特称之为“流动的权力优先于权力的流动”（卡斯特，2006），即流动本身就是强大的权力，传统社会相对静止的权力机构在其面前已经遭遇尖锐挑战。

由国家机器行使的权力是实体权力，而网络社会中的流动权力是可以隐匿实体的信息权力。实体权力依托于在场设置，进而有效作用于在场交往；信息权力依托于网络交流，由此而有效作用于缺场的网络交往。于是，这里不仅面临着实体权力和信息权力的关系问题，而且还面临着在场交往和缺场交往的关系问题。暂且不论前一个关系问题，首先就在场交往和缺场交往关系而言，这是一个很多人已经敏感觉察但未必清楚理解的重大问题。一个最明显的事实是，世界各国政府纷纷加强网络安全管理，而这不仅是因为网络本身存在安全问题，更重要的是以信息交流为基本内容的缺场交往对在场交往已经构成了难以阻挡的作用，实体权力如何有效制约缺场交往，已经变得令人捉摸不定。

事实上，虽然缺场交往隐匿身体并超越了社会空间，但其并非完全脱离在场事物而虚拟化，其实质不过是在场交往中已经包含的某些内容的复杂表现。由身体行动在一定实体环境中开展的在场交往，不仅有其可以直接观察到的外在客观性，而且一定有其不能直接观察到的内在主观性，因为人们的交往行为一定是在主观心理过程的支配下展开的，没有主观心理活动的在场交往是不可能的。然而，虽然在场交往是心理活动的外现，但在场交往并不能把自己的心理活动全部表现于外，一定会受在场环境的影响而隐匿某些心理过程，由此而决定了在场交往的两面性。缺场交往超越了实体环境的限制，并因此而使心理活动能够得到比较充分的表达，特别是在特定实体环境中不能随意表达的价值信念和批评言论，也能够比较自由地表达出来，由此显得与在场交往有很大区别。其实，那些在缺场交往中充分表现的价值信念和批评意见，在在场交往中就已经存在，只不过受在场条件限制而被暂时隐匿起来了。

尽管缺场交往表达的某些思想观念是在场交往中已经存在的，但这不意味着缺场交往是在场交往的简单表现。缺场交往因其环境的特殊性而一定具有与在场交往不同的特点与功能，其中最突出的是缺场交往对在场交往的引导作用。在传统社会，以信息交流为基本内容的某些身体不在场的交往行为，如信函邮递和电话沟通等，也能起到引导个体甚至群体社会行动的作用，但是因为通信技术、交往规模和传递速度的限制，信息交流不仅在规模上而且在能量上，都难以达到由网络微博形成的便捷而活跃的效应，进而很难在较广的社会层面上产生缺场交往对在场交往的引导作用。

互联网等新媒体技术的广泛应用，迅速改变了在场交往和缺场交往之间的关系，借助互联网展开的缺场交往，不仅使社会生活增添了新形式，而且也直接影响了在场交往和在场社会的秩序。蔡文之比较深入地揭示了网络空间中在场与缺场之间的矛盾，他把网络空间称为“异位空间”，认为“网上活动进一步推动网络空间作为一种独特的反场所（Counter-Site）而出现。计算机技术在原子和电子、此处与彼处、机构与个人之间带来了产出性混乱，但是这些模糊性正是在用户的各种各样的活动中，才找到了政治上的表达，从而构筑了既是规训的又是无政府的、既是档案类的又是匿名的、既是个人的又是非个人的、既是社交性的又是不露面的网络空间。这种网络空间往往被体验为一另类空间，一种向我们传统的物理性的社会空间发出挑战的异位空间”（蔡文之，2007）。

蔡文之所论的异位空间，是其中包含着矛盾冲突的网络空间，并且，不仅这个网络空间本身有着不断的矛盾冲突，而且更重要的是它对社会空间的尖锐挑战，并因而引起了现实社会的秩序变迁（蔡文之，2007）。面对互联网等新媒体技术引起社会生活的变化，福山发现在工业社会基础上形成的社会秩序正在趋向分裂，而一种新的社会秩序将会诞生，他指出：“正当西方社会的经济从工业化时代向信息化时代过渡之时，却出现了这样一些负面的社会趋势；这些趋势说明，西方社会中使人们团结在一起的那种社会联系和普遍价值观念正在变弱。”“这些变化使 20 世纪中叶工业社会中盛行的社会价值观念形成了大分裂。”（福山，2002）不过，福山对这种“创造性破坏”并不悲观，他相信人类理性可以重新构造新的社会秩序，“社会秩序一旦遭到破坏，就会再次得到重建，而且很多情况表明这种事情今天正在发生。我们可以期待发生这种事情，原因也很简单：从本性上说，人是社会的产物”（福山，2002），所以，人类一定会使自己生存其中的社会保持一种相对稳定的秩序。

## 二、传递经验的地位提升

自 2011 年突尼斯、埃及和利比亚等北非国家爆发了大规模的社会运动以来，特别是英国伦敦、德国汉堡爆发的社会骚乱乃至美国爆发的占领华尔街、占领华盛顿社会运动，这些在不到一年内相继爆发的一浪高过一浪的震撼世界的大规模社会运动，其中都表现了网络信息交流对在场行动的引导甚至煽动作用，人们称之为网络事件的蝴蝶效应或网络助燃。这场遍及非洲、欧洲和美洲的社会运动，不仅充分表现了网络行为对在场行动的引导作用，而且还令人看到或直接感受到一种新的经验正在社会生活中上升为主导经验的地位，这种经验不是传统社会中在特定环境中形成的相对稳定的局部经验，而是在网络交流中形成的动态不定的传递经验。

吉登斯曾依据电视等电子媒体的迅速发展论述了传递经验（Mediated Experience）（吉登斯，1998）。在吉登斯看来，在高度现代化时代，十分发达的信息技术和通讯媒体，使信息流动空前加速，特别是各种影视技术，在人们面前展示了越来越丰富的影像画面，一个似乎可以独立于在场事物的象征系统或符号世界使人们产生了丰富的新体验，这不仅呈现了在场事物与象征符号的分离化趋势，而且更为重要的是使传递经验成为人类社会生活中一种基本经验。传递经验是通过信息沟通而形成的超越身体经历和在场事物的缺场经验，是人们通过信息沟通而相互影响和持续传导的动态经验。

应当承认，在互联网和手机通信中形成的传递经验，比起吉登斯论述的依据电视等影像媒体所形成的传递经验，无论在传递内容和传递形式上，还是在传递速度、传递广度和传递深度上，都已经发生了难以估量的扩展和提升。如果人们赞成吉登斯把依靠电视媒体技术形成的传递经验看作社会生活基本经验的观点，那么可以把当前正在迅速扩展的传递经验称为具有主导性的基本经验，因为通过互联网和手机通信形成的传递经验要比吉登斯所论述的传递经验已经扩大并强大了数倍。巴奇和麦肯纳认为，互联网是继电报、电话、录音机、电视以后的最重要的技术突破，它具有一定程度的匿名性，但同时可以使人们寻找具有相同兴趣和相同品质的同伴，进而跨越距离的阻隔。巴奇和麦肯纳考察了互联网对个体生活的心理存在，个人人际关系，群体成员关系，社会认同，工作场所和社群卷入的影响。“在被社会边缘化和污名化（Stigmatized）的人群中，互联网上的群体提供了一种新的社会认同。与面对面的交往相比，互联网的交往相对的匿名和安全，人们可以投入更多，对网络社群产生新的认同”（Bargh、McKenna，2004）。

把网络中的传递经验称为主导经验，是对同时存在的各种经验的结构关系做出的判断。以经验研究为基础的社会学对经验的结构关系重视不够，缺乏对经验结构的具体分析。事实上，任何时代的经验都是多元的，正如马克思所分析的那样，生产实践、科学实验和阶级斗争，是最基本的三大实践经验。如果进一步分析，还可以划分出审美经验、道德经验等。在传统社会，基本的经验是作用于客观存在的生产经验和科学经验，而这些经验的共同特点是在特定环境中经过人们的身体活动而形成的局部的在场经验。到了网络化时代，凭借现代网络技术快速扩展的传递经验，虽然不能完全脱离各种在场经验，但却获得了越来越大的相对独立性。尤为重要的是，传递经验在网络社会的崛起中成为社会经验结构中的重要构成，并且已经上升为可以引导甚至支配在场经验的主导经验。

犹如福柯等论述的语词秩序独立化一样，传递经验在广阔的网络空间中获得了一种相对独立的扩散能力与传播途径。虽然从归根结底的意义上说，传递经验的根据存在于在场经验之中，但在网络传播的某段过程或某个环节，网民们依靠不断更新提升的网络技术，大量接受川流不息的动态信息，特别是一些具有强烈刺激性的信息，可以激发一种含有集体兴奋的网络意识或网络情节，网民们可以在持续的信息传递和网络情节体验中积累并扩散传递经验。胡泳在分析这种网络行为形成的传递经验时指出：网络空间中的“地点逐渐变得捉摸不定之后，与地点相关的社区似乎失落了。所以，一种流行的看法是，现代社会是一个庞大的非个人体系，他日益吞噬着大多数人的生活。而在实际上，人们所获得的是一种复合的或者矛盾的经验”（胡泳，2008），正如吉登斯所指出的那样，“已经发生的并不简单地是地域性影响的日渐式微，并变成更具非个人化的抽象体系，相反，恰恰是组织空间经验的形式在变化着，它以特有的方式把空间上的远与近连接起来，这是以前任何时期都没有发生过的”（吉登斯，2000）。

这种传递经验的积累与扩散，在非洲、欧洲到北美的社会运动的扩散过程中已经清楚地展现出来。当突尼斯、埃及和利比亚等非洲国家爆发大规模反政府社会运动之时，英国、法国、意大利和美国等欧美国家领导人曾为之兴奋，欢呼民主运动在非洲已经掀起高潮。然而，这些西方领袖没有想到，非洲的动荡局面还没有停止下来，“底层社会的狂欢”在英国伦敦和德国汉堡大规模爆发，并且，欧洲“底层社会的狂欢”又“传染”到美国，占领华尔街、占领华盛顿的社会运动浪潮席卷美国1000多个城市。陈季冰在一篇比较全面评述美国占领运动的文章中写道，“在许多人眼里，‘占领华尔街’运动就是年初点燃的‘阿拉伯之春’在美国和西方发达国家的翻版，而位于纽约曼哈顿下城的祖科蒂公园，则就是他们心目中的开罗‘解放广场’”（陈季冰，2011）。这里要进一步追问的问题是：是什么把远隔万里重洋且在不同制度环境中的社会运动联系起来了？答案还在于网络超越时空限制的“传染”作用。虽然这些社会运动都是在场行为，但都接受了网络信息的强烈刺激，美国的占领运动首先就是由一家名为《广告克星》的网络杂志发起的，网络组织《无名氏》则大力推进了占领运动的进程。从开罗游行到美国占领运动，Facebook 和 Twitter 这样的网络交流形式都已成为这些大规模社会运动的导引或推手。

从非洲、欧洲和美国社会运动的扩展过程可以看出，传递经验不仅可以在网络中传递扩展，而且网络中的传递经验还可以快速地影响在场经验，以无孔不入的信息流动把间隔于不同环境中的在场经验联系起来，使在场经验也具有了传递性。大量消息证明，从开罗到伦敦直至华盛顿的社会运动，虽然发生在不同的社会环境之中，物质条件、政治制度、文化传统等方面都有很大差异，但是在网络交流的传递作用下，不同地域、不同民族、不同制度环境中的底层社会成员，形成了共同的价值追求、政治目标和冲击对象，民主、自由、平等、公正是这场波澜壮阔的社会运动的共同呼声，这是网络交流促成在场经验快速传递的典型事实。正如拉尔（Jeroen Van Laer）和阿尔斯特（Peter Van Aelst）所指，“在政治和经济的权力已经逐步进入全球化水平，互联网已经开始把社会运动的展开与运行推向全球化层面”（Van Laer、Aelst，2010）。

网络交流促成在场经验大规模形成传递性的事实，是传递经验在当代人类社会上升为主导经验的有力证明。经验是人类实践活动的展开和记忆，不同环境中的不同实践一定会形成不同经验累积，并为具有明显条件差异中的人类生活提供了相互区别甚至分隔的基础。虽然在工业社会乃至前工业社会人类经验也有传递性，但限于地理空间和社会空间的间隔，特别是限于社会制度的制约，不同环境中的人类经验在传递速度和传递幅度上都要受到层层阻隔。只有进入网络化时代，网络交流首先在人们的精神生活或心理结构中产生了无限丰富的共同体验和相似记忆，作为思想观念中的传递经验不可阻挡地要支配人们的实践行为，导致在场经验的传递。

传递经验上升为主导经验，其意义首先在于政治领域。传递经验最重要的意义在于突破经验的间隔，而人类社会中最严重的间隔是政治制度的间隔。政治制度的间隔作用具有强制性，是人们在实践行为中难以超越的限制，因此不同政治制度下的在场经验具有很大的差异性。而当信息沟通在网络传递中超越了政治制度的限制，并直接作用人们的在场经验也发生传递性时，就意味着传递经验引发了吉登斯所论述的制度抽离化效应，证明了卡斯特所论述的"流动的权力优先于权力的流动"（卡斯特，2006）的观点。

肯定网络交流促进传递经验的地位提升，无疑强调了网络化发展对各种局部经验的联动或整合作用，但这种现象在一些人那里不仅没有引起重视，相反却提出了截然不同的观点：网络化条件下的行为主体及其行为过程发生了离散化或碎片化。段永朝深入地阐述了互联网引起主体及其行为离散化或碎片化的观点："电脑和互联网之后，世界的格局将发生重大变化，人有可能在不知不觉中葬送掉自己通过 500 年努力获得的主体资格，走向主体爆裂之路，这就是主体的碎片化之路。"（段永朝，2009）段永朝通过对计算机或网络技术过程的分析（比特化、符号化、格式化和编程），明确地论述了主体及其行为在网络化条件下的离散化和碎片化，他称之为"绞碎主体的'四个齿轮'"（段永朝，2009）。

在段永朝笔下，主体在互联网中碎片化最突出的表现是，原来在工业化、科学化和理性化的现代化进程中形成的普遍的、统一的主体，在网络化时代已经分裂为具有异质性、个别性或多样性的他者。"过去那种漠视'他者'的所谓'主体'先天有某种优越地位，这种优越地位通过自身的膨胀得以维持。但是，在互联网上富足的'主体'之间，他者的存在不容漠视，'主体'几乎成为笑话。假如有谁绷着、端着，在互联网上一定无法生存。因此，在互联网世界里，主体只能在'他者'的重重包围下，进一步稀释、碎裂"（段永朝，2009）。

如果段永朝的论断符合实际，那么一个必然提出的问题是，网络化条件下传递性经验将难以发生。因为在段永朝看来，把一切可以表述的事物都表达为 0、1 序列的二进制代码，这种比特化或数字化编码过程，以其形式上的抽象化统一，却创造了一个充满个性和差异性的多样化的网络世界，笛卡尔所论述的能把人类统一起来的理性思维和理性原则，在这个世界中已经无能为力，因此那种能把人们的经历和体验统一为共同经验的理性化玄想也必然灰飞烟灭。因此，段永朝的结论是："在电脑和网络高度普及之后，我们必须重新面对两个基本问题：一个问题事关'主体存在的状态'，另一个问题事关'主体与他者的关系'。在电脑和网络导致'主体破碎'、'关系重构'之后，笛卡尔主义所假设的'独立的个体’必将走向‘多个版本存在的个体’，即‘碎片化’。”（段永朝，2009）而碎片化网络社会也就难以形成具有整体联动的传递经验。

## 三、社会认同的力量彰显

传递经验是接受、理解和评价信息的经验，其生成与扩展的根据在于社会认同。其中道理并不复杂，因为传递经验的本质是网络信息的社会传递，而每个社会成员都是从特定的价值取向和利益关系形成对网络信息的接受与传递，当他们的价值信念和利益追求与其所面对信息形成对立排斥关系时，即不能形成认同时，对这个信息的否认、拒斥甚至阻隔也就随之而生，于是传递经验也就难以生成。因此，传递经验的生成与扩展一定要以社会认同为前提，没有社会认同的传递经验是不可能发生和传递的。

正是在这个意义上，研究网络社会的学者都十分重视社会认同问题。不过，在网络社会学研究中，社会认同已经被赋予与传统社会学或传统心理学界定的社会认同不同的基本含义。卡斯特对此观点十明分确，他指出：在网络社会崛起的新形势下，认同已经有了与传统社会学所界定的认同截然不同的含义，“认同是人们意义与经验的来源”，“认同必须区别于传统上社会学家所说的角色和角色设定”（卡斯特，2006）。传统社会学所说的角色认同是指个体的社会归属感，是社会成员对自身属于何种身份、何种阶层的接受，是被动的归属性心理过程。在卡斯特看来，网络社会的崛起唤醒了社会成员的自主、自立、自主选择的自我意识，人们已经不再仅仅被动地注意自己在社会生活中属于哪一个层面、处于何种位置，而是对社会的存在状况、资源配置和发展态势提出自己的评价与要求，这是一种主动的建构性认同。

主动的具有建构意义的社会认同，是在社会生活网络化过程中个体获得了比较明确的自主性和自觉性基础上形成的，并且，自主自觉的个体在网络交流和意义沟通中，能够更加清楚地认识相似个体的共同处境和共同利益，并进而对周围的事物形成共识、结成群体，于是，网络社会中的认同一定会从个体认同联结为群体认同或集体认同，即真正意义的社会认同。在这个意义上，卡斯特说：“我在这里的关注点首先是集体的认同，而不是个人的认同。”（卡斯特，2006）并且，卡斯特所指的集体认同不是政党、政府和领袖集团的认同，而是基层群众的社会共识。虽然卡斯特以墨西哥萨帕塔游击队、美国民兵与爱国者运动、日本奥姆真理教和本·拉登基地组织等反政府的社会运动为个案来论述他的观点，表现了反政府主义倾向，甚至有宽容恐怖主义的倾向，这难以令人接受，但他也论述了反全球化的各种社会运动、环境保护运动、女权主义运动，就其主要理论追求来看，他在张扬来自基层社会或广大群众的社会认同的力量。

来自基层群众的社会认同，虽然有爱憎分明的价值评价和明确具体的利益要求，但未必是经过周密逻辑思维而形成的理性认同，相反更多的是处于社会心理层面的感性认同。所谓感性认同是在人们的感觉、知觉和表象等感性认识过程中形成的认同，是其认同尚未达到概念化、理论化层面，而主要表现为具体的形象的感性认识。这里没有说来自基层社会的认同全部都是感性认同，而是就其主流或大部分构成而言。事实上，单纯的感性认识和单纯的理性认识都是不存在的，人们的认识过程一定是感性和理性的统一。强调基层群众社会认同的感性特点，是将其与专家系统、政府机构或某些社会管理系统经过充分论证而成的理性认同比较而言。

从基层群众社会认同的主要内容与主要形式强调它的感性特点，具有充分的实践根据和十分重要的现实意义。从蜂拥而起的开罗群众游行示威，到硝烟弥漫的伦敦、汉堡骚乱，再到旌旗招展的占领华尔街、占领华盛顿运动，人们可以在影视媒体中看到浩浩荡荡的游行队伍，激动热烈的面部表情，五彩缤纷的“占领”场面，笑容与愤怒同现，冲击与欢庆共生。既没有清楚的政治纲领，也没有明确的理论表述，但有身体、表情、仪式、阵容和行动，这些生动的感性形象一目了然地表达了参与者的社会认同。这些如火如荼的场面，再次呈现了迪尔凯姆所论的基于集体表象而生成的集体兴奋。

迪尔凯姆所论集体表象是一种在集体活动中形成的具有生动性的感性认识。他说：“在所有能够产生这种强烈效果的事物中，首先应属于我们的反向状态所造成的表现。实际上，这种表现并不只是一种简单的显示图像，也不是事物映射给我们的死气沉沉的幻影。相反，它是搅起机体和生理现象之波澜的力量。”（迪尔凯姆，2000）引文中的表现（Representation），应当译为表象。表象是心理学和认识论用来指谓感性认识的一种形式，即在感觉和知觉基础上对认识对象的形象性、回忆性再现，是一种具有一定程度反观性、概括性和能动性的感性认识。表象能对人们产生较大作用，根本原因在于它以形象意识直接同具体事物联系起来，进而对人们的行为产生明确的支配作用。

更重要的意义在于，集体表象是在集体的活动中形成的感性认同，作为集体成员在交往互动中形成的集体意识，它包含了集体成员共有的价值评价、利益追求和行动取向，集体表象“形成社会生活网络的表现产生于由此结合起来的个体之间的关系，或者是存在于个体和总体社会之间的中间群体的关系”（迪尔凯姆，2002）。并且，正是因为集体表象源于个体或集体的社会关系，而不是源于个体意识，所以集体表象对个体意识和个体行为具有外在的强制作用，并且因为是感性表象，可以得到集体成员具体而形象的理解，因而具有对集体行动的直接导引、激励作用，进而激发集体兴奋，实现集体成员的感性整合。

正如迪尔凯姆所论，由集体表象而构成的感性认同具有强大的整合功能，它不仅可以使人们在面对面交往的在场群体中实现团结，而且还可以作为宗教的现代形式在广阔的社会空间中掀起狂热的集体兴奋。而在网络交往中，这种集体兴奋不仅可以引发网络信息以排山倒海之势不可阻挡地快速宣泄，而且可以直接引起数以万计社会成员投入实际的集体行动之中，实现网络的缺场行为与特定区域中的在场行为的联动传递，爆发在网络社会来临之前难以呈现的蝴蝶效应。在2011年7月23日发生的温州动车事件中，网民们通过微博发表关于动车事件的消息和评论，引起越来越多网民和其他社会成员的热切关注，数以百万计的微博，纷纷表达对温州动车事件的看法与批评，对调查动车追尾事故的真相起到了积极推动作用。2011年发生的郭美美事件、药家鑫事件、李昌奎事件等，都引发了网民的热烈围观，产生了影响广泛的蝴蝶效应。

段永朝在论述主体在网络社会中碎片化时也提出了感性认同问题。在他看来，碎片化的主体不再相信统一的或普遍的理性原则，人们在网络中注重的是个别的感性存在，人们之间的沟通也就越出崇尚普遍性的理性逻辑，转而开展感性的“会意”沟通。“人们已经不是通过语言的论辩力、感染力来彼此接近，人们通过‘会意’而不是‘同意’来彼此接近”（段永朝，2009）。这里的“会意”与费孝通所论“意会”概念相似，意指“人和人交往过程中的‘不言而喻’、‘意在言外’的这种境界……感觉上甚至比说出来还清楚”（费孝通，2004）。实际上，会意和意会都是指没有进入逻辑思维或理性认识的感性意识，也包括直觉。“‘会意’的文字完全不理会语法、词法、句法，完全漠视既定的表意逻辑，恣意肢解词语，并贴画面。这种超越现行语法逻辑的语言，在互联网上比比皆是。似乎有一种新动向：这种新式语言，行走在‘说’与‘非说’的边缘”（段永朝，2009）。

感性意识在网络化条件下的地位提升，这一点已经引起了很多学者的重视，但人们并非都像段永朝那样予以明确肯定，相反有些学者却得出了否定性结论。在一部题为《浅薄，互联网如何毒化了我们的大脑》著作中，尼古拉斯·卡尔（Nicholas Carr）深入分析了快速发展的互联网已经改变了人们的阅读方式、认知方式或思维方式，这将是当代人类社会一个最深刻的变化。卡尔惊呼：“过去几年来，我有一种不祥之感，似乎某些人或某些东西正在融化改造我的大脑，重布我的神经电路，重写我的记忆程序。”（卡尔，2010）而这种变化就是在数字化和网络化背景下的认知或思维的表层化。“无论上网还是不上网，我现在获取信息的方式都是互联网传播信息的方式，即通过快速移动的粒子流来传播信息。以前我带着潜水呼吸器，在文字的海洋中缓缓前进。现在，我就像一个摩托快艇手，贴着水面呼啸而过”（卡尔，2010）。

如果互联网导致人们思想意识活动表层化、浅薄化已经成为广泛事实，那么人们就难以达成对社会现象或社会问题的深层的本质认识，基于对人类社会共同目标、整体利益和发展趋势的理解也就难以达成共识，卡斯特所论述的网络化时代的以建构意义和价值评价为主要内容的社会认同也就难以形成。卡尔认为，互联网以其神奇的魅力吸引着人们关注表层、走向浅薄，并且互联网也因此而使人们分散注意力，难以形成共同认识。因为事物的表层是以大量的不确定的偶然现象存在的，流于表层就会不断地被拉向千变万化的不确定性之中，而仅仅面对千变万化的不确定性，只能导致人们迷茫困惑，共同的价值认同也就荡然无存。"互联网吸引我们的注意力，只是为了分散我们的注意力。我们全神贯注于传媒本身，专心致志地盯着忽明忽暗的屏幕，可是通过屏幕快速传来的各种信息和刺激让我们眼花缭乱，心神不宁"（卡尔，2010）。

然而，事实并非像卡尔所推断的那样悲观，在美国占领运动和其他一些影响了社会生活秩序的社会运动中，数以万计的基层社会成员正是在互联网的影响下形成了广泛的社会认同，导引人们坚持了规模浩大的群体行动。而这并不否定卡尔所论述的互联网引起人们思维方式的变化，在美国占领运动中没有系统的思想理论作指导，也没有条理清晰的政治纲领和行动战略，更没有政治精英充当政治领袖，这正说明卡尔所论理性思维在互联网时代已经被人淡忘，注重表层现象、面对具体事物的感性意识成为网络化背景下的主导思维，占领者们正是在感性层面上结成了广泛的价值共识或社会认同。

感性认同之所以能够形成强大的社会力量，其根据在于群众认识与群体实践共有的感性本质。虽然群众中蕴含着无尽的智慧，但群众的认识活动通常是在感性层面展开的。无论是马克思主义者论述的作为人民群众基本认识活动的社会心理，还是迪尔凯姆论述的集体表象、布迪厄论述的"具有前逻辑的实践感"、吉登斯论述的"只做不说"的实践意识，其实质都是由感觉、知觉和表象等感性形式构成的感性认识活动。群众的感性认识活动直接来源于人们的社会实践，而人们的社会实践则是"感性的人的活动"（马克思，2009），这不仅在于人们以自己的身体行动投入实践行为，作用于特定的实践对象，使实践具有了物质现实性和具体可感性，而且还在于人们的思想意识活动，只有转化为可以同具体环境和作用对象发生直接对应关系的感性认识时，才可以真实地支配人们的实践行动。

如果感性是实践的本质，而实践一定是由感性意识活动直接支配的，那么以感性认识为主要内容的社会认同，不仅是一种可以表达广泛社会心理的精神力量，而且它还可以直接统一于广大人民群众的社会实践之中，进而转化为强大的物质力量。并且，可以改变社会事实的存在状态和社会秩序的运行模式的社会力量就是社会权力。这就意味着，借助网络沟通形成的社会认同具有实践的品质，它焕发出来的精神力量是网络化时代具有实践基础的社会权力。这种社会权力来自于基层，流动于网络，是传递于广大人民群众生活实践之中的新型社会权力。

凭借网络传递的广泛性与迅捷性，网络化的社会权力不仅流动于群众的实践活动之中，而且可以传递到社会结构各种层面，并进而改变了社会的权力结构，形成了有别于传统社会的网络化时代的新型权力结构。马克思、韦伯和帕森斯等很多社会学家都论述过传统社会的权力结构，在经典社会学家看来，传统社会的权力结构是一种自上而下发生控制作用的结构，处于权力结构顶端的，是以维护统治者利益的价值体系或思想理论实现对社会成员观念控制的意识形态权力机构，接下来是掌握着政府、军队、监狱、法庭和警察等国家机器的政治权力机构，再往下是掌握着市场、银行和各种经济资源配置的经济权力机构，而处于最底层作为这些文化权力、政治权力和经济权力沉重控制的对象，是广大人民群众，是无权无势的基层社会。

不过，传统的基层社会并非没有任何权力，起码还存在街头巷尾议论思想文化、政治局势和市场行为的言谈权力。但是，在网络技术没有充分发展起来之前，经由基层群众表达出来的言谈权力，尽管对经济社会发展变迁也有某种程度的作用，但一定是十分微弱的。只是在网络等新媒体技术的作用下，基层群众的言谈权力开始在网络中迅速汇集起来，不仅在不断流动的信息传递中整合成强大的横向的认同权力，而且还形成了从底层向中层乃至上层发生直接作用的纵向认同权力，处于社会上层的各种掌权者，也不得不对这些在传统社会可以忽略不计的社会权力刮目相待。正是在这个意义上，本尼特（W.Lance Bennett）指出：在全球抗争政治中，互联网成为一种新的媒体力量，这种力量植根于当前的全球社会背景，形成时间和空间的重新整合，依靠遍布全球的沟通网络而相互交织，进而获得了“成为公共领域的潜在可能性，在互联网中，抗争活动的精神和计划在全球范围内更加迅捷地交流”（Bennett，2003）。

## 四、社会结构的再次转型

很多学者深入分析了社会生活网络化可能引起的深刻变迁，纷纷认为这是人类社会即将经历的又一次重大转型，甚至有人认为，这是其意义可以同工业化引起的从农业社会转入工业社会相比的社会结构再次转型。卡斯特明确地指出，网络社会崛起不是一般意义上的社会发展变迁，而是人类社会在工业社会基础上进入了一种新社会形态。在卡斯特看来，这个结论是依据了马克思的基本立场而得出的。他指出：“信息技术革命和资本主义的重构，已经诱发了一种新的社会形式——网络社会。”（卡斯特，2006）“这个新社会的组织形式以其普遍的全球性，扩散到了全世界，一如工业资本主义及其孪生敌人——工业国家主义在20世纪所做的那样，它撼动了各种制度，转变了各种文化，创造了财富又引发了贫穷，激发了贪婪、创新和希望，同时又输入了绝望。不管你是否有勇气面对，它的确是一个新世界”（卡斯特，2006）。

如果承认卡斯特的观点是符合实际的，那就意味着人类社会是继工业社会崛起以来又一次深刻转型，并且仅从上述三个方面的变迁来看，也可以说这是一场空前深刻的社会结构转型。农业社会和工业社会的崛起，分别引发了人类历史上两场重大的社会结构转型，其变化之深刻已经印记在各民族的历史进程中。然而，无论农业社会和工业社会带来的转型有多么复杂、多么深刻，但人类的交往方式、经验过程和权力结构都没有发生本质的变化，在场交往和在场经验是贯穿在游牧社会、农业社会乃至工业社会的基本形式，自上而下的控制模式是权力运行的基本结构。而网络社会崛起之后，不仅缺场交往和传递经验的地位迅速提升，而且权力结构的运行模式也发生了崭新变化，自下而上的权力运行结构发挥越来越重要的作用。

交往是社会的展开形式，经验是社会的展开过程，而权力则是社会的支配力量，在社会结构中，这三个方面无疑具有根本地位，而当这些具有根本地位的因素发生变化之后，必将引起社会生活其他因素的广泛而深刻的变化，一个崭新的社会形态必然应运而生。因此，不能低估网络社会崛起之后的社会结构变迁，应当根据马克思的社会形态理论来进一步认识这场变迁的深远意义。事实上，当卡斯特论述网络社会是一种新社会形态时，他确实是承继了马克思的社会形态理论。马克思说："手推磨产生的是封建主的社会，蒸汽磨产生的是工业资本家的社会。"（马克思，2009）在马克思看来，社会形态是经济基础和上层建筑的统一，经济基础在社会形态的变迁中起着基础作用，而经济基础又是生产力和生产关系的统一，其中起根本作用的是生产力，生产力的发展变化是社会形态变迁的根本动力，生产工具则是生产力发展变化的标志或尺度。由此可见，马克思把生产工具或生产技术的变化看作是社会形态变迁的根本标志。

正是沿着马克思的这个基本观点，卡斯特认为，计算机和新通信技术是当代人类社会最先进的生产工具，它们的广泛使用必将引起生产力的变革，并推进生产关系直至上层建筑的变迁，进而实现整个社会结构的变迁，迎来一种崭新的社会形态，他称之为网络社会。如果卡斯特的观点成立，那就意味着网络社会来临将引起人类社会发生整体性变化，从经济基础到上层建筑，社会生活的存在状态、活动方式和运行机制都要发生变迁。迪马乔等早在2001年就曾经指出，"对于社会学家来说，互联网是一个非常重要的研究领域，它可以检验技术传播和媒体影响的理论，尤为重要的是，它是能够有效整合交流方式和交流内容的中介"（DiMaggio等，2001）。在迪马乔等看来，社会学应当克服仅从个体的隐匿行为研究互联网现象的局限，充分重视互联网可以产生强大的政治经济动员效应，在互联网的技术作用、制度结构、组织关系和集体选择等更重要的视角开展社会学研究，这不仅使社会学获得一个面对新社会现象的重要机遇，而且也会使社会学研究展开一种新境界（DiMaggio等，2001）。

在卡斯特等为网络化时代到来引起的深刻变化而欢呼时，也不断有学者向人们发出警告，不要对网络化给社会带来的变化估计过高，应当理性地判断它给社会生活造成的影响。唐魁玉在其题为《网络化的后果》的著作中概括了评价网络化的三种立场：信息决定论背景下的“超限论”，信息技术悲观论背景下的“低限论”，信息技术中庸论背景下的“中限论”（唐魁玉，2011）。唐魁玉在评价这三种立场的基础上提出了网络影响社会生活的“有限论”：“在信息时代网络作为一种新的媒介技术工具或理性，它对处于复杂系统中的社会生活的影响是有一定限度的，而不是随着它的技术的普及与发展无限地影响并可以重构社会生活及其意义的”（唐魁玉，2011）。唐魁玉从技术与人的相互关系、技术进步对社会生活影响的渐进性和曲折性、信息资源的有限性、互联网的虚拟性、网络技术的受控性和发展不平衡性等几个方面论述了他的“有限论”（唐魁玉，2011）。

被称为美国著名媒体人的安德鲁·基恩（Andrew Keen），出版了一部题为《网民的狂欢，关于互联网弊端的反思》的著作，其中以大量事例为根据论述了互联网的负面效应。在基恩看来，Web2.0 技术把大批浮躁、不规范、没有专业素质的网民变成了互联网的操纵者，互联网成了“打字机”，而操纵打字机的就是被基恩称为“猴子”的网民，“猴子”们兴奋、疯狂地敲打着打字机，制造了铺天盖地的垃圾信息，难以抵挡地冲击甚至破坏了人类文化！基恩指出：“很多网民虽然能力平平，却毫不谦虚地生产出不计其数的产品。”（基恩，2010）基恩甚至说：“Web2.0 就像打开的潘多拉的盒子，它让我们的社会产生了频繁接触色情文化的年轻人，从事网络剽窃的盗贼，患有强迫症的网络赌博者以及各种各样痴迷者；它诱使我们将人类本性中最邪恶、最不正常的一面暴露出来，让我们屈从于社会中最具毁灭性的恶习；它腐蚀和破坏整个民族赖以生存的文化和价值观。”（基恩，2010）

虽然唐魁玉和基恩的观点能引起人们对网络化的局限性和弊端的重视，但从他们的论述也能看到一个共同认可的基本事实：网络化不可置疑地推进社会生活发生了重大变迁。当然，变迁并非仅是积极的变化，无论中外历史，但凡重大社会变迁总会有利与不利同在，积极与消极并存，然而运动变化是不可否认的，这也就是马克思及德国古典哲学家们崇尚的历史辩证法。就连强调网络化有限论的唐魁玉也明确地指出：“信息网络及技术的进步与迅猛发展不仅重整了当代社会结构、形塑了人类生活模式，而且也在很大程度上改变了现代学术面貌，特别是对我们思考和体验社会行为以及社会现象的方式产生了很大的影响，以至于我们再也不能在讨论现实社会事件或社会事实时采用单向度的思维，而必须将它们纳入到虚拟实在的问题域中。”（唐魁玉，2011）

应当指出，尽管唐魁玉强调了网络化对社会生活作用的有限性，但他不仅承认了网络化已经引起了社会结构和人类生活方式的深刻变迁，而且还强调了应当在新的思维方式和新的视野中去观察认识网络化引起的各种变迁。基恩对网络社会变迁的完全否定性的指责，就是以唐魁玉所论的那种“单向度的思维方式”观察和评价网络化变迁，在对工业文明的深深留恋中简单地拒斥网络化中的各种新现象或新趋势。如果能够坚持一种动态的发展变化的眼光来观察和评价网络化引起的社会变迁，那就不仅应当承认它的局限性，也应当肯定它引起社会生活的深刻变迁。

网络化给人类社会带来的变迁首先是信息交流、观念沟通和认同评价方面的变化，这些变化主要是精神活动层面的变化，它不像纺织机和蒸汽机发明之后立刻大规模地提高了生产能力和产品产量。因此，人们对网络化引起社会变迁的感受，不像对工业生产推动社会物质财富快速增加的感受那样明显。但无论如何，缺场交往、传递经验和自下而上的信息权力或社会权力，已经不可回避地呈现在社会生活中，并且还常常表现出轰轰烈烈的场面。虽然这些变化不是物质财富或物质关系的变化，而首先是思想观念或价值认同方面的变化，但这些变化也是社会结构重要内容的变化，并且是社会的内在结构或深层结构的变化。因此，这些变化已十分清楚地表明，人类社会确实发生了社会结构的再次转型，确实展现了前人无法预料的崭新形态。

社会形态转变意味着社会学的研究方式也将随之发生变革。以实证方法为代表的社会学研究方式，是社会形态转变的产物，正是工业社会的来临才推动社会学家用新的研究方式替代面向农业社会的研究方式。而网络社会崛起后，工业社会地位下降，顺应网络社会给人类生活带来的复杂变化，社会学也要更新自己的研究方式，以便对这个按传统社会学眼光看来是“虚拟的”、“飘忽不定的”网络社会有一个清醒的认识。正像科罗图（David Croteau）和霍利斯（William Hoynes）指出的那样，互联网等新媒体已经对当代人类社会发生了空前深刻的影响，“从社会学的观点看，新媒体几乎在日常生活的所有方面都扮演了至关重要的角色，并且，新媒体的影响已经超出了我们的认识。新媒体的社会学意义已经扩展到媒体通信领域之外，它已经影响了我们怎样了解我们的世界，影响了人们之间怎样交往互动，简言之，大众媒体已经同社会关系的展开过程紧密联系起来”（Croteau、William Hoynes，2003）。

面对网络社会新现象而转变社会学的研究方式，并不意味着传统社会学的研究方式都已没有意义，因为尽管网络社会将表现出越来越强势的发展，但这不能代替以工农业生产为基础的在场行为和在场社会的存在与发展，人类的日常社会生活永远不能完全脱离具体环境，以身体行动并指向具体目标的在场社会行动必将持续存在下去，所以面对在场社会形成的研究方式在一个较广的层面上仍然可以发挥其重要作用。但是，社会学自诞生以来就一直在追踪社会生活的最新变化，当一个崭新的社会形态已经呈现在社会学面前，社会学应当责无旁贷地对之做出新思考，也一定能够以新的思维方式和新的概念构架而呈现出一个新的面目。对此，吉登斯指出：“互联网在全球的普及给社会学家提出了重大的问题。互联网正在改变日常生活的形态，模糊了全球性和地方性之间的界限，为沟通与互动提供了新的途径，并使越来越多的日常事务可以在网上完成。”因此，互联网为社会学探索社会世界带来了令人振奋的新机遇（吉登斯，2009）。

就中国社会学研究而言，网络社会崛起提出了更加复杂的问题。改革开放以来，中国社会学一直在开展社会转型研究，但过去20多年关于中国社会转型的研究，主要是在传统社会学的概念框架和研究方式中开展的研究，其主要内容是个体身份转变、社会阶层分化、利益格局变动和生活方式变迁等在场社会现象的变化，而网络社会崛起展开的缺场交往、传递经验和网络社会认同等崭新的社会现象，并没有在社会转型研究的视野之内，但这是更加深刻的变化。因为网络社会带来的变化是在新的社会展开形式、存在基础和权力关系中的变化，是用传统概念框架和研究方式难以说明的新现象、新问题。因此，中国社会学更应以新视野和新境界面对在中国迅速崛起的网络社会。

并且，更为重要的是，虽然中国社会的网络化水平未必赶上了西方，但其网络化的速度却远远快于西方。短短几年，网络微博不仅成为3亿多中国人参与的重要社会活动，而且在一些重要社会事件中发挥了十分重要的作用。“网络围观改变中国”，已经不仅仅是一些网民的浪漫口号，而是在社会生活中确实起到真实作用的社会行动。概而言之，中国网络社会快速发展的主要原因大概有三个方面：其一，社会阶层分化和利益格局变迁导致了人们价值观念的分化冲突，越来越多的社会成员需要找到合适途径表达自己对社会分化和利益变迁的价值评价，而网络微博则为人们表达观点、评价现实提供了一个便捷的途径；其二，社会民主化程度的局限和言路表达渠道的狭窄，凸显了网络微博的表达效率和便捷形式，吸引了越来越多的人对网络微博发生参与兴趣，提升了广大社会成员的民主参与意识和民主参与能力；其三，重人际交往和社会关系的中国文化传统，是广大社会成员迅速接受和广泛利用网络微博的文化底蕴，虽然网络微博是缺场交往行为，但这种缺场交往行为如此活跃却直接反映了中国社会成员注重交往、乐于交往的深厚文化传统。

从网络微博在中国社会快速兴起的这些特殊根据可以看出，当中国社会学直面中国快速兴起的网络现象时，将直接面对由网络信息活动而折射出来的社会结构变迁、思想观念变化和传统文化持存等复杂社会矛盾。这些通过缺场交往、传递经验和社会认同表现出来的社会矛盾，在中国社会学面前呈现了新形式，这是一种貌似虚拟但却更加真实的社会矛盾，并且因为其信息传递的本质而突出地表现出其中的心理冲突和观念排斥，亦即具有强烈的评价性、内在性或精神性。考虑到这一点，不禁想起费孝通晚年关于中国社会学的一系列重要论述。费孝通晚年一再向中国社会学界呼吁，不仅要开展科学研究，也要开展价值评价，不仅要研究客观性，也要研究主观性，要研究中国社会的精神世界、内在世界，研究中国社会特有的交往方式、沟通方式，研究中国文化传统对当代中国社会生活的深厚影响（费孝通，2004）。费孝通的这些殷切期望，对于研究中国的网络社会现象具有十分重要的启发意义。

## 第二节　虚拟社会与社会治理

社会治理本质上是社会成员日常生活范式和相互合作模式的建构、维持和不断完善。在互联网大行其道的当下，虚拟社会与社会治理的命题不仅涉及虚拟社会治理这个狭义问题，更触及虚拟社会架构下的社会治理这一宽泛论域；既要探讨当代社会治理的全球特征，又需思考具体社会治理模式的国家特色。

### 一、虚拟社会治理的基本观点及类型学检视

虚拟社会治理的核心是虚拟实践的有序化问题。关于虚拟社会治理的典型模式虽有两分、三分甚至四分法之说，但都是从两种基本管理观衍生而来的：第一种是网络空间（Cybersociety）本位管理观；第二种是网络社会（Network Society）本位管理观。事实上，网络空间本位和网络社会本位不过是虚拟社会治理中居于两极且相互排斥的基本视角，而现实中的各种混合模式则多有其各自的合理蕴涵。

#### （一）网络空间本位的虚拟社会治理观

网络空间本位，是把互联网作为一个相对独立的生活场域，而把虚拟社会治理视为网络行为规则生成和虚拟实践有序化的内在过程。在这一视角看来，网络空间是借助互联网所形成的一个信息沟通平台和相对独立的互动场所，它本质上是一种新的社会关系和社会形态。从这个意义上说，互联网架构了一个承载人类生命内涵的新时空。按照许茨的理解，人的生活世界是具有多种维度的，“只要主体的某一部分经验表现出特定的认知风格，并且就这种风格而言前后一致且彼此相容”，那么它就构成一个“有限意义域”（苏国勋主编，1996）。从网络空间本位看，“在线”是信息时代人类特有的一种生存状态，它打开了一扇门，为人类生活及其相互合作提供了更加丰富和更加多样化的条件与可能。

网络空间本位管理观的基本看法是：虚拟社会治理就是在网络空间内生成虚拟行为规则并以此来保持一种有序的虚拟实践状态。这一理论范式反对国家政府对网络空间的管理，被称为网络无政府主义（Cyberspace Anarchism），其代表人物是电子空间法律研究委员会主席 David R. Johnson 和美国乔治敦大学的 David Post 教授等。他们特别强调网络空间自我发展的有效性、电子空间的独特性，认为现实法律规则缺乏管理电子空间和网络行为的可能性和合法性。

网络空间本位的方法论基础是复杂性科学。Lewis M.D.等学者最早认识到互

联网是一个自组织系统，其构成要素或过程的持续耦合为虚拟实践的有序化提供了基础（Lewis、Granic，1999）。我国有学者提出，“可以认为 Internet 是一个典型的、具体的、开放的复杂巨系统实例”（戴汝为、操龙兵，2003）。在复杂性视角下，以前被认为纷繁无序的互联网现象有了一个科学的定位。的确，如果深入到虚拟实践内部就会发现，网络空间既有混沌的一面，也在掌控之中，其本身就是一个硕大无朋的混序界面。从这个角度看，网络行为结构存在着一系列错综复杂的混序界面并表现为不同的张力作用，而这些张力相互关联和交织，恰好促成了虚拟实践的有序化和不断演化。

作为一个自组织系统，网络空间在经历人与人、人与网以及其他要素之间的交互性、相关性、协同性或默契性的复杂过程后，会形成某种特定的结构和功能。在此过程中，互联网无须外界指令而能自行组织化和有序化，而网络秩序的生成与演化就是这种自组织能力的创造性成果。具体而言，这种自组织能力表现为在大量虚拟实践者合作下出现的网络秩序新要素及其宏观上的新结构。某一类虚拟行为，经过参与者的相互作用以及不断适应和调节，会从无序走向有序并最终涌现出独特的整体行为特征，那便是网络秩序新要素的产生。经验告诉我们，人与网络的结合可以创造出许多不可预知的宏观结构。实际上，即使是虚拟实践者也对“下一步”的行为结果难以预设，因为它往往取决于网络空间的情境变化和互动结果。这说明，虚拟实践的整体效应具有不可表达性，而网络秩序则是要素之间不同的相互影响关系创造出来的。在这个从混沌到有序的复杂过程中，每一个虚拟实践者都存在个人目的，但作为总体的虚拟实践过程并没有接受外部指令，因此“网中人”作为直接的、一般的存在物处于运动状态，而网络秩序的生成与演化却自在地进行着。最终，虚拟实践者就通过自在的随机过程产生了具有不确定色彩的虚拟行为规则和网络秩序。

### （二）网络社会本位的虚拟社会治理观

网络社会本位，将虚拟世界看作是在信息网络技术主导下的一种社会亚形态，而把虚拟社会治理视为对网络行为和虚拟实践的有效规制。在这一视角看来，虚拟社会实际上是信息社会发展到网络化阶段的一种现实性社会结构形式，网络空间不过是现实社会的延伸，而网络秩序则是虚拟实践的精神遗产。对于作为一种社会结构形态的“网络社会”，卡斯特在《网络社会的崛起》中做了较为详尽的论述。他认为，互联网是一个去中心的、在任何节点都可以沟通的信息网络媒介，充分体现了“网络化逻辑”的结构形态，是“网络化逻辑”的缩影。如果以网络社会为本位，则网络秩序不过是社会秩序的一个亚结构，因为网络空间也只是整个网络化社会的一隅。

网络社会本位管理观的基本看法是：网络行为是当代人类实践的前锋形态，它所衍生出来的无序现象不仅可以妨碍虚拟社会实践的正常进行，而且对整个社会生活造成了直接影响，因此“信息高速公路也需要交通管制”。如有学者认为，“第一，网络空间或称‘虚拟实在’（Virtual reality）在其本质上仍然是现实世界（Reality）的虚拟，‘虚拟实在’不是另类社会，不是‘天堂’，而是人类的作品。第二，对网络越轨判定适用的是现实社会中的准则或价值判断”（胡新华、陈晓强，2002）。“事实上，没有哪个国家真正放弃了对网络信息的管理。出于教育引导青少年、阻止恐怖活动、保护国家权益、限制不正当竞争等方面的考虑，从政府部门到单位机构，都从不同的层面管理着网络信息，将对网络的控制与管理视为自己义不容辞的责任和义务”（陈华栋等，2010）。我国在互联网治理上所遵循的原则即“政府主导、多方参与、高度协调、有效反馈”也一定程度上体现了这一视角。

网络空间本位的方法论基础是公共管理理论。事实上，社会秩序的公共产品属性为政府管制提供了前提，网络行为的历史先锋性又赋予了政府无可推卸的责任，这就使政府及其政策供给处在了一个不可取代的优势地位。目前，许多学者已经认识到网络秩序的意义并形成了所谓网络管制论，他们认为互联网自身无法实现秩序，需要政府管制，否则虚拟社会就会处于不确定和不可控状态。

随着互联网的发展，虚拟社会中的诸多问题不断闯入现实生活，一定程度上干扰了正常的社会秩序，因此互联网治理逐渐成为政府管制的重要议题，政府在虚拟社会治理中的作用也得到了愈来愈多的认同。如欧盟表示互联网要有国家和政府的适度干预，英国宣布网络不是法律的真空地带，法国则主张政府要与技术开发商、服务提供商和用户一同共同调控互联网。据有关部门对世界 42 个国家的调查表明，大约 33%的国家正在制定有关互联网的法规；70%的国家在修改原有的法规以适应互联网的发展；有 92%的国家对互联网进行不同程度的审查和监督；有 26%的国家出现对互联网的执法案例。应该说，虚拟社会治理中的政府管制是社会和谐的基本制度安排，它以其维护公共利益的功能优势被人们所期待。

**（三）两种典型模式的相互排斥**

网络管理体制与国家的政治、经济、社会背景关系极大。在两分法框架中，虚拟社会治理的典型模式被归并为彼此排斥的两种类型，即自我管理模式和政府管制模式。

在自我管理模式下，虚拟社会治理是一个自律自理为主、政府规制为辅的过程。有专家认为，“迄今为止互联网运转得相当有秩序，而这一切都是在没有政府的干预下发生的，因此政府对网络首先要学会的就是要有所不为”（曹亦萍，1999）。美国是最早进入信息社会的国家，互联网的普及程度很高。虽然国家一直强调信息政策的重要意义并在一些基础研究上进行投资，但互联网的投资主体始终是私营机构，因此市场是推动虚拟社会发展的第一力量。源于这一市场基础，美国政府在“9·11 事件”之前极力宣扬言论自由并放松对网络行为的管理，逐渐成为虚拟社会治理中自我管理模式的代表。美国的网络建设以分散式管理著称，在实践中形成了一种多元体制结构，缺乏一个权力集中的机构来充分发挥行政中心和协调中心的作用。这种格局的形成，与美国在互联网发展过程中的企业分散投资以及排斥中央集权的管理传统有关。在实际运作中，美国的政策法令及相应的组织工作，分别由总统科学顾问委员会的有关部门、国家科学基金、国家图书馆与情报科学委员会等机构就有关的政策、法规向总统及国会提供咨询意见，然后通过立法机构以法规形式公布于众，再由国家信息服务中心、国防文献中心等官方信息机构以及兰德公司等著名智囊机构组织实施。这种分散式管理以市场需求为导向，使美国信息机构能够及时地根据市场需求进行灵活调整。“9·11事件”之后，美国因国家安全考虑开始加强网络管理并通过《爱国者法》加以明确体现，但总体而言还在坚持“以‘自由’之名，强调自律”的网络管理模式（陈华栋等，2010）。

由于东方国家不同的文化背景和管理传统，更由于东方国家的互联网建设始终是在国家的主持下进行的，因此政府在网络管理中具有“为主”的地位。这样，在东方国家虚拟社会的发展进程中，国家和政府的作用远远超过了市场力量。在这种政府管制模式下，虚拟社会的发展是一个国家管理下的有计划建设过程，它是社会发展的组成部分，而不是在网民的自主、自律之下孕育、成长起来的。比如日本、新加坡、韩国、马来西亚等具有东方传统的国家都制定了各自的行动框架，私营机构只能在框架范围内活动，虚拟社会也是在既定的约束中发展的。其中，日本侧重于强化职能管理部门，建立有效的管理体系，早在1957年就建立了一个庞大的综合性信息中心（日本科学技术信息中心）并具有特殊地位。此后，日本又建立了产、官、学一体化的信息政策咨询研究体系。这种相对集中的管理体制既反映了日本的管理传统，又体现了政府在信息管理和网络建设中的主导作用。

互联网的快速发展似乎使“人类一下子掌握了前所未有的巨大力量，可是不知道这力量该怎样用，交给谁管合适。往右偏一步，很可能出现人类历史上最严酷、最无孔不入的专制，往左偏一步，又有可能出现毁灭人类社会的无政府状态”（王小东，1997）。有人认为国家干预互联网存在所谓“合法性危机”，但无政府主义的自律模式也并无十足的权威性。问题的关键在于，能否在互联网发展中提供一套有效的规范体系，从而使虚拟实践健康有序地持续下去。其实，无论是自我管理模式还是政府管制模式，二者的意义都在于其“理想形态”所标志的典型性。但是，虚拟社会治理的两分法框架不仅在理论上而且在实践中形成了网络自治和政府管制的两极对立和相互排斥，都采取了一种有失偏颇的极端化立场。

**（四）政府定位与混合类型的合理蕴涵**

自我管理模式与政府管制模式的深层问题，是政府在虚拟社会治理中的定位问题。“自从政府出现以来，在任何一个社会共同体中，人们总是首先把共同体的秩序寄托于政府，社会秩序的保障和供给一直是行政管理的基本要义”（张康之，2001）。乌尔里希·贝克（Ulrich Beck）曾提出所谓风险社会概念，认为科学被普遍化的同时也被神秘化了，在技术理性的扩张之下风险生产日益取代财富生产。近年来，有人将风险社会理论运用于网络社会研究，称互联网是一个点击中的风险社会。有研究者指出，“风险社会的根源不能仅仅从网络的发展来理解，但是，网络时代的到来无疑是风险社会的‘催生婆’，从实际的历史进程看，风险社会是网络时代不可避免的历史后果”（庄友则，2004）。怀有此类担忧的人，自然会把目光投向政府，希望国家担负起虚拟社会治理的责任。但是沉浸于虚拟世界的众多网民似乎并不接受这种外在约束，他们通过《网络独立宣言》宣称：网络世界并不处于你们的领地之内。不要把它想成一个公共建设项目，认为你们可以建造它。你们不能！它是一个自然之举，于我们集体的行动中成长。……我们将在网络中创造一种心灵的文明。就这样，无论是在理论上还是在实践中，人们都看到了貌似不能调和的两种主张。

政府在虚拟社会治理中的定位，其实并非只有“管”与“不管”这两种选择，它可以是一个在集中与分散程度上可调节的变量。在这一理念下，根据其政治经济体制以及文化传统，一国的虚拟社会治理模式可以是集中式的如日本、新加坡，也可以是分散式的如美国、加拿大，但更多的可能是混合式的。这样看来，两分法框架中的自我管理模式和政府管制模式都只是“理想型”，实际运行的虚拟社会治理模式并不是非此即彼的，而是要在集中与分散之间选择一个恰如其分的位置，以准确反映政府的定位。

政府定位的可选择性昭示出：各种混合管理模式都有其各自的合理蕴涵。比如英国就采用了充分发挥公益组织参与网络管理的治理模式，其网络管理工作主要由一个名为“网络观察基金会”的半官方组织负责。基金会以鼓励从业者自律为主，制定从业人员行为守则，并规定对其他媒介适用的法律对网络同样适用。有报告显示，英国互联网上源自本土的非法内容明显下降，“网络观察基金会”成效显著（大众网，2007）。近年来，许多发达国家正在试图选择一些更加综合的虚拟社会治理模式。有迹象表明，美国长期以来所实行的运用市场机制来谋求信息服务效益的管理模式也在发生着变化，政府的参与程度不断提高；相反，日本则更加强调政府行为不要扰乱虚拟实践的自我发展。

## 二、虚拟社会架构下的社会治理问题

虚拟社会架构下的社会治理，是指互联网与人类行为耦合之后的现实社会治理，其核心是人类日常生活范式和相互合作模式的与时俱进问题。由于互联网使工具的内在规定性发生了革命性变化，人类生存方式借此由实然存在转型为虚实兼在，这种人网同一的嵌合结构使社会治理的多主体协同方式成为进化的大趋势。

**（一）“工具性依赖”与社会治理的多主体协同趋向**

根据张旅平、赵立玮的研究，虽然自由与秩序的适当平衡是西方社会治理所追求的最高境界，但在“治理失范和失序，建构维续社会稳定与和谐的秩序”问题上采取何种方法，亦即主要靠法治，靠国家、市场和社会的协调互动，还是主要依赖强权的严厉行政手段，却经历了一个并无定论的长期探索过程（张旅平、赵立玮，2012）。那么，在虚拟社会架构下即互联网与人类行为耦合之后，人类的日常生活范式和相互合作模式会出现哪些趋势性的变化呢？这本质上是一个社会治理模式的与时俱进问题。从历史上看，西方国家在逐步转向国家理性和善治的同时，国家权力也在扩张。但在国家权力不得不扩张的条件下，逐渐确立了社会治理领域的三个基本原则：一是尊重法治（不同于法制）；二是政府对社会的管理要理性、适度，懂得常态与非常态管理之别并保护和爱护正当的自发性；三是国家与市民社会尽可能地采取协商、合作的方式互动，也就是法治下的文明互动（张旅平、赵立玮，2012）。我们在解读这一段历史时，常常会将其归结为人类理性进步的文明进化过程，却省略了这其中的“工具性依赖”。历史唯物主义告诉我们，生产方式的物质形式生产力与其社会形式生产关系之间的矛盾运动是社会历史演进的根本动力。在此过程中，生产工具是社会生产力性质的决定性因素，而与生产工具相对应的生活工具则是人类生活方式的决定性因素。这就是说，对于一个具体的社会（社区）而言，其成员的日常生活范式和相互合作模式是依赖于相应的“工具”而得以建构、维持和不断完善的。换言之，社会治理的具体模式在很大程度上要取决于工具的性质。由此可以认为，虚拟社会与社会治理这一命题的关节点就在于：能否以互联网这一巨型工具的内在规定性为基础，成功地构建起与网络文明相适应的社会治理机制，以实现人类社会治理模式的与时俱进。以此来审视社会治理模式创新，自然会发现一种多主体协同的进化趋势。

首先，互联网作为巨型生活工具，使人类工具的内在规定性发生了革命性变化，奠定了多主体协同社会治理模式的技术基础。在人类发展史中，特定社会的日常生活范式和相互合作模式总是与其所使用的工具有关，这种关联现象看起来是人类借助工具凝结成历时性的生存方式，其实是社会以特定工具的内在规定性为基础所取得的管理模式创新。在人类早期阶段，不同地域的人群借助于手工工具从事初级、简陋和彼此孤立的社会实践，那时的工具仅仅是人手的简单延长，因而其社会治理方法是传统且富有价值理性的。工业革命后，人类进入机器时代，越来越庞大、越来越复杂的“机器”工具似乎可以把人类之手延长至无限远，其时的社会治理方式是以主体性和“工具理性”等所谓现代性为内核的。如果说，机器时代的百年统治创造了如马克思所言“比过去一切世代创造的全部生产力还要多，还要大”的历史奇迹，那么网络时代短短几十年就带来了人类日常生活范式和相互合作模式的颠覆性变革。这是因为，互联网巨型工具已不再是人类之手的继续延长，而是人类之脑的扩展和增量。这就意味着，与过去一切世代所创造的全部人类工具相比，互联网的内在规定性发生了革命性的变化。实际上，互联网所提供的最基本的工具就是所谓“在线沟通”，它是人类历史上一次划时代的沟通方式革命。如帕森斯所言，在社会系统分析的范围内，沟通是主要的互动过程。社会由相互沟通的社会成员整合而成，互联网对工具的革命性变化消除了跨时空沟通的“时滞”障碍，使人类由实态生存演进为虚实兼在的实践样态，从而奠定了多主体协同社会治理模式的技术基础。

其次，虚拟社会架构下的人类日常生活及其合作方式呈现出人—机交互性、人—人共生性等非线性特征，形成了多主体协同社会治理模式的社会基础。在互联网出现以前，人类使用特定工具形成不同时代的日常生活范式，但网络工具实现了一种人—机交互的生存方式。这种人—机交互、人—网合一的生存系统具有超强的智能性和智慧性，它超越了人的自然能力的物质基础，具有非线性的思维方式和行为能力，从而使人的“心智”与计算机的“高性能”得到很好的嵌合。这种嵌合不是量的叠加而是质的飞跃，它使人类社会实践不再单向度地在使用工具中完成，而是在人与工具的交互作用中实现。在此基础上，人类的相互合作模式出现了明显的人—人共生特征。在网络时代，人—网合一的嵌合结构使人类的日常生活和相互合作必须要借助互联网这一巨型工具才能实现，于是社会治理的任务也必须以某种共在的多主体方式去完成。

### （二）多主体协同管理的理论源流与核心思想

多主体协同社会治理模式除建立在互联网技术和虚拟实践等现实基础外，还有其多方面的理论源流，主要包括协同论等复杂性理论、网络组织理论、网络治理理论等。其中，协同论研究在一定外部条件下，不同性质的大量子系统之间如何通过非线性相互作用产生协同效应，从无序走向有序的机理和共同规律，它用“序参量”来度量一个系统的有序程度，序参量的突变意味着宏观结构的出现。协同论等复杂性理论揭示出，大系统在自组织演化过程中存在着多个序参量，它们之间的竞争与合作会使其中某一个或若干个序参量取得主导地位。这种合作与竞争关系决定着系统从无序走向有序的演化过程，因为序参量的合作会形成一种宏观结构，而序参量的竞争将导致一个模式的存在。网络组织理论研究网络化组织的外部形态和内部关系，认为网络化组织运转的根本动力是各组织间的合作与竞争，组织之间的协调主要是一种过程而不是结果。这种过程表现为，组织之间的合作与竞争形成了网络化系统发展的内在动力即所谓涨落，同时网络化系统的演化也是与环境共生的，因此网络化组织的模式必须与环境特征相匹配（洪军，2005）。网络治理理论研究如何在多主体之间实现良性互动和互利互补的合作，认为“网络是一个有着共同价值诉求的自组织系统，它不同于市场中自愿的个体行为，又不同于科层的命令服从体系”，其治理机制“在于信任机制和协调机制的培育，信任机制是网络的运作基础，其地位类似于市场的价格机制或科层的权威机制，而信任机制的落实，又需要回到协调机制的构建上，只有在价值协同、信息共享以及诱导与动员等方面建立起良好协调机制的基础上，才能真正地培育起成员间的信任关系以及成员与集体之间的信任关系，最终实现互利互惠的合作”（鄞益奋，2007）。不难看出，上述诸理论殊流同源，似乎都与20世纪中后叶兴起并被认为将引领21世纪的所谓复杂性科学有关，而且这些理论之间也是互相交融、共生兼在的。

其实，多主体参与以及协同发展并不是近年来才出现的管理理念，而是人类多少年以来一直存在的社会生活理想，只不过由于技术发展不足而引致的手工工具逻辑乃至机器工具逻辑还不能支撑这样的管理模式。进入网络时代，世界各国的社会治理都在逐渐树立起一种“多方参与、共同治理”的新理念。1980年，约瑟夫·毕塞特在《协商民主：共和政府的多数原则》中将协商（Deliberative/Delibera-Tiver）概念学术化，用以强调公共协商中公众参与的本质特征。由于协商的基本含义是审议、聚集或组织起来进行辩论以及慎重的讨论商议，包括参与主体的平等地位、自由开放的讨论、理性思考、协商共识等多层内涵，因此多年来一直是学术界的热门话题。应该说，“多方参与、共同治理”理念在网络时代再次兴起是一种历史的必然。如果说工业革命以前公共协商等民主理念因种种历史条件的限制还仅仅是一种理想形态，那么信息技术则为“多方参与、共同治理”提供了一个用以实践的历史契机，因为它符合公共协商民主存在和社会治理发展的双重要求。所谓多主体协同社会治理模式，就是一种由社会个体、社会群体、企业组织、政府部门通过多元协商建立协同关系，共同建构、维持和不断完善社会生活范式和互动合作框架的实践范式。其核心思想是：

第一，社会治理是由社会个体、社会群体、企业组织、政府部门共同参与完成的。社会治理关乎“我们”的社会生活范式和互动合作框架，而这个“我们”包括所有相关者即全体社会个体、社会群体、企业员工以及政府管理者。应该看到，互联网虽放大了社会的自组织功能，但社会治理并不是由无数个社会个体“自动”完成的；同样，社会实践尤其是虚拟实践当然需要规范和约制，但社会治理的最终完成还是要靠全体社会成员在日常生活和互动合作中得以实现的。因此综合而言，社会治理是社会个体、社会群体、企业组织、政府部门共同参与、协同完成的，它要求其中的各个主体以平等的地位共存和互动。也就是说，任何主体都不能有先验的价值霸权，每一个主体都只能在与其他主体协同发展的过程中去显现自我成长的价值合理性。

第二，社会治理相关者之间是一种多主体协作关系。以互联网为平台，社会个体、社会群体、企业组织、政府部门这些社会构成要素之间形成了一种协同—

致的关系结构。具体地说，它是社会个体之间、社会群体之间以及个体、群体与管理者之间建立起来的正式或非正式的互动关系模式。事实上，这种关系结构是一个以共同建构、维持和不断完善社会生活范式和互动合作框架为功能的多主体协作系统，是社会治理目标赖以实现的组织基础。

第三，社会治理是可选择的人类实践范式。在虚拟社会架构下，社会治理是在全球化语境和特定社会氛围中运行的，既带有全球化的时代印记又具有特定社会的国情特点。但对于一国一地具体的社会治理而言，其建构、维持和不断完善过程往往是一个伴有管理行为的动态过程，既隐含着“网络逻辑”的必然性，又呈现出具体管理模式的可选择性。

### （三）多主体协同社会治理模式的治理结构

在多主体协同社会治理模式下，社会治理不仅限于政府的管理职能，还包括其他主体以及社会自身的管理，它应该是多元主体以多样化形式进行的社会协调活动和社会秩序化过程。就本质而言，多主体协同管理也就是政府协同管理，是一种与政府管制不同的由共同目标支持的管理活动，既包括政府机制，也包括非正式的、非政府的机制。这意味着，在社会治理领域中政府独一无二的管理主体地位将受到挑战，私营部门、第三部门尤其是社会公众个人获得了参与政府治理的权利与机会，他们可以进入到公共政策制定与执行的全过程。社会治理说到底是对人的管理和服务。而社会治理的多主体协同模式，就是政府部门为了进一步实现和增进公共利益，在实行社会治理和提供社会服务过程中与其他社会主体建立起来的相互协调和合作的关系结构。这种社会治理的多主体协同模式，是政府和其他社会主体间的一种新型组织运作形式。它能够在相互作用中产生协同效应，因而比现行的科层体制具有更大优势。

这种社会治理的多主体协同模式，将实现从国家本位到社会本位的根本性转型。一方面，政府职能要在管制与自治之间找到恰如其分的定位，形成一个承认、保护和促进自主性社会的大环境；另一方面，社会公众、社会组织自身也要有一个相对完善的发展，达到能够自律、接受他律、勇于互律的高境界。因此，一个完整的多主体协同社会治理结构，是由以下三个机制的建立及其相互耦合而成的：

其一，自律机制。这是社会治理过程中各社会主体自身的自主管理功能。现代科学证明，多主体协同网络不同于科层结构，它是具有自我组织功能的。在发达国家，行业自律组织、社会中介组织、社区乃至其他形形色色的社会组织都承担着数量可观的社会治理职能。虽然多主体协同网络中也会出现引导行为，但它是基于共同准则的相互性逻辑，而不是正式的权威关系。在一定意义上说，社会治理的多主体协同模式的一个精彩之处就在于运用了社会组织的自组织能力和社会力量的自主管理功能。

其二，他律机制。这是社会治理过程中政府功能的有效发挥，此处的“他律”是相对于社会“自律”而言的政府作用。加强和创新社会治理的根本目的是维护社会秩序、促进社会和谐、保障人民安居乐业，为经济社会发展营造良好环境。社会秩序的保障和供给一直是行政管理的基本要义，所谓有效社会治理本质上应是一种“政府的社会治理”。因此在多主体协同社会治理结构中，“他律”既是政府的应尽职责，也是事关社会公正、社会和谐的基本制度安排。

其三，互律机制。这是社会治理过程中各社会主体之间的相互监督和相互制约关系。我国“党委领导、政府负责、社会协同、公众参与”的社会治理格局，其实就是对这类相互作用关系的一种宏观描述。互律机制的建立，可以满足各类社会主体对平等性和包容性的诉求，为社会治理过程中的多元化主体创造一个理性协商、规范参与的活动场域。毫无疑问，多元化、个性化参与和理性化、规范化参与的有机结合，会从根本上确立多主体协同社会治理结构的合法性。

## 三、当代社会治理的国家特色与世界共享

各种特色性社会治理模式既要不断进化又要多元共享。为了实现某种能够契合于网络时代的自由与秩序新平衡，每个国家的社会治理创新都要经历其复杂的历史性选择过程。在网络化时代的今天，中国的社会治理模式不仅要具备世界特征，还要具备国家特色，但怎样获得这两种禀赋则是一个重大的理论与实践问题。

### （一）“工具性依赖”下社会实践方式的两条进路

在人类进化过程中，由生产力性质所决定的“工具”与人类实践方式之间呈现出特定的对应关系，其交互演进呈现出两条进路：一是由工具的代际进化而导致的“脱域”过程；二是由工具的地方性运用所决定的多样态特征。一般而言，这两个过程应该是同时进行同时显现的。但是在不同的历史阶段如互联网时代，其中的某一过程会因表现得更加外在而格外引人注目，甚至会掩盖另一个重要过程的存在。

#### 1. 工具的代际进化与实践方式的持续“脱域”

吉登斯曾经用“脱域”来描述近代以来的发展过程：“社会关系从彼此地域性关联中，从通过对不确定的时间的无限穿越而被重构的关联中‘脱离出来’，由脱域唤起的图像能够更好地抓住时间和空间的转换组合，这种组合一般而言对社会变迁，特殊地说对现代性的性质，都是特别重要的。”（吉登斯，2002）事实上，吉登斯所言的“脱域”现象在人类社会中一直存在着，它是依赖于“工具脱域”而得以实现的，并且表现为社会实践方式的一条显在的进路。

所谓“工具脱域”，就是新一代工具不断打破旧工具的时空限制，未来的工具总是以进一步脱域为发展方向。在一定意义上说，这应该是人类社会发展的一个主旋律。李伯聪有个很有启发的分析，他认为古希腊神话中有“一个天才的猜

测”，就是把人认定为“是工具的使用者”。这是因为，人是带着普罗米修斯所“偷”来的火和制造技术来到世上的，所以天神才是工具和技术的创造者。马克思主义哲学把制造工具和使用工具看作人的最基本的本性，由此可以推论，工具的发展水平是劳动水平和发展阶段的最直接、最突出的表现和标志，于是工具的形态也就成为了表现和标志人类历史发展阶段的最直接、最无可辩驳的证据。也就是说，“工具进化史是人性和人类社会进化史的直接体现和深层基础”（李伯聪，2003）。以此为基础，李教授将工具进化史划分为三个阶段：“人的生产能力只是在狭窄的范围内和孤立的地点上发展着”的手工工具时代；“资产阶级在它的不到 100 年的统治中所创造的生产力比过去一切世代创造的全部生产力还要多，还要大”的机器时代；实现“共同的社会生产能力基础上的自由个性”的社会基础设施时代（李伯聪，2003）。那么，在社会发展第三阶段出现的“生产工具系统”会是一种什么样的工具呢？按照李教授的分析，马克思所言“共同的社会生产能力成为他们的社会财富”就是对这一工具系统的天才预言和“经济学性质”的界定，它是对“机器”的一种“超越”。我们似乎有理由肯定现在的互联网就是马克思所说的那种“共同的社会生产能力”的“萌芽”（李伯聪，2003）。

显然，李伯聪所描述的就是人类历史上持续进行着的“工具脱域”过程。依赖于这种工具的代际进化，人类日常生活范式和相互合作模式也在进行着不断的创新和完善，它表现为社会实践方式以不断突破原有时空限制为趋向的历时性进化。

2. 工具的地方性运用与实践方式的多样态进化

与社会实践方式“脱域”的显性过程相比，由工具的地方性运用所决定的日常生活范式和相互合作模式的多样性，则是人类进化过程中一个被忽视的重要特征。在人类的早期阶段，“工具的地方性运用”似乎是一个不需证明的常识。最主要的原因就是在这个阶段中，人只创造出和拥有手工工具，并且这些手工工具由于其初级性、简陋性和孤立性的特点都是地方化的，因此所有的工具都只能在某些特定的地方和区域被运用。与此相对应，人类早期阶段的生活范式和合作模式也是孤立性的和地方化的，其宏观形态自然是多样性的。

当工具进化到机器时代后，人类通过一系列“脱域”过程摆脱了使用手工工具的孤立生产，实现了与以往小生产不同的大生产。此时，人们开始产生了一个“普世性神话”：好像自然科学可以完全取代经验成规，似乎机器体系可以彻底消除工具的地方性运用。反映在文化上，就是普遍主义和绝对主义盛行，贬斥所有的地方、民族性社会实践方式。吴彤认为，“看似普遍性的东西实际上是一种地方性知识经过标准化过程导致的表面的普遍性”（吴彤，2007）。从这个意义上说，即使是决定大工业生产的自然科学及其核心工具机器体系也存在一个“工具的地方性运用”问题，与之对应的社会实践方式也应该是异型多样的。

不仅如此，其实人类生活范式和相互合作模式在相当程度上依赖于“体验”，而体验则是个性化和地方化的。从工具的角度看，任何通用工具都只是一个为人们提供创造性体验的标准化平台，它允许人们在体尝过程中经验性地获得个性化知识。从实践生成的角度看，以往人们更偏重于大工业生产和大机器体系的技术理性维度而忽视了其技术体验维度，从而忘记了工具的使用者正是通过创造性体验生成着地方化的个性化实践方式。

还有，惯习和路径依赖对于理解实践方式多样性也甚为关键。一种工具行为若能成功地应付反复出现的某种环境，就可能被人类理性固定下来成为惯习。这些惯习虽然是个性化的，却可以通过相互影响而成为地方性知识，进而演化为固有的多样性实践方式。这些固有的多样性实践方式，一方面要通过技术社会化去影响工具的运用过程，另一方面又会构成未来发展中对自身元素的“路径依赖”(Path Dependence)。

那么在互联网出现以后，人类已经整体性地被网络所笼罩，社会也已经依托在这个硕大无朋的人造神经系统之上，人们还能对其进行地方性运用吗？其实，即便是像互联网这类全球共享的巨型工具，也具有在应用上的地方性和民族性特征。实际上，互联网原本就是人类生存或生活的工具。作为工具，它一方面是人类自然身体的延长，另一方面是以其自身的被使用为存在前提的。从生存论的视角看，“在线”在赋予互联网生命意义的同时，其自身也成为了信息时代人类特有的一种生存状态。但需要特别提及的是，这里有一个被人们忽略的事实：与互联网相结合的“人”并不是作为“类”而存在的，他们是一个个具体的人，而这些具体的人又是分“群”居之的。由此，我们才看到实际运行的互联网大多是局域性的，网民所聚集的虚拟群体也往往具有地方、民族色彩。可见，虚拟社会架构并没有消除社会实践方式多样态的进化路径。

**（二）虚拟社会架构的组织单元与社会治理的国家特色**

在网络世界中，实践活动是在“群”组织模式下进行的。这些富集了地方、民族元素的虚拟实践群，形成了虚拟社会架构的组织单元。以此为基础，社会生活范式、人类合作模式以及社会治理活动都带有了区域性色彩和国家特色。

*1. 虚拟社会架构的组织单元：“群”*

互联网工具的地方性运用不是一个抽象概念，更主要是一种实践形式，这就是我们常说的“在线”(On Line)。马克思主义把人定义为手持工具进行劳动的劳动者，并认为人在改造世界的同时，也在改造着人自身。互联网工具的地方性运用就是人们通过虚拟实践来建造自己的数字化家园并且进行自我再造的过程。但是，这个过程不是抽象的“网”与“人”的简单叠加，而是要机制性地形成和依托某些组织单元，其中最基本的组织形态则是一种被称为“群”的虚拟社团。

人们常说“物以类聚，人以群分”，这种现象在虚拟社会架构下将会成为常态，甚至是虚拟实践的标准模式。谁都承认，互联网是一个承载虚拟空间的“无缝之网”，而在线生存则面临着“知识爆炸”等信息风险。但在实际生活中，迷失于网络的人并不比迷失于现实的人多，原因就在于人们并不是在茫茫虚拟世界巡游，而是像在现实中一样找到了自己的“群”，并且把它作为皈依的家园。

事实上，虚拟实践正是在“群”组织模式下进行的。所谓“群”组织模式其实是一个非常宽泛的概念，不同类型的在线者可以根据不同的性格、需求和行为偏好加入或创建属于自己的“群”，每一个群又都是一个相对独立的在线生活社区。目前常见的QQ群、游戏群、新闻组、社区等，都是群组织模式的具体化。在这个意义上说，互联网不过是一个面向全球大众的巨型工具，而对于互联网工具的具体运用其实是小众化的。

2. 虚拟社会架构下社会治理模式的国家特色

从工具的角度看，互联网其实是一个高技术符号交换系统，它提供的基本功能就是所谓“在线沟通”。由于社会由相互沟通的社会成员整合而成，因此互联网这一巨型沟通工具就成了推动人类生活进步的革命性杠杆。人们利用这一巨型沟通工具，可以有选择地进行一对多、多对多、多对一的互动，从而实现了点对面的沟通。更为重要的是，借助于互联网工具的地方性运用，人们营造了一个个以符号传递为实践方式的时空情境，那就是“群”。

那么，本来是覆盖全球的巨型沟通工具，为什么要打上“地方”的印记呢？这与互联网的局域性使用有关，反映了工具发展的一条暗线。在人类脱离了手工工具时代后，就开始并越来越多地生产出可以跨地域使用的工具，如机器、科学仪器等。但其具体运用时，正如海德格尔所言仍要建立在地方性实践及工具的地方性运用基础上，它是以同类工具分立于不同地域的方式实现的。到了以互联网为代表的全球工具时代，工具的地方性运用不再以同类工具分立于不同地域的方式进行，而是以同一工具的局域性使用为基本模式。互联网作为一个高技术符号交换系统，相对于人类整体而言它是覆盖全球的，但就其具体应用而言它却是附着于地方的。因此，实际用于人类虚拟实践的网络大都是与地方、单位这类实体行政组织相耦合的局域网及其基本组织单元“群”。至于全球互联网，其工具性意义就在于能够通过群群互动和网际交流实现一种可及世界范围的可能性空间。

与此相联系，民族元素也是群内富集的，这与虚拟实践所固有的虚实共生性有关，反映了互联网工具对共享符号系统的依赖。现实中的社会实践发生在社会主体之间，他们是被社会化了的自然人；虚拟实践发生在网络主体之间，他们不是现实的“自在之物”，而是现实与虚拟共生的在线者。虚拟实践是交互性的，而意义交换的前提是交换双方存在着共享的符号系统。显然，这样的共享符号系统都具有强烈的民族属性，无论是英美文化还是中华文化都是典型的民族性共享符号系统。在这个意义上说，网络主体的虚拟性是源于社会主体之实的，它是社会主体在网络生活中的特殊表现形式。换言之，网络主体的在线形象虽然是符号化的，但却是自然人和虚拟人的统一体，这种虚实共生性必然要依赖一个特定的共享符号系统才能实现互通互联，从而使民族元素得以在互联网中实现群内富集。

综合来看，在一个具体的虚拟实践群内，无论是地方元素还是民族元素一般都是富集的。以此为基础，就形成了虚拟社会架构下当代社会治理模式的国家特色。就本质而言，人们的日常生活范式和相互合作模式并不是一种既成的、在任何时空场合都能拥有并且有效的社会结构，它应该是人类实践过程的历时性积淀。因此微观地看，互联网工具的地方性运用所依托的虚拟实践群，仅仅是一系列富集着某些特定地方、民族元素的组织单元；但就宏观而言，在这样的虚拟社会架构下，终将会建立起相应的特色实践方式，进而形成社会治理模式的国家特色。

**（三）社会治理模式的多样态进化与世界共享**

在富集着某些特定地方、民族元素的虚拟社会架构下，社会治理模式具有国家特色，因而在总体上呈现出多样态进化的特点以及鲜明的社会选择性。这些多样态的特色性社会治理模式，不仅要通过群内竞争和群间竞争实现自身的不断进化，而且还将在世界范围内实现多样化共享。

1. 社会治理模式的多样态进化

在人类漫长的演化过程中，无论是工具的进化还是实践方式的发展都符合以选择为中心，由简单到复杂、由低级到高级、由种类较少到种类繁多的社会进化规律。具体到互联网工具得以普遍运用的当今时代，那些富集了国家、民族元素的多样态社会治理模式，则存在着以下四个进化特征：

第一，社会治理模式具有多样态的国家特色。互联网是全球性通用工具，它在同一个时点上为不同的虚拟实践群所提供的工具性功能相差并不多，但群的组成、群的目标以及群内成员所在地的社会治理模式却是千差万别的。这样，虚拟社会架构下的社会治理模式一方面在共时性上表现出多样态的国家、民族特色，另一方面在其历时性进化过程中又会表现出某些可持续的差异性。

第二，社会治理模式具有社会选择性。社会治理模式是被建构的，因此它具有社会选择性。一般而言，哪种进化策略最终被选择取决于该策略本身的价值取向及其合目的性。如果说生物进化的自然选择体现了“物竞天择、适者生存”，那么社会治理模式的进化策略则更多地体现在社会价值观、公民偏好、政府意志等社会方面，其演化过程也往往伴随着知识、语言、情感、政治等社会性因素。

第三，特色性社会治理模式的进化存在着群内竞争。一个特色性社会治理模式的进化可以细分为群内进化和群间进化这两个过程。群内进化，是在异质社会治理模式入侵或者生存环境发生不利变化时，社会治理模式各构成要素之间为了生存和继续进化而展开的群内竞争。由于群内竞争是在同一个共享符号系统内发生的，因此突出地表现为同质性话语的相互竞争与进化过程。

第四，特色性社会治理模式还要在群间竞争中实现自身的不断进化。群间进化，是“群”与“群”之间存在的不同社会治理模式之间的相互竞争与进化过程。任何特色性社会治理模式都拥有一些只属于己群的元素，它们可能形成一个系统并存在固有的秩序。但放眼互联网世界，不仅存在着多个符号系统而且是多个符号系统混用的。这样，一个特色性社会治理模式的进化就必然在与其他社会治理模式的竞争中才能实现。

2. 多样化社会治理模式的世界共享

所谓多样化社会治理模式的世界共享，是指社会治理模式在世界范围内表现为多样性与同一性的统一体。一方面，任何特色性社会治理模式的内部元素都是百花齐放和互为补充的；另一方面，各种特色性社会治理模式又是共生共存和相互助益的。这实际上是一种理想化的社会实践生态，它首先表现为各种社会生活范式、人类合作模式以及社会治理活动和谐共生的一种应然状态，反映了各国各地区发展特色性社会治理模式的内在要求，也符合社会生活范式、人类合作模式以及社会治理活动生成与进化的内在规律。

多样化社会治理模式的世界共享，也是各种特色性社会生活范式、人类合作模式以及社会治理活动彼此分享的一种关系结构。依托于互联网这一全球通用的巨型工具，各种特色性社会生活范式、人类合作模式以及社会治理活动不仅能够分立存在，而且可以互相连通并形成一定的关系结构。在世界大家庭中，有些社会治理元素可以通约并转化为跨越国界的全球化内容，但更多的元素则因不可通约而只能彼此相望。此时，需要建立起能够使多样化社会治理模式彼此分享的关系结构。在这样的关系结构中，各种特色性社会治理模式能够以相互理解为基础，在平等交流中实现相互欣赏和彼此分享的发展目标。

多样化社会治理模式的世界共享，还应该是各种特色性社会生活范式、人类合作模式以及社会治理活动相互交流的一种国际秩序。青木保认为，“如果在全球化过程中还有可能存在和谐世界的话，那它必定是建立在对‘多文化世界’的认识之上的”。通过这类国际秩序，各种特色性社会生活范式、人类合作模式以及社会治理活动可以在相互交流中产生共同的跨地域甚至普世性社会治理元素，也可以在平等、公正的基础上参与竞争进而确立某种社会治理元素的标准化地位。最为重要的是，这不是强权政治的独角戏而是多样化社会治理模式的共同进化。

**（四）虚拟社会与我国社会治理创新问题**

在互联网时代的今天，一国的社会治理模式不仅要具备世界特征，还要具备国家特色，但怎样获得这两种禀赋则需经历一个相当复杂的社会过程。因此，如何实现自由与秩序在虚拟社会架构下的新平衡，是我国目前进行的社会治理创新所面临的历史性选择。

1. 社会治理创新是当代中国面临的历史性选择

“社会治理”（Social Administration）其实是一个较复杂的概念，它与各国的政治体制、文化传统以及经济社会发展状况紧密相关，因而带有鲜明的国情特点。比如，美国的社会治理模式行政干预较少，而德国的社会治理模式行政色彩较浓。但无论怎样，社会治理都是人类社会必不可少的一项管理活动，其基本任务是协调社会关系、规范社会行为、解决社会问题、化解社会矛盾、促进社会公正、应对社会风险、保持社会稳定。新中国成立后，我国形成了一套与曾经的计划经济体制相适应的、以“单位”为依托的管理体制，其基本特点是高度集权的政府一元化管理，即所谓管制型社会治理模式。在虚拟社会嵌入现实生活的新形势下，这种模式的单向性及其理念的不足日趋显现，妨碍了社会治理的视野和效力。进入 21 世纪，我国的社会治理方式开始步入法治化的轨道，日益摆脱原来自上而下的单一管理模式并逐渐树立起一些与时俱进的新理念。在此过程中，虚拟社会架构为“多方参与、共同治理”提供了一个用以实践的历史契机，而如何在网络化时代实现自由与秩序的适当平衡则是我国社会治理创新所面临的历史性选择。

无论当代中国社会治理模式的具体内容为何，我们在进行理论研讨和实践探索的历史选择过程中，都需要某种民族自觉。应该认识到，美国文化霸权等网络殖民现象仅仅是互联网中的一个结果而非唯一可能。互联网工具自由、平等、交互的技术特点与在线实践的主体能动性相结合，也可能为消解域外文化冲击、提升域内文化认同提供强有力的工具平台。因此，在我国社会治理创新中应避免目前或多或少存在的三种心态：其一，是重工具建设轻功能发挥的心理偏好。工具革命是第一推动力，但互联网的真正价值更在于其功能发挥。如果重工具建设轻功能发挥的心理偏好不尽快改变，不仅硬件设施得不到很好的利用，还可能会影响到我国社会治理创新的基本走向。其二，是自大与自卑的两极化倾向。在社会治理创新过程中，有些人对中国元素的认同感严重缺乏，而另一些人对中国元素的认同感又病态地膨胀，这两种极端的态度都是危险的，因为二者都缺少对中国特色社会治理模式的理性判断。其三，是对大众文化和草根行为的排斥心理。应该认识到，虚拟实践主要不是精英者的实践，而是网民的大众实践，虚拟社会架构下的日常生活范式更是一种为社会大众所接受和践行的行为模式。因此，当代中国的社会治理创新必须要很好地解决民族文化、国家行为与大众文化、草根行为的良性互动问题。

2. 我国社会治理模式的世界特征与国家特色

就基本特征而言，当代中国的社会治理模式应该兼具世界特征和国家特色这两种禀赋，但怎样获得这两种禀赋则是一个相当复杂的问题。由于互联网在一定意义上实现了“地球村”的预言，因此激发了一些人对未来生活范式、合作模式的延伸式猜想，其中居主流地位的是以全球化、普世性等核心概念为基础的普遍主义主张。普遍主义相信人类社会存在着共同的结构和普遍的规律，这实际上也符合前述的由工具代际进化而导致的脱域趋向。问题在于互联网出现以后，工具进化达到了近乎极致的全球工具时代，进而使普遍主义在一段时间内获得了几乎唯一的合法化地位，也使得全球化、西方化、普世文化获得了某种意识形态霸权。随着互联网在后发国家的快速发展，走至极盛的普遍主义招致了多方面的反思和批判，如亨廷顿的“多元文化主义悖论”、吉尔兹的特殊主义，以及强调多元生活方式的价值、寻求理解与和谐共处的文化相对主义等。

国内学者一般都坚持东方文化与西方文化的平等性，有些人甚至坚信东方文化的复兴，但面对扑面而来的海量信息以及西味正浓的虚拟实践，尚不能令人信服地说明我国社会治理模式的国家与民族特色等基本问题。值得注意的是，对于社会治理创新这一重大理论与实践问题，一些过于简单、机械的回答如“中国特色社会治理模式就是中国传统文化与现代管理相结合”是极其危险的。对于这样一件需要大智慧并且仁者见仁、智者见智的事情，有必要进行多角度、多层次的深入解读。

首先，当代中国的社会治理模式应该是中国民众通过不同层面的社会实践所形成的，与网络时代相契合的日常生活范式和相互合作模式。虚拟社会架构下的社会实践就是运用网络工具去创造、去设想、去体尝那些不同于以往现实社会的个人和生活体验。在此过程中，中国民众的个人实践、互动实践、集体实践以及政府意志的导入都有其各自的社会治理价值，并最终汇聚和升华为中国网民共同拥有的日常生活范式和相互合作模式。

其次，当代中国的社会治理模式应该是中华民族特有的原生态智慧在网络时代的延伸、转型和发展。在由传统文明、工业文明向网络文明的创新性演进过程中，延伸保持了中国元素的原生态蕴涵；转型赋予了中国元素的虚拟化形态；发展则是中国元素在网络时代的再造和创新，也是中国特色社会治理模式得以确立和具有生命力的根本所在。

最后，当代中国的社会治理模式应该是多元社会治理世界中能够与“他者”平等对话的“我者”。我国的社会治理创新成果作为客观性知识之一，应能够与其他社会治理模式相互理解、相互欣赏和相互交流，其中的可通约元素还可以逐渐演化为广域社会治理元素。从总体上说，在全球社会治理生态中，中国特色社会治理模式将会与“他者”共生共存。

**参考文献**

安德鲁·基恩：《网民的狂欢，关于互联网弊端的反思》，丁德良译，南海出版公司，2010年。

安东尼·吉登斯：《现代性的后果》，田禾译，译林出版社，2002 年。

蔡文之：《网络：21 世纪的权力与挑战》，上海人民出版社，2007 年。

曹亦萍：《有所为有所不为——关于政府与互联网关系的思考》，《互联网世界》，1999 年第 1 期。

陈华栋、于朝阳、胡薇薇：《国内外网络文化建设管理模式比较分析与借鉴思考》，《思想理论教育》，2010 年第 17 期。

陈季冰：《解读“占领华尔街”运动》，www.chinaelections.org，2011 年。

大众网：《英国严格网络管理重点保护青少年取得成效》，http：//www.dzwww.com/xinwen/xinwenzhuanti/070424djsqwz/tszs/200704/t20070425_2125481.htm，2007 年。

戴汝为、操龙兵：《Internet——一个开放的复杂巨系统》，《中国科学（E 辑）》，2003 年第 4 期。

段永朝：《互联网：碎片化生存》，中信出版社，2009 年。

费孝通：《试探扩展社会学的传统界限》，景天魁主编《中国社会学年鉴 1999~2002》，社会科学文献出版社，2004 年。

福山：《大分裂，人类社会本性与社会秩序的重建》，刘榜离等译，中国社会科学出版社，2002 年。

洪军：《网络组织动态博弈分析》，东南大学博士学位论文，2005 年。

胡新华、陈晓强：《大学生网民群体的越轨及其社会控制》，《中国青年政治学院学报》，2002 年第 9 期。

胡泳：《众声喧哗，网络化时代的个人表达与公共讨论》，广西师范大学出版社，2008 年。

吉登斯：《现代性与自我认同》，赵旭东、方文译，三联书店，1998 年。

吉登斯：《现代性的后果》，田禾译，译林出版社，2000 年。

吉登斯：《社会学》（第五版），李康译，北京大学出版社，2009 年。

卡斯特：《认同的力量》，曹荣湘译，社会科学文献出版社，2006 年。

卡斯特：《网络社会的崛起》，曹荣湘译，北京：社会科学文献出版社，2006 年。

卡·马克思：《关于费尔巴哈的提纲》，《马克思恩格斯文集》第一卷，中共中央马克思、恩格斯、列宁、斯大林著作编译局编译，人民出版社，2009 年。

卡·马克思：《哲学的贫困》，《马克思恩格斯文集》第一卷，中共中央马克思、恩格斯、列宁、斯大林著作编译局编译，人民出版社，2009 年。

李伯聪：《社会形态的三阶段和工具发展的三阶段》，《哲学研究》第 11 期。

尼古拉斯·卡尔：《浅薄——互联网如何毒化了我们的大脑》，刘纯毅译，中信出版社，2010 年

尼古拉斯·卡尔：《浅薄，互联网如何毒化了我们的大脑》，刘纯毅译，中信出版社，2010 年。

青木保：《异文化理解》，于立杰、陈潇潇、吴婧译，中国青年出版社，2008 年。

清雨：《Royal Pingdom 报告摘要》，http：//tech.qq.com/a/20110113/000444.htm，2011 年。

苏国勋主编：《当代西方著名哲学家评传（第十卷·社会哲学）》，山东人民出版社，1996 年。

唐魁玉：《网络化的后果——日常生活与生产实践的变迁》，社会科学文献出版社，2011 年。

涂尔干：《社会分工论》，渠东译，三联书店，2000 年。

涂尔干：《社会学与哲学》，梁栋译，渠东校，上海人民出版社，2002 年。

王小东：《信息时代的世界地图》，中国人民大学出版社，1997 年。

吴彤：《两种地方性知识》，《自然辩证法研究》，2007 年第 11 期。

鄞益奋：《网络治理：公共管理的新框架》，《公共管理学报》，2007 年第 1期。

张康之：《论政府的社会秩序供给》，《东南学术》，2001 年第 6 期。

张旅平、赵立玮：《自由与秩序：西方公民社会思想的演进》，《社会学研究》，2012 年第 3 期。

赵水中：《世界各国互联网管理一览》，《中国电子与网络出版》，2002 年第10 期。

庄友则：《网络时代与风险社会》，《淮阴师范学院学报》，2004 年第 4 期。

Bargh, John A. & Katelyn Y. A. McKenna, "The Internet and Social Life." Annual. Review of Psychology 55, 2004.

Bennett, W. Lance, "New Media Power: The Internet and Global Activism." In Nick Couldry & James Curran, (eds.), Contesting Media Power: Alternative Media in a Networked World. Oxford: Rowman and Littlefield, 2003.

DiMaggio, Paul, Eszter Hargittai, W. Russell Neuman & John P. Robinso, "Social Implications of the Internet." Annual Review of Sociology 27, 2001.

Lewis, M. D. & I. Granic, "Who Put the Self in Self-organization? A Clarification of Terms and Concepts for Developmental Psychopathology." Development and Psychopathology 11, 1999.

McKenna, Katelyn Y. A. & John A. Bargh, "Coming Out in the Age of the Internet: 'Identity' 'Demarginalization' Through Virtual Group Participation." Journal at Personality and Social Psychology 75 (3), 1998.

Van Laer, Jeroen & Peter Van Aelst, "Internet and Social Movement Action Repertoires Opportunities and Limitations." Information, Communication and Society 9, 2010.

# 后 记

本书是集体协作的成果。为了保证本书的学术质量，中国社会科学院社会学研究所《社会学研究》副主编兼编辑部主任张翼主持编辑部几经讨论，拟就了本书的编撰宗旨和框架，即以中国社会经验研究为基础，借鉴国内外既有研究成果，谨守明确的学术定位、社会关怀及政策建议，力求严谨、规范、系统地呈现现阶段中国社会学有关中国社会结构变迁与社会治理的代表性研究成果。在此基础上，编辑部从近几年发表于《社会学研究》、《中国社会科学》等学刊的高质量文章中反复甄选，挑选出 21 篇论文，并征得原作者授权同意修改、编辑加工。为了较系统地呈现相关学术脉络，我们对原刊文的题目和一些文字表述在保留原作基本内容、突出其主要贡献的前提下，作了适当的调整、修改和编撰，以使各章节更紧凑、更符合学术著作的规范。

本书编撰期间，所选 21 篇论文的 29 位专家学者（名单见扉页）积极、认真地配合编者修改刊文，经济管理出版社的领导和责任编辑陈力先生给予了大力支持，《社会学研究》编辑部的杨典、张志敏、杨可、闻翔等诸位编辑精心地编辑加工每一篇文章，张志敏、杨可参与了本书的前期资料搜集、框架加工工作。借此，对他们的积极支持和协力配合特致以诚挚的感谢！

中国社会学对当代社会变迁与社会治理的研究尚处于起步阶段，而立足于中国社会经验展开国际学术对话的相关学术贡献亦在探索、积累中，本书谨望以我们的编撰做专业研究上的一个推进尝试，抛砖引玉，欢迎学界、读者批评指正。

**编　者**

2014 年 12 月于北京